Anneliese Gleditsch

Vom Bewußtsein zum Gewißsein

Anneliese Gleditsch

Vom Bewußtsein zum Gewißsein

Hinführung zu einem
somatopsychischen Menschenbild

Opal Verlag

Dieses Buch ist auch direkt beim Verlag zu beziehen. Es kostet DM/SFr 39,80 (öS 300,00) und wird unmittelbar vom Verlag an den Kunden verschickt (keine Nachnahme, keine Berechnung von Porto- und Verpakkungskosten).

Bestell-Anschrift:
Opal Verlag
Postfach 43 11 03,
W-8900 Augsburg 43
Tel. 0821/664333

Dieses Buch wurde auf
chlorfreies Papier gedruckt.

1. Auflage, Oktober 1991

Illustrationen:
Hermann Schlösser (nach Entwürfen der Autorin)
Umschlaggestaltung:
Hermann Schlösser (nach einem Entwurf von Kerstin Gleditsch)
Satz: Fotosatzstudio Klein, Würzburg
Druck + Bindung: Joh. Walch, Augsburg
Printed in Germany

ISBN 3-924021-07-4

Inhalt

Kapitel 1

Leib – Seele – Geist

Über das Geheimnis seines Seins rätselt der Mensch seit Urgedenken. Er erlebt sich in seiner körperlichen Existenz, zugleich aber erkennt er, daß sein Wesen nicht im Körperlichen allein begründet sein kann, sondern darüber hinausgeht. Die Deutungen, die sich in allen Zeitepochen und Kulturen finden, sprechen von einem zweifachen Wesen – Körper und Seele – oder aber von einer Dreiheit: Leib, Seele und Geist.

Den Leib zu definieren, bereitet keine Schwierigkeit: Seine äußere Gestalt ist klar strukturiert, seine innere Zusammensetzung anatomisch beschreibbar. Körperlich gesehen, erlebt sich der Mensch als Einheit im Sinne eines geschlossenen Systems. In allem ist dieser Leib von Leben durchpulst: Er handelt, verarbeitet, bewegt sich und unterliegt der Verwandlung. Im Inneren wie im Äußeren herrscht ein wohlgeordnetes Zusammenspiel und dynamisches Ineinandergreifen vitaler Funktionen. Unsere mehr oder weniger bewußte Inbesitznahme des sinnenhaft-konkreten Körpers bis in die letzte Zelle hinein bewirkt, daß wir uns grundsätzlich mit ihm identifizieren. Wir sagen »ich« und meinen ihn – zum Beispiel: »Ich bin krank«, wenn lediglich dem Körper etwas fehlt. Diesen Leib freilich haben wir, aber wir sind nicht er. Der Leib ist unsere Verankerung in der Materie, wir selbst aber reichen weit über ihn hinaus.

Wir besitzen nämlich Qualitäten nicht-materieller Natur: Wir erleben uns als Wesen der Stimmungen und Gefühle, wir begreifen uns als Inhaber von Bewußtsein und Erkenntnis, und wir ahnen unsere Zugehörigkeit zu Größerem als wir selbst. Eben dieses Nicht-Materielle, das uns wesentlich ausmacht, sind unsere Seele und unser Geist.

Die Begriffe Geist und Seele vermengen sich in unserem oft ungenauen Sprachgebrauch nicht zuletzt deshalb, weil unser heutiges Weltbild auf unterschiedliche religiöse und philoso-

* Verzeichnis der bei Bibelstellen verwendeten Abkürzungen steht am Ende des Buches.

phische Wurzeln zurückgeht. Seele und Geist lassen sich nicht konkret definieren wie der Körper.

Im biblischen Sinne ist mit dem Geist – dem Schöpfergeist, dem Heiligen Geist – Gott gemeint. Johannes schreibt (Jh 4,24): »Gott ist Geist«. Was wir jemals in Begriffen von Raum und Zeit, Größe und Beschaffenheit aussagen könnten, ist auf Gott, auf den Geist, nicht anwendbar: Unsere in der Polarität befangenen Anschauungen und Begriffe vermögen Ihn nicht zu erfassen. Jedoch sind wir Zeugen Seines mannigfaltigen Wirkens. Gott ist der in allem durchscheinende Urgrund, Er ist *vor* aller Schöpfung – nicht nur zeitlich, sondern auch rangmäßig und Seinem Wesen nach: der Absolute Geist, der das Ganze in sich birgt und vereint.

Seele hingegen ist – nach Aussage der Bibel – etwas Geschaffenes, Geschöpfliches: »Gott schuf den Menschen als eine lebendige Seele« (1Mo 2,7). In ihr ist Gottes Geist gegenwärtig als der eingehauchte Odem, als die Kraft, die lebendig macht. Des Menschen lebendige Seele wird damit zur Widerspiegelung Gottes: Frucht des Geistes, geschaffen zum eigenständigen, bei eigenem Namen rufbaren Sein, begabt zu antworten und zurückzustrahlen. In ihrer irdischen Existenz ist die Seele auf den Körper angewiesen. Beide, Seele und Körper – so die Bibel – sind gleichrangig und gut, so wie die gesamte Schöpfung gut ist (1Mo 1,31).

Diesem biblischen Verständnis steht das Weltbild der griechischen Antike gegenüber, das – infolge seiner Wiederaufnahme in Renaissance und Aufklärung – unser abendländisches Denken weitgehend geprägt hat. Hier steht die Frage der Geschöpflichkeit des Menschen nicht im Vordergrund, sondern Körper, Seele samt Geist wurden als die drei Wesensanteile des Menschen aufgefaßt. Der Körper wurde in der künstlerischen Darstellung idealisiert und in den Goldenen Schnitt gestellt, ins Ebenmaß der Vervollkommnung – getreu dem ethischen Ziel von der Vergeistigung des Irdisch-Leiblichen. Die Seele – Psyche genannt – wurde als der Wesensanteil des Temperaments, als das Gefühls- und Stimmungshafte, gesehen. Als Geist schließlich galt des Menschen Fähigkeit zu denken: *Nous,* gepaart mit *Pneuma,* dem unsterblichen Lebenshauch. Diese antike Vorstellung vom Geist im Menschen hatte jedoch nichts mit unserem heutigen Gottesverständnis zu tun; denn wie wir wissen, waren die griechischen Götter – jene vom Olymp herab regierende Familie – nur eine Projektion menschlicher Eigenschaften in übermenschlichem Format. Das Geist-Ideal der Antike war ein anderes, eher abstrakt, ein Inbegriff von Ordnung und Harmonie, in den kosmischen Sphären angesiedelt – das Wort »Kosmos« bedeutet das Schöne und Vollendete. Beide Geist-Aspekte des Menschen, Nous und Pneuma, rührten von solchem Ursprung her.

Seit der Aufklärung scheinen beide Auffassungen, die biblische und die antike, eine Vermengung erfahren zu haben. Das Wissen um einen göttlichen Funken – um den unmittelbaren Gottesbezug der Geschöpflichkeit – wird überdeckt von dem Anspruch des Menschen, sein Denken und Erkennen – sein »Geist« – beriefen ihn zum Göttergleichen. Bei solcher Bewertung wird die Vernunft zur Göttin und das *Cogito ergo sum* eines Descartes zum Leitwort für die Identifikation des Ich mit seinem Menschengeist; denn dieses »Ich denke, also bin ich« bedingt das Selbstverständnis jenes Menschen, für den das Rationale das Höchste ist.

Ebenso wie das Griechische hält auch das Lateinische zwei Begriffe für das eine deutsche Wort »Geist« bereit, nämlich *spiritus* und *mens;* entsprechend auch das Englische, nämlich *spirit* und *mind.* Wollen wir diese beiden jeweils voneinander abgrenzen, so ist »Spiritus« der wahre Geist, und mit dem Spirituellen ist die zu ihm hinführende Dimension gemeint, die aber nicht mit den Phänomenen des Jenseitigen, mit Spiritualismus oder Spiritismus, verwechselt werden darf. »Mens« – der »Mind« oder das Mentale – bezeichnet hingegen die Dimension unseres denkenden Bewußtseins, unser Erwachtsein zu Kognition und Vernunft. Im Deutschen müssen wir also jedesmal – besonders bei Übersetzungen aus anderen Sprachen – hinterfragen, welche Bedeutung bei Verwendung des Wortes »Geist« gemeint ist.

Ein weiterer Name, der zur Unklarheit der Begriffe beiträgt, lautet »Höheres Selbst«, in der englischsprachigen Literatur als *Higher Self* oder auch als *Soul* – was wörtlich »Seele« bedeutet – bezeichnet. Dieser Begriff ist im modernen esoterischen Schrifttum sehr verbreitet und geht auf die gegen Ende des letzten Jahrhunderts aufgekommene Theosophie zurück, die ihre Wurzeln vornehmlich im indisch-hinduistischen Gedankengut hat. Er bezeichnet ein individuelles, regieführendes Über-Ich, eine unsterbliche, allwissende Bewußtseinsinstanz, gleichsam eine zwischengeschaltete geistige Ebene vor dem Hintergrund eines unpersönlichen Gottesprinzips. Dieser Selbst- oder Seelenbegriff ist im vorliegenden Buch nicht gemeint.

Wir werden uns vielmehr weitgehend auf Carl Gustav Jung beziehen: Auch er wählte die Bezeichnung »Selbst« im Rahmen seiner Psychologie, jedoch in einem völlig anderen Sinne, nämlich als den Inbegriff der gesamtheitlich verstandenen menschlichen Psyche. Nach Jung sind Bewußtsein und Ich-Erleben nur »kleine Inseln« innerhalb der Psyche, die im wesentlichen aus dem Unbewußten lebt: Sobald der Mensch dieses Unbewußte anerkannt und »integriert« habe, bilde sich in ihm jenes Selbst als ein neues Zentrum der Persönlichkeit.

In diesem Buch soll der Name »Geist« dem Absoluten Geist – dem Geist Gottes – vorbehalten sein. Gemäß der jüdisch-christlichen Überlieferung durchdringt dieser Geist Seele und Körper des Menschen. Ohne Seele, ohne Geist ist der Körper leere, tote Hülle. Der in die Schöpfung eintauchende Geist »kommt ins Fleisch« ebenso wie ins Seelische – er in-karniert sich, und er in-animiert sich. Biblisch bedeutet des Menschen Geschöpflichkeit: Abhängigkeit durch Erwählt-Sein – denn in eben diesem Einzug des Geistes in einen Tempel von geschaffener Gestalt und Wesenhaftigkeit liegt dessen Würde.

Der Name »Psyche« soll in unserem Buch für das volle Potential der Seele stehen. Diese spannt sich weit aus zwischen dem unmittelbar auf Gott bezogenen Bereich, dem Spirituellen, bis hin zu sehr irdischen Bezügen. Über die ganze Breite dieses Spektrums entfaltet die Psyche ihr eigentliches Wesen: das Antwort-Geben. Diese Fähigkeit beweist sie besonders in ihrem Stimmungs- und Gefühlsbereich, der klassischen Domäne des Psychischen. Sogar auf die Welt des Körperlichen – nämlich Sinneseindrücke und körperliche Bedürfnisse – vermag sie im Sinne seelischer Widerspiegelung zu antworten. Die Seele kann sich also auf greifbare und konkrete Weise, geradezu diesseitig, äußern: Wenngleich nicht stofflicher Natur, ist sie kraft ihrer gleichzeitigen Körper- und Geistbezogenheit die Mittlerin zwischen Erde und Himmel, zwischen Individualität und All. Dieser Doppelbezug führt in die innerpsychische Polarität, die als Kraftquelle, aber auch als Ursache psychischer Spannungen wirkt. Durch die Seele, die also in der Mitte steht, müssen beide Bezüge gleichermaßen erfüllt werden, wenn die Harmonie gewahrt sein soll.

Dieser Vermittleraufgabe werden wir aber nicht gerecht: Alles andere beschäftigt uns, und als Folge sind wir ständig inneren und äußeren Zerreißproben ausgesetzt, die unsere Harmonie ins Wanken bringen. Je mehr der Mensch dem Materiell-Körperlichen und damit der Ichbezogenheit verfällt, desto stärker wird seine innerseelische Spannung, weil er dem geistigen Pol die Antwort schuldig bleibt.

Die Seele in ihrer Nicht-Stofflichkeit wird nur an ihren Wirkungen und Eigenschaften erfahrbar – an dem, was sie hervorbringt: Äußerungen und Funktionen sowohl nach außen hin, als auch im Inneren. Daher sucht die wissenschaftliche Psychologie und Psychiatrie nach konkreten Beweisen für die Seelenfunktion und hofft, sie in Gehirnströmen, Hormonausschüttungen und dergleichen zu entdecken – daher die weit verbreitete Lehrmeinung, daß Affekte und Verhaltensweisen bloße Begleiterscheinungen des Körperlichen seien.

Psychologie und Psychiatrie als die den seelischen Störungen gewidmeten Disziplinen gehen notwendig vom Pathologischen aus, von krankhaften Zuständen. Während sich im Körperlichen aber der Arzt das Bild des Gesunden, Normalen jederzeit vor Augen führen kann, ist dies im Falle der Psyche erschwert. Das liegt sowohl an ihrer nicht-stofflichen Natur, als auch an ihrer Prozessualität: Für die Seele sind Rhythmus, Wechsel, Dynamik und Wandlung charakteristisch und lebensnotwendig. Eine Definition des »Normalen« ist daher eine Herausforderung für die Psychologie.

Carl Gustav Jung, dem bekannten Schweizer Psychiater (1875-1961), ging es um das Grundsätzliche, um die in jedem Menschen angelegte Grundstruktur der Psyche. Dank seiner überragenden wissenschaftlichen und intuitiven Begabung gelang es ihm, das Gesamtbild der gesunden Psyche in dem breiten Spektrum ihrer Fähigkeiten und Funktionen zu systematisieren. Er kam zu dem Schluß, daß die Psyche aller Menschen sich in vier Bereiche gliedert, in vier Arten der Aktivität, die er als Grundfunktionen der Psyche bezeichnet: Empfinden, Fühlen, Denken und Intuition.

Indem Jung die Seele als Sitz und Quelle psychischer Funktionen beschreibt, charakterisiert er sie unmißverständlich als Phänomen der Dynamik und Lebendigkeit. Als Funktionsträger verstanden, hört die Seele auf, bloße Abstraktion zu sein. Als Gebilde der Vollständigkeit erkannt, wird sie vielmehr zum Primären und Wesenhaften in uns, das einerseits Verbindung mit dem sie speisenden Geist hat und andererseits den beigegebenen Körper in souveräner Weise zu nutzen und zu be-sitzen vermag. Nach Jung ist Seele also lebendiges Wirken und Geschehen und hat eigene Realität, die unabhängig vom Körper erlebt wird.

Ausgehend von der vollständigen Funktion der Psyche gelangt Jung allerdings zu dem Schluß, daß das gesamte Spektrum der seelischen Möglichkeiten kaum von einem Menschen voll ausgeschöpft wird. Aufgrund immer wiederkehrender Bevorzugungen und Vernachlässigungen der mitgegebenen Möglichkeiten ergibt sich eine Typologie. Jung beschreibt diese Einseitigkeiten und Überspitzungen und systematisiert schließlich eine Vielzahl psychischer Entgleisungen als Störungen eines oder mehrerer der erwähnten vier Funktionsbereiche.

Da aber die Gesamtheit des Seelischen in jedem Menschen angelegt ist und die Seele sich überdies als elastisch und fließend erweist, verfügt sie über selbstregulierende und selbstheilende Kräfte, so daß solche Störungen nicht endgültig sein müssen.

Wenn also der Mensch ein Leib-Seele-Geist-Wesen ist, so ist innerhalb dieser Dreiheit die Psyche der anpassungsfähigste und wandelbarste, aber auch der schillerndste und eigenwilligste Bereich: eigen-willig im wahrsten Sinne des Wortes, weil hier das Bewußtsein der Individualität und Eigenständigkeit am eindringlichsten erlebt und am stärksten zum Ausdruck gebracht wird.

Kapitel 2

Die vier Grundfunktionen der Psyche nach C. G. Jung

Carl Gustav Jung deutet die Psyche als Dynamik von vier Funktionsbereichen; aus ihnen ergibt sich die Fülle menschlichen Verhaltens. Wenn die nachfolgende Beschreibung uns eine klar gegliederte Systematik von vier Bereichen vor Augen führt, so darf dennoch hieraus kein statisches, starres Bild erwachsen. Die vier Funktionsbereiche begründen keine Struktur, sondern Möglichkeiten; sie sind Ausstattung und werden jeweils nach Bedarf aktualisiert.

In diesem Sinne definiert Jung vier psychische Grundfunktionen, die dem Menschen mitgegeben sind, damit seine Seele den mannigfaltigen Anforderungen des Lebens situationsgerecht begegnen kann. Jede der vier Grundfunktionen umfaßt sowohl eine kennzeichnende Art der Wahrnehmung, die dem Menschen als Orientierungshilfe dient, als auch ein höchst spezifisches Spektrum von Reaktionen und Verhaltensweisen.

Jung erkannte, daß die Psyche erstaunlich eng mit ihrem Wohnsitz, dem Körper, verbunden ist: derart eng, daß bereits die Wahrnehmung dessen, was direkt aus dem Körper erfahren und signalisiert wird, im Psychischen einen Antwortbereich erweckt. Diese körperbezogene Grundfunktion der Psyche nennt Jung das *Empfinden.* Beispiele sind Frieren, Müdigkeit, Hunger, Sattsein, auch das »Gefühl« von frisch gewaschenen Füßen, ferner die sexuellen Empfindungen und schließlich das weite Spektrum der Sinneswahrnehmungen. Es ist wichtig, das Empfinden vom Fühlen abzugrenzen, welches uns als zweite psychische Grundfunktion beschäftigen wird. Solange die Wahrnehmung ausschließlich im Körper erlebt wird, ist sie neutral gegenüber Lust oder Unlust; eben dieses Neutrale und der Bezug auf die körperlichen Bedürfnisse und Notwendigkeiten zeichnen das reine Empfinden aus. Jung spricht daher auch vom endosomatischen Empfinden (vgl. griech. *soma* = Körper); das englische *sensing* macht es deutlich, daß der Sinneseindruck im Vordergrund steht.

Über die Wahrnehmung der Empfindung ereignet sich bereits auf der Ebene des Körpers eine Form von Bewußtsein – allerdings ein leibgebundenes und leibbezogenes. Der englische Ausdruck *bodily intelligence,* zu deutsch: körpereigene Wahrnehmungs- und Auffassungsgabe, trifft das Wesen dieser Art von Bewußtsein wohl am besten: Im Körper ist eine Fähigkeit der Eigenkontrolle verankert, ob alles im Lot ist.

Das Empfinden ist die dem Körper gemäße psychische Grundfunktion zur Warnung und Sicherung, sei es des Individuums selbst, sei es zur Erhaltung der Art. Allein dieser Sicherung dient die »Intelligenz« des Körpers.

Die Empfindungen sind also Wahrnehmungs- und Ausdrucksmittel zugleich, mit denen der Körper auf seine aus ihm selbst kommenden, lebenserhaltenden Bedürfnisse ebenso wie auf von außen kommende Gefahren aufmerksam macht. Er beantwortet und reguliert diese Notwendigkeiten primär selbsttätig und unreflektiert, und zwar mit Hilfe körpereigener Mechanismen, Instinkte und Triebe – also unter Umgehung von Ich-Bewußtsein und Verstand. So haben die Empfindungen zwar Intentions- und Drangcharakter, vermelden aber auch das Wohlbefinden nach erfolgter Befriedigung.

Die Summe der im Körper gleichzeitig erlebten Empfindungen bestimmt das Befinden.

Das Empfinden bezieht sich auf das Faktische des Körpers, das sinnlich Verbriefte, das Nahe und Greifbare. So ist diese Grundfunktion fern jeder Abstraktion und konträr jedem Ahnen und Deuten. Die Signale des Körpers sind ein-deutig, geradezu schroff in ihrer Ehrlichkeit; der Körper kann nicht lügen.

Diese Eindeutigkeit und Faktizität drückt sich unter anderem darin aus, daß der Körper sich mit einer beschränkten Auswahl an Empfindungen begnügt. So können zum Beispiel extrem heiße und extrem kalte Reize gleichartige Empfindungen auslösen. Die geringe Variationsbreite der Empfindungen bietet dem Körper erstens den Vorteil, daß seine Steuerung nicht lange wählen muß, welche Sicherungs- oder Abwehrreaktion hier am Platze ist. Vielmehr reagiert er prompt und schlagartig; jedes bewußte Abwägen hieße, kostbare Zeit zu verlieren.

Zweitens werden die Empfindungen aufgrund ihrer Uniformität zum Träger von kumulierten Erfahrungen. Diese Uniformität hat Anschluß an kollektive Ur-Erfahrungen und damit an die Vergangenheit nicht nur des Individuums, sondern der gesamten Art. Ebenso wie der Mensch mit einem Teil seiner Triebe der Erhaltung der Art dienen muß, dient ihm ihrerseits die Gattung mit ihrem unermeßlichen Schatz bewährter Mechanismen. Offensichtlich wacht über beidem dasselbe, der ganzen Art gehörende Bewußtsein, das unserem individuellen Verstand aber nicht zugänglich ist. Jung nannte es daher das kollektive Unbewußte. Das endosomatische Empfinden, jene unserem Körper so eng verknüpfte Funktion, ist offensichtlich unser Zugang und unsere Wahrnehmungsquelle für das kollektive Unbewußte. Als solche ist es eine Qualität der Psyche.

*

Als nächste Grundfunktion der Psyche soll uns das *Fühlen* beschäftigen. Mochte Jungs Zuordnung des endosomatischen Empfindens zur Psyche zunächst überraschen, so steht die Zugehörigkeit des Gefühls zum Seelischen außer Frage – ja, es ist die augenfälligste Äußerung der Psyche überhaupt. Wir verdanken jedoch Jung die Erkenntnis, daß sich die Fähigkeiten der Psyche nicht im Fühlen erschöpfen: Im Idealfall sollte das Gefühl neben den drei anderen Grundfunktionen nur ein Viertel der psychischen Aktivität ausmachen.

Jung weist ausdrücklich darauf hin, wie wenig das Fühlen – obgleich wir alle wissen, was hiermit gemeint ist – sich begrifflich fassen läßt. Gefühle wallen auf im Moment, sie steigen empor im wahrsten Sinne des Wortes Empörung. Freude wie Schmerz, stolzes Glücksgefühl sowie Ablehnung und Ärger schaffen sich Ausdruck in Laut, Mimik und Gebärde. Der Gefühlsausdruck hat stets etwas Kraftvolles an sich. Unbewußte Kräfte, die in uns wie gefesselt waren, scheinen nur auf den Moment ihrer Befreiung gewartet zu haben, um sich offenbaren zu können: Kraftfreisetzung und Wirksamkeit nach außen gehen hier Hand in Hand.

Gefühle wollen nicht heruntergeschluckt werden, sondern sich äußern, sich artikulieren dürfen: Bewegung und Regung sind hier die Schlüsselwörter.

Die innere Quelle der emporsteigenden Emotionen bleibt dabei weitgehend unbewußt; einmal an der Oberfläche angelangt, werden die Gefühle aber zum wesentlichen Faktor für das Ich-Erleben und für die Bewußtwerdung des Ich überhaupt. Das Ich erlangt ein »Gefühl« für die eigene Kraft und für den Platz, den es einnimmt – aber auch für seine Grenzen.

Die Impulse des Fühlens heißen Lust und Unlust, Freud und Leid, Sympathie und Antipathie. In ihrer Impulsivität besitzen sie in dieser Hinsicht eine subjektive Unbeirrbarkeit und Treffsicherheit. Denn das Fühlen geht immer vom Ich aus: Meine persönliche Vorliebe bzw. Abneigung sind Maßstab dafür, ob ich begrüße oder bekämpfe, was mir begegnet. Wie also das Empfinden die Bedürfnisse des Körpers signalisiert und zu garantieren hilft, so wollen die Gefühle Glück und Unbeschwertheit jener Seelenschicht herbeiführen, in der das Ich erlebt und erfahren wird.

Im Falle der spontanen Regung äußert es sich im Affekt, im Falle der längerdauernden Bewegtheit als Stimmung.

Die Gefühlsaufwallung hat immer mit dem Augenblick zu tun – oder genau genommen mit dem, was diesen individuierten Moment für mein Ich gerade so wichtig macht: also mit der Situation, in die er mich stellt. Mein Erfahren der wechselnden Ereignisse, mein ihnen Ausgesetzt-Sein, erfordert von mir immer wieder neu ein angepaßtes, situationsgerechtes Handeln. Hierfür bedarf es nicht nur körperlicher Wendigkeit, sondern auch einer großen psychischen Elastizität. Eben diese ist dem Menschen mit der Grundfunktion des Fühlens mitgegeben. Die Schwankungen des Gefühls, die sich jeweils in den auf uns einstürmenden und oft wechselhaften Situationen einstellen, gewähren uns nicht nur Kraft, sondern auch die Gabe der Anpassung oder Vermeidung – besonders dann, wenn Gefahren auf uns zukommen. Wäre unsere Psyche nicht elastisch, so gliche sie einer Glasscheibe, die jeder Steinwurf zertrümmern könnte. Aber in der Symbolsprache gleichen Gefühl und Psyche dem Wasser, dem See. Dieser antwortet dem geworfenen Stein mit erregter Oberfläche; es bilden sich Wellenkreise, die sich von der Mitte immer weiter in den Umkreis fortpflanzen, bis das Ereignis verebbt ist. Unsere spontan aufwallenden Gefühle sind durchaus als derartige Abreaktionen, gleich elastisch verebbenden Wellenringen, aufzufassen. Hätten wir nicht die Möglichkeit, je nach Situation aufzuschreien, zu schluchzen, eine abwehrende Geste zu machen, oder aber auch vor Freude zu hüpfen oder herzlich zu umarmen, so müßten wir an manchem Eindruck schier zerbrechen.

Wir können in dem Symbol Wasser auch das Merkmal der aktiven Bewegung, den Fluß, erblicken. Laufendes Wasser bahnt sich dank seiner Elastizität stets den Weg des geringsten Widerstandes; es »fühlt«, ob es seinen Lauf direkt verwirklichen kann, oder ob die sich ihm entgegenstellenden Bedingungen einen Umweg erfordern. In gleicher Weise hilft uns unser Gefühl immer dann, wenn das Ich in eine Sackgasse zu geraten droht, Auswege und Umwege zu finden, damit dieses seine Selbstverwirklichung dennoch fortsetzen kann.

Wir sprachen von Ereignissen, die auf uns »einstürmen«: Eben dieses Bild des Stürmenden, uns aus allen Windrichtungen wie ein Unwetter Überfallenden und Beutelnden ist ein treffendes Symbol für die situationsbedingten Gefahren, denen das Fühlen elastisch zu begegnen weiß. Sobald sich aber das Wetter bessert, schütteln wir uns wie ein Vogel und streifen die lästigen Gewittertropfen vom Gefieder ab. Ja, das Unwetter ist sofort vergessen, denn das Fühlen ist schon wieder mit Neuem beschäftigt.

Mit all diesen Vergleichen ließ sich zwar die dem Fühlen eigentümliche Dynamik skizzieren, aber das Fühlen als solches nicht begreifen, weil es, wie Jung fast resignierend schreibt, der Logik nicht zugänglich ist. Die Unlogik des Fühlens wird übrigens zur häufigen Quelle von Mißverständnissen und Streit, wenn ein stark Gefühlsbetonter einem Verstandesmenschen gegenübersteht; nicht selten ist dies in der Ehe der Fall. Wer nur gefühlsmäßig zu reagieren vermag, der wirkt oft ungerecht, ungeduldig und launisch und wird zum Problem für seine Mitmenschen.

Die gewählten bildhaften Vergleiche sollen veranschaulichen, welch fundamentale Gabe und Kraftquelle dem Menschen mit seiner psychischen Grundfunktion des Fühlens mitgegeben ist. Auch wer der Logik den Vorzug gibt – dies ist in sich bereits eine Gefühlsentscheidung, da sie sympathieabhängig ist –, wird zugeben müssen, daß das Fühlen, im richtigen Moment eingesetzt, eine unabdingbare Funktion erfüllt.

*

Das *Denken* ist nach C. G. Jung ebenfalls eine der Grundfunktionen der Psyche. Diese Zuordnung des Denkvermögens zum Seelischen – also nicht zum Geist, wie früher angenommen – ist eine bahnbrechende Erkenntnis, ist damit doch klargestellt, daß der sogenannte Geist des Menschen – das Mentale und Kognitive, Verstand und Ratio – nicht über der Seele steht, sondern gleichrangig neben Empfinden und Fühlen. Im Unterschied zu diesen beiden aber ist das Denken ein bewußter Vorgang. Bewußtsein und Denken sind nicht voneinander zu trennen.

Der spontane Gedanke ist die Idee, immer wieder gehegte Gedanken werden zur Gesinnung.

Wie die anderen Grundfunktionen, dient auch das Denken der Lebensbewältigung. Hier allerdings erlangt der Mensch die Herrschaft vermittels der Erkenntnis. Unsere Erkenntnis begreift und versteht – und antwortet mit der erfinderischen Idee. Sie gründet auf Erfahrungswerten, welche durchschaut, systematisiert und als Gesetzmäßigkeiten eingeordnet wurden. Eine große Errungenschaft ist die Erkenntnis des Gesetzes von Ursache und Wirkung, des Kausalitätsgesetzes. Mit an Sicherheit grenzender Wahrscheinlichkeit – nicht mehr und nicht weniger! – lassen sich heute auftretende Ereignisse als Wirkungen bestimmter früherer Ursachen erkennen; ja mehr noch, es läßt sich die Wirkung heute gesetzter Ursachen – wiederum mit an Sicherheit grenzender Wahrscheinlichkeit – vorausberechnen. Dies ermöglicht das Planen, den Ent-wurf, also den gezielten Wurf in die Zukunft hinein. Das Fremdwort für diesen Akt des Vorauswerfens ist Pro-jektion (von lat. *iacere* = werfen). So verhilft die denkende Grundfunktion dazu, bereits heute die Zukunft zu gestalten, sich das Heute für das Morgen nutzbar zu machen, Absichten und Projekte zu realisieren und unerwünschten Überraschungen vorzubeugen.

Das erkennende Denken reicht also weiter als das Gefühl, da es uns befähigt, auch auf solche Aufgaben zu reagieren, die über den Moment hinausreichen.

Das erkennende Denken reicht ferner über den beschränkten Ich-Kreis hinaus, denn es begreift erstmals den Raum, der sich zwischen (lat. *inter*) dem Ich und dessen Umwelt aufbaut. Dieser Raum erscheint zunächst leer und trennend. Die Grundfunktion des Denkens nun vermag das außerhalb des

Ich Befindliche zu beurteilen und einzuordnen und daraufhin mit ihm eine Beziehung einzugehen. Solche Beziehungen zwischen dem Ich und seinem Gegenüber helfen, jenen trennenden Raum zwischen beiden zu überbrücken. Das Bewußtsein für die Belange von Welt und Umwelt hängt also unmittelbar mit der Erkenntnisfähigkeit zusammen. Die Grundfunktion Denken dient weder den körperlichen Bedürfnissen noch denen der Ich-Verwirklichung, sondern das mentale Bedürfnis heißt Interesse und zweckgerichtete Hinwendung.

Während also beim Gefühl das Ich unmittelbar betroffen ist, vollzieht das Denken einen Akt der Abstrahierung. Die logische Vorstufe jeder Verbindung und Überbrückung besteht darin, daß das Ich sich zunächst von allem distanziert, was ihm außerhalb seiner selbst gegenübertritt. Es erfolgt eine fiktive Trennung und Unterscheidung zwischen dem Ich einerseits und dem, womit es konfrontiert ist, andererseits: den anderen Menschen, den Dingen, den Problemen. Was in der Begegnung vor dem Ich steht, wird im wahrsten Sinne des Wortes als Gegen-stand erlebt; die Betrachtung auf Abstand erhebt das Ich zum Subjekt und macht ein jedes Gegen-über zum Objekt. Die lateinische Wurzel der Worte Sub-jekt und Ob-jekt erinnert abermals an den Akt des Werfens, an Wurf und Gegenwurf. Die theoretische Trennung zwischen Subjekt und Objekt ermöglicht das, was als sogenannte objektive Betrachtung gelobt wird. Diese Bezeichnung aber ist irreführend, da ja das Subjekt den Blick aus sich heraus wirft, also notwendig durch die ihm eigene Brille. Das Subjekt als der aktive Teil bestimmt, wie das Objekt, der passive Teil, zu bewerten sei.

»Teil« und »Teilen« sind übrigens Schlüsselwörter für den Bereich des Mentalen. Die Rollenver-teilung ist die, daß das Subjekt der ur-teilende, das Objekt der beur-teilte Teil ist. Das Subjekt hegt das Vorur-teil, infolge seiner »Objektivität« unbe-teiligt zu sein. Doch geht die teil-ende und logisch trennende Betrachtung einzig vom Subjekt aus, das den Vor-teil, den Vorsprung vor dem Gegenüber sucht. Denn das Geheimnis jeder Machtausübung liegt im *Divide et impera* – »Teile und gebiete«. Nutzen und Erfolg liegen auf der Seite dessen, dem es gelingt, das Gegenüber zu zer-teilen – und dies gilt in allen Lebensbereichen: sei es beim Zersplittern einer Feindesfront, beim Analysieren eines Menschen oder beim »Knacken« eines Problems.

In Wahrheit aber sollte die Grundfunktion des Denkens mit ihrer Gabe des Teilens dazu dienen, daß alle Güter unter den Beteiligten anteilig aufgeteilt und verteilt werden. Sie soll also zur Partnerschaft (von lat. *pars* = Teil) und zum Teilnehmen führen, und so führt sie unmittelbar zu der Fähigkeit des Menschen zu sozialer Bindung hin. Erkenntnis und Denkvermögen sind letztlich Wurzel und Garant für die ethischen Werte von Gewissen und Gerechtigkeit, Verantwortlichkeit und Menschlichkeit, ohne die ein soziales Zusammenleben nicht denkbar wäre.

Das Denken ermöglicht noch ein weiteres, nämlich die Begriffsbildung. Sie ist ebenfalls ein Vorgang des Abstrahierens, denn wir vermögen nicht nur die sichtbaren und meßbaren Dinge mit Namen zu nennen, sondern auch die unsichtbaren und unwägbaren, eben die abstrakten Dinge. Die Benennung legt unmißverständlich fest, wer oder was gemeint ist, und so kann man sich im Zusammenleben der menschlichen Gemeinschaft über die Objekte verständigen – sofern man übereinstimmender Meinung ist, welcher Begriff welchem Objekt zugeordnet wurde. Viele Begriffe erscheinen uns wie vorgegeben aus der menschlichen Natur oder infolge ihrer Lautmalerei, doch die meisten Begriffe sind den Objekten verliehen als ein zusätzliches Charakteristikum. Der Begriff steht stellvertretend für das Objekt, so daß wir uns über dieses – gleichsam im Abstrakten – unterhalten können, auch wenn das Objekt nicht konkret vor uns steht. Gerade durch die Benennung wird unsere Beziehung zu den Dingen auf eine besondere Weise definiert: Sie werden uns zu eigen auf dieselbe Weise, wie der Mensch Gott angehört: »Ich habe dich bei deinem Namen gerufen, du bist mein« (Jes 43,1).

In der Entdeckung der Zahlen und ihrer mathematischen Gesetzmäßigkeiten – ebenso in der Erfindung der Zahlensymbole und der Buchstaben – liegt eine denkerische Leistung von besonders hoher Abstraktion, welche die der Begriffsbildung noch weit übersteigt. Fast spielerisch vermag der Mensch über die auf das Papier gesetzten Ziffern zu verfügen, gleichgültig ob niedrig oder astronomisch hoch, ob Warenmengen bezeichnend oder Zahlungsmittel, Kontostände oder gar Menschenmaterial. Selbst das Nichts, das Nicht-Schaubare und Nicht-Definierbare, findet in der Bezeichnung Null eine Chiffre, die es ermöglicht, mit Leichtigkeit damit umzugehen.

Die Mathematik erfüllt die Gesetze von Denken und Logik am unmittelbarsten: Hier baut immer das Höhere auf dem Niedrigeren auf, das Vielfache auf dem Einfachen, das Komplizierte auf dem Simplen. Auch die Erkenntnis geht den Stufenweg: Lernen vollzieht sich stets Schritt für Schritt, ein Schluß folgt dem anderen. Und ebensowenig, wie es die höchste Zahl gibt – es lassen sich immer noch höhere hinzudenken –, so gibt es auch keine Grenze, an die die Erkenntnis jemals anstoßen könnte: Die Fähigkeit des Menschengeistes, sein Bewußtsein zu erweitern, reicht ins Unermeßliche. Im Bereich des abstrakten Denkens ist die Freiheit des Menschen unendlich.

*

C. G. Jung benennt noch eine vierte Grundfunktion der Psyche, nämlich die *Intuition.* Hierunter versteht er eine bestimmte Fähigkeit, die darin besteht, unter die Oberfläche der Dinge zu schauen, oder aber Deutungen zu finden, die über den oberflächlichen Eindruck hinausgehen.

Jung definiert somit erstmals eine vor ihm wenig beachtete Fähigkeit des Menschen, die übrigens häufig mit dem Gefühl verwechselt oder gar als Instinkt bezeichnet wird. Doch aus dem Folgenden wird deutlich werden, daß es sich bei der Intuition um eine eigene psychische Grundfunktion handelt, die gleichrangig neben die anderen tritt und ebenfalls wichtige Aufgaben im Leben des Menschen erfüllt.

Die Intuition ist ebenso wie die anderen Grundfunktionen eine Form der Wahrnehmung. Sie ist die Fähigkeit, Verborgenes zu vermuten, zu enthüllen und bewußt zu machen. Die Intuition ist auf diese Weise die vornehmste Brücke zwischen dem Unbewußten und dem Bewußtsein. Sie läßt sich vergleichen mit der Gabe des Bildhauers, aus dem unbehauenen Marmor die sehnsüchtig auf seinen Meißel wartende Skulptur hindurchscheinen zu sehen.

Als man Mozart fragte, wie weit seine nächste Oper gediehen sei, sagte er: »Oh, sie ist fertig, ich muß sie nur noch aufschreiben.« Jeder Künstler weiß um diesen Umgang mit dem

Verborgenen. Wahre Kreativität ist niemals ein Er-finden, sondern immer ein Finden. Es ist, als dürfte der Künstler Verzaubertes erlösen und der wahren Bestimmung zuführen.

Die Intuition ist ein Erspüren, fast ein Wittern. Doch gibt es sie durchaus nicht nur im künstlerischen Bereich. Der wahre Gehalt der Dinge, deren tiefere Aussage, wird an die Oberfläche gebracht. Immer da, wo es etwas zu deuten gilt, ist unsere Intuition dabei; beides hängt eng miteinander zusammen. Deuten ist nicht dasselbe wie Verstehen, was vom Denken besorgt wird: Vielmehr setzt es sich über das Verstehen hinweg, es will alles andere als erklären; denn aus einem tiefen Gewißsein heraus *weiß* es. Es sucht die Botschaft, die von den Dingen ausgeht, nicht die Dinge selbst.

Unser Deuten hat überdies keinen Zugang zu Worten und Begriffen und bringt schon deshalb keine logisch befriedigenden Erklärungen zustande. Die »Sprache« des Deutens sind vielmehr Bilder, Symbole und Gleichnisse. Es gibt eine große Anzahl Symbole von allgemeiner Be-deutung; sie werden von allen Menschen fraglos und übereinstimmend verstanden. So ist die Botschaft mancher allgemeingültiger Symbole, wie zum Beispiel »Sonne« oder »Kreis«, seit unvordenklichen Zeiten allen Menschen gemein. Andere Bilder hingegen mögen Erinnerungen und Erlebnisinhalte eines einzelnen wachrufen und gelten auf diese Weise als persönliche Sinnbilder nur für den Betreffenden selbst.

In unserem Leben bekommen wir es übrigens regelmäßig mit bedeutsamen Bildern zu tun: Nacht für Nacht ersteht in uns das verborgene Reich der Träume. Gelingt es uns, unsere Träume beim Erwachen bewußt zu machen, so werden wir immer wieder feststellen, daß die Bilderwelt jenseits logischer Handlungsabläufe stattfindet: Mit Leichtigkeit vertauschen sich Ursachen und Wirkungen, Früheres und Späteres, verschmelzen oder wandeln sich Kulissen und Akteure. Bei vielen Träumen spüren wir, daß sie uns etwas sagen wollen und daß es darauf ankommt, die in den dargebotenen Bildern verschlüsselten Botschaften zu deuten und auf unser Leben zu beziehen.

Auch während des Tages werden uns vielfach Botschaften auf intuitivem Wege zuteil. Sie treten plötzlich, unerwartet auf: Jäh durchhellt uns eine Einblendung, die eine Fülle verschlüsselter Informationen in sich vereinen kann und dennoch nur

Bruchteile von Sekunden in Anspruch nimmt – so ähnlich wie die uns so ausgedehnt erscheinenden Traumhandlungen.

Die blitzartige Botschaft heißt Eingebung, das Leben mit Inspirationen und Intuitionen ermöglicht Kreativität und Medialität.

Solche Eingebungen werden erlebt als außergewöhnliche Einblicke, fast als unerlaubter Blick hinter den Vorhang: Da erahnen wir die inneren Regungen eines Menschen, den Sinn einer Prüfung des Schicksals – vielleicht auch die richtige Lottozahl.

Dieser Blick dringt nicht nur wie Röntgenstrahlen unter die Oberfläche der Dinge, sondern auch durch den Schleier der Zeit. Denn über ein untrügliches Ahnen *wissen* wir plötzlich, welche Möglichkeiten im Kommenden beschlossen sind. Wir schauen nicht direkt in die Zukunft, aber es ist, als sähen wir bereits das Licht, das ein aufdämmerndes Ereignis vorauswirft – so wie sich auch die aufgehende Sonne schon lange vor ihrem Erscheinen durch Strahlen am Horizont ankündigt. Jesus sagt: »Ihr seht die Zeichen am Himmel, warum seht ihr nicht die Zeichen der Zeit?« (Mt 16,3) Die Wahrnehmung für die Zeichen der Zeit also – für das, was uns entgegen-wartet im wahrsten Sinne des Wortes Gegen-wart – ist uns mit der Intuition gegeben.

Es liegt an uns, diese Fähigkeit zu üben. Denn sie reicht weiter als die anderen psychischen Fähigkeiten des Menschen. Weder befriedigt sie die Bedürfnisse seines Körpers, noch seine Ich-Verwirklichung, noch sein Interesse am Gegenüber; der vierte Seelenaspekt will vielmehr die Sehnsucht nach dem Verborgenen stillen – die geheime Sehnsucht nach der Offenbarung des Ewigen und Absoluten. Darum wird der vierte Seelenbereich von Jungs Schülern auch als der spirituelle Bereich bezeichnet.

*

Nachdem wir die vier Grundfunktionen der Psyche im einzelnen kennengelernt haben, wollen wir uns nun fragen, in welchem Verhältnis sie zueinander stehen. Es gibt keine weiteren psychischen Grundfunktionen als diese vier, aber es sind ihrer auch nicht weniger, wie Jung unmißverständlich klargestellt hat. Die Dynamik der Psyche erwächst aus dem Zusammenspiel von vier Seelenbereichen, die den einzelnen vier Grundfunktionen entsprechen.

Der Empfindungsbereich der Psyche ist aufs engste in der stofflichen Physis verankert und stellt einen ausgesprochenen Grenzbereich zur Leiblichkeit dar, man könnte ihn als das Zentrum der Leib-Seele bezeichnen. Der Bogen spannt sich über das ich-bezogene Erlebnis-Gefühl und das Denk-Bewußtsein bis zum Immateriell-Spirituellen hin: Im Bereich der Intuition und Inspiration wird die Seele zur Geist-Seele. So ist die Psyche zwischen Körper und Geist ausgespannt; zwischen diesen beiden erscheint sie als das elastische Bindeglied; die größten Spannungen sind dabei offensichtlich von den Funktionen Fühlen und Denken auszuhalten.

Bei den vier Grundfunktionen handelt es sich – so Jung – um vier gleichrangige Teilaspekte der Psyche; sie sind in einem jeden Menschen angelegt. Dennoch scheinen sie inhaltlich aufeinander aufzubauen: Ein Bogen der Steigerung spannt sich vom Empfinden über das Fühlen und Denken bis hin zur Intuition – ein Spektrum, das vom Stofflich-Sinnesgebundenen bis hin zum Immateriellen reicht. Es ist eine Verfeinerung von Wahrnehmung und Reagibilität, die einer deutlichen Erweiterung der Bewußtseinsinhalte von Grundfunktion zu Grundfunktion gleichkommt.

Denn wie wir sahen, ist bereits beim somatischen Empfinden eine Urform von Bewußtsein vorhanden, das allerdings allein auf den Körper bezogen ist, aber Zugang zum kollektiven Unbewußten hat. Das Bewußtsein, das die nächste Grundfunktion – das Fühlen – begleitet, reicht bereits über den Körper hinaus, dient aber ausschließlich dem Ich-Erleben. Erst die dritte Stufe, das Denken, entspricht vollends dem, was wir gemeinhin unter Bewußtsein verstehen. Die Intuition schließlich vertieft die Möglichkeiten des Bewußtwerdens in den Bereich des Verborgenen hinein; zu diesem hat sie Zutritt und erlangt aus ihm un-glaubliche Gewißheiten, die das Fassungsvermögen aller vorausgehenden Bewußtseinsformen übersteigen. Eine jede Stufe führt die vorhergehende durch Ausweitung in eine völlig neuartige Richtung fort, so daß jedesmal eine komplexere Dimension der Wahrnehmung erschlossen wird.

Die zweite Stufe scheint sich der Errungenschaft der ersten Stufe geradezu zu bedienen, denn sie verwendet den Körper als das Instrument der Geltendmachung und Betätigung des Ich-Erlebens. Die dritte Stufe wiederum zieht alle Register der zweiten, indem sie ihr Interesse am Gegenüber unter vollem Einsatz des verwirklichten Ich zur Grundlage der Integration macht. Die vierte Stufe vermag deshalb in das Verborgene einzutauchen, weil die Integration letztlich dazu führt, von sich selbst abzusehen.

Obgleich eine klare Reihenfolge und Aufgabenteilung der vier Grundfunktionen ersichtlich ist, begründet dies aber keine Rang- oder Wertfolge unter ihnen. Vielmehr treten sie als gleichrangige Partner nebeneinander, und eine jede bewährt sich für bestimmte Anforderungen, für die die anderen Grundfunktionen – ob nun »höher« oder nicht – unbegabt sind. So scheint es, als spiele sich das Leben des Menschen in mehreren Bewußtseinsdimensionen gleichzeitig ab. Die Reihenfolge von Eins bis Vier ist lediglich Ausdruck einer Systematik. Denn jeder weiterführende Schritt braucht den darunter liegenden als Fundament – und der Mensch braucht den Zugang zu allen vier Bewußtseinsschichten, um ein ganzer und heiler Mensch zu sein.

Für diese Ganzheit wählt Jung den Namen *Coniunctio,* also Vereinigung. Diese Bezeichnung ist sehr einprägsam, erinnert sie doch an Jungs eigenen Namen! Er meint mit Coniunctio jenen Idealzustand, in dem ein Mensch alle vier zur Verfügung stehenden Grundfunktionen gleich stark auslebt und erfüllt. In solcher höchsten seelischen Ausgewogenheit liegen harmonische Vollendung und Souveränität zugleich, verbinden sich Seele und Geist; hier erfüllt sich der Mensch zur Vollständigkeit und Vollkommenheit. Die Coniunctio als eine neue und übergreifende fünfte Qualität ist also die Vollendung der vier anderen, wenn diese zur Reife und zur Harmonie gefunden haben.

Dies allerdings ist ein Idealbild, denn derart im Gleichklang aller Seelenfunktionen lebende Menschen findet man kaum. In der Regel ist bei uns eine bestimmte Grundfunktion am stärksten ausgeprägt. So gewöhnen wir es uns an, bevorzugt mit dieser einen Funktion zu reagieren, wenn es Situationen und Anforderungen zu bewältigen gilt. Die vorherrschende

Grundfunktion eines Menschen nennt Jung dessen Primär- oder Erstfunktion; die Bevorzugung charakterisiert den einzelnen derart, daß Jung hieraus eine Typologie entwickeln konnte.

Für das Verhältnis der Grundfunktionen untereinander gilt eine Besonderheit. Die vier Grundfunktionen bilden zwei Gegensatzpaare. Einer jeden bevorzugten Erstfunktion steht daher, wie gesetzmäßig, eine bestimmte andere Grundfunktion gegenüber – Jung nennt sie die Viertfunktion –, die ihr polar entgegengesetzt ist. Die Viertfunktion wird von uns in der Regel nicht nur vernachlässigt, sondern geradezu »verachtet«. Die beiden noch verbleibenden Grundfunktionen liegen meist neutral zwischen Erst- und Viertfunktion und halten sich in ihrer Verfügbarkeit die Waage.

Die einander befeindenden Gegensatzpaare sind die Grundfunktionen Denken und Fühlen einerseits sowie Empfinden und Intuition andererseits. Die Gegensätzlichkeit von Denken und Fühlen, also Logik und Affekt, ist wohlbekannt. Aber auch die enge Körperbezogenheit des Empfindens mit dessen Einspurigkeit und begrenzter Ausdrucksmöglichkeit bildet einen ausgesprochenen Antagonismus zur Großzügigkeit, Offenheit, ja Ungebundenheit der intuitiven Veranlagung. Die bis zur Verachtung gehende Feindschaft zwischen Erst- und Viertfunktion bedeutet selbstverständlich eine tiefgreifende Belastung der innerpsychischen Harmonie. Darüber hinaus belastet sie die Beziehung des einzelnen zu den Mitmenschen, die »ausgerechnet« die verachtete Viertfunktion als Erstfunktion ausleben.

Indem die Grundfunktionen im Verhältnis zueinander derart extreme Stellungen beziehen, entstehen allerdings jene Spannungen, die die psychische Dynamik ermöglichen: Erst aus Spannung und Dynamik wächst die Lebendigkeit der Psyche. So ist die Psyche in ihrem Inneren in ständiger Bewegung. Da alle vier Grundfunktionen im Menschen gleichzeitig vorhanden und angelegt sind, sollten sie im Idealfall je nach Situation einsatzbereit sein; abwechselnd sollten sie vor- und wieder zurücktreten. Doch zeigt die alltägliche Erfahrung, wie schwer das hohe Ziel der Harmonisierung der Psyche zu erringen ist: Das Streben nach der Coniunctio verlangt umfangreiche innerseelische Verschiebungen teils verstärkender, teils kompensatorischer Art.

Wenn wir unsere eigene Erst- und Viertfunktion erkannt haben, so könnte der erste Schritt zur eigenen Harmonisierung darin bestehen, daß wir die Viertfunktion als rechtmäßig vorhanden akzeptieren: nicht nur in uns selbst, sondern auch im Mitmenschen. Nicht selten haben wir nämlich, einem unbewußten Streben nach Ergänzung folgend, gerade »unsere Viertfunktion« geheiratet oder zum Geschäftspartner, Vorgesetzten oder engsten Freunde gewählt. Dieser andere, dessen Benehmen uns laufend reizt, will uns aber gar nicht ärgern, sondern er gibt sich nur unbefangen so, wie er ist. Dessen Lebensart zu tolerieren, ihm zu verzeihen, daß er so ist, wie er ist – dies sind die ersten mühsamen Schritte auf dem Wege zur Versöhnung, auch mit uns selbst.

Mit einer solchen inneren Haltung erlauben wir übrigens dem anderen, einstweilen und gleichsam stellvertretend für uns die vernachlässigte Viertfunktion einzubringen, als würde sie uns zugerechnet. Mit der bewußten Aufwertung der Viertfunktion wird es uns allmählich immer besser gelingen, sie auch in uns selbst zuzulassen und zunehmend auszuleben. Damit beginnt sich in unserer eigenen Psyche das Kräfteverhältnis zwischen den vier Grundfunktionen zu regulieren, und die Überbetonung der Erstfunktion wird zurücktreten. Auf diese Weise werden wir wiederum für die Mitmenschen erträglicher. Es tut not, daß wir bei uns selbst den Anfang machen.

*

Wir verdanken Jung eine weitere Beobachtung, nämlich die Unterscheidung in Extra- und Introversion. Für das seelische Erleben des einzelnen und sein Verhalten gegenüber der Umwelt ist es von wesentlicher Bedeutung, ob er generell mehr der Außenwelt, das heißt den Umwelteindrücken, oder mehr der Innenwelt mit deren Innenreichtum zugewandt lebt.

Der Extravertierte hat eine stete Wachheit und positive, erwartende Grundeinstellung gegenüber allem, was außerhalb seiner selbst besteht, und empfängt von dort laufend Anregung und Motivation. Das Interesse ist gleichsam aus ihm – dem Subjekt – auf das Objekt hinausverlegt. Im extremen Fall allerdings erweckt er den Eindruck, als lebe er völlig ohne eigene Mitte. Das Zurückgeworfenwerden auf sich selbst bereitet dem Extravertierten Unbehagen und enge-artige Unruhe, die er in vermehrte Aktivität umsetzt.

Beim Introvertierten hingegen zieht sich das Interesse möglichst auf das Subjekt selbst zurück. Das Subjekt schiebt gleichsam ständig einen Ich-Filter vor, der darüber befindet, welche Außeneindrücke würdig sind, überhaupt in den inneren Bannkreis des Interesses eingelassen zu werden. Folglich werden jedes Objekt und jedes Ereignis zunächst als unerwünschte Ablenkung und Belästigung empfunden, sogar als Bedrohung, die lähmend wirkt. Die Introversion, die primär der Erschließung der Fülle in den tieferen Innenschichten dienlich ist, kann im Extremfall zu zwanghafter Ichbezogenheit werden, in der das Subjekt sein eigenes Ego mit der inneren Quelle verwechselt.

Von den beiden Typen ist der Extravertierte grundsätzlich der Du-Bezogenere; indem er aber alles, was er hervorbringt oder was aktuell in ihm vorgeht, sofort der Umwelt darbringt und lebhaft nach außen hin artikuliert, wirkt er in seiner Exzentrik ego-zentrisch. Sein Ich bildet sich gleichsam außerhalb seiner selbst, indem er es auf den ihn umgebenden Rundhorizont projiziert. Der Introvertierte hingegen ist – worüber er sich meist hinwegtäuscht – der egoistischere von beiden und wird seine Rechte zu wahren wissen. Mögen draußen und in der Ferne die Völker nur aufeinanderschlagen! Eine sehr introvertierte Patientin stellte Jung denn auch die Frage, wozu das Draußen eigentlich existiere, wo doch im Innen alles enthalten sei. Dieses Innen allerdings scheint so lange zu schlummern, bis gleichartige Bilder sich von außen her auf den inneren Rundhorizont projizieren und es zum Leben erwecken.

Der Extravertierte scheitert eines Tages an der Erschöpfung seiner nach außen geschleuderten Aufmerksamkeit und Kräfte; erst die Rückbesinnung auf sich selbst als Belebungs- und Kraftquelle bewirkt seine Umkehr. Der Introvertierte aber verkümmert an der Erstarrung seines Lebens, solange er seine Innenerfahrungen nicht in den Umgang mit der Umwelt und in deren Bereicherung umsetzt. Hierzu eine Bemerkung Dietrich Bonhoeffers: »Wer nicht allein sein kann, hüte sich vor der Gemeinschaft! Wer aber nicht in der Gemeinschaft steht, der hüte sich vor der Einsamkeit.«

Die extravertierte und introvertierte Einstellung können sich im Laufe des Lebens wandeln; sie sind keine typbedingte

Polarität, sondern nur eine habituelle, also gewohnheitsmäßige. Die Umkehr – in der heutigen Psychologie *turn* (engl. für »Kehrtwendung«) genannt – vollzieht sich häufig im Rahmen der sogenannten *Midlife-Crisis* oder während anderer Lebenskrisen. Solche Krisen mögen durch äußere Ereignisse ausgelöst werden, entspringen aber letztlich der innerseelischen Notwendigkeit zur Harmonisierung, zur Überwindung von Einseitigkeiten. Wir werden in den folgenden Kapiteln sehen, wie sehr alles Wachsen und Reifen des Menschen in der seelischen Dynamik der Wandlungen seine Vorzeichen und Schwerpunkte setzt.

Kapitel 3
Der Werdegang des Menschen

Der Mensch, der diese Erde nicht als fertiges Lebewesen betritt, durchläuft innere und äußere Prozesse von Wachstum und Reifung. Dieser Werdegang vollzieht sich in vier Phasen – eine Erkenntnis, die wir wiederum bei C. G. Jung und in ihrer Fortführung bei Elisabeth Kübler-Ross beschrieben finden.

Körperlich gesehen, sind die vier nacheinander vollzogenen Phasen: das Säuglingsalter in seiner völligen Abhängigkeit von leiblicher Fürsorge, danach die Wachstumsjahre samt der Pubertät mit immer größerer Verselbständigung, dann die lange Spanne des Ausgewachsen- und Erwachsenseins und schließlich das Alter mit dem körperlichen Verfall.

Diesem äußeren, leiblichen Werdegang entspricht ein innerer, seelischer von ebenfalls vier Phasen. Der innere Prozeß wird in der Psychologie Jungs als *Individuation* bezeichnet: ein Weg, der sowohl zum Aufbau eines eigenen, unverwechselbaren, unteilbaren Ich oder Ego in dessen bewußten Schichten führen soll, als auch zur Integration der weit umfassenderen unbewußten Schichten im Sinne des *Selbst.*

Der innere und der äußere Prozeß laufen parallel, aber unterschiedlich schnell nebeneinander her. Der äußere ist uns weitgehend vertraut; mit dem seelischen werden wir uns jedoch weit mehr vertraut machen müssen, was uns zu Gedankengängen hinführen wird, die über den rein psychologischen Ansatz hinausgehen.

In der ersten Lebensphase, der des Säuglings, spielt einzig das Erst-Erleben im Körper eine Rolle: Die kleine Seele *ist* körperbezogenes Empfinden. Diese Phase kann daher mit keiner anderen als nur der ersten, der endosomatischen psychischen Grundfunktion in Analogie gebracht werden. Erwacht dann nach einiger Zeit das Fühlen im Leben des Menschen, so beginnt ein zweites Stadium. Das Fühlen löst das Empfinden durchaus nicht ab, sondern kommt als eine zweite Funktion hinzu; doch wird es in dieser Phase besonders deutlich und kraftvoll zum Ausdruck gebracht und als neue Möglichkeit ausgespielt. Hieran schließt sich ein dritter Lebensabschnitt, in dem die Fähigkeit zu denken auf den Plan tritt und in allen Richtungen ausgebaut und genutzt wird, auch wenn Empfinden und Fühlen weiterhin zur Verfügung stehen. Diese dritte Individuationsstufe läßt sich daher in direkte Analogie zur dritten psychischen Grundfunktion setzen. Eine hinzukommende vierte Phase erschließt abermals neue psychische Möglichkeiten: sie paßt besonders zur Intuition.

Die seelischen Grundfunktionen, die wir zunächst nur nach Maßgabe ihrer zunehmenden Verfeinerung und Differenziertheit gegliedert hatten, erweisen sich demnach auch in ihrem zeitlichen Auftreten als gestaffelt, wobei das Bisherige erhalten bleibt und als Ausgangsbasis und Vorbedingung für eine Fortentwicklung in völlig neuartiger Richtung dient. Ob qualitativ oder zeitlich gesehen, bleibt die Reihenfolge der vier Seelenfunktionen demnach dieselbe, wie die Entsprechung zu den Phasen des menschlichen Werdeganges zeigt.

Die grundlegende zeitliche Analogie zwischen den psychischen Grundfunktionen und den Phasen des menschlichen Werdeganges läßt noch weitere Analogien vermuten, und so können wir erwarten, daß sich gewisse Aussagen, die für die viergegliederte Seelenstruktur gelten, inhaltlich auch auf den viergegliederten Individuationsweg übertragen lassen – nämlich dann und insoweit, als es sich um Aussagen prinzipieller Natur handelt.

Um diese prinzipiellen Aussagen besonders herauszuarbeiten, werden wir uns einer gezielten Auswahl von Bildern und Beispielen bedienen, um die uns speziell hier beschäftigenden Analogien der Lebensphasen zu unterstreichen. Andere Beispiele, die der Leser in den nun folgenden Ausführungen vielleicht vermissen mag, werden stattdessen möglicherweise in einem späteren Kapitel eine Rolle spielen, wenn andere Facetten in den Vordergrund rücken.

*

In der ersten Stufe des Mensch-Seins, dem Säuglingsalter, spielen Ich und Erkenntnis offensichtlich noch keine Rolle. Die meiste Zeit verbringt das Neugeborene mit Schlafen; zu Anfang gleichen auch die wachen Stunden eher nur einem Dämmerzustand. Alle Lebensvorgänge sind auf das Ursprüngliche und Naturhafte gerichtet, für das Baby ist ausschließlich der Körper – Soma – von Bedeutung. Die allmählich erwachende Wahrnehmung – als die erste psychische Tätigkeit – beschränkt sich also auf die körperlichen Empfindungen; nur diese werden gewahr und einzig zum Ausdruck gebracht.

In diesem Stadium wird es besonders deutlich, daß die im Körper angelegten Informationen und Programme keine individuellen sind, sondern gleichermaßen für die gesamte Art und Gattung gelten. Wir begegnen hier – physisch wie psychisch – einem Urprogramm, das von einer tiefen, unbewußten Wesensschicht her gesteuert wird: einer Schicht, die in der Psychologie als das Es bezeichnet wird und die den Menschen an das Kollektive anschließt. Man könnte meinen, daß sie gar nicht im Einzelwesen selbst, sondern außerhalb von ihm existiere, so als wäre das Es-Bewußtsein in das Kollektive als einen umhüllenden Bewußtseinsträger eingebettet. Alles Gewahren in dieser Schicht ist ein allgemeines, das die ganze Art betrifft und seine Wurzel in der Gattung hat. Manifestierte Wirklichkeit und Bewußtsein fallen hier demnach auseinander: Körperlich gesehen, ist das Neugeborene zwar ein vollkommen eigenständiges Wesen: jeder Zoll ein Mensch. Es hebt sich deutlich von seinem kollektiven Hintergrunde ab, es hat seine eigene, abgegrenzte Existenz angetreten und lebt sich selbst. Bewußtseinsmäßig aber nimmt es sein individuelles Sein nicht wahr, sondern erlebt sich in einer dämmerig-dumpfen Empfindung wie in einem umhüllenden Fluidum getragen und gewiegt, gleichsam in einem Urwasser, das an das Fruchtwasser des Mutterleibes erinnert. Psychisch gesehen, besteht denn auch eine feste Nabelschnurverbindung zur Mutter fort. Der Körperkontakt zur Mutter wird nicht nur als Wärme und Geborgenheit, sondern direkt als der eigene Grund erfahren, und dieser Grund reicht über Ahnen und Vorfahren tief in das Sammelbecken der kollektiven Abstammung hinein. Das von diesem Urgrund schützend umschlossene und geborgene Kind ist in seinen einfachen, unbewußten Reflexen und Instinkten den kollektiv vorgegebenen Mustern verpflichtet. Das Kollektive teilt sich als Einheit mit, nicht als Folge einzelner Generationen oder gar als Ansammlung von Individuen. Daher fehlt es in dieser Stufe an einem Empfinden für die Zeit, denn die Gattung lebt fort in stabiler Kontinuität.

Das »Es« des erwachenden Lebens ist auch ein »Sich«; es lebt noch ganz in sich, auf sich bezogen – also reflexiv und dennoch unreflektiert und ohne jeden Ich-Bezug.

Was uns in der Lebensphase des Neugeborenen physisch und psychisch vor Augen tritt, verliert jedoch im späteren Leben des Menschen keinesfalls an Bedeutung. Das »Sich«-Empfinden wird freilich von dem immer vehementer hinzutretenden Gefühl für die eigene Ichhaftigkeit und den nochmals weiter führenden Individuationsstufen überlagert, aber es wird keinesfalls völlig aufgezehrt. In den Zeiten reduzierter Gesundheit und vor allem in den letzten Wochen der Todesnähe läßt körperliche Hilflosigkeit daher die Bedürfnisse des Leibes oft wieder vordergründig und vorrangig werden – bis hin zur Dissoziation zwischen betäubtem Bewußtsein und der in aller Notdurft dahinvegetierenden Körperlichkeit.

Doch denken wir nicht nur an diese Zeiten gesundheitlicher Bedrängnis, sondern im Gegenteil an die Fülle des Lebens. Diese besteht ja gerade darin, daß die Segnungen des ersten Bereichs, eben die Beseeltheit des Körpers, das ganze Leben hindurch erhalten bleiben. Der Körper, als der Wohnsitz der Seele, ist so ausgestattet, daß er für die Bewältigung der Erdenexistenz Burg und Rüstung zugleich sein kann, auch wenn er verletzlich ist und uns oft schwächlich erscheinen mag. Auch der kollektive Hintergrund ist sichernde Verankerung und birgt so manche über das Einzelwesen hinausreichende Garantie. Das Eingebettetsein in die Körperlichkeit mit deren kollektivem Hintergrund zu bejahen, ist die erste Voraussetzung, um das Leben bestehen zu können. Solches Annehmen geschieht bei vielen Menschen wie instinktiv aus einem angeborenen Ur-Vertrauen heraus; viele andere aber müssen es in einem Akt mehr oder weniger bewußten Wollens erst vollziehen. Die Seelen-Ebene »Soma« darf weder ausgelassen noch verleugnet werden, denn mit ihr stehen und fallen alle nachfolgenden Schritte, die den Menschen auf seinem inneren und äußeren Werdegang erwarten.

*

Aus dem Stadium des »Sich« sprießt in der zweiten Phase, die sich durch das erste Trotzen des Kindes ankündigt, das Ich oder Ego hervor. Der junge Mensch hat mit einem Male ein Gefühl für sein Besonderssein bekommen. Ab jetzt stimmen Bewußtsein und manifestierte Wirklichkeit überein: Der Mensch ist ein Einzelwesen, und er fühlt dies. Er beginnt, »Ich« zu sich selbst zu sagen, während er sich zuvor in der dritten Person und mit dem Rufnamen bezeichnete. Er fühlt nun, was sein Ich will und insbesondere, was es nicht will, und meldet diese seine Ansprüche an. Das aber trifft seine Umgebung, die ihn bisher als ich-los, als ein willfähriges Objekt, kannte, gänzlich unvorbereitet. Völlig überraschend hat sich die Konstellation gewandelt. Es beginnt folglich ein gegenseitiges Abstecken und Austarieren der Grenzen, und es leuchtet ein, daß das junge, ungestüme Ich sich zunächst einmal Luft verschafft und zur Geltendmachung der eigenen Ansprüche sein volles Kräftepotential einsetzt. Es zieht alle Register des Trotzes, und zwar bei jedem weiteren Erstarken des Ich von neuem. Erst die Übung im Umgang mit dem eigenen Ego und dessen Kräften, die zunehmende Selbstsicherheit und, was besonders wichtig ist, die zunehmende Ausweitung des eigenen Freiraums und der eigenen Geltung gegenüber den Mitmenschen lassen das Trotzgebaren allmählich sanfter werden und schließlich verebben.

Die Entsprechung dieser Phase der Ich-Bildung zu der seelischen Grundfunktion des Fühlens liegt auf der Hand. Die Gefühle sind eindeutig dem Ego-Kern des Menschen zuzuordnen. Sie verhelfen dem Ich zur Erstarkung und Durchsetzung in seiner Umgebung. Viele Menschen aber bleiben ein Leben lang unsicher und gehemmt in ihrem Ich. Die Frage, ob die Ich-Entwicklung überhaupt in einem bestimmten Alter abgeschlossen ist, muß offen bleiben; dies ist individuell verschieden.

Unangemessene Gefühlsreaktionen und Affekte kommen dann zustande, wenn ein Mißverhältnis zwischen der Ausgewogenheit des Ich und den zur Verfügung stehenden Gefühlskräften besteht. Im Idealfalle sollte das Ich in einer Art Selbstverständlichkeit leben, in einem heiteren Selbstwertgefühl; das heißt es sollte das Gefühl ausreichenden Platzes und angemessener Handlungsfreiheit für seine Ich-Verwirklichung haben und, bildlich gesprochen, in seiner eigenen Mitte sein.

Dementsprechend besteht das Symbol des Ich in einem Kreis mit einem Punkt in der Mitte:

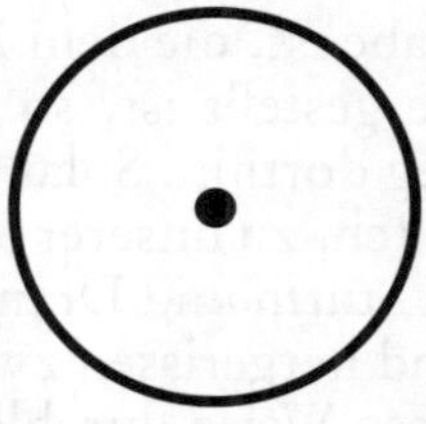

Ein Mensch mit solch idealem, harmonischem Selbstwertgefühl hat etwas Sonnenhaftes, Königliches, Erwärmendes, Kraftspendendes an sich; er besitzt Charme, Ausgewogenheit und ein untrügliches Gefühl für das rechte Maß. Er ist in seinen Emotionen unverletzlich und verletzt selbst nie die Gefühle anderer.

Hat ein Mensch diese Selbstverständlichkeit des Ich erreicht, so darf man von ihm sagen, daß er wahrhaft erwachsen ist und das Ziel der zweiten Phase der Individuation errungen hat. Er ist zur Persönlichkeit geworden, zum Individuum – das bedeutet unteilbar, unverwechselbar und einmalig in Gottes Schöpfung: ein Original in des Wortes schönster Bedeutung, ein »Einzelstück« von höchstem Wert. An dieser Stelle des Lebensbogens darf der Mensch sich als geliebten Sohn, als geliebte Tochter Gottes fühlen: Auf seine individuelle, persönliche Weise hat er die in ihn gelegte Ebenbildlichkeit Gottes auf der äußeren Ebene zur Darstellung gebracht.

Unsere Seele weiß davon, daß wir Söhne und Töchter des Allerhöchsten sind: Wir spüren dies in so manchen Träumen, und auch unsere Märchen bringen dies zum Ausdruck, wenn sie vom Königssohn und der Königstochter berichten. Jener Prinz, der verzaubert war und seine wahre Identität nicht kannte oder gar verspielt hatte, sind symbolisch wir selbst. Auf einem beschwerlichen Weg durch Abenteuer und Widrigkeiten ziehen wir aus, unser Glück zu suchen.

Die Suche nach dem Glück... man sagt, alle Kulturen und Religionen seien sich darüber einig, daß der Sinn des menschlichen Lebens in der glückhaften Erfüllung liege – doch darüber, worin denn dieses Glück bestehe, gehen die Meinungen auseinander. In der Sprache des Märchens ist es das Vollbringen der einzigartigen Tat in der Fremde, verbunden mit der augenblicklichen Heimkehr an den eigenen, angestammten Platz und mit dem Antreten des königlichen Erbes.

Wenn dies die Aufgabe ist, die dem Menschen in der zweiten Individuationsstufe gestellt ist, so führt doch ein weiter und beschwerlicher Weg dorthin. Solange wir noch unterwegs sind zur Erringung des Ich, zu unserer Selbstfindung, schwanken wir in so manchem Sturm und Drang, in so mancher Stimmung, sind wir hin- und hergerissen zwischen Ungestüm und Schüchternheit; auf diese Weise durchleben wir alle die Jahre unserer Pubertät. Bei manchen Menschen scheint diese Phase gar kein Ende nehmen zu wollen! Sie bleiben ihrem Wesen nach ein Leben lang Heranwachsende: Spielball wechselnder Stimmungen und Gefühle, unlogisch und inkonsequent, doch voller jugendlichem Schwung. Man kann ihnen nie ernsthaft böse sein, denn es haftet ihnen etwas Rührendes an, sie sind täppisch wie Teddybären oder junge Hunde: Solange man ihr Ego streichelt und krault, werden sie nicht beißen.

Oft bleibt die Selbstfindung deshalb aus, weil die soziale Umwelt zu stark ist und sich Übergriffe erlaubt. Die Umwelt hört dann auf, das Revier zu sein, in dem man sich ungehindert bewegen und entfalten kann. Das noch wachsende Ich wird möglicherweise durch die Übermacht solchen Außendrucks erstickt, zumindest aber gehemmt und in seinem Selbstvertrauen beschnitten. Ein wohlbemessenes Maß an Beschränkungen jedoch dient der Bewährung, Kräftigung und Stählung des Ich, verhilft ihm zu immer neuen Erfolgserlebnissen und zu kleineren wie größeren Siegen.

Auf dem Wege der Ich-Entwicklung gibt uns nämlich alles, was das Ego aufbaut und ihm dient, ein Gefühl von Erhabenheit und Glück. Deshalb versuchen wir es möglichst so einzurichten, daß ringsumher sich alles um unsere Person dreht, und dies gelingt desto besser, je stärker wir uns zu artikulieren und unsere Affekte zur Geltung zu bringen vermögen. Dem wachsenden Ich steht es durchaus zu, sich selbst, seine Gefühlswelt und seine persönlichen Erlebnisse wichtig zu nehmen. Wie viele Jugendliche führen Tagebuch, in wie vielen Ich-Krisen greifen wir zur Feder, um unsere Gefühle dem Papier anzuvertrauen!

In jeder Hinsicht erweist sich das Ich-Symbol als passend: der Punkt als Zentrum des Kreises, die Nabe als Achse, um die das Rad kreist – das Ego sich selbst verstehend als den Nabel, um den die Welt rotiert.

Unser Ich sucht also alles, was ihm das Gefühl von Kraft und Besonderssein vermitteln kann, und gleichermaßen sucht es Erlebnisse, die auch den Moment zu einem besonderen machen. Das Ich will auf sich stolz sein können und sich selbst beweisen, zum Beispiel durch eine herausragende sportliche Leistung, ein gelungenes Abenteuer, ein gemeistertes Wagnis; es will sich freuen an einem aufregenden Schauspiel der Natur, einem rührenden Theaterstück, einem stimmungsvollen Beisammensein. Unser Ich versteht sich aufs Feiern und auf alles, was das Leben zu einem Fest macht. Es hat Freude an jeder Art von Spiel; alles sollte spielerisch und leicht, heiter und beschwingt zugehen, mit viel Spaß und Übermut und so manchem Schabernack. So paradox dies nun klingen mag: das Spiel wird ernstgenommen! Man verschreibt sich ganz dem Augenblick; denn das Ich kennt keine Halbheiten, auch keine Vor- und keine Rücksichten.

Wehe aber, die Sache wird ernst – denn das bereitet Unlust und bringt Leid! Unser Ich sucht leidvolle Erfahrungen tunlichst zu vermeiden, weil es sie immer als Dämpfer, als Hindernis der erstrebten freien Ich-Entfaltung erlebt. Glücklicherweise ist die Elastizität, die wir bereits als einen Aspekt der Emotion kennenlernten, gleichfalls eine Eigenschaft des Ich. Läßt sich ein Hindernis nicht spontan und im Sturme nehmen, das heißt mit dem Prickeln des Abenteuers und dem Reiz der sportlichen Bewährung, wählt das Ich gern die Windungen eines Umwegs – wie jener Wasserlauf, der uns bereits als Gleichnis für die Gefühle diente.

So bewegt sich das Ich, indem es sich um sich selbst, um die eigene Achse dreht, von Moment zu Moment, von Situation zu Situation – Freudiges und Befreiendes mit Leichtigkeit erobernd, Unlustvolles und Beengendes geschickt meidend.

Diese Lebensart hat aber nichts mit Egoismus zu tun, sondern rührt ganz einfach daher, daß der Horizont nicht über die Egozentrik hinausreicht. Mit großer Selbstverständlichkeit erwartet das Ich daher auch unumschränkte Geltung und den ranghöchsten Platz in seinem Umkreis, denn es hält sich für den bedeutendsten Führer oder Lehrer, die betörendste Diva, den phantastischsten Helden. Nicht selten folgt es dabei äußeren Leitbildern oder inneren archetypischen Idolen, die ihm besonders imponieren.

Fühlt das Ich, daß es jener Außergewöhnliche doch nicht ist, den es darstellen möchte, so vermag es dies aber weder den anderen noch sich selbst zuzugeben; denn es wäre leidvoll, das Gesicht zu verlieren. So spielt das Ich Theater und erheischt doppelte Anbetung und Bewunderung. Wird diese ihm dann versagt, so benimmt es sich trotzig und ungehalten wie ein Kind.

Je weniger Selbstwertgefühl das Ich mitbringt, desto auffälliger schmückt es sich mit äußerlichen Zeichen: mit Uniformen, Titeln, Geschmeiden, PS-strotzenden Vehikeln und was dergleichen Statussymbole mehr sind, die dem Herausputzen der Person und der Hervorhebung der beanspruchten Rolle dienen.

In der beanspruchten Rolle versteht sich das Ego sehr wohl aufs Dramatisieren: mit Gestik und Mimik, mit zur Schau getragenen Launen, mit Stöhnen und »Klagen ohne zu leiden«, mit Vorwürfen – »Wenn es mir schon schlecht geht, so sollst du wissen: du bist schuld!« –, und mit voll ausgekostetem Beleidigt-Sein.

Der Umgang mit dieser Art Menschen fällt schwer. Man fühlt sehr deutlich, daß sie mit ihrem Ego mehr Platz einzunehmen wünschen, als ihrem Format entspricht. Das kommt einem Terrainübergriff gleich, denn das Format ist der geheime Maßstab für die zu zollende Achtung, für den zu gewährenden Boden. Folglich fühlt man sich als Nachbar angegriffen: Man reagiert entweder aggressiv, oder man schützt sich, indem man den Betreffenden nicht ernst nimmt. Das letztere aber – darüber sollte man sich Rechenschaft geben – ist Unrecht. Jeder Mensch, jedes Ich, hat ein Recht darauf, ernst genommen zu werden; dies ist Teil seiner Menschenwürde. Versagen wir ihm die angemessene Achtung oder ver-achten wir ihn gar, so steigt er berechtigterweise auf die Barrikaden. Friedliche Koexistenz verlangt sowohl die Wahrung des äußeren Spielraums als auch des inneren Terrains. Dies gilt gleichermaßen für des Zusammenleben der einzelnen wie der Völker.

Bei allem Ausbalancieren der gegenseitigen Freiräume bleiben allerdings der Umkreis wie die Mitmenschen bloße Kulisse, vor der das Ich agiert. Der Mitmensch wird vor allem als

Akklamateur gebraucht, in Freud wie in Leid. Ein echtes Verständnis für die anderen Ich-Persönlichkeiten ist noch nicht zu erwarten. Das Ego lebt seine Stimmungen unbekümmert auf Kosten der anderen aus und beträgt sich oft wie der sprichwörtliche Elefant im Porzellanladen.

Kulisse, Schauplatz, Schauspiel – all dieses sind Kennworte für den Ich-Bereich. Im Grunde wird hier ein Ein-Mann-Drama gespielt; denn das Ich ist autark, es schlägt sich als Einzelgänger durch und will vor allem unbeengt sein.

Das Auskosten des Ich ist immer zugleich ein Auskosten der Zeit. Dieser gefühlsmäßige Umgang mit der Zeit führt zum Erleben der eigenen Be-wegung, zum individuellen Weg, denn die mehr oder weniger glückhaft durchlebten Situationen reihen sich aneinander zur eigenen Biographie. Die Biographie wird zum höchstpersönlichen, unverwechselbaren Merkmal des Individuums und wächst mit ihm von Moment zu Moment, von Stunde zu Stunde.

*

Mit der Ausbildung des Ich oder Ego ist der Werdegang des Menschen keineswegs beendet; erst zwei von vier Etappen sind genommen. Eine Art Höhepunkt ist zwar erreicht, doch es ist erst »Halbzeit mit Platzwechsel« wie beim Sport. An jenem Punkt, der die volle Ich-Entfaltung kennzeichnet, ist der Mensch, wie wir sahen, erst zum Kronprinzen herangewachsen; noch ist er bloß zukünftiger Erbe. Seine bis hierher vollzogene Ich-Entfaltung allein macht ihn längst noch nicht zum Erwachsenen, geschweige denn zum Gereiften. Es stehen ihm noch eine dritte und eine vierte Phase der Menschwerdung bevor.

In der modernen Psychotherapie allerdings gilt die Ich-Findung, verbunden mit Selbstbestätigung und Selbstverwirklichung, meist als das therapeutische Ziel. Denn wenn der Ich- beziehungsweise Emotionalbereich eines Menschen kaum oder gar nicht ausgeprägt ist, wenn eine auffällige Unfähigkeit, Emotionen zu offenbaren, oder aber stark gestaute Aggressionen bestehen, so führt dies zu erheblichen Verhaltensstörungen. Solchen Patienten versucht man mit verschiedenen therapeutischen Konzepten zu einem gestärkten und aktionsfähigen

Ich zu verhelfen. Freilich benötigen wir eine voll entwickelte Ich-Persönlichkeit als Voraussetzung und Rüstzeug, um die späteren Phasen unseres Werdeganges antreten und in ihnen bestehen zu können. Aber Selbstbestätigung und -verwirklichung sind nicht das endgültige Ziel der Individuation.

*

Der Mensch, der die Trotzphase, die Pubertät, die ersten Bewährungsproben der Ich-Findung bestanden hat, kommt zur Erkenntnis, daß er nicht allein ist – ja daß er auf Partnerschaft angewiesen ist. Das nun einsetzende Erwachsen-Werden als dritte Individuationsstufe verlangt also das Verständnis für das Du und die Einordnung des Ego in das soziale Gefüge, die Übernahme von Pflicht und Verantwortung. Mit dem letzteren ist freilich nicht die Verantwortlichkeit für die eigenen Belange gemeint; denn nicht mehr Ich-Unabhängigkeit und Selbst-Verwirklichung sind gefragt, sondern Mündigkeit und Partnerschaftsfähigkeit sind das »Klassenziel« dieser dritten Stufe. Nicht nur Mitmenschen zählen als Gegenüber, sondern auch jede Art von Dingen, Projekten und Problemen.

In dieser Phase erlebt sich das Ich zwar als eigenständig und unabhängig in seiner Suche nach Bindung außerhalb seiner selbst, doch wird es in Wirklichkeit zunehmend eingebunden und abhängig.

Körperlich gesehen gilt als Kriterium des Erwachsenseins die vollzogene Pubertät. Im Psychischen allerdings beginnt die dritte Phase bereits mit den ersten sozialen Erfahrungen und der Notwendigkeit, zu unterscheiden und zu werten. Die nun einsetzenden Fähigkeiten entsprechen also der mentalen Grundfunktion der Psyche, dem Denken.

Die Fähigkeit zu denken und zu erkennen – ebenso wie Vor-Gedachtes nachzuvollziehen und sich als Lernstoff einzuverleiben – wird mit dem Schulalter aktiviert. Die Skala der Dinge, die es zu erlernen gilt, nimmt mit jedem Lebensjahr zu. Dennoch ist das Erlangen von Wissen nicht Selbstzweck. Vielmehr sucht der Mensch sich selbst zu erkennen, indem er das erkennt, was ihn vom Gegenüber unterscheidet; so lernt er zu urteilen und zu richten. Des weiteren geht es um die Befähigung, mit den auf diese Weise erkannten mannigfaltigen Dingen seiner Umgebung sinnvoll umzugehen. Hierfür müssen außer umfassendem Wissen auch Verstand, Vernunft und Bewußtsein entwickelt werden, ebenso wie Fleiß, Pflicht und Verantwortlichkeit, soziale Eingliederung und Umgangsformen, Ethik und Gewissen.

Die Zunahme und Vervollkommnung dieser Qualitäten läßt den Menschen immer mehr zum Erwachsenen werden. Das jetzt auf 18 Jahre festgesetzte Alter der Volljährigkeit geht vom Körperlichen aus; die seelische Mündigkeit und Partnerschaftsfähigkeit ist jedoch in diesem Alter selten erreicht.

Im Grunde aber nimmt die dem Menschen im dritten Bereich gestellte Aufgabe niemals ein Ende. Das Ziel läßt sich höher und höher stecken, ohne daß der Mensch sich zufrieden geben wird. Hat er eine Perspektive errungen, so eröffnet sich ihm die nächste, der er nachjagt; erst greift er nach den nahen Sternen, später nach den fernen und immer noch ferneren. So wie es keine höchste Zahl gibt, gibt es auch kein Fertig-Sein oder gar eine letzte Stufe der Vollendung.

Wenn wir in der dritten Phase unseres Werdeganges dasjenige, nach dem wir streben, niemals in uns vermuten, sondern es auf ewig außerhalb und oberhalb unserer selbst suchen, so bedeutet dies eine Öffnung und Hinwendung zu einer Bewußtseinsschicht, die als das Über-Ich bezeichnet wird. Dieser Bewußtseinsschicht räumen wir eine kontrollierende Funktion über unser Denken und Handeln ein, sie prägt unser Gewissen und unsere Vernunft. Wir machen sie zu einer Absolutheits-Instanz, die mittels übergeordneter Gesetze und Gebote unsere Ethik begründet.

In der Epoche der Aufklärung war ein besonderer Sinn für diese Werte neu erwacht. Die großen Denker jener Zeit sprachen vom menschlichen Geist als göttlichem Attribut des Menschen, von der reinen Vernunft als einem göttlichen Prinzip; Kant formulierte seinen Kategorischen Imperativ als vornehmstes Sittengesetz: »Handle so, als ob die Maxime deiner Handlung zum allgemeinen Naturgesetz werden sollte.«

Hier werden größte und höchste Maßstäbe angesprochen. Der enge Kreis der Ichbezogenheit ist längst gesprengt; an seine Stelle treten Gesetz und Gewissen – jene Autoritäten, die ansagen, was gut und was böse ist.

Vergleichen wir die zweite und die dritte Phase des menschlichen Werdeganges, so wird klar, daß die Unterscheidung in Gut und Böse überhaupt erst mit dem Denken auftaucht – also nachdem der Mensch vom Baum der Erkenntnis gegessen hat. Der Köder der Schlange war ja bezeichnenderweise die Einflüsterung: »Ihr werdet wissen, was gut und böse ist« (1Mo 3,5). Vor dem Sündenfall, also vor dem Eintritt in die dritte Phase, weiß der Mensch tatsächlich von dieser Unterscheidung noch nichts: Die Dinge mögen zu ihm freundlich oder feindlich sein, auch mag er selbst Fehler machen, die ihm persönlich vielleicht Leid eintragen – aber er wird noch nicht schuldig vor dem über ihm schwebenden, allgewaltigen Gesetz. Folgerichtig sind in unserem Kriminal- und Strafrecht weder Kinder noch Jugendliche, sondern erst Erwachsene uneingeschränkt »schuldfähig« und vor dem Gesetz verantwortlich.

Laut Paulus gibt es Sünde überhaupt nur dort, wo ein Gesetz herrscht: »Denn durch Werke des Gesetzes wird niemand vor ihm gerecht werden; durch das Gesetz kommt es vielmehr zum Erkennen der Sünde« (Rö 3,20).

Der Irrtum und die Untugend des Menschen bestehen darin, daß er im Wissen um Gut und Böse in die Gewohnheit verfällt, alles zu bewerten und zu kritisieren sowie Feindbilder aufzustellen. Den gestrengen Maßstab legt der Mensch also an die anderen: an alles, was er um sich herum vorfindet, vor allem aber an das Du. Der rechte Gebrauch der Erkenntnis von Gut und Böse besteht aber darin, sie auf das eigene Gewissen zu beziehen: An sich selbst soll der Mensch diesen Maßstab anlegen, auf daß er nichts Böses denke, plane oder tue. Was hingegen vor ihn hintritt, soll er wertfrei stehen lassen und auch wertfrei damit umgehen.

Die Schlange verspricht dem erkennenden Menschen noch ein Zweites: »Ihr werdet sein wie Gott« – oder, in anderer Übersetzung: »Ihr werdet sein wie Götter« (1Mo 3,5). Damit ist unmißverständlich ausgesagt: Kraft der Erkenntnis wird der Mensch sich hinfort anmaßen können, seine Fähigkeiten an denen Gottes zu messen. Wird er so sein *wie* Gott, so wird er Gott vergleichbar sein. Ist nicht gerade dies das geheime Wunschdenken, mit dem Luzifer hier den Menschen infiziert? Suchte Luzifer etwa Komplizen? Wird es ihm auf die Dauer zu prekär, den Herausforderer im Alleingang zu spielen, und wirbt er um jede einzelne menschliche Wählerstimme, um seinem Plan den Anstrich eines Mehrheitsbeschlusses zu geben?

Hier sehen wir, welche neuen Kriterien im Bereich Drei auf die Waagschale kommen: Menge und Mehrgewicht, Vergleich und Wettbewerb, Relation und Relativität. Es gilt nicht mehr das geniale Format des einzelnen, sondern es zählt die Masse, die notfalls das Genie überstimmt. Zum Gesetz wird letztlich das, wofür die Mehrheit sich zu entscheiden bereit ist. Was allgemeinverbindlich sein soll, ist letztlich relativ, denn dies läßt sich auf dem Wege der öffentlichen Meinungsbildung manipulieren: Gelingt es, die Massen aufzuschüren, so verlangen sie statt ihres Jesus eben Barrabas. Das Gewissen ist nicht, wie die Aufklärung glaubte, eine dem Menschen eingeborene, unwandelbare Instanz, sondern es ist programmierbar. So glaubt zwar der kleine Mann, Gut und Böse seien absolute Werte. Die Großen, die Mächtigen aber verstehen die mentalen Mittel so einzusetzen, daß ihre eigenen subjektiven Maßstäbe als »objektiv« und allgemeingültig anerkannt werden.

Dabei braucht noch nicht einmal Egoismus im Spiel zu sein. Die Besonderheit des mentalen Bereichs besteht ja gerade darin, daß das Ich von sich weg und zu dem Gegenüber hinblickt. Doch bleibt die Brille, durch die hindurchgeschaut wird, eben eine subjektive. Das Ich bildet sich voller Fürsorge und Verantwortlichkeit eine Meinung, ein Ur-teil darüber, was wohl dem anderen frommen mag: »Ich meine es gut mit dir...« Ob das zwangsbeglückte Du, das hier zum liebevoll manipulierten Objekt wird, überhaupt derselben Meinung ist? Wie oft ist »gut gemeint« das genaue Gegenteil von »gut«! Es gilt also abermals das Bild des Projizierens oder Extrapolierens, des Hinauswerfens oder Hinausverlegens an den gegenüberliegenden Pol, das wir bei der Besprechung der seelischen Grundfunktion Denken bereits kennengelernt haben. Der Wurf geht vom Ich aus, und dieses Ich urteilt jeweils nach eigenen Maßstäben.

Echte Partnerschaft, in der jeder für den anderen gleich offen ist und der Grad der gegenseitigen Integration sich die Waage hält, braucht in der Tat Geduld und manchen Lernprozeß. Das bedeutet: nicht zu »meinen«, sondern zu verstehen; nicht für den anderen mitzudenken oder ihm – vor lauter Zuvorkommenheit – mit eigenem Eifer zuvorzukommen; vielmehr ihn sich selbst einbringen lassen, vor allem aber tolerant zu sein gegenüber dem, was und wie dieser selbst zu sein begehrt.

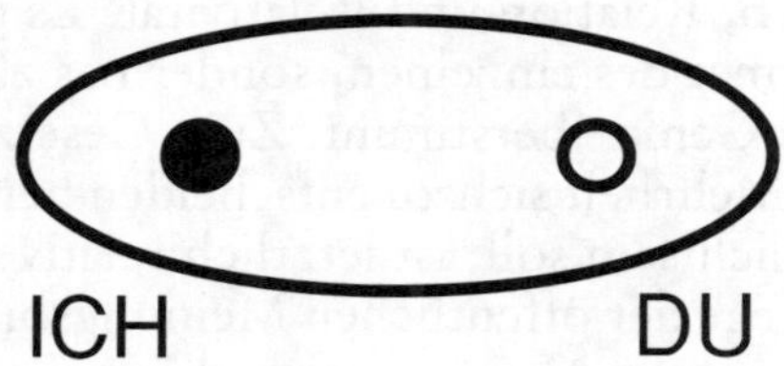

Es gibt auch den Wunsch nach völliger Gleichheit und seelischer Übereinstimmung beider Partner, wovon man sich größte Harmonie verspricht – als wollte man zwei kongruente Dreiecke aufeinanderlegen und zur Deckung bringen. Doch widerspricht dies dem Wesen der Polarität im mentalen Bereich: Ideale Partnerschaft setzt nachgerade voraus, daß sich zwei gegenpolare Extreme zu gegenseitiger Er-gänzung zusammenfinden, so wie auch Mann und Frau die zwei sich ergänzenden Aspekte des einen Wesens Mensch darstellen. Gegensätze ziehen sich an, ja sie sollen sich anziehen. Es ist daher gut, wenn Partner verschieden sind. Denn das wichtigste an der Partnerschaft sind nicht die beiden sich widersprechenden Pole einzeln betrachtet, sondern das zwischen ihnen errichtete Anziehungsfeld. Diese An-ziehung heißt Be-ziehung – und heißt Ergänzung.

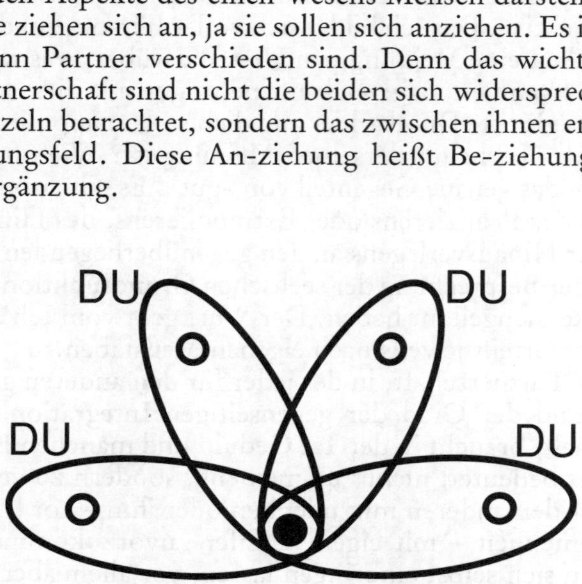

Jedes Interesse, das zwei – oder auch mehr – Menschen gleichermaßen teilen, verbindet diese zu einer zweckgebundenen Partnerschaft. Infolge unserer vielfältigen Interessen gehen wir die verschiedensten Bindungen ein und finden uns alsbald in einem Netz von Bezügen wieder, bis hin zum Eingebundensein in die Gefüge von Staat und Gesellschaft.

Der eigene Stellenwert ist im sozialen Bereich kein absoluter mehr, sondern läßt sich nur noch mit dem Blick auf den Anderen ermitteln. Man erkennt sich selbst im Gegenüber, jedoch nicht mehr nach Art einer Widerspiegelung, sondern nach Maßgabe der eigenen Über- oder Unterlegenheit: Überlegenheit gibt Genugtuung; Unterlegenheit aber spornt an – sei es aus Ehrgeiz, Eifersucht oder Neid, oder aber aus Respekt, Dankbarkeit und Pflichterfüllung. Anders allerdings, wenn ein Mensch infolge eines Minderwertigkeitskomplexes dazu neigt, generell jeden Vergleich zu den eigenen Ungunsten auszulegen; dies hemmt und verschüchtert von Grund auf.

Der Überlegene wird den Benachteiligten entweder ausnutzen, in seine Pläne integrieren, umerziehen – oder aber beschützen, versorgen, fördern und großziehen. Dies hängt von seiner Gesinnung und Verantwortlichkeit, letztlich von seiner Partnerschaftsfähigkeit ab. Wer im Selbstwertgefühl seiner Ich-Persönlichkeit genügend gefestigt ist, der vermag zu teilen, denn für ihn enthält jede Begegnung mit einem Geringeren, Minderbegabten oder Schwächeren die Aufforderung, ja die Berufung, sich zu diesem hinabzubeugen. Im umgekehrten Falle liegt die Versuchung nahe, alles Überlegene herabzuzerren und nach unten zu nivellieren.

Diese Umgangsweisen bestimmen nicht nur die Beziehungen einzelner, sondern gelten auch für den größeren Rahmen der gesellschaftlichen Gruppierungen und Schichtungen. Offensichtlich gibt es soziale, politische und zwischenstaatliche Machtkämpfe überhaupt nur deshalb – und werden diese darum so vehement geführt –, weil in unserer heutigen Menschheit weder die Besitzenden noch die Besitzlosen, weder die Anhänger der einen noch der anderen Ideologie über jene Partnerschaftsfähigkeit verfügen, auf die wir uns hier beziehen. Daher der Rückgriff auf Umgangsformen, die – wie Franz Alt zutreffend charakterisiert – an die Zustände in einem Kindergarten erinnern, unter Erwachsenen aber überwunden sein sollten.

Wie wäre es weitergegangen, wenn der Mensch nicht vom Baume der Erkenntnis gegessen hätte? Er säße noch im Paradies als ein Unmündiger und Zurückgebliebener im wahrsten Sinne des Wortes; denn er gliche dem Älteren im Gleichnis vom verlorenen Sohn, der seine Nähe zum Vater überhaupt nicht zu schätzen weiß (Lk 15,31). Nein, es war keine »Panne«, kein Störungszwischenfall im Schöpfungsablauf, daß der Mensch aus dem Paradies – dem Ruhen im Mittelpunkt des eigenen Ich-Kreises – hinausgestoßen wurde, in die Herausforderung des Unbekannten. Nur wer hinterfragt, findet Erkenntnis; nur wer sein Abgesondert-Sein erkennt, sucht Ergänzung. Absonderung und Sünde sind vom Sprachstamm her dasselbe Wort: daher die Bezeichnung Sündenfall für den schicksalshaften Genuß der vorenthaltenen Frucht.

Ist die Sünde, der Sturz in die Absonderung, einmal geschehen, so läßt sich im Nachhinein – das heißt: wenn man die Ursachenkette nachvollzieht und zurückverfolgt – freilich nur noch von Verbot und von einer Ver-Sündigung an diesem Verbot reden. Begriffe wie Gesetz und Moral tauchen nachträglich wie von selbst auf, und Sünde wird gleichbedeutend mit der bösen Tat. Dabei will das Wort Sünde nur jene »absonderliche« Beziehung kennzeichnen, die seitdem zwischen Gott und Mensch besteht: Zwar ist unser Band zu Ihm durch die Entfremdung maßlos überdehnt und dem Reißen nahe, denn der Mensch ist in eine weite Distanz gerückt, wie an das äußerste Minus-Ende einer Skala; doch das Band, die Beziehung zu Gott – ob wahrgenommen oder nicht – kann nicht zerreißen. Je mehr allerdings der Mensch sich unten am Irdisch-Materiellen festklammert, desto höher und unerreichbarer scheint Gott hinaufprojiziert.

So spielt sich also unser Leben vor den Toren des Paradieses ab, aus dem wir vertrieben sind. Für uns gilt fortan Mühe und Arbeit; hierin liegt aber kein Fluch, sondern Segen. Ohne Fleiß kein Preis: Wer fleißig ist, gründlich und beständig, dem wird die Erde mit allem, was sie zu geben hat, untertan. Unser Betätigungsfeld ist hinfort die Erde und mit ihr das Materielle, Greifbare, Formbare, Vermehrbare. Dieses Irdische verachte man nicht als verwerflich. Verwerflich ist der Mensch selbst, wenn er egoistisch aus dem Besitz des Materiellen seinen individuellen Vorteil zu ziehen sucht. Die Erde wurde nicht dem

Adam oder der Eva persönlich geschenkt, sondern der gesamten Menschheit gemeinschaftlich. An uns ist es – und es wird Zeit, daß wir diese Aufgabe endlich in die Tat umsetzen –, die Erde für alle Brüder und Schwestern der Menschenfamilie bewohnbar zu machen und alle Güter gerecht zu verteilen.

Zum Erwachsensein gehört daher die Fähigkeit und Bereitschaft zu Verzicht und Opfer: Opfer in des Wortes vornehmster Bedeutung, das sich nicht scheut, selbst das eigene Leben hinzugeben. Der Mensch ist hier befähigt, die Güter abzuwägen und sein Leben geringer zu achten als das Wohl eines Du oder die Verwirklichung eines Ideals.

Die besonderen Gaben des mentalen Bereichs – nämlich der Sinn für Gerechtigkeit, aber auch für Verantwortung, für Pflicht, Fleiß und Leistung – verhelfen dem erwachsen gewordenen Menschen dazu, zum Dienenden zu werden. Der besonnene Mensch unterscheidet sich vom emotionalen darin, daß er ungeachtet seiner persönlichen Stimmungen – und auch seines körperlichen Befindens – im Gleichmaß zu arbeiten versteht. Er vermag das eigene Ich hintanzustellen um des Dienstes am Nächsten oder um einer guten Sache willen. Sinngebung wird ihm zur höchsten Motivation.

Er neigt allerdings – in einem falsch verstandenen Hang zum Opfer – auch zur Selbstüberforderung; nämlich dann, wenn er die Warnungen von Ich oder Körper überhört oder wenn seine leibliche oder emotionale Gesundheit ohnehin zu wünschen übrig lassen. Er gleicht dann dem Eseltreiber, der sein Tier so lange zur Leistung anpeitscht, bis es unter ihm zusammenbricht. Wer sich ständig über die vom gesunden Ego gemeldeten Unlustgefühle hinwegsetzt, wird zum Verbissenen und Verbitterten.

Man sieht, wie die beiden vorangehenden Bereiche, der Leib und das Ich, gleichermaßen beherrscht wie integriert werden müssen. Auch ihnen gegenüber gilt es, partnerschaftlich zu bleiben. Die gestellte Aufgabe ist groß und unendlich mannigfaltig, die uns als Gottes Erwachsenen auf der dritten Stufe unseres Werdeganges aufgetragen ist.

*

In der vierten Phase des Individuationsweges geht es um die Reifung und Wandlung des Menschen. Er ist längst ausgewachsen und erwachsen, doch erwartet ihn nochmals eine Steigerung: Er wächst über sich selbst hinaus. Wie sich zeigen wird, besteht für diese Phase eine Analogie zur spirituellen Grundfunktion, der Intuition.

Körperlich gesehen, besteht das vierte Stadium im Altern; es ist verbunden mit dem Nachlassen der Funktionen, dem Verschleiß der Organe, dem Schwund der Kräfte. Eines Tages wird der Körper unbrauchbar geworden sein und von der Seele abgelegt werden.

Im Seelischen bedeutet »Altern« hingegen: reif und weise werden. Dieser Prozeß setzt unabhängig von der Zahl unserer Erdenjahre ein und begleitet uns ein Leben lang. Auch im Psychischen erweist sich vieles nach und nach als überholt und unbrauchbar und sollte abgelegt werden. So wird unser mühsam aufgebautes Gefühl der Besonderheit auf die Dauer fadenscheinig wie ein verschlissenes Gewand: Wer im Alter seine Ichhaftigkeit beibehält und seine Originalität zu sehr herauskehrt, wird zum egozentrischen Kauz und damit zum ungern geduldeten Fremdkörper in der Gemeinschaft, zumal wenn er seine Umgebung nach seinen Marotten tanzen läßt.

Auch die meisten unserer Beziehungen und Interessen müssen schließlich geopfert werden. Wir müssen erkennen, für wie Weniges wir im Grunde verantwortlich sind, und nach und nach alles, was wir zu besitzen meinten, freigeben: unsere Pläne, auch unsere Probleme, unsere Schützlinge und vor allem unsere Kinder. Die letzteren werden diese Loslösung mehr oder weniger gewaltsam erzwingen, wenn wir sie nicht freiwillig ziehen lassen. Dies ist richtig so, denn unsere Kinder stehen jetzt an der Schwelle zu ihrer eigenen Ich-Findung und Selbstverwirklichung, zum strahlenden Sie-selbst-Sein: Wer dürfte sie zurückhalten? Wenn wir vorgeben, wir sollten sie, die Unerfahrenen, vor Leid und Gefahren schützen, so belügen wir uns selbst; im Grunde wollen wir sie nur in unserem Bannkreis festhalten. Der fromme Selbstbetrug ist eine der großen Klippen, die wir in der vierten Phase zu umfahren haben.

Ein englisches Poster, auf dem eine Möwe – die Möwe Jonathan? – mit weit ausgebreiteten Schwingen ins Himmelsblau hinaufsteigt, trägt die Aufschrift: *If you love something, set it free... if it comes back, it is yours... if it doesn't, it never was* – zu deutsch: Wenn du etwas liebst, so gib es frei... kehrt es zurück, so ist es dein... kehrt es aber nicht zurück, so hat es dir nie gehört. – Loslassen-Können ist immer damit verbunden, daß wir bereit sind zu vertrauen: indem wir unsere davongeflogenen Lieben nicht mit unserem Wunschdenken wieder herbeizuzitieren suchen, sondern warten können in der Gewißheit und Gelassenheit, daß sie eines Tages wieder vor uns stehen und uns auf neue Weise angehören werden.

Reif-Werden hat mit dem Zurückstellen des Ich und daher mit der Hinnahme von mancher Not und manchem Schmerz zu tun. Das Schicksal – als das von Gott Geschickte – trägt denn auch immer wieder dazu bei, uns zwangsweise von liebgewonnenen Dingen und insbesondere von den uns liebgewordenen Menschen zu lösen. Zu lösen, also nicht endgültig zu trennen – denn das gibt es nicht im Spirituellen: Im Leid vermögen wir zu erfahren, daß die liebende Verbindung sogar den Tod überdauert – dies aber wiederum nur um den Preis des Freigebens.

Verzicht und Leid, denen wir in früheren Individuationsstufen ausweichen oder zuvorkommen wollten, werden nun, auf dem Wege zur Reifung, zu unseren Gefährten. Wir wissen wohl, daß ein bestimmtes Maß von Krankheit uns den Körper rauben und uns zu Tode bringen wird; ebenso fühlen wir, daß mit jedem durchlittenen Verzicht unser Ich auf schmerzvolle Weise abbröckelt; und was schließlich aus unseren mitmenschlichen Beziehungen übrigbleibt, ist belastet durch unsere Schuld und Unvollkommenheit. Bei jedem Loslassen – ob erzwungen oder freiwillig – und bei jedem Leid durchleben wir einen »kleinen Tod,« deren viele als Meilensteine unseren Weg zur Reifung säumen.

Und dennoch wächst uns während solcher Nöte etwas Unerhörtes zu, nämlich Trost: Selig sind diejenigen zu preisen, die da tragen; denn wer sein Leid wahrhaft trägt, anstatt es zu schleppen, der wird getröstet werden (Mt 5,4). Solcher Trost bedeutet mehr als getrocknete Tränen: Wie das englische Wort *trust* hat er mit Vertrauen, Zuversicht, Hoffnung, Treuhänderschaft, Treu und Glauben zu tun. Trost in diesem Sinne vermag der Heilige Geist zu schenken als die spirituelle Erfahrung, die alles Verstehen übersteigt, die höher ist als alle Vernunft (Phl 4,7): In der

Nachfolge Jesu kommt der Trost im getragenen Leid der Auferstehung aus durchlittener Kreuzigung gleich.

Leid, Kreuzigung und »kleiner Tod«, da sie wiederkehren, sind nichts Endgültiges; dies sollte man wissen. Es sind Prozesse, Durchgänge, Wandlungen, Läuterungsschritte, aus denen wir hervorgehen als Neuverwandelte: wahrhaftig als Auferstandene. Jede solche Auferstehung trägt das Siegel der Überwindung: Tod, wo ist dein Stachel, Hölle, wo ist dein Sieg? (1Ko 15,55) Wer einmal auf diese Weise auferstanden ist, für den sind Gnade und Erlösung keine leeren Worte mehr, sondern gelebte Erfahrung. Solche Erlösung reicht über die Errettung aus Not und Bedrängnis hinaus und ist weit mehr als die bloße »Erlösung von dem Bösen«: Sie ist die Erlösung von allen Übeln, wie es in der alten lutherschen Übersetzung des Vaterunsers noch heißt.

»Auferstandene« Menschen sind anders – freilich auf keinen Fall »besser«, eher bescheidener und stiller. Sie sind seitdem Bürger zweier Welten, nicht mehr nur »von dieser Welt« (Jh 15,19).

Das Leitmotiv der vierten Phase im Leben des Menschen heißt Sehnsucht. In der Musik begegnet uns dieser Klang im seufzenden Septimakkord, der nach seiner Auflösung schmachtet. Vier Töne türmen sich in diesem Akkord übereinander, der symbolhaft das Wesen des spirituellen Bereichs zum Klingen bringt. Wie anders tönten demgegenüber der Dreiklang, die zwei Töne der Terz oder gar der einzeln angestimmte Grundton; der vierte Ton aber, die Septime, läßt eine neue, höhere Tonart erahnen und leitet in diese über. Solches Hinüberleiten und Geleitetwerden über eine gewisse Schwelle begegnet uns auf dieser letzten Wegstrecke des Individuationsganges immer und immer wieder.

Denn Sehnsucht, die von Auf-lösung und Er-lösung weiß, ist keine leere Hoffnung, sondern gläubiges Erwarten von Verheißenem. Worin Glaube besteht, ist definiert im Eingangsvers des 11. Kapitels des Briefes an die Hebräer. Luther übersetzt: »Es ist aber der Glaube eine gewisse Zuversicht deß, das man hoffet, und nicht zweifelt an dem, das man nicht siehet.« Näher am griechischen Urtext ist folgende Fassung: »Glauben bedeutet ein Leben im Gewißsein – so als besäße man bereits, was man erwartet; ein Kennen von Wirklichkeiten, die man nicht sehen kann.«

Hier wird die Übereinstimmung mit der vierten Seelenfunktion, nämlich der Intuition und Inspiration, deutlich. In der Tat führt uns die vierte Phase des Menschenweges immer tiefer in den Umgang mit den unsichtbaren Dingen, mit dem Verborgenen und Erahnbaren, hinein. Der gewandelte Mensch lebt mit ihnen, als besäße er schon das Verheißene, dessen Zuversicht ihm gewiß ist. Was in den vorherigen Phasen Bewußtsein hieß, vertieft sich in der vierten Phase zu einer Qualität, die wir Gewißsein nennen sollten.

Dieses Gewißsein erscheint als das Unterpfand, das man wie greifbar in Händen hält: spürbare Morgengabe einer unverbrüchlich zugesagten Anwartschaft.

Der Schatz, der sich damit eröffnet, gehört jenen Schichten an, die Jung als das Unbewußte bezeichnet. Jung selbst macht übrigens keinen prinzipiellen Unterschied zwischen Unterbewußtem – als einer relativ bewußtseinszugänglichen Schicht – und den noch tieferen Schichten des gänzlich Unbewußten. Für das Verhältnis zwischen den bewußten und den unbewußten Qualitäten der menschlichen Psyche verwendet Jung das Bild des Eisbergs: Das Bewußtsein vergleicht er der verhältnismäßig kleinen sichtbaren Eisbergspitze, die Gesamtheit der unbewußten seelischen Aktivitäten und Kraftquellen aber dem verborgenen und um ein Vielfaches größeren Eisbergsockel. Das Unbewußte erschöpft sich keineswegs mit dem kollektiven Unbewußten, zu dem es Zugang hat. Nach Jung ist es fernerhin die Heimat der Archetypen, das heißt der innerseelischen Urbilder; darüber hinaus birgt es den individuellen Schatten – das ist der im eigenen Inneren getragene konträre Doppelgänger –, das Nicht-Zugelassene und Verdrängte. Aber auch die persönlichen Leitbilder von Animus und Anima werden aus unbewußter Quelle gespeist. Unser Unbewußtes umfaßt also gleichermaßen Edles und Geordnetes wie Unheimliches und Unbeherrschtes – ob wir dies nun wahrhaben wollen oder nicht –, denn die polare Zerrissenheit des Menschen ist in der Psyche begründet.

Wenn das Individuationsziel darin liegt, ein *Selbst* zu werden, in dem auch das Unbewußte »integriert« ist, so vermag allein der spirituelle Seelenbereich hierfür die Tore zu öffnen. Über die Bewußtwerdung hinaus, die in der mentalen Stufe errungen wird, soll sich eine seelische Dimension auftun, die dem Menschen ein Eintauchen in sein Unbewußtes gestattet, das mit höchster Ahnung und Gewahrung für die traumhaft im Unbewußten wesenden Möglichkeiten verbunden ist. Nichts, was sich im Leben ereignet, geschieht ohne unser tief-inneres Vorwissen. Dieses »Wissen um« ist nicht dem Alter vorbehalten, auch Kinder können zu Frühvollendeten werden durch Leid oder schwerste Krankheit. Integrieren meint also einbeziehen: mit den unbewußten Gegebenheiten leben, auf sie bezogen sein und sie einfangen können, ohne daß sie ständig bewußt gehalten werden müßten, ja nicht einmal dürften. Kommt dies dem Glauben-Können in der Formulierung des Hebräerbriefes nicht gleich?

Aber auch die Widersprüchlichkeit des unbewußten Selbst mit seinen zum Teil geordneten, zum Teil ungeordneten Facetten will integriert sein. Gerade sie ist zu akzeptieren und vertraut zu machen, denn sie ist Teil unseres So-Seins und unserer Ganzheit, Teil unserer Vergangenheit ebenso wie unserer Zukunft. Integrieren bedeutet daher ebenfalls: Frieden mit den inneren Gegensätzen schließen, indem man bereit wird, sich sogar mit sich selbst, mit der eigenen Unzulänglichkeit und Unwürdigkeit, zu versöhnen.

So wird uns zweierlei gleichzeitig zuteil: zum einen das Gewißsein ungeahnter Möglichkeiten im eigenen Inneren, die uns fruchtbar werden lassen können als Glieder der menschlichen Gemeinschaft, und zum anderen die Kapitulation unserer Überheblichkeit, indem uns der Wert des eigenen Ich und dessen leibliche Existenz immer mehr zwischen den Fingern zerrinnen. Die tiefere Wirklichkeit des spirituellen Bereichs besteht in der Zugehörigkeit des Einzelnen zu etwas über ihn Hinausreichendem, das er an der Schwelle, am Saume, berührt: Wer dies innerlich vollzogen hat, dessen Bewußtsein – ja, dessen Gewißsein – lebt in Einklang mit der für diesen Bereich geltenden Wirklichkeit.

Die vierte Individuationsstufe, die solche Ich-Enthebung verwirklichen soll, wird daher als die transpersonale Phase bezeichnet. In der modernen transpersonalen Psychologie, die sich weitgehend auf Jungs Erkenntnisse beruft, geht das therapeutische Konzept weit über die sonst übliche, ich-bezogene Psychologie hinaus.

Wenn uns in den ersten drei Individuationsphasen als Formen menschlichen Zusammenlebens die Zugehörigkeit zum

Stamm, das Einzelgängertum und als drittes die duale Partnerschaft begegneten, so ist zu fragen, welche soziale Lebensform wohl dem vierten Seelenbereich gemäß ist. Der Zugang zur vierten Phase kommt keineswegs mit dem Alter von selbst: Eine große Zahl der altgewordenen Menschen lebt und verschanzt sich weiter in Werten der dritten Stufe, im Moralisieren und im Festhalten am Besitz. Vielmehr sind es, unabhängig vom Lebensalter, die sogenannten Aussteiger, in deren lockeren Gruppierungen das Transpersonale hindurchscheint. Die zunehmende Loslösung, die dieser Seelenbereich mit sich bringt, verführt zur Bindungslosigkeit, so daß leicht alles bisher Verbindliche abgestreift wird. Solche »Aussteiger« fühlen sich durch die bürgerlichen Ideale nicht verpflichtet, sie ignorieren die Konventionen und so manches Tabu, denn sie sind oft in des Wortes ursprünglicher Bedeutung a-sozial, nämlich auf tragische Weise gesellschafts-los. Sie geben sich elitär, und zuweilen ist dieser Hauch von Auserwähltheit sogar echt. Auch bei ihnen gibt es eine Form des Zusammengehens, denn sie sind Individualisten nicht aus Ich-Bezogenheit oder Prinzip, sondern weil sie nur vermögen, was freiwillig ist: Für sie gilt die Lebensform der Gruppe, der frei gewählten und möglichst jederzeit lösbaren Gemeinschaft. Nicht von ungefähr bringt die heutige Zeit daher gruppenartige Zusammenschlüsse, wie zum Beispiel die Wohngemeinschaften, hervor, unter größter Wahrung der Unabhängigkeit aller Beteiligten.

Transpersonale Gemeinschaften verbindet weder eine gemeinsame Herkunft oder Kaste noch ein vordergründiger Zweck oder ein gegenseitiges Interesse. Es ziehen sich vielmehr solche Menschen an, die denselben Schritt der Loslösung oder Wandlung vollzogen haben; es entstehen Wahlverwandtschaften der inneren Übereinstimmung.

Der Name »Gemeinde«, wörtlich genommen, will eben dies besagen – und die urchristlichen Gemeinden vermochten noch Gemeinschaften solch radikaler Umkehr zu sein. Folgerichtig ist die Kommunität die Lebensform der mönchischen Orden, doch ist mit Klosterleben alles andere als der Rückzug in eine geschützte Heimstatt gemeint, sondern im Gegenteil das Bekenntnis zu Pilgerschaft und Provisorium. Selbst vorübergehende, nur wenige Tage dauernde Gruppenbildungen wie etwa Besinnungszeiten oder Seminare können solche Gemeinschaft zur beglückenden Realität werden lassen. Hier ist das Auseinandergehen oft schmerzlich, doch ließe sich die Vertrautheit durch ein längeres Beisammenbleiben nicht steigern, denn innerliche Verbindungen bedürfen nicht der körperlichen Anwesenheit – sie spannen Netze über Raum und Zeit hinweg.

Das Gelingen solchen Zusammengehens aber hängt immer von der Gemeinschaftsfähigkeit der einzelnen ab: Haben sie ihre eigene Ich-Mitte nicht gefunden und besitzen sie nicht die generelle Eignung zu partnerschaftlicher Einordnung und Toleranz, so sind sie auch für die transpersonale Gemeinschaft untauglich.

Für den alten Menschen ist das Alleinbleiben und Alleingelassensein in eigener Wohnung sicherlich nicht die richtige Lebensform; gerade er sollte zur Gemeinschaft finden. Doch wie schwer fällt der Entschluß, sich aus der vertrauten Umgebung und der liebgewonnenen Selbständigkeit zu lösen! In den üblichen Altersheimen wartet leider nichts Neues, sondern dieselbe Einzelhaft, jetzt aber in Form der Kasernierung und mit endgültigem Abgeschnitten-Werden vom Lebensstrom. Kübler-Ross fordert daher, Altersheime zusammen mit Kindergärten auf denselben Grundstücken zu errichten und die Alten zu Wahl-Großeltern, die Jungen zu Wahl-Enkeln zu machen. Denn weder für die Betreuung der Kinder noch der Greise vermag die mittlere Generation Kraft und Zeit aufzubringen. Wieviel Belebung läge für die Alten stattdessen in der freigiebigen Liebkosung durch die Jungen! Die Kinder aber brauchen nicht nur die Wärme und Nähe, das Aug' in Auge eines liebenden Blicks, das Betasten der feinen, alten Runzeln, sondern vor allem das Zusammensein mit Menschen, die viel Zeit haben und sich in ihrer Weisheit auch noch auf die Symbolsprache von Märchen und Gleichnissen verstehen.

Je mehr ein Mensch nämlich losgelassen hat und nichts für sich selbst erheischt, desto mehr prägt er seine Umgebung – durch sein bloßes Da-Sein. Er vermag auf die Jüngeren auf unauffällige Weise Einfluß zu nehmen, ja sie zu führen (lat.: *ducere)* nach Art einer In-duktion, gleichsam durch eine von ihm ausgehende Feldwirkung. Man pilgert zu ihm hin – ohne daß er selbst weiß, warum. Doch Unmerkliches hat sich vollzogen: Je leerer die Hände dieses Weisen geworden sind, desto mehr Gaben hat Gott ihm dafür hineingelegt; je weniger Ich er behalten hat, desto mehr hat Gott in ihm Wohnung genommen. Dies ist das Über-sich-selbst-Hinauswachsen, das den reifen Menschen auszeichnet. Johannes der Täufer spricht: »Er muß wachsen, ich aber muß abnehmen« (Jh 3,30), und Paulus schreibt: »Ich lebe, doch nun nicht ich, sondern Christus lebt in mir« (Gal 2,20). Hier kann der Mensch zu einer Art des Zusammenlebens mit Christus kommen, für das wiederum der Name Gemeinschaft gilt: Wir werden Christi teilhaftig, indem Er wirkt – durch uns hindurch.

Das Besondere des Spirituellen liegt also darin, daß es sich auf zweierlei Weise erfüllt: sowohl im Menschen, als auch jenseits von ihm. Wie sollen wir den Satz von dem Reich Gottes, welches »inwendig in uns« ist (Lk 17,21), verstehen? Offensichtlich ist das Himmelreich kein Ort, zu dem wir reisen und in dem wir es uns wohlsein lassen können – also kein wiedergefundenes Paradies oder gar Schlaraffenland. Vielmehr ist es etwas, das sich ereignet. Es ereignet sich am Menschen – und durch den Menschen hindurch.

Je reifer wir werden, desto mehr wächst in uns die Sehnsucht, daß dieses Himmelreich von uns ausstrahle. Die Brüder von Taizé nennen dies: Christus für die anderen leben. Aber sie fügen unmißverständlich hinzu: So sehr sich auch Christus mit dem Menschen verbunden hat und in ihm lebt, so bleibt Er doch ein anderer als wir selbst. Er, der Auferstandene, steht vor uns, jenseits von uns, und strahlt weit über uns hinaus.

Welches Gewißsein uns erwartet, wenn sich der Seufzer des Septimakkords auflöst und in die höhere Tonart einmündet, können wir nur erahnen. Die Heimkehr nach jenseits der Schwelle zielt auf etwas hin, das wir Seligkeit nennen dürfen – einen Seins-Zustand, der alles übersteigt.

*

Die soeben geschriebene Geschichte des menschlichen Werdegangs wurde uns unversehens zur Geschichte der Beziehung des Menschen zu seinem Gott. Dies ist gut so – sind wir doch Wesen, die darauf angelegt sind, Gott Antwort zu geben. Wir sahen: Die Beziehung zu Gott wird immer inniger und reicher; von Stufe zu Stufe faßt unser Bewußtsein neue Wahrheiten, und dennoch werden die bisherigen nicht hinfällig. So sieht sich der Mensch in seinen Anfängen in ein göttliches Universum eingebettet; in seiner Ich-Findung wächst er heran zum unverwechselbaren Sohn eines Gottes, der seinerseits einzigartig ist – und zu dem er Vater sagen kann; in der dritten Stufe wird dieser Gott zum Gegenüber des Menschen, mit dem der Dialog nie abreißt; eines Tages aber tritt Gott aus dem Verborgenen hervor und nimmt in der Erdenwirklichkeit Gestalt an, um hier, mitten unter uns, zum Bruder des Menschen zu werden und mit ihm Gemeinschaft zu halten. Und dennoch müssen alle unsere Vorstellungen von Gott und der Vereinigung mit Ihm Stückwerk bleiben; ja das Bewußtsein des Menschen muß verstummen und – in den Worten Meister Eckeharts – zum »ledigen Gemüte« werden.

Kapitel 4
Der viergegliederte Kreis

Im vorangegangenen Kapitel bestätigte sich für die Individuation dasselbe, was C. G. Jung bereits für die in vier Grundfunktionen gegliederte Psyche fand: Die Dynamik des Lebendigen erwächst aus dem Wechselspiel gleichrangig nebeneinander stehender Einzelbereiche, die gemeinsam ein übergeordnetes Ganzes bilden.

Zwischen den beiden Vierheiten, den Grundfunktionen einerseits und den Stufen der Individuation andererseits, ist keinerlei kausale Verknüpfung erkennbar, und dennoch sind die inhaltlichen Parallelen und Übereinstimmungen nicht zu leugnen: Beide, Seelenstruktur und seelischer Werdegang, lassen sich nicht voneinander trennen, sondern scheinen eng aufeinander bezogen.

Thema des gesamten Buches wird es sein, derartigen inhaltlichen und phänomenologischen Übereinstimmungen nachzuspüren. Wir werden in den folgenden Kapiteln eine Reihe von Lebensbereichen herausgreifen und sie vergleichend nebeneinanderstellen, ebenso wie eine Anzahl von Denkmodellen und -systemen älterer und neuerer Zeit. Dabei werden wir zwischen allen diesen betrachteten Systemen große Verwandtschaften und Entsprechungen aufdecken.

*

Bei unserer Art vergleichender Darstellung werden wir einen Weg der Schlußfolgerung gehen, wie er der westlich-naturwissenschaftlichen Denkweise fremd sein mag, in östlichen Kulturen aber weit verbreitet ist: den Weg des Analogieschlusses. Bei der Analogiefindung steht das Phänomenologische im Vordergrund – das heißt es wird nach Gemeinsamkeiten und Verwandtschaften der Phänomene unter dem Gesichtspunkt ihres Zueinander-Passens gefragt. Es wird also nicht in auf- oder absteigender Linie beziehungsweise in zeitlichem Nacheinander abgeleitet; eine etwaige ursächliche Verkettung der Dinge ist ohne Belang. Der Analogieschluß ist somit a-kausal und entbehrt dennoch nicht der Systematik: Er sieht die Dinge in der Ordnung ihres Nebeneinanders und ihrer Gleichzeitigkeit und setzt aus der Fülle der Phänomene jeweils solche zueinander in Beziehung, die sich unter einem gemeinsamen Nenner zusammenfassen lassen.

Wählen wir hierzu ein Beispiel: Ein 24-Stunden-Tag sowie ein Vier-Jahreszeiten-Jahr sind zwei Gesamtheiten, die aus einzelnen, sehr unterschiedlichen Teilaspekten bestehen: den Tages- beziehungsweise Jahreszeiten. Zwischen beiden Gesamtheiten gilt jedoch eine Analogie derart, daß ihre Teilaspekte jeweils einander ähnlich sind. So weisen Mitternacht und Wintersonnenwende analoge Inhalte auf: Aufgrund der fehlenden oder verminderten Sonneneinstrahlung kommt es, ursächlich gesehen, bei beiden zu größter Dunkelheit und größter Kälte – also zu Nacht beziehungsweise Winter. Phänomenologisch aber ergibt sich noch mehr. Diese Zeiten bieten sich nämlich als Phasen der Regeneration an, also als nächtlicher Schlaf oder Winterschlaf. Beides vollzieht sich unter Verlangsamung, gegebenenfalls Erstarrung der Lebensvorgänge, Senkung der Körpertemperatur, Zurückzug in bergende Umfriedungen, Umschalten auf Inaktivität und eher automatische Lebensabläufe mit dem Ziel der Vorbereitung auf erneute Wiederbelebung. Diese zahlreichen Vorgänge entspringen gewiß keiner Kette aufeinander folgender Ursachen und Wirkungen; vielmehr sind sie einem gemeinsamen Nenner unterstellt, und zwar alle gleichzeitig und auf jeweils eigene Weise. Selbst die ursächlich zustandekommenden Phänomene »passen« zum Geschehen: so die Erstarrung des Wassers zu Eis. Auf dem Wege der Analogiefindung ließen sich noch zahlreiche weitere Erscheinungen und Vorgänge ihrem Wesen nach demselben Geschehen zuordnen.

Ziel der Analogiefindung ist die Synthese als die Schau des Gemeinsamen. Je breitgefächerter die phänomenologische Betrachtung, desto mehr werden zusammengehörige Merkmale offenkundig und erweisen, daß sich in den verschiedensten Lebensbereichen letztlich das Gleiche manifestiert, und zwar in mannigfaltigen Variationen. Jede neu aufgedeckte Entsprechung eröffnet abermals einen tieferen Einblick in die Beziehungen der Phänomene zueinander und läßt eine übergreifende Ordnung der Übereinstimmungen erahnen. Diese Ordnung ist eine von oben nach unten wirkende und besagt, daß alles, was im kleinen Maßstab vorhanden ist, die Spiegelung, ja Ebenbildlichkeit dessen ist, was im großen Maßstab vorgegeben ist. Novalis sagt: Der Mensch ist eine Analogiequelle für das Weltall. Der Satz »Wie oben, so unten« sollte nicht als Gesetz der Ursachen ausgelegt werden, sondern als Ur-Beobachtung. Er bezeugt: Hinter allen Phänomenen verbirgt sich, jenseits der Oberfläche des Augenscheinlichen, die Identität des Einen.

Im Westen, insbesondere in den Naturwissenschaften, ist genau der umgekehrte Weg der Schlußfolgerung üblich: der Denkansatz der Analyse. Alle Phänomene werden – ungeachtet etwaiger prinzipieller Gemeinsamkeiten – voneinander differenziert; das heißt sie werden isoliert betrachtet und so lange zu ihren Ursprüngen zurückverfolgt, bis der kleinste Baustein gefunden ist. Der Betrachter kommt zu dem Schluß, daß alles Betrachtbare aus Unter-Einheiten zusammengesetzt sei, die aufeinander aufbauen und deren Summe das Ganze ausmache. Aus den Merkmalen des kleinsten Bausteines wird auf die Merkmale der größeren Bereiche geschlossen. Es entsteht der Eindruck, als sei die Unter-Einheit zuerst dagewesen und daher ursächlich für die komplizierteren Zusammenschlüsse. Folglich wird die Kausalität zum wesentlichen Kriterium – ja, Kausalität wird als die einzige sinn- und systemgebende Verknüpfung anerkannt. Und doch wirken die Verknüpfungen des Kausalitätsdenkens immer trennend, denn alle Prozesse werden in Ursache und Wirkung zerlegt – also in ein zeitliches Nacheinander, und sei die Zwischenspanne noch so kurz.

Wenn diese beiden einander entgegengesetzten Modelle der Schlußfolgerung hier gegenübergestellt werden, das kausalanalytische und das akausal-synthetische, so geschieht dies ohne Wertung; denn beide Wege sind gleich legitim. Die moderne Wissenschaftstheorie – man könnte sie die Wissenschaft von der Wissenschaft nennen – charakterisiert den kausal-analytischen Weg als deduktive Methode, bei welcher »der logische Weiterschluß jeweils aus dem Vorgegebenen überprüft« wird. Der akausal-analoge Weg heißt demgegenüber die induktive Systematisierung, deren besondere Stärke darin liegt, daß sie »auch solche Lücken und Unvollständigkeiten zu schließen vermag, die deduktiv nicht überbrückt werden können ... auch wenn viele der induktiven Aussagen approximativ, also nur annähernd, bleiben müssen« (Essler).

Da in diesem Buch eine Synthese und Gesamtschau versucht wird, erweist sich für die gestellte Aufgabe der Weg des induktiven Analogieschlusses als besonders dienlich.

Letztlich soll es uns darum gehen, das Staunen zu wecken – ein Staunen über die verborgenen Zusammenhänge, über die Wiederkehr immer neuer Spiegelungen des einen, selben Lebens in der Mannigfaltigkeit der vielen, einzelnen Lebensbereiche. Die Auswahl in den folgenden Kapiteln ist selbstverständlich weder vollständig noch vollzählig. Sie will Anregung für weiteres Nachdenken oder, besser gesagt, Nachspüren sein.

*

Offensichtlich ist die Vierer-Systematik von besonderer Tragweite und Symbolik für die Phänomene des Lebendigen, denn eine Auffächerung von Ganzheiten in vier Teilaspekte kehrt in der Schöpfung in erstaunlicher Häufigkeit wieder. Die Vier stellt aber in keiner Weise eine mystische Zahl dar. Nach alter Überlieferung bedeutet sie Erdenverstrickung, das Geworfensein in die Materie und die damit verbundene Begrenzung des Horizonts – letztlich das Kreuz des Menschen.

So bleiben wir also bei der Betrachtung des Geschaffenen, der Ebene des Geschöpflichen, wenn wir versuchen, in den folgenden Kapiteln der in der Vier verschlüsselten Ordnung nachzuspüren: Es ist eine Ordnung des Neben- und Füreinanders, der gegenseitigen Abhängigkeiten und Wechselwirkungen.

Die Vier ist keine originäre Zahl – das heißt keine Primzahl –, sie ist vielmehr die Potenzierung der Zwei. Die Zwei aber ist Sinnbild der Polarität. Gleichsam als die Potenzierung der Polarität wird die Vier zum ordnenden Rahmen – zu Länge, Breite, Höhe und Tiefe – der in die unendliche Viel-falt aufgefalteten Möglichkeiten der Schöpfung.

Wir werden sehen, daß sich jeweils vier charakteristische Viertel zu einem Ganzen zusammenfügen. Die vier Einzelbereiche eines selben Ganzen sind jeweils so typisch und unverwechselbar, daß sie nicht austauschbar sind. In ihren Inhalten stimmen die einander entsprechenden Teilbereiche verschiedener Systeme hingegen auffällig überein. Es läßt sich also in der Tat von einer Phänomenologie der Vierheit sprechen, und dieser wollen wir in den folgenden Kapiteln nachgehen.

*

Um uns die vergleichenden Betrachtungen der nachfolgenden Kapitel zu erleichtern, empfiehlt es sich, eine Grafik zu Hilfe zu nehmen, die als Grundmodell dienen kann. Als eine solche bietet sich die Figur eines viergegliederten Kreises an, wie sie heute auch von vielen Jung-Schülern und vor allem von Elisabeth Kübler-Ross zur Veranschaulichung verwendet wird.

Ein solches Kreisbild vermag sowohl ein räumliches, als auch ein zeitliches Modell zu sein. Es lassen sich aus ihm sowohl etwaige quantitative Steigerungen als auch qualitative Wandlungen unter den vier Teilaspekten eines Vierer-Systems ablesen:

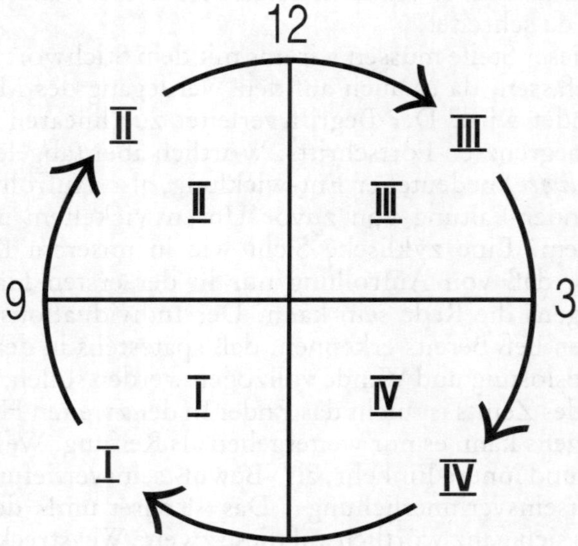

Der Kreis, als der immer wieder in sich selbst einmündende gekrümmte Bogen, dient von alters her zur Darstellung sich wiederholender Phasen, das heißt von zyklischen Abläufen.

Deshalb ist die klassische Uhr ein Kreis und nicht etwa eine Folge einander ablösender Digitalziffern. An den Spannen des Außenbogens der Kreisfigur lassen sich periodisch wiederkehrende Phasen und Etappen ablesen und überblicken.

So soll uns das Abschreiten des äußeren Kreisringes den zeitlichen Ablauf symbolisieren. Anders als bei der Uhr beginnen wir unseren Rundgang jedoch unten an der Kreissohle und steigen im Uhrzeigersinn zum Scheitelpunkt auf, der als ein besonderer Höhepunkt herauszustellen ist. In weiterem Voranschreiten kehrt der Bogen schließlich zum Ausgangspunkt zurück.

Bei einem solchen Kreis-Lauf setzt das Eintreten in einen jeden neuen Kreisabschnitt zwar jeweils das Durchschreiten und Erfüllen der vorhergehenden Etappe voraus. Die neue Etappe ist aber nicht notwendig höherwertig als die vollzogene, sondern eine jede Phase ist vor allem grundsätzlich andersartig und unverwechselbar. Jeder Vollzug des einen und Übergang in das nächste Stadium ist vielmehr Sinnbild für die Wandlung dessen, der da schreitet.

An dieser Stelle müssen wir uns mit dem Stichwort »Evolution« befassen, da es auch auf den Werdegang des Menschen angewendet wird. Der Begriff verleitet zur linearen Vorstellung unbegrenzten Fortschritts. Wörtlich aber (abgeleitet von lat.: *evolvere)* bedeutet er Ent-wicklung, also Aufrollung und Auseinander-Faltung von zuvor Un-entwickeltem und Unentfaltetem. Eine zyklische Sicht wie in unserem Kreisbild zeigt an, daß von Aufrollung nur in der ersten Hälfte des Kreisbogens die Rede sein kann. Der Individuationsweg des Menschen ließ bereits erkennen, daß spätestens in der vierten Phase Loslösung und Wende vollzogen werden sollen. Das Erreichen des Zenits ist nicht das Ende: In der zweiten Hälfte des Kreisbogens kann es nur weitergehen als Reifung, Wesentlich-Werden und innere Einkehr, als »Bewußtseinsvertiefung« oder »Bewußtseinsverinnerlichung«. Das »Kehret um!« der Lehre Jesu läßt sich ganz wörtlich auf diese zweite Wegstrecke beziehen: Umkehr freilich nicht als Rückzug auf zuvor selbstgepflasterte Straßen, sondern als »Buße« und Sich-beugen-Lassen in jenen Pfad hinein, der den Bogen heim zum eigenen Ursprung schlägt. So darf der Werdegang des Menschen nicht nur evolutiv gedeutet werden, sondern vollzieht sich spätestens in der letzten Phase involutiv. »Involution« meint wörtlich Wiedereinrollung, symbolisch Verinnerlichung.

So erweist sich, daß der heute viel bemühte Begriff »Bewußtseinserweiterung« einer rein evolutiven Vorstellung entspringt, in der aber deutlich der Wunsch unbegrenzter Selbst-Steigerung mitschwingt: Eine Ausweitung ist jedoch nur im Rahmen des Ich-Bewußtseins, zum Teil auch noch im kognitiven Bereich, möglich; doch spätestens hier schlägt der Bogen um, auf daß er sich zum Ganzen schließe.

Der Kreis ist das uralte Symbol für die Ganzheit: In harmonischer Vollendung umschließt sein Ring die Gesamtheit aller Inhalte, so unterschiedlich und widersprüchlich sie auch sein mögen. Die Gliederung des Kreises in vier Viertel oder Quadranten verhilft uns, Gesetzmäßigkeiten abzulesen, denn sie erlaubt die paarweise Gegenüberstellung gegensätzlicher Teilbereiche.

Der viergegliederte Kreis, der sich als ein ideales Anschauungsbild für sowohl dynamisch-prozessuale als auch für statische Kategorien anbietet, soll uns durch alle Kapitel des Buches begleiten. Auf diese Weise wird er uns sinnbildlich zum *Lebenskreis,* in welchem ein jeder Quadrant fundamentale Teilaspekte des Lebens birgt.

Im Hinblick auf die angestrebte Gesamtschau werden wir besonderen Wert auf gezielte Wortwahl legen: auf die Verwendung möglichst passender und abgestimmter Begriffe für die Beschreibung verwandter Inhalte, wenn diese demselben Quadranten angehören. Wir werden vielfach in Bildern sprechen: nicht nur um der Anschaulichkeit willen, sondern weil ja Bild und Symbol das ureigenste Mittel der Analogiefindung sind. Oft wird unsere tatsächliche Beschreibung der Phänomene unversehens in deren Deutung übergehen, ohne daß wir diesen Wechsel der Ebene besonders anzeigen. Es soll uns hier nicht um unumstößliche Beweisführung gehen, sondern um das ganzheitliche Aufzeigen jener gewaltigen Ordnung und Gesamtübereinstimmung, an der der Mensch als Lebewesen dieses Universums teilhat.

Wir werden unsere Quadranten der Klarheit halber von Eins bis Vier numerieren; für die bisher besprochenen vier Grundfunktionen der Psyche und vier Phasen der menschlichen Individuation ergibt sich folgendes Bild der Analogien:

II
Fühlen
Ich
III
Denken
Ich ⇔ Du
Empfinden
Es, Sich
Intuition
Einander
I
IV

Kapitel 5

Die hierarchischen Strukturen des Gehirns

Die Dynamik des Seelischen, die aus dem Miteinander der vier Grundfunktionen erwächst, formt und begleitet den Menschen, wie wir sahen, in seinem gesamten Wachsen und Reifen. Der seelische Anteil des menschlichen Wesens wird von C. G. Jung als ein eigener, ursprünglicher und selbständiger Lebensbereich bezeichnet, der sich keineswegs ursächlich aus dem Körperlichen ableiten lasse. Dennoch spielt sich das Seelische nicht nur immateriell, sondern auch im Rahmen des Körperlichen ab. Es macht den Körper sogar zu seinem Instrument, denn es bedarf zu seiner Äußerung bestimmter Organfunktionen und -strukturen: unter anderem gewisser Stoffwechselvorgänge, insbesondere aber spezifischer Prozesse im Gehirn. Gewisse Funktionen des Gehirns sind auch dann beteiligt, wenn psychische Regungen in dem, was wir die Verhaltensweisen nennen, ihren Ausdruck finden.

Nicht nur der Mensch, sondern auch die Tiere, angefangen bei den niedrigsten Gattungen, zeichnen sich durch die Fähigkeit aus, sich in den verschiedenen Situationen unterschiedlich zu verhalten: je nach den von außen herantretenden Bedingungen, aber auch je nach der eigenen Befindlichkeit und den eigenen Bedürfnissen. Der amerikanische Biologe und Verhaltensforscher Paul MacLean kam in dreißigjähriger Erforschung tierischer Verhaltensweisen zu dem Ergebnis, daß das Spektrum der Differenziertheit des Verhaltens, wie es den einzelnen Gattungen möglich ist, mit der Entwicklungshöhe ihrer jeweiligen Gehirnstrukturen zusammenhängt. So haben Tiere, die lediglich ein Stammhirn aufweisen – die einfachste Art von Gehirn, deren Urform in grauer Vorzeit, im Archipallium, erstmalig aufgetreten sein soll –, nur eine sehr beschränkte und typische Auswahl an Verhaltensweisen. Die Tiere, die darüber hinaus bereits ein limbisches Gehirn besitzen – wie es dem der Ur-Säugetiere aus der späteren Epoche des Paläopalliums entspricht –, erweisen sich in ihrem Verhalten als weit vielseitiger. Als eine letzte und differenzierteste Gehirnstruktur kam bei höheren Säugetierarten noch die Großhirnrinde, der Cortex, hinzu, und zwar sehr viel später, im Neopallium; dieser Cortex vermittelte eine abermalige Erweiterung der zur Verfügung stehenden Verhaltensweisen.

MacLean deutet diese drei Gehirnkomplexe als hierarchisch aufeinander aufbauende Bereiche. Ähnlich wie bei archäologischen Ablagerungen seien »die älteren Schichten zuunterst und die jüngeren obenauf« anzutreffen; denn der Hirnstamm wird vom limbischen System kappenartig umkleidet, und um dieses wiederum lagert sich rindenartig das Großhirn. Als Anhänger der Evolutionstheorie deutet MacLean diese Aufeinanderfolge dreier Stufen als eine viele Erdenzeitalter umspannende tierische Gehirnevolution, in welcher sich die Verhaltensmuster stufenweise differenzierten.

Diese Differenzierung bietet auch einen Schlüssel für menschliche Verhaltensweisen, zumal jene drei Gehirnstrukturen auch beim Menschen vorhanden sind. Diese Übereinstimmung – ebenso wie die zahlreichen anderen biologischen Übereinstimmungen zwischen menschlichem und tierischem Organismus – macht den Menschen nicht notwendig zu dem Endglied einer tierischen Evolutionskette. Wenn nämlich im Bereich der belebten Organismen bestimmte unabdingbare Lebensfunktionen vermittels bestimmter Organe garantiert werden können, so liegt es nahe, daß der Bios sich gleicher Grundbausteine auch bei anderen Lebewesen bedient. Das besagt jedoch noch nicht, daß das eine Lebewesen von dem anderen abstammen muß.

Daher lassen sich – so MacLean – die Beobachtungen über die Systematik der tierischen Verhaltensweisen grundsätzlich auf den Menschen übertragen. Interessanterweise deutet er die drei Gehirnkomplexe, ungeachtet ihrer entwicklungsmäßigen und auch räumlichen Übereinanderschichtung, als drei selbständig und nebeneinander existierende Gehirne von jeweils sehr eigener Struktur und spezifischem chemischem Haushalt. Ein jedes besitze »eine eigene Auffassungsgabe *(intelligence)*, ein eigenes Subjektbewußtsein *(subjectivity)*, einen eigenen Sinn für Raum und Zeit und ein eigenes Gedächtnis«. In diesem Sinne erinnern sie an die Grundfunktionen der Psyche, die ja ebenfalls als Größen sehr verschiedenen Eigencharakters und als Repräsentanten unterschiedlichster psychischer Reifegrade gleichberechtigt nebeneinander vorhanden sind.

*

Bei dem *Stammhirn* oder *Hirnstamm* handelt es sich um einen Komplex von Hirnzellen an der hinteren Schädelbasis, der beim Menschen auch die sogenannte Medulla oblongata, die Verlängerung des Rückenmarks, umfaßt. Weil er bei Fischen, Amphibien und Reptilien praktisch die gesamte Hirnmasse ausmacht, nennt MacLean diesen Gehirnkomplex kurz den Reptilien- oder R-Verstand *(reptile mind, R-mind).* Er ist der Sitz für das nichterlernte, sondern vorprogrammierte stereotype Verhalten, insbesondere für artspezifische instinkthaft-rituelle Verhaltensweisen. Ihrem Wesen und Ursprung nach handelt es sich um ererbte Muster der Lebensgestaltung. In umfassenden Versuchsserien und Verhaltensstudien an verschiedenen Tiergattungen – angefangen bei Eidechsen und anderen Reptilien bis hin zu Totenkopf-Äffchen, deren übrige Hirnbereiche vorübergehend ausgeschaltet wurden – fand MacLean jeweils nur eine begrenzte Zahl (rund zwanzig) zur Verfügung stehender Muster oder »Rituale«: zum Beispiel bei der Nahrungssuche, dem Horten von Nahrung, der Schutzsuche, dem Bau der Behausung, der Paarung, sowie auch der Terrainmarkierung, der Wahl des Rudelführers und dem Rollenspiel innerhalb des Kollektivs. Insbesondere bei den letzteren Ritualen fiel eine enge Annäherung an den sexuellen Bereich auf, auch dort, wo es nicht um Sexualverhalten im eigentlichen Sinne geht: nämlich Imponiergehabe ebenso wie Unterwürfigkeitsgesten durch Zurschaustellung der Genitalien, oder Gebietsmarkierung durch Duftstoffe des Urogenitalbereichs und so fort.

Bei all diesen instinktartigen, körperbezogenen und weitgehend existenzsichernden Funktionen sehen wir eine deutliche Parallele zum *Bereich Eins* unserer Kreisfigur: Auch beim Menschen dürfte das Stammhirn für unreflektierte, mit den körperlichen Bedürfnissen verbundene Verhaltensweisen zuständig sein und damit jener Grundstufe des Reptiliengehirns entsprechen.

Vor allem will MacLean, wenn er vom Reptilienbewußtsein spricht, auf die Beschränktheit des Horizonts in dieser Entwicklungsstufe hinweisen: Bekanntlich gilt als Ursache des Aussterbens der Riesenechsen, der Dinosaurier, daß sie ein viel zu kleines Gehirn besaßen, das den Herausforderungen ihrer Lebensbedingungen nicht gewachsen war. MacLean bemerkt hierzu, daß auch der Horizont so manches menschlichen Zeitgenossen über dieses Reptilienhafte nicht hinausreiche, sondern geradezu vom R-Gehirn beherrscht werde; so zieht er Parallelen zu gewissen Verhaltensmustern im menschlichen Zusammenleben.

MacLean weist darauf hin, daß das Reptilienbewußtsein durch die höheren Gehirnschichten nicht abgelöst, sondern lediglich überlagert und kontrolliert wird. Es bleibt stets latent und verfügbar; so etwa im Falle lebensbedrohlicher Krisensituationen, wo die Rettung des Betreffenden von solchen unreflektierten, triebhaften und mechanischen Reaktionsmustern des Stammhirns abhängen kann. Eine derartige R-Hirn-Dominanz kann aber auch pathologisch als psychische Abnormität auftreten. In jedem Fall, ob vorübergehend oder dauernd, bedeutet dies einen atavistischen Rückgriff auf eine urtümliche, niedrigere Verhaltens-Ebene.

*

Das zweite Gehirn, das *limbische System*, legt sich, wie der Name bereits sagt (lat. *limbus* = Einfaßstreifen), wie ein Saum oder eine Kappe um das Stammhirn. Die Struktur des limbischen Gehirns, wie es die höheren Tierarten und auch den Menschen auszeichnet, ist vermutlich bis zum heutigen Tage im wesentlichen dieselbe geblieben wie in den Uranfängen des Paläopallium. Daher folgert MacLean, daß dieses Gehirn bei Tier und Mensch gleichermaßen auf einer »animalistischen Stufe« wirksam sei – zumal es in enger Beziehung zum Hypothalamus und dessen organbezogenen Funktionen steht.

Das limbische System bringt die Voraussetzung für Verhaltensweisen, die MacLean als emotionale, aber auch als kreative bezeichnet. Mit letzterem meint er offensichtlich die Fähigkeit zu spontaner, erfindungsreicher und situationsangepaßter Reaktion. Denn seine Tierversuche an Affen, deren limbische Schicht außer Funktion gesetzt wurde, zeigten, daß deren Erregbarkeit und auch Aggressivität verlorenging bis hin zu völliger

Apathie, während ihr körperbezogenes Verhalten, zum Beispiel Sexualbetätigung und Nahrungsaufnahme, unverändert blieb. – Für den Menschen konnte nachgewiesen werden, daß das limbische System bei epileptischen Anfällen, in denen lebhafte Emotionen auftreten, stark in Mitleidenschaft gezogen wird.

MacLean vermutet, daß »im Bereich des limbischen Systems der Rohstoff für die Emotionen aufgebaut wird« und daß dieses Gehirn »Informationen in Form von Emotionen als Code weitergibt, die dann die Handlungen und Entscheidungen des Lebewesens beeinflussen«. Offensichtlich trägt das limbische System zu einem »persönlichen Identitätsgefühl« bei, »das innerlich und äußerlich gewonnene Erfahrungen integriert«. Dies letztere gilt, so ist hinzuzufügen, in dieser Klarheit und Bestimmtheit freilich erst beim Menschen. MacLean gibt hier aber indirekt eine Definition dessen, was die Bedeutung der situativ auftretenden Emotionen für die Fähigkeit freien und spontanen Handelns beziehungsweise Reagierens ausmacht. Denn mit Hilfe der spontanen Erregbarkeit des limbischen Systems lassen sich offensichtlich die Instinktprogramme des Stammhirns überblenden, so daß die Befreiung aus den sonst automatisch ausgelösten kollektiven Mustern möglich wird.

Nach alledem ist klar, daß wir das limbische Gehirn und dessen »limbisches Bewußtsein« dem *Quadranten Zwei* unseres Lebenskreises zuordnen dürfen.

*

Den *Cortex* oder die *Großhirnrinde* bezeichnet MacLean als das dritte Gehirn. Außer dem Menschen besitzen auch die verschiedenen Säugetiergattungen einen Cortex, doch unterscheidet er sich sehr deutlich in bezug auf Größe, Gewicht und anatomische Anordnung. Beim Tier ist er vorwiegend am Hinterkopf angeordnet, beim Menschen aber weit nach vorn überlappend und die Stirn hoch emporwölbend. Vor allem aber vermittelt die Großhirnrinde den Tieren nicht jenes besondere Bewußtsein und jene psychischen Qualitäten von Intelligenz und Intuition, wie sie nur dem Homo sapiens zu eigen sind.

Mit dem Besitz eines Großhirns eröffnet sich für das Lebewesen ein neues Spektrum von abermals höher differenzierten Verhaltensmöglichkeiten und vor allem eine allgemeine Kontrolle über die aus dem limbischen Bewußtsein herrührenden Verhaltensweisen. Dabei ist das limbische Gehirn – selbst während des Ablaufs kognitiver oder intuitiver Prozesse – niemals abgeschaltet, sondern bleibt lebendig und stellt für die regieführende Großhirn-Instanz eine ständige Herausforderung dar. Immer wenn es um emotionale Befreiung beziehungsweise die notwendige – oder zumindest ertrotzte – Ich-Durchsetzung und -Verwirklichung geht, kann das limbische Bewußtsein mit seinen vitalen Verhaltensweisen die Oberhand gewinnen. Der Umgang mit dieser stets reaktionsbereiten limbischen Schicht ist laut MacLean dadurch erschwert, daß sie offensichtlich der Sprache nicht mächtig ist. Das kognitive Bewußtsein kann ihr mit keinerlei begrifflicher, gedanklicher oder logischer Ansprache beikommen, sondern muß es buchstäblich wie ein kleines Kind behandeln oder wie ein Tier, das nur die emotionale Klangfarbe, aber keine Wortinhalte versteht. Inwendig in uns lebt also ein »animalistischer« Bereich, der sich weder bilden noch belehren, sondern allenfalls dressieren läßt.

Das Großhirn des Menschen zeichnet sich durch eine Besonderheit aus. Zwar besteht es aus zwei gleich aussehenden Hälften oder Hemisphären. Im Unterschied zu den meisten beidseitig angelegten Organen, die identische Funktionen versehen, sind die Tätigkeiten der beiden Großhirnhälften jedoch diametral verschieden, vor allem im psychischen Bereich.

Obgleich MacLean die beiden Hemisphären des Großhirns zusammengefaßt als das dritte Gehirn bezeichnet, wollen wir über seine Deutung hinausgehen und – im Hinblick auf unseren viergegliederten Lebenskreis – im Falle des Menschen von einem dritten *und* einem vierten Gehirn sprechen. Denn dieser eine Cortex bringt gleichzeitig zwei Bewußtseinsebenen hervor: jedoch nicht mehr übereinandergeschichtet, sondern nebeneinander gelagert. Von diesen beiden Gehirnen kann man füglich nicht behaupten, daß sie nacheinander aufgetreten seien; sondern sie sind im Menschen und mit dem Menschen gleichzeitig auf dem Plan und finden im Tierreich nirgends ihresgleichen: Keines von ihnen ist ursächlicher Vorläufer des anderen, aber auch keines kann als das rückständigere oder atavistischere von beiden gelten.

Worin bestehen die polar verschiedenen psychischen Fähigkeiten der beiden Hirnhemisphären?

In der einen – in der Regel der linken – ist das begriffliche und analytische Erkennen begründet, in der anderen – in der Regel der rechten – das bildhafte und synthetische Erfassen. Das Wissen um diese Differenzierung ergab sich zum einen aus den Erfahrungen der Neurologie, so zum Beispiel aus den lokalen Ausfällen bei Verletzungen oder Schlaganfall; zum anderen aus Versuchsserien in der psychologischen Forschung – so durch Ornstein und andere.

In der linken Gehirnhälfte finden sich alle Fähigkeiten, die Ausdruck des Logisch-Analytischen sind: Sprache, Begriffsbildung, Schreiben, Rechnen bis hin zur höheren Mathematik, Denken, Planen, Vorausberechnen, Intelligenz, Gedächtnis, Begreifen von Kausalitäten und Gesetzmäßigkeiten – mit einem Wort: die Fähigkeiten des mentalen, also des dritten Bereichs. Bekanntlich werden die Fähigkeiten dieser Gehirnhälfte in der westlichen Zivilisation bevorzugt geschult. Interessanterweise hängt die Rechtshändigkeit – infolge einer nervalen Überkreuzung – damit zusammen, daß beim betreffenden Menschen die linke Großhirnhälfte stärker aktiviert ist. So ist die im Westen verbreitete Rechtshändigkeit nicht zufällig.

In der anderen, der rechten Gehirnhälfte nun finden sich alle Fähigkeiten verankert, die dem Menschen Erkenntnis unter Umgehung des Intellekts vermitteln. Kann es so etwas überhaupt geben? Zitieren wir hierzu Carl Ludwig Schleich, den berühmten Arzt der zwanziger Jahre und Erfinder der Lokalanästhesie: Er nennt die Domäne der rechten Gehirnhälfte die *Phantasie,* und er meint damit die den sinnlich wahrgenommenen Gegenstand »umschillernden Reflexionen, die das Reale phantasievoll umflattern wie Tausende von Möwen, die einen Stein umkreisen.« – »Was in der linken (begrifflichen) Hirnhälfte aufzuckt an Wahrnehmung, Betastungsübermittlung... erzeugt zugleich eine ergänzende, freilich funktionell durchaus verschiedene Parallelbewegung in der rechten Hirnhälfte... es bildet sich auf der anderen (rechten) Seite aus dem Schatze der Phantasie und der Erinnerung ein Hof, ein zitternder Regenbogenkreis, ein fransenartiges Drumherum... der mit Hilfe der blitzartigen Durchströmung von lauter Ähnlichkeiten und

Unterschieden... die reelle Wahrnehmung zwingend verknüpft mit allen erinnerten Gewißheiten der Vergangenheit und allen Möglichkeiten der Zukunft.«

Für Schleich ist Phantasie also nichts Erfundenes, sondern ein Wieder-Finden, nämlich ein In-Beziehung-Setzen des Augenblickseindruckes zu bereits Vorhandenem, eine Erkenntnisfindung durch Vergleich, und zwar auf dem Wege des blitzartigen, vibrierenden Ausleuchtens zweier Erkenntnisquellen: zum einen des Bildschirms aller aufgezeichneten früheren Erfahrungen, auch der unbewußten, zum anderen – und dies ist das Frappierende – eines offenbar latent vorhandenen Verzeichnisses sämtlicher potentiellen, bisher aber ungeschauten Möglichkeiten.

Schleich umschreibt also dasselbe mit anderen Worten, was Jung später als Intuition definieren sollte. Der gewählte Name Phantasie weist unmißverständlich darauf hin, daß es hierbei unbegrifflich, a-verbal und a-logisch zugeht: Bildhaft wird aufgenommen, und bildhaft wird die Botschaft zuteil; denn ohne zu be-greifen, greift die Phantasie durch das Gespinst des Geschauten hindurch und ist unmittelbar – im Bilde. Indem die intuitive Gehirnhälfte nicht schrittweise schlußfolgert, nicht analysierend, sondern auf einen Blick erfaßt, wird dem Individuum freilich nicht bewußt, auf welche Weise das Ergebnis zustandekam. Aber es kommt auch nicht »zustande« in dem Sinne, daß es zusammengetragen würde; das Erkennen formt sich vielmehr raum- und zeitunabhängig als ganzheitliches Ergebnis: Es ist Kennen, ja Wissen.

Diese Art der Wahrnehmung hat übrigens eine sehr alltägliche, praktische Seite. Jedesmal wenn es darum geht, einen optischen Gesamtüberblick zu erhalten, wird die Aufgabe von der rechten Großhirnhälfte versehen. Mit ihrer Hilfe vermögen wir beispielsweise selbst aus einer großen Menschenmenge ein Gesicht als bekannt herauszuerkennen. Urplötzlich kommt auf uns ein Bild zu, begleitet von dem Signal: »Wohlbekannt!« Den Betreffenden haben wir vielleicht jahrelang nicht gesehen, er trägt inzwischen eine Brille und einen Bart, sein Haar ist weiß geworden. Aber unsere bildhaft auffassende rechte Gehirnhälfte erkennt ihn sofort wieder, und zwar vermittels eines blitzartigen Überblicks, der Wesentliches sofort und überdeutlich herausholt und Gewandeltes dennoch nicht als fremd einstuft. Die linke, begriffliche Hirnhemisphäre hingegen wäre gezwungen, jenes Gesicht Punkt für Punkt im Detail abzutasten; die inzwischen eingetretenen Veränderungen würden in ihr Zweifel erwecken und sie vermutlich zu dem Ergebnis kommen lassen, der Mann sei unbekannt.

Die amerikanischen Wissenschaftler, die sich mit der Erforschung der beiden Hirnhemisphären befassen, bezeichnen die von der rechten, bildhaften ausgehenden Funktionen als emotional im weitesten Sinn, meinen aber – wie aus dem Kontext hervorgeht – eigentlich die Gabe der Synthese. Wenn Blakeslee in seinem Buch schildert, wie man Sportarten – etwa das Skilaufen – mit der rechten Gehirnhälfte erlernen kann, nämlich indem man beharrlich zu sich selbst sagt, man könne es bereits und müsse nur noch üben, so ist damit unmißverständlich die Intuition angesprochen. Diese besteht ja gerade darin, Verborgenem nachzugehen und es zutage zu fördern, und dies mit einer frappierenden Familiarität gegenüber demjenigen, das die Oberfläche erst erreichen will. Unser Intellekt setzt hier Zweifel an: Entweder eine Sache ist bekannt, dann möge sie auch offenkundig oder zumindest aus einem Speicher abrufbar sein – oder sie ist unbekannt; dann zieht er aus, sie zu erkennen. Unsere Intuition hingegen versteht sich auf die Kunst der Suggestion, der Selbsteinrede, so nahe diese auch zuweilen an der Selbsttäuschung liegen mag, und kommt damit zu höchst kreativen Ergebnissen.

Nicht nur die Suggestion ist eine »Kunst«, sondern alles, was von der rechten Gehirnhälfte versehen wird, hat mit Kunst und mit Kreativität zu tun. Wie die Phantasie ist wahre Kreativität niemals ein Er-Finden, sondern immer ein Finden. Jeder Künstler weiß darum. Er erlebt sich als derjenige, der längst Vorhandenes einfängt und diesem erlaubt, sich durch ihn hindurch zu verwirklichen. Dies ist das Geheimnis von des Künstlers Können: auch Können ist ein Schlüsselwort für die rechte Gehirnhälfte.

Die Bilder- und Symbolschrift der Chinesen und Japaner regt die ganzheitliche und synthetische Erfassung an und fördert die Entfaltung der rechtshemisphärischen Fähigkeiten. Die chinesische Philosophie und Medizin, auch die Akupunktur, fußen dementsprechend in erster Linie auf

Analogieschlüssen und dem Aufzeigen von Übereinstimmungen.

Im westlichen Schulsystem versucht man neuerdings, dem übermächtigen Training der analytischen Intelligenz eine gewisse Förderug der synthetischen Auffassungsgabe hinzuzufügen: beispielsweise durch die Ganzwortmethode in der Rechtschreibung oder die Mengenlehre in der Mathematik. Leider bleiben diese Gebiete isoliert zwischen dem übrigen Lernstoff stehen; ungemein viel überzeugender ist die Konsequenz, mit der die anthroposophischen Waldorfschulen ganzheitliches und analytisches Lernen miteinander verquikken.

Trotz der weit verbreiteten Vernachlässigung der rechten Hirnhemisphäre sorgt die Natur für einen Ausgleich, indem sie Nacht für Nacht die Bildersprache des Traum-Erlebens entstehen läßt. Im Traum gelten keine Logik, keine Kausalität, keine Folgerichtigkeit der Handlungsabläufe, und dennoch vermag die Traum-Deutung dem Individuum wesentliche Einsichten zu vermitteln. Wie wichtig die nächtliche kompensatorische Tätigkeit der bildhaft-visionären Gehirnhälfte für die Gesundheit und seelische Harmonie des Menschen ist, wurde bei Versuchspersonen deutlich, die man durch Wecken konsequent am Träumen hinderte. Vielleicht hängt unser Mißbefinden, wenn wir einmal ungewohnt früh aufstehen müssen, nicht zuletzt damit zusammen, daß wir des letzten Traumes beraubt wurden.

Zwischen beiden Großhirnhälften besteht eine anatomische Brücke, der sogenannte Balken (Corpus callosum). Unsere körperliche wie seelische Ausgeglichenheit hängt sehr davon ab, daß ein ständiger Austausch zwischen beiden Hirnhemisphären stattfindet. Auch Schleich beschreibt im einzelnen, daß letztlich keine Wahrnehmung nur eine der beiden Hirnhälften erreicht oder von nur einer beantwortet wird, sondern daß infolge ihrer Verbindung »eine Hälfte des Gehirns die andere in jedem Moment beobachten kann und begleitet in allen Phasen ihrer gegenseitigen Arbeit.« Nicht zuletzt an diesem anatomisch garantierten Zusammengehen der so entgegengesetzten Fähigkeiten von Verstand und Phantasie sehen wir, daß beide Großhirn-Qualitäten gemeinsam den Menschen erst zu dem Wesen machen, als das er angelegt ist.

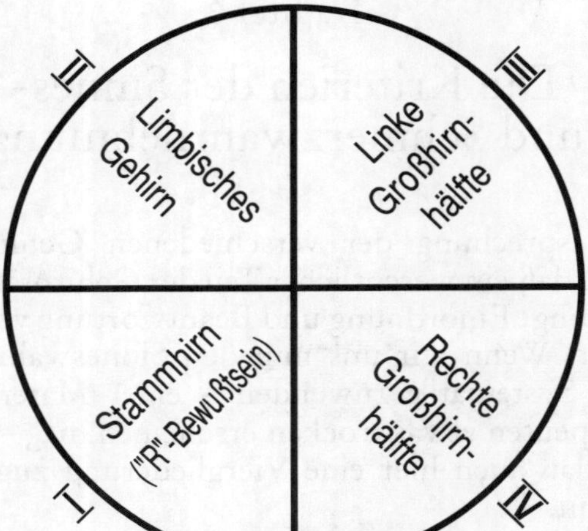
II
Limbisches
Gehirn
III
Linke
Großhirn-
hälfte
Stammhirn
("R"-Bewußtsein)
I
Rechte
Großhirn-
hälfte
IV

Kapitel 6

Die Kriterien der Sinnes- und Schmerzwahrnehmung

Bei der Besprechung der verschiedenen Gehirnstrukturen wurde klar, daß ein wesentlicher Teil der Gehirntätigkeit in der Wahrnehmung, Einordnung und Beantwortung von Sinnesreizen besteht. Wenn wir uns nun den Sinneswahrnehmungen und deren Systematik zuwenden – einer Materie, die dem Nichttherapeuten etwas trocken erscheinen mag –, so um aufzuzeigen, daß auch hier eine Viergliederung zugrundegelegt werden kann.

Sinneseindrücke treten originär auf – so die Definition von H. Hensel im Lehrbuch der Physiologie von Keidel. Das Sinneserleben ist unmittelbar gegeben, sein So- und Nicht-Anders-Sein folgt direkt aus der Beschaffenheit – der Phänomenologie – des Wahrgenommenen. Die Sinneseindrücke »gehören damit zu den letzten Prinzipien unseres Erkennens, bei denen die Kette der Beweisführung endet.«

Wir empfangen unsere Sinneseindrücke über das spezifische Aufnahmevermögen unserer fünf Sinne – nämlich von außen her: Die fünf Sinne unterrichten uns über die Vorgänge in der Umgebung. Daneben gibt es das breite Spektrum der körperlichen Empfindungen; diese erreichen uns gleichsam von innen her, melden uns Vorgänge in und am eigenen Leibe und vermitteln das körperliche Befinden. Demnach fallen Empfindungs- und Sinneseindrücke unter einen gemeinsamen Nenner, so daß unsere nachfolgenden Erwägungen für beide gelten können.

Die Sinneswahrnehmungen können in vier abgrenzbare Richtungen gegliedert werden. Hensel nennt diese die vier Grund-Dimensionen der Sinnesmannigfaltigkeit: Lokalität, Zeitlichkeit, Intensität und Qualität. Die Sinneswahrnehmung erfaßt zum einen den Ort des Erlebten als das Räumliche, zum anderen Zeitpunkt und Dauer des Geschehens als das Zeitliche. Zum dritten meint »Intensität«, als Menge, Fülle und Eindringlichkeit des Eindrucks verstanden, Quantität; zum vierten schließlich verdanken wir Hensel die treffende Bezeichnung »Bedeutungscharakter« für das, was bei der Sinneswahrnehmung die Qualität ausmacht.

So läßt sich die Phänomenologie und die in vielen Kombinationen schillernde Vielfalt sinnlicher Wahrnehmung auf diese vier Grund-Dimensionen zurückführen, die sich in ihrer Systematik und auch in der genannten Reihenfolge als Analogie unserer vier Kreisquadranten erweisen. Die Vierheit Raum = Ort, Zeit, Quantität und Qualität wird uns noch mehrfach begegnen.

Der zunächst neutrale Sinneseindruck trifft nun in dem wahrnehmenden Individuum auf bestimmte psychische Bedingtheiten, welche die Wahrnehmung auf subjektive Weise färben und somit erst zum Erleben im eigentlichen Sinne machen. Diese persönlichen, situationsabhängigen und übrigens ebenfalls originären Komponenten der Reizaufnahme, -verarbeitung und -beantwortung heißen in der wissenschaftlichen Sinnesphysiologie Funktionen der Sinneswahrnehmung. Hensel benennt drei solcher Funktionen, und zwar eine volitive, eine affektive und eine kognitive.

Hier werden wir unmittelbar an Grundfunktionen der Psyche nach C. G. Jung erinnert: an Empfinden, Fühlen und Denken. Denn volitiv bedeutet willensmäßig-intentional, ziel- und triebgerichtet; das Wollen oder Nicht-Wollen mit seiner unmittelbaren Umsetzung in Vollzug oder Verneinung ist aufs engste mit dem Empfinden gepaart. Die affektive – nach Hensel auch »protopathische« – Funktion besteht in den durch den Sinneseindruck spontan ausgelösten Regungen: zum Beispiel Lust oder Unlust, Glücksgefühl oder Unmut. Die dritte Funktion, die kognitive, erlaubt die bewußte, erkennende, »epikritische« Aufnahme, Verarbeitung und Einordnung des Wahrgenommenen.

Im Analogieschluß sollten wir – ähnlich wie Jung der bekannten Dreiheit Wollen-Fühlen-Denken die Intuition als vierte Seelenfunktion hinzuerkannt hat – auch die drei Funktionen der Sinneswahrnehmung um eine vierte ergänzen – nämlich eine intuitive, ahnend-durchschauende Funktion: eine subjektive Offenheit für das unter der Oberfläche eines äußeren Eindrucks Verborgene, eben für den Bedeutungscharakter.

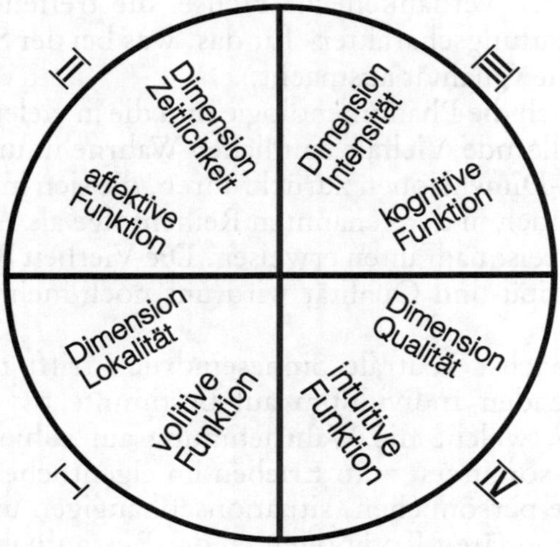

Neben den Sinneseindrücken ist der Schmerz eine Wahrnehmung, die wiederum weitgehend originär, das heißt subjektspezifisch erlebt wird. Die Deutung des Schmerzes als Botschaft rückt heute wieder in den Verständnishorizont der Medizin, ist doch der Schmerz primär ein Signal, ein Schrei des Körpers nach Abhilfe und nach Umkehr.

Schmerz gilt heute nicht mehr als ein bloßes Begleitsymptom, sondern – besonders im Falle des chronischen Schmerzes – als Zustand von eigenem Krankheitswert, bei dem der psychischen Seite des Schmerzerlebens besonderes Gewicht zukommt. In der modernen Schmerztherapie – die sich immer mehr zu einer selbständigen und dabei interdisziplinären medizinischen Fachrichtung entwickelt – wird die psychische Komponente des subjektiven Schmerzerlebens wie folgt differenziert:

1) der sensorisch-diskriminative Aspekt; er bezieht sich auf die örtliche Eingrenzung und den Charakter der Empfindung;
2) der affektiv-motivationale Aspekt, der die Gefühlskomponente sowie die subjektive Motivierung im Schmerzerleben einbezieht;
3) der kognitiv-evaluative Aspekt, der die bewußte Schmerzwahrnehmung und -verarbeitung, auch im Sinne der Ein-

schätzung von Ursachen und Abhilfemaßnahmen, ermöglicht.

Der bereits erwähnte Botschaftscharakter, der zur Deutung aufruft, dürfte auch hier – analog dem Bedeutungscharakter der Sinnesfunktion – den vierten Aspekt darstellen.

Mit Hilfe dieser Kriterien versucht die moderne Schmerztherapie nicht nur die Schmerzerfahrung zu differenzieren, sondern dem Kranken auch – je nach dessen Persönlichkeitsstruktur – Wege zur Schmerzbewältigung zu weisen: zum einen durch Annahme des Körpers samt dessen Drangsalen; zum anderen durch Motivation zur Selbstfindung und -beherrschung sogar im Schmerzerlebnis; zum dritten durch Einsicht zwecks kooperativer Umstellung der Lebensgewohnheiten; und nicht zuletzt durch deutende Durchleuchtung der Botschaft des Leidensprozesses.

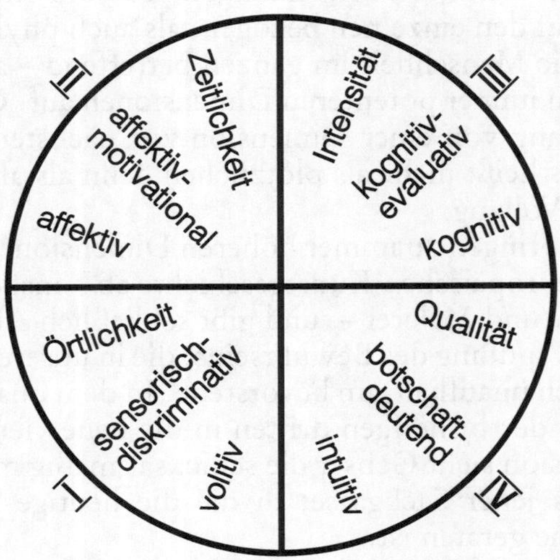

Kapitel 7

Die Bewußtseinsdimensionen nach J. Gebser

Wir werden nun noch einen Schritt weitergehen und die in den vorhergehenden Kapiteln besprochenen Phasen, Stufen und Ebenen als Dimensionen bezeichnen – und zwar als Dimensionen des Bewußtseins, in Anlehnung an Jean Gebser.

Jean Gebser, der aus Königsberg stammende und zuletzt in der Schweiz lebende bedeutende Kulturphilosoph unserer Zeit (1905-1978), hat als mehrbändiges Lebenswerk eine umfassende Darstellung dessen hinterlassen, was er die fünf Bewußtseinsdimensionen nennt. Er faßt die Entwicklung des menschlichen Bewußtseins seit den Anfängen – sowohl ontogenetisch, das heißt auf den einzelnen bezogen, als auch phylogenetisch, das heißt die Menschheit im ganzen betreffend – als ein Fortschreiten zu immer potenteren Dimensionen auf. Gebser sieht den Übergang von einer Dimension zur nächsten jeweils als Sprung, das heißt mehr als plötzlichen denn als allmählichen, gleitenden Vollzug.

Dieses Springen zu immer höheren Dimensionen liest Gebser an der europäischen Kunstgeschichte ab – insbesondere an Architektur und Malerei –, und gibt schließlich Ausblicke auf eine neue Wandlung des Bewußtseins, die in unseren Tagen not tue und auch unaufhaltsam bevorstehe. In dem unabdingbaren Sprung aus der bisherigen dritten in die neue vierte Bewußtseinsdimension sieht Gebser die schicksalsmäßig mögliche Errettung aus jener Sackgasse, in die die heutige Menschheit zweifelsohne geraten ist.

Wenn wir von Dimensionen reden, so sollten wir den Begriff zunächst definieren. Er meint wörtlich: Be- oder Ummessung. Eine Dimension gleicht demnach einem Freiraum, in dem man lebt und den man voll durchmessen, also ausschöpfen kann, der aber zugleich eine Begrenzung, um nicht zu sagen Beschränkung mit sich bringt, über die es kein Hinausgreifen noch Hinausschreiten gibt. Nicht einmal eine Vorstellung ist möglich, in welche ungeahnte Richtung ein Ausbrechen aus der innegehabten Dimension stattfinden könnte. In einem späteren Kapitel werden wir uns im besonderen mit den sogenannten geometrischen Dimensionen und ihrem Bezug zu Raum und Zeit beschäftigen. Im vorliegenden Kapitel wollen wir zuerst nach der dimensionalen Entfaltung des Bewußtseins fragen, wobei wir allerdings vielfach auf die geometrischen Analogien hinweisen werden.

Jede neue Dimension baut auf der alten auf, indem sie die vorhergehende um eine zusätzliche, bisher ungeahnte Qualität erweitert: Mit einem Male eröffnen sich Möglichkeiten, die die zuvor unüberwindbar erscheinenden Beschränkungen mit spielerischer Leichtigkeit in Nichts auflösen; es ist, als trete man durch Wände, die aufgehört haben, Wände zu sein.

Die Verständigung zwischen Menschen unterschiedlicher Dimensionalität ist schlechterdings unmöglich. Wohl vermag der Weiterblickende die Befangenheit des anderen in dessen vermeintlichen Beschränkungen zu durchschauen, doch wird er sie ihm nicht ausreden können. Er erntet vielmehr Mißtrauen oder löst Ängste aus, weil der »Minderbewußte« noch keinen Zugang zu der neuen Quelle hat. Wenn der Weiterblickende sich anschickt, wie Kolumbus in neuer Richtung aufzubrechen, so wird er von den Zurückgebliebenen bemitleidet oder gar verspottet.

Gebser stellt unter die von ihm beschriebenen fünf Bewußtseinsdimensionen eine nullte, die er die archaische nennt. Darauf folgen als erste die magische, als zweite die mythische, als dritte die mentale Stufe, welch letztere dem derzeitigen Bewußtseinsgrad der Menschheit entspreche. Die vierte nennt Gebser die integrale oder diaphane, durch die in unseren Tagen die dritte Bewußtseinsstufe überwunden werden kann und soll. Eine fünfte Dimension deutet Gebser an, definiert sie aber nicht genauer. Er begnügt sich mit dem Hinweis, daß etwas außerhalb unseres Fassungsvermögens Befindliches gleichermaßen die nullte wie die fünfte Dimension kennzeichne, ja daß diese beiden letztlich übereinstimmen mögen.

Es bietet sich an, die Bewußtseinsdimensionen nach Gebser in Analogie zu unserem Kreisbild zu setzen. Zweifelsohne besteht eine Übereinstimmung des dritten, mental-rationalen Bewußtseins mit unserem Bereich Drei. Die vierte, die integrale oder diaphane Bewußtseinsdimension, weist ein-deutige Analogien zum Kreisquadranten Vier auf: Wie dieser führt auch sie an die Schwelle des Zieles, wie es Gebser im Auge hat; allerdings sind Schwelle und Ziel noch nicht gleichzusetzen. Für die magische erste Bewußtseinsdimension werden wir schlüssige Parallelen zum Quadranten Eins finden und für die mythische zweite zum Quadranten Zwei.

Wenn Gebser die archaische nullte Dimension eng verknüpft mit einer eventuellen fünften sieht, in der sie möglicherweise wiederkehrt, so drückt sich das in unserem Kreisbild folgendermaßen aus: Die archaische nullte Stufe dürfen wir unmittelbar an den Anfang des Quadranten Eins, gleichsam an den Ursprungs- und Ausgangsort des Kreisbogens setzen – an dessen »Nullpunkt« im wahrsten Sinne. So fällt ihr kein eigentliches Quadrantenfeld zu, und dennoch ist sie im Lebenskreis enthalten. Sie stellt nämlich, worauf Gebser ausdrücklich hinweist, noch keine Dimension im eigentlichen Sinne dar.

Die unbekannte fünfte Dimension nun leuchtet am allerletzten Schritt des vierten Quadranten in unserem Kreisbild auf – dort, wo das Ende des Kreisbogens wieder in die nullte Dimension einzumünden scheint. So hat es den Anschein, als ob beide, Ursprung und Gegenwart – entsprechend dem Titel von Gebsers Buch – in unserem Kreisbild beinahe zusammenfallen: Bei nahe sind sie einander in der Tat, und dennoch liegen

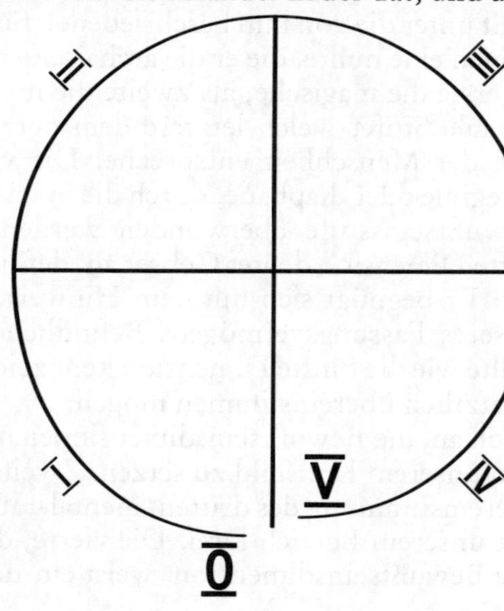

zwischen beiden die Erfahrungen eines gewaltigen Lebensbogens vier durchlaufener Bewußtseinsdimensionen. Der geschlossene Kreis wird überhöht in dem Bild der Spirale.

*

Lassen wir nun Gebser mit seiner Sicht und Systematik zu Worte kommen.

Die *archaische* nullte Bewußtseinsdimension des Urzustandes nächst dem Ursprung bezeichnet Gebser als den Zustand der Ungeschiedenheit, der noch herrschenden totalen Identität von Mensch und Kosmos. Bewußtseinsmäßig war der Urzeit-Mensch dem Ur-sprung noch nicht ent-sprungen, fehlte es ihm an jeglicher Wahrnehmung für sich selbst, war er noch völlig unabgesondert. Hier gab es nur nebelhafte Sinneseindrücke, die instinkthaft beantwortet und sofort wieder aufgehoben wurden. In diesen archaischen Zeiten lebte die Menschheit wie in einem Dämmerzustand, kaum wacher als jemand, der morgens, noch schlaftrunken, nur zu den ersten mechanischen Reaktionen und Handgriffen des Körperlichen fähig ist. Auf diesen Zustand bezieht Gebser jenes chinesische Zitat, nach welchem »die wahrhaften Menschen früherer Zeit traumlos schliefen«; denn ihre Seele war noch nicht zu eigener Erlebnisfähigkeit erwacht.

Erst die nächste, die *magische* Stufe bringt gewisse urtümliche Bewußtseinsqualitäten hervor, die die rein mechanischen Abläufe hinter sich lassen und einen ersten willentlichen Spielraum geben, so daß nun von einer Bewußtseinsdimension gesprochen werden kann. Deshalb also zählt Gebser diese und nicht die archaische Stufe als erste Dimension des Bewußtseins; und deshalb ist es auch berechtigt, das Feld des Quadranten Eins auf diese magische Stufe zu beziehen.

Das magische Bewußtsein war – so Gebser – »raumlos-zeitlos« und vorperspektivisch. Denn Raum wurde nicht plastisch-dreidimensional wahrgenommen, sondern lediglich als Ort: In seinem raum-/zeitlosen Bewußtsein erfuhr dieser frühe Mensch sich selbst lediglich aufgrund seines örtlichen Vorhandenseins in einem Körper, mit dem er sich identisch empfand; im Dämmerzustand seines Bewußtseins vermochte er aber noch nicht, sich im zeitlichen Ereignislauf wahrzunehmen. Er war ich-los, gleichsam ein vorgeschobener Posten des Kollektivs, in dessen Boden er wurzelte. Nicht von ungefähr heißt die entsprechende vorhistorische Epoche die Vor-Zeit, denn sie lag im wahrsten Sinne des Wortes vor dem Auftreten eines Zeitbewußtseins.

Gebser spricht von der Unität des Einzelnen. Er meint damit einerseits dessen objektive Unterscheidbarkeit vor dem Hintergrund des Kollektivs; andererseits aber die subjektiv empfundene Vollständigkeit des Individuums, das sich selbst als eine Einheit erlebt, wenngleich sein Körper nur die eine der beiden polaren Varianten – nämlich entweder Mann oder Frau – darstellt. In der Unität erfährt sich der Mensch trotz seiner polaren Halbheit also als ein in sich geschlossenes, ungespaltenes Wesen. Alles, was ihm nun – mehr oder weniger verschwommen – entgegentritt, steht ihm wiederum für die Einheit des Ganzen, da er nicht zu erkennen vermag, wie viel weiter und umgreifender das Welt-Ganze ist. Auf die sich ihm entgegenstellenden Mächte antwortet er mit der ganzen Kraft seines Willens – der ein Überlebenswille ist –, mit der Macht der Vor-Erfahrung des Kollektivs, vor allem aber mit der Macht seiner eigenen menschlichen Gestalt, die allen anderen Gestaltungen der Schöpfung überlegen ist. Aus diesen Quellen einer reinen Ur-Magie fließen ihm geheime Zauberkräfte zu, die er in magische Rituale zu kanalisieren vermag. Auf natürlich-»zauberhafte« Weise gelingt es ihm, die Natur zu bannen, ihrer Knechtschaft zu entrinnen und in ihr zu überleben.

Aus der magischen Epoche stammen übrigens die Höhlenmalereien: Das Tier, in der Abbildung auf der Höhlenwand festgehalten und verewigt, durfte deshalb als Einzelbeute gejagt und verzehrt werden, weil die ganze nahrungspendende Gattung, die das eine Exemplar zur Erhaltung des Menschen opferte, in diesem Bilde verehrt, verewigt und zugleich gebannt wurde.

Diese erste menschliche Bewußtseinsdimension ist eine Ebene, in der alles Erleben und Handeln sich gleichsam einfältig vollzieht; alles läuft noch auf dem Hintergrund einer naturhaft vorgegebenen Sinnesbezogenheit ab, welche die trieb- und willensgesteuerten Kräfte des einzelnen hervorbringt. Gebser nennt dies die Ebene des Vitalen, eine Ebene der unreflektierten, kreatürlichen Lebensenergie. Er weist auf einen sehr interessanten Zusammenhang mit der Hörfunktion hin: Das Hören ist hier noch Ge-hören und Ge-horsam – bis hin zum Hörig-Machen und Hörig-Sein.

Bereits beim magischen Bewußtsein zeichnet sich eine Gesetzmäßigkeit ab, die nach Gebser auch für die späteren Bewußtseinsdimensionen gilt: Wenn eine Stufe konsolidiert ist in dem Sinne, daß sie vom Menschen – oder der Menschheit der betreffenden Epoche – voll eingenommen ist und er ihre Errungenschaften zu meistern versteht, so wünscht er in ihr zu verharren. Hier schleicht sich ein, was Gebser das »Defizient-Werden« der einzelnen Bewußtseinsstufen nennt: ein »Quantifizieren«, also Überziehen oder Überspannen der spezifischen Möglichkeiten der Dimension bis hin zur Verzerrung und Umkehrung ins Gegenteil setzt ein, bis hin zum Umschlagen von Segen in Fluch. Die Defizienz – oder Dekadenz – ist jeweils Vorbote für den Niedergang einer Stufe: Anzeichen dafür, daß diese sich überholt und überlebt hat. Die Zeit ist reif für den Sprung in die nächste Dimension.

Bei der magischen Stufe liegt die Defizienz in der Perfektionierung des zaubernden Rituals; denn dieses vermag offensichtlich auch bannende Kraft gegenüber dem Mitmenschen zu entfalten, indem es dessen Unterbewußtsein beugt, zwingt und vergewaltigt: Magie um ihrer selbst willen, als Werkzeug, das sich gegen den Menschen richtet. Gebser weist darauf hin, daß das Wort »Magie« im Indogermanischen dieselbe Wurzel hat wie Mechanik, Maschine, Machen und Macht.

*

Den Eintritt in die nächste, nämlich die *mythische* zweite Bewußtseinsdimension, datiert Gebser in das 2. Jahrtausend vor Christus. Diese neue Stufe deutet er als raumlos-naturzeithaft und unperspektivisch. Das Naturzeit-Erleben schlägt sich in ersten Kalendern und astronomischen Beobachtungen nieder. Gelang in der magischen Ebene die erste Wahrnehmung der Natur, also der Umgebung, so ist das charakteristische Neue der mythischen Ebene das Erwachen der eigenen Seele. Der Mensch beginnt nunmehr, sich ereignishaft als ein Ich-Wesen zu erleben – und das diesem Ich zugehörige Gefühl als die eigentliche Erlebnis- und Ausdrucks-Ebene zu erfahren. Das

Wort »mythisch« kommt vom griechischen *myein* und bedeutet vom Wortstamm her sowohl »reden«, als auch »sich schließen« – die beiden polaren Fähigkeiten des Mundes, der nun erstmals in den bildlichen Darstellungen vom Menschen auftaucht. Doch redete man damals nicht in abstrakten Begriffen, sondern in Bildern und Erlebnisberichten, eben in Mythen und Sagen, ebenso wie auch jede Wahrnehmung vornehmlich eine bildhafte und optische war. In den frühen Mythen geht es noch um die Geschehnisse der Entstehung der Welt, deren die Seele sich erinnert. In tiefer Fühligkeit für das Wahre, Echte und Heilige ist der Mensch erschüttert und aufgerüttelt von der Erhabenheit der Gewalten, deren Zeuge er durch die Erlebniskraft seiner Seele geworden ist.

In den späteren Mythen allerdings zeichnet die Seele ihre eigene Dynamik, die wechselnden Siege und Niederlagen dunkler und heller Kräfte, welche sie in das Bild der Göttergestalten mit deren Taten und Kämpfen kleidet. Jene Akteure sind Personifizierungen der mannigfaltigen Charakterzüge des Menschen selbst und seiner polaren innerseelischen Strömungen; durch Anhebung auf eine göttliche Ebene werden sie anschaubar gemacht und idolisiert. Die Vielfalt der von dem äußeren wie dem inneren Auge wahrgenommenen Erfahrungen, die »im Bild des Mythos wie im Rhythmus des Epos« ausgemalt sind, verdichtet sich zu archetypischen Ur-Erlebnissen der gesamten Menschheit. So wird die Welt der Archetypen aus einem überkommenen Seeleneigentum der Menschheit zur Mitgift eines jeden Einzelnen bis auf den heutigen Tag.

Wichtig ist allerdings, daß die Urbilder im Menschen selbst lebendig bleiben und die archetypischen Geschehnisse unmittelbar mit ihm zu tun haben, so daß bei jeder Erzählung auch »das Nichtgesagte seine stumme Mitsprache hat« und vom Zuhörer mitverstanden wird. Der bloße Bericht – der »bloß ausgesagte Mythos« – löst nichts im Inneren aus, wenn die Betroffenheit fehlt oder die Wahrheit zu fern ist. In diesem Fall wird der Mythos nur noch um seiner selbst willen erzählt und ist längst vom Menschen abgespalten: die defiziente Form der mythischen Manifestation.

Nach Gebser ist die zweite Dimension – und mit ihr die mythische zweite Bewußtseinsebene – gekennzeichnet durch die Polarität als jene Erfahrung, daß jedem Phänomen ein gleichwertiger Konterpart beigesellt ist. Das Symbol dieser Art der Polarität ist der zyklische Ring, der die zeitlich-rhythmische Wiederkehr polarer Alternativen anzeigt. Aber nicht nur im Äußeren wird das polare Hin und Her der Ereignisse – Licht und Dunkelheit, Aufgang und Niedergang der Gestirne – wahrgenommen, sondern auch im Inneren, denn die Seele schwankt im laufenden Wechsel von einer Seite zur anderen: Dynamik und Energetik eines nie endenden Kommens und Gehens als Ausdruck jenes naturhaften zyklischen Zeit-Erlebens, das diese zweite Bewußtseinsdimension bestimmt.

Es handelt sich hier um echte Zweidimensionalität: Diese Bewußtseinsstruktur ist im wahren Sinne des Wortes noch raum-los, weil ihr die dritte Koordinate der Höhe fehlt, welche erst den Raum erstehen läßt. Daher wird noch flächenhaft ohne Relief und Profil, Volumen und Inhalt wahrgenommen. In der darstellenden Kunst dieses Bewußtseins fehlt folglich jegliche Tiefenwirkung, besteht kein Sinn für Perspektive oder wirklichkeitsgetreue Wiedergabe von Größenrelationen. Besonders groß werden vielmehr jene Figuren dargestellt, denen besondere Geltung gebührt – zum Beispiel die Gestalt eines Heiligen –, klein hingegen die unwichtigen, wie die Stifter eines Altars. Der unwesentliche Hintergrund wird flächig, aber im Goldgrund gehalten – erst in der späteren, perspektivisch empfindenden Epoche des mentalen Bewußtseins werden wir die üppige und ausgeklügelte Ausfüllung mit landschaftlichen und architektonischen Details finden.

*

In dem Auftreten perspektivischer Malerei sieht Gebser das augenfälligste Merkmal für das Einsetzen der nächsten, der *mentalen* dritten Bewußtseinsdimension. In der Tat ist die Entdeckung der Perspektive die Folge einer erkenntnismäßigen Auseinandersetzung mit den Sinneseindrücken: Wenn das Gesehene in Wahrheit nicht flächig, sondern raumkörperhaft ist, bedarf es zu seiner wirklichkeitsgetreuen Wiedergabe auf zweidimensionaler Leinwand einer Technik, die der neu beobachteten Dreidimensionalität Rechnung trägt: eben jener Zentralperspektive, die alles Räumliche dadurch kennzeichnet, daß sich seine Linien nach hinten verjüngen.

Offensichtlich war dem Menschen der vorausgegangenen zweiten Bewußtseinsstruktur die Dreidimensionalität der Dinge in ihrer Tragweite noch nicht wahrnehmbar. Es bedurfte eines mutationsartigen Sprunges, um diese Wahrnehmung zu eröffnen. Als ein in der Literatur verbürgtes Zeugnis für den Sprung vom mythischen zum mentalen Verständnis erachtet Gebser den beispielhaften Bericht des Petrarca aus dem Jahre 1336, in welchem dieser seine Besteigung des Mont Ventoux beschreibt. »An jenem denkwürdigen Tage« – so Gebser – »entdeckte Petrarca die Landschaft«: Auf dem Bergesgipfel stehend, von der erstmalig bewußt gewordenen neuen Warte der Höhe aus, also vom Überblick der dritten Koordinate her, begriff er die vor ihm ausgebreiteten Niederungen als ein Unendlichkeits-Panorama von Erhebungen und Tiefen, von Profilen und Senken, und der Horizont wuchs ihm zum webenden und erfüllten Himmelsraum empor. Von diesem Erkennen, das ihm den Raum erschloß, war der Dichter derart erschüttert, daß er es nur einem einzigen Freunde brieflich anvertraute.

Laut Gebser war die mental-rationale Bewußtseinsstufe schon ein erstes Mal um 500 vor Christus mit drei großen Leistungen des Abendlandes eingeleitet worden: der griechischen Wissenslehre, der jüdischen Heilslehre und der römischen Rechts- und Staatslehre. Mit dem Niedergang der antiken Mittelmeerkultur der Antike aber sank das abendländische Bewußtsein nochmals auf das Niveau des Mythischen hinunter und erwachte erst wieder zur Zeit der Renaissance. Namhafte Zeugen jenes erneuten Aufblühens des mentalen dritten Bewußtseins sind, außer dem erwähnten Petrarca, Menschen wie Kepler oder Leonardo mit ihren revolutionierenden, das bisherige Weltenkonzept von Grund auf erschütternden Erkenntnissen.

Das Lebewesen der dritten Bewußtseinsstufe trägt den Namen »Mensch« zu Recht: Gebser weist auf das indogermanische Urwort *ma* hin, welches »denken« und »messen« bedeutet; davon abgeleitet das altindische *manas* für den inneren Sinn, Geist, Verstand und Mut, welches im griechischen *menos* und im lateinischen *mens* wiederkehrt. *Mann* (Sanskrit) oder »Mensch« ist demnach Einer, der meinen und denken, messen und zählen kann.

Indem der dreidimensional denkende Mensch aus der Fläche in den Raum hinaustritt, wird er auch bewußtseinsmäßig zum Aufrecht-Gehenden; ja er selbst stellt die Vertikale, die Höhe, dar und wird zu jener dritten Koordinate, die fortan sein mentales Weltbild bestimmen wird. So wird der messende, meinende Mensch selbst zum Maß aller Dinge, der dieses sein Maß – bis hin zur Ver-messenheit – an alles legt, das ihm gegenübertritt. Sein Maß und Bewußtsein sind räumlich, perspektivisch, und werden tagwach erlebt: bewußt in des Wortes eigentlicher Bedeutung.

Die mentale Bewußtheit besteht darin, daß jede Wahrnehmung, Begegnung oder Gegenüberstellung erkenntnismäßig abgeklopft, das heißt kognitiv verarbeitet wird. So wird die Polarität, die in der mythischen Stufe noch völlig unreflektiert und faktisch als Doppelphänomen zweier gleichwertiger Alternativen erlebt wurde, mental aufgespalten. An der Polarität wird nunmehr deren Gegensätzlichkeit bewußt: Von zwei Extremen erscheint jeweils das eine positiv, das andere negativ. Damit setzt der wertende Vergleich ein; dies nennt Gebser das Bewußtsein von der Dualität. Auch Gott und Mensch stehen sich auf diese Weise dualistisch gegenüber. Der Mensch als einzelner erlebt sich in der Dualität isolierter und alleingelassener denn je, denn er stellt ständig sich selbst in den Vergleich hinein und hinterfragt seinen eigenen Wert. Wenn er in dieser dauernden Herausforderung der Gegensätze überhaupt Absicherung finden kann, so nur außerhalb seiner selbst, sei es durch Untertauchen in der Vermassung, sei es durch die eigene Heraushebung aufgrund von Leistung oder Besitz.

Auch das Erkennen und Aufstellen von Gesetzen menschlichen Zusammenlebens, ebenso wie die Nutzbarmachung der Naturgesetzmäßigkeiten ist – so Gebser – Frucht und Leistung der mentalen Bewußtseinsdimension. Hier geht es um die Sicherung im humanitären und sozialen Bereich, die das Wohlergehen des einzelnen wie der Menge garantieren soll – und kann.

Das zweidimensionale Zyklus-Symbol wird folgerichtig abgelöst vom Symbol des Dreiecks. Dieses sagt aus, daß die Basis – die das duale Gegensatzpaar darstellt – nur außerhalb ihrer selbst, nämlich an der Dreiecksspitze, durch Überhöhung geeint werden kann. In der Tat öffnet das Bewußtsein der

Dualität den Blick für das Dritte, das allein den wetteifernden Gegensatz befrieden kann: Es ist das Neue, das Hervorgebrachte, das Produkt, das aus der Vermählung dualer Partner entsteht. So gipfelt der jüdische Monotheismus, als die Lehre von der personalen Gott-Mensch-Beziehung, in der Heilslehre von der hoffenden Erwartung des Kindes.

Die mentale Stufe wird dort defizient, wo Erkenntnisgabe und Denken als »Geist« überbewertet, zum Götzen erhoben und nur noch um der Macht willen bis ins letzte ausgeklügelt werden; wo die Ratio, blind geworden, sich als zerstörerisches Werkzeug wider den Menschen selbst mißbrauchen läßt. Die Gefahren der Defizienz der mentalen Bewußtseinsstufe drohen heute in noch verheerenderem Maße als damals in den vierziger Jahren, als Gebser seine Beobachtungen niederschrieb: Mehrfach abgesicherte »Sicherheit« um jeden Preis, und sei es um jenen, daß dabei mit Sicherheit alles Leben ausgelöscht wird – der Overkill als hämisch grinsender Wechselbalg einer dem mentalen Wahnsinn verfallenen Menschheit.

Mit Gebser können wir nur hoffen, daß der überdringlich anstehende Sprung zur vierten Dimension noch rechtzeitig in das Bewußtsein der Menschen – oder zumindest ihrer Wegbereiter – einbrechen und eine neue Epoche eröffnen möge. Unter dem Namen einer Wendezeit, auch als Wassermannzeitalter bezeichnet, wird einer solchen Epoche der Not- und Bewußtseinswendung von Vielen noch vor Ausgang unseres 20. Jahrhunderts entgegengesehen.

*

Nach Gebser ist diese neue, vierte Bewußtseinsdimension *integral,* denn sie umgreift alle bisherigen Bewußtseinsformen und durchdringt sie zugleich. Ihre neuartige »Richtung«, in die sie ihre Wahrnehmung zu senken vermag, nennt Gebser die »Diaphanität«: das bedeutet Transparenz, Durchsichtigkeit der Phänomene für das auf neue Weise durchschauen-könnende Bewußtsein. Das hat nichts mit Bewußtseins-Erweiterung zu tun, wie sie heute zum Schlagwort geworden ist; denn die gängige dreidimensionale Vorstellung von Erweiterung meint und erstrebt nur eine Aufblähung des bisherigen Bewußtseinsraumes in Form einer räumlich-quantifizierenden Steigerung, bei der man meint, an das »Ende« des Un-endlichen stoßen zu können. Auf solche Weise wird aber noch keine neuartige, vierte Bewußtseinskoordinate erschlossen. Worin das Wesen des Zukünftigen besteht, kann der dreidimensionale Verstand niemals er-denken. Wir können es aber in gewisser Weise erahnen, nämlich auf dem Wege über die Analogie: zum Beispiel indem wir Jungs vierte Grundfunktion der Psyche, die Intuition, zum Vergleich und zur Erläuterung heranziehen. Erinnern wir uns, daß Intuition die Fähigkeit besitzt, unter die Oberfläche der Dinge zu schauen – ebenso, als wäre diese Oberfläche aus Glas oder, in den Worten Gebsers, diaphan. Der neue, wegweisende Begriff *Glasnost* meint eben dies.

Die moderne Kunst – man denke an die Gesichter bei Picasso, die gleichzeitig Vorderansicht und Profil zeigen – versucht das zu enthüllen, was jenseits des oberflächlichen Eindrucks liegt. Gebser nennt diese Art der Darstellung a-perspektivisch; denn sie setzt sich gewollt in Widerspruch zur perspektivischen, sich für wirklichkeitsgetreu haltenden dreidimensionalen Wiedergabe. Es findet vielmehr eine Auseinandersetzung mit der verborgenen Wirklichkeit statt, die es um ihrer Erfahrbarkeit willen transparent zu machen gilt. Gelingt ein solches Portrait, so kommt es allerdings einer Demaskierung gleich, die alle bisherigen Vorstellungen von Ähnlichkeit zunichte macht.

Diaphanität bezieht sich keineswegs nur auf den Raum, sondern vornehmlich auch auf die Zeit. Gebser definiert den Raum als eine »Gegebenheit«, ein »Bewirktes«; die Zeit demgegenüber als eine »Gebung«, ein »Phänomen des Wirkens«. Er diskutiert ausführlich, ob nicht die vierte Dimension mit der Zeit identisch sei, wie es Einstein erwog angesichts der Konvertierbarkeit der beiden Erscheinungsformen Materie und Energie und angesichts der unsichtbaren Komponente, die vermutlich zwischen diesen beiden wirkt. Wenn die dritte Dimension geradezu der Raum war und dem dreidimensionalen Bewußtsein die erkenntnismäßige Bewältigung des Raumes schenkte, so bedeutet Vierdimensionalität für Gebser »Zeitfreiheit«.

Gebser spricht von Konkretisierung und Integrierung der Zeit zum Vollzug der »Gänzlichung«, womit er die Bewußtwerdung des Ganzen meint: Es gelte, die vorhergehenden Formen des Zeit-Erlebens, nämlich die schlafhafte Zeit-losigkeit des Magischen, die traumhafte Zeit-haftigkeit des Mythischen und die begriffliche Wachheit des Mentalen zu durchschauen in einer Klarheit »frei von Helligkeit, Zwielicht und Dunkel«, um auf diese Weise zeit-frei wahrzunehmen und damit das Ganze zu gewahren. Dann werde alles zu konkreter und damit integrierbarer Gegenwart; selbst der vor-bewußte Ursprung – den man gewißlich mit dem Unbewußten im Sinne von Jung in Verbindung bringen kann – werde zur bewußten Gegenwart. Wer derart die Fundamente in sich aufnimmt, ist – so Gebser – »nicht mehr durch die Mannigfaltigkeit, Veränderlichkeit oder Fixiertheit der aus ihr hervorgehenden Formen verwirrbar«.

Der Begriff der Zeitfreiheit scheint mißverständlich. Gebser will offensichtlich zum Ausdruck bringen, daß der vierdimensional bewußte Mensch durch Überwindung seiner früheren, beschränkten Zeitvorstellungen der Wahrheit und Klarheit näherkommen und auf diese Weise frei werden könne.

So ist vor allem eine Freiheit in bezug auf den Umgang mit der Zeit und deren Wirkungen gemeint – eine Freiheit im Zeitlichen: Der Mensch kämpft nicht mehr gegen ihm entrinnende Stunden, sondern läßt sich beschenken. Er wird noch nicht frei vom Zeitlichen; denn real lebt er weiterhin in Raum und Zeit. Doch die Zeit kommt ihm entgegen mit Phänomenen synchronistischen Geschehens (engl.: *timing),* bei dem alle Ereignisse wie von wunderbarer Regie aufeinander abgestimmt erscheinen.

Die Diaphanität der vierten Dimension gibt damit bereits den Blick unter die Oberfläche der Zeit frei, so daß der Mensch diese als die ereignisschenkende Qualität erfahren kann. So vermag der vierdimensional bewußte Mensch die Zeit als Teil des Ganzen wahrzunehmen, und damit gelangt er zur integralen Schau des Ganzen – eben zur Gänzlichung.

Diese Schau, als eine neue Mitgift, richtet den Menschen auf sein wahres Ziel, eine freilich nur ahnbare Finalität, aus. Klarheit und Weisheit als solche – auch wenn sie die höchste Stufe der Bewußtseinsentwicklung darstellen – sind dieses letzte Ziel jedoch nicht; denn Diaphanität um ihrer selbst willen käme einer erneuten Defizienz gleich.

Noch ein Wort zum Bewußtseinsbefinden auf dieser Stufe: Gebser betont, daß die drei vorausgehenden Bewußtseinsstufen erfüllt und integriert sein müssen; dann wird Erkenntnis in der vierten, integralen Dimension zum »Gewahren« oder »Wahren«. Wir möchten dieses diaphane (oder diaphanierende) Gewahren als das Gewißsein interpretieren. Nicht mehr die Tagwachheit des kognitiv-intelligenten und stets paraten Eingedenk-Seins steht hier im Mittelpunkt, sondern ein Offensein und Sich-verlassen-Können auf die Gewißheiten und die Führung des Unbewußten. Dieses gewinnt damit, obgleich dem Tagesbewußtsein verborgen, die Qualität eines Überbewußtseins.

Die diaphanierende Bewußtseinsstufe reicht zwar – wie unser Kreisbild bestätigen will – an die Schwelle einer fünften Dimension heran, ist jedoch nicht die letzte Erfüllung. Sie ist eine noch diesseitige Dimension, weist aber auf Gott hin als Geheimnis, Ursprung und Ziel des Ganzen.

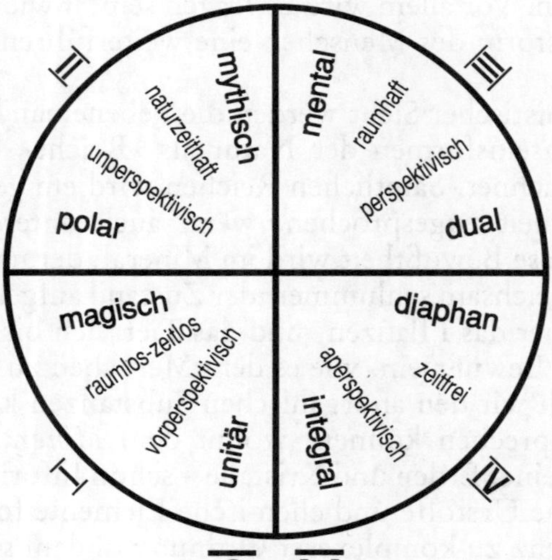

Kapitel 8

Die Daseinsformen oder Reiche der Natur

Ein altes Sprichwort östlicher Weisheit sagt: Gott schläft im Stein, Gott atmet in der Pflanze, Gott träumt im Tier – aber Er erwacht im Menschen. Damit ist eine uralte Frage angesprochen: Gibt es Bewußtsein auch außerhalb des Menschen, in anderen Daseinsformen der Natur?

Es handelt sich um die Welten der Steine, der Pflanzen und der Tiere, die im Hinblick auf den Grad ihrer Bewußtheit zu hinterfragen und mit der des Menschen zu vergleichen sind. Hierzu hat das asiatische Gedankengut mehr Aussagen als das westliche. Gemäß der Zielsetzung dieses Buches werden wir östliche Aussagen auch betrachten, aber nicht vorbehaltlos übernehmen. Vor allem wird zu fragen sein, inwieweit sich für die Daseinsform des Menschen eine weiterführende Deutung finden läßt.

In hinduistischer Sicht werden die nebeneinander vorkommenden Daseinsformen der Natur als »Reiche« (engl. *kingdoms)* bezeichnet. Sämtlichen Reichen wird ein gewisses Maß an Bewußtheit zugesprochen, wenn auch unterschiedlichen Grades. Diese Bewußtheit wird im Mineral, der untersten Stufe, als ein gleichsam schlummernder Zustand aufgefaßt; sie steigert sich über das Pflanzen- und das Tierreich bis hin zu dem hellwachen Bewußtsein, wie es dem Menschen zu eigen ist.

Obgleich wir den anorganischen Substanzen keine Lebendigkeit zusprechen können, wohnt dem *Mineralreich* – der Welt der Steine, Erden und Kristalle – schon Information inne: Mineralische Urstoffe und chemische Elemente folgen bereits einer Tendenz zu komplexerer Ordnung, indem sie die eigentümliche Neigung haben, miteinander Verbindungen einzugehen und unter Wahrung bestimmter Gesetzmäßigkeiten von einfacheren in zusammengesetzte Formen überzugehen. Auch wissen wir von den Kristallen, daß sie wachsen: Kraft der ihnen innewohnenden Information und Ordnung bilden die einzelnen Mineralien jeweils eine charakteristische und geometrisch exakte Kristallstruktur. Doch ist dieses innewaltende

Gesetz noch weit von Bewußtheit im eigentlichen Sinne, von der Fähigkeit einer selektiven Reizaufnahme und -beantwortung, entfernt.

Als Phänomen der Schöpfung allerdings hat das Mineralreich dennoch seinen Platz in unserem Lebenskreis, denn das organische Leben bedient sich der anorganischen, mineralischen Stoffe zu seiner Entstehung und für seine Lebensäußerungen. Die Welt der Steine, Erden und Kristalle liegt unterhalb der Bewußtseinsstufen; wie Gebser es für die archaische Dimension tat, könnte man von einer *nullten Stufe* sprechen.

*

Für das *Pflanzenreich* erfüllt sich ein höheres Lebensziel als für das Mineral, dessen Dasein sich in eintöniger stofflicher Anwesenheit erschöpft. Samen beziehungsweise Körner in ihrem Ruhezustand mögen zwar noch an die Daseinsform des Minerals erinnern. Doch ihr Schlummern ist nur eine Anfangsphase. Eines Tages wird das Korn aufbrechen, die in ihm gespeicherte Information sich entrollen und das Gewächs sich manifestieren.

Man könnte vorschnell behaupten, das Mineral sei der evolutive Vorläufer der Pflanze, deren stoffliche Struktur letztlich eine mineralische ist. Im Vergleich zur Welt der Steine zeichnet sich das Pflanzenreich aber durch eine völlig neue und ursprüngliche, in keiner Weise aus dem Mineralreich ableitbare Errungenschaft aus, nämlich durch organische Belebtheit. Das bedeutet, daß die Pflanze Stoffwechselvorgänge – die Fähigkeit zu differenzierter Umstrukturierung von Baustoffen – hat und daß sie ein Gedächtnis für die eigene molekulare Zusammensetzung aktivieren kann, mit dessen Hilfe sie ihresgleichen hervorbringt, das heißt sich fort-pflanzt.

Vor allem finden wir im Pflanzenreich bereits jenes charakteristische Merkmal belebter Substanz: das Phänomen einer vitalen Energieabstrahlung oder -ausströmung, einer Aura, die die Pflanze gleichsam in einen Halo oder Lichthof hüllt. Dieser Lichtschein ist allerdings nur wenigen Menschen mit bloßem Auge wahrnehmbar. Seine experimentelle Sichtbarmachung verdanken wir der Kirlian-Fotografie, einem Verfahren der Fotografie im hochfrequenten Wechselstromfeld.

Für das Pflanzenreich sind energetische Vorgänge von besonderer Bedeutung. Im Innern der Pflanze spielen sich unerhörte Energieumwandlungen ab – unerhört im wahrsten Sinne des Wortes, weil sie trotz ihrer Gewalt und den mit ihnen verbundenen Entladungen völlig lautlos vonstatten gehen: am erstaunlichsten wohl die Spaltung von Wasser in seine Bestandteile Wasserstoff und Sauerstoff, aber nicht minder die Hinzunahme von Kohlenstoff- und Stickstoffanteilen zur Schaffung neuer organischer Substanz unter Ausnutzung der von der Sonne kommenden Strahlungsenergie.

Soweit wir im Pflanzenreich bereits von Wahrnehmungsvorgängen sprechen können, spielen auch diese sich, wie wir sogleich darlegen wollen, im Pflanzen-Inneren ab. Neuere amerikanische Forschungen haben gezeigt, daß Pflanzen eine eigene Art der Wahrnehmung besitzen, die im weitesten Sinne bereits als vegetative Bewußtheit gedeutet werden kann; es ist die Wahrnehmung dafür, ob die Umwelteinflüsse lebensfreundlich oder lebensfeindlich sind. Eine Pflanze kann vor keiner Gefahr davonlaufen; sie kann nur in sich selbst reagieren, und zwar durch Öffnung oder Drosselung ihres eigenen lebensspendenden Saftstromes. Auf diese Weise übersteht sie manche witterungs- und klimabedingte Bedrohung, insbesondere den Winter, da sie sich gegebenenfalls bis in die Wurzel, den eigenen Ursprung, zurückzieht. Sowohl Wahrnehmung als auch Reaktion werden unbewußt gesteuert und haben Sicherungs- und Instinktcharakter; sie sind völlig auf die körperliche Existenz der Pflanze bezogen. Insofern finden sich im Pflanzenreich Parallelen zu einer Ebene, die derjenigen des Empfindens, also der untersten Ebene des Psychischen im Menschen, entspricht. Sogar eine gewisse Übereinstimmung mit den niedrigsten, den »reptiliengehirn«-gesteuerten Verhaltensweisen des Tierreichs ist nicht von der Hand zu weisen; bekanntlich spricht man in beiden Fällen von vegetativen Lebensäußerungen. Die Übereinstimmung zeigt sich bis hin zur optimalen Regenerationsfähigkeit sowohl bei Pflanzen als auch bei Reptilien: Nicht nur versehrte Äste und Blattwerk, sondern auch der abgebrochene Schwanz der Eidechse vermögen neu zu sprießen.

Man weiß heute, daß Pflanzen sogar für das emotionale Klima ihrer Umgebung empfänglich sind. Es ist wissenschaftlich erwiesen, daß sie bei liebevoller Ansprache besser gedeihen – wenn man also unmittelbar oder in Gedanken mit ihnen redet – und bei mangelnder Zuwendung verkümmern. In den betreffenden amerikanischen Experimenten wurde der Saftstrom radioaktiv markiert, um seine Steigegeschwindigkeit unter verschiedenen Bedingungen meßbar zu machen. Dabei erwies sich, daß die getesteten Pflanzen buchstäblich erschraken, sobald man ihre Unversehrtheit bedrohte: Ihnen stockte jedes Mal der Saftstrom im Stamm, und zwar nicht erst im Moment des Abschneidens oder Ins-Feuer-Werfens, sondern bereits, sobald jemand mit dieser Absicht ins Zimmer trat. Mehr noch: im selben Augenblick stockte der Saft auch in den danebenstehenden Blumen, die mit der Drohung gar nicht gemeint waren. Sie reagierten mit in kollektiver Solidarität. Man fand sogar, daß jegliches Töten im Umkreis einer Pflanze – etwa eines Insekts, ja sogar eines sie selbst quälenden Ungeziefers – von ihr registriert und mit der typischen Schreckreaktion quittiert wurde. Wie gedankenlos wird doch unseren Nutzpflanzen in Feld und Garten heute jene Unmenge von Insektiziden zugemutet!

Auf das Signal »Lebensbedrohung« kann im Pflanzenreich demnach nur nach dem Alles-oder-Nichts-Gesetz geantwortet werden. In der äußerst geringen Variationsbreite möglicher Reaktionen liegt eine weitere Parallele zur psychischen Grundfunktion des Empfindens.

Im Pflanzenreich findet das Kollektive, dessen Bedeutung uns schon mehrfach bei der Besprechung des ersten Kreisquadranten begegnet ist, eine besondere Ausprägung. Selten findet man in der Natur einzelne Exemplare einer Gattung; meist wachsen Pflanzen in Kolonien. Dies ist natürlich die Folge der gemeinsamen Aussamung; aber gerade das Sprießen im Kollektiv und das gleichzeitige Blühen garantieren den Fortbestand der Art.

Östliche Weisheit lehrt, daß die Pflanzenwelt beseelt sei, allerdings in Form von sogenannten Gruppenseelen. Der Ausdruck Gruppenbewußtsein oder Kollektivbewußtsein wäre passender. Nicht die Einzelexemplare können als Bewußtseinsträger gelten, sondern deren Kollektiv: die örtliche Ansiedelung, beziehungsweise im übergeordneten Rahmen die betreffenden Gattungen. Es heißt, jede Pflanzung habe ihren König, der das Gruppenbewußtsein repräsentiere: Reiße man gerade diesen Farnkönig oder Löwenzahnkönig aus, so verkümmere die ganze Kolonie. In Mythen und Sagen wird die Gruppenseele als Feenwesen (Sanskrit: *Deva)* beschrieben, das über der Kolonie schwebe, diese bewache und ihr Wachstum steuere. Bekanntlich wurde der öde Sand von Findhorn zum üppigsten Garten und trug gewaltige Ernten – jene berühmten Kohlköpfe von Kürbisformat –, weil eine ganze Gruppe von Menschen sich meditativ auf das Bewußtsein der Pflanzen eingestellt hatte.

Wir sehen aus dem Dargestellten, daß das Reich der Pflanzen Parallelen zum *Quadranten Eins* unseres Lebenskreises aufweist, nicht zuletzt deshalb, weil die Bewußtheit hier ihren Bezugspunkt im umkleidenden Kollektiv findet.

*

Als nächste Daseinsform ist das *Tierreich* zu besprechen. Dieses umfaßt Gattungen sehr unterschiedlicher Entwicklungshöhe, die auch von sehr verschiedenen Bewußtheitsgraden sind. Der lateinische Name *animal* (von *anima* = Seele) bezeichnet vornehmlich jene höheren Gattungen, die gleichsam als beseelt empfunden werden. In diesem Sinne ordnen wir das Tierreich dem *Quadranten Zwei* unseres Lebenskreises zu, denn wir werden viele Merkmale finden, die mit den bereits für den Bereich Zwei gefundenen Entsprechungen übereinstimmen.

Diese Zuordnung zum Quadranten Zwei besagt allerdings nicht, daß die Welt der Tiere als eine Fortentwicklung der dem Quadranten Eins zugehörigen Pflanzenwelt zu gelten habe. Im Gegenteil haben die urzeitlichen Versteinerungsfunde den Beweis erbracht, daß auf niedrigster Stufe die tierhafte Lebensform – das heißt die räuberische, sich von anderen Lebewesen ernährende – früher auf der Erde vorhanden gewesen ist als die pflanzliche, welche anorganische Stoffe direkt hereinnimmt. Pflanzliche und tierische Formen haben sich also nebeneinander entwickelt, auch wenn bei den einfachsten Formen dieser beiden Reiche die Abgrenzung schwerfällt. Unsere Zuordnung des Pflanzenreichs zum Bereich Eins und des Tierreichs zum nächsthöheren Bereich Zwei trifft demnach keine Feststellung über die biologische Abstammung dieser beiden Daseinsformen, sondern orientiert sich an dem Maß der bewußtseinsmäßigen Differenziertheit. Das Tier besitzt allein schon aufgrund seiner Bewegtheit, Lebhaftigkeit und Spontaneität eine weit größere Öffnung nach außen hin als die Pflanze. In seiner Existenz ist es nicht mehr passiv den Umweltbedingungen ausgeliefert, sondern hat durchaus die Möglichkeit, seine individuellen Lebensumstände zu gestalten. So instinktgebunden es auch ist, lebt es dennoch jenseits von bloßer Körperlichkeit, denn es besitzt eine breite Skala beseelter Regungen. Wie wir sehen werden, gelten für die Selbstverwirklichung im Tierreich weitgehende Analogien zu den Merkmalen, die auch für die Ich-Verwirklichung und den Emotionalbereich des Menschen gegeben sind. Je kindlicher und spontaner ein Mensch seinen Gefühlen lebt, desto mehr erinnert er ja an die liebenswerte Unschuld unserer vierbeinigen Freunde.

Das Wort »animalisch« hat in unserem Sprachgebrauch einen abwertenden Bedeutungswandel durchlaufen: In seiner ursprünglichen Aussage meint es keineswegs die niederen Triebe – das sogenannte Tierische im Menschen –, sondern eben die lebendige Frische naiver Beseeltheit.

Insbesondere bei den höheren Tiergattungen spielen gewisse Gefühlsäußerungen und -regungen eine Rolle, die wir bereits als echte Emotionen und Affekte bezeichnen können. Tiere vermögen Lust und Unlust, Freude und Trauer zu erleben und auszudrücken. Durch ihre Beweglichkeit leben sie stets dem Augenblick und sind anpassungsfähig an jede Situation. Sie reagieren prompt – aber sie bleiben unberechenbar, denn im nächsten Moment ist ihre Reaktion vielleicht die entgegengesetzte: Eben läßt sich der Hund noch streicheln, unmittelbar danach aber schnappt er vielleicht zu.

Wir finden im Tierreich ferner ein Merkmal, das bereits auf die Individualität hinweist, so wie sie im Falle des Menschen für den Bereich Zwei bestimmend ist. Beim Tier äußert sich dies als die individuelle Geltung des Einzelwesens: Jedes Tier kennt seinen Rang im Rudel und das Ausmaß seines Reviers; beides bestimmt sich nach der Kraft und Stärke seiner Behauptung und wird ihm als respektierter Freiraum von den anderen Tieren zugestanden, ohne daß es sie ununterbrochen kämpferisch unter Beweis stellen müßte. Diese Rangbehauptung hängt selbstverständlich von der körperlichen Vitalität ab und das Revier hat genau die Größe, die das Tier mit seiner Muskelkraft einnehmen, durchmessen, beherrschen und verteidigen kann.

Wie weit ein Revier sich spannen und wie sehr die Bewegung im Tierreich zur Selbstverwirklichung gehören kann, sehen wir bei den Zugvögeln und Wandertieren. So ist zum Beispiel der Zug des Storches nach Süden – genauer gesagt: die spezifische Flugroute bis hin nach Afrika – ein Charakteristikum von nicht minderer Prägnanz als der lange Schnabel und die Gewohnheit, auf einem Bein zu stehen.

Im Tierreich finden wir bereits ein ausgeprägtes Rollenspiel, zum Beispiel bei Brunft und Paarung, Aufzucht der Jungen und Anführung eines Schwarmes. Ferner finden wir die Unterstreichung der individuellen Geltung durch besondere Attribute wie das Hirschgeweih, die Löwenmähne oder das schillernde Gefieder des Erpels, oder durch situatives Imponiergehabe wie den Katzenbuckel, das Sträuben des Fells und die Entfaltung des Pfauenschweifes beim Balzen.

Bei allem Kampf ums Dasein, der in der freien Wildbahn auszufechten ist, bleibt aber das Leben des Tieres im Grunde eher spielerisch und selbstdarstellerisch. Es lebt dem Moment: Sofern es vergangene Erfahrungen verwertet oder Vorsorge für die Zukunft trifft, geschieht dies lediglich instinktgesteuert und auf artspezifische Weise, nicht aus eigenem Antrieb.

Das Tier erlebt sich offensichtlich nicht als Kollektiv-, sondern bereits als Einzelwesen und durchläuft einen Lebenslauf von Eigencharakter. Besonders bei den Haustieren lassen sich viele spontane Regungen, individuelle Eigenheiten und so manche Eigenwilligkeit beobachten, so daß man – insbesondere bei älteren – durchaus von Charakter und Persönlichkeit sprechen kann.

Dennoch erreichen Tiere keine echte Identität, denn es fehlt ihnen das Ausdrucksmittel der Sprache, welches erst ermöglicht, »Ich« zu sich selbst zu sagen.

Ob Haustiere sich überhaupt mit ihrem Namen identifizieren, mit dem man sie häufig anspricht, bleibt fraglich: Wahrscheinlich wird er ihnen nur zum Lockruf oder Befehl. So ist den Tieren wohl – bei aller Beseeltheit und Eigenbewußtheit – keine persönliche Seele zu eigen.

*

Erst der *Mensch* ist, wie es in der Schöpfungsgeschichte heißt, eine »lebendige« Seele (1Mo 2,7). Damit ist eine unverwechselbare, persönliche Seele gemeint, die »von Gott bei einem eigenen Namen gerufen wird« (Jes 43,1), um ihm Antwort zu geben.

Gehen wir vom Bewußtsein aus und beziehen wir auch die aufeinander aufbauenden Hirnstrukturen ein, so wird klar: Der Mensch unterscheidet sich von den niederen Daseinsformen dadurch, daß ihm gleich zwei zusätzliche Bewußtseinsqualitäten zur Verfügung stehen: die kognitiv-mentale und außerdem die intuitiv-spirituelle. Von diesen beiden Bewußtseinsqualitäten wissen wir, daß sie jeweils mit einer der beiden Großhirnhälften zusammenhängen.

In der Symbolik unseres Kreisbildes bedeutet dies: Das Reich des Menschen umfaßt nicht nur einen, sondern zwei Quadranten – nämlich *sowohl den Bereich Drei als auch den Bereich Vier*. Unser viergegliederter Lebenskreis findet seine Erfüllung mit und in dem Menschen.

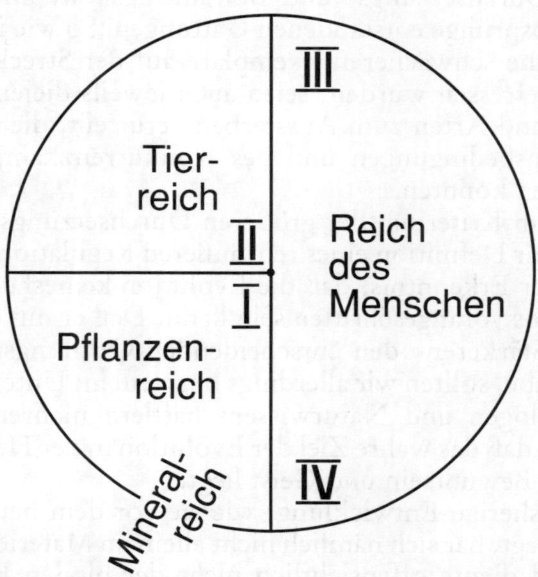

Es wäre nun dieses Reich des Menschen zu beschreiben – doch letztlich handelt unser ganzes Buch von ihm; jedes Kapitel enthält Analogien, die sich auf den Menschen beziehen lassen. So wollen wir uns an dieser Stelle damit begnügen, einige grundsätzliche Betrachtungen darüber anzustellen, welche Beziehungen zwischen den anderen Reichen und dem des Menschen bestehen mögen.

Bekanntlich hat Ernst Haeckel in den siebziger Jahren des vergangenen Jahrhunderts die Evolutionstheorie aufgestellt, wonach sich höhere biologische Formen – auch der Mensch – jeweils aus niedrigeren entwickelt haben sollen; daher der berüchtigte Satz, die Menschheit stamme vom Affen ab. Eine derartige Fortentwicklung über lange Zeiträume läßt sich allerdings nur bei besonderer Deutung der Erbsprünge oder Mutationen annehmen. Als ein Erklärungsmodell erwies sich die von Charles Darwin behauptete Theorie von der Auslese und Zuchtauswahl des Stärkeren und Lebenstüchtigeren: Aus der Tatsache, daß sich bei weitem nicht alle auf der Erde jemals vorgekommenen Arten bis auf den heutigen Tag erhalten haben, zog er den Schluß, die heute überlebenden verdankten ihren Fortbestand einem laufenden Experimentieren der Natur mit der Durchsetzungs- und Bewährungskraft ihrer jeweils durch Erbsprünge entstandenen Gattungen. So wie in der Natur stets die schwächeren Exemplare auf der Strecke blieben oder aufgefressen würden, seien auch jeweils diejenigen Mutationen und Arten zum Aussterben verurteilt, die der Härte der Lebensbedingungen und des Konkurrenzkampfes nicht standhalten konnten.

Mit dem Kriterium der größeren Durchsetzungskraft kam Darwin zur Definition eines rein äußeren Regulationsfaktors – und zu der Erkenntnis, daß die Evolution keinesfalls wahllos und planlos vorangeschritten sein kann. Daß er mit dem »Gesetz des Stärkeren« den entscheidenden Ordnungsfaktor gefunden habe, sollten wir allerdings bezweifeln: Unter den heutigen Biologen und Naturwissenschaftlern mehren sich die Stimmen, daß das wahre Ziel der Evolution in der Hervorbringung von Bewußtsein und Geist liegt.

Die bisherige Entwicklung, wie sie vor dem heutigen Betrachter liegt, hat sich nämlich nicht allein im Materiellen abgespielt und diente offensichtlich nicht der bloßen Herausbildung immer komplizierterer Strukturen. Vielmehr vollzog sie sich in erster Linie im Bereich des Bewußtseins. Kompliziertere Strukturen eignen sich freilich besser als Träger höheren Bewußtseins als einfachere; zugleich sind sie beredter Ausdruck und Niederschlag eben der ordnenden Bewußtseinskräfte, die ihnen beigesellt sind. So vollzieht sich beides nebeneinander und parallel: Wie innen, so außen.

Beziehen wir diese Aussage auf unseren Lebenskreis und auf das Verhältnis der Daseinsformen und Reiche zueinander, so erkennen wir, daß die Frage nach einer etwaigen biologischen Abstammung hinter der nach den Bewußtseinsdimensionen zurückzutreten hat. Der Mensch ist, körperlich gesehen, dem Tiere zwar verwandt, jedoch ein Lebewesen, das über die beiden unteren Bewußtseinsdimensionen weit hinausreicht: Ihn trennt ein Dimensionen-Sprung vom Tier – und von der Pflanze sogar zwei.

Was bereits Tier und Pflanze voneinander unterscheidet, hat ebenfalls mit deren Zugehörigkeit zu unterschiedlichen Dimensionen zu tun. Ortsgebundenheit und Statik sind eindimensionale Merkmale; Wechselhaftigkeit, Beweglichkeit und Revierbeherrschung sind Ausdruck einer hinzugewonnenen zweiten Dimension. Das eigentliche Merkmal, welches tierische und pflanzliche Daseinsform voneinander abgrenzt, ist – wie gesagt – deren Stoffwechsel. Gegenüber der Gewaltlosigkeit und Autarkie der Pflanze mutet die räuberische Ernährungsweise des Tieres, moralisch betrachtet, geradezu wie ein Rückschritt an. Doch geht es hier nicht um moralische Werte, sondern um den Weg, den das Bewußtsein durch die Dimensionen beschreitet. Schutz des Lebens gehört, wie wir sahen, zum obersten Gesetz pflanzlicher Bewußtheit – eine Hürde oder Schranke, die die nächste Bewußtseinsstufe abstreift, um stattdessen Erlebnisfülle, Selbstverwirklichung, Freiheit und Sieg zu erringen.

Innerhalb des Tierreiches nun ist es passend und der dort geltenden Bewußtseinsdimension entsprechend, daß der Kampf ums Dasein und das Recht des Siegreichen zur Selektion des Stärkeren führen. Doch läßt sich dieses Prinzip niemals auf die höhere Dimension des Menschenreiches übertragen.

Es leuchtet ein, daß zwei Daseinsformen so unterschiedlicher Dimensionalität wie Tier und Pflanze sich in ihrer äußeren Erscheinungsform und in ihren körperlichen Fähigkeiten in völlig unterschiedliche Richtungen entwickelt haben, so ähnlich ihre jeweiligen Einzeller-Urahnen einander auch gewesen sein mögen. Dies aber führt uns zu dem Schluß, daß es fortlaufende Entwicklungs- und Abstammungsketten immer nur innerhalb einer selben Dimension gibt: Eine Vermengung zwischen verschiedenen Dimensionen kommt nicht vor.

Notwendig umfaßt eine jede höhere Dimension die Errungenschaften der niederen. So verfügt das Tier selbstverständlich über das Pflanzenmerkmal eines eigenständigen und abgrenzbaren Körpers, und so trägt auch der Mensch die Charakteristika des Tierreichs, nämlich Spontaneität und Selbstbehauptung. Wären die Dimensionen von Pflanze und Tier abstammungsmäßige Vorläufer des Menschen, so müßten sie sich eigentlich erübrigt haben und längst von der Erde verschwunden sein. So aber können wir annehmen, daß die Anfänge des Menschen unendlich weit zurückgehen und er sich parallel neben den anderen Reichen entwickelt hat. Eine jede höhere Dimension tritt von vornherein mit höher gesteckten Zielen an, nach eigenen Gesetzen und mit eigenen Aufgabenstellungen.

Das Erscheinen des Menschen auf dieser Erde ist tatsächlich viel früher anzusetzen, als man zu Zeiten Darwins wußte. Der damals bekannte Neandertaler, dessen fliehende Stirn und leicht vorgebeugter Knochenbau an den Menschenaffen denken lassen, entstammt einer viel späteren eiszeitlichen Epoche als gewisse Urmenschenfunde in China und Australien, welche nach Schädel und Skelett dem heutigen Menschen weit mehr gleichen. Durch die Jahrtausende hindurch hat es innerhalb der Dimension Mensch gewisse Varianten und die Bildung verschiedener Rassen gegeben, doch fehlt jeder Beweis, daß diese Entwicklung direkt aus dem Tierreich aufgestiegen sei.

Auch der biologische Lehrsatz, die Phylogenese (die Entwicklung des Einzelwesens) folge der Ontogenese (dem Werdegang der ganzen Art), erbringt diesen Beweis nicht. Daß sowohl menschlicher als auch tierischer Embryo aus einem einzelligen Anfang herrühren, leuchtet ein; auch für die Pflanze trifft dies zu. Der Einzeller-Anfang besagt aber nicht, daß zunächst der gesamte tierische Evolutionsbogen durchlaufen werden müßte; vielmehr sind es zwei getrennte Wege, so wie es für Tier und Pflanze gleichermaßen gilt. Wenn der menschliche Embryo in einer gewissen Phase seitlich am Kopf eine Reihe geschwungener Falten aufweist, die wegen ihres Aussehens und ihrer Lage die Bezeichnung Kiemenbögen erhielten, so durchläuft der werdende Mensch dennoch kein vorübergehendes Fisch- oder Kaulquappenstadium. Denn diese Wülste sind Vorstufen bestimmter Organe wie zum Beispiel der Ohren und erfüllen zu keiner Zeit Kiemen-Funktion.

Die Menschheit krankt heute daran, daß sie sich von der naturwissenschaftlich keineswegs zwingend bewiesenen Hypothese einer aus dem Tierreich aufsteigenden Abstammung zu einem Welt- und Menschenbild verleiten ließ, das der Würde des Menschen zutiefst zuwiderläuft. Wir wissen heute aus der Psychotherapie, daß der Mensch, will man ihm eine falsche Identität suggerieren, anfällig für neurotische Störungen wird. Dies kann nur darauf beruhen, daß ihm in seinen unbewußten, der Kognition nicht zugänglichen Seelenschichten sein eigentliches Wesen bekannt ist. Wie aber Adoptivkinder, denen man ständig die Wahrheit über ihre echte Herkunft vorenthält, neurotisch werden können, so neurotisiert auch unsere heutige Gesellschaft an ihrem Glauben an die Affen-Abstammung.

Kraft seiner besonderen Bewußtheit untersteht der Mensch völlig anderen dimensionalen Zielen als das Tierreich. So zeichnen ihn zum einen Intelligenz und Abstraktionsfähigkeit aus, zum anderen Kreativität und musische Begabung. Das Neuauftreten – der Neu-Einbruch – dieser Fähigkeiten kann nicht als eine Fortentwicklung der »Beseeltheit« des Tieres gedeutet werden, sondern ist etwas Ursprüngliches, allein dem Menschen zu eigen.

Die Haeckelsche Abstammungslehre erwuchs aus dem materiellen Weltbild ihrer Zeit. Sie orientierte sich allein am Äußeren des Menschen, ließ aber die psychischen und Bewußtseins-Faktoren außer Betracht. Ja sie übersah, daß sich die Dimension des Menschen auch im Gestaltlichen in völlig neuen Merkmalen Ausdruck verschafft hat: im aufrechten Gang, der wie eine Manifestation der Höhe erscheint, ebenso wie in dem hochdifferenzierten Großhirn, das auch die psychischen Fähigkeiten des Menschen birgt und, äußerlich gesehen, seine hohe Stirn bedingt. Ein weiteres Merkmal ist die Kopfgeburt – anders als bei den Säugetieren, bei denen die Gliedmaßen des Neugeborenen zuerst erscheinen. Der Mensch besitzt eine einzigartige Fühligkeit der Hände und Finger. Von besonderer Bedeutung ist schließlich seine Nacktheit: Sie fordert den Menschen zur Entwicklung seiner Intelligenz heraus, zugleich aber ist sie Symbol und Ausdruck von des Menschen Bloßgestelltsein. Denn erst er weiß um Schuldverstrickung und Einsamsein – daher bei ihm jene neuartige Offenheit zu echter Beziehung und Bindung.

Wenn gewisse Tiergattungen Verhaltensweisen und Fähigkeiten zeigen, die ans Menschliche erinnern – dies gilt nicht nur für den Gang der Menschenaffen, sondern zum Beispiel auch für die lebenslange Einehe vieler Vogelarten und die beträchtliche Intelligenz der Delphine und Elefanten –, so dürfen wir, anstatt an eine tierische Abstammung des Menschen zu denken, genauso die umgekehrte Behauptung aufstellen: Könnten solche Einzelbegabungen nicht evolutive Gipfel des Tierreichs darstellen, in denen sich bereits die nächsthöhere Dimension, die des Menschen, zu spiegeln versucht? Ja daß der Ordnungsfaktor Bewußtsein schon bis ins Tierreich hinein Vorgriffe nimmt?

Was wir mit solchen Vorgriffen meinen, läßt sich am besten am Bild unserer Kreisfigur erläutern.

Der Weg unseres Lebenskreises führt durch zwei sehr unterschiedliche Phasen: eine aufsteigende und eine fallende. Er steigt bis zu einem Höhepunkt hinauf und senkt sich dann wieder hinab. Das bedeutet: Freiheit und ungehinderte Entfaltung und Gestaltung, das Höhersteigen von einer Steigerung zur nächsten, gibt es nur in der ersten Kreishälfte, so lange der Höhepunkt noch nicht erreicht ist. Danach aber kommt es zur Wieder-Einfaltung: An jenem Punkt – oder zu jener Zeit – nämlich wird die aufstrebende Linie der Evolution gebeugt und in einen rückführenden Bogen übergeleitet: die Involution.

Hierbei wird keinesfalls wieder zurück- oder rückwärtsgegangen, der Weg führt weiter voran. Dennoch kommt mit der nun wirksamen Involution eine polar genau entgegengesetzte Tendenz zur Wirkung. War die Evolution eine ausladende, in die Vielfalt und Breite führende Kraft, so ist die Involution eine sammelnde, ordnende und ausrichtende. Sie verlangt zunächst unterschwellig, im Verlauf des weiteren Weges aber immer gebieterischer die Unterwerfung aller Prozesse unter die am Ende wartende Zielsetzung. Involution ist jenes Prinzip, das dafür sorgt, daß Zielereignisse bereits lange vor ihrem Eintreten ihre sprichwörtlichen Schatten vorauswerfen. Laufende

Entwicklungsprozesse haben offensichtlich geheime »Kenntnis« von ihrer letztendlichen Bestimmung und sind von dieser geprägt, ja sie scheinen wie auf unsichtbaren Bahnen von ihr angezogen.

So ist der Evolution zwar ein großer Freiraum – ein Spielraum im wahrsten Sinne – zugestanden, doch die Grenze evolutiver Willkür liegt in der Notwendigkeit, das gesetzte Ziel nicht zu verfehlen. Wo die Evolution über dieses Ziel »hinausschießt«, greift die Involution von sich aus ordnend ein. In diesem Sinne können die vielfachen Erbsprünge der biologischen Evolution als final determiniert, das heißt als *notwendige Zufälle,* gedeutet werden. Nicht im Anschluß an wahllos eingetretene Mutationen erfolgte eine Zuchtauswahl, sondern die Mutationen selbst stellen involutive Kurskorrekturen dar.

In Anbetracht dieses Prinzips der Involution erscheint es fast selbstverständlich, daß die im Menschenreich und -bewußtsein vorgegebene Zielsetzung sich bis ins Tierreich hinein- beziehungsweise hinunterprojizieren kann. Übrigens scheinen bereits Beweise für involutive Vorgriffe innerhalb des Tierreiches selbst vorzuliegen – nämlich dort, wo gewisse Merkmale früher auftreten, als evolutiv erforderlich oder erklärbar ist: Man weiß heute, daß bei bestimmten Gattungen Hormone und ähnliche Stoffe vorkommen, die für die Existenz dieser Tiere keine Bedeutung haben, sondern erst bei differenzierteren Arten eine Funktion erfüllen können.

Wäre der Mensch ein Nachfahre des Tierreichs, so wären ihm auf unerfindliche Weise einige sehr nützliche und schützende Errungenschaften des Tierreichs verlorengegangen: das wärmende Fell, der sichere Vierfüßlergang, der Wurf auf die eigenen Füße bei der Geburt, wie überhaupt die weitgehende Selbständigkeit und Lebenstüchtigkeit, wie sie Jungtiere vom ersten Lebenstage an auszeichnet – und vor allem die Absicherung durch vielfache Instinktsteuerungen und die viel feinere Sinneswahrnehmung. Sollte dies ein biologischer Rückschritt sein?

In der Dimension des Menschen aber geht es nicht mehr um die äußerlichen biologischen Errungenschaften, sondern um die inneren. Bei Hildegard von Bingen, der großen Seherin und heilkundigen Nonne (1098-1179), finden wir den Satz: »Der Mensch ist zwar klein an Statur, aber gewaltig an

Kraft... Er trägt den Kosmos wie ein Netz in seinen Händen.«

Die heilige Hildegard gibt hiermit zugleich einen Ausblick in die vierte Dimension, in die der Mensch gestellt ist. In dieser nämlich geht es weit weniger um ihn selbst, als um seinen bewußtseinsmäßigen Anschluß an jene größere Gemeinschaft, die ihn umgibt. Hildegard nennt sie den Kosmos, Gebser das Ganze: ein Umfassendes, Umfangendes, dessen Teile oder Mit-glieder buchstäblich in einem unsichtbaren Netz zusammengehalten und aufeinander bezogen scheinen. In diesem Ganzen nun hat der Mensch – so Hildegard – eine Schlüsselrolle inne; dies dürfte, in den Worten Gebsers, auf den vierdimensionalen Möglichkeiten seines Bewußtseins beruhen.

Gewißlich sind alle Menschen Teile dieses Ganzen, doch die wenigsten sind dessen eingedenk. Der eigentliche dimensionale Sprung vom Bereich Drei zum Bereich Vier besteht in einem innerlichen Vollzug, der dieses Angeschlossensein zum Lebensinhalt und zur Wegweisung des einzelnen werden läßt. Es geht hier nicht um ein losgelöstes Wissen, um eine bloße Bewußtseinserweiterung, sondern darum, daß sich der Mensch bis in seinen praktischen Alltag hinein auf seine Zugehörigkeit zur Gemeinschaft am Ganzen einrichtet. Nur so wird ihm diese Gemeinschaft immer diaphaner werden – und wird auch er innerlich immer mehr in ihrer Weite aufgehen.

So lebt der Mensch zunehmend in einem über ihn selbst hinausreichenden unsichtbaren Feld. Zugleich aber bleibt er, dank seines Körpers, »in der Welt« und kann seine Sinne und seine helfenden Hände einbringen, seinen planenden Verstand und seine Weisheit zur Verfügung stellen.

Es beginnt nämlich mit dem Sprung ins integrale Bewußtsein kein Zustand euphorischer Beglückung, ganz im Gegenteil: In der Vergegenwärtigung des großen, umfassenden Ganzen zu leben, ist mit viel Weh gepaart. Von nun an kann der einzelne nicht mehr abseits stehen, sondern ein jedes Leiden, an welcher Stelle des Kosmos und auf welche Art auch immer, muß hinfort als eigenes miterlitten und hindurchgetragen werden. So wird die Wahrnehmung für das Vorhandensein allseitigen Leidens aufs schmerzlichste geschärft; es kommt zu einem Grad der Sensibilisierung, der das Leben mit den groben irdischen Gegebenheiten und Bedürfnissen, inmitten der rauhen

Gepflogenheiten und Feindseligkeiten der Welt, fast unerträglich macht. Der Mensch kann hier nur bestehen, wenn er sich tieferen Zusammenhängen ahnend öffnet und die Frage nach dem Warum zurückstellt. Äußere Ursachen zu suchen, ist die Art und Weise des dreidimensionalen Verstandes; so sehr er auch forscht, wird er bei der Frage nach der Rechtfertigung des Leidens dennoch zu keiner befreienden Antwort kommen. Das diaphane Bewußtsein aber vermag dort, wo es dem Leiden des einzelnen gegenübersteht, aus dem Geiste die Kraft des Augenblickes zu erlangen.

In welchem Bewußtsein ein Mensch lebt, läßt sich nicht an seinem körperlichen Äußeren ablesen; der Verbrecher und der Weise haben dieselbe Menschengestalt. Doch erkennt man denjenigen, den sein innerer Weg weiter geführt hat, am Leuchten seiner Augen und an seiner wohltuenden Ausstrahlung.

Letztlich sind im Menschen alle Reiche angelegt, eben weil sie seinen psychischen Funktionen und Bewußtseinsdimensionen entsprechen. Er kann sich meditativ mit Baum und Tier als Einheit erleben, ebenso wie mit dem Mitmenschen und der Menschheitsfamilie, ja mit dem gesamten Kosmos. Überall liegt in der Schöpfung dasselbe Grundmuster verborgen, in welches der einzelnen Reiche wir auch hineinleuchten. Überall vermag dem Menschen etwas zu begegnen, das ihm in der Tiefe seiner Seele vertraut ist.

Kapitel 9

Die feinstofflichen Bereiche des Menschen

Bei unserer Gesamtschau des Menschen kommen wir nicht umhin, den Blick auch über die Grenzen unseres eigenen Kulturkreises und unserer christlich-biblischen Überlieferung hinaus zu wagen. In den vorhergehenden Kapiteln deutete sich bereits an, daß das Mosaik des wahren Menschenbildes manche transkulturellen und transepochalen Bausteine enthalten muß, die es freilich oft aus ihrer spezifischen religiösen Einbindung und fremd anmutenden Symbolik herauszulösen gilt: Es geht um die kritische Auseinandersetzung mit bestimmten Erkenntnissen, die in anderen Kulturen gewonnen wurden und dort in das allgemeine Welt- und Menschenverständnis eingeflossen sind.

Als erstes wollen wir uns mit der Vorstellung von den feinstofflichen Aura- oder Leibeshüllen des Menschen auseinandersetzen. Diese Lehre entstammt der indischen Medizin und wurde über die Geistesrichtungen von Theosophie und Anthroposophie, welche sich weitgehend auf altindisches Gedankengut berufen, auch im Westen bekannt. In der Aura-Lehre finden sich höchst bemerkenswerte Aussagen über den nichtkörperlichen Wesensanteil des Menschen, die unser Gebäude der Analogien sehr wesentlich bereichern können.

Nach indischer Auffassung besitzt der nicht-körperliche Wesensanteil des Menschen ebenfalls Gestalt: Er besteht aus Hüllen oder »Leibern«, Aura genannt, die den sichtbaren Organismus unsichtbar umgeben. Sie werden als verschiedene Manifestationsebenen oder -schichten aufgefaßt. Der Stufenbau beginnt bei der bekannten sichtbar-greifbaren Materie – als physische Ebene bezeichnet – und setzt sich in immer subtilere Zustände, gleichsam in immer feinere Aggregatzustände, fort. Dies entspricht dem stufenweisen Schöpfungskonzept, das integraler Bestandteil nicht nur der Philosophie, sondern auch der Medizin Indiens ist; theoretische und praktische Wissenschaften gehen hier unmittelbar ineinander über.

Man sollte die Aura-Lehre nicht aus weltanschaulichen oder gar aus dogmatischen Bedenken abtun oder etwa mit der Begründung, jene Phänomene seien naturwissenschaftlich unbewiesen. Es stehen hier keine Glaubensinhalte zur Diskussion, sondern Erfahrungen, deren Wahrnehmung freilich eine besondere Schau voraussetzte, wie sie den Weisen anderer Kulturen selbstverständlich war. Die Strahlungsphänomene, um die es hier geht, sind in vielen Kulturen bekannt und beschrieben. Im Falle der körpernächsten Schicht, des sogenannten Ätherleibes, ist dieser Nachweis vermutlich bereits mittels der Kirlianfotografie erbracht.

Für die Zwecke unseres Buches soll es uns in erster Linie um die Aussagekraft der überlieferten Bilder gehen, denn die Auren oder feinstofflichen Leiber weisen so deutliche Entsprechungen zu den von uns bereits besprochenen vier Seelenbereichen des Menschen auf, daß sie uns zumindest als eine sehr lebhafte Illustration dieser Bereiche dienen können. Allerdings werden wir das Thema nicht in theosophischer Sicht zur Darstellung bringen, auch keine kosmischen Bezüge herstellen, sondern nur auf solche Aussagen zurückgreifen, die sich auf die Systematik unseres Lebenskreises und die bereits gefundenen Merkmale unserer vier Quadranten beziehen lassen. Daher sollen uns nur die vier unteren, der geschöpflichen Natur des Menschen zugeschriebenen Ebenen beschäftigen, wenngleich die indische Lehre noch drei weitere Ebenen annimmt, jenseits des Manifestierten von rein göttlicher Natur.

Jene rätselhafte, unsichtbare Substanz, die die Aurabereiche bildet und als feinstofflich bezeichnet wird, gilt als materieähnlich, jedoch von weitaus geringerer Dichte. Bekanntlich ist ja bereits die übliche Materie alles andere als massiv: Ihre Atome, so winzig sie auch sein mögen, sind Gebilde, die im wesentlichen aus Zwischenräumen bestehen. Von Ebene zu Ebene wird die Feinstofflichkeit immer aufgelockerter und weitläufiger. Man könnte also von vier verschiedenen Dichtegraden feinstofflicher Art jenseits der physikalischen Materie sprechen. Wenn diese Vorstellung zutrifft, so gleicht der physische Körper keineswegs einem Kern, der außen mehrere atmosphärische Hüllen trägt; auch handelt es sich bei den verschiedenen Auren nicht um zwiebelschalenähnlich übereinandergeschichtete Hüllen, sondern um am selben Orte existierende und sich gegenseitig durchdringende Phänomene. Für Menschen mit der Gabe der Hellsichtigkeit, die die feinstofflichen Auren zu schauen vermögen, zeigen sich diese als Strahlenhöfe oder Licht-Ovale, die den physischen Körper überlagern und sich durch unterschiedliche Muster und Farben auszeichnen.

*

Die erste und körpernächste Hülle jenseits der sichtbaren Materie wird als *Ätherleib*, auch als Empfindungsleib oder Gesundheitsaura, bezeichnet. Dieser Leib gilt als eine unmittelbare Beigabe des sichtbaren, stofflichen Körpers, und infolgedessen werden die physische und die ätherische Ebene zu einer gemeinsamen Ebene – der untersten – zusammengefaßt. In unserem Lebenskreis ordnen wir den Ätherleib dem *Quadranten Eins* zu.

Der Ätherleib wird als ein sehr eindrucksvolles Strahlungsphänomen beschrieben: als ein feiner, farbloser Lichtschein, der den sichtbaren Körper erhellt. Wir sollten diese Strahlung mit der geheimen Leuchtkraft gleichsetzen, die – wie erwähnt – von allen lebenden Wesen ausgeht. Denken wir an die Gemälde Rembrandts: Wie viele Kunsthistoriker haben auf den Bildern nach der rätselhaften Lichtquelle gesucht, die den Gestalten und Gesichtern jenen übernatürlichen Schein verleiht. Dabei hat Rembrandt getreulich nur jene Ausstrahlung gemalt, die er offensichtlich sehen konnte.

Hellsichtige Menschen berichten, daß die Art der Strahlung als Kriterium organischer Frische und Belebung gelten kann: Bei gesunden Organismen zeigt sie sich als kräftig, gleichmäßig und geordnet, im Falle des Kränkelns oder der Altersschwäche als diffus und bei schweren Krankheiten beziehungsweise Degenerationen als ausgesprochen ungeordnet und lückenhaft. Nach alledem erscheint die Bezeichnung Gesundheitsstrahlung weit treffender als der Name Ätherleib.

Vom Kirlian-Strahlenkranz wissen wir, daß er den Umrissen des unversehrten Körpers folgt. Im Grunde dürfte es aber umgekehrt sein: Die Form der Gliedmaßen – beziehungsweise der Blüten und Blätter – fügt sich in die vorgebende Gestalt der Korona ein. Es ist offensichtlich der Strahlungsmantel, der die Bilde- und Gestaltungskräfte als Matrize und Gußform des physischen Körpers liefert: In der Form der Strahlungsmatrix liegt In-formation. Bei einer Verletzung nämlich – bei Abriß einer Blatt-Ecke oder bei der Amputation eines Fußes – bleibt der volle, ursprüngliche Strahlenumriß des Blattes oder Fußes unverändert und unversehrt erhalten.

Der Ätherleib vermag vermutlich auch körperliche Empfindungen zu induzieren. So kann es im Gebiet amputierter Gliedmaßen bekanntlich zu heftigen und quälenden Schmerzen kommen, dem sogenannten Phantomschmerz. Er läßt sich oft genauestens lokalisieren, etwa »in« einer Zehe oder an bestimmter Höhe des Schienbeines, obgleich diese Teile überhaupt nicht mehr vorhanden sind.

Das Geheimnis der Regenerationsfähigkeit im Körperlichen – sei es bei der Wundheilung, sei es bei der Erneuerung des Eidechsenschwanzes – dürfte mit dieser Strahlungsmatrix zusammenhängen. Bis zu einem gewissen Grade beeinträchtigen etwaige Einbußen materieller Teile die Stabilität der Gesundheitsstrahlung also nicht; eher ist es umgekehrt, indem eine jegliche Strahlungseinbuße sich nachteilig auf den Gesundheitszustand des physischen Körpers auszuwirken scheint.

Es fällt übrigens auf, wo die Aura fehlt: Wir alle kennen die Beobachtung, daß Skulpturen, Schaufensterpuppen oder lebensgroße Nachbildungen im Wachsfigurenkabinett auf undefinierbare Weise zu schmal erscheinen, insbesondere in der Gegend des Kopfes; und Verstorbene haben schon nach kurzer Zeit ein überraschend winziges Gesicht.

Bei genügender Sensitivität ist die Ausdehnung der ätherischen Abstrahlung sogar mit den Handflächen tastbar. Bei bestimmter Beleuchtung und völliger Entspannung kann zuweilen auch der Nichthellsichtige die Gesundheitsaura wahrnehmen. Wenn es sich beim Ätherleib tatsächlich um ein Phänomen der materiellen Ebene handelt, so sollten sich unsere körperlichen Sinne für seine Wahrnehmung eignen.

*

Als zweite Aurahülle gilt der sogenannte *Astralleib*. Der Zusatz »astral« wird vielfach mit gefühlsmäßig, ja sogar mit gefühlsbetont gleichgesetzt. Daher trägt diese Hülle auch die Bezeichnung Emotional- oder Gefühlsleib. In der Analogie unseres Lebenskreises ordnen wir sie dem *Quadranten Zwei* zu.

Von dieser Aura heißt es, daß sie den Menschen weich und schmiegsam umspielt und atmosphärenartig in eine farbige Wolke einhüllt. Sie ist ständig bewegt, fließend und geradezu konturenlos, wobei die farbliche Tönung raschem Wechsel unterworfen ist. Bei diesen Farben handelt es sich vielfach um Pastelltöne, die regenbogengleiche, zarte Leuchtkraft besitzen. Die ständig wechselnde Farbgebung der Emotionalaura hängt mit der jeweiligen Stimmung und den aufwallenden Affekten des Individuums zusammen. Wir sagten bereits, daß es im Bereich Zwei um die laufende gefühlsmäßige Auseinandersetzung mit den sich von Moment zu Moment neu darbietenden Situationen geht: um die elastische Antwort, um die in die Umgebung fortgeleitete Abreaktion – vor allem aber darum, Selbstausweitung wie auch Anpassung zu verwirklichen. Offensichtlich ist eine jede unserer Gefühlsreaktionen von einer Umfärbung unserer Emotionalaura begleitet; wir gleichen in dieser Hinsicht dem Chamäleon. Der Hellsichtige kann offenbar in den Farben unserer Aura lesen wie in einem aufgeschlagenen Buch.

Jedes Gefühl zeichnet sich nämlich durch eine eigene Farbqualität aus, und zwar gilt durchaus das, was der Volksmund auszusagen weiß: Rot ist die Liebe, Blau die Treue, Grün die Hoffnung, Giftig-Gelb der Neid. Je zarter und unaufdringlicher das Gefühl, desto feiner und lieblicher die Tönung; je dynamischer die Regung, desto satter und intensiver, aber auch leuchtender die Farbe; je selbstsüchtiger hingegen, desto mehr Schmutzig-Braun mischt sich ein.

Da wir alle eine gewisse Grundstimmung haben – der eine sonniger, der andere trüber –, so wird dies eine bestimmte Grundfärbung bedingen, zu der unsere Aura nach jedem spontanen Affekt wieder zurückkehrt. Aber wir tragen diese Farbe nicht nur wie ein Kleid, sondern umgekehrt bewirkt die Aurahülle auch, in welcher Färbung wir die Welt um uns herum erblicken: daher die rosarote Brille des Verliebten, aber auch die Fahlheit, wenn alles im Licht der Angst erscheint – bis hin zum düsteren, farblosen, dichten Nebel, der den Depressiven einhüllt und ihm buchstäblich jede Sicht und Orientierung nimmt.

Diese schillernden Aussagen, bei denen wir auf die Glaubwürdigkeit Hellsichtiger angewiesen sind, fügen sich derart in die anderen Facetten des Emotionalbereichs ein, daß wir sie ohne Skepsis übernehmen können.

Entsprechend wie der Ätherleib die Gestalt und Lebenskraft des physischen Körpers aufleuchten läßt, spiegelt also der Astralleib die Gefühlswelt. In dem fließend-bewegten Auf und Ab dieses feinstofflichen Gebildes dürften auch die Regungen des Ich wiederzuerkennen sein.

Der Gefühlsleib eines Menschen kann kräftig oder schwach sein, je nach der Stärke, Durchsetzungskraft und Vitalität des Ich. Die »Atmosphäre«, die eine emotional starke Person umgibt, hat geradezu Revier-Charakter.

Man sieht, daß wir Menschen untereinander ein untrügliches Gefühl für das astrale Format unserer Mitmenschen und die in deren emotionaler Ich-Hülle jeweils ablaufende Gefühlsdynamik besitzen. Hierfür brauchen wir keinesfalls hellsichtig zu sein – denn wenn dies der Gefühlsbereich ist, muß er fühlbar sein: Nichts auf der Welt ist geeigneter und naturgegebener, mit dem anderen Ich umzugehen, als das eigene Gefühl in der Begegnung, dem Berührt-Sein von Mensch und Kreatur. Spontan aufwallende Sympathie oder Antipathie veranlassen uns dazu, mit Freude jemandes Nähe zu suchen und in seine Aura einzutauchen – oder aber einen großen Bogen um ihn zu machen; denn sobald ein Mensch eine häßliche Stimmung oder Aggression verbreitet, erleben wir seine Aura als derart geballt, daß wir uns buchstäblich an ihm stoßen oder reiben. Die Astralaura besitzt also eine geradezu fühlbare Dichte, die als Realität erlebt wird.

*

Die nächste Hülle, der sogenannte *Mentalleib,* ist nicht fühlbar, aber dem Hellsichtigen wiederum als eine besondere Strahlung erkennbar. Bereits die Bezeichnung Mentalleib weist unmißverständlich darauf hin, daß diese Aurahülle dem *Bereich Drei* zugehört.

Nach den Aussagen Hellsichtiger tritt beim Mentalleib die Farbigkeit zugunsten einer Lichtbetonung des Kopfes zurück, denn der Mentalleib, den wir mit dem Bewußtsein in Zusammenhang bringen dürfen, hängt mit den Fähigkeiten des menschlichen Großhirns zusammen.

Das Phänomen Bewußtsein hat mehrere Aspekte. Es beinhaltet zum einen das Wissen des Individuums um seine Ichhaftigkeit und Eigenständigkeit. Zum anderen ist das Bewußtsein der Urheber der Gedanken und Ideen; es wird aber, infolge einer für den Bereich Drei charakteristischen Wechselwirkung, zugleich zu deren Produkt: Die Gedanken verdichten sich in Vorstellungen und Meinungen, sie formen sich zur Gesinnung, die schließlich den Charakter prägt.

Der Mentalleib wird nicht mehr als umhüllende Wolke beschrieben, sondern als mit bizarren Formen durchsetzter, weitgespannter Raum. Es gibt Abbildungen sogenannter *thought forms,* wörtlich: Gedanken-Gebilde, die nach den Angaben Hellsichtiger gemalt wurden. Demnach nehmen die Gedanken durchaus Gestalt an: Ihre Form und Figur ist Ausdruck des Gedanken-Inhalts.

Der Mentalleib unterscheidet sich vom Äther- und Astralleib durch seine Fähigkeit, Verbindungen und Beziehungen zu bahnen. Offensichtlich ruht er nicht als geschlossene Sphäre in sich, sondern streckt – so ähnlich wie die Atome der chemischen Elemente – freie Wertigkeiten öffnend nach außen. Dies ist der Ausdruck seines Interesses am Gegenüber und an Erkenntnis: »Interesse« – wörtlich: das Dazwischenliegende – als Hinweis darauf, daß zwischen zwei oder mehreren Kontrahenten eine Brücke gespannt wird. Ein ähnliches Bild entwirft Martin Buber – wenn auch auf rein philosophischer Basis – über die menschliche Interaktion. Man könnte den Mentalleib deshalb ebensogut als Interesseleib bezeichnen.

*

Jenseits des Mentalleibes und über diesen hinausreichend wird eine vierte Aurahülle angenommen, der sogenannte *Kausalleib*. Diesen ordnen wir dem *Bereich Vier* unseres Lebenskreises zu.

Die Bezeichnung Kausalleib soll wohl zum Ausdruck bringen, daß dieser vierte Leib den bewirkenden Kräften unseres Lebens am engsten angeschlossen ist. Doch ist die Bezeichnung Kausalleib irreführend, denn im Bereich Vier richtet sich das Augenmerk nicht mehr auf Ursachen, sondern auf die End-Zielsetzungen: Diese prägen und beeinflussen jeweils die

Abläufe, die zu ihnen hinführen sollen. In diesem Sinne wäre es zutreffender, von einem Finalleib zu sprechen; oder besser noch – da dieses vorbedingende Ziel ins Spirituelle weist – von einem *Spiritualleib* oder einer Spiritualaura.

Auf Abbildungen, die wir wiederum Hellsichtigen verdanken, wirkt der Spiritualleib schillernd, durchsichtig wie ein zartgliedriges, weitmaschiges Gespinst. Nichts könnte besser auf ihn passen als der von Gebser für den Bereich Vier gefundene Ausdruck diaphan: durchscheinend und lichtdurchlässig. Je verfeinerter die Spiritualaura – etwa die des heiligmäßigen Menschen –, desto mehr tritt innerhalb ihrer unendlichen Weite und Ausdehnung der physische Körper zurück: Er scheint fast nur noch den Ort einer ausgesparten Mitte zu bilden, die von einer in Pastelltönen erstrahlenden, vollkommenen und makellosen Rosette umspielt wird. Mit – oder in Gestalt – dieser Aura wächst der Mensch weit über sich selbst hinaus.

In seinem Spiritualleib ist der Mensch einem übergreifenden Ganzen, einer umfassenden Sphäre der Gemeinsamkeit, angeschlossen und eingefügt. Dies rührt daher, daß die vierte Leibeshülle einen Grenzbereich der Seele zum wahren Geist darstellt – jenen Grenzbereich, der die Nähe Gottes ahnend zu erfahren vermag. Diese Hülle ist die Quelle des menschlichen Sehnens. So ist der Spiritualleib in Wahrheit des Menschen Sehnsuchtsleib.

Kapitel 10

Die vier klassischen Elemente und Temperamente der abendländischen Antike

In der abendländischen Überlieferung der Antike treffen wir auf ein Vierer-Modell, welches sich geradezu als Inbegriff der Vierheit bezeichnen läßt: die klassische Lehre von den vier Naturelementen Wasser, Feuer, Erde und Luft. Diese vier Elemente galten in der Naturphilosophie der Alten als die Grundstoffe sämtlicher Erscheinungen des Kosmos, in den Hochkulturen Persiens und Griechenlands waren sie Gegenstand der Verehrung.

In den vier Naturelementen steht uns symbolhaft die Struktur und Systematik der Materie vor Augen. Sie erinnern an die Aggregatzustände des Stofflichen: an fest, flüssig und gasförmig – was soviel wie flüchtig bedeutet – sowie an eine vierte Konsistenz, die man als ätherisch bezeichnen könnte im Sinne von abstrahlend oder feurig. Entgegen dem oberflächlichen Augenschein erweist sich der Aggregatzustand fest durchaus nicht als stabil: Der Stoff Erde ist zwar massiv, aber im höchsten Maße zerbrechlich und zerfallend wie irdener Ton. Weit haltbarer und beständiger ist das flüssige Element Wasser, denn es ist träge und kohärent – das heißt sich selbst zusammenhaltend – und bringt alles, was es durchtränkt, in seine Gewalt.

Eine besondere Rolle spielten die vier Naturelemente in der klassischen hippokratischen Medizin, die von dem griechischen Arzt Hippokrates (460-377 v.Chr.) begründet wurde. Aus der Phänomenologie der vier Elemente wurden nämlich vier Temperamente abgeleitet: aus dem trägen Wasser das phlegmatische, dem lodernden Feuer das cholerische, der mürben Erde das melancholische und der flüchtigen Luft das sanguinische Naturell. Als Bindeglied zwischen Temperamenten und Elementen wurden vier bestimmte Körpersäfte oder *humores* angenommen, nämlich der Schleim, der Gallensaft – als helle Galle *(Chol)* bezeichnet –, die sogenannte schwarze Galle *(Melanchol)* und das Blut.

So sehr wir unter einem Temperament etwas Psychisches verstehen – eine allgemeine Prägung der Gefühls- und Willensvorgänge, der Erregbarkeit und Grundgestimmtheit –, haben wir es hier dennoch nicht mit Psychologie im heutigen Sinne zu tun. Der strenge Rückbezug auf die vier körperlich gegebenen Humores und die Analogie zum Erscheinungsbild der vier Naturelemente macht die hippokratische Temperamentenlehre vielmehr zu einer Konstitutionslehre, die körperliche und psychische Reagibilität gemäß deren Entsprechungen einordnet.

Die in den hippokratischen Temperamenten ausgedrückten Charaktereigenschaften dürften allgemein bekannt sein. Uns geht es darum, die vier Temperamente samt den ihnen entsprechenden Naturelementen in Analogie zu unseren vier Kreisquadranten zu setzen, und darum seien sie nochmals skizziert.

Der Phlegmatiker – dem Wasser zugehörig – gilt als schwer ansprechbar und langsam; doch ist er dabei gleichbleibend und ausgeglichen; seine Entscheidungen reifen langsam, aber sie sind klar und von Dauer; Gefühle zu entwickeln, ist ihm mühsam; seine Interessen sind geradlinig, einspurig; seine geringe Flexibilität und Wachheit sind das Fundament seiner Treue.

Der Choleriker – das Temperament des Feuer-Elements – ist eine starke Persönlichkeit, selbstbewußt, eine mitreißende Eroberernatur; er ist entschlußfreudig, leidenschaftlich, draufgängerisch, von starker Gerechtigkeitsliebe; sein Engagement ist ehrlich, aber auch ehr-heischend; er kann unbeherrscht wie auch herrschsüchtig sein, leicht verletzlich und vor allem verletzend; er ist unberechenbar und kompromißlos.

Der Melancholiker – dem Erde-Element zugehörig – neigt zum Ernst, zur Schwerblütigkeit und Herabgestimmtheit; er ist empfindsam, oft an Komplexen und Überforderung leidend, dabei fleißig, gewissenhaft, aufopfernd und gütig; er vergißt schwer und wirkt daher nachtragend; er hat Prinzipien bis hin zur nörgelnden Strenge, oft aus innerer Unsicherheit; allzu schnell ist er mit sich selbst und seiner Leistung unzufrieden.

Den Sanguiniker schließlich – das Temperament der Luft – zeichnen seine Leichtigkeit, seine »Charmanz« und seine Gelöstheit aus; er ist leicht ansprechbar und einfühlsam; er besitzt ein gutes Gespür und dadurch eine rasche Auffassungsgabe, Verhandlungsgeschick und spontane Hilfsbereitschaft; doch versteht er zu blenden und mit lauter Geschäftigkeit über seine Unbeständigkeit und Sprunghaftigkeit hinwegzutäuschen; stets für Neues begeistert, kostet er dieses dennoch nie bis zur Neige aus; er meidet Gründlichkeit und bindende Pflichten, ein Mensch der lockeren Versprechungen.

Die vier Naturelemente und die ihnen von der hippokratischen Medizin zugeordneten Temperamente lassen sich – wenn auch nicht deckend, so doch vervollständigend – den Inhalten und Deutungen unseres Lebenskreises hinzufügen und erweitern das Gebäude unserer Analogien auf eindrucksvolle Weise. Im einzelnen lauten unsere Quadranten-Zuordnungen wie folgt:

Das Element Wasser paßt – dank seiner Analogie zum phlegmatischen Naturell – zum Quadranten Eins: Das Phlegma ist das Naturell der geringsten Wachheit; um so mehr ist es im unmittelbar Greifbaren und Sichtbaren – der Welt der fünf Sinne – zu Hause. Es bestehen eindeutige Analogien zur psychischen Grundfunktion Empfinden und zur volitiv-intentionalen Funktion der Sinneswahrnehmung.

Das antike Element Feuer ist dem Quadranten Zwei zuzuordnen, denn das ihm entsprechende cholerische Temperament in seiner vulkanartigen Dynamik ist Inbegriff von Affektgeladenheit, Gefühl und Ich-Betonung.

Für das Element Erde samt dem ihm verbundenen melancholischen Temperament gilt eine Analogie zum Quadranten Drei: Der Melancholiker ist der Denker, der Gewissenhafte, der auf die eigene Leistung Bezogene; die Problematik, ja Last des irdischen Menschseins ist sein eigentliches Thema.

Das Luft-Element schließlich, das das sanguinische Temperament prägt, findet seine Entsprechung im Quadranten Vier: Die Ungebundenheit, Offenheit und Einfühlungsgabe des Sanguinikers weisen auf die psychische Grundfunktion der Intuition und das Naturell des künstlerischen, phantasiebegabten Menschen hin.

Die hier dargestellten Übereinstimmungen seien nicht als ein gewaltsamer Versuch der Zuordnung aufgefaßt. Es ist in erster Linie bedeutungsvoll, daß in der Antike – so auch bereits bei Pythagoras (6. Jh. v.Chr.) – die Viergliederung der Psyche bekannt war. Die Abgrenzung der Einzelbereiche untereinander bedeutet deren Unverwechselbarkeit und hat damit elementaren Charakter.

II
III
Feuer
Erde
Choleriker
Melancholiker
Wasser
Luft
Phlegmatiker
Sanguiniker
I
IV

Kapitel 11

Die vier symbolischen Lebewesen

Zum geistigen Erbe des Abendlandes gehört das Wissen um die Symbolik von vier »geflügelten« Lebewesen: von Stier, Löwe, Mensch und Adler. Diese vier treten in der prophetischen Schau der Bibel – bei Hesekiel und bei Johannes – auf; sie kennzeichnen die vier Himmelsrichtungen des antiken astrologischen Tierkreises; als geheimnisumwittertes Symbol verschmelzen sie schließlich in der Fabelgestalt der ägyptischen Sphinx.

In der Schau des Hesekiel (Hes 1 u. 10) sind es vier Cherubim: Erzengel in Menschengestalt, ein jeder mit vier Flügeln ausgestattet sowie mit vier Gesichtern – nämlich einem Menschenantlitz, das nach vorn, einem Löwenantlitz, das nach rechts, einem Stierantlitz, das nach links und einem Adlerantlitz, das nach hinten blickt. In der apokalyptischen Schau des Johannes sind es vier Lebewesen, vorn und hinten mit Augen übersät: Das eine gleicht wiederum einem Löwen, das zweite einem Stier, das dritte einem Menschen und das vierte einem Adler; ein jedes besitzt sechs Flügel, auch diese außen und innen voller Augen. Johannes erkennt sie gleichfalls als Engelwesen; ihre Bestimmung ist es, in ständiger Anbetung den Thron Gottes zu umgeben und das immerwährende »Heilig! Heilig! Heilig!« erschallen zu lassen (Off 4,7).

*

Am bekanntesten mag jene Deutung der vier Symbole sein, die in die Astrologie Eingang gefunden hat. Dort werden die vier »stabilen« Zeichen des Tierkreises, die durch ihren Standort an der Ekliptik zugleich die vier Himmelsrichtungen beziehungsweise Jahreszeiten repräsentieren, mit der Symbolik von Stier, Löwe, Mensch und Adler in Verbindung gebracht. In der ersten Tierkreis-Hälfte tragen die Zeichen dieselben Namen wie die Symbole selbst, nämlich Stier und Löwe; in der zweiten aber werden sie überlieferungsgemäß mit Wassermann und Skorpion in Verbindung gebracht. Die Hervorhebung gerade dieser vier mag damit zusammenhängen, daß im alten Babylon vier Astral-Gottheiten verehrt wurden: der Flügelstier Marduk, der Flügellöwe Nergal, der Wassermann Nabu und der Adler Ninurta. Von den beiden letztgenannten Sternzeichen gilt der Wassermann als der »Mensch«. Dem Skorpion wird eine Doppelbedeutung zugesprochen; er stellt zugleich den »Adler« dar.

Der Stier ist von alters her Sinnbild für Fruchtbarkeit und massive Körperkraft, aber auch für Engstirnigkeit und Beschränktheit. Von den vier Lebewesen ist der Stier ohne Zweifel derjenige, der dem Bereich Eins am nächsten kommt.

Der Löwe gilt als der König der Tiere; er symbolisiert Herrschaft, Kraft und selbstverständliche Würde. Er repräsentiert die Thematik des Bereichs Zwei.

Der Mensch – der Mentale, der Meinende – ist, wie wir sahen, das Lebewesen, das den Bereich Drei charakterisiert.

Der Adler schließlich findet im Quadranten Vier seine Entsprechung. Hinter diesem Symbol verbirgt sich übrigens weit mehr, als der Vergleich mit dem in unseren Landen heimischen Riesenvogel vermuten läßt, denn er ist der legendäre Phönix. So ist er zum einen der König der Lüfte, der sich durch gewaltige Schwingen und das scharfe, überblickende Auge auszeichnet – das einzige Lebewesen, das nicht blinzeln muß, wenn es in die Sonne schaut. Der Adler allein wohnt in hohem, keinem anderen Wesen zugänglichen Felsenhorst: Wegen dieser seiner Souveränität wählten sich Könige und Kaiser den Unnahbaren zu ihrem Wappentier. Das Geheimnis des Adlers besteht zum anderen darin, daß mit ihm zugleich der Geier gemeint ist, denn die hebräische Sprache hat für beide einen gemeinsamen Namen, nämlich *Nescher.* Der Geier ist es und nicht der Adler, der die rettenden Fittiche hat und seine Jungen nicht im Schnabel, sondern auf seinem Rücken aus der Gefahr davonzutragen pflegt. Er ist aber auch der Unheimliche, der Umgang mit dem Tode hat, ja sich vom Verwesenden ernährt. Er versieht auf diese Weise das Werk der Säuberung und Entsorgung: Nur makellose, weiße Gebeine läßt er übrig. Als der Phönix schließlich überwindet er den Feuertod und steigt als Lebendiger aus der eigenen Asche auf.

In der rätselhaften Sphinx nun verschmelzen Stier, Löwe, Mensch und Adler, die geradezu unvereinbar scheinen, zu einem einzigen Geschöpf. Das sich auf vier-fältige Weise darstellende Äußere des Fabelwesens meint in Wahrheit die vier Bereiche der innerlichen, seelischen Gestalt des Menschen. Der Sphinx von Gizeh fehlen inzwischen die Flügel; ursprünglich aber, in älteren Abbildungen und Skulpturen, ist sie als Flügelwesen überliefert. Der Stier verleiht ihr das Fundament; sein ausladendes, massives Hinterteil samt Schenkeln und breitem Becken werden in ihr zum Bereich der Sinnlichkeit und Fruchtbarkeit. Dem Löwen verdankt die Sphinx ihren imponierenden Schultergürtel, ihre gewaltigen Pranken, den Schmuck ihrer Mähne, das Majestätische ihrer Erscheinung. Vom Menschen hat sie, was unter allen Erdenwesen nur ihm gegeben ist: die edlen Züge des Gesichts, den erkennenden, bewußten Blick, die denkende Stirn. Doch erst der Adler vollendet diese drei Wesensbereiche zu einem geflügelten Wesen, da er allein die Schwingen beizutragen hat, an denen er sie alle teilhaben läßt.

Der Sage nach pflegte die weise Sphinx dem vorbeiziehenden Wanderer ein Rätsel aufzugeben; vermochte er es nicht zu lösen, so tötete sie ihn. Es lautete: Was ist das für ein Lebewesen – morgens auf vier Beinen, mittags auf zweien und abends auf dreien?

Das Rätsel ist der Mensch selbst: als Säugling auf allen Vieren krabbelnd, in der Blüte seiner Jahre aufrecht auf seinen zwei Füßen gehend, im Alter auf den Krückstock angewiesen. Ein viertes aber hat die Sphinx verschwiegen: Jenseits des Tages, an der Pforte des Todes, gleicht der Mensch dem Adler, mit Flügeln begabt.

*

Eine sehr eigene Deutung der vier symbolischen Lebewesen finden wir bei Hildegard von Bingen. Sie bezieht die vier Antlitze der Cherubim auf die himmlische Ordnung in der Engelhierarchie und sieht wiederum eine Entsprechung zu der irdischen. Selbstverständlich hatte die große Heilige und Seherin die mittelalterliche Ständegesellschaft mit deren damaligem Stufenbau vor Augen, aber es lohnt sich, Hildegards Gedanken mitzuvollziehen:

Die Engelhierarchie, so Hildegard, ist »Vorbild der Sozietät«, das heißt der menschlichen Gesellschaftsordnung. So wie es verschiedene Ränge unter den Engeln mit jeweils eigenen Aufgaben gebe, müßten auch die Stände auf verschiedene, aber genau vorgezeichnete Weise Gott dienen und Sein Werk offenbaren. »Gott nämlich wirkt große Wunder durch Sein Werk, welches der Mensch ist. Er hat sie in den Engel-Geistern vorgezeichnet, und sie erstrahlen vor Ihm in dem Lobpreis Seiner Ehre.«

Das Antlitz des Stieres bezieht Hildegard auf den Stand des Geistlichen, also auf den zölibatären Priester, so wie er mitten in die Welt eingestreut lebt. Dem Klerus, der ja eine andere Lebensweise hat als das Volk, obliegt es, in der Welt treu »Gottes Weinberg zu pflegen«.

Das zweite Antlitz, das des Löwen, bezieht Hildegard auf den Stand der Ordensleute, also auf die Mönche und Nonnen. Diese haben, kraft ihres Glaubens, der Welt entsagt. Das Mönchsgewand ist ein »Gewand nach Engelart«; denn dank seiner Kapuze »läßt es nur zu Gott aufschauen und nichts anderes mehr erblicken«. Den Engeln sollen die Ordensleute in »feuriger Glut« und in der »beständigen Kontemplation ihres Herrn« gleichen. Für das ausschließliche Hinblicken auf Gott, das »weder nach rechts noch nach links Rücksicht« nimmt, ist der »Sohn Gottes im Menschen« das Vorbild; »ist doch der Gottessohn Gott und Mensch«.

Als drittes spricht Hildegard vom Menschen der Welt – von demjenigen, den das Symbol Mensch im eigentlichen Sinne meint, dem Erdgebundenen nämlich, »der seine Werke mit der Sorge für Leib und Seele verrichtet«. Auch er ist unabdingbares Glied innerhalb der gesellschaftlichen Ordnung. Dieser Welt-Mensch bleibt in seinem Sorgen und Handeln »gewiß nicht von Schuld frei«; seine Reue aber läßt ihn wieder zu Gott aufschauen und die Verbindung zu Gott suchen, und so wird die Reue zu einer die Welt verwandelnden Kraft. Denn »wenn die Menschen nicht in Schuld fallen, so können sie auch nicht erneuert werden«. Sie müssen sich also nicht notwendig von der Welt lösen, dürfen nach weltlicher Art und Weise weiterleben, doch müssen sie »in der Welt« ihre Umkehr vollbringen und hinfort das Himmlische in ihr Bewußtsein einbeziehen.

Im Antlitz des Adlers schließlich sieht Hildegard das Sinnbild jener Menschen, »die zwar in der Welt leben, sich aber innerlich ihrer enthalten können« – entweder als von der Welt unberührte Kinder, oder aber als durch die Reue Gewandelte, die »der Welt überdrüssig wurden«. Was ihre Sehnsucht suchte, konnte das Weltliche ihnen nicht geben, sondern sie suchten und fanden es, wie der Adler, in der Höhe: die Sonne Christi. Diese »seligen Menschen hören ja nie auf, Gutes zu tun und Gott zu loben«.

Die Deutung Hildegards führt uns die Zielsetzungen der vier Lebensbereiche vor Augen. Beim Klerus finden wir tatsächlich eine Beziehung zum Quadranten Eins: Der Priester bleibt am ehesten kraft seines solitären Status vor Schuld und Sünde bewahrt, sofern er sich einzig als Hegender und Pflegender der Gemeinde betätigt. Für die Ordensleute – Bereich Zwei – liegt das Glück in der »feurigen Glut«, im Betreiben von Gottes Werk auf Erden zu Seiner Ehre. Hildegard, der für ihren Realismus bekannten Äbtissin, dürften die emotionalen Spannungen der Klosteratmosphäre nur allzu bekannt gewesen sein; sie will hier offensichtlich ein idealisiertes Bild zeichnen.

Im dritten Bereich nun ereignet sich – so Hildegard – das Ungeheuerliche: die Absonderung von Gott. Eben dieser Sündenfall aber birgt in sich die heilbringende Möglichkeit, angesichts der eigenen Schuld und Schwachheit zu einem Wesen zu reifen, das hinfort von Gott nicht mehr ablassen wird. Die Sünde, die an »Stier« und »Löwe« nicht herankam – wenngleich deren Blick verstohlen dorthin abgeschweift sein mochte –, hat der »Mensch« bis zur Neige ausgekostet ... und als Irrweg erkannt. Das Bewußtsein der eigenen Fehlbarkeit erst eröffnet die partnerschaftliche Gott-Mensch-Beziehung.

Von dem »Adler« schließlich – Bereich Vier – sagt Hildegard aus, daß »diese Menschen sich schon auf Erden auf die Seligkeit einstimmen«, denn »wenn ihr Werk einmal getan sein wird, dann werden sie auch nach dem Ende ihres Lebens nimmerdar aufhören mit dem Lobpreis ihres Schöpfers«.

*

Die christliche Tradition hat den vier Lebewesen eine neue Bedeutung hinzugefügt. Sie weist sie nämlich – gleichsam als Kenn- und Wappenbilder – den vier Evangelisten zu: dem Lukas den Stier, dem Markus den Löwen, dem Matthäus jenes, das oft als Engel abgebildet wird, und dem Johannes den Adler. Es ist aber kein Engel, sondern der Mensch, der zu Matthäus gehört; denn in der prophetischen Schau ist ja das Gesamtwesen ein Cherubim und die vier Lebewesen sind sämtlich geflügelt, selbst Stier und Löwe, und so auch jenes mit dem Menschenantlitz.

Der Stier, als das Symbol des Bereichs Eins – des Bereichs der Körperlichkeit – gehört also zu Lukas, dem Arzt. Dieser Evangelist schildert die Krankenheilungen Jesu am vollständigsten und ausführlichsten; er ist es auch, der die Ereignisse um Jesu Geburt und Kindheit eingehend berichtet. Das Markus-Evangelium, dessen Löwe dem Bereich Zwei zuzuordnen ist, läßt erkennen, wie sehr Jesus auch ein Mensch kraftvoller Gefühle und der inneren Bewegtheit war – der den Mitmenschen seine Liebe spüren ließ, aber auch in Zorn und Trauer über die verstockten Herzen seiner Zeitgenossen entbrannte. Matthäus, durch das Symbol des Menschen dem Bereich Drei zugewiesen, ist der ausführliche Berichterstatter der Belehrungen Jesu in Predigten und Gleichnissen. Die Evangelien nach Lukas, Markus und Matthäus werden als die synoptischen – das heißt: die einheitlich sehenden – bezeichnet, da sie in ihrer Betrachtungsweise und historisch möglichst getreuen Wiedergabe einander weitgehend entsprechen.

Das Johannes-Evangelium hingegen hebt sich deutlich von den drei synoptischen ab; es geht über sie hinaus und weist den Adler eindeutig als das Symbol des Bereichs Vier aus. Denn es stellt die historischen Gegebenheiten durchweg in den Dienst der theologischen Aussage; es enthält – was für den Bereich Vier völlig legitim ist – um der Botschaft willen auch Darstellungen, die von der stattgehabten Wirklichkeit abweichen mögen. Seinem Ansatz und seiner Entstehung nach rührt das Johannes-Evangelium aus der Inspiration her, und zwar aus der wahren, reinen Eingebung des Heiligen Geistes. Es ist nicht mehr auf das Vergangene ausgerichtet, sondern auf das Ziel. Mahnen die ersten drei Evangelien den Menschen ständig zu Umkehr und Buße als Weg zur Versöhnung mit Gott, so ruft ihn das vierte in das Gewißsein, daß er von Anbeginn geliebt und durch die Erlösungstat Christi versöhnt ist.

Johannes selbst erscheint in der Zahl der Gestalten, die in der Nähe Jesu gelebt haben, als der Besondere – als jener, der die Pforte gespürt hat, die sich ihm beim Ruhen am Herzen Jesu auftat. Der Bereich der Schwelle aber ist der vierte. Für die anderen Bereiche mögen Jakobus, Petrus und Paulus beispielhaft stehen: Der Jünger Jakobus, der – als ein Sohn des Joseph – Jesus als Bruder nahestand, vertritt in seiner treuen Beständigkeit den Bereich Eins. Petrus, der Impulsive und Unlogische, der tatkräftige Kamerad und Kämpfer, hatte das Temperament des Bereiches Zwei. Der intelligente, oft polemische und dabei so pädagogische Paulus – als der bekehrte Saulus – ist derjenige Apostel, der das Evangelium mit den Begabungen des Bereichs Drei verbreitet hat.

Johannes aber transzendiert sie alle. Von ihm sagte Jesus: »Wenn ich will, daß er bleibt, bis ich komme...« (Jh 21,22) Ob nun Johannes eines irdischen Todes sterben würde, was ging es Petrus an, was darf es uns angehen? Johannes bleibt, gleichsam als Zeugnis im Wort, als Ausstrahlung und Kraftfeld; er bleibt, unabhängig von Zeit und Ort. Deshalb brauchen wir uns über die Identität der einzelnen Verfasser der johanneischen Schriften keine Gedanken zu machen; auch dürfen für uns die Gestalten Johannis des Apostels, des Evangelisten und Johannis des Täufers, ja selbst die des Elia, miteinander verschmelzen. Alle, die unter diesem Namen und in dieser Vollmacht auftreten, sind der bleibende Johannes – bis auf den heutigen Tag.

Kapitel 12

Die Lehre des Paracelsus von den fünf Entia

Wir wenden uns nun der Lehre des Paracelsus von den fünf Wesensbereichen des Menschen zu. Diese Lehre ist Teil der paracelsischen Heilkunde. Zu vier der fünf Bereiche ergibt sich – wenngleich aus einem völlig anderen Blickwinkel – Analoges zu dem uns bereits Bekannten; daher läßt sich ohne weiteres eine Verbindung zu unserem Vierer-Schema herstellen. Die Aussagen des Paracelsus sind derart aufschlußreich, daß sich das Verständnis für die in unserem Lebenskreis verschlüsselten Inhalte noch weiter vertiefen wird.

Theophrastus Bombastus von Hohenheim, genannt Paracelsus (1493-1541), war nicht nur ein begnadeter Arzt, sondern nannte sich selbst einen Priester. Die Tiefe sowohl seines ärztlichen als auch seines religiösen Wissens war von einer Ganzheitsschau im Sinne heilsgeschichtlicher Christologie geprägt.

Paracelsus sieht im Menschen fünf grundlegende Aspekte, die er im lateinischen Originaltext *Ens* (Mehrzahl: *Entia),* wörtlich: Wesen, nennt. Er stellt sie als Fürsten oder »Prinzen« vor, als fünf *Principes,* die den Menschen in seiner leiblich-seelischen Einheit regieren. Er mißt diesen im Menschen selbst begründeten Aspekten demnach die Qualitäten von Wesenheiten zu – sie sind mehr als bloße Wesens-züge. Paracelsus sieht den Menschen in seiner Wesenhaftigkeit bis in alle Teilbereiche hinein lebendig: als Ebenbild eines lebendigen, wesenhaften Gottes.

Paracelsus beschreibt den bestimmenden Einfluß, den die Entia auf den Menschen ausüben, weil sie ihn »gewaltigen« und »in seinem Leib nötigen und kränken« können. Er versteht sie also als fünf Ursachenbereiche, die das Krankwerden des Menschen herbeiführen können.

Den Begriff »Ursache« müssen wir zunächst erläutern: Paracelsus meint nicht Ursächlichkeit im heute gebräuchlichen, zwingenden Sinne linearer Kausalität, sondern etwas viel Offeneres, Freierbleibendes, denn jede Bedingung, in die der Mensch hineingestellt ist – komme sie aus der Situation, komme sie aus dem Umfeld – kann wahlweise »kränkend« sein oder nicht: je nachdem, auf welche Bedingtheiten im Menschen sie trifft. Deshalb mißt Paracelsus dem mutmaßlichen kausalen Auslöser eines Krankheitsbildes keine primäre Bedeutung zu. Er stellt keine deduktive, nachvollziehende Diagnose im heutigen Sinne, um darauf eine gezielte Therapie aufzubauen. Vielmehr geht er gegen das individuelle Kranksein auf mehreren Ebenen vor, denn »erst die Heilung zeigt an, welches die Ursache der Krankheit gewesen sei«.

Zwar werden die verschiedenen Krankheiten von den einzelnen Entia hervorgerufen, doch haben sie aus dem jeweiligen Ens heraus auch stets »ihre eigene Kur«. Die fünf »Principes« nötigen nicht nur zur Krankheit, sondern halten selbst den jeweils passenden Weg zur Heilung bereit.

Paracelsus gliedert die fünf Entia in vier von irdischer Natur und ein fünftes von »christlichem Stilus«. Die vier irdischen nennt er *paganisch,* das heißt heidnisch, also von profaner, gröberer, banaler Wesensart: »Sie sind allein dazu geschaffen, unser Ingenium zu schärfen«, das bedeutet, sie dienen uns als Erfahrungs- und Wahrnehmungsquelle. Es sind das *Ens naturale* (das Naturhaft-Leibliche), das *Ens astrale* oder *astrorum* (das Sternenhafte, das auf die Sterne Bezogene), ferner das *Ens veneni* (das vom Gift Herrührende) und schließlich das *Ens spirituale* (das Seelisch-Spirituelle) im Wesen des Menschen. Diese vier Entia lassen sich – in der genannten Reihenfolge – zu den vier Quadranten unseres Lebenskreises in Beziehung setzen.

Das fünfte nun trägt den Namen *Ens deale* oder *Ens Dei:* Wesensbereich Gottes. Es rührt aus »einer anderen Dimension« her und unterscheidet sich grundlegend in Rang und Wertigkeit: Das Ens Dei »müßte alle anderen Kategorien überstrahlen und überblenden, so daß sie in ihrer Eigenart kaum noch zum Ausdruck kämen«. Erst durch diese Überstrahlung des Ens Dei finden die unerfüllten, paganischen Wesensbereiche des Menschen ihre Erfüllung und Erlösung.

Dies aber ist kein fernes Ziel, sondern nahe, unmittelbare Wirklichkeit. Denn laut Paracelsus ist der Wesensbereich Gottes dem Menschen gleich einer Mitgift beigegeben, ja in ihn eingeboren.

Was heißt »eingeboren«? Es bedeutet das Ursprüngliche, das Unverfälschte, das von Natur aus Vorhandene und dorthin

Gehörige; die als die Eingeborenen bezeichneteten Urvölker sind ein ebenso charakteristisches Merkmal ihres Landes wie gewisse Naturgegebenheiten. Das Wort vom »eingeborenen Sohn« gewinnt angesichts der Lehre des Paracelsus einen besonderen Klang. Er spricht vom »Perlin« – der kleinen Perle, also dem Kleinod, das der Mensch als die in ihn von Anbeginn eingesenkte Gegenwart Gottes in sich trage. Der Geist Gottes ist – so Paracelsus – unmittelbar in Körper und Seele des Menschen anwesend.

In dieser Schau erfährt die leib-seelische Einheit des Menschen ihre volle Kontur; denn wenn das Gott-Bezügliche aufs engste mit uns Menschen verbunden, ja in uns eingeboren ist, so liegt eben darin höchste Wirkkraft und Dynamik von Gottes Geist in uns: Er erwählt uns zu Seinen lebendigen Tempeln.

*

Von den vier »paganischen Entia« ist das *Ens naturale* offensichtlich dasjenige, das in jeder Hinsicht der Analogie unseres *Kreisquadranten Eins* entspricht. Denn bei diesem Ursachen- und Wesensbereich geht es um die natürliche und kreatürliche Leiblichkeit. Paracelsus verwendet Begriffe wie Vorbestimmung, Gesetz und Ursprung – das, was wir heute als erbliche Veranlagung und körperliche Konstitution bezeichnen würden. »Der Mensch trägt alles in sich«; die umgebende Welt, die »äußere« Natur, spielt demgegenüber zunächst kaum eine Rolle – nicht mehr als der »Mist auf dem Acker«. Die Kur der in diesem Ens verankerten Leiden setzt folgerichtig am Körper an.

Paracelsus gebraucht zur Beschreibung des physischen Körpers das Bild vom »Firmament des Leibes« als einer festgefügten und zugleich tragenden Umfriedung – ähnlich der Himmelsglocke, in die die Erde des ptolemäischen Weltbildes eingebettet galt. Er sieht den Leib somit als einen zweifachen: Jeder Mensch ist »innerhalb seines Leibesfirmaments sich selbst Erde und Himmel«; dem sichtbaren, irdisch greifbaren Körper ist – wie ein Himmelsrahmen – ein unsichtbarer zweiter als Matrix beigegeben. Paracelsus beschreibt einen imponierenden »kosmischen Strahlenbogen«, der diesen leiblichen Himmelsrahmen durchspannt: »Vom Stamm ausgehend, die einzelnen

Glieder durchstrahlend«, geht er »gleich einem Reflex« zum Stamm des Körpers zurück. Diese Schau vom unsichtbaren Strahlenleibe erinnert an die feinstofflichen Aurahüllen; er weist »sieben Glieder« auf, was unmittelbar an die sieben Chakren denken läßt, von denen noch die Rede sein wird.

*

Das *Ens astrale* oder *astrorum* hat völlig andere Eigenschaften. Sowohl als Wesensbereich, als auch als »kränkende« Ursache verstanden, handelt es von der Reaktion des einzelnen auf bestimmte Einflüsse, die nicht aus seinem eigenen Leibe stammen, sondern aus der Umwelt auf ihn einstürmen: insbesondere – worauf der Name »astrale« hinweist – die atmosphärischen bis hin zu den kosmischen. Mit heutigen Worten müßten wir äußerliche Reize wie Klima und Witterung zu den Ursachen des Ens astrale ebenso hinzuzählen wie alles, was uns gewissermaßen aus der Luft anfliegt, seien es Bazillen, Viren oder sonstige »Zufälle« von außen. Im weitesten Sinne also geht es um die Verletzung der eigenen Integrität, um den Umgang mit jenen Faktoren, die den Freiraum des Ich schmälern wollen. Wir sehen daher eine Analogie des Ens astrale zum *Bereich Zwei* unseres Lebenskreises.

Paracelsus bestreitet ausdrücklich, daß der Mensch von den Gestirnen abhängig sei, denn »sie sind frei für sich selbst, und wir sind frei für uns selbst«. Der Mensch steht ihnen in gleicher Unabhängigkeit gegenüber wie jedem anderen Phänomen seiner Umwelt auch, sei es belebt oder unbelebt. Jedes einzelne lebt für sich in einem eigenen Freiraum und bewegt sich an den anderen vorbei wie an einer Kulisse.

Die Bewegung ist aber nicht nur eine räumliche, sondern – im Gegensatz zum statischen Ens naturale mit seinem »Firmament des Leibes« – vornehmlich eine zeitliche: Laufend wandeln sich die Situationen, in die der Mensch sich einpassen muß, denn »die Erfahrung, die jetzt ist, findet ihresgleichen nicht mehr«. Dieser Hinweis auf das Vorhandensein der Zeit im Ens astrale ist besonders aufschlußreich. Auch Gebser sprach – wir erinnern uns – von Naturzeithaftigkeit in der mythischen Bewußtseinsdimension, die demselben Quadranten Zwei entspricht. Paracelsus macht das Wesen dieses Zeit-Erlebens sehr anschaulich. Offensichtlich lebt das Ens astrale geradezu von der in jedem Moment neu inszenierten Konstellation.

»Konstellation« bedeutet, wörtlich übersetzt, so viel wie: wechselnder Standort der Sterne im Verhältnis zueinander. So läßt sich der astrologische Einfluß der Sterne vielleicht mit folgendem Bild in Verbindung bringen: Man stelle sich vor, alle Planeten tanzten einen Reigen, und der Mensch tanze mit. Greifen wir einen Augenblick dieses Reigens heraus, etwa indem wir die Musik anhalten und jeder regungslos stehenbleiben muß, so erkennen wir die Konstellation eben dieses Moments: Vor einem der Sterne muß sich der Mensch gerade verneigen, ein anderer reicht ihm hilfreich die Hand, ein dritter hat ihn soeben umhergewirbelt, dem vierten kehrt er den Rükken! Hier walten Spielregeln, bei denen man beschwingt mittun muß; man hüte sich, aus der Reihe zu tanzen, will man nicht mit gestrengem Griff in die Quadrille zurückbeordert werden.

Wir sprachen bereits von der besonderen Rolle des Spiels und seiner Spielregeln im Bereich Zwei, dem Ich-Bereich. Als ein Mit-Spieler also ist der Mensch im Ens astrale in seine Umwelt aus Mitmenschen, Natur und Kosmos hineingestellt. In dieser Natur und ihrer Ökologie, die einem jeden seinen Platz im harmonischen Zusammenspiel zuweist, findet der Mensch sich eingebunden und muß sich anpassen. Die Grenze der eigenen Freiheit liegt in der Freiheit – dem Freiraum – der anderen; daher gilt es, den Wirkungsbereich der umgebenden Naturgewalten – bis hin zu den Sternen – zu respektieren.

Deshalb berührt man einander am liebsten nur vorüber-gehend und bei-läufig: Es soll sich möglichst nur eine Begegnung im »Atmosphärischen« ereignen, ohne daß man aufeinanderprallt und die eigene Integrität angegriffen wird. Folglich ist der Mensch aber auch befugt, etwaigen krankmachenden Einflüssen und Eindringlingen seines Freiraums den Kampf anzusagen. Im Bereich Zwei – wir sagten es bereits – herrscht der volle Kampf ums Dasein, es gilt das Recht des Stärkeren. Daher besteht die »Kur« des Ens astrale in Abwehr und Sieg. Ja, wer sich von vornherein stark genug machte, wird von einem Bazillus oder einer sonstigen – auch seelischen – Herausforderung gar nicht erst niedergestreckt.

Paracelsus beschreibt sehr plastisch, wie weit das Ens astrale, die Ausdehnung des einzelnen, reicht: Sie entspricht der »Luft, die eine Stube erfüllt« oder dem »von einem Menschen ausgehenden Geruch«. Das Ens astrale hat fürwahr etwas Atmosphärisches an sich, und dies nicht nur symbolisch gesprochen; es manifestiert sich fast greifbar wie eine Wolkenhülle um den einzelnen herum, als sei er selbst ein Planet oder ein Gestirn.

Hier wird die Analogie zu unserem Kreisquadranten Zwei, dem Emotionalbereich, vollends deutlich. Verbreiten sich die Stimmungen, in die sich ein Mensch hüllt, nicht oftmals geradezu wolkenartig in seine Umgebung hinein? Können manche solcher Stimmungen sich nicht derart verdichten, daß der Volksmund von »dicker Luft« und von gegenseitigem »An-Ecken« spricht? Auch in der Esoterik wird das Emotionale als »Astralbereich« bezeichnet. Paracelsus spricht von viel Bewegtheit und großen Schwankungen: »Der Mensch ist bald fröhlich, bald traurig« und »die Ratio vermag dem nicht zu widerreden«.

In diesem Spiel wechselhafter Ereignisse und Erlebnisse läuft – unverwechselbar – des Menschen individuelle »Historie« ab, sein Werden und Wachsen. Schipperges, Übersetzer und Interpret der paracelsischen Schriften, kommentiert, daß hier – im Ens astrale – die Welt im Horizont der Zeit stehe, als ein offenes System möglicher Freiheit. So wird der Lebenslauf des Menschen »dem Lauf des Himmels« vergleichbar.

*

Das dritte der profanen Entia trägt den eigenartigen Namen *Ens veneni,* zu deutsch: Wesensbereich des Giftes, oder: das vom Gift Herrührende. Bekanntlich macht Gift krank nach dem Prinzip von Ursache und Wirkung, also im Sinne echter Kausalität. Bereits dieses Merkmal des Ens veneni weist auf die Analogie zum *Bereich Drei* unseres Lebenskreises hin.

Bei dem Wort »Gift« denken wir zunächst an die Nahrungsaufnahme. Mit Gift sind aber nicht nur die giftigen Substanzen im eigentlichen Sinne gemeint. Der Bogen des Ens veneni reicht viel weiter: »Jedes Ding ist vollkommen im Hinblick auf sich selbst geschaffen und für sich selber in Ordnung«, sagt Paracelsus, »aber im Hinblick auf ein anderes kann es sowohl Gift als auch Gutes bedeuten.« Gegenseitig also sind sich die Dinge von Haus aus fremd und können einander sehr unzuträglich werden. Hierfür kommt es wesentlich auf das Verhältnis an, in dem die Dinge einander begegnen, denn »die Dosis macht's, daß ein Ding *kein* Gift sei.«

Dieser Hinweis auf die Dosis, den wir Paracelsus verdanken, charakterisiert den Bereich Drei auf unübertroffene Weise. Wenn es im Ens veneni um das Andere, also um das Gegenüber geht, so ist dieses demnach primär giftig und sollte tunlichst nur in bekömmlichen Mengen zugeführt werden.

In der Tat ist das Essen ein Vorgang, bei dem das Fremde zu allererst bis ins letzte zerkleinert wird, weil es auf diese Weise am besten unschädlich gemacht werden kann. So zieht auch Paracelsus eine frappierende Parallele zur Verdauung und bezeichnet den Magen als den Wohnsitz des »inneren Alchemisten«. Wir erinnern uns, daß die mittelalterliche Kunst der Alchemie sich mit der Unterscheidung und Umwandlung der Stoffe befaßte und unter anderem bemüht war, dem Geheimnis der Herstellung von Gold – als dem edelsten aller Stoffe – auf die Spur zu kommen. Das geniale Bild vom im Magen sitzenden Alchemisten als einer lenkenden und planenden Instanz zeigt auf, daß selbst auf der rein körperlichen Ebene der Verdauung eine Leistung vollbracht wird, die mit Intelligenz zu tun hat. Durch diesen Alchemisten, so Paracelsus, »unterscheidet der Mensch das Böse vom Guten, verwandelt es und ordiniert auf diese Weise alles Subjekt der Natur«. Jeglicher Umgang mit dem Andersartigen also – bestehe es nun in unserer Nahrung oder in sonst einem von außen an uns herantretenden Gegenüber – verlangt ein Unterscheiden und Sortieren, Einordnen beziehungsweise Aussondern. Bekanntlich folgt auch in der Verdauung auf die Phase der restlosen Zerkleinerung die Phase der Neuzusammensetzung in körpereigene Substanzen und des Einbaus ins eigene Gewebe. Im übertragenen Sinne vollzieht sich dasselbe bei der Verarbeitung eines jeden Problems und bei der Gestaltung einer jeden menschlichen Beziehung.

Ohne einen derartigen Vollzug der Integration bliebe jedes Gegenüber, also auch jeder Mitmensch, für uns giftig und unzuträglich. Begegnet er uns in einer Stärke, Fülle oder Gewichtigkeit, die im Mißverhältnis zu unserem eigenen Fassungsvermögen steht, so ist er uns im höchsten Maße »unverdaulich«. Es kommt daher auf die Relation zwischen beiden Beteiligten an. Im Bereich Drei geben die Dinge je nach ihrer Größe und Menge Antwort aufeinander; sie vertragen sich, sind einander gut und verschmelzen – oder sie vertragen sich nicht und werden einander zum Problem.

Die Parallele des Ens Veneni zur psychischen Grundfunktion Denken und zum Bereich der partnerschaftlichen Begegnung im Werdegang des Menschen, die wir ebenfalls beide dem Kreisquadranten Drei zugeordnet hatten, liegt auf der Hand.

Die »Kur« des Ens veneni verlangt also den erkennenden und intelligenten Umgang mit den schädigenden Ursachen. Zugeführtes Gift muß hinausgeschafft, etwaige Schäden und Verletzungen müssen bestmöglich behoben werden. Vor allem aber geht es um die planende Vorbeugung: Dazu müssen die Ursachen tatsächlich erkannt und hinweggeräumt werden.

Dieser Bereich Drei aber ist eine unabdingbare Facette unseres Lebens. So ist Gift, so feindlich es auch sei, vom Wortstamm her (englisch: *gift* = Geschenk, Gabe; ebenso wie griechisch: *dosis)* stets das »Dargegebene«: Es ist das Zuge-reichte und mithin etwas, das uns – bei richtigem Umgang – auch reich machen kann.

*

Als viertes paganisches Ens benennt Paracelsus das *Ens spirituale,* und hier finden wir eine deutliche Entsprechung zum *Bereich Vier* unseres Lebenskreises. Paracelsus meint mit *Spiritus* allerdings nicht den Geist im Menschen, sondern – wie die Gegenüberstellung mit dem Ens Dei ergibt – die Seele. Die Krankheitsverursachung des Ens spirituale hebt sich weit aus dem Körperlichen heraus; »denn die Seele ist wund, der Leib nit.« So hat auch die »Kur« über die Seele zu erfolgen, durch das Gespräch oder, wie Paracelsus es nennt, über die »Suggestion«. Er schreibt: »Den Leib zu kurieren, wenn das Ens spirituale krank ist, das ist vergebens. Arzneiet aber die Seele, so ist der Leib genesen.«

Eigenartige Möglichkeiten wirken im Ens spirituale, denn »die Hand verletzt den unergriffenen Mann«, oder »das Maul trifft den mit Worten, den du meinst.« Dies ist kein bloßes Bild, das nur der Veranschaulichung dienen soll, sondern in der Tat gelten im Bereich Vier die sonst bekannten Regeln von Wirklichkeit und Kausalität nicht mehr. Es geschehen vielmehr Wirkungen »in Kraft des Geistes«, wie durch ein »Medium«. Im Ens spirituale wird anders gehandelt als in den vorhergehenden Wesensbereichen. Es bedarf nicht mehr zweier getrennter Stufen von Plan und Ausführung, von Gedanke und Tat: Hier sind Vorstellung und Vollzug eins, denn der Mensch hat Zugang zum unmittelbar verwandelnden Wünschen.

Diese Unabhängigkeit von begrenzenden und umgrenzenden Gegebenheiten deuteten wir bereits in den vorhergehenden Kapiteln an, wenn von den Möglichkeiten des Bereichs Vier die Rede war: Mit Leichtigkeit läßt sich Inwendiges aufdecken; aber auch im Äußeren kann der Mensch mit Leichtigkeit über sich hinauswachsen – und zwar beides mit höchst schöpferischen, realen Wirkungen. So imponierend im Bereich Drei die Freiheit des Menschen war, jede beliebige Ursache zu setzen um einer bestimmten Wirkung willen, so wird im Bereich Vier offensichtlich der Mensch selbst zur Ursache. Allein durch seine Gegenwart wirkt er induzierend, er selbst beeinflußt und verwandelt sein Umfeld. Seine Lauterkeit – oder aber seine innere Verwirrung – sind hinfort ausschlaggebend für die Klarheit der Wirkungen, die von ihm ausgehen. So sind dem Menschen hier Segen und Fluch gleichermaßen ins Herz gelegt, die guten Wünsche ebenso wie das Ver-wünschen.

Doch unterliegt das Ens spirituale einer entscheidenden Beschränkung, und diese zeigt an, daß der Bereich Vier – bei aller Freiheit von den Zwängen der Ursachenverkettung und der Berechenbarkeit – ein irdischer, paganischer ist und bleibt. Diese Beschränkung liegt in der mangelnden Verfügungsmacht des Menschen über die Zeit. Paracelsus macht es klar, daß die Zeit sich wandelt, um von sich aus immer neue Möglichkeiten anzubieten. Es muß also erst die »Stunde der Zeitigung« herbeigekommen sein, wenn eine Heilung aus dem Ens spirituale widerfahren soll.

Es mag vom Arzt alles bestens vorbereitet worden sein, er mag alles Erdenkliche für den Kranken unternommen haben, und dennoch läßt dessen Gesundung lange auf sich warten. Sie »verzieht«, wie es im alten Sprachgebrauch heißen würde, das heißt sie verzögert sich. Plötzlich aber wandelt sich aus unerklärlichen Gründen das Befinden von einer Stunde zur anderen, und wie von außen kommend, beinahe als ob von einem *Deus ex machina* bewirkt, tritt unvermittelt die Heilung ein. »Solche Heilung fließt aus der Gnade«; und Gnade gehört zu denjenigen Ereignissen, deren Stunde des Eintritts nicht einmal die Engel kennen (Mt 24,36; Mk 13,32). Dies also nennt Paracelsus die »Stunde der Zeitigung«: das Herangereift-Sein der Zeit zur bedeutungsvollen Stunde.

Die bedeutungsvolle Stunde kommt jeweils auf uns zu – und zwar zu ihrer Zeit – und hält eine bestimmte, völlig neue und unverhoffte Möglichkeit, ja Lösung, für uns bereit. Dann stellt sie sich als die große Beschenkende dar, die unversehens ein Füllhorn über uns ausschüttet, dessen Gaben wir freudig ergreifen dürfen – und sollen.

Das Wort des Paracelsus von der »Stunde der Zeitigung« eröffnet uns einen überwältigenden Einblick in das Wesen des Phänomens Zeit. Im Bereich Vier besitzt sie offensichtlich keinen gleichbleibenden Fluß mehr, sie ist nicht mehr jene Perlenschnur, die wir Etappe um Etappe hinter uns bringen. Denn eine jede Stunde, eine jede Spanne unterscheidet sich grundlegend von der vorhergehenden in beidem, Beschaffenheit wie Geschwindigkeit: Ein jeder Moment, eine jede Weile, entfaltet sich frei zu individuierter Fülle und Dauer. Hier entspricht die Zeit dem, was die Griechen *kairos* nannten – die Ver-weilende, die Schöne: Leben wir im Einklang mit ihr, so bringt sie ungeahnten Gewinn. *Chronos* demgegenüber ist die zwar meßbare, aber entschwindende Zeit, die als unwiederbringlicher Verlust erlebt wird, zumal wenn wir mit ihren Minuten geizen.

Das Wissen um das Besondere der gereiften, erfüllten Zeit durchzieht auch unsere Märchen. Da müssen die Hemden für die verzauberten Schwäne an einem bestimmten Tag fertig gewebt sein; denn nur an diesem, und zwar zu einem bestimmten Glockenschlag, ist die Erlösung möglich. Oder da gehen neunundneunzig Jahre lang alle Prinzen in der verräterischen Dornenhecke elend zugrunde; als aber das hundertste Jahr vollendet ist, öffnet sich die Hecke freiwillig und gibt den Weg zum schlafenden Dornröschen frei.

Das Ereignis ist gewiß; für unsere beschränkte Wahrnehmung jedoch ist seine Stunde ungewiß. Diese Beschränkung zeigt uns deutlich, daß wir im Bereich Vier noch diesseits, also *vor* der Schwelle stehen und keineswegs am Ziele sind. Wir sollten uns daher nicht mit den vielen wunderwirkenden Möglichkeiten aufhalten, die sich in diesem Bereich eröffnen, denn es geht einzig um unsere Vorbereitung auf das Ziel. Uns zu bereiten und bereit zu bleiben, bedeutet: unsere Öllämpchen am Glimmen zu halten, solange der Bräutigam »verzieht« (Mt 25,1-13), uns wach zu halten im Gebet, »auf daß wir nicht in Anfechtung fallen« (Mt 26,41; Lk 22,46).

In diesem Bereich der Schwelle erfährt die Frage nach Ursache und Grund der Krankheit eine völlig andere Antwort als in den vorhergehenden Entia. Nach Paracelsus wird der Mensch hier einem Prozeß unterworfen, der »die Seele wund macht, auf daß die natürlichen Kräfte schwinden«; ein Prozeß, der auf die Verwandlung und »Verklärung« des Menschen hinzielt. Im Ens spirituale ist Krankheit also nicht die Konsequenz früherer Ursachen oder Fehler – nichts, was im geringsten mit Kausalität zu tun hätte. Vielmehr wird Krankheit hier zum Ausdruck eines im Innern der Seele selbst betriebenen psychodynamischen Wandlungsprozesses, zur schicksalsmäßig beabsichtigten Vorbereitung auf das Ziel.

Eine so verstandene Krankheitsentstehung, die aus dem Innerseelischen, der »inneren Welt«, herrührt, reicht weit über das hinaus, was heutzutage rein kausal als Psychosomatik aufgefaßt wird. So kann es im Ens spirituale auch nicht um psychoanalytische Ursachenaufdeckung gehen. Wenn hier die Seele wund ist, so soll gerade *nicht* der Finger grabend und bohrend in die Wunde gelegt werden; es soll nur leise und suggerierend gestreichelt werden, gleichsam mit wunderheilender Hand, so als streiche diese das Weh hinweg. Ob dabei der Kranke gesund wird, ist nicht entscheidend; wesentlich ist, daß sowohl sein Wundsein, als auch die heilende Zuwendung seine Wandlung und Läuterung vorantreiben. Ziel ist die Bereitung des Menschen von der seelischen Ebene her, und zwar »als Ganzes«: also nicht nur seelisch, sondern »mitsamt seinem Leibe«, um ihn immer näher an die Schwelle und damit an das Ziel heranzuführen.

*

Das fünfte Ens ist der Wesensbereich Gottes im Menschen, das *Ens Dei.* Wie kann Paracelsus hier von Krankheitsverursachung sprechen? Ist Krankheit im »christlichen Stilus«, unter dem Strahlen des göttlichen Perlin, überhaupt denkbar?

Der Bereich Drei lehrte, daß Krankheit die Folge gemachter Fehler sein kann; der Bereich Vier, daß sie uns auf ein Ziel hinführen will. Kommt die Krankheit jedoch aus dem Ens Dei, so geschieht dies »aus Gottes Ordnung und Gebot«: »Alle Dinge wollen ja in Gott gesucht werden, aus dem sie auch fließen.«

An dieser Stelle erinnern wir uns der rätselhaften Worte aus dem Munde des Propheten Jesaja: »Ich bin der Herr, und sonst niemand... Ich bewirke das Heil *und* erschaffe das Unheil« (Kp. 45,6-7). Es geht in diesen Worten bei Jesaja um die Beziehung Gottes zu Seinem Volk und insbesondere zu Seinem Gottesknecht, der mit Leid und Schmach geschlagen ist, aber seinem Volk das Heil bringen wird. »Er hat unsere Krankheit getragen und unsere Schmerzen auf sich geladen. Wir meinten, er sei von Gott geschlagen, von Ihm getroffen und gebeugt... (Kp. 53,4). Doch der Herr fand Gefallen an seinem zerschlagenen Knecht, er rettete den, der sein Leben als Sühneopfer hingab« (Vers 10). Denn: »Zur Zeit der Gnade will ich dich erhören, am Tag der Rettung dir helfen« (Kp. 49,8). »Ich habe dich geschaffen und dazu bestimmt, der Bund für mein Volk und das Licht für die Völker zu sein« (Kp. 42,6).

Es gibt also Krankheiten, die verliehen sein können. Dies widerfährt solchen Menschen, zu denen Gott sagen kann: »Seht, das ist mein Knecht, den Ich stütze, das ist mein Erwählter, an ihm finde Ich Gefallen« (Jes 42,1). Es geht hier weder um Sühne noch um Läuterung. Die Leiden eines solchen Menschen fließen aus seinem besonderen Verhältnis zu Gott – sie sind, wie Paracelsus sagt, »ausschließlich eine Sache zwischen Gott und ihm.« Wen Gott auf engste Weise an sich herangezogen hat, wen Er mit der hohen Aufgabe einer Stellvertretung betraute oder wer als tauglich befunden wurde, daß an ihm das vollendet werden könnte, was an den Leiden Christi noch fehlt (Kol 1,24), den zeichnet, irdisch gesehen, Krankheit und auch Erniedrigung aus. In den Augen des Himmels aber ist er ein Heiliger und Vollendeter.

In ein solches inniges Verhältnis zwischen Gott und Mensch dürfen – und können – wir Außenbleibenden uns nicht einmischen. Paracelsus sagt über das Ens Dei: »Aus Gott allein, aus dieser Quelle kann und soll alle Not gewendet werden.«

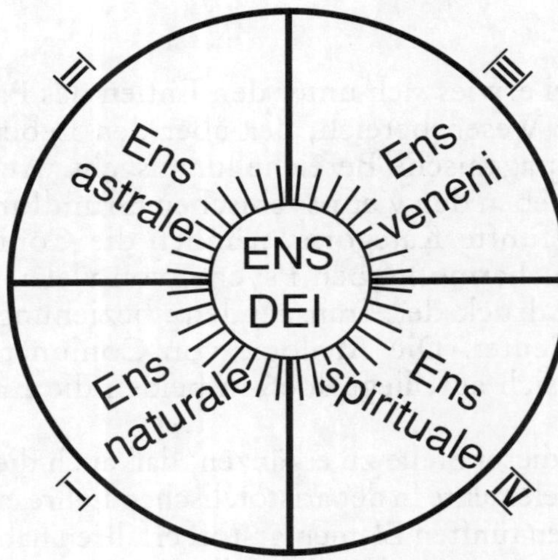

Kapitel 13

Des Menschen Mitte

Das Ens Dei erwies sich unter den Entien des Paracelsus als jener fünfte Wesensbereich, der über den Lebenskreis und dessen vier paganische Bereiche hinausgeht. Auch bei Jung finden wir neben den vier psychischen Grundfunktionen eine zentrale fünfte Kategorie, nämlich die Coniunctio: das Idealbild der harmonischen Psyche, von vielen Jung-Schülern als Ausdruck der Transzendenz beziehungsweise Immanenz gedeutet. Die Analogie von Coniunctio und Ens Dei drängt sich auf, liegt doch in beiden die Erfüllung der Vierheit.

Es ist an dieser Stelle zu ergänzen, daß auch die vier klassischen Naturelemente in der aristotelischen Lehre eine Erweiterung um einen fünften Elementarstoff erfahren haben: nämlich um den »Äther« als die das All erfüllende »Himmelsluft«. Dieser fünfte Elementarstoff, der als der wesentlichste unter allen angesehen wurde, ist als *Quinta Essentia* überliefert, wörtlich: das Fünfte Sein oder Seiende. Agrippa von Nettesheim, Arzt und Mystiker des Mittelalters (1486-1535), übertrug den Namen Quinta Essentia ins Philosophisch-Spirituelle: Als einem Anhänger der Lehre von der Allbeseelung galt ihm die Fünfte Essenz als das Essentielle, das diese Allbeseelung bewirkt. Er fügte die Quinta Essentia den vier hippokratischen Temperamenten als eine Mitte hinzu. Bis heute verstehen wir unter »Quintessenz« das Substrat des Wesentlichen: In solcher Essenz ist alles in einem zusammengefaßt – und dennoch von eigenem »Stilus«.

Die Gegenüberstellung von vier irdischen, paganischen Kategorien mit der einen, außergewöhnlichen fünften entspricht darüber hinaus einem tiefen Wissen der christlichen Tradition: In dem Mysterium von den fünf Wundmalen Jesu zeigen die vier Male an Händen und Füßen in die vier Richtungen des Erdkreises, ihn auf diese Weise ganz umfangend. Das fünfte Wundmal aber, das auf das Herz Jesu zielte, bezeugt die Erfüllung und Überwindung: »Es ist vollbracht.« Kraft dieser Symbolik weist das Fünfte Sein zum mystischen Herzen Jesu, jener geheimnisvollen Mitte, in der die Liebe Gottes ihren tiefsten Grund hat.

So soll in diesem Buche der Name Quinta Essentia als Umschreibung jenes dem Menschen eingeborenen heiligsten Seins dienen, das immer ein Mysterium bleiben wird. Es bildet die Mitte des Lebenskreises: Es ist sowohl Zentrum – die sich in den Mittelpunkt einsenkende Nabe –, als auch zentrales Ereignis, das den Zenit des Zeitenbogens bezeichnet. Ob örtlich oder zeitlich – die Quinta Essentia ist und bleibt »mitten unter uns«: Gott wählt den Menschen gleichermaßen zum Sitz Seines Innewohnens wie zum Schauplatz Seines Sich-Ereignens in der Welt.

Die Quinta Essentia kündet von der vertikalen Einbindung des Menschen, seiner Ausrichtung nach oben, der Beziehung zu seinem Gott. Die vier paganischen Bereiche hingegen beziehen sich auf die horizontale Einbindung, auf das Neben- und Füreinander in dieser Welt mit ihren irdischen Bedingungen. Die Herausforderung im Leben des Menschen folgt aus diesem zweifachen Bezug: Zwei Koordinaten gleich, bilden die Vertikale und die Horizontale miteinander ein Kreuz. Einzig der Mensch vermag in bewußtem und freiwilligem Nachvollzug beide Einbindungen zu leben. Wahrhaft wird das Kreuz somit zum Symbol, das über seinem Dasein steht, denn der Standort, in dem er Erfüllung findet, ist die Kreuzesmitte.

*

Die vertikale Einbindung führt hin zu einem Mysterium, das wir nicht ergründen können. Sie kündet von dem Eins-Sein – und verkündet zugleich die Heilige Drei: Aus der Kreuzesmitte, der innigsten Beziehung zu Gott, wird Seine Dreifaltigkeit erfahrbar.

Dreifaltigkeit ist eines der Geheimnisse des Einen Gottes. Sie ist Drei-Einigkeit, denn niemals gibt es in ihr Gegensätze, niemals fällt sie auseinander. Im mittelalterlichen »Kosmischen Diagramm«, das bei Cornelius Petraeus überliefert ist, heißt es: Der Vater ist nicht gleich dem Sohn, der Sohn nicht gleich dem Heiligen Geist, und der Heilige Geist nicht gleich dem Vater – doch alle Drei sind Gott.

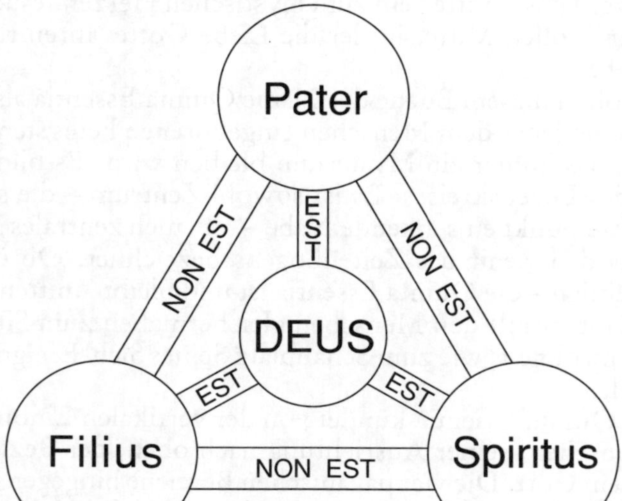

Dieses Diagramm darf allerdings nicht dazu verleiten, die Drei-Einigkeit als in sich kreisend zu deuten. Daß sie vielmehr für den Menschen geöffnet ist, wird an einer der bekanntesten russischen Ikonen offenbar: der sogenannten Dreifaltigkeitsikone, die der Mönch Andrej Rubljow im 15. Jahrhundert gemalt hat. Sie zeigt eine Szene aus dem Alten Testament, nämlich Gottes Besuch in Gestalt dreier Männer bei Abraham (1Mo 18). Drei Engelgestalten sitzen zu Gast an drei Seiten eines rechteckigen Tisches; die vierte Seite im Vordergrund ist – noch – unbesetzt. Eine eigenartige Umkehr der Perspektive beherrscht die Ikone: Anstatt nach hinten, verjüngen sich sämtliche Linien nach vorn, auf den Betrachter zu, und ziehen diesen nachgerade in das Bild – in die Begegnung – hinein. Die drei Personen erscheinen austauschbar, aber nicht gleich; sie bilden eine Einheit, und laden dennoch zu sich ein.

Auch Nikolaus von Flüe (1417-1487), genannt Bruder Klaus, den die Schweiz als ihren Friedensheiligen verehrt, hat viele Jahre seines Lebens in der Kontemplation der Heiligen Dreieinigkeit zugebracht. Ursprünglich Bauer und Familienvater, ein angesehener Ratsherr seines Kantons, folgte er fünfzigjährig dem inneren Ruf, Einsiedler zu werden. In den zwanzig Jahren, die er danach noch in seiner Klause lebte – nahrungslos, dem Gebet hingegeben –, erstand vor seinem inneren Auge jenes unablässig meditierte Bild; er nannte es »mein Buch, darin ich les' und such' die Kunst dieser Lehre«.

Es ist wiederum das Bild des lebendigen Kreises, Symbol des auf Gott bezogenen Lebens. Die Unwandelbarkeit des Ewigen Einen drückt sich hier auf dreifache Weise aus: zum einen im allumfassenden Ring, ohne Anfang und sonder Ende; zum anderen in der allgegenwärtigen Mitte als der betreibenden Nabe; und schließlich in einer Durchstrahlung des Lebenskreises, dreifach vom Rand zur Mitte und zugleich von der Mitte zum Rande ziehend.

Diese Vision ist uns dadurch erhalten, daß ein besuchender Pilger sie getreu der Schilderung des Bruder Klaus als Tafelbild gemalt hat. Die Mitte, die Nabe des strahlenden Dreifaltigkeitskreises, ist das beherrschende Motiv. Auf dem Tafelbild zeigt diese Mitte des Königs Antlitz und bildet den Kern eines sechsstrahligen Mandalas – es ist von sechs ebenso großen Kreisen umrahmt, welche Szenen aus dem Leben Jesu enthalten. Vier der Kreise des Außenrings haben je eines der vier symbolischen Lebewesen – Stier, Löwe, Mensch und Adler – neben sich; wir deuten dies als Hinweis auf unsere vier paganischen Bereiche. Es bleiben drei Kreise, die miteinander eine Senkrechte bilden: zuoberst das Bild des gepeinigten Christus, im Zentrum der König-Gott und zuunterst die Verkündigung mit dem Heiligen Geist als Taube. So steht die Vertikale als dreifache trinitarische Offenbarung mitten unter den vier paganischen Bereichen. Damit erweist sich die Sieben als die Zusammenfügung der Drei mit der Vier – von vertikaler und horizontaler Einbindung –, welche in der Quinta Essentia ihre gemeinsame Mitte finden.

*

Wenn die in der vertikalen symbolisierte Dreiheit ebenfalls in der Gestalt des Menschen einen Ausdruck finden kann, so in der Aufgerichtetheit seiner Statur; denn einzig er ist der Aufrechtgehende, und nichts an seiner Statik und seinem Körperbau spricht dafür, daß er jemals einen Vierfüßlergang gehabt habe. Kraft ihrer Vertikalität wird die Wirbelsäule zu einer heiligen Achse des Menschen – in dieser Deutung stimmen andere Kulturen überein.

Die indische Medizin und Weisheitslehre sieht den Ausdruck der Vertikalität nicht nur in der Wirbelsäule, sondern weit mehr noch in den sieben senkrecht übereinander angeordneten Chakren. Der Name *Chakra* (Sanskrit) bedeutet Rad. Gemeint sind wirbelartig rotierende Strahlungsverdichtungen innerhalb der menschlichen Aura, die als »Energiezentren« aufgefaßt werden; ihre Funktion bestehe in der Aufnahme beziehungsweise dem Verteilen von Lebensenergien zur Belebung sowohl des stofflichen Körpers, als auch der feinstofflichen Hüllen. Wir haben nicht zu diskutieren, ob sich diese Vorstellung in westliche Begriffe fassen läßt – vermutlich hat sich Paracelsus mit den »sieben Gliedern« des unsichtbaren Strahlenleibes hierauf bezogen. Uns soll an dieser Stelle vielmehr interessieren, inwieweit die Chakra-Reihe als eine spirituelle Achse gedeutet werden kann.

Es heißt nämlich, daß die Chakren – über ihre Funktion als Energiezentren hinaus – den inneren Werdegang des Menschen spiegeln: Sie erwachen erst im Laufe des Lebens, eines nach dem anderen, zur vollen Strahlungsaktivität, je nach Vollzug einzelner seelischer Entwicklungsschritte. Nach indischer

Weisheitslehre gilt als spirituelles Ziel die »Erweckung« des Kronen-Chakras, des den Scheitel zierenden obersten Rades – ein Ziel, das mit geistiger Erleuchtung gleichgesetzt wird; dadurch erst erstrahle der ganze Mensch in leuchtender Vollkommenheit. Ein derartiges Leuchten scheint tatsächlich den Vergeistigten auszuzeichnen, denn in vielen Kulturen werden die Heiligen mit einer Aureole abgebildet. Ursprünglich dürften auch jeweils diejenigen zu Stammesführern, Königen oder Priestern gewählt worden sein, die jenes Strahlen hatten. Als später das Königtum erblich und das Priestertum zum Berufsstand wurden, ergab sich freilich die Notwendigkeit, den nun meist fehlenden Strahlenkranz des Hauptes durch künstliche Embleme zu ersetzen: durch eine Krone, den Priesterhut, die Tiara oder durch den Federschmuck des Indianerhäuptlings.

Die indische Lehre sieht in der siebengliedrigen, von unten nach oben aufsteigenden Chakra-Reihe ausschließlich die vertikale Dimension, und so gilt hier folgerichtig das oberste Chakra als die Krönung des Menschseins. Die andere Deutung, zu der uns das Meditationsbild des Bruder Klaus hinführt, läßt in der Sieben jedoch die Zusammenfügung der Drei mit der Vier erblicken. Die christliche Mystik kann sich auf das Herz Jesu beziehen und weiß um die Mitte des Seins, die sich in Golgatha offenbart hat: die Kreuzesmitte. In ihr vereint sich die vertikale Gottesbeziehung des Menschen mit der horizontalen mitmenschlichen Beziehung – wird die Liebe zu Gott zum Grund der Nächstenliebe.

Das mittlere der sieben Chakren nun ist bezeichnenderweise das Herz-Zentrum; mit dem Herzen bringt ebenfalls die indische Lehre die edlen, geläuterten Gefühle und vor allem die wahre, selbstlose, vergeistigte Liebe in Verbindung. Obgleich der »Krone«, als Zeichen der Vervollkommnung, jene überragende Bedeutung unter den Chakren beigemessen wird, sollten dennoch wir Abendländer, unserer eigenen christlichen Tradition gemäß, uns weit mehr der »Erweckung« unseres Herzens zuwenden: Wir sollten nicht so sehr nach Erleuchtung trachten – also keine aus eigener Lichtfülle glänzenden Lichtträger werden wollen –, sondern vielmehr zu schlichten Kreuzträgern, aus denen Christus strahlen möge.

Jesus selbst finden wir oft in einem Seine ganze Gestalt umhüllenden Licht dargestellt. Abbildungen können immer nur einen matten Abglanz dessen zeigen, was die Jünger auf dem Berge Tabor schauten, als Jesus vor ihnen verklärt wurde: Sein Angesicht leuchtete wie die Sonne, und Seine Kleider wurden blendend weiß als ein Licht (Mt 17,2; Lk 9,29). Und doch ist nicht die Lichtkrone das Wahrzeichen des Menschensohnes, sondern die Dornenkrone.

Kapitel 14

Der Jahreszyklus der Pflanze

Die Quinta Essentia soll uns noch weiter beschäftigen. Bisher stellten wir sie uns als die Mitte eines statischen Kreismodells von vier nebeneinander vorkommenden Wesensbereichen vor. Sie tritt aber nicht nur als ruhender, eingesenkter Mittelpunkt auf, sondern ist immer zugleich das einzigartige Ereignis, das sich aus einem Kreis gemeiner, »paganischer« Abläufe heraushebt. Was hiermit gemeint ist, wollen wir am Beispiel des fünfphasigen Pflanzenzyklus kennenlernen. Wir werden vier Phasen finden, für die unmißverständliche Analogien zu den vier Quadranten unseres Lebenskreises bestehen, darüber hinaus aber eine fünfte Phase, die die übrigen vier »überstrahlt«.

Für unsere Darstellung greifen wir den besonders gut überschaubaren *Lebensweg einer einjährigen Blume* oder eines Krautes heraus. Er stimmt mit der Zeitspanne des Jahres überein; dadurch wird die Beschreibung eines solchen Pflanzenzyklus für uns zugleich zum Gang durch die Jahreszeiten.

Obgleich die Daseinsform der Pflanze insgesamt dem Quadranten Eins unseres Lebenskreises entspricht, läßt sich der pflanzliche Werdegang im einzelnen nämlich durchaus mit einem Durchlaufen aller vier Quadranten vergleichen, so wie es für den menschlichen Individuationsweg auch gilt. Da unser Kreismodell vier Quadranten hat, können wir vereinfachend sagen, ein jeder von ihnen entspreche einer bestimmten Jahreszeit, nämlich Winter, Frühjahr, Sommer und Herbst. Doch werden wir sehen, daß der Sommer zwei Phasen des Zyklus symbolisiert: eine des ausgesprochenen Hochsommers und eine davon deutlich unterschiedene des Spätsommers, die noch in keiner Weise herbstlich ist. Wir kommen damit zur Bestimmung von fünf Jahreszeiten, so wie sie übrigens auch im Chinesischen unterschieden werden; dieselben fünf Jahreszeiten werden uns in dem späteren Kapitel über die fünf Elemente der Akupunkturlehre erneut begegnen.

*

Die einjährige Blume beginnt ihren Lebensweg als Samenkorn. Im Samenkorn sind sämtliche Informationen für das zukünftige Wachstum zusammengeballt. Die analoge Jahreszeit heißt Winter: Während des Winters besteht alles Leben in einem Zustand der Überdauerung, der Zurückgezogenheit nach innen. Dementsprechend ist auch das Stadium des Samenkorns ein Zustand der Latenz, des Schlummerns; als Same ruht die Pflanze, sozusagen schlafend, in sich und kann unbegrenzt überleben. Sie ist, um mit Paracelsus zu sprechen, geborgen im »Firmament ihres Leibes«.

Bestimmte äußere Reize aber, insbesondere die Einwirkung von Wasser, bringen das Samenkorn zum Quellen. Zunächst zeichnet sich äußerlich – abgesehen von der Quellung – keine Veränderung ab. Im Innern des Korns aber beginnt eine grundlegende Umstrukturierung: Es bilden sich zwei entgegengesetzte Pole, nämlich hinten und vorn, Wurzel und Sproß. Diese beiden gesonderten Pole bleiben für die ganze Lebensspanne der Pflanze festgelegt.

Schließlich stoßen Wurzel und Sproß an den beiden entgegengesetzten Polen des Samenkorns durch. Welches Energiepotential sich bei dieser Gelegenheit Bahn bricht, wird kaum bedacht. Die Trieb-Energie, die den Durchbruch bewirkt, vermag das umgebende Erdreich, ja Stein, Felsen und Asphalt zu sprengen. Es hat geradezu den Anschein, als trete die Umgebung von sich aus zurück, um dem jungen, keimenden Leben unbehinderten, freien Durchgang zu gewähren. Man weiß, daß um den jungen Keim herum Wärme frei wird – erkennbar am Tauen des Schnees rings um die frühen Krokusspitzen; jedoch gehen die Wirkungen jener Energie über das physikalisch Faßbare hinaus. Man könnte sie als »Startfrei«-Signal bezeichnen, denn es geht offensichtlich um den selben Anspruch »Schutz des Lebens«, den wir bereits als besonderes Merkmal des gesamten Pflanzenreiches kennengelernt haben. Der dem jungen Keim gewährte freie Durchtritt erinnert an die Art und Weise, wie auch kleine Kinder und Jungtiere gewissermaßen »Vorfahrt« genießen und alles dürfen; mit ihnen gibt es keinen Kampf um Revier und Vorrang.

In unserem Kreisbild entspricht das Samen- und Keimstadium ohne Zweifel dem Quadranten Eins unseres Lebenskreises – jenem Bereich, dem wir bereits das körperliche Empfinden, das Säuglingsalter mit seiner reinen Körperlichkeit, das Ens naturale sowie die Daseinsform der Pflanze als solcher zugeordnet haben: Lebenssicherung spielt bei allen diesen Analogien eine vorrangige Rolle.

Das Geschehen, wie es in dieser ersten Pflanzenphase abläuft, ist in keiner Weise einheitlich; die beiden Phasen – anfänglich Schlaf und Latenz, am Ende Erwachen und Aufbruch – könnten unterschiedlicher nicht sein. Und doch ist die Quadrantenzuordnung eindeutig. Das heißt, der Bereich Eins verwirklicht zwei Aspekte, die auf gegensätzlichen Impulsen beruhen und doch eng zusammenhängen: Passivität wie Aktivität, Ruhe wie Trieb, Regeneration wie Generation.

Wir werden sehen, daß eine derartige Zweiphasigkeit, ein solches Auseinanderfallen in zwei klar unterscheidbare Aspekte, auch für die übrigen Stadien des Pflanzenzyklus gilt. Allerdings betrifft dies nur die vier »paganischen« Stadien, die den vier Quadranten unseres Lebenskreises analog sind.

*

Das nächste Stadium des Pflanzenzyklus, das dem Quadranten Zwei unseres Lebenskreises entspricht, besteht im Wachstum. Die entsprechende Jahreszeit ist der Frühling. An dem ersten durchgebrochenen Sproß – ein- oder zweikeimblättrig, aber bei allen Pflanzen gleich – erscheint nun das je nach Gattung typische, individuelle Wachstum; Stiel und Blätter entwickeln sich abwechselnd. Hier findet Ent-wicklung statt im wahrsten Sinne des Wortes: Man kann fast zuschauen, wie sich Blatt für Blatt rings um den Stengel entrollt. Zwei abermals widersprüchliche Impulse verwirklichen sich hier: zum einen die Herausbildung und Kräftigung einer Mittelachse, zum anderen die möglichst weit ausladende Beanspruchung eines freien Umkreises, der Peripherie. Man könnte diesen Breitenwuchs der Pflanze mit dem Revieranspruch des Tieres vergleichen. Der Stiel wächst übrigens etagenweise; erst wenn das eine Stockwerk mit gegenübergesetzten Blättern ausgeglichen ist, wird die nächste Etage gebildet, und so fort.

In diesem Stadium hat die Pflanze keine »Vorfahrt« mehr. Im Gegenteil ist sie allen Unbilden der Witterung ausgesetzt und muß in diesen »atmosphärischen« Umweltbedingungen bestehen. Das diesem Stadium entsprechende Frühjahr mit seinem wechselhaften Aprilwetter, mit Sturm und Hagel, beschert den wachsenden Trieben in der Tat die mannigfaltigsten Bewährungsproben. Doch kaum hat sich ein Gewitter verzogen, streckt die Pflanze ihre Blätter wieder der Sonne entgegen, als sei nichts geschehen. Schwankungen der äußeren Bedingungen bedeuten in diesem erstarkten Stadium keine Lebensbedrohung mehr. Denn der Quadrant Zwei bringt als neue Fähigkeit eine besondere Elastizität zum Auffangen von Schwankungen jeder Art mit sich. Balance ist ein wichtiges Schlüsselwort für den Bereich Zwei – sowohl im Sinne des Gleichgewichts als auch der Ausgewogenheit.

So besteht in jeder Etage stets ein ausgewogenes Verhältnis zwischen der Kraft des Stengels als der Mittelachse einerseits und der Kraft von Zweigen und Blattwerk als der Breitenwirkung andererseits. Balance und Elastizität bedeuten zugleich Anpassungsfähigkeit an die Gunst der Lebensbedingungen: Setzt sich dem Höhentrieb der Pflanze nämlich ein Hindernis entgegen, so weicht der Stengel in der betreffenden Etage einstweilen zur Seite aus, um später wieder aufwärts zu schießen. Fehlt es an Ausbreitungsplatz an der Seite, so zieht die Pflanze sozusagen ihre Schultern ein und setzt aushilfsweise eine schmalere Blattetage an.

Die Pflanze folgt also in diesem Stadium sehr genau den Entsprechungen, die wir bereits mit dem Kreisquadranten Zwei in Verbindung gebracht haben: Wachstum, Empordrängen eigener Impulse, Ent-wicklung des im eigenen Kern Angelegten, Einnahme des weitmöglichsten Umgebungs-Freiraumes, abwechselnd mit der Erstarkung einer eigenen Mitte.

Beim vergleichbaren Stadium des menschlichen Werdeganges nannten wir diese Mitte das Ich. Die Analogie mit dem Pflanzenzyklus zeigt, daß unser Ich oder Ego im übertragenen Sinne als eine Mittelachse gelten kann, um die unsere emotionale Bewegung ihre Kreise zieht.

Bewegung finden wir in diesem Stadium selbst bei der ortsgebundenen Pflanze: teils in Form von Windung und Rankung, teils als Streckung, stets aber als Hinwendung zum Licht.

*

Als nächstes folgt das Erblühen als Höhepunkt des Pflanzendaseins. Hier erst wird das Veilchen zum Veilchen, zum Inbegriff seiner selbst, und manifestiert sein reines Sein. Eine jede der zahlreichen einzelnen Blüten ist sogar einmalig in Form, Farbe und Duft. Die Blume blüht und duftet auch dann, wenn sie unbeachtet bleibt. Knospe und aufgehende Blüte gelten als Sinnbild für Reinheit und Unschuld.

Gleichviel ob Veilchen, Sonnenblume oder Herbstzeitlose: für sie alle findet der Tag der aufgehenden Blüte seine Analogie im höchsten Sonnenstand – in der Jahreszeit Sommer. Sehen wir den Sommer als die Übereinstimmung mit der vollkommenen Blüte, so gewinnt er besondere Symbolkraft. Er ist dann gleichbedeutend mit Höhepunkt – keine sich über Monate hinweg erstreckende Phase, sondern eine einmalige Erscheinung von eigener zeitlicher Qualität: Sommer als Inbegriff jener »hohen Zeit«, die das Vollendete, Ewige anklingen läßt und in der man den Atem anhalten möchte, weil die Zeit stille steht. Dieser erhabene Höhepunkt ist der Zenit des Lebenskreises.

Die Zeit des Erblühens, Mitt-Tag wie Mitt-Sommertag ist – daran besteht kein Zweifel – Sinnbild des fünften Bereichs als der höchsten Offenbarung: der Quinta Essentia.

Wir erinnern uns, daß wir dem Ens Dei unter den paracelsischen Wesensbereichen den Platz im Mittelpunkt der Kreisscheibe zugesprochen hatten. Beim fünf-phasigen Pflanzenzyklus nun erscheint die Quinta Essentia an anderer Stelle, nämlich als Mitte des Kreisbogens. Dieser unterschiedliche – oder zweifach denkbare – Platz beruht darauf, daß das System des Paracelsus ein statisches ist, welches sich in räumlich festgelegten Zuordnungen ausdrückt; alle Zyklen und Werdegänge hingegen sind dynamische, in die Zeit gestellte Prozesse. Im Zeitlichen reiht sich der Bereich Fünf aber inmitten der Etappen des Weges ein – »mitten unter sie« im wahrsten Sinne des Wortes.

So leuchtet in unserem Lebenskreis die Quinta Essentia im Zeitlichen an jenem Punkt auf, an dem der Quadrant Zwei soeben vollendet, der Quadrant Drei aber noch nicht angetreten ist. Dieses Aufleuchten überstrahlt noch im Nachhinein die erste Hälfte des Weges – oder auch des Tages oder Jahres –, die auf diesen Höhepunkt zugeeilt war. Ebenso wirkt es aber auch nachhaltig in die weitere, zweite Hälfte des Weges hinein, so als Durchwärmung und Vergoldung der nachfolgenden Spätsommerzeit und des Herbstes.

*

Der Höhepunkt ist aber nicht das Ende des Weges, denn der Tag des Sonnenhöchststandes ist zugleich der Tag der Sonnen-Wende. So gibt es auch für die Pflanze kein Verweilen in ewig strahlender Blüte.

Es folgt eine neue Jahreszeit, welche sommerlich warm ist und bis zum Herbstanfang währt: Wir wollen sie, in Anlehnung an die altchinesische Jahreszeitenfolge, als den Spätsommer bezeichnen. Sie entspricht dem Quadranten Drei unseres Lebenskreises.

Im Pflanzenzyklus geht es nun um die beiden Ziele von Befruchtung und Fruchtbildung. Dies sind wiederum zwei klar zu unterscheidende Impulse, welche das dritte Stadium in zwei Phasen trennen: zunächst weiteste Öffnung und Kontaktaufnahme mit dem Gegenüber, mit welchem eine Verbindung eingegangen werden soll; nach vollzogener Verschmelzung aber die Hinwendung zu der in der Pflanze selbst entstehenden Frucht, zu Frucht-Aufbau und -Anreicherung.

Zur Befruchtung sind Begegnung und Einander-Finden notwendig, ein gegenseitiges Ineinander-Aufgehen. Die ortsgebundene Pflanze kann nicht auf den Partner zugehen, sondern seine Berührung nur erwarten; ihr Beitrag ist die Öffnung. Bereits mit dieser Öffnung zur Befruchtung tritt eine neue Zielsetzung für die Blüte ein. So ist mit dem dritten Stadium bereits ihr Ver-blühen, ihr Hinfall vorgezeichnet.

Bei der Fruchtbildung nun sind die Prozesse deutlich dreidimensional betont: Es kommt zu Speicherung, Zunahme von Masse und Inhalt. Alle Fülle schlägt sich in der Frucht nieder. Noch aber ist diese Frucht, selbst wenn sie ihr volles Gewicht bereits erreicht hat, einstweilen grün und unreif und fest in ihrer Schale verschlossen.

*

Mit einem Male, gewissermaßen über Nacht, verändern sich Farbe und Geschmack der Frucht und sie ist gereift. Dies bedeutet den Eintritt in die letzte Phase, die dem Kreisquadranten Vier entspricht. Die Reifung scheint die Frucht wie von außen zu überkommen, begünstigt durch die Kraft der Sonne, aber hierdurch nicht allein; auf geheimnisvolle Weise scheint auch ein Zeitfaktor beteiligt, so als habe die Zeit selbst »reifen« müssen – zur »Stunde der Zeitigung«. Die dazugehörige Jahreszeit ist der Herbst. Das sprachlich eng verwandte englische Wort *harvest* erinnert daran, daß dies die Zeit der Ernte ist.

Auch in diesem Stadium spielt sich ein in zwei Phasen auseinanderfallendes Geschehen ab: einerseits die Reifung der Frucht noch am Stamm der Mutterpflanze, andererseits die Loslösung der Frucht und alsbald das Absterben der alten Generation.

Mit der Reifung erlangt die Frucht ihre höchste, vollendete Qualität. Wir wiederholen: Es ist die Frucht, die vollendet wird – und nicht die ursprüngliche Pflanze; denn diese letztere befindet sich bereits jenseits aller Steigerung. Was von der Mutterpflanze übrigbleibt, ist deren individuelle Botschaft, und diese reicht sie weiter: die Botschaft von ihrer spezifischen Verwirklichung des Programmes der Gattung, aber auch von ihrem eigenen Besonders- und Einmalig-gewesen-Sein. Diese Botschaft reift in den neuen Samenkörnern als Information heran.

Weil diese Information zur Weitergabe bestimmt ist, darf sie weder zurück- noch festgehalten werden. Daher muß die Mutterpflanze die eigene Frucht loslassen, doch ist dies für sie nicht leidvoll: Sie gibt ihre Frucht auf natürliche Weise dahin und fragt nicht, wer sie ernten oder wer den Samen verbreiten wird. Die Pflanze lehrt uns, daß das Wurzelfassen der neuen Saat nicht mehr in der Verantwortung der alten Generation liegt. Was an der Pflanze wesent-lich ge-wesen ist, bleibt ohnehin in ihrem Samen verschlüsselt; sie selbst kann nun ver-wesen. Fast wie im Nachvollzug der vollbrachten Loslösung wirft sie der Frucht noch ihre Blätter hinterher und gibt sich selbst der Erde zurück – als Dünger und Humus für die Nachkommenschaft.

*

Entsprechende Zyklen wie das einjährige Kraut vollziehen auch die Bäume und Sträucher Jahr für Jahr. Ihre Blütezeit liegt teilweise vor dem Ausschlagen der Blätter, doch ändert dies nichts an der Aussage, daß im Erblühen der jeweilige Höhepunkt der einzelnen Zyklen liegt. An Baum und Strauch sehen wir, daß auch die nicht voll ausgewachsene Pflanze bereits Frucht tragen kann und soll, und daß nicht jede Ernte für die Mutterpflanze den Tod bedeutet. Immer wieder schenkt der Baum Früchte und löst er sich von seinen Blättern; sein Wachstum geht unterdes weiter. Über viele Jahrzehnte hinweg entwickelt er eine imponierende Krone, und so mancher wird in seiner Einmaligkeit zum Wahrzeichen seiner Gegend.

Der Mensch ist wie das Gras, das bald verwelkt, sagt der Psalmist (Ps 90,5-6), doch er gleicht weit mehr dem Baume, da er wie dieser über viele Jahre die mannigfaltigste Frucht tragen darf, ohne zu vergehen.

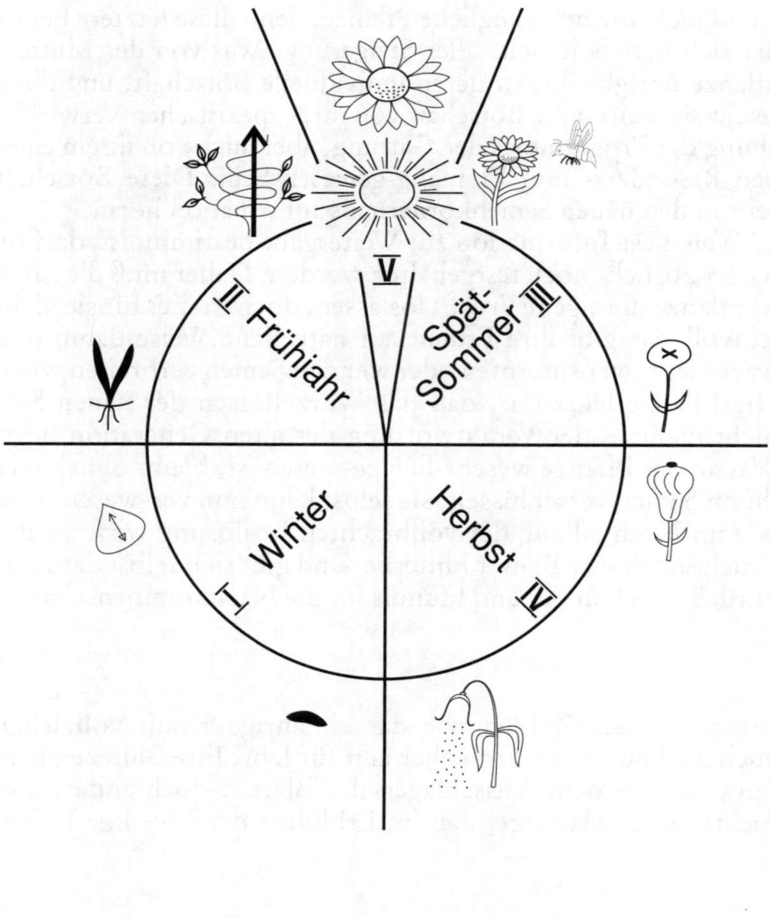

Kapitel 15

Das Phänomen der Polarität und der I Ging-Kreis

Das Phänomen der Polarität begegnet uns überall in der Schöpfung; Polarität ist ein Merkmal des Geschaffenen. Nichts könnten wir benennen, zu dem uns nicht das Gegenteil vor Augen stünde: zum Leben der Tod, zum Himmel die Erde, zum Sommer der Winter. Beide Partner sind jeweils diametral entgegengesetzte, kontrastierende Ausdrucksformen einer sie gemeinsam umfassenden Erscheinung. Sie mögen abwechselnd oder zusammengesellt auftreten; im ersten Falle wirkt sich ihre Polarität zeitlich, im anderen räumlich aus. Somit weisen sich die Alternativen Zeit und Raum ihrerseits als eine grundsätzliche Polarität aus. In allen Variationen aber bilden zwei jeweils zusammengehörige Partner miteinander ein Ganzes; sie sind ebenso aufeinander bezogen, ja miteinander gepaart wie Mann und Frau.

Die grundsätzliche Bedeutung des Polaren ist von jeher Gegenstand philosophischer Erwägungen gewesen. Doch hat das Wissen um die Polarität in der westlichen Philosophie und Kultur nie eine so tief prägende Wirkung erlangt wie in der östlichen, asiatischen. Dies mag auf der synthetischen Sicht der Völker des Ostens beruhen, die schon immer in den sich auseinanderklaffend darbietenden Gegensatzpaaren das einander Ergänzende geschaut haben. Besonders in der chinesischen Tradition wurde die Erfahrung von der Unabdingbarkeit des Polaren zu einem wesentlichen Bestandteil des praktischen Lebens – bis hin zur praktischen Medizin.

Für die Ur-Polarität fanden die alten Chinesen die Symbole *Yang* und *Yin*. Man stoße sich nicht daran, wenn im vorliegenden Buche auf diese fremden Namen zurückgegriffen wird; dies geschieht nicht zuletzt in Würdigung der überlieferten asiatischen Weisheit. Aber auch das Abendland kennt eine Gegenüberstellung, die nicht minder gewaltig und umfassend ist: *Alpha* und *Omega.*

Die Unterscheidung in Yin und Yang bezeugt, daß das Erkenntnisvermögen und die Schau des Menschen begrenzt sind. Niemals ist es ihm vergönnt, die beiden Partner einer Polarität in ihrer ursprünglichen Einheit oder in ihrer Wiederverschmelzung – auch hier zwei Alternativen! – zu schauen. Wie oft beklagen wir unser menschliches Hineingeworfensein in die Halbheit der Polarität uns sehnen uns nach der Vollkommenheit! Die Worte des Paulus klingen an: »Denn unser Wissen ist Stückwerk, wenn aber das Vollkommene kommt, vergeht alles Stückwerk« (1Ko 13,9-10). Haben wir aber jemals bedacht, daß die Polarität uns den Blick ins Inwendige des Ganzen öffnet? Man stelle sich eine schönen, runden Apfel vor: Symbol des Ganzen. Wird er auseinandergebrochen, so entsprechen die Unregelmäßigkeiten und Zacken, die Höhen und Tiefen der einen Bruchkante genau, aber gegengleich, den Höhen und Tiefen der anderen, gleichviel wo und wie oft wir den Apfel teilen. Welcher Reichtum liegt doch in den tausendfachen Variationen, in denen sich das Ganze immer neu darbietet und staunend betrachten läßt!

Bleiben wir des Ganzen eingedenk, das sich hier als Yang und Yin darstellt, so begreifen wir: Beide polaren Alternativen sind von gleichem Wert. Es geht nicht an, das Yang – als die »männliche« Variante – zu ver-herr-lichen und das Yin – als die »weibliche« – sozusagen zu ver-däm-lichen. Das Yin ist nicht die Verneinung des Yang, sondern dessen Ergänzung. Zwar liegt in unserer patriarchalischen Gesellschaftsordnung die Versuchung nahe, dem Hellen, Aktiven, Bewußten den Vorzug zu geben. Schließlich sehnen wir uns alle nach dem »Himmel«, jenem Inbegriff des Yang. Gott gegenüber aber ist dem Menschen die Rolle des Yin, die Brautschaft, zugewiesen – so das Ahnen der Mystiker aller Zeiten. In uns selbst also gilt es das Yin zu verwirklichen, denn wie wollten wir Irdischen je mit dem Himmel eins werden, so lange wir selbst »Yang« bleiben?

Hier »drunten« freilich, auf dem Boden der in Yin und Yang gespaltenen Schöpfung, geht es um das Kräftespiel, den dynamischen Widerstreit zwischen den polaren Strömungen. Beides, Himmel wie Erde, soll der Mensch – so die chinesische Sicht – zusammenführen: Gesundheit an Leib und Seele verlangt das unablässige Austarieren zwischen beiden Alternativen. Zuviel Yang ist demnach ebenso ungesund wie zuviel Yin;

beides sollte einander laufend umspielen und sich gegenseitig die Waage halten.

Die polare Dynamik der gegenseitigen fließenden Ergänzung im Rahmen des Ganzen wird im Bild der sogenannten Monade veranschaulicht, dem überlieferten chinesischen Symbol der dualen, alternierenden Beziehung zwischen Yin und Yang. Den Monadenbegriff (von griech.: *monáda* = Einheit) finden wir auch bei Leibniz, jedoch in anderer Bedeutung, nämlich als den Namen für die Letzteinheiten der Wirklichkeit, die er als lebendige, seelenartige, immaterielle Teilhaber der unendlichen Zentralmonade – der Gottheit – ansah. Das chinesische Symbol, das ebenfalls als Monade bezeichnet wird, will besagen, daß es in der irdischen Wirklichkeit weder ein absolutes Yang gibt, noch ein absolutes Yin. Die Trennungslinie zwischen beiden ist fließend und gehorcht den Erfordernissen der Situation; ein jedes trägt den Keim des anderen in sich.

Diese gegenseitige Bedingtheit ist dem kausal-analytisch unterscheidenden Verstand nicht erfindlich; er würde die beiden Extreme als zwei völlig unvereinbare Größen ansehen und sie auch grafisch streng voneinander absetzen:

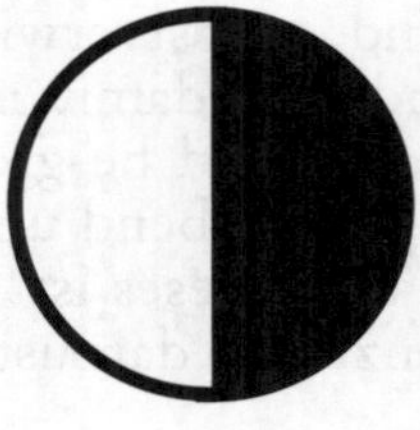

Die tägliche Erfahrung der laufenden Wechselwirkung unter den polaren Phänomenen bestätigt jedoch die asiatische Sicht: Bei aller Gegensätzlichkeit bestehen unter ihnen vielfach gleitende Übergänge als Ausdruck dessen, wie sehr Yin und Yang aufeinander bezogen sind.

Die chinesische Deutung des Phänomens Polarität erweist sich somit als grundsätzlich prozessual und dynamisch, wie überhaupt die Philosophie und Denkungsart Chinas den Blick auf Werden, Wachsen und Wandlung richtet: Die Vorstellung, es könne Endgültiges, Unabänderliches geben, ist ihr fremd. Yin und Yang gelten daher nicht als Zustände, sondern als Kräfte: als Strömungen, Tendenzen, als der Weg hin zur Manifestation des Zieles, nicht aber als das extreme Ziel selbst. Denn unmittelbar vor dessen endgültigem Erreichen kommt es, wie die Erfahrung lehrt, zum Umschlagen in die gegenläufige Tendenz. Der Weg vom Yin und Yang und wieder zurück, stets hin und her, scheint dem rastlosen Pendelschlag einer Weltenuhr zu gleichen. Deshalb gibt es die beiden Größen nicht im Absoluten, sondern nur jeweils relativ zueinander je nachdem, wie weit das Pendel gerade ausgeholt hat.

Wir können demnach die beiden chinesischen Worte durchaus als Adjektiva – und zwar in der Vergleichsform, dem Komparativ – benutzen: Der Himmel ist »mehr yang« – quasi »yang-iger« als die Erde, die Erde »mehr yin« als der Himmel. Bezogen auf den menschlichen Körper ist der dem Himmel zugewandte Kopf »mehr yang« als die Füße, der Mund aber »yin-hafter« als der oberste Scheitel.

Was aber ist nun Yin und was ist Yang im einzelnen?

Den alten Chinesen galt der Süden als Yang: Er hat Tageshelle und Mittagswärme; der Norden entspricht dem Yin: Er bringt Dunkelheit und Kälte der Nacht.

> Alles, was hell ist, brennend, wach, vital, Kräfte einsetzend, bewußt, dynamisch, aktiv, drängend, werbend, erobernd, selbstverwirklichend, spitz, phallisch, zeugend und damit männlich, kriegerisch, zerstörend, er- und be-greifend, abstrahierend, zum Geistigen strebend und sich selbst vervollkommnend – alles dieses ist *Yang* und hat die yang-hafte Tendenz, sich darzustellen und zu manifestieren.

Alles aber, was im Dunkeln liegt, im Kühlen, was schläft, was ruht, was Kräfte regeneriert, das Unbewußte, das Haltende, das Passive, das sich Bereitende, Wartende, sich Hingebende, dem anderen Raum gebende, alles Nachgiebige, Empfangende, Austragende und damit Weibliche, alles Ausgleichende, Aufbauende, Bewahrende, Konkretisierende, das Frucht bringt und den Segen der Erde mehrt – alles dieses bringt das *Yin* ein als eine erlebbare Qualität.

Bertrand Russell definiert: Yang ist Dynamik auf Kosten der Stabilität; Yin ist Harmonie auf Kosten des Fortschritts. Fritjof Capra zeigt auf, wie das Yang auf die Verwirklichung dessen drängt, was im Ich oder Selbst angelegt ist, auf die Selbstdarstellung und -manifestation: Yang, auf eine schlagwortartige Kurzformel gebracht, als das »Ego-logische«. Demgegenüber das Yin als das von sich selbst Absehende, das dem umgebenden System Verpflichtete, das dem Umkreis des Ganzen Dienende: also Yin als das Öko-Bedachte, das »Öko-logische«. Alle diese Gegenüberstellungen sind hilfreich und aufschlußreich, doch ist daran festzuhalten, daß es nie zu einer Wertung kommen darf.

*

Als großer Ur-Gegensatz gelten Raum und Zeit. Gebser sprach vom Raum als dem »Bewirkten«, von der Zeit als der »Bewirkenden«. Schon von der grammatikalischen Form her kam er hiermit zu einer überaus bezeichnenden Definition: beim Raum Passiv und Perfekt, bei der Zeit Aktiv und Präsens. Dennoch verquicken sich jeweils yang-hafte und yin-hafte Eigenschaften, denn der bewirkte Raum ist »ego-logisch« – er stellt sich selbst dar; die bewirkende Zeit hingegen ist »öko-logisch«, denn sie dient stets dem anderen, nämlich dem, was sie hervorbringt.

Unser Sprachgebrauch ist ungenau: Oft reden wir von »Raum«, wo nur der Ort zur Debatte steht – die reine Lagebestimmung ohne Rücksicht auf Volumen oder Inhalt; beziehungsweise von »Zeit«, wo nur der Augenblick oder die Spanne innerhalb des chronologischen Zeitflusses gemeint sind – die bloße Datenbestimmung ungeachtet der darin »gezeitigten« Wirkungen. Von Raum und Zeit im eigentlichen Sinne kann jedoch erst die Rede sein, wenn sich das Augenmerk auch auf dasjenige richtet, was diese beiden Größen zu enthalten beziehungsweise zu erbringen vermögen.

Dieser Unterschied ist ein dimensionaler. Was gemeint ist, wird klar, wenn wir die verschiedenen Arten von Vierer-Systemen analysieren, die uns in diesem Buche beschäftigen. Als erstes nannten wir die vier Himmelsrichtungen – eine feste Platz-Ordnung des Nebeneinanders im Örtlichen. Zweitens nannten wir die vier Jahreszeiten – Ausdruck der Zyklik, das heißt der gesetzmäßig-periodischen Aufeinanderfolge im Zeitlichen. Darüber hinaus bestehen jedoch noch weit kompliziertere Ordnungen: So geht es bei dem Gebäude der Dimensionen um die Abstufung und Steigerung innerhalb eines von unten nach oben reichenden Spektrums – eine graduelle Systematik des Quantitativen. Und viertens gibt es die qualitative Phänomenologie des Werdens, kraft derer ein jedes neue Stadium eine grundlegende Wandlung der Beschaffenheit bedingt. In der Individuation zum Beispiel ist der Mensch in jeder Phase von anderer Reife, und eben dies ist Voraussetzung dafür, daß einmal Begonnenes fortgesetzt werden kann, ohne stehenzubleiben.

Mit den hieraus ableitbaren vier Koordinaten Ortsbestimmung, Zeitbestimmung, Steigerung und Wandlung – bei den vier Dimensionen der Sinneswahrnehmung hießen sie Lokalität, Zeitlichkeit, Intensität und Qualität – gelangen wir zu einem Ur-Muster der Viergliederung, das sich auf sämtliche Analogien des Lebenskreises beziehen läßt.

*

Auf welche Weise nun wirkt sich der Ur-Gegensatz von Raum und Zeit in unserem von der Polarität regierten Leben aus? Er bewirkt, daß sich Gegensätze entweder räumlich oder zeitlich, quantitativ oder qualitativ darstellen.

Das klassische Beispiel für die räumlich verstandene Polarität finden wir im Stabmagneten: Nord- und Südpol fallen örtlich auseinander und scheinen ihre Gegensätzlichkeit um so mehr hervorzukehren, je weiter sie voneinander abgesetzt sind. Bei der räumlich verstandenen Polarität treten die beiden Enden als Extreme hervor; die Mitte bleibt unbestimmt.

Schneiden wir nun den Magneten an beliebiger Stelle durch, so erweisen sich die beiden Schnittkanten gleichfalls als polarisiert: als zwei neue, entgegengesetzte Pole, die zuvor überhaupt nicht in Erscheinung getreten waren. Sie sind von derselben Polarisierung wie der ursprüngliche Gesamtmagnet, alle nach Süden zeigenden Schnittkanten sind wiederum Südpole, alle nach Norden zeigenden sind Nordpole. Bringen wir umgekehrt einen Süd- und einen Nordpol so nahe zusammen, daß ihre Felder einander durchdringen können, so fließen die Extreme von Nord und Süd mit unbändiger Anziehungskraft ineinander zu einem neuen Ganzen.

Polarität im räumlichen Sinne bedeutet also: Zu gleicher Zeit, aber an verschiedenen Orten, stellen sich Yin und Yang als Gegensätze dar.

Polarität im zeitlichen Sinne bedeutet – im Umkehrschluß: Zu verschiedenen Zeiten ereignen sich Yin und Yang am selben Ort.

Das bekannteste Beispiel für die zeitliche Polarität ist der Wechsel zwischen Tag und Nacht. Yang, der Tag, kann am selben Ort nie gleichzeitig auftreten mit Yin, der Nacht. Aber trotz ihrer Polarität gibt es zwischen beiden keine Zerreißspannung und auch kein gewaltsam erzwungenes Zusammenfließen, sondern sie vermischen sich jeweils vorübergehend in der kurzen Spanne der Dämmerung, jener Grauzone, wo die Nacht den Tag gebiert und umgekehrt der Tag die Nacht. Herrschen die Bedingungen des Yang, wie im Sommer, so wird dem Tag mehr Zeit gewährt; herrschen die Bedingungen des Yin, wie im Winter, so werden stattdessen die Nächte länger. Hat sich beides nacheinander ereignet, so hat das Ganze stattgefunden; ob dieses jedoch vom Yin über das Yang bis zum Wiedererscheinen des Yin währt, oder vom Yang über das Yin bis zum Wiedererscheinen des Yang – wer vermöchte dies zu sagen?

Auf seinen Teilstrecken, so wie sie uns überschaubar sind, mag der in stets derselben Richtung voranschreitende Lauf der Zeit als geradlinig erscheinen; in Wahrheit aber geht er im Kreise. Diese ewig gleichen Runden der Zeit machte der Mensch am kreisförmigen Zifferblatt der Uhr ablesbar. Bei der bis Zwölf zählenden Uhr muß der Zeiger den Kreis allerdings zweimal umrunden, um die gesamten vierundzwanzig Stunden zu vollenden. Im Gegensatz zur räumlichen Polarisierung treten bei der zeitlichen demnach die beiden Mitten – Mitt-Tag und Mitter-Nacht – als Extreme hervor; Anfang und Ende der Zeit aber bleiben unbestimmt – ja sind eins.

Beide Umrundungen der Uhr scheinen identisch, und doch sind sie von völlig entgegengesetzter Qualität; denn Tagbezogenheit und Nachtbezogenheit bedeuten – so ähnlich wie ♯ und ♭ in der Musik – polar widersprechende Vorzeichen. Dieser laufende Vorzeichenwechsel läßt das Geheimnis des nie endenden Schwunges der Zeit erahnen: rhythmisch-periodische Umpolung als Motor des Perpetuum mobile. Man denke an einen Schlittschuhläufer, der fortlaufend dieselbe »Null« umfahren will: Auch er erneuert seinen Schwung jeweils bei Erreichen des Umschlagpunktes, indem er auf Gegenbein und Gegenkante umspringt. Die innewohnende Rhythmik verleiht der Zeit ihre Leichtigkeit. Bewußtes Leben in und mit der Zeit könnte ein schwingender, gleitender Tanz sein!

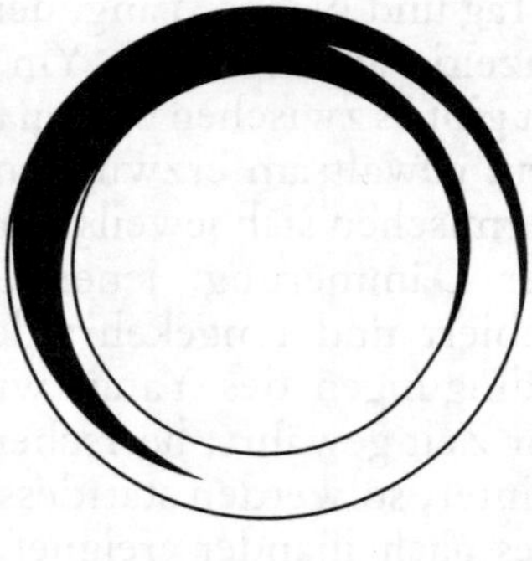

In diesem Schwingen der Zeit nun unterliegen Yang und Yin der fließenden Veränderung: Beide steigen und fallen, während sie sich ereignen. Dies läßt sich sowohl quantitativ als auch qualitativ verstehen: einerseits als die wechselnde Ausdruckskraft der Erscheinungen, andererseits als das Kommen und Gehen fördernder beziehungsweise hemmender Bedingungen. Hierbei bleiben Yang und Yin in enger gegenseitiger Fühlungnahme und halten sich stets umgekehrt proportional, so ähnlich wie die sich gleitend verschiebenden und einander laufend verdrängenden Phasen des Mondes. Wohlgemerkt: der volle Mond als der sichtbare entspricht dem Yang, der Neumond als der verborgene dem Yin. Der ewig gleiche Zyklus verläuft wie folgt:

In dem Moment, wo das Yin in der Tiefe der Verborgenheit sich selbst erfahren hat, bricht als neues Vorzeichen das Yang in den Zeitenlauf ein. Zunächst noch unauffällig, wird das aufkeimende Yang das »alte« Yin immer mehr übertönen und hinter sich lassen. So trügt die anfängliche yin-hafte Stille und Unsichtbarkeit, denn aus ihr drängt immer ungestümer das Lebhafte empor, welches seine Kräfte sichtbar machen und in die Tat umsetzen will. Dieses Yang wächst schließlich zur vollendeten, kraftvollen Selbstdarstellung im Äußeren heran und hat damit die Szene in jeder Hinsicht verwandelt.

Kaum aber auf dem Gipfel äußerster Entfaltung und der eigenen Fülle angelangt, verliert nun das Yang allen kräftespendenden Nachschub; denn ab nun begünstigt die Stunde das Ziel der »Einfaltung« – der erneuten Einkehr zu den Quellen des Yin. Die anfänglich noch sichtbaren Errungenschaften des »alten« Yang geben dieser Phase beginnender Involution allerdings noch für eine Weile den Anschein der Evolution. Doch der milde Sog des Yin bringt alles Äußere zur Auflösung und macht auf diese Weise den Weg zur Zurücknahme ins eigene Innen frei.

Angesichts dieses Ur-Musters des Steigens und Fallens unterschieden auch die Chinesen zwischen »Bewirktem« und »Bewirkendem«: Das Bewirkte nannten sie die »Manifestation« als das Erreichen und den Vollzug einer Polarisierung – gleichviel ob Yang oder Yin –; das Bewirkende nannten sie die »Tendenz« als das unmittelbar nach einem jeden Vollzug einsetzende Zurückstreben zum gegenpolaren Extrem. In laufendem Wechsel arbeitet also immerfort das eine Erscheinungsbild dem anderen entgegen, so daß die jeweils »alte« Manifestation allmählich zugunsten der unterschwellig wirksamen gegenpolaren Tendenz zurückzutreten hat – eine Gesetzmäßigkeit unablässig fließender Wandlung. Das Phänomen der Polarität selbst liefert die Kraft zur unermüdlichen Umpolung.

*

Es gibt ein Jahrtausende altes überliefertes Kreismodell, das eben diese fließenden Yang-Yin-Verschiebungen von Tendenz und Manifestation auf klarste und einfachste Formeln bringt: das chinesische Orakel des IGing. Obgleich – oder gerade weil – dieses IGing allgemein gehalten ist, besitzt es für den Menschen besondere Verbindlichkeit. Seine Aussagekraft als Orakel schöpft es daraus, daß es Yin und Yang im Räumlichen wie im Zeitlichen – als Manifestation beziehungsweise Tendenz – jeweils mit den gleichen Symbolen belegt, so daß ihre Überschneidungen gleichsam als Spiel der Polarität mit sich selbst diaphan werden.

Das Yang wird im IGing-Orakel als der lange Stab oder durchgezogene Strich — abgebildet, das Yin als der gebrochene ––. Mit dem gebrochenen ist sicherlich der Nicht-Strich gemeint, der eigentlich nicht Darstellbare, der nur behelfsmäßig als ein Zwischenraum innerhalb eines umgrenzenden Rahmens symbolisiert wird.

Als Anschauungsbild für die räumlich verstandene Polarität – die Manifestation – wird das IGing zum Gleichnis des Magneten. Beim Magneten sind Yang und Yin weitestmöglich voneinander entfernt, das heißt das Yang rückt an den obersten Scheitel des Kreises, das Yin an die unterste Sohle. Die Linie, die Scheitel und Sohle verbindet, wird damit zur Yang-Yin-Achse im Raume. Stellen wir uns das IGing gar als eine Kugel vor, so erinnert es an die Erdkugel, die bekanntlich ebenfalls ein großer Magnet ist. Da Yang als Süden gilt und Yin als Norden, ist die von Landkarte und Globus her geläufige Nord-Süd-Vorstellung im IGing allerdings auf den Kopf gestellt.

Als Anschauungsbild für die zeitlich verstandene Polarität – die Tendenz – wird das IGing zum Gleichnis der Uhr, deren Kreisbogen von einem Uhrzeiger abgeschritten wird. Man beachte: Anders als bei der Zwölf-Stunden-Uhr rechnet der IGing-Kreis von Mitternacht bis Mitternacht, so daß bereits die einmalige Umrundung – von der Kreissohle zum Zenit und zur Sohle zurück – den Gesamtzyklus erfüllt.

Der IGing-Kreis will aussagen, daß zeitliche und räumliche Polarität aufs engste aufeinander bezogen sind und daß insbesondere ihre beiderseitigen Extreme, Yin und Yang, übereinstimmen.

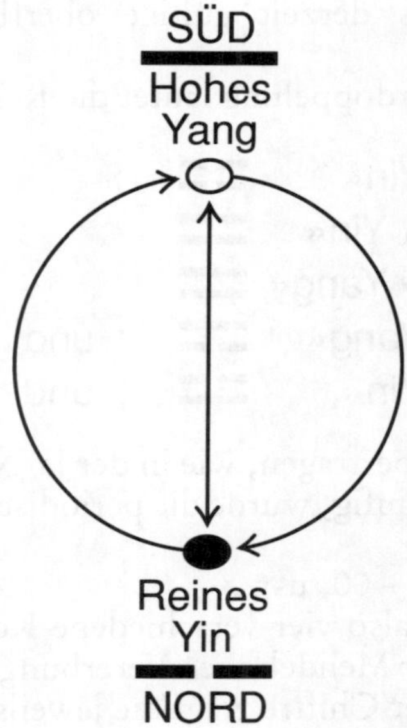

Vor allem aber ist das IGing ein Anschauungsbild der unablässigen Dynamik zwischen Yang und Yin, die in dieser Schöpfung das Kommen und Gehen der Phänomene, das Schwungholen und Aus-schwingen der Prozesse bewirkt.

Es liegt auf der Hand, den IGing-Kreis und unseren Lebenskreis unmittelbar in Analogie zu setzen, denn das Phänomen der Polarität muß notwendig für den Lebenskreis von Bedeutung sein; und umgekehrt läßt sich die Vier-Quadranten-Gliederung ohne weiteres auf den IGing-Kreis übertragen.

Indirekt ist eine solche Viergliederung in der überlieferten Lehre vom IGing sogar schon vorweggenommen: Um nämlich die verschiedenen Kombinationen und die gleichzeitige Vermaschung von Yang und Yin zu kennzeichnen, reichen die einfachen Strichsymbole nicht aus. Da es aber immer wieder um denselben Ur-Gegensatz geht, über alle möglichen Zwischenstadien und -phasen hinweg, verbietet es sich, andersartige Symbole hinzuzuerfinden. So greift die Sprache des IGing zur Vervielfältigung, zum Übereinanderschreiben der gleichen Symbole in mehreren Etagen. In der untersten Zeile wird die Tendenz ausgedrückt, die zum Erscheinen drängt und das Alte, das Bisherige unterlaufen will, in der obersten die jeweilige

Manifestation, das derzeit gültige oberflächliche Erscheinungsbild.
Bei einer ersten Verdoppelung lautet die Reihe:

»Yin im Yin«
»Yang im Yin«
»Yang im Yang«
»Yin im Yang« ; und abermals
»Yin im Yin« , und so fort.

In binäre Ziffern übertragen, wie in der Ja/Nein-Terminologie der Kybernetik geläufig, würde die periodische Reihe wie folgt aussehen:

00; 01 – 11 – 10 – 00; usw.

Hier ergeben sich also vier verschiedene Kombinationen, die durchaus an die der Mendelschen Vererbungsgesetze erinnern: Die obere Etage der Chiffre zeigt die jeweils »dominante« äußere Erscheinungsform an. In den beiden Möglichkeiten der Yin-Yang-Gleiche halten sich das Kommende und Vergehende jeweils die Waage. Doch sind sie so unterschiedlich wie Ost und West, wie Morgen und Abend, denn wie man von den Ta-

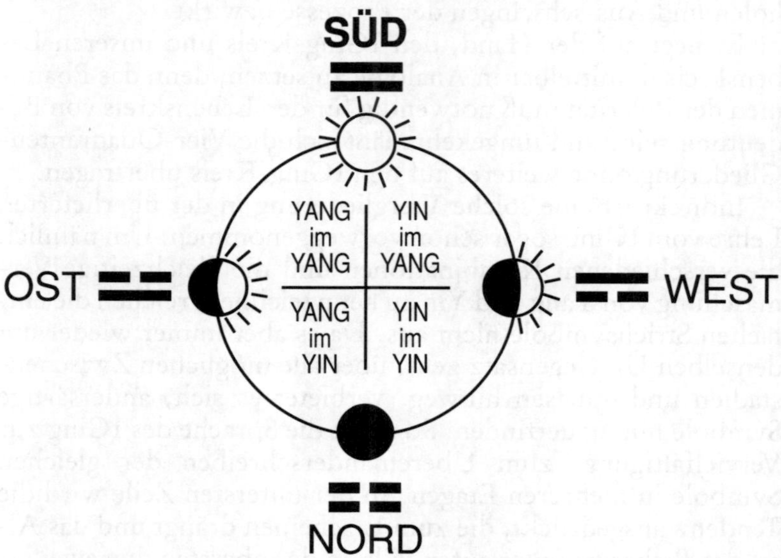

ges- und Jahreszeiten her weiß, macht es einen diametralen Unterschied, ob soeben das Yang im Yin aufsteigt oder aber das Yin innerhalb des Yang wirksam ist.

Diese vier Kombinationen raum-zeitlicher Yin-Yang-Vermaschung werden geradezu zum Ur-Muster für unseren viergegliederten Lebenskreis, denn sie prägen das Wesen der einzelnen Quadranten auf unverwechselbare Weise. Für alle Vierer-Systeme, die wir dargestellt haben, gilt letztlich dieselbe Systematik: Im Bereich Eins findet sich jeweils noch yin-hafte Verborgenheit, jedoch von aufkeimenden yang-haften Tendenzen begleitet – entsprechend dem hier geltenden »Yang im Yin«. Im Bereich Zwei führt die immer drängendere Yang-Tendenz schließlich die volle Selbstdarstellung herbei – »Yang im Yang«. Im Bereich Drei ist diese Yang-Manifestation zwar weiterhin sichtbar, unter der Oberfläche aber wirkt bereits yin-hafte Zurücknahme – eben dies ist mit dem Namen »Yin im Yang« gemeint. Im Bereich Vier schließlich erreicht die Yin-Tendenz die völlige Zurückführung – das »Yin im Yin« tritt ein.

Gemäß dem Orakelwissen des IGing handelt es sich bei alledem, wie gesagt, um gleitende Prozesse. Die Verhältnisse innerhalb der einzelnen Quadranten sind folglich nicht einheitlich, sondern wandeln sich – von Yin nach Yang oder umgekehrt von Yang nach Yin, je nach herrschender Tendenz: Anfang und Ende der einzelnen Quadranten stellen entgegengesetzte Polarisierungen oder – wenn wir beim Bild des Magneten bleiben wollen – ungleichnamige Pole dar. So sind im Lebenskreis nicht nur vier, sondern acht Stationen zu betrachten. Jeweils zwei Stationen gehören einem gemeinsamen Quadranten an und bilden ein Gegensatzpaar, das das ganze Spektrum dieses Quadranten von Extrem zu Extrem umreißt.

Eben dies fanden wir beim Pflanzenzyklus: Die acht Stadien Samenruhe/Keimung – Blattentfaltung/Stengelwuchs – Befruchtung/Fruchtansatz – Reifung/Loslösung bedeuten Polarisierungen, die den Lebensweg der Pflanze durch die vier Quadranten ihres Lebenskreises bestimmen.

Die Yang-Tendenz der ersten als der evolutiven Kreishälfte bewirkt, daß die Quadranten Eins und Zwei jeweils mit einem yin-haften Eintrittspol angetreten und mit einem yang-haften Austrittspol beschlossen werden; die Yin-Tendenz der zweiten als der involutiven Kreishälfte hingegen bewirkt eine Umkehrung: Die Quadranten Drei und Vier werden jeweils mit einem yang-haften Eintrittspol angetreten und mit einem yin-haften Austrittspol beendet. Wie bei dem anfangs als Beispiel angeführten Stabmagneten bleibt die Ur-Ausrichtung auch bei einer Aufteilung des Kreises in Quadranten immer dieselbe; alle Pole, die »nach Yang zeigen«, sind Yang-Pole, und umgekehrt.

Will man diesen achtfach gegliederten Weg im IGing umschreiben, so reichen die vier Doppelfiguren, die zweistöckigen Chiffren, nicht mehr aus. Vielmehr müssen Yang und Yin buchstäblich »hoch drei« genommen werden. Zwei hoch drei ergeben acht, und dies führt zu der folgenden Reihe dreistökkiger Trigramme:

In binären Ziffern lautet diese Reihe wie folgt:

000; 001 – 010 – 011 – 111 / 110 – 101 – 100 – 000 ; usw.

Auf die Kreisfigur übertragen, ergibt sich folgendes Bild:

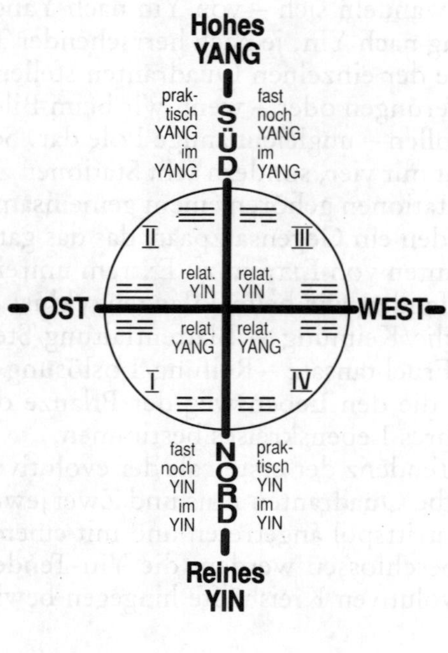

An dieser Stelle ist uns an einer grundsätzlichen Klarstellung gelegen. Unseres Erachtens geht es nicht an – etwa aus weltanschaulicher oder dogmatischer Befürchtung –, Erkenntnisse asiatischer Philosophie und damit auch das IGing von Grund auf zu verwerfen und vor der offensichtlichen Zyklik, wie sie die mannigfaltigen Phänomene des Kosmos bestimmt, die Augen zu verschließen. In diese Zyklik ist auch der Mensch unmittelbar hineingestellt. Wiederkehrende Phasen des Werdens und Wachsens beziehen wir durchaus auf dieses hiesige und jetzige Erdenleben und dessen fortlaufende Dynamik.

Es sei daran erinnert, daß auch das christliche Abendland ein Weltbild hervorgebracht hat, das von der zyklischen Bewegung kündet: die kosmische Vision der Hildegard von Bingen. Dieser großen Frau des deutschen Mittelalters, der »Prophetissa teutonica«, bei der Kaiser und Päpste Rat und geistige Führung suchten, wurden aufgrund inniger Gebete in seherischer Schau Einblicke in die Ordnung des Ganzen zuteil. Hildegard beschreibt ebenfalls ein viergegliedertes Weltensystem, dessen vier Stationen – den Weg des Menschen – sie mit den Himmelsrichtungen oder Jahreszeiten in Verbindung bringt. Die zu vollziehende Wandlung gleitet aber nicht mühelos und fortlaufend im Kreise voran, sondern gerät bei jeder der vier Stationen in eine problematische »Ecke«, an der der Mensch kämpfen und sich seiner Zielsetzung erinnern muß, will er nicht straucheln oder gar in einer Sackgasse enden. »Gewaltige Stürme« wehen in diesen vier »Ecken«, und man muß sich schmerzlich hin und her beuteln lassen, auf daß man jene Richtungsänderung vollbringe, die allein aus der Ecke heraus und zur nächsten Station, zum nächsten Quadranten führt.

So läßt sich also aus diesem von Hildegard geschauten Bild etwas Ähnliches ablesen, wie wir es – mit anderen Symbolen zwar – im IGing ausgedrückt fanden: Der Pfad, der – oberflächlich gesehen – durch vier Etappen führt, erfährt durch die auferlegten Eckstationen in jedem Bereich seine eigene Dynamik. Er ist mit vielfältigen Läuterungen verbunden, denen der Mensch ausgesetzt wird. Doch steht die Zeit hilfreich zur Seite: Nach einer gewissen Zeitspanne hat sich ein Lebensbereich, ein Teil des Ganzen, erledigt, gleichviel wie erfolgreich, und der Schritt in den nächsten Quadranten darf getan werden.

Denn letztlich schaute Hildegard den Menschen als »in der Mitte des Kosmos stehend« und »das Weltengefüge wie ein Netz in Händen haltend«. »Im Menschen findet das Werk Gottes seine Vollendung« – denn der Kosmos ist auf ihn hin geschaffen: darauf, daß Gott darin in Menschengestalt erscheine. So hat der Mensch einerseits, als Wesen der Schöpfung, an der Zyklik und Dynamik des Kosmos teil, denn die Vierheit des Weltenbildes erscheint wie ein Rad, dessen Drehung den Menschen in die Wandlung bringt. Andererseits aber ist er selbst, als das Zentrum, zugleich Drehpunkt und Zielgebung der Schöpfung, die auf diese Weise in ihn einmündet.

*

Wir kehren abschließend noch einmal zum IGing zurück. Eine abermalige Potenzierung der acht Trigramme zu sechsstöckigen Zeichen führt zu dem eigentlichen IGing-Orakelspiel mit vierundsechzig Kombinationen, dargestellt in ebenso vielen Hexagrammen. Es ist nicht das Thema dieses Buches, die Einzelheiten des Orakels darzustellen. Im IGing-Textbuch, dem *Buch der Wandlungen,* findet man die Deutungen sämtlicher Möglichkeiten verzeichnet: aber nicht nur im Sinne der momentanen Bestandsaufnahme, sondern auch als Botschaft des Augenblicks, so daß eine jede Antwort letztlich eine Hinführung zum tieferen Lebenssinn einschließt. Offensichtlich entsprechen die vierundsechzig Möglichkeiten des IGing dem in den Wandel von Raum und Zeit gestellten Menschen als Resonanz auf seine derzeitige Bedingtheit in immer wieder persönlicher und aktueller Weise.

Der deutsche Arzt Martin Schönberger hat auf die faszinierende Analogie zwischen den vierundsechzig IGing-Symbolen und dem in der DNS-Doppelhelix vierundsechzigfach verschlüsselten genetischen Code der Erbinformation des Menschen hingewiesen. Nicht nur in den zweiunddreißig Etagen der beiden einander gegenübergestellten Ketten Thymin/Adenin und Cytosin/Guanin, sondern auch in den Anordnungen innerhalb der Ketten entdeckte er eine eigenartige Parallele zur Folge des IGing-Wandlungsgeschehens. Wir dürfen daher überzeugt sein, daß Yin und Yang sich im Menschen in sinnvoller Weise paaren und ergänzen: jeder einzelne Mensch ein

Orakel, Träger geheimnisvoller Verheißungen, aufgerufen, den ihm bestimmten Platz im Mosaik des Ganzen einzunehmen und auszufüllen.

*

Wir sprachen davon, daß die dynamische Raum-Zeit-Verquikkung der Polarität in den vier Quadranten des Lebenskreises Polarisierungen hervorruft. Hieraus ergibt sich für jeden Lebensbereich eine neue Aufgabenstellung. Für jede solche polare Bewältigung gelten andere Bedingungen, da die polare Spannung in einem jeden Quadranten offensichtlich auf eigene Weise zum Tragen kommt.

Polare Gegensätze können überhaupt nur auf viererlei Art und Weise auftreten: erstens als Extreme, einander ausschließend im Entweder/Oder; zweitens als Alternativen, abwechselnd als Einmal-dies/Einmal-das; drittens als Verhältniswerte oder Relationen, einander ergänzend im Sinne des Mehr/Weniger; und viertens in Gestalt ambivalenter Doppelphänomene, im Sowohl/Als-auch. Eben diese vier Varianten sind in den vier Formen der Polarität nach Gebser verschlüsselt – in Unität, Polarität im eigentlichen Sinne, Dualität und Integralität.

Bezeichnenderweise sind auch nur vier geometrische Polaritäten denkbar, in denen die Bemessungen des Raumes vollständig erfaßt sind, nämlich Vorn/Hinten, Rechts/Links, Oben/Unten und Außen/Innen. Daß sich auch diese vier Varianten im Analogieschluß als Aufgabenstellungen der polaren Bewältigung deuten lassen, soll anhand der bereits besprochenen Werdegänge von Pflanzenzyklus und menschlicher Individuation erläutert werden.

Betrachten wir als erstes die geometrische Polarität zwischen *Hinten* und *Vorn*. Hier ergibt sich, wie wir sehen werden, eine deutliche Analogie zum *Quadranten Eins,* indem die Polarisierung Hinten offensichtlich dem Yin als der Anfangssituation des Quadranten und die Polarisierung Vorn dessen yang-haftem Ziel entspricht. Symbolisch gesprochen steht der gesamte Bereich Eins unter einer Vorn/Hinten-Spannung, die es zu bewältigen gilt.

Was hiermit gemeint ist, veranschaulicht die Analogie des Pflanzenlebens. Das Samenkorn, das die Phase Eins repräsentiert, vollzieht eine erste Trennung in Hinten und Vorn, in Wurzel und Sproß, und zwar noch in seinem Innern. Solange es noch ruhte, weilte das Samenkorn gleichsam an seinem eigenen »Hinten«; die Ent-scheidung zur inneren Unter-scheidung aber, die innere Vor-Bereitung, markiert den ersten Schritt nach Vorn. In diesem Sinne ist »Vorn« gleichbedeutend mit jeglicher Tendenz, die vom ruhenden Pol fortdrängt. Diese Tendenz mag im Falle der Pflanze durchaus in die Höhe streben, nämlich zur Sonne als Ziel; es geht aber nicht so sehr um das räumliche »Oben«, sondern um das Her-vor-Gehen, den Fort-Schritt, das Wegstreben vom Rückwärtigen, wenngleich dies die Pflanze in die Senkrechte führt.

Der Yin-Pol des Quadranten Eins steht demnach für die Latenz, für Schlummern, Geborgenheit und Überdauern; das Streben zum Yang-Pol hingegen ist gleichlautend mit dem Erwachen zu Willen und eigener Durchsetzung. Die Bereitschaft, zu erwachen und den Tag anzutreten, hat die Bedeutung des Ja-Sagens zur eigenen Bestimmung, zu Auftrag und Sendung; diese Bejahung erschließt zugleich die für den Auftrag erforderlichen Energien und wird ihnen zum Durchbruch verhelfen. Ein Verharren-Wollen im Schlaf hingegen, also im »Hinten«, ist gleichbedeutend mit einem Nein zum Leben. Daher gehört zum Quadranten Eins die Unterscheidung zwischen Ja und Nein, zwischen Entweder/Oder. Nirgends sind die polaren Antagonismen so unvereinbar wie im Lebensbereich Eins. Denn die Unvereinbarkeit des Entweder/Oder meint Ausschließlichkeit, Unität, und sie ruft zur Ent-Scheidung: Ja oder Nein – die Konsequenzen von beidem sind total. Die Ausschließlichkeit des Bereichs Eins ist von großer Tragweite, da sie die ganze Bejahung verlangt: Unterbleibt das Ja, so kommt dies dem ganzen Nein gleich; denn nach dem Alles-oder-Nichts-Gesetz wird auch die teilweise Verneinung dem Nein zugerechnet. So geht es im Quadranten Eins zugleich um die Wahl zwischen Wollen und Zögern: Jedes Zögern, das Leben in der Körperlichkeit zu bejahen, wirkt sich als Lebensverneinung mit allen deren Folgen aus.

*

Den *Bereich Zwei* unseres Kreismodells charakterisiert die geometrische Polarität *Rechts* und *Links*. Gemeint sind die Alternativen Seite/Gegenseite, denn Rechts und Links dürfen als gleichwertige und gleichberechtigte Seiten gelten; die Bevorzugung der einen oder anderen ist eher eine Frage subjektiver Sympathie oder Antipathie. Der Quadrant Zwei läßt die Ausschließlichkeit von Ja oder Nein hinter sich: Die zuvorige schroffe Gegensätzlichkeit weitet sich zu ausgleichender Entgegengesetztheit.

Zweimal das Gleiche ist nicht dasselbe; es geht nunmehr um das Vorhandensein eines Konterparts, eines Spiegels als des gegen-gleichen Konterfeis. Alles Gegen-Seitige, Gleiche und dabei Gegenwirkende, Kontrollierende, Kontrastierende – eben das Contra – drückt die Polarität aus, wie sie sich im Bereich Zwei darstellt; im Sinne Gebsers: Polarität im eigentlichen Sinne.

In bezug auf das Seelische wird die linke Seite oft als die weibliche, die rechte als die männliche gedeutet; diese Symbolik wird gern auch auf die beiden Körperhälften übertragen, so daß die rechte Seite samt ihren Krankheiten als die väterliche, die linke als die mütterliche angesehen wird. So gedeutet, entspräche Rechts dem Yang und Links dem Yin. Jedoch gibt es im Bereich Zwei keine endgültige Zuordnung, wie wir sogleich begründen wollen.

Das Sprichwort besagt, daß man auf einem Bein nicht stehen kann – erst recht aber kann man mit nur einem Bein nicht gehen: Erst das Vorhandensein von beidem, von Rechts und von Links, ermöglicht harmonische Bewegung. Bewegung spielt sich in laufender Abwechslung zwischen Rechts und Links ab, und darin inbegriffen im Wechsel zwischen Schwung und Schritt, zwischen Ausholen und Ausführen, zwischen Anspannung und Ausdehnung. Es heißt allgemein, durch die Bewegung im Raum entstehe die Zeit – genauer gesagt entsteht das Zeit-Gefühl, die Wahrnehmung für die Zeit. Denn die Rechts/Links-Polarität ist vornehmlich eine zeitliche; ja der Bereich Zwei erscheint geradezu als der Wirkungsbereich der zeitlich verstandenen Polarität, indem der Wechsel zwischen Rechts und Links auf das Einmal-dies/Einmal-das hinausläuft. Einerseits/Andererseits, Seite und Gegenseite gleichen einander aus, und dies nicht durch quantitatives Anhäufen gleicher

Gewichte auf beiden Seiten, sondern in fortwährender Abwechslung, in unermüdlichem Hin- und Herschwingen: durch Rhythmik.

So wird die Wahrung der Balance trotz nie endender Schwankung zur großen Tugend des Bereichs Zwei. Seite und Gegenseite sind immer von gleichstarker Kraft. Der Schwung bemißt sich stets nach den Erfordernissen der bevorstehenden Aktion, und die Aktion wiederum kostet den ganzen Schwung aus, der eingeholt wurde, auf daß der Agierende nicht ins Taumeln gerate. Die Rechts/Links-Polarität des Bereichs Zwei mit ihrem Zusammenwirken zweier kontrastierender und sehr wohl koexistierender Gegenspieler gewährleistet die unverzichtbare Kontrolle.

Der Bereich Zwei führt vor Augen, daß solche Kontrolle nie starr und statisch, sondern federnd und dynamisch eingebracht werden soll: möglichst als rhythmische Kraft. Der Bereich Zwei ist derjenige der Kraft überhaupt. Hier treffen wir Dynamik in jeder Form an, Schwingung und Gegenimpuls.

Bei diesem laufenden rhythmischen und motorischen Wechsel gehen Yin und Yang, Schwung und Tat, Konter-Aktion links und Aktion rechts, derart fließend ineinander über, daß es dem Betrachter schwerfällt zu unterscheiden, welche der beiden Phasen gerade am Zuge ist. Es findet ein dauerndes Hin- und Herspringen zwischen beiden Polen statt, wie beim Wechselstrom. Wir werden dennoch sagen können: Tätige Kraft, kinetische Energie, Bewegung und Muskel-Ausdehnung weisen Yang-Qualität auf; denn sie sind die Hervorbringung und Sichtbarmachung im Äußeren. Demgegenüber sind potentielle Energie, Schwungholen und Muskelzusammenziehung von der Qualität des Yin; denn sie sind die Bereitstellung der Kraft in ökonomischer Bemessung.

Bewegung und Schwingen zwischen Rechts und Links gibt es aber nicht nur als vorwärtsgerichtete, lineare Streckung oder Zusammenziehung; es gibt auch die ringförmige Ausdehnung in den Umkreis in Form transversaler – also querschwingender – Wellen. Derartige kreisartige, konzentrische Wellenausbreitungen entstehen zum Beispiel, wenn ein Stein ins Wasser geworfen wird. In diesem Bild begegnen wir einer zweiten Variante der Polarität des Bereiches Zwei, nämlich dem Gegensatz von Mitte und Rand. Offensichtlich muß die Balance zwischen Mitte und Umkreis, also zwischen Zentrum und Peripherie, ebenso gewahrt werden wie die zwischen Rechts und Links. Dies geschieht durch ein laufendes Austarieren, welches abwechselnd den Rand und die Mitte stärkt. So wachsen auch bei der Pflanze Stengel und ausladendes Blattwerk abwechselnd; und bei der menschlichen Individuation ist eine laufende Balance zwischen der Festigung der Ich-Achse und der Breitenwirkung ins Umfeld erforderlich. Es geht also einerseits um die Errichtungskraft der eigenen Mitte und andererseits um die Federkraft der Peripherie.

Man setze das Zentrum, die Nabe des Kreises, jedoch nicht mit einem »Innen« gleich, und den Rand nicht mit einem »Außen«: Die Mitte ist als Zentrierung zu verstehen, der Rand als Rahmen und Beiwerk. An der Peripherie geht es um die Anpassung des eigenen Potentials an die Umwelt, an das »Öko«; deshalb ordnen wir die Reaktionen an der Peripherie dem Yin zu. In der Mitte geht es um Selbst-Verwirklichung und Selbst-Hervorbringung, also im weitesten Sinne um das »Ego«; deshalb ordnen wir die Dynamik der Mitte dem Yang zu.

So dienen im Bereich Zwei, dem Ich-Bereich, die Faktoren des Umfelds als notwendiger Gegenspieler für den psychischen Prozeß der Selbstfindung. Dies wird häufig verkannt, wenn die ganze Schuld für das Scheitern in der Persönlichkeitsfindung eines Menschen den Kindheitstraumata zugeschrieben wird. Ein gewisses Maß an federndem Widerstand seitens des Umfelds ist unverzichtbar für ein flexibles Erstarken und Wachsen der Ich-Achse.

Diese symbolische Ich-Achse ist übrigens alles andere als eine bewegungslose Säule, sondern es paßt das Bild der Eigenrotation, das heißt eines Kreisens um sich selbst. Diese Eigenrotation des Ich bezieht ihre besondere Dynamik offensichtlich daraus, daß sie de-zentriert ist – so ähnlich wie es für die Erdachse gilt, die bekanntlich wie ein Kreisel tanzt. So ist auch unser Ich einem Schwanken zwischen zwei innerpsychischen Gegensätzen ausgeliefert, wofür wiederum die Begriffe Rechts und Links erklärend herangezogen werden können: Jung erkannte, daß in der menschlichen Psyche eine männliche und eine weibliche Polarisierung, die er »Animus« und »Anima« nannte, einander gegenüberstehen. Tatsächlich wohnen zwei Seelen in unserer Brust; körperlich zwar sind wir entweder

Mann oder Frau, im Seelischen jedoch tragen wir beide Geschlechter in uns und suchen laufend die Balance zwischen beiden Polaritäten.

Wie man sieht, sind alle für den Bereich Zwei aufgezählten Polarisierungen – Einmal-dies/Einmal-das, Seite/Gegenseite, Mitte/Peripherie – einander analog und setzen gleichartige Impulse, die für das Leben und Erleben in diesem Quadranten bestimmend sind.

*

Die geometrische Polarität *Oben/Unten* entspricht dem *Quadranten Drei.* In diesem Bereich, der den Menschen – als den Denkenden – symbolisiert, dürfen wir den Antagonismus auf die Rolle des Menschen selbst beziehen und im übertragenen Sinne, also abstrahiert, verstehen. Der Mensch ist mitten in die Dualität gestellt, denn er steht – wie chinesische Weisheit lehrt – zwischen oben und unten: zwischen Yang, dem Himmel, und Yin, der Erde. Mit keinem von diesen beiden ist er identisch, doch kann er himmelwärts streben mit dem Höhenflug seiner Gedanken, und zugleich darf er sich die Erde mit konkretem Realismus – *»down to earth«* – untertan machen. Vor allem aber vermag der Mensch die beträchtliche Spanne, die zwischen den beiden Polen liegt, wahrzunehmen und auszufüllen, ja kraft seines dualen Bewußtseins stellt er selbst die gigantische Brücke zwischen Himmel und Erde dar. So wird sein eigener Lebensraum zu einem Dazwischen, bei dem das richtige Niveau zu wahren ist – erhobenen Hauptes, aber stets bodennah.

Sein eigener relativer Standort befähigt ihn, Relationen zu sehen und zu definieren. Alle Abstufungen haben mit Quantität zu tun, dem Mehr oder Weniger. Der Mensch verbindet alles mit einer Be-wertung. Denn auf jeder Meßskala wird Mehr-Größer-Höherwertiger in der Regel als Plus beziehungsweise positiv verstanden – und damit als das Bessere oder Gute; Weniger-Kleiner-Geringwertiger hingegen steht allgemein für Minus beziehungsweise Negativ – und das Schlechtere wird im Negativen letztlich zum Bösen. Die Unterscheidung zwischen Gut und Böse, die wir vermeintlich für so unabdingbar, ja für system-immanent in dieser Schöpfung halten, taucht demnach überhaupt erst im Bewußtsein des in der wertenden Relation lebenden Menschen, also im Bereich Drei, auf.

Aufgrund dieses Wertungsfaktors äußert sich Dualität immer wieder als Konkurrenz, als Wettstreit (englisch: *competition)* zwischen dem Ich und seinem Gegenüber. Der Mensch ist versucht, stets mehr als sein Gegenüber darstellen zu wollen, ihm über-legen zu werden, das heißt aus ihm – wenn das Wortspiel erlaubt ist – ein »Gegen-unter« zu machen. Er braucht den anderen, um sich selbst einzustufen. In solcher Selbst-Relativierung kann das Ich nicht mehr Mittelpunkt sein.

*

Als Entsprechung für den *Quadranten Vier* verbleibt die vierte geometrische Polarität, nämlich *Innen/Außen.* Welches ist hier der Gegensatz? Er liegt nicht im Unterschied zwischen zwei Alternativen, sondern beruht auf der alternativen Zurschaustellung desselben: Das Ganze tritt gleichsam jeweils nur zur Hälfte im Außen zutage, die andere Hälfte bleibt nach innen gekehrt.

Das Innen ist der Wesensgehalt des Außen; das Außen ist die Verschlüsselung des Innen. Die Darstellung an der Oberfläche bedingt notwendig eine äußerliche Verzerrung des Inwendigen; die Heimholung ins Innere bewirkt das Verschwinden des Äußeren.

So koexistieren auch das Offenbare und das Verborgene neben- und ineinander als wahlweise Möglichkeiten desselben Ganzen. Im Quadranten Vier gilt das Sowohl/Als-auch. Die Erwartung, was er wahrnehmen will, liegt jeweils beim Betrachter selbst: Wahlweise zeigt sich ihm das eine oder andere als aufscheinendes Phänomen. Dies ist der Grund, weshalb es im Subatomaren – wo der Mensch in das verborgenste Innere des Atoms schaut – jeweils von der Versuchsanordnung abhängt, ob der Physiker die Materie als Partikel oder als Welle wahrnimmt; die Art seines Gewahren-Könnens impliziert bereits die Antwort, denn in diesen subtilen Bereichen herrschen Wechselwirkungen zwischen dem beobachteten Objekt und dessen Beobachter.

Im Quadranten Vier hört scheinbar Unvereinbares auf, sich gegenseitig auszuschließen; hier können Paradoxa Seite an Seite miteinander bestehen: Sie sind ambivalent, das heißt im wörtlichen Sinne gleich-gültig. Die Gegensätze bleiben aber immer voneinander abhängig und aneinander gebunden. Ihre Abhängigkeit äußert sich zum einen als Austauschbarkeit, zum anderen als Potenzierung und Selbstvervielfältigung: Es ist, als ob dasjenige, das gerade nicht äußerlich erscheint, dennoch als die verborgene Möglichkeit anwesend ist und jederzeit konvertierbar bleibt. So ersteht dasselbe Ganze gleichsam zweifältig – sofern der Wahrnehmende durch die verhüllende Oberfläche hindurchzuschauen und das Innere zu gewahren bereit ist.

Auch jede Frucht entsteht zunächst im bergenden Schutz des Innen; ist aber der Moment der Reifung gekommen, so stülpt sich das Innen nach außen und es wird offenbar, daß die eine Pflanze vielfachen Samen gezeitigt hat.

Sehen wir das Phänomen der Polarität mit dem diaphanierenden Blick des Sowohl/Als-auch, so verliert es sehr viel von seiner Unabdingbarkeit: Die anfängliche Zerrissenheit des Quadranten Eins zwischen Ja und Nein quält nicht mehr. Aber der Betrachter schaut noch nicht ins Absolute, sondern er durchschaut lediglich das Ineinander-Verwobensein von Yin und Yang im qualitativen Austausch. Dank der räumlich/zeitlichen Gesamtschau der Gegensätze wird Polarität zu Integralität.

Im Bereich Vier erscheint die Polarität auf eine bestimmte Weise dynamisiert beziehungsweise durch Multiplikation ihrer selbst potenziert: Die polaren Möglichkeiten sind mit sich selbst rhythmisch verschüttelt. Dies hängt mit jener Gesamtübereinstimmung zusammen, die den ganzen Lebensbereich Vier durchzieht: Alles, das Innen wie das Außen, das Verborgene wie das Sichtbare, ist aufeinander und auf die gemeinsame Botschaft abgestimmt. Dank dieser Entsprechung vermögen innere Potenz und äußere Bereitschaft – oder sind es äußere Potenz und innere Bereitschaft? – buchstäblich aufeinanderzufallen, wann und wo immer sie sich gegenseitig finden.

Im Sinne des IGing bedeutet dies: Das Rad der Vielfalt im Yin-Yang-Wandlungsgeschehen mag sich lange drehen, ohne daß sich etwas ereignet. Aber plötzlich rastet es ein; dann nämlich, wenn die wahre Übereinstimmung vorbeizieht, materialisiert sich gleichsam der passende Schlüssel und gräbt sich ins Schloß. Worin besteht die wahre Übereinstimmung? Sie besteht möglicherweise in der Begegnung mit einem lebendigen, gewahrenden Bewußtsein. Im Bereich Vier wird die potenzierte Polarität zur Chance. Sie gibt uns die Zuversicht, daß jeder einzelne von uns gewißlich derjenigen Möglichkeit begegnen wird – ja daß diese im Verborgenen ihm entgegen-wartet –, die ihm, und nur ihm, entspricht: die genaue Entsprechung jenes Orakels, das dieser Mensch in sich trägt.

*

Der Quadrant Vier läßt ahnen, daß Polarität in der Tat nur ein Phänomen dieser Schöpfung ist. Jenseits des Lebenskreises gibt es Polarität nicht mehr: In jenem Bereich, den wir nur als die Quinta Essentia umschreiben können, wird nichts mehr benannt oder verglichen, tritt nichts mehr abwechselnd oder vielfach auf, sondern das Absolute ist das, was es ist, und wird sein, was es sein wird.

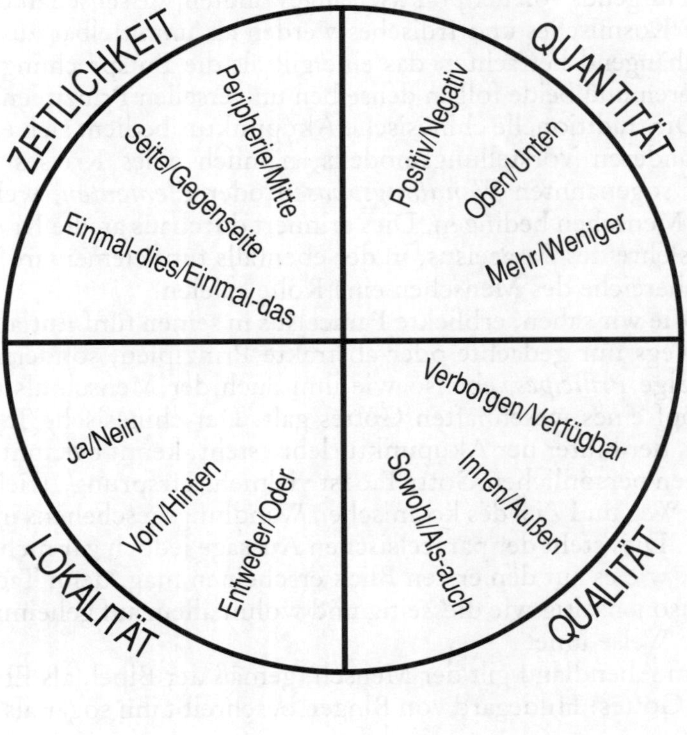

Kapitel 16
Die fünf Elemente der traditionellen chinesischen Medizin

In diesem Kapitel wollen wir einen weiteren Einblick in asiatische Weisheit nehmen und uns der traditionellen chinesischen Medizin, insbesondere der Akupunkturlehre zuwenden. Wir werden ein System von Analogien entdecken, das sich unmittelbar auf unseren Lebenskreis beziehen läßt und das Verständnis für dessen einzelne Bereiche erweitert.

Akupunktur ist eine Jahrtausende alte medizinische Kunst, in der philosophische Gehalte und eine ausgesprochen praxisbezogene medizinische Methodik zu einer Einheit verschmelzen. Nach asiatischer Auffassung lassen sich Philosophie und Religion nirgends von der praktisch angewandten Wissenschaft trennen: Kosmisches und Irdisches werden als unmittelbar zusammenhängend betrachtet, das eine gilt als die Entsprechung des anderen und beide folgen denselben universellen Prinzipien.

Die traditionelle chinesische Akupunktur bedient sich eines besonderen Vorstellungsmodells, nämlich eines Kreises von fünf sogenannten *Wandlungsphasen* oder *Elementen,* welche den Menschen bedingen. Dies erinnert durchaus an die Krankheitslehre des Paracelsus, in der ebenfalls fünf elementare Wesensbereiche des Menschen eine Rolle spielen.

Wie wir sahen, erblickte Paracelsus in seinen fünf Entia keineswegs nur gedachte oder abstrakte Prinzipien, sondern lebendige *Principes,* ebenso wie ihm auch der Mensch als Geschöpf eines wesenhaften Gottes galt. Der chinesische Taoismus, der hinter der Akupunkturlehre steht, kennt bekanntlich keinen persönlichen Gott; Tao ist vielmehr Ursprung, Triebfeder, Weg und Ziel des kosmischen Wandlungsgeschehens in einem. Dies steht der paracelsischen Aussage jedoch gar nicht so fern, wie es auf den ersten Blick erscheinen mag, denn Tao ist ebenso jenseitig wie diesseitig und wohnt allem auf geheimnisvolle Weise inne.

Im Abendland gilt der Mensch, gemäß der Bibel, als Ebenbild Gottes: Hildegard von Bingen beschreibt ihn sogar als das

Zentrum des Kosmos. Nach taoistischer Auffassung hat die gesamte Kreatur an Tao teil und ist der Mensch ein Mikrokosmos, der dem Makrokosmos in allen Bereichen entspricht. Beide Deutungen lassen den Menschen als Wunderwerk erkennen, in dem die Fülle des Heiligen schaubar und erfahrbar wird. So birgt die chinesische Lehre mit ihren mannigfaltigen Analogien des Menschen zum Kosmos eine tiefe Ehrerbietung vor der Schöpfung und berührt Wahrheiten, vor denen wir uns nicht verschließen sollten.

Bevor wir die fünf Elemente der Akupunktur näher betrachten, sei vorausgeschickt, daß der Begriff des Elements sich nach chinesischer Deutung sehr maßgeblich von unserem abendländischen, aus der griechischen Antike überkommenen unterscheidet. Für uns stellt ein Element – man denke an die chemischen Elemente – etwas stofflich Definiertes und Unveränderliches dar, einen vorgegebenen Ur-Baustein der Materie. Anders die chinesische Philosophie: Sie folgt einem grundsätzlich funktionellen Weltverständnis, welches ein immerwährendes Fließen, ein unablässiges Steigen und Fallen der Phänomene beobachtet. So werden auch die fünf Elemente der Akupunktur als Ausdruck dynamischer Wirk- und Wandlungskräfte verstanden. Sie sind Funktions-Elemente: vitale, wechselnde und wandlungsfähige Ur-Aspekte des Lebendigen, ein jedes Inbegriff einer von fünf elementaren Funktionen des Lebens.

Diese fünf Funktions-Elemente der klassischen Akupunkturlehre sind das Wasser, das Feuer, die Erde sowie zwei fremdartige, nämlich Holz und Metall. Bei dieser Aufzählung vermissen wir das Element »Luft«, das vierte der antiken abendländischen Naturelemente: Es ist sicherlich nicht zufällig, daß die chinesische Malerei nur selten den Himmel darstellt, auf dessen Abbildung die westliche Kunst so viel Sorgfalt verwendet.

Die genannten fünf elementaren Naturerscheinungen Wasser, Holz, Erde, Metall und Feuer stehen den fünf Funktions-Elementen jeweils als Symbole voran, denn inhaltlich reichen diese Elemente viel weiter und umfassen eine Vielzahl von Aspekten, Gegebenheiten und Wirksamkeiten. Zu den dynamischen Funktionen gehören als erstes die Eigenschaften der fünf namengebenden Naturerscheinungen selbst: also unterkühlt beim Wasser, sprießend beim Holz, trächtig bei der Erde, veredelbar beim Metall und hitzestrahlend beim Feuer. Darüber hinaus umspannen die fünf Elemente verschiedenste Faktoren wie Jahreszeiten, Himmelsrichtungen, Witterungen, Farben, Geschmacksrichtungen und dergleichen; die interessantesten Zuordnungen jedoch beziehen sich auf die Funktionen von Organen des menschlichen Körpers sowie auf bestimmte psychische Verhaltensweisen, womit die Brücke zur praktischen Heilkunde geschlagen ist. Wir begegnen hier also einem sehr weiten Elementen-Begriff, vielseitiger und vor allem dynamischer als der abendländische.

Die Fünf-Zahl der chinesischen Elemente ist nicht zufällig, sondern hängt ebenfalls mit dem zugrundeliegenden dynamisch-funktionellen Elementenverständnis zusammen. Ursprünglich zwar wurden nur vier der chinesischen Elemente, nämlich Wasser, Holz, Feuer und Metall, als Teilnehmer am Elementen-Zyklus aufgefaßt. Das fünfte Element Erde – als der Standort des Menschen – galt als der selbstverständliche Mittelpunkt des Kreises; bekanntlich haben die Chinesen auch ihr eigenes Land von alters her als das Reich der Mitte bezeichnet.

Ein solches vierstrahliges, mit einem verankernden Zentrum ausgestattetes Elementen-Modell war zwangsläufig ein statisches. Als Therapiekonzept für den lebendigen menschlichen Organismus aber bedurfte die Akupunkturlehre eines flexiblen und wandelbaren Modells, aus dem die Dynamik des Fortschreitens sowie die zwischen den Elementen wechselnden Funktionsbeziehungen ablesbar werden. Aus diesem Grunde wurde das Element Erde aus der Mitte herausgenommen und als fünfter Teilnehmer in den »Kreis der Wandlungen« eingegliedert. Die Kreisfigur, nunmehr ihrer statischen Symmetrie enthoben, wurde damit zum Bild des Reigens, zum Symbol einer in die Zeit gestellten Elementenrotation, von Zyklik und Periodik; die Elemente selbst enthüllten einen deutlichen Zeitcharakter, so wie er dem grundsätzlich prozessualen Weltverständnis des Taoismus auch entspricht. Eine solche bewegliche Fünfer-Figur veranschaulicht die wechselnde Aktualisierung und das Kräftewechselspiel unter den Elementen: Bei fünf Teilnehmern kann es nie zum Patt – zum Kräftegleichstand oder gar -stillstand – kommen; sondern etwaige Gruppierungen bleiben immer ungleich stark, was neue Schwungphasen und Gegenbewegungen auf den Plan ruft. Auf diese Weise werden die fünf Funktions-Elemente wahrhaftig zu fünf Wandlungsphasen.

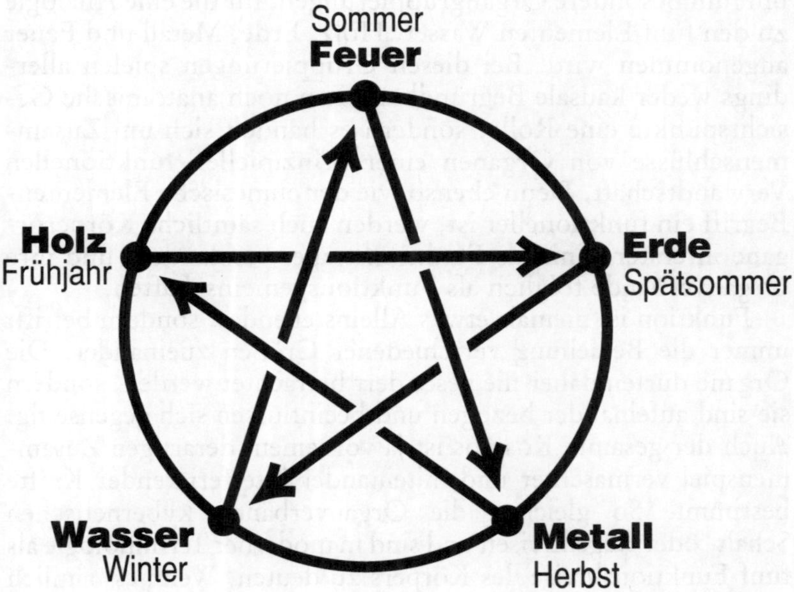

Da sich – wie erwähnt – zu jeder Wandlungsphase eine jahreszeitliche Entsprechung aufzeigen ließ – nämlich zum Wasser der Winter, zum Holz das Frühjahr, zum Feuer der Sommer und zum Metall der Herbst –, ergab sich wie selbstverständlich eine bestimmte zeitliche Reihenfolge der Elemente. Dem übrigbleibenden Element Erde wurde jene zusätzliche Jahreszeit zugewiesen, die wir bereits beim Pflanzenzyklus als den »Spätsommer« kennengelernt haben. Die Akupunktur-Erfahrung lehrt nun, daß die durch die Jahreszeitenzuordnung gegebene Reihenfolge der Elemente keineswegs theoretisch ist, sondern gerade aus ihr gegenseitige Verstärkungs- und Kontrollwirkungen unter den Elementen ablesbar werden und sich in ein Therapiekonzept umsetzen lassen.

*

Für die Zwecke der praktischen Heilkunde werden in der chinesischen Akupunkturlehre die fünf Elemente mit fünf Funktionsbereichen des menschlichen Körpers gleichgesetzt. Vereinfacht ausgedrückt, handelt es sich um fünf Organverbände – um fünf besondere Organgruppierungen, für die eine Analogie zu den fünf Elementen Wasser, Holz, Erde, Metall und Feuer angenommen wird. Bei diesen Gruppierungen spielen allerdings weder kausale Begründbarkeiten noch anatomische Gesichtspunkte eine Rolle, sondern es handelt sich um Zusammenschlüsse von Organen einer prinzipiellen funktionellen Verwandtschaft. Denn ebenso wie der chinesische Elementen-Begriff ein funktioneller ist, werden auch sämtliche Körperorgane in erster Linie als Funktionsträger verstanden, und ihre Organverbände folglich als Funktionsgemeinschaften.

Funktion ist niemals etwas Alleinstehendes, sondern betrifft immer die Beziehung verschiedener Größen zueinander. Die Organe dürfen daher nie gesondert betrachtet werden, sondern sie sind aufeinander bezogen und beeinflussen sich gegenseitig. Auch der gesamte Kosmos ist ja von einem derartigen Zusammenspiel vermaschter und miteinander interferierender Kräfte bestimmt. So gleichen die Organverbände kybernetischen Schalt- oder Regelkreisen und sind in moderner Terminologie als fünf Funktionskreise des Körpers zu deuten. Wenn es nämlich gilt, etwaige Störungen aufzufangen oder auszugleichen, so vermögen die in einem selben Organverband zusammengeschlossenen Funktionen stellvertretend füreinander einzuspringen. Die Organverschaltungen dienen offensichtlich der Selbstregulierung, Stabilisierung und Regeneration des Organismus.

Aus dieser Sicht muß der Mikrokosmos Mensch selbst als ein großer Funktions- oder Regelkreis erscheinen, das heißt als ein Wesen, das sich in seinem Innern durch ein Wechselspiel verschiedenster Funktionen selbst reguliert und gleichzeitig nach außen hin tätig werden und Beziehungen knüpfen kann.

Da es sich bei den Organverbänden um Regelkreise handelt, sind in ihnen keine gleichartigen Organe – etwa nur die fünf Sinnesorgane – zusammengeschlossen; Ohr, Auge, das Tastorgan Mund, Nase und Zunge sind im Gegenteil auf die fünf Funktionskreise aufgeteilt. Die fünf Organverbände erinnern also in ihrer Zusammensetzung an die Rotarier-Clubs, bei denen bekanntlich ein jeder Beruf nur einmal repräsentiert sein darf, und bestehen aus jeweils einem Vertreter der vielen denkbaren Organ-Gattungen.

Ihren Namen erhalten die Organverbände jeweils nach dem zugehörigen Speicher-Organ, das symbolisch für den gesamten Verband steht. Mit Speicher-Organen sind fünf innere Parenchym-Organe mit vollem Gewebe gemeint, nämlich Niere, Leber, Milz, Lunge, Herz. Zu jedem Organverband gehört ferner ein sogenanntes Hohl-Organ – ein inneres Organ mit muskulärer Funktion, nämlich Blase, Gallenblase, Magen, Dickdarm, Dünndarm. Es folgen je eines der fünf Sinnesorgane und je eine von fünf spezifischen Gewebeschichten: Knochen, Muskeln, Bindegewebe, Haut, Gefäße. Wie man heute aufgrund bioelektrischer Messungen weiß, teilen sich selbst die verschiedenen Zahngruppen, Wirbelsäulenabschnitte, Gelenke, Nasennebenhöhlen, Lymphgebiete und Hormondrüsen auf die fünf Organverbände auf.

Bevor wir die Organverbände im einzelnen betrachten, müssen wir folgendes bedenken: Zu der Zeit, als die klassische Akupunkturlehre entstand, war das Chinesische Reich gerade stabilisiert und durfte als Inbegriff eines reibungslos funktionierenden Gefüges gelten. In seiner Ordnung erschien dieses Reich wie ein lebendiger Organismus. Lag es nicht nahe, es als Gleichnis des menschlichen Körpers, jenes Wunderwerks aufeinander abgestimmter Funktionen, zu verstehen? Denn als eben dieses wurde der Körper in seinem Gesundsein angesehen: als ein in sich autarkes und selbstregulierendes Ganzes, ebenso vielseitig in seinem Innern wie unangreifbar nach außen, dem Reich der Mitte gleich.

Dieses Reich nun hatte seine Unter-Zentren einerseits in den Provinzfestungen als Sitzen von Verwaltung und Militär; andererseits waren die Provinzen auf Versorgung durch Vorratslager sowie auf ein Netz von Verbindungswegen angewiesen. Die Provinzen des Chinesischen Reiches entsprechen auf diese Weise den fünf Organverbänden, die Festungen als Yang-Bereiche den fünf Hohl-Organen und die Schatzkammern als Yin-Bereiche den fünf Speicher-Organen.

Die Lebensvorgänge innerhalb des menschlichen Organismus wurden auf den Durchfluß und die Versorgung einer als *Chi* oder *Qi* bezeichneten Lebenskraft zurückgeführt, welche in geregeltem Umlauf die Funktionskreise miteinander verbindet. Als Transport- oder Leitwege dieser Chi-Energie wurden sogenannte Meridiane – eigentlich Kanäle, in engl. Übersetzung *channels* – definiert: gedachte Verbindungslinien zwischen den einzelnen Akupunkturpunkten. Diese Meridiane besitzen jeweils einen Bezug zu einzelnen Organen.

So fremdartig diese Bilder sowie die Yin-Yang-Zuordnungen unserem modernen westlichen Verständnis auch klingen mögen, so sollte uns dies doch nicht veranlassen, die Akupunkturlehre als primitiv oder unwissenschaftlich abzutun. Vielmehr verbergen sich hier uralte Erkenntnisse, die das westliche Denken grundsätzlich ergänzen könnten: Zum einen, daß sich kein Teil des Körpers je isoliert betrachten läßt, wenn man das gesamte Ausmaß seiner Funktionen erfassen – und therapieren – will; zum anderen aber – und dies ist die weitaus fundamentalere Entdeckung – daß keine Funktion des Körpers erschöpfend beurteilt werden kann, ohne daß ihr polares Gegenstück erkannt und berücksichtigt wird. Die klassische Akupunktur – die ja demselben Kulturkreis wie das IGing entstammt – baut geradezu auf dem unabdingbaren Ying-Yang-Wechselspiel auf. Das Phänomen der Polarität, das bis ins Körperliche – und, wie wir sehen werden, auch bis ins Seelische – durchgreift, ist letztlich der Garant für die Abgestimmtheit und elastische Auffangbereitschaft im Verbund lebendiger Funktion.

Es ist ein besonderes Verdienst der klassischen Akupunkturlehre, daß sie nicht nur funktionelle Zusammenhänge im Körperlichen systematisiert, sondern einem jeden Funktionskreis auch eine psychische Entsprechung zuordnet. Die unmittelbare körperlich-seelische Verflechtung, wie sie der westlichen Medizin und Psychologie erst in heutiger Zeit bewußt wird, war der traditionellen chinesischen Medizin von jeher selbstverständlich. Anders als in der modernen westlichen Psychosomatik wird allerdings in der Akupunkturlehre die Frage nach der Ursächlichkeit nicht in den Vordergrund gerückt. Es macht für die Therapie keinen ausschlaggebenden Unterschied, ob das psychische Symptom zuerst auftrat und seinerseits das somatische nach sich zog, oder umgekehrt. Nach dem Gesetz der Analogie betrifft eine jede Störung immer den gesamten Funktionskreis, niemals nur einzelne Teilbereiche. In dem Teilbereich, der die ersten Symptome hervorbringt, haben wir lediglich das schwächste Glied der Funktionskette zu erblicken.

Die den fünf Funktionskreisen des Körpers zugeordneten psychischen Entsprechungen – Angst, Zorn, grüblerische Tiefsinnigkeit, verzagte Traurigkeit und Freude – haben wir wiederum im Sinne der prozessualen, funktionellen Denkweise der Chinesen zu interpretieren. Es handelt sich hier weder um Temperamente noch um Untugenden oder Tugenden, sondern um fünf spezifische Verhaltensweisen – wovon interessanterweise vier ein unharmonisches psychisches Verhalten und allein die fünfte psychische Entsprechung, die Freude, eine harmonische seelische Ausdrucksweise darstellen.

*

Welches ist nun die Systematik, nach der sich die einzelnen Funktionskreise zusammenschließen?

Offensichtlich stehen hinter den fünf Funktions-Elementen – und damit auch hinter den fünf Funktionskreisen des Körpers – fünf klar unterscheidbare, fundamentale Funktionsprinzipien. Diese bilden jeweils den gemeinsamen Nenner für alle einem selben Funktionskreis angeschlossenen Einzelfaktoren. Das Schlüsselwort für die Zuordnung zu einem gemeinsamen Element beziehungsweise Organverband heißt passend, und die Schlüsselfrage lautet: Welches von fünf gleichartigen Organen paßt, wenn man seine Besonderheiten und seinen speziellen Wirkungsradius betrachtet, am eindeutigsten zu welchem Funktionskreis? Zum Beispiel: Welche prinzipiellen Unterschiede bestehen unter den fünf verschiedenen Arten der Sinneswahrnehmung, wie sie die fünf Sinnesorgane gestatten? Oder: Auf welche grundsätzlichen Aufgabenstellungen spezialisieren sich die von innen nach außen übereinandergesetzten Gewebeschichten – Knochen, Muskeln, Bindegewebe und Haut – sowie die Gefäße?

Gerade die Sinnesorgane und die genannten fünf spezifischen Gewebeschichten werden sich als Funktions-Schlüssel erweisen: als Schlüssel zu den fünf charakteristischen Schlüsselfunktionen, die über den einzelnen Funktionskreisen stehen.

Wenn wir im folgenden versuchen, diese fünf Schlüsselfunktionen zu ermitteln und zu definieren, so werden wir allerdings zu einer bemerkenswerten Feststellung gelangen, nämlich daß sich die Schlüsselfunktionen in zwei Richtungen spreizen. Ihr Spektrum reicht von dynamischeren bis zu eher statischen Formen; einmal sind sie mehr auf das Äußere, ein andermal mehr auf das Innere bezogen. Das heißt, auch hier gibt es Yin und Yang. Jene uns bereits bekannte Polarisierung innerhalb der einzelnen Quadranten des Lebenskreises verleiht auch den Schlüsselfunktionen ein doppeltes Gesicht. Hierbei scheinen die Sinnesorgane eher den Yang-Aspekt zum Ausdruck zu bringen: Sie sind nach außen, auf die Wahrnehmung der Umwelt gerichtet und werden daher in der klassischen Akupunkturlehre treffend als Öffner, das heißt Erschließer, bezeichnet. Demgegenüber scheinen die spezifischen Gewebeschichten eher den jeweiligen Yin-Aspekt der Schlüsselfunktion zu vertreten: Sie erfüllen nach innen gerichtete, auf den Körper selbst bezogene Funktionen.

So vermag uns die funktionelle Betrachtungsweise der Akupunktur letztlich auf die Spur von Ur-Wirkprinzipien des Lebens zu führen – Lebens-Elementen im wahrsten Sinne.

*

Als erstes von den fünf Elementen der klassischen Akupunkturlehre wollen wir das *Element Wasser* besprechen, das nach altchinesischer Überlieferung mit dem *Funktionskreis der Nieren* verbunden ist.

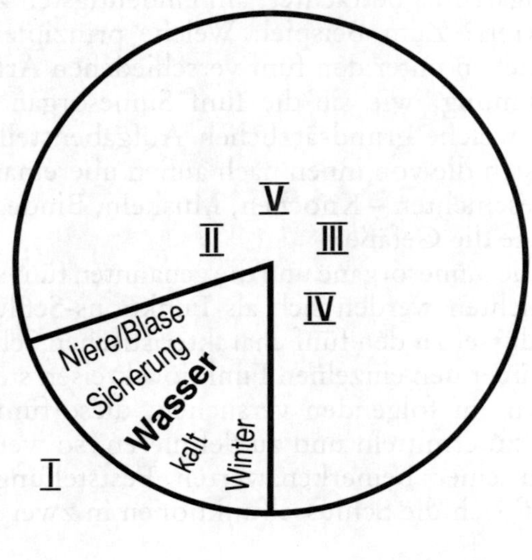

Entsprechend dem chinesischen Elementenverständnis wird hier das Wasser weniger als eine Substanz gedeutet, sondern eher als eine von fünf Wandlungsformen der Manifestation – gleichsam als ein Aggregatzustand, der spezifische Eigenschaften und Wirksamkeiten erkennen läßt. Die dem Wasser zugehörigen jahreszeitlichen und klimatischen Analogien sind Winter, Nacht und Kälte, die Himmelsrichtung der Norden. In der Gesamtschau dieser Analogien erscheint das Wasser daher als kalt und winterlich: als das stehende, fast erstarrte Gewässer mit dunklem Schimmer und regungsloser Oberfläche, das aber in der Tiefe aus verborgener Quelle gespeist wird.

In unserem Lebenskreis beziehen wir das Element Wasser und alle seine Analogien samt dem Nieren-Organverband auf den *Bereich Eins*. Wir erinnern uns, daß auch das abendländisch-antike Element Wasser dem Quadranten Eins entsprach.

Der Organverband der Niere umfaßt die Funktionen sämtlicher Urogenital-Organe. Die Funktion des namengebenden Organs Niere ist Kanalisierung und Ausscheidung von Wässrigem und Wassergelöstem. Diese Funktion setzt Unterscheiden und Diskriminieren der Stoffe voraus. Die letzte Entleerung und Ausschüttung des Über-flüssigen wird von der Blase besorgt, die als der Yang-Partner der Niere gilt. Bezeichnenderweise ist es der Drang der Blase, der uns morgens aus den Federn holt, nachdem wir die dem Wasser-Element zugehörige Tageszeit – von Mitternacht bis Sonnenaufgang – verschlafen haben.

Das Yang des Nieren-Funktionskreises kommt aber weit stärker noch in den Funktionen der Neben-Nieren sowie der Sexualorgane zum Ausdruck, die gleichfalls dem Organverband zuzuordnen sind. Das Adrenalin als das Nebennierenhormon wird bekanntlich immer dann vermehrt ausgeschüttet, wenn eine Gefahrensituation außergewöhnliche Reaktionen oder Anstrengungen erfordert, zum Beispiel Flucht oder Verteidigung: also wenn es um die Sicherung, ja das Überleben (engl. *survival)* des Einzelwesens geht. Bei der Sexualfunktion geht es hingegen um Sicherung und Überleben des gesamten Kollektivs; mit Hilfe der Triebsteuerung wird hier das Individuum in die Notwendigkeit der Arterhaltung eingebunden.

In beiden Fällen, bei der Existenzsicherung sowohl des einzelnen als auch der Gattung, spielen geradlinig vorgezeichnete, quasi instinktmäßig vorprogrammierte Reaktionsmuster eine vordergründige Rolle. Die vielfachen Triebe – angefangen vom Nahrungstrieb bis hin zur Sexualität – folgen, ja begnügen sich mit der steten Wiederholung uniformer Muster. Die reine Leibnatur sucht allein das, was die Bedürfnisse des Körpers stillt, und zwar auf unkomplizierte und nüchterne Weise. Denn hier muß rasch, unmittelbar und zielstrebig reagiert werden, um der Notwendigkeit Abhilfe zu schaffen; der intentionale Drang äußert und erfüllt sich direkt in den körperlichen Nöten.

Diese Geradlinigkeit, ja Einspurigkeit des Bereichs Eins, die uns schon beim Thema Empfinden auffiel, erscheint bis ins Körperliche hinein in weitgehender Konsequenz verwirklicht. Auch die zugehörigen Meridian-Punktketten von Niere und Blase zeichnet Geradlinigkeit und eine extreme Gegenüberstellung zwischen Vorn und Hinten aus, wie es für den Bereich Eins charakteristisch ist.

Wirbelsäule, Knochen und Skelett gelten als die spezifische Gewebeschicht des Funktionskreises Niere; die Ohren samt der Hörfunktion als das zugehörige Sinnesorgan. In diesem Sinnesorgan und diesem spezifischen Gewebe also äußert sich die Schlüsselfunktion des Nieren-Organverbandes.

Wir sagten, daß die Sinnesorgane als »Öffner« oder Erschließer jeweils den Yang-Aspekt der Schlüsselfunktion veranschaulichen. Das gilt selbst für das Ohr, obgleich dieses unter allen fünf Sinnesorganen das mit der größten Passivität ist: ein reines Empfangsorgan. Seine Passivität geht soweit, daß es sich nicht einmal schließen läßt; der Schall trifft es bei Tag und bei Nacht. Jedoch besitzt es eine besondere Art der Aktivität, nämlich das genauere Hin-Horchen, ein Konzentrieren auf den Schall – das, was der Volksmund als das Spitzen der Ohren bezeichnet. Ebenso kann der Mensch – oder das Tier – seine Aufmerksamkeit vor dem Gehörten verschließen; dann durchläuft das Geräusch zwar das Ohr, wird aber als Wahrnehmung zurückgewiesen, weil es ohne Belang sei. Bei der Hörfunktion spielen also die bereits erwähnte Unterscheidung und Diskriminierung eine wesentliche Rolle. Dieses selektive Hören hängt vom Grad der inneren Wachheit gegenüber den einzelnen Signalen ab. Eine schlafende Mutter zum Beispiel überhört so manches laute Geräusch, das keine Bereitschaft von ihr erfordert, jedoch der leiseste Seufzer ihres Säuglings läßt sie sofort aufschrecken.

Das jähe Aufschrecken des Lebewesens aus seinem in Sicherheit gewiegten, inaktiven Ruhezustand, ja aus jeder Art von Verschlafensein, und seine Versetzung in einen Alarmzustand ist demnach wesentlicher Teil der Hörfunktion, die von Natur aus vornehmlich Signalcharakter hat. Erst in zweiter Linie dient das Hören unserer Orientierung oder gar unserer Unterhaltung; primär ist es sicherndes Lauschen und warnt bei bestimmten Gefahren. Abermals geht es also um das existentielle Überleben; denn es sind vor allem solche Gefahren gemeint, die eine aktuelle, meist plötzliche Bedrohung der Existenz oder Unversehrtheit des Körpers bedeuten. Hier gilt es, sofort und schnellstens zu reagieren, um sich selbst – oder das bedrohte Kind – in Sicherheit zu bringen. Die Art der wahrgenommenen Gefahr duldet weder Aufschub noch abwägendes Nachdenken.

Die akustisch wahrgenommene Information ist im Falle der Gefahr also immer zugleich Anweisung, sei es zur Sicherung, sei es zu erhöhter Aufmerksamkeit. Hören, Horchen und Gehorchen sind in diesem Sinne ein und dasselbe Geschehen. Die Funktion des Ohres reicht somit, wenn wir sie als Schlüsselfunktion für den Bereich Eins auffassen, weit über das bloße Hören hinaus: Sie ist Horchen, Angesprochen-Werden, Erwecken zu Bereitschaft und Gehorsam zugleich.

Auch die Schlüsselfunktion der dem Organverband zugehörigen spezifischen Gewebeschicht, nämlich Knochen und Skelett, hat mit Sicherheit, Schutz und Überleben zu tun. Der Knochen umschließt entweder die Weichteile als schützende Schale, wie beim Becken und beim Schädel – auch das Knochenmark wird schützend von den Wirbeln umschlossen –, oder er dient als Gerüst und Stütze, wie es bei den einzelnen Gliedmaßen und insbesondere am Rücken deutlich wird. Die Wirbelsäule ist Inbegriff von Halterung und Halt, Stabilität und Statik; sie garantiert das Stehvermögen. Die Gebeine stellen das dauerhafteste aller Körpergewebe dar und bleiben noch lange über den Tod des Lebewesens hinaus erhalten. Wenn uns also das Ohr vor akuten Gefahren warnt, die unser Überleben auf plötzliche Weise bedrohen, so garantieren die Knochen das Überleben im Sinne von Permanenz und Dauer, kraft der außerordentlichen Haltbarkeit ihrer Struktur. Wir sehen in der Tat analoge Funktionen: beim Ohr in der Variante des Yang, beim Knochen in der Variante des Yin.

Im Bereich Eins ist die Polarität Yin gleichbedeutend mit Hinten. Auf den Körper bezogen, hängt dies eng mit der knöchernen Rückenpartie zusammen: Solange nämlich der Rükken gedeckt ist, haben wir tatsächlich die Empfindung des Schutzes, können wir weder hinterrücks überfallen, noch nach hinten umgestoßen und ins Ungewisse hinabgestürzt werden. Die rückwärtige Sicherung steht in diesem Sinne für Sicherheit schlechthin.

Nicht nur die Organfunktionen, sondern auch die vielfachen sonstigen Analogien des Elements Wasser/Niere umspannt ein weiter Bogen von Yang nach Yin. So gibt es unter anderem ein Gegenstück zu der yang-haften, trieb- und dranggesteuerten Fortpflanzung, der sogenannten Generation: die Re-generation als yin-haftes Geschehen. Unter der Zielsetzung der Regeneration beschert die jahreszeitliche Analogie, der Winter, den Winterschlaf und die Rückführung allen Lebens unter die schützende Decke des Schnees. Die analoge Kälte bringt auch innere Abkühlung und, mit dieser verbunden, die Zurücknahme der vitalen Funktionen: Man denke an die vorübergehende Kaltblütigkeit des Reptils als des Repräsentanten des Bereichs Eins – aber auch an die Frigidität als die sexuelle Kälte. Das Bild der winterlichen Erstarrung des Wassers zu Eis führt hin zur Analogie der kristallinen Struktur der Mineralien und Salze – und folgerichtig zur Geschmacksrichtung salzig, wie sie dem Element Wasser/Niere zugeordnet wird.

Der Regeneration sind allerdings Grenzen gesetzt. Sie ist keine Neubelebung, sondern stets nur Erholung der angestrengten Reserven, welche eines Tages, früher oder später, aufgebraucht sein werden. Die chinesische Akupunkturlehre verbindet diese Erfahrung mit dem Begriff der sogenannten Erb-Energie: Demnach verfügt jeder Mensch über einen angeborenen Vorrat an Ur-Lebensenergie, welche – wie könnte es anders sein – wiederum dem Element Wasser/Niere zugeordnet wird. Die Ur-Lebensenergie stellt sich als eine Mitgift des Menschen dar, die reichlich, aber begrenzt vorgegeben und weder erneuerungs- noch nachschubfähig ist. Ihr allmählicher Verbrauch kommt der zunehmenden Alterung gleich. Interessanterweise gilt eben dies auch für die weiblichen Fortpflanzungszellen: Die Eizellen sind von Geburt an in ausreichender, aber begrenzter Zahl angelegt.

Altersabbau wie Degeneration sind also der notwendige Gegenpol zur Hervorbringung neuen Lebens; Verschleiß und Abnutzung sind die Kehrseite der zahlreichen Überlebensmechanismen. So spannt sich der polare Bogen im Bereich Eins, dem Quadranten der körperlichen Existenz, letztlich zwischen Geboren-Werden und Sterben.

Der Zielsetzung von Sicherheit und Überleben sind auch die psychischen Entsprechungen unterstellt, die die Fünf-Elementen-Lehre mit dem Element Wasser/Niere in Verbindung bringt: auf der einen Seite der Wille, auf der anderen Angst, Schreck und Schock.

Der Wille – in der Sprache von Psychologie und Sinnesphysiologie als Intentionalität bezeichnet – vermag sich mit seiner Unbeirrbarkeit und seinem Energiepotential über alle entgegenstehenden Hindernisse hinweg durchzusetzen. Solches Wollen richtet sich weder nach der Vernunft noch nach irgendwelchen Gefühlen; die Steuerung kommt vielmehr aus unbewußten Automatismen, denen der Körper zum Instrument wird. Bei allem Drang und Begehren der vorwärtsstrebenden Triebbetontheit beweist der Wille zugleich Dauer und Konsequenz.

Angst, Schreck und Schock sind die Erfahrung mangelnder Sicherheit und Geborgenheit, aktualisiert als Bedrohung. Die Funktion von Angst und Schreck besteht darin, das Lebewesen zu Abhilfereaktionen gegenüber möglichen Gefahren wachzuhalten. Auch hier geht es demnach um die Herbeiführung eines Alarmzustandes, und zwar eines psychischen, der allerdings aufs engste mit dem Körperlichen verknüpft ist. Wie sehr Angst im Körper empfunden werden kann – als Schauder in der Wirbelsäule, als Zittern in den Gliedern, als Angewurzeltsein –, wird jeder bestätigen können. Da wir uns im Quadranten Eins – dem Körper-Quadranten – befinden, gehören jedoch nur solche Ängste hierher, die die körperliche Existenz oder Unversehrtheit betreffen. Elisabeth Kübler-Ross weist darauf hin, daß es nur zwei naturgegebene existentielle Ängste gibt, die dem Menschen geradezu zur Lebenssicherung mitgegeben sind, die Angst bei plötzlichen Geräuschen von hinten sowie die Angst bei unsicherem Boden unter den Füßen – also vor dem Fallen, insbesondere nach hinten. Hier wird die Bedeutung von Rückendeckung und Stehvermögen erneut bestätigt. Diese beiden naturgegebenen Ängste sind offensichtlich unmittelbar körperlich verankert und einprogrammiert und lassen sich daher auch nicht wegtrainieren. Alle anderen Ängste hingegen bezeichnet Kübler-Ross als nicht natürlich und somit als Abweg ins psychische Fehlverhalten – abgesehen davon, daß es sich oftmals ohnehin um eingebildete oder fehlassoziierte Bedrohungen handelt.

Trotz der Vielfalt der dem Element Wasser/Niere zugesprochenen Analogien dürfte deutlich geworden sein, wie sehr diese Analogien dennoch zueinander passen und sämtlich ein gemeinsames, tiefer durchgreifendes Prinzip zum Ausdruck bringen. Die Zuordnungen der klassischen Akupunkturlehre sind also weder willkürlich noch unsystematisch, sondern sie fußen auf einer funktionellen Gesamtschau.

*

Gemäß der Akupunkturüberlieferung folgt auf das Element Wasser ein Element namens *Holz:* eine eigenartige, dem westlichen Verständnis schwer nachvollziehbare Elementen-Vorstellung. Doch sind in der chinesischen Lehre, wie gesagt, nicht so sehr fünf Ur-Substanzen, sondern fünf Funktions-Elemente – dynamische Funktionsbereiche – gemeint.

Welche Art Holz vorzustellen ist, läßt sich aus der zugehörigen Jahres- und Tageszeit samt der Witterung ablesen, die ja nach dem Gesetz der Entsprechungen wesensverwandt sein müssen: Frühjahr und Osten, Morgen und Morgenfrische, insbesondere der Wind und Wirbel und jede Art stürmisch bewegter Luft und thermodynamischen Aufruhrs. Folglich kann nur das vitale, von der Kraft des Frühjahrs strotzende, junge und grüne Holz gemeint sein: nicht der uralte, knarrende Stamm, sondern die geschmeidige Gerte – und so steht uns als das Element Holz jenes grüne, elastische und halmartige Gewächs vor Augen, das zu China gehört wie kein anderes: der Bambus.

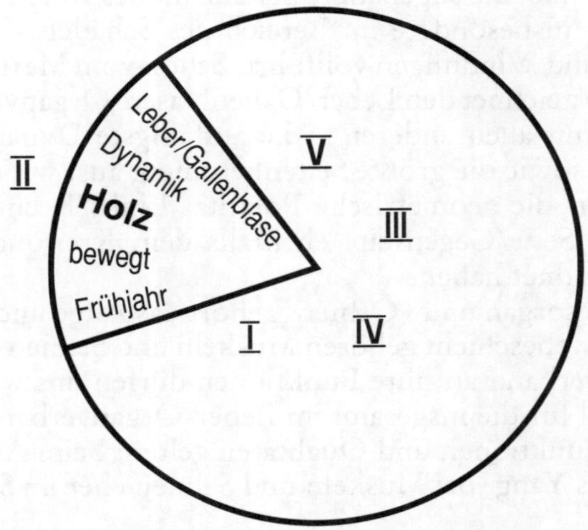

Die Gesamtschau der aufgezählten Analogien veranlaßt uns, das Element samt dem zugehörigen *Organverband der Leber* auf den *Quadranten Zwei* zu beziehen. Wir räumen also dem chinesischen Element Holz/Leber jenen Platz in unserem Lebenskreis ein, der bei den abendländisch-antiken Elementen auf das Feuer entfiel.

Der Name des Yin- und Speicher-Organs, nämlich Leber, ruft nicht zufällig Assoziationen zum Worte »Leben« wach; auch könnte der Name Stoffwechsel für die von der Leber versehene Funktion nicht passender sein. Wir werden im folgenden sehen, daß Frische und Vitalität – Lebenskraft im wahrsten Sinne des Wortes – sowie die durch Wechsel und Abwechslung hervorgerufene Kräftebelebung die wesentlichsten Entsprechungen des Elements Holz/Leber darstellen. In allen Analogien des Elements äußert sich Kraft.

Die Gallenblase ist nach chinesischem Akupunkturverständnis der Yang-Partner der Leber. Die funktionelle Verknüpfung zwischen diesen beiden Organen ist auch der westlichen Medizin geläufig, nicht aber ihre konter-polare Wertigkeit.

Den Verlauf der zugehörigen Meridiane zeichnet eine auffällige Nähe zur Seitenlinie des Körpers aus, vor allem beim Gallenblasen-Meridian. Dieser hält sich in seiner ganzen Länge an die Flanke, die sogenannte Seitennaht des Körpers, wo er allerdings – insbesondere im Bereich des Schädels – lebhafte Schwünge und Windungen vollführt. Schon vom Meridianverlauf her also zeichnet den Leber/Gallenblasen-Organverband – verglichen mit allen anderen – die auffälligste Dynamik und Bewegtheit sowie die größte Seitenbetonung aus; wir erinnern uns, daß wir die geometrische Polarität Links/Rechts beziehungsweise Seite/Gegenseite ebenfalls dem Kreisquadranten Zwei zugeordnet haben.

Als Sinnesorgan und »Öffner« gehört das Auge und als spezifische Gewebeschicht gehören Muskeln und Sehnen dem Leber-Organverband an; ihre Funktionen dürfen uns wiederum als Schlüssel für die insgesamt im Leber-Organverband repräsentierten Funktionen und Qualitäten gelten: beim Auge eher im Sinne des Yang, bei Muskeln und Sehnen eher im Sinne des Yin.

So wie es beim Ohr nicht um die bloße akustische Wahrnehmung, sondern vielmehr um ein Horchen und Lauschen geht, ist auch beim Auge nicht das bloße Sehen und optische Aufnehmen gemeint, sondern ein sehr dynamisches Blicken und Schauen. Unter allen Sinnesorganen ist das Auge dasjenige mit der größten Dynamik und Bewegtheit. Es geht mit dem Gesehenen mit und folgt ihm nach; es paßt sich in Akkommodation, Adaption und Fokussierung an Größe und Entfernung der Objekte an, ebenso an die herrschenden Lichtverhältnisse. Ja, das Auge scheint gleichsam einen Strahl hinauszusenden und mit ihm auf das Gesehene zuzugehen; nicht umsonst sprechen wir davon, daß der Blick das Gegenüber treffe. Der Mensch als der Blickende bringt voll und ganz sich selbst ein; denn das Auge ist der Spiegel seiner Seele, es offenbart seine Zuneigung oder Abneigung, Zustimmung oder Verachtung. Selbst geschaute Schönheit liegt, wie Shakespeare sagt, im Auge des Betrachters. Auch die Weite unseres Umkreises bestimmt sich danach, wie weit das Auge schweifen kann; die ganze Spannbreite unseres Gesichtsfeldes betrachten wir wie selbstverständlich als unser geheimes Eigentum, als das auf uns höchst persönlich zugeschnittene Revier. Das offene Auge ist Ausdruck von Mut und Risikofreudigkeit. Andererseits lassen sich unsere Augen auch verschließen, und wir können wegschauen, wenn wir etwas nicht sehen oder ihm aus dem Wege gehen wollen.

Eine besondere Facette des Blicken-Könnens ist das sogenannte Augenmaß. Mit einer millimetergenauen Treffsicherheit, die man nicht anders als eine gefühlsmäßige bezeichnen kann, vermag das Auge die sich ihm entgegenstellenden Kräfte, vor allem aber die Entfernungen abzuschätzen und einen jeden Punkt genauestens anzuvisieren, wenn eine bestimmte Aktion glücken soll: zum Beispiel der Sprung über einen Graben oder aber das Einschlagen eines Nagels. Dieses situations- und ortsangepaßte Ermessen des Auges ist unmittelbarer Garant für so manchen »glückhaften« Erfolg.

Das Auge ist also von allen Sinnesorganen dasjenige mit der größten Freiheit und Spontaneität; und dennoch ist es äußerster Präzision fähig. Zugleich ist es dasjenige, das unsere Individualität und unsere Regungen am treffendsten und trefflichsten zum Ausdruck bringt.

Präzision, Spontaneität und Dynamik bestimmen auch die Schlüsselfunktion des zugehörigen spezifischen Gewebes, nämlich Muskeln und Sehnen. Sie sind zugleich der Inbegriff von Beweglichkeit, Spannkraft, Elastizität und Ausdehnung. In erster Linie helfen sie uns, unseren Aktionsradius und unser Terrain auf federnde Art zu erweitern. An Muskeln und Sehnen wird der alternative Wechsel des Einmal-dies/Einmal-das, den wir bei der Polarität des Bereichs Zwei bereits kennengelernt haben, besonders augenfällig. Denn es gibt keine Bewegung ohne Gegenbewegung, keinen Wurf oder Sprung ohne Schwung: Der eine Fuß schreitet, der andere schwingt, und entgegengesetzt dazu pendeln die Arme hin und her. Anspannung und Ausdehnung ereignen sich im Seitenausgleich, also kontrastierend und abwechselnd trotz Gleichzeitigkeit. Das ausgewogene Zusammenspiel der kompensatorischen Bewegungen umspielt jenen fort-laufend verlagerten Punkt in der Mitte, der als Schwerpunkt den ganzen Menschen im Gleichgewicht hält.

Die die Aktion begleitende Kontraktion ist Konter-Aktion und Kontrolle in einem. Das Ausholen oder Schwungholen, das sich fast wie ein Innehalten oder gar Zurückfallen ausnimmt, ist in Wahrheit der Griff in eine unsichtbare Kraftquelle. In subtilster Bemessung wird jeweils eben soviel Schwung geholt, wie sich Kraft entladen soll, wird der Bogen in genau dem Maße gespannt, wie der Pfeil davonzuschnellen hat. Auch in puncto Kraftaufwand gibt es also ein genauestes Vorweg-Ermessen und -Abschätzen, welches die Leichtigkeit und Perfektion jeder Bewegung, sei es im Sport oder bei handwerklicher Arbeit, ausmacht. Wird nämlich das »rechte« Maß an Kraft und Schwung nur im geringsten verfehlt, ist auch das Ziel verfehlt: Die Aktion trifft zu kurz oder schießt über das Ziel hinaus; so oder so ist ihr kein Glück beschieden.

Obwohl das Auge als Öffner eher dem Yang und das spezifische Gewebe von Muskeln und Sehnen eher dem Yin zuzuordnen sind, so umfaßt ihrer beider Schlüsselfunktion in laufender Abwechslung und Gegenkontrolle doch beides, Yin und Yang; denn stets hält die Dynamik der Ausweitung sich die Waage mit Adaption und elastischer Angemessenheit.

Die Schlüsselfunktion des Leber-Organverbandes garantiert dem Individuum auf diese Weise die weitgehendste Entfaltung des eigenen Aktionsradius, eigener Ziele und eigener Ansprüche. Diese Freiheit findet ihre Grenzen allein in der Freiheit der anderen.

Die Schlüsselfunktion ist derart charakteristisch, daß sich die weiteren Analogien des Elements Holz/Leber, wie sie die klassische Akupunkturlehre aufzählt, fast wie von selbst verstehen: das bereits erwähnte Frühjahr als der Inbegriff des dynamischen Neubeginns, die aprilhafte Klimawechselhaftigkeit bei abwechselnd frischen wie anregenden und gemäßigten Temperaturen, das aus innerer Kraftfülle grünende Holz, das Winden und Wirbeln der Lüfte – bis hin zu dem »Wind« und »Wirbel«, den ein ich-bezogener Mensch verbreitet. Selbst der innerkörperliche Wirbel, sei es der Schwindel, sei es der aufschießende Blutandrang zum Kopf, läßt sich nach der therapeutischen Akupunkturerfahrung oft mit diesem Element in Verbindung bringen. Als Geschmacksrichtung wird das Saure dem Element zugeordnet. Gemeint ist nicht nur das Saure als solches, sondern auch der Prozeß seiner Entstehung, das gärend-sprudelnde und perlende Emporwallen, sei es im grünen Pflanzensaft, sei es im spritzigen Most oder jungen Wein. Solche Gärungsgetränke, im rechten Maß genossen, steigern Schwung und Lust; im Übermaß aber machen sie auf-brausend und wirbelig-trunken, stören also das Gleichgewicht. Demselben Quadranten Zwei zugehörig fanden wir ferner das Sich-

Winden der Pflanze in üppigem Wachstum, aber auch das Wachsen des Ich sowie den Bereich der Emotionalität.

Hier ist eine aufregende sprachliche Besonderheit des Englischen anzumerken, die dieses ganze Spektrum des Elements Holz/Leber in ein und denselben Begriff zu fassen vermag: *Spring* ist das Wort sowohl für den Frühling, als auch für das Entspringen der sprudelnden Quelle, außerdem für Losschnellen und Sprungkraft, Federung und Triebfeder, ja sogar für Motiv und Beweggrund!

Die psychischen Entsprechungen, welche die Fünf-Elementen-Lehre dem Element Holz/Leber zuschreibt, sind zum einen der Mut, zum anderen der bereits erwähnte Zorn, also Ärger, Wut und Aggressivität im weitesten Sinne.

Mut bedeutet Tapferkeit, Entschlossenheit, Unerschrokkenheit und Wagnisfreudigkeit. Er ist jene dynamische Tatkraft, mit der das Ich zu seiner Selbstverwirklichung schreitet. Mut ist der psychische Schwung; er begleitet die Taten des Individuums ebenso, wie das laufende Schwungholen und Kraftschöpfen die Tätigkeit von Muskeln und Sehnen.

Bei Zorn, Wut und Ärgerlichkeit wird die psychische Bewegung zur Übersteigerung. Es sind vor allem jene cholerischen Ausbrüche gemeint, bei denen das Maß des Angemessenen überschritten wird. Dem Betreffenden ist »eine Laus über die Leber gelaufen«, ihm »läuft die Galle über«, er ist »sauer« – und läßt sich daher zu impulsiven Entladungen hinreißen. Es geht ausschließlich um die im Moment drängende Befreiung, die sich über alles hinwegsetzt, was der Umkreis an Anpassung verlangen kann.

Die Gesamtschau der aufgezählten Analogien bestätigt, daß auch im Falle des Elements Holz/Leber die in der klassischen Akupunkturlehre gefundenen Entsprechungen sämtlich zueinander passen und offensichtlich einem selben, tiefer durchgreifenden funktionellen Prinzip Ausdruck verschaffen.

*

Als drittes soll uns das *Element Erde* beschäftigen, das nach der Akupunkturlehre mit dem *Organverband der Milz* verbunden ist. In unserem Lebenskreis beziehen wir dieses Element auf den *Quadranten Drei.* Auch das abendländisch-antike Element Erde war, wie wir sahen, dem Bereich Drei zuzuordnen.

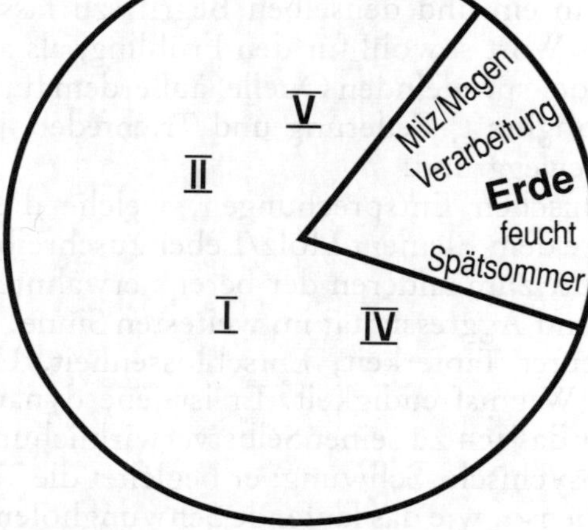

Nach dem chinesischen Verständnis ist nicht so sehr die Erde als Stofflichkeit gemeint, als wiederum die in der Manifestationsform Erde verschlüsselte Funktion: Erde ist Mutterboden, tragende und hervorbringende Ackerkrume, die das in sie Gelegte zu gestalten und zu konkretisieren vermag. Erde ist daher ein Element von Yin-Charakter; sie ist die Mütterlichkeit schlechthin, die Austragende und Gebärende, welche ihre Kinder hegt, pflegt und nährt.

Als yang-hafter Gegenpol steht der Erde der Himmel gegenüber. Der Himmel aber ist Symbol des ideell Hervorbringenden: Er ist der Zeugende, der Befruchtende. Der Mensch gilt nach chinesischer Überlieferung als Sproß der Verbindung zwischen Erde und Himmel, vereint er in sich doch die Eigenschaften beider.

Als jahreszeitliche Entsprechung des Erde-Elements benennt die klassische Akupunkturlehre den späteren Sommer, also die Jahreszeit der Trächtigkeit, die auf die Befruchtung folgt. Die dazugehörige Witterung ist Feuchtigkeit, und zwar als die warme, treibhausartige Atmosphäre verstanden: jene feuchtigkeitsgeschwängerte Schwüle, die die Frucht gedeihen und anschwellen läßt. Die dazugehörige Geschmacksrichtung ist die Süße; aber auch diese nicht als der trockene Zucker verstanden, sondern als triefender, süßer Seim, so wie er aus der Frucht kommt – ein vielfach zusammengesetztes Produkt, dem in wohl ausgewogenem Maß auch Aromastoffe und vor allem die nötigen Verdauungsfermente zugesetzt sind.

In der Akupunktur wird dem namengebenden Symbol-Organ Milz, dem Yin zugehörig, die Bauchspeicheldrüse zugeordnet, die mit der Produktion von Verdauungssäften befaßt ist. Der zugehörige Yang-Partner ist der Magen.

Die Funktionen des Milz-Organverbands bestehen in Verarbeitungsprozessen vielfacher Art, die nach Analogie der Verdauung ablaufen. Der Yang-Part ist mit Zerkleinerung, Zerlegung und Abbau befaßt, der Yin-Part mit Bevorratung und Einlagerung.

Betrachten wir zunächst die Schlüsselfunktion des zugehörigen Sinnesorgans. Als »Öffner« oder Erschließer des Milz-Organverbandes gilt der Mund, dessen komplexe Funktionen in der Fünf-Elementen-Lehre demnach in erster Linie als Sinnesfunktionen aufgefaßt werden. Der Mund versieht sowohl den Tastsinn als auch den Geschmackssinn. Das Schmecken kommt im Grunde einem Abtasten der Speisen auf deren Verträglichkeit gleich, es dient primär dem Erkennen und nicht der Vermittlung eines Genusses. Interessanterweise bezeichnet die englische Sprache das Schmecken mit *taste*. Das Sinnesorgan Mund besteht aus der Gesamtheit von Lippen, Zähnen, Geschmacksorgan sowie Rachen und Schlund. Für die Zunge selbst gilt eine Besonderheit: Ihre Fähigkeit, Sprache zu formen, gilt nach chinesischer Auffassung als eine eigene Sinnesfunktion, die dem Herz-Organverband zugeordnet wird.

Auch die Sinnesfunktion Tasten reicht weiter als ein bloßes Berühren: Sie ist aktive Kontaktaufnahme, ein Anfassen, Be- und Umgreifen, Hereinnehmen, Prüfen und Zerkleinern. Diese verschiedenen Aufgaben werden schrittweise, eine nach der anderen, vollzogen. So nehmen die Lippen den ersten Kontakt auf und greifen zu; in der Mundhöhle setzt das Kauen und Zerkleinern ein, die ersten Verdauungsfermente beginnen ihr Werk. Im Munde wird das erste Urteil gefällt, ob das Hereingenommene brauchbar ist oder nicht: Ungenießbares wird vom Geschmack her ausgesondert, zu Hartes, Unspaltbares wird von den Zähnen zurückgewiesen. Was der Prüfung standhält, wird während des weiteren Verdauungsprozesses immer mehr in seine Bestandteile zerlegt. Dieser Vorgang heißt Dissimilation – wörtlich: Entähnlichung –, das heißt die Beraubung der Identität des Hereingenommenen mit sich selbst.

Als spezifische Gewebeschicht des Milz-Organverbandes ist das Fleisch, die fleischige Masse, überliefert. Diese besteht vornehmlich in dem Bindegewebe, welches sich bekanntlich bindend zwischen alle Gewebe- und Organbereiche lagert. Es ist der Ort der größten Integrationsfähigkeit, des ständigen Ausbalancierens zwischen saurem und alkalischem Milieu, zwischen Sol- und Gelzustand. Die Fleisch- und Fettpolster fungieren als die Vorratsmagazine zur Einlagerung der in der Verdauung gewonnenen Produkte. Entsprach der Abbau dem Yang, so liegt in der Einlagerung der nunmehr zu arteigenen Eiweißen und Fetten neu zusammengesetzten Stoffe der Yin-Aspekt der Schlüsselfunktion.

Als psychische Entsprechung des Elements Erde/Milz ist Tiefsinnigkeit – die Neigung zu Grübeln, Kummer und Besorgnis – überliefert. Hiermit ist die Gewohnheit gemeint, sich ständig Gedanken zu machen; ein dauerndes Erwägen und Überdenken von Schwierigkeiten, Sorgen und Zweifeln. Das englische Wort hierfür ist wiederum sehr bezeichnend, es lautet *worry* – wörtlich: Würgen. Tatsächlich werden hier laufend dieselben Fragen neu hochgewürgt und wiedergekäut, so als hätte der Betreffende eine Fermentschwäche im Mentalen, die ihn am ordnungsgemäßen Verdauen seiner Probleme hindert. Beim Element Erde/Milz läßt sich die Analogie zum Verarbeitungsprozeß der Verdauung also selbst bis ins Psychische weiterverfolgen, und sämtliche aufgezählten Entsprechungen erweisen sich als zueinander passend und demselben funktionellen Prinzip dienend.

*

Das Element Metall, das wir als viertes besprechen wollen, ist das Element des Herbstes, des Westens und des Abends. Beim Metall denken wir an Einschmelzung, Feuerprobe und vielfache Verwandlungsprozesse zur Läuterung, auf daß aus dem Klumpen Erz auch noch die letzte Verunreinigung ausgeschieden und herausgesintert werde und nur das Edle, Unverfälschte übrigbleibe. Mit dem Herbst verbinden wir die Vorstellung von klarer, eher trockener Luft. Den Klimafaktor Trockenheit ordnet die Akupunkturlehre diesem Element tatsächlich zu, als Geschmacksrichtung wird das Herbe angegeben. Trockenheit meint Reduktion auf das Wesentliche, wie wir es von der Darrung der Kräuter zum herben Gewürz, von der Trocknung der Beere zur edlen Spätlese her kennen, schließlich und letztlich aber vom Welken der Blätter als Vorbereitung zu deren Loslösung und Abwurf. Herbst und Abend sind Ausklang, sie verlangen das Aufgeben: Alles Gewesene, Alte muß absterben, damit Neues werden kann. In der Vielzahl seiner Analogien scheint dieses Element, das symbolisch nach dem Metall benannt ist, Grenzen zu berühren, die zu Übergängen werden. So fügt es sich in den *Quadranten Vier* ein.

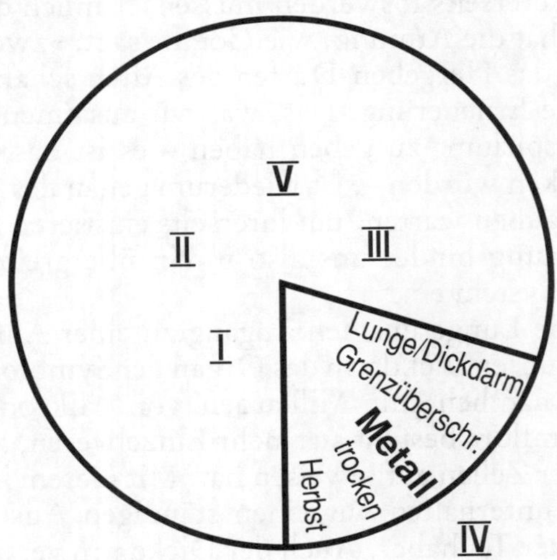

Der dem Element Metall zugeordnete *Organverband* ist der der *Lunge*. Gemäß der Akupunkturlehre versieht innerhalb dieses Funktionskreises die Lunge den Yin-Part und der Dickdarm den Yang-Part. Diese eigentümliche Verknüpfung zwischen Lunge und Dickdarm, die zunächst überraschen mag, ist unter anderem embryologisch ableitbar. Sie bestätigt sich überdies in der therapeutischen Akupunkturerfahrung; wir sollten uns daran erinnern, daß auch bei uns durch Jahrhunderte hindurch jene bewährte Hausarztregel praktiziert wurde, bei fieberhaften Infekten der oberen Luftwege erst einmal einen Einlauf zu machen und den Darm zu reinigen. Die Verknüpfung zwischen Lunge und Dickdarm ist eine funktionelle; so sehr diese beiden Organe auch anatomisch voneinander entfernt liegen, erfüllen sie doch – wie wir sehen werden – ausgesprochen verwandte Funktionen, die demselben Funktionsprinzip angehören.

Stand das Milz-Element unter der funktionellen Zielsetzung Verdauung/Verarbeitung, so verwirklicht sich im Lungen-Funktionskreis das Prinzip Atmung/Austausch. Im Unterschied zur Verdauung sucht die Atmung keine Aneignung des Hereingenommenen, sondern gibt es wieder frei. Die eingeatmete Luft wird allerdings in unserem Innern ausgetauscht, indem wir ihr den für unseren Organismus lebensnotwendigen Sauerstoff entnehmen und sie stattdessen mit dem anreichern, was wir unsererseits loswerden müssen, nämlich das Kohlendioxyd. So hat die Atmung, wie Goethe sagt, »zweierlei Gnaden«; denn das Hergeben-Dürfen des Alten schafft den Freiraum für die Erneuerung. Das, was wir ausatmend, im sogenannten Exspirium, zu geben haben – es ist das, woran wir selbst ersticken würden –, ist wiederum genau das, worauf die Pflanzen draußen warten, um ihrerseits existieren zu können. Unsere Atmung bindet uns also in ein übergreifendes symbiontisches System ein.

So wie die Lunge uns den Zugang zu einer Außenwelt erschließt, ist unser Dickdarm das Organ der Symbiose mit einer Innenwelt, nämlich mit Milliarden von Mikroorganismen. Unsere Darmflora besteht aus mehr Einzelwesen, als unser eigener Körper Zellen aufzuweisen hat. Mit diesem inneren Mikrokosmos unterhalten wir einen ständigen Austausch zum Nutzen beider Teilhaber. Auch der Dickdarm versieht also eine Funktion der Grenzüberschreitung.

Von nicht geringerer Bedeutung und nicht minder zum Bereich Vier passend ist die Reinigungs- und Entsorgungsfunktion des Dickdarms. Vieles von dem, was für unseren eigenen Organismus Abfallprodukt ist, wird nämlich von der Darmflora willkommengeheißen und noch ausgewertet. Was dann schließlich und endgültig – nach einer letzten Austrocknung – für den Stuhlgang freigegeben wird, ist der Erde zur weiteren Entsorgung, für Humusbildung und als Dünger, zurückzuschenken. So reiht uns die Funktion des Dickdarms auch in die Symbiose mit dem Außen ein.

Die Funktion des Dickdarms zeigt, wie wichtig Freigabe und Herschenken sind. Wollten wir unseren Kot im Körper behalten, so käme es zur Eigenvergiftung, wie es bei Menschen mit hochgradiger Verstopfung deutlich wird. Aus der Psychologie ist übrigens bekannt, daß für den Säugling der Kot tatsächlich ein Geschenk darstellt, das er der Mutter darbringt.

Die dem Lungen-Organverband zugehörigen spezifischen Gewebe sind Haut, Nägel und Haar. Sämtliche Funktionen, die von diesen Geweben versehen werden, passen zu dem hier betroffenen Quadranten Vier. Da sind zunächst die Reinigung und die Loslösung: Mit Hilfe der Poren dient die Haut der reinigenden Entlastung des Körpers beim Schwitzen, dem Transpirieren. Haut, Nägel und Haar vollziehen ferner eine regelmäßige Abstoßung – letztlich ein Absterben ihrer jeweils äußersten Schicht. Mit solchem Absterben jedoch ist untrennbar die zuvor von innen heraus vollzogene Erneuerung verbunden.

Die Haut als Begrenzung nach außen stellt keineswegs eine absolute Trennschicht dar, sondern ist, wie auch die Membranen des Atmungstrakts, auf subtile Weise halbdurchlässig. Sie versieht als wesentliche Aufgabe die sogenannte Hautatmung, einen über die Poren vollzogenen Diffusionsvorgang. Ferner ist die Haut ein Empfangs- und Sensibilitätsorgan für physikalische Feldphänomene, wie beispielsweise die Luftelektrizität oder die über das sichtbare Lichtspektrum hinausgehenden Strahlungseinfälle: ultraviolette Strahlung, Radioaktivität, aber auch die bisher unerforschten zahlreichen kosmischen Einflüsse. Die Haare beteiligen sich als hochsensible und auch elektrisch aufladbare Antennen; bekanntlich reagieren sie sehr fein, da sie uns selbst das Fliegengewicht eines über sie hinwegspazierenden Insekts melden können.

Das dem Lungen-Funktionskreis zugehörige Sinnesorgan ist die Nase. In funktioneller Einheit mit dem System ihrer Nasennebenhöhlen verstanden, fungiert sie gleichzeitig als »Öffner« für die Atmung. Der tiefere Grund für die eigentümliche anatomische Beschaffenheit der Nasennebenhöhlen ist ungeklärt, doch paßt es phänomenologisch zur Analogie des Lungen-Funktionskreises, daß sie weitgehend aus Lumen und Weite bestehen und Riesenporen oder Kavernen gleichen.

Auch die Sinnesfunktion der Nase ist eine »Öffner«-Funktion. Diese geht wiederum über das bloße Riechen hinaus: Sie ist antennenhaftes Spüren und Wittern – ein Erahnen dessen, was »in der Luft liegt«. Die Feinheit des Riechvermögens nähert sich der Grenze dessen, was noch als stofflich – im Sinne der nach der Loschmidtschen Zahl bestimmten Verdünnungsgrenze der Moleküle – gelten kann; bestimmte Fischgattungen vermögen noch feinere Verdünnungen zu riechen. Der Geruchssinn hat durchaus existenzsichernden Charakter – meldet er doch, ob die Luft »rein« ist.

Als psychische Entsprechung wird dem Element Metall/Lunge die Traurigkeit zugeordnet. Solche Traurigkeit umfaßt weit mehr als bloße Trauer, wie sie durch einen Todesfall ausgelöst wird; sie ist eine den Menschen befallende Grundbefindlichkeit, die ihn innerlich aushöhlt – einer lähmenden Wehmut, einer resignierenden Hoffnungslosigkeit, ja einem Weltschmerz gleich. Derartige Zustände stellen sich an Grenzsituationen des Lebens ein, wo alles verloren und verschenkt erscheint – buchstäblich ausgehaucht wie beim Exspirium. So erstreckt sich die Analogie zum Atemgeschehen beim Element Lunge bis ins Psychische hinein.

*

Es verbleibt nunmehr das *Element Feuer* der chinesischen Akupunkturlehre zu besprechen. Diesem werden als Analogien der Süden, der Sommer und die Hitze sowie das *Herz* und dessen Funktionskreis zugeordnet.

Auch unter den vier Naturelementen der griechischen Antike hatten wir ein Element Feuer gefunden. Für dieses Kraftvolle, Vitale, zuweilen Ungestüme bestand allerdings eine Parallele zum cholerisch-galligen Temperament, das dem Quadranten Zwei unseres Lebenskreises entsprach.

Anders jedoch das gleichnamige chinesische Element; denn den Platz des Quadranten Zwei haben wir bereits dem Element Holz vergeben. Überhaupt füllen die vier bisher besprochenen Akupunktur-Elemente die zur Verfügung stehenden Lebenskreis-Quadranten bereits restlos aus. Das bedeutet: Wasser, Holz, Erde und Metall sind als die vier »paganischen« Akupunktur-Elemente aufzufassen. Das chinesische Element Feuer hingegen, als das fünfte, nimmt eine Sonderstellung ein: Es symbolisiert offensichtlich den *fünften Wesensbereich*.

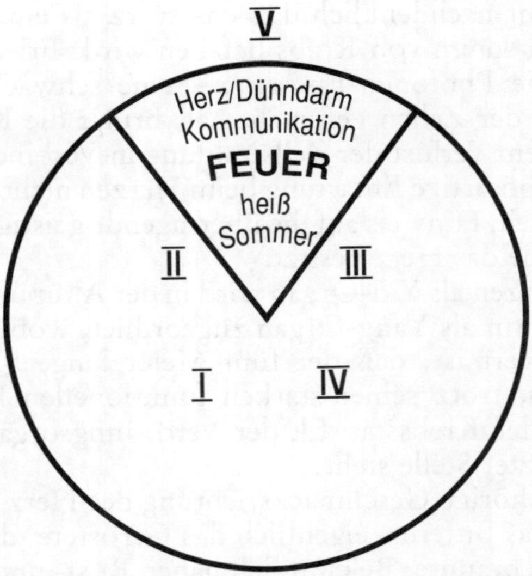

Als Analogie der Quinta Essentia steht das Symbol Feuer nicht mehr für bloße Vitalität und Dynamik, sondern es ist der Flamme gleichzusetzen, dem Lichtschein, dem Strahlen und Leuchten. Daher gehören Feuer, Sonne und Sonnenhaftigkeit zusammen und sind dem Feuer-Element jeweils die Zeiten des Sonnen-Höchststandes zuzuordnen: also zum einen der Mittag, zum anderen der Hochsommer.

Daß das fünfte Element Feuer mit der Symbolik der Quinta Essentia verknüpft ist, wird vollends an der Zuordnung des Herzens zu diesem Element offenbar. Nicht nur nach chinesischem, sondern auch nach abendländischem Verständnis geht die Bedeutung des Herzens weit über die einer bloßen Blut- und Kreislaufpumpe hinaus. Anders als die übrigen Elemente, die lediglich körperliche Bezüge in sich vereinen, vermittelt das Herz-Element dem Lebewesen Mensch darüber hinaus eine Qualität, die die Chinesen *Shen* nennen – und das bedeutet: Geist. Shen dürfen wir gewiß als die Quelle von Herzenswärme, Liebesfähigkeit, Beseeltheit, höherem Bewußtseinsgewahren und vieler anderer geistig-seelischer Attribute deuten, neben denen die körperlich-funktionellen Aspekte des Herzens verblassen. Nach chinesischer Auffassung ist das Shen dem Herzen aufs engste verbunden; auf diese Weise macht es das Herz zur eigentlichen und wahren Mitte des Menschen – zu seiner geistigen Mitte.

Es stimmt nachdenklich,daß das Herz als einziges Organ des Körpers kaum von Krebs befallen wird. Friedrich Popp, der über die Photonen-Emission – eine schwache Lichtabstrahlung – der Zellen geforscht hat, bringt die Krebsentstehung mit dem Verlust der Zellstrahlung in Verbindung. Wenn eine solche bösartige Entartung beim Herzen nicht vorkommt, so mag dies ein Hinweis auf die überragende geistige Ausstrahlung sein, die das Herz besitzt.

Dem Herzen als Yin-Organ wird in der Akupunktur-Lehre der Dünndarm als Yang-Organ zugeordnet, wobei wiederum bemerkenswert ist, daß der fünf Meter lange Schlauch des Dünndarms, trotz seiner starken funktionellen Inanspruchnahme, in der Krebsstatistik der Verdauungsorgane mit Abstand an letzter Stelle steht.

Die zugehörige Geschmacksrichtung des Herz-Funktionskreises ist das Bittere – eigentlich das Geröstete, das heißt das im Feuer Gebrannte. Bekanntlich haben Röst- und Bitterstoffe, wohl dosiert, eine besondere Wirkung auf das Herz.

Das spezifische Gewebe des Herz-Funktionskreises sind Blut und Blutgefäße. Das Netz von Adern und Kapillaren verbindet sämtliche Teile des Körpers mit dem Herzen und sorgt auf diese Weise für die Belebung des Ganzen. Mehr noch: das Blut dient der allseitigen Kommunikation; denn mittels der Pulswelle wird der Herzrhythmus dem gesamten Organismus bis in dessen letzte Zelle mit-geteilt.

Von den Sinnesorganen wird dem Herz-Funktionskreis symbolisch die Zunge zugeordnet. Diese Zuordnung bedarf allerdings der näheren Erläuterung, denn nicht der Geschmackssinn ist hier gemeint; nach chinesischer Auffassung obliegt die Fähigkeit zu schmecken, wie wir bereits sahen, dem Sinnesorgan »Mund«. Die dem Herz-Element zugehörige Sinnestätigkeit hingegen läßt sich nicht biologisch-organisch verstehen – keine von außen kommenden Eindrücke werden hier herein- und wahrgenommen –, vielmehr besteht die hier »wahrgenommene« Funktion in Hinaussendung, Entäußerung und Mit-teilung: in Sprache und Sprechen-Können, Stimme und Tönen – wie denn auch das Lateinische für beides, Sprache wie Zunge, dasselbe Wort *lingua* verwendet.

Die derart verstandene »Öffner«-Funktion versieht also eine ähnliche Aufgabe wie Blut und Blutgefäße, nämlich allseitige Verbindung und Kommunikation. Demnach ist dies die Schlüsselfunktion, die den Herz-Funktionskreis prägt. Sie ist keine »paganische« Funktion, sondern von der Leucht- und Strahlkraft des Herzens durchdrungen; denn Kommunikation in diesem Sinne zielt nicht auf oberflächliche Verbindung, sondern will sich mit-teilen und sich verströmen.

So ist auch die Freude, als das Erstrahlen der Seele, nach chinesischer Lehre dem Feuer und dem Herzen als deren psychische Ausdrucksform beigesellt. Keine Analogie könnte besser passen für den fünften Wesensbereich, liegt doch in freudiger Glückseligkeit der Inbegriff seelischer Harmonie. Im Unterschied zu den übrigen Elementen ist keinerlei unharmonische psychische Verhaltensweise für das Herz-Element überliefert; wahrhaft hebt es sich als das Überstrahlende aus dem Kreis der Elemente heraus.

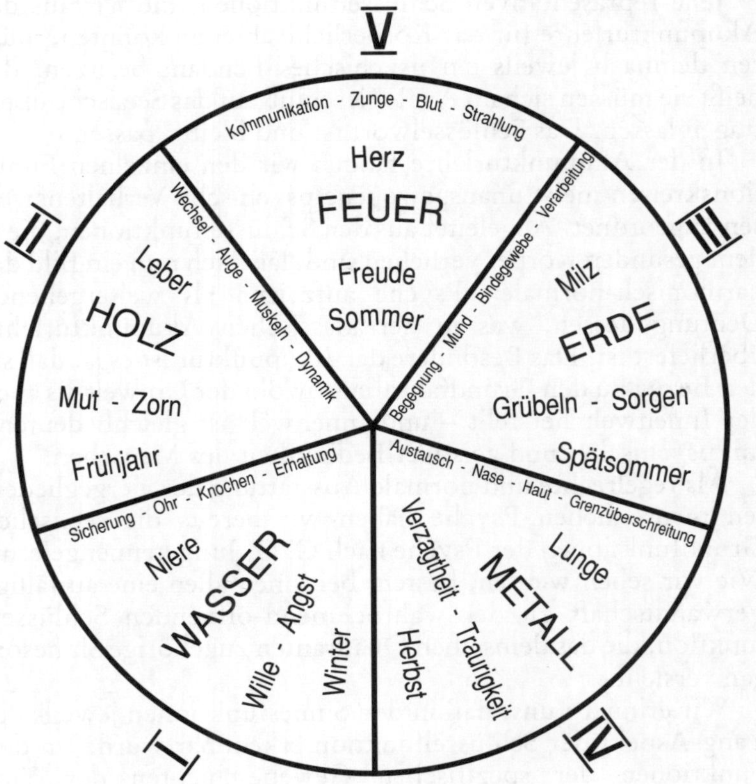

Kapitel 17

Hinführung zu einem somatopsychischen Menschenbild

Die zahlreichen Analogien der vorangegangenen Kapitel ließen das Prinzipielle, das sich hinter den einzelnen Bereichen unseres Lebenskreises verbirgt, immer deutlicher hervortreten: Ein jeder Quadrant steht ohne Zweifel für eine bestimmte, klar umreißbare funktionelle Zielsetzung, und diese beherrscht die körperlichen, seelischen und bewußtseinsmäßigen Aspekte eines selben Quadranten gleichermaßen – daher die enge Vermaschung zwischen Psyche und Soma.

Jene repräsentativen Schlüsselfunktionen, die wir aus der Akupunkturlehre für das Körperliche ableiten konnten, müssen demnach jeweils ein psychisches Pendant besitzen; das heißt sie müssen sich im Analogieschluß auf das Seelische übertragen lassen. Das Schlüsselwort ist und bleibt: passend.

In der Akupunkturlehre fanden wir den einzelnen Funktionskreisen meist unausgewogene psychische Verhaltensweisen zugeordnet. Abgeleitet aus den Schlüsselfunktionen, die ja dem gesunden Körper verliehen sind, läßt sich nun ein Bild der harmonisch-normalen Psyche aufzeigen als weitergehende Deutung dessen, was in der klassischen Akupunkturlehre überliefert ist. Das Besondere der Akupunktur ist es ja, daß sie den Bezug zu den Grundfaktoren sowohl der Umwelt als auch der Innenwelt herstellt – und Innenwelt ist gleichbedeutend mit psychischer und geistiger Bedingtheit des Menschen.

Als regelrechte und normale Ausstattung der viergegliederten menschlichen Psyche haben wir bereits die seelischen Grundfunktionen der Psyche nach C. G. Jung kennengelernt. Wie wir sehen werden, besteht bei ihnen allen eine auffällige Verwandtschaft zu der wahrnehmend-öffnenden Schlüsselfunktion, die das demselben Quadranten zugehörige Sinnesorgan versieht.

Wir erinnern uns, daß in den Sinnesfunktionen jeweils der Yang-Aspekt der Schlüsselfunktion erkennbar wurde, in den Funktionen der spezifischen Gewebeschichten der Yin-

Aspekt. Eine derartige Yang/Yin-Polarisierung, wie sie im Körperlichen gilt, dürfte auch im Psychischen Platz greifen; denn jene polare Auffächerung in Yang und Yin charakterisiert die gesamte Schöpfung und muß daher notwendig auch die Seele durchwirken. Dies würde freilich auf eine Erweiterung der vier Jungschen Grundfunktionen um vier zusätzliche psychische Fähigkeiten hinauslaufen, die dem Empfinden, dem Fühlen, dem Denken und der Intuition jeweils polar und gleichzeitig ergänzend gegenüberstehen.

Im Analogieschluß sind die vier Grundfunktionen – als bewußtseinsmäßige Wahrnehmer- und Öffnerfunktionen – dem Yang zuzurechnen. Unsere Aufgabe soll nun darin bestehen, hierzu passende yin-hafte Partnerqualitäten zu ermitteln. Aus der Analogie des Körperlichen ergibt sich, daß sie mit dem Yin-Aspekt der Schlüsselfunktion verwandt sein müssen, mit anderen Worten: Sie versehen eine vergleichbare Aufgabe im Psychischen, wie die demselben Funktionskreis angeschlossene spezifische Gewebeschicht im Somatischen.

Es handelt sich daher offensichtlich um innere psychische Grundhaltungen, Fähigkeiten beziehungsweise Bereitschaften. Sie sind keine bloßen Tugenden; sie stellen also keine Charaktereigenschaften dar, die der eine Mensch besitzen mag und der andere nicht. Vielmehr dürften die yin-haften Seelenqualitäten – ebenso wie auch die yang-haften psychischen Grundfunktionen – zur »Normalausstattung« der Psyche gehören. Je nach Situation und Anforderung kommen sie zum Tragen. Auch sie sind daher Funktion und müssen prozessual verstanden werden, das heißt als lebendige Voraussetzung für bestimmte Verhaltensweisen, die allen Menschen grundsätzlich möglich und zugänglich sind.

Um das Funktionelle dieser inneren Bereitschaften zu betonen, geben wir ihnen den Namen »psychische Funktionsqualitäten«.

Nicht aus den vier psychischen Grundfunktionen Empfinden, Fühlen, Denken und Intuieren allein, sondern erst aus ihrer Ergänzung durch vier zusätzliche Funktionsqualitäten ergibt sich das vollständige Bild der Psyche. Die grundsätzlich viergegliederte Seele fächert sich demnach in jedem ihrer Bereiche nochmals in zwei partnerschaftliche Aspekte auf, so daß acht Aspekte seelischer Aktivität betrachtet werden können.

Dies führt keineswegs zu einer Spaltung des Psychischen; im Gegenteil ergibt sich hieraus ein zwar spannungsgeladenes, aber um so fruchtbareres komplementäres innerseelisches Wechselspiel. Yin und Yang sind nämlich auch im Psychischen aufeinander bezogen; sie existieren nicht im Absoluten, sondern stets nur im Relativen. Grundfunktion und Funktionsqualität sind ausgesprochen aufeinander angewiesen; wir werden sehen, wie sehr sie Hand in Hand arbeiten und sich gegenseitig fördern können. Dabei werden sie von Mensch zu Mensch sehr unterschiedlich ausgelebt: Die grundsätzlich dem Yang zugehörigen Grundfunktionen lassen sich durchaus noch weiter ins Yang-hafte steigern und übersteigern, oder aber im Sinne des Yin drosseln; die grundsätzlich dem Yin zugehörigen Funktionsqualitäten lassen sich bis zu einem gewissen Grade ebenfalls yang-haft anheizen oder aber yin-haft zurücknehmen und einfrieren. So ergibt sich für alle vier Seelenbereiche ein Spektrum vielfältiger Verhaltensmuster und -gewohnheiten, eine Skala gleitender Übergänge von Yang nach Yin, deren Extreme schließlich die Grenze dessen überschreiten, was als harmonisch bezeichnet werden kann.

Mit dem Yin/Yang-Wechselspiel werden wir uns in der nun folgenden somato-psychischen Betrachtung der einzelnen Bereiche besonders zu befassen haben. Beim einzelnen mag eine etwaige Yin-Yang-Verschiebung in einem der vier Seelenbereiche stärker hervortreten als in den anderen; oft aber zeichnet sich ein Mensch insgesamt durch eine yang-haft angeregte oder aber yin-haft beschauliche Gestimmtheit aus. Hier spielt auch die Unterscheidung in Extra- und Introversion eine Rolle, die ohne Zweifel mit der Yang/Yin-Polarität zusammenhängt.

*

Zur somato-psychischen Betrachtung des *Bereichs Eins* rufen wir uns noch einmal die in den früheren Kapiteln besprochenen Analogien in Erinnerung, die sich sämtlich als zueinander passend und verwandt erwiesen haben: das Es- oder »Sich«-Stadium der menschlichen Individuation mit seiner Verankerung im kollektiven Hintergrund, die psychische Grundfunktion Empfinden, das Ens naturale, die magische Bewußtseinsdimension, das dem Vegetativen entsprechende Stammhirn-

»bewußtsein« – und nicht zuletzt die Polarität Vorn/Hinten, die im Entweder/Oder zum Tragen kommt. Die Schlüsselfunktion des zugehörigen Akupunktur-Elements Wasser/Niere, aus der sich die funktionelle Zielsetzung des Bereichs Eins ablesen läßt, besteht in vielfältigen Sicherungen, die dem Überleben dienen sollen, das heißt der Erhaltung, aber auch dem durch die Skelettstruktur vermittelten Halt.

Unsere deutsche Sprache hält übrigens eine Reihe Wörter bereit, die sich aus dem Wortstamm HALT bilden lassen und sämtlich mit der Thematik des Bereichs Eins zu tun haben. Interessanterweise lautet die indogermanische Wurzel KEL, was außerdem »treiben« bedeutet:

HALT
ErHALTung
unterHALTen
hausHALTen
wohlbeHALTen
HALTung
RückHALT
beHALTen
beibeHALTen
ausHALTen
durchHALTen
AufentHALT
anHALTen
inneHALTen
VorbeHALT
VerHALTung
EntHALTung
VerHALTensweise
TRIEB
AnTRIEB
beTREIBen

Nicht nur im Psychischen finden wir die Schlüsselfunktion Sicherung/Erhaltung verwirklicht: Ohne Zweifel dient auch die dem Bereich Eins zugehörige psychische Grundfunktion, das somatische Empfinden, der Erhaltung – sowohl des Körpers als auch der Art. Die Leiblichkeit hat innerhalb des Gesamtkörpers sicher im Unterleib mit Becken und Sexualbereich ihre ursprünglichste Ausdrucksmöglichkeit. In der Beckenregion zentrieren sich Trieb und Leibeskraft, erfahrbar nicht nur im körperlichen Drang, sondern auch als die Verankerung in der natürlichen Leibesmitte. Unterleiblichkeit und Geschlechtlichkeit sind Merkmale der Leibesnatur und daher urtümlich, unreflektiert und unschuldig. Solches kommt beispielsweise in jenen Tänzen der Naturvölker zum Ausdruck, bei denen in eintöniger Ritualität auf der Stelle getreten und gestampft und das ganze Becken erschüttert und wachgerüttelt wird. Wegen seiner unmittelbaren Körperbezogenheit wird der Seelenbereich des Empfindens von Jungs Schülern als der somatoforme oder somatische bezeichnet. Auf der Ebene des Bereichs Eins ist und bleibt tatsächlich der Körper das ureigenste Instrument der Seele. Die Aufgabenstellung des Quadranten Eins besteht darin, den Körper zu entdecken, den Umgang mit ihm zu lernen und ihn bis ins letzte einzunehmen – als die naturgegebene Basis.

Körperliche Empfindungen, Bedürfnisse und Triebe liegen sämtlich auf der gleichen Wahrnehmungsebene: Es geht um die Erweckung und Aufrüttelung auf dem Wege sensorischer Signale. Aufgrund dieses ihres Signalcharakters sind sie der Sinnesfunktion »Aufhorchen« aufs engste verwandt; sie entsprechen damit ebenfalls dem Yang-Aspekt des Bereichs Eins.

Die Empfindungen und vor allem die Triebe sind in hohem Grade von Intentionalität, also von Wollen, unterlegt. Wie wir sahen, gilt der Wille auch gemäß der klassischen Akupunkturlehre als eine psychische Entsprechung des Bereichs Eins. Der überlieferte Begriff Wille ist wiederum nicht als bloße Tugend, sondern als Funktion und Prozeß zu verstehen. Er ist aktuelles Wollen, Trachten, Energisch-Werden, Vorwärtsdrängen und verwirklicht damit den Yang-Aspekt des Bereichs Eins, nämlich die Polarität Vorn. Aber auch Bestimmtheit, Unbeirrbarkeit, Beharren, Durchhalten gehören dazu: Intentionalität ist demnach nicht nur ein Vorwärtswollen, sondern auch ein Zu-sich-Stehen. Gerade dieses Zu-sich-stehen-Können macht die Stärke des »gesunden« Wollens aus. Es verlangt keinerlei Zurückweichen und auch keine Rückschritte, sondern verleiht Rück-halt: eine natürliche Standhaftigkeit und Festigkeit. Das bedeutet: hinter diesem Wollen – jener yang-haften Betätigung nach außen – muß eine geheime, yin-hafte innere Kraftquelle stehen, die es nicht nur mit Energien, sondern auch mit Geradlinigkeit versieht.

Nicht jeder Mensch lebt das Intentionale in harmonischer Weise aus. Es gibt durchaus die Übersteigerung des Vorwärtsdranges, zum Beispiel in Form von Hemmungslosigkeit und Zügellosigkeit, oder umgekehrt das Auf-der-Stelle-Treten in Eigensinn, Sturheit und Verstocktheit. Wo das Wollen nackte Gewalt wird, ver-gewaltigt es durch Einschüchterung und Drohen, notfalls durch Überrollen; die Waffen des ausgesprochenen Nicht-Wollens sind das *Njet,* der Streik, die Blockade.

Für die Intentionalität ebenso wie für die aus den Empfindungen und dem Hören kommenden Warnsignale gilt übereinstimmend, daß in ihnen immer eine unmittelbare Anweisung enthalten ist, nämlich: Abhilfe zu schaffen – ohne Verzug und ohne die geringsten Umschweife. Das Wollen und das Empfinden sind also, nicht minder wie das Hören und Horchen auch, stets mit Ge-horchen verbunden. Da hier meist mechanische Reaktionen erforderlich werden, kann und darf die Variationsbreite des Handelns nicht groß sein; daher die Einspurigkeit, ja Starrheit und sprichwörtliche Blindheit des Gehorsams.

Diese Art der Blindheit darf aber nicht als Kurzsichtigkeit oder mangelnde Einsicht mißverstanden werden. Einsicht und Reflexion liegen gänzlich außerhalb der Bewußtseinsdimension des Bereichs Eins. Eine andere, weitgehend im Unbewußten verankerte Sicherheit bildet den Rückhalt des hier aufgerufenen Gehorsams: nämlich ein Sich-Verlassen-Können auf die Unfehlbarkeit jener befehlenden unbewußten Instanz, der man sich anbefehlen kann. Auch auf der mitmenschlichen Ebene erwächst Gehorsam – sofern nicht von Angst, Nötigung oder Hörigkeit erzwungen – letzlich aus der Sicherheit des Vertrauens. Über die Einheit von Vertrauen, Bereitschaft und Gehorsam gibt es eine wunderschöne Legende: Maria habe durch das Ohr empfangen.

Vertrauen und Sich-verlassen-Können überwindet Angst. Auf die gleiche Weise, wie die Eigenschaften von Knochen und Skelett – nämlich Festigkeit, Halt und Aufrichtung, Schutz und Deckung – zur Rüstung des Körpers werden, ist Vertrauen die Rüstung der Seele. Das Sich-verlassen-Können, ja Vertrauen-Wollen schenkt Geborgenheit und Beständigkeit zugleich: Es ist sowohl seelische Stütze als auch Quelle des Durchhalten-

Könnens in Treue, Verläßlichkeit, Geradlinigkeit und Aufrichtigkeit. Treue hat denn auch auf dieser Ebene noch nichts mit partnerschaftlicher Bindung zu tun, sondern ist schlichte Treue zu sich selbst und zu den einmal getroffenen Entscheidungen.

Infolge der aufgezeigten Analogie mit der Schlüsselfunktion von Knochen und Skelett haben wir in Vertrauen und der Festigkeit die psychische Funktionsqualität des Bereichs Eins zu sehen. Dies also ist die yin-hafte Partnerqualität, die ergänzend neben der yang-haften Grundfunktion Empfinden steht. Genau genommen, steht sie deckend hinter dem Empfinden, so wie sie auch hinter dem Wollen und dem Gehorsam steht – denn im Bereich Eins ist das Hinten untrennbar mit der Yin-Seite der Polarität verbunden.

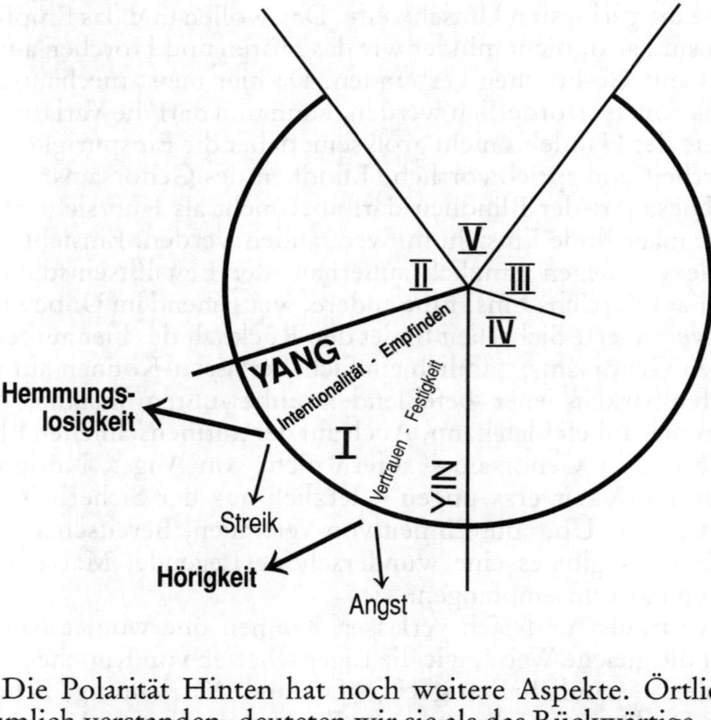

Die Polarität Hinten hat noch weitere Aspekte. Örtlich-räumlich verstanden, deuteten wir sie als das Rückwärtige, die Rückendeckung – ein Bild, das sich sowohl auf das Körperliche, als auch auf das Seelische übertragen ließ. Auf den Lebensweg bezogen, steht die Polarität Hinten im Bereich Eins auch für Innehalten und Pause – für das Anhalten zum Stabilisieren und zur Erholung. Denn ein Zurücksinken in absolute Ruhe kann es nicht mehr geben – stattdessen aber das Sich-Zurückziehen zu vorübergehendem Aus-ruhen. Die Regeneration – sei es im Schlaf, sei es in der Krankheit – verlangt sogar das Hinlegen: also das Aufgeben des Aufrecht-Standes, das völlige Ruhen-Lassen der Intention. Wo solches Pausieren wahrhaft ins Yin-hafte hineinführt, vermittelt es bereits vom Körperbefinden her Wohligkeit und Geborgenheit.

Zeitlich verstanden, besteht das hinter uns Liegende in dem Vergangenen. Die Vergangenheit stellt sich als die zum Bereich Eins passende zeitliche Analogie dar. In ihr berühren wir den Urgrund, aus dem wir stammen. Die Vergangenheit deckt uns als das Mit- und Vorgegebene: als eine Konstante, an der wir uns festhalten und orientieren können. So wird das Hinten der Urverwurzelung wiederum zur geheimen Stärke, zur yin-haften Quelle des yang-haften Vorwärtsschreitens des einzelnen: Aus Urgrund und Ursprung gestalten sich Bestimmung und Sendung.

Ein solches Gehalten-Sein fußt nicht nur auf dem Fundament der eigenen Erfahrungen sowie dem Erbe, das aus Herkunft und Tradition überkommt, sondern auch auf der Geborgenheit im kollektiven Hintergrund. Der sicherste und tragendste Rückbezug aber ist die Bindung an das Absolute: Religio und Glaube. Das Glauben-Können ist wie ein Eingebettet-Sein und gleicht einem Firmament der Seele; bei vielen Menschen scheint es geradezu angeboren und vorgegeben – wie ererbt und nicht erworben.

Den Vertrauenden, im Glauben Gehaltenen wird man oft schon an seinem geraden, sicheren Gang erkennen. Überhaupt besteht eine deutliche Wechselwirkung zwischen Körperlichem und Seelischem: Wo nämlich der Leib Sicherheit und Festigkeit vermittelt, wo der angenommene Körper »zu sich steht«, vermögen sich auch Geborgenheit und Vertrauen zu entwickeln. Ermangelt es aber der Verläßlichkeit des Leibes, so wirkt sich dies bis ins Psychische aus: in der Neigung des Schwerhörigen zu quälendem Mißtrauen oder des alten Menschen zu Starrsinn.

Nach alledem erweist sich die in der klassischen Akupunkturlehre überlieferte Entsprechung des Bereichs Eins, die

Angst, als Umkehrung des Vertrauens; denn Angst ist Mangel an Vertrauen, ein Gefühl mangelnder Sicherheit und Geborgenheit. Die Funktion und Aufgabe von Angst und Schreck besteht darin, uns in einen psychischen Alarmzustand zu versetzen.

Ängste dürfen ebenso wie Gefühle und Affekte in uns aufwallen, sollten jedoch genauso schnell wieder verebben, wie sie gekommen sind. Die natürliche Kurzreaktion liegt sicherlich in dem jähen Schock, wie er bei einem Sturz auftritt: der Bestürzung im buchstäblichen Sinne. So rasch, wie man körperlich seine Knochen nach einem Sturz wieder zusammenrafft und den Unglücksort verläßt, sollte man aber auch psychisch jede erlittene Unbill hinter sich lassen können.

Das Ent-setzen darf nicht in den Knochen hängenbleiben: Es könnte uns reaktions-, kampf- oder fluchtunfähig machen, uns lähmen oder in die Starre führen. Ebensowenig dürfen wir einen einmal eingetretenen Schock mit übertriebenen weiteren Affekten aufheizen: mit Ärger über die »dumme« Situation, mit Peinlichkeit gegenüber den Umstehenden, mit Selbstmitleid darüber, daß man das Opfer eines Mißgeschicks geworden sei. Denn solche zusätzlichen Affektbesetzungen fördern die Somatisierung, sie treiben den Schock geradezu in die Tiefe des Körpers hinein.

Angst wird dann pathologisch, wenn sie sich perpetuiert, das heißt sich dauerhaft festsetzt: Sie darf sich nicht als unterschwellige Langzeitangst in Mark und Bein einnisten. Im Falle der Nichtbewältigung können Erlebnisse nämlich als inneres Bild der Bedrohung stehen bleiben und zu einer latenten Schreckhaftigkeit, ja Schreckbereitschaft führen. Dies gleicht einer übertriebenen Alarmbereitschaft, einem ständigen Auf-dem-Sprunge-Sein, das sich über den Moment der damaligen Gefahr hinaus erhalten hat. Bei Neueintritt gleicher oder ähnlicher Nöte wird die Angst frisch aktualisiert und läßt Schock und Schreck übermächtig werden.

Die latent verbleibende Angst ist eine ausgesprochene Wiederholungsangst, die bei Wiederkehr gleicher Erlebnismuster neu geschürt wird. Solche Angst rührt genauso wie das Vertrauen, dessen Kehrseite sie ist, aus der Vergangenheit her. Infolge der geringen Variationsbreite, die dem Bereich Eins zur Verfügung steht, kann es sogar dazu kommen, daß auch erstmals auftretende Ereignisse mit einem vergangenen ähnlichen Schock assoziiert werden: Übertriebene, heftige und den Umstehenden völlig unverständliche Abwehrreaktionen sind die Folge; das Maß des Erschreckens steht oftmals in keinerlei Verhältnis zur Geringfügigkeit der aktuellen Situation.

Angesichts der Spannung des Bereichs Eins zwischen Überleben und Untergang sowie des kollektiven Hintergrunds möchte man annehmen, daß auch die Todesangst zu den natürlichen Ängsten zähle. Dies wird jedoch von Elisabeth Kübler-Ross verneint; tatsächlich sind weit mehr die Gesunden als die Sterbenden von Todesangst befallen. Die Todesangst nährt sich offensichtlich aus der Nichtbewältigung beziehungsweise Verdrängung des Todes; bei jedem Sterben im Umkreis des Menschen wird sie neu aktualisiert. Die Antwort auf die Frage des Todes kann nur in der Auseinandersetzung mit dem Leben gefunden werden: Das bewußt durchwanderte Leben ist – so Kübler-Ross – von vielen »kleinen Toden« durchsetzt, von Verzichten und Niederlagen, die den letzten Schritt vorbereiten.

*

Zur somato-psychischen Betrachtung des *Bereichs Zwei* wollen wir noch einmal zusammenfassen, welche analogen Aspekte wir diesem Bereich bisher zugeordnet haben: Ich-Findung und die Grundfunktion Fühlen, das Ens astrale, die mythische Bewußtseinsdimension, das dem Animalischen entsprechende limbische »Bewußtsein«, das Element Holz/Leber – und nicht zuletzt die Polarität Einmal-dies/Einmal-das, die als Rechts/Links- beziehungsweise Mitte/Umfeld-Gegensatz zum Tragen kommt. Die Gesamtschau dieser Aspekte wird uns zu weiteren Analogien hinführen.

Auch für den Bereich Zwei läßt sich wiederum ein Kennwort finden, nämlich WEG, abgeleitet aus dem indogermanischen Stamm *uegh* = sich bewegen, schwingen, fahren, ziehen; dazu der Wortstamm REG = in Bewegung setzen:

WEG
beWEGen
REGe sein
BeWEGlichkeit
BeWEGtheit

sich WIEGen
WOGe
aufWIEGeln
BeWEGgrund
REGung
AnREGung
ErREGung
AbREGung
AufREGung
ErREGtheit

Das Wörtchen »weg« meint immer »weg *von...«:* fort von dem, was gerade noch galt, und hin zu einem anderen Ort, einem anderen Geschehen, einem neuen Erleben. Eben darum kommt es zu jenem Einmal-dies/Einmal-das; immer-fort, durch-weg wird zur jeweiligen Gegenseite hinübergewechselt.

Damit erweist sich der aktuelle Moment als die zum Bereich Zwei passende und zugehörige Zeitform. In unserer Sprache wird er treffend als der Augen-blick bezeichnet. Er ist ein gespannter, sehr kurzer Augenblick, präzise bemessen; denn sogleich macht er dem nächsten Platz. Der Moment ist stets befristet: Befristung ist der Preis der Abwechslung.

Beide Facetten des Ich-Erlebens, von denen wir sprachen – einerseits Ich-Behauptung, andererseits situative Ich-Anpassung –, müssen in jedem Augenblick neu bestätigt werden. Entweder vermag das Ich die Situation zu bewältigen und wird Sieger, oder aber es wird in seine Schranken, an seinen Platz gewiesen. Doch ist das Ich nie endgültig unterlegen, denn der nächste Augenblick wird bereits eine Re-vision des soeben ausgetragenen Kräftespiels mit sich bringen. Im Gegensatz zum Bereich Eins also, in dem die Sicherheit aus dem Unwandelbaren und Unveränderlichen kommt, fühlt sich das Ich im Bereich Zwei besonders wohl bei laufender Veränderung: Änderungsfaktoren und Spannung wirken hier nicht als Bedrohung, sondern geradezu als Reizauslöser und Anregung. Kurzweil ist die Devise, nicht Langweiligkeit. Dementsprechend sind die Bedingungen des Elements Holz/Leber wetterwendisch wie der ihm analoge Frühling. Hier erstarkt und wächst das Ich mit jeder Kraftprobe, die sturm- und gewittergleich über es hinwegzieht; es fühlt sich sogar bei rauhem Umgang durchaus begossen und gepflegt wie eine grüne Pflanze.

Der Statur und dem Körperbau nach entspricht dem Quadranten Zwei der dynamische, muskelgestählte athletische Typ mit oft buschigen Augenbrauen und kräftigem, eher krausem und wirbeldurchsetztem Haar. Innerhalb des Gesamtkörpers hat die Emotionalität in der Partie des Oberkörpers mit Schultern und Armen ihre größte Ausdrucksmöglichkeit. In dieser Partie werden die Affekte, ja das Ich selbst, am stärksten verwirklicht – in der Umarmung, der Gestik, dem Sich-in-Pose-Setzen bis hin zur Gewaltausübung. Gefühl will Platz haben! Der Radius von Ellbogen und Schultern symbolisiert die Ausdehnung und Freiheit, die der Mensch zu seiner Ich-Verwirklichung beansprucht. Die Art, wie er seinen Brustkorb schwellen läßt, soll seinem Format und seiner Ich-Geltung Nachdruck verleihen; in die ausgebreiteten Arme hingegen legt er den Überschwang. Die Mittelachse, die wir bereits als symbolische Ich-Achse erkannt haben, findet ihren stärksten körperlichen Ausdruck ebenfalls im würdevoll getragenen Oberkörper, im eisernen Nacken und im erhobenen Haupt; deshalb wird der Nackenmuskel Trapezius in der Psychologie beziehungsweise Psychosomatik auch als Behauptungs- oder Erfolgsmuskel bezeichnet. Die symbolische Ich-Achse hat eine augenfällige Beziehung zum obersten Scheitelpunkt, wo sie in einem Haarwirbel zu enden scheint, welcher interessanterweise bei keinem Menschen genau in der Mitte liegt, sondern »um ein Haar« weiter rechts oder links, so als wollte er die Verschiebung der inneren Ich-Achse anzeigen.

Tanz ist im Bereich Zwei kein Treten und Stampfen mehr, sondern ein Drehen und Wirbeln, ein Vollführen von Kreisen um die eigene Achse, dazu aber begleitet von elegantem Neigen und Wiegen des Oberkörpers und graziösem Spiel von Armen, Händen und Fingern. Der einzelne bringt sich zur Geltung, dies aber gar nicht um der Geltung willen, sondern völlig aufgehend im glückhaften tänzerischen Spiel. Bei dieser Art des Tanzens sind die Mittänzer noch keine Partner, auch wenn man sich in der Quadrille immer wieder begrüßt und voreinander verneigt. Man faßt sich hier und dort an Händen, doch ist man an niemanden Bestimmten gebunden; man ist einmal hier und einmal da. Stets bewahrt der einzelne seine eigene Freizone und vermeidet jede Kollision, denn eben dies gehört zum Wesen des Bereichs Zwei.

Die Schlüsselfunktion des Elements Holz/Leber, aus der sich die funktionelle Zielsetzung des Quadranten Zwei ablesen läßt, reiht sich als ausgesprochen passend in den Kreis der aufgezählten Analogien ein. Es geht um die Dynamik der Bewährung im Umfeld; die Mittel sind Beweglichkeit und Bewegung, das Ziel heißt Ich-Stählung und Ich-Ausdruck.

Die Funktion des spezifischen Gewebes – Muskeln und Sehnen – veranschaulicht, auf welche Weise sich Bewegung abspielt: Die auf der Einspurigkeit aufbauende Statik des Bereichs Eins läßt sich durch Zweispurigkeit überwinden, das heißt durch ein Zusammen-spiel von Rechts und Links, welches laufend die Mitte um-spielt. Ein jeder Muskel beherrscht beide Antagonismen, indem er sich gleichermaßen beugen wie strecken kann, straffen wie weiten. Bewegung geschieht in fortwährendem Umspringen, dem unablässigen Zulassen des jeweils gegenteiligen Impulses: Das Verweilen in entweder Beugen oder Strecken würde Stillstand bedeuten. Wir sehen, wie sehr das Zeitliche, der allzeit befristete Moment, zur Wirkung kommt. Das laufende Abwechseln nicht nur innerhalb des einzelnen Muskels, sondern im Zusammenwirken sämtlicher Muskeln, läßt im Gesamtgeschehen das Bild der Welle entstehen, genau genommen zweier phasenverschobener Wellen auf der Seite und der Gegenseite. Jede Welle kennt An-lauf und Ab-lauf, Schwung und Aktion.

Die Funktion des zugehörigen Sinnesorgans – des Auges – dient nun nicht der eigenen Fortbewegung ins Umfeld, sondern vielmehr der Umfeldwahrnehmung gleichsam aus der eigenen Ich-Mitte heraus. Dies kann Betrachtung, Bestaunen sowie Beherrschung sein. So wie ein kreisender Scheinwerfer den nächtlichen Horizont absucht, überwacht das Auge das eigene Blickfeld. Solches Blicken und Spähen unterliegt dem eigenen Ermessen, inwieweit das Ich die Impulse aus dem Umkreis an sich herankommen läßt und welche Gegenimpulse es aussendet.

Die rein ortsbezogene Erfahrung des Bereichs Eins wird im Bereich Zwei zum zeitlich-biographischen Erleben. Das Ich wächst nämlich nicht nach Zentimetern wie der Körper, sondern nach Jahren – und darum fragen wir bei einem Menschen auch nicht nach der Größe, sondern nach dem Alter; denn von diesem hängt es ab, wieviel er erlebt hat: genau gesagt, wieviel Einzelmomente er erfahrend durchlebte. Aus den ausgekosteten Momenten – Freud wie Leid – wächst, gleichsam in Jahresringen, die lebendige Biographie.

Im Bereich Zwei wird das erlebnisfähige Ich zum Instrument der Seele. Hierfür aber muß es zugelassen werden: Das Ich muß sich ausdrücken, ja sich ereignen dürfen.

Nirgends erfährt das Ich sich selbst in so unmittelbarer, kraftvoller und lebenssprühender Weise wie in den Momenten der Fülle ausgelebten Gefühls: Es wird zum unumschränkten Herrscher über den Augenblick. Affekte und Gefühle werden aus der eigenen Mitte aufwallend erlebt und machen das Ich nicht nur momentan unangreifbar, sondern auch fähig zur aktiven In-Angriffnahme. Das Ich nimmt in diesen Momenten voll und ganz die eigene Mitte ein. Dies läßt sich als des Gefühles Trefflichkeit bezeichnen (schwedisch: *trivs* = sich wohlfühlen): Das Ich fühlt sich nicht nur überaus stark, sondern auch als lebhafter Mittelpunkt, der seine Anziehung auf die Umgebung nicht verfehlt.

Das ist jedesmal mit imponierender Dynamik verbunden, denn das Gefühl als die dem Bereich Zwei zugehörige Grundfunktion der Psyche ist Inbegriff seelischer Bewegung und Erregung – wie es auch das lateinische Wort für Gefühl, nämlich *emotio,* wörtlich besagt. Affekte und Gefühle sind Aus-druck im wahrsten Sinne des Wortes, denn sie steigen immer wie eine Druckwelle auf. Daher lassen sie sich auch niemals zurücknehmen, ebenso wie Erlebtes nie zurückgenommen werden kann; einmal emporgekommen, sind die Gefühle und Affekte zum Ereignis geworden – und das Ich, will es ehrlich sein, muß sich damit identifizieren.

Ohne Anregung und Anstöße bliebe das Potential unserer Affekte allerdings im Innern verschlossen: So wie das Auge, bedarf auch das Ich der Ein-drücke – sei es aus dem Umkreis, sei es aus dem Augenblick. Die affektiven Kräfte scheinen geradezu darauf zu warten, aus der Tiefe aufsteigen zu können. Wie sehr der einzelne in seiner Ich-Mitte zentriert ist, erkennt man daran, inwieweit er in seinen Affekten jeweils das richtige und präzise Maß an Geltung entfaltet.

Der Quadrant Zwei mit seinem Hin und Her erweist sich als der Bereich ausgesprochener Echo- oder Spiegelungseffekte, jedoch im Sinne eines elastischen Hin- und Herschnellens, bei dem die ankommenden Impulse nicht bloß zurückgeworfen, sondern dynamisch aufgeschaukelt und aufgewiegelt werden können. Bei Eintreffen rhythmisch wiederholter Impulse addieren sich deren Kräfte nämlich in gegenseitiger Mobilisierung, so daß am Ende nur noch ein letzter, leichter Auslöser genügt, um große Bewegungen zu erzielen; kraft seiner Federung »springt« bekanntlich selbst ein tonnenschweres Auto nach mehrfachem, aber rhythmischen »Hau-Ruck« wie von selbst zur Seite.

Im Bereich Zwei scheinen sämtliche Phänomene überhaupt mit einer spezifischen Elastizität ausgestattet zu sein; dies wird im Psychischen besonders augenfällig. Hier herrscht ein Auf- und Abschwellen der Gefühle: Anregung bis zum Höhepunkt der Erregung, Abregung bis zur alsbaldigen erneuten Aufregung.

Gefühl, soweit es Ausdruck ist, gleicht der Aktion, hat also Yang-Charakter; Elastizität, Nachgeben-Können, Geschmeidigsein hat demgegenüber Yin-Qualität: Man könnte hier von *hard* und *soft* (engl. für »hart« und »weich«) sprechen. In der Fähigkeit des Ich, sich beeindrucken zu lassen, ja nachgerade das Erlebnis zu suchen, liegt offensichtlich die psychische Funktionsqualität des Bereichs Zwei, die mit der Grundfunktion Fühlen gepaart ist: Quelle des Schwunges, der dem Ich laufend neue Spannkraft der Gefühle verleiht. Der Reiz wird gesucht und gebraucht, denn er lädt auf. Das Aufreizende auszukosten – es »auszureizen« – beglückt die Seele.

Erlebnisfreudigkeit ist Erlebnislust, Lebenslust, ja Lust überhaupt. Es geht um das Leben selbst, das im Bereich Zwei zu einem Lust-spiel mit dem Ich in der Hauptrolle werden soll. Das sich selbst spielende Ich – einmal gefühlsstark, tatkräftig, sich durchsetzend; ein andermal bewundernd, genießend, zerfließend – fühlt sich von allem angezogen; spontan findet es alles prickelnd und berauschend, jede Abwechslung, jede Lokkung, jeder reizvolle »Kitzel« bereiten ihm Wonne und Lustgewinn. Hier also dürfte die Libido beheimatet sein: Kräftespendender Triumph glückhafter Lebensbejahung.

Die Lockerheit einer frohgemuten Erlebnislust entspricht der elastisch-spielerischen Bereitschaft, wie sie auch Muskeln und Sehnen besitzen, und macht das Ich gleichsam zur aufgezogenen Rundfeder, ja zu einem hüpfenden Jo-Jo. Sie ist der Auslöser der aufschnellenden Affekte, kraft derer das Ich nicht nur spontan auf eine jede Situation zu-gehen, sondern auch damit um-gehen kann. Kraft zu besitzen – und zwar immer die richtige –, wird hier zur selbstverständlichen Erfahrung. Das macht unbefangen und unbeschwert, fröhlich und spielerisch, beschwingt und schwungvoll, gewandt und tatkräftig – oder, wie es wiederum das Englische mit einem einzigen Worte auszudrücken vermag, *happy*. Glücklich dieser Mensch, denn er hat in allem eine glückliche Hand, es darf ihm alles glücken.

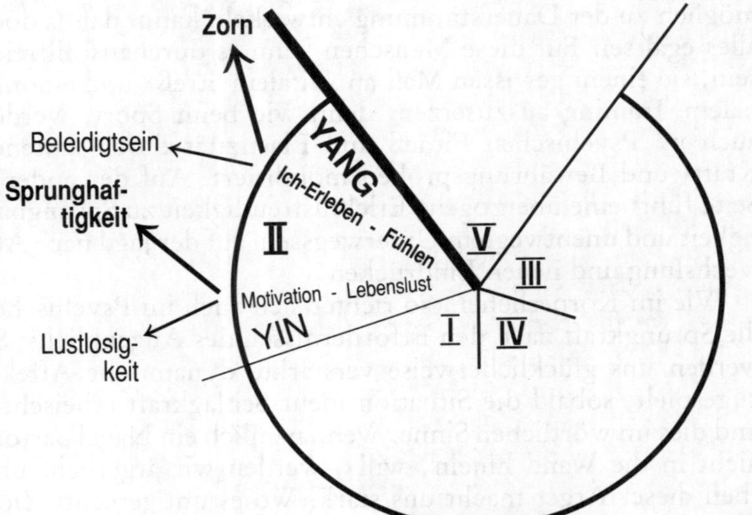

Die in der chinesischen Akupunkturlehre dem Element Holz/Leber zugesprochene psychische Entsprechung Mut bezieht sich offensichtlich auf nichts anderes. Unserem heutigen Sprachgebrauche nach verstehen wir zwar unter Mut die Tugend der Tapferkeit, Entschlossenheit und Wagnisfreudigkeit. Seiner indogermanischen Sprachwurzel nach umfaßt dieses Wort aber weit mehr: Es bedeutet die Erregung als solche, also die Stimmung im Ge-müte, das Zu-mute-Sein (englisch: *mood);* und deshalb haben wir heute noch Worte wie Übermut und Mut-willen für die spielerische Ausgelassenheit bei besonderer Hochstimmung. Vielleicht hat »Mut«, vom Wortstamm her, sogar mit Motivation zu tun; denn es ist ja jenes psychische Auf-dem-Sprunge-Sein gemeint, das sich freudig in jede neue Unternehmung, jedes »Happening« hineinstürzt.

Wem es an solcher gesunden Lebenslust ermangelt, der macht freilich nur selten die Erfahrung der Belebung durch die eigenen emotionalen Kräfte; im Gegenteil werden seine Affekte zunehmend verschüttet und seine Spannkraft erlahmt immer mehr. Das bloße Gefühl, nicht attraktiv zu sein, macht bereits schleppend und lustlos. Der Neigung, sich unauffällig und überangepaßt zu betragen sowie der Flucht vor Geselligkeit liegt oft eine Scheu vor Abwechslung zugrunde, die sich womöglich zu der Dauerstimmung entwickeln kann, daß ja doch alles egal sei. Für diese Menschen kann es durchaus hilfreich sein, sie einem gewissen Maß an »vitalem Streß« und emotionalem Training auszusetzen, denn wie beim Sport, werden auch im Psychischen Fitneß und Elastizität durch laufende Kraft- und Bewährungsproben mobilisiert. Auf der anderen Seite führt eine überzogene Erlebnisfreudigkeit zu Sprunghaftigkeit und unentwegtem Unterwegssein auf der Jagd nach Abwechslung und neuen Eindrücken.

Wie im Körperlichen, so richtet sich auch im Psychischen die Sprungkraft nach den Erfordernissen des Augenblicks. So werden uns glücklicherweise verstärkte dynamische Affekte zugespielt, sobald die Situation mehr Schlagkraft erheischt – und dies im wörtlichen Sinne. Wenn nämlich ein Nagel partout nicht in die Wand hinein »will«, werden wir ärgerlich, und eben dieser Ärger macht uns stark. Wo es um gerechte Ziele geht, ist auch der »heilige Zorn« gerechtfertigt. Eine solche Rechtfertigung liegt übrigens auch darin, daß das Ich sich nicht alles bieten lassen muß: Es darf durchaus aufbrausen und schimpfen, um die Umgebung in ihre Schranken zu weisen.

Wie erwähnt, ist in der klassischen Akupunkturlehre eine zweite psychische Entsprechung für das Element Holz/Leber überliefert: die Affekte von Ärger, Zorn und Wut. Hierbei handelt es sich um unharmonische psychische Verhaltensweisen, denn es agiert ein überschießendes Yang. Derartige Ausbrüche überschreiten das Maß des Angemessenen; der überfallartige Angriff schlägt blind in den Umkreis und scheut sich nicht, jeden Beliebigen zu treffen. Da der Affekt sich nicht aufsparen läßt, sondern im Moment abreagiert werden muß, setzt er sich über die natürlichen Schranken der Freiheit – nämlich die Freiheit der anderen – rücksichtslos hinweg.

Bei den Affekten ist es in jedem Fall wichtig, daß das spontane Aufwallen sofort wieder abebbt und keine Dauerverstimmung hinterläßt. Im Bereich Zwei geht es – wir erinnern uns an Paracelsus – um das Atmosphärisch-Wetterhafte: Der Affekt darf wettern, er darf mit der Wucht eines Gewitters losbrechen, doch hat er wie eine Wolke vorbeizuziehen und sofort wieder den klaren Himmel freizugeben. Hält sich stattdessen eine »gespannte Wetterlage«, das heißt eine Grundstimmung dauernder Reizbarkeit, so liegt darin eine Überheizung der harmonischen Funktionsqualität: Anders als aggressiv kann der Betreffende gar nicht mehr reagieren, bei jeder Kleinigkeit wird er »ungemütlich« oder beträgt sich ausgesprochen unartig. Die passive Variante solcher unterschwelliger Aggressivität besteht im Schmollen und Beleidigtsein, im dauernden Warmhalten von Vorwürfen und Unverzeihlichkeit auf der Sparflamme des gekränkten Stolzes.

Besonders unangepaßt reagiert unser Ich dann, wenn derjenige, über den wir uns ärgern, der uns in Frage stellt oder dem wir irgendeine Schuld zuschieben, unerreichbar ist oder einen zu großen Respekt einflößt: zum Beispiel der Chef. Dann lassen wir unseren Groll und Hader am Nächstbesten aus, der uns eine schwache Flanke zeigt, und treten unseren Unmut nach unten weiter. Dies ist auch der Grund für jene Streitigkeiten am offenen Grabe, wenn die nichtigsten Anlässe in tragischen Zerwürfnissen enden. Dies kommt daher, daß wir es beim Tode eines geliebten Menschen nicht wagen, unsere Fäuste direkt gegen Gott zu erheben; stattdessen teilen wir unsere Hiebe innerhalb der Familie aus. Die Betroffenen wiegeln sich in gegenseitigem Wehtun auf – was eigentlich nichts anderes offenbart als eines jeden individuelle Art zu trauern.

Hader – als die Auflehnung gegen das Schicksal – ist eine äußerst zerstörerische Kraft. Mit geballten Emotionen klagt Hader an – zu Recht oder zu Unrecht, sich selbst oder andere. Gott in Seiner verständnisvollen Güte ist die einzige Instanz, solchen Hader aufzufangen. Er lädt uns ein, getrost Ihn selbst anzuklagen, aber die Mitmenschen aus dem Spiele zu lassen: »Suchet ihr denn mich«, sagt Jesus bei Seiner Gefangennahme und deutet auf die Umstehenden, »so lasset diese gehen« (Jh 18,8).

Elisabeth Kübler-Ross in ihrer großen Erfahrung mit dem Sterbegeschehen hat in einigen amerikanischen Krankenhäusern durchgesetzt, daß Schrei-Zimmer – besser: Klage-Zimmer, *crying rooms* – eingerichtet wurden, wo die Angehörigen eines soeben Verstorbenen ungehemmt ihrem Schmerz Luft machen, ihre Entmutigung und ihre Anklage hinausschreien können. Denn meist werden die Trauernden stattdessen möglichst beschwichtigt – und dies oft mit frommen Sprüchen –, da die Umgebung die Gefühlsausbrüche nicht verkraftet. Aber in solch überwältigender Grenzsituation käme die hilfreiche Befreiung gerade dadurch, daß spontanes Abreagieren – und zwar durchaus in unangemessener und über das Ziel hinausschießender Form – ermöglicht wird, wie es bei manchen Völkern in Form der Totenklage auch üblich ist, eben damit sich nichts staut und keine Affekte aufgespart werden.

Im Leben überwiegen glücklicherweise bei weitem die angenehmen Reize: die Frische des Morgens, die berauschende Schönheit der Natur, die anheimelnde Atmosphäre eines Raumes und nicht zuletzt die Begegnung mit Mensch und Tier auf der Gefühlsebene. Überall, wo wir Sympathie wahrnehmen – ein Echo auf unser eigenes Wesen –, fließt uns emotionale Kraft zu, und wir vermögen sofort ein gefühlsmäßiges Echo zu geben. Darum wollen wir auch selbst aufsehen-erregend ausschauen und bewundernde Blicke auf uns ziehen: Blick und Gegenblick heben gegenseitig die Stimmung an.

Der Extravertierte zeichnet sich durch besondere Echo-Bereitschaft aus: Er fängt jedes Ereignis wie mit einem allzeit reflexbereiten Emotionalspiegel auf. Demgegenüber wirkt die Spiegelfläche des Introvertierten scheinbar stumpf: Die Eindrücke werden gleichsam geschluckt und sinken in die unbewußten Tiefen ein, ohne daß emotionale Regungen preisgegeben werden. Der Introvertierte quittiert äußere Reize relativ schnell mit Unlust und Antipathie, und dann wirken sie sich sogar ausgesprochen kräfteraubend auf ihn aus.

Das Gegenstück zu den mannigfaltigen Reizen des Umkreises bildet die Vielfalt und Vielgestalt der Bilderwelt im unbewußten Inneren – der Archebilder. Die Interpretation dieser Bilderwelt verdanken wir C. G. Jung. Das Individuum erlebt sich zwar als einmalig, zugleich aber auch als Facette einer uralten Wirklichkeit, die in Gestalt von Bildern und Symbolen ihm immer wieder vor seinem Innenauge erscheint. So ist der Mensch in seinem Individuationsprozeß nach außen gesehen alleinig, geradezu einsam. In seiner Seelenmitte aber ist er mit einer Fülle mythischer Bilder verbunden, die sich in der Menschheitsgeschichte ge-bildet haben. Das wahre Umfeld unserer Seele ist jene archaische Innenwelt, in der die Reaktions- und Verhaltensweisen, sozusagen alle Rollen unseres Lebens, wie auf einem leinwandartigen Rundhorizont aufleuchten und vorgezeichnet sind. Mit unserem eigenen, persönlichen Echo, unseren individuellen Erfahrungen, Kämpfen und Siegen verleihen wir ihnen Farbe und Lebendigkeit. Dies hängt davon ab, welche eigenen Ich-Strukturen wir als Leit-Bild und Idol nähren oder aber durch unser Ablehnen ein Schattendasein führen lassen.

In Mythen, Märchen und Sagen sind die Archetypen dem menschlichen Bewußtsein zugänglich gemacht. Sie erweisen sich als sehr lebendige Gestalten – als dynamische und urtümliche individuelle Akteure –, und viele von ihnen von durchaus zweifelhaftem Charakter: gewalttätig, kränkbar und rachsüchtig. Wegen ihrer Übermächtigkeit macht sie der Mythos zu Göttern, doch sind sie nur allzu menschlich, ein Spiegel des Menschen selbst.

Im Persönlichen tauchen sie jeweils in unseren individuellen Wunschbildern und vor allem in unseren Träumen auf. In den Charakteren unserer Traumfiguren begegnen uns facettenartig die verschiedenartigsten Teilaspekte unseres eigenen Wesens, das zwischen Arche-Idol und der momentanen Wirklichkeit unseres Ich ausgespannt ist. Vornehmlich das Märchen nun lehrt uns, wie die entstellten Wesenszüge erlöst werden können: nämlich durch die Bereitschaft eines Unschuldigen, sie zu lieben und ihnen zuliebe ein Opfer zu bringen.

Was da an Strömungen in unserer Ich-Mitte brodelt und gärt, ist fürwahr unfertig und schwindelmachend wie unreifer Most; es ist wirr und kraus, kindlich-trotzig, pubertierend. Es wäre wichtig, es lieben zu lernen, anstatt es als unerwünschten Schatten zu verdrängen – es lobend zu ermutigen, anstatt es zu verdammen. Ist nicht der beste Umgang mit einem Kinde, es zu liebkosen, und mit einem täppischen Tier, es zu kraulen? Auf solche Liebe vermag es Echo zu geben und selbst liebenswert zu werden – auf unsere Vorleistung kommt es an. Wiederum sei Frau Kübler-Ross zitiert: Emotional gesehen, sagt sie, gleichen wir oftmals fünfjährigen Kindern, und sie rät, doch einmal dieses Fünfjährige, das wir selber sind, in den Arm zu nehmen, zu streicheln und richtig liebzuhaben. Warum uns überfordern und uns selbst gegenüber immerfort den Erwachsenen spielen? Der Bereich Zwei ist und bleibt unmündig, und gerade das macht seinen Charme und seine Unschuld aus: wer wollte ihm nicht zugeneigt sein? Neigen wir uns also zu ihm herab und werden wir, mit ihm, wieder zum Kinde.

*

Als Analogien des *Bereichs Drei* unseres Lebenskreises haben wir bereits die Individuationsstufe der mündigen Beziehungs-Fähigkeit und die psychische Grundfunktion Denken kennengelernt, ferner das Ens veneni, die mentale Bewußtseinsdimension sowie die dem Menschen entsprechende Bewußtheit der logisch-rationalen Gehirnhälfte. Als zugehörige Polarität erwies sich die zwischen Oben und Unten mit ihrer weiten Skala des Mehr oder Weniger; das analoge Akupunktur-Element heißt Erde/Milz. Der Quadrant Drei steht symbolisch für den bewußten Menschen, der in die irdische Realität hineingestellt ist; sein Name Homo ist von Humus, das bedeutet Erdenstoff, abgeleitet.

Als kennzeichnend erscheint uns der Wortstamm TRAG, der auch »ziehen« (lat. *trahere;* engl. *draw)* bedeutet:

TRAGen
AnTRAG
VerTRAG
AufTRAG
TRÄCHtigkeit
ausTRAGen
hindurchTRAGen
erTRAGen
TRAGbar
BeTRAG
ErTRAG
einTRÄGlich
TRAGweite
TRACHTen = denken

absTRACT
zu- und abTRÄGlich
beeinTRÄCHTigen
TRÄGe
NiederTRACHT
Zwie- und EinTRACHT
sich verTRAGen
aufZIEHen
erZIEHen
BeZIEHung
VollZUG

Von der Gesamtheit der Körperpartien dürften Kopf und Gesicht symbolisch als Repräsentant des Bereichs Drei gelten, denn die bewußtseinsmäßige Offenheit, die Zugewandtheit und Offenheit des Antlitzes zum Gegenüber und die dargebotene Stirn (engl. *front)*, sind das Besondere an dem hier gemeinten Menschen.

Zeitlich verstanden, eröffnet sich eine besondere Analogie des Bereichs Drei zur Zukunft. Zu-kunft meint wortwörtlich jene Ereignisse, die uns dadurch gegenübertreten, daß sie auf uns zu-kommen – auf die aber auch wir zu-gehen können. Der Umgang mit der Zukunft verlangt eine gleiche Offenheit, gleiches Zugewandtsein und gleiche Konfrontationsbereitschaft, wie der Umgang mit jedem anderen Gegenüber auch; nur so können wir mittels Erkennen, Vor-Entwerfen und Planen den Ereignissen quasi zuvor-kommen und unsere eigenen zeugenden Impulse in sie einsenken.

Die Schlüsselfunktion des Elements Erde/Milz, aus der sich die funktionelle Zielsetzung des Bereichs Drei ablesen läßt, paßt sich in den Kreis der aufgezählten Analogien ein. Es geht um das An-sich-Nehmen, Zu-sich-Nehmen und Auf-sich-Nehmen: Konfrontation, Integration und Konkretisation.

Bereits im Physischen wird an der Schlüsselfunktion ablesbar, daß es im Bereich Drei um das Andere, das Fremde – um das Objekt – geht. Im Falle des Verdauungsprozesses besteht dieses Objekt in der hereingenommenen Nahrung. In einem stufenweisen Vorgehen vieler einzelner Arbeitsschritte werden Hereinnahme und Integration vollzogen. Hierbei beachte man die polare Wertigkeit der Schritte: Wie wir an den Schlüsselfunktionen von einerseits Abbau und Zerkleinerung und andererseits Aufbau und Eingliederung sahen, wird der Prozeß auf der Seite des Yang begonnen und auf der Seite des Yin zum Abschluß gebracht – das heißt in eben jener involutiven Reihenfolge, die für die zweite Hälfte des Lebenskreises bestimmend ist.

Die bei der Nahrungsaufnahme zu vollziehenden Schritte lassen sich im Analogieschluß auf alle Arten der Kontaktaufnahme übertragen – auch auf Begegnung und In-Beziehung-Treten im sozialen und im bewußtseinsmäßigen Bereich. Ein jedes Du, ein jeder Kontrahent oder Partner, jede Idee und jegliches Problem wollen letztlich »verdaut« sein.

Die Ur-Sinngebung von Begegnen und Einander-Umfangen aber liegt nicht in der Auseinandersetzung, sondern gipfelt in Zeugung und Befruchtung – auf daß aus der Verbindung ein Neues entstehe. Solches Geschehen kommt einer gegenseitigen Integration gleich: Beide Teile verpflichten einander – nämlich auf bestimmte Prozesse, die ein gemeinsames »Zeug-nis« ins Leben rufen sollen. In solcher Begegnung, in jeder Beziehung, werden Yang und Yin gleichsam zu den zwei Polen eines Gefälles, das zum Ausgleich drängt, so daß Befruchtendes und Empfangendes – in welcher Rollenverteilung auch immer – einander finden.

Wir erinnern uns, daß in der evolutiven Hälfte des Lebenskreises – den beiden Quadranten Eins und Zwei – jeweils das Yin vorleistete und Kräfte bereitstellte, während nachfolgend das Yang in seinen Aktionen Kräfte verbrauchte. In der involutiven zweiten Hälfte des Lebenskreises aber kehrt sich diese Gesetzmäßigkeit um: Nun ist es die Yin-Seite, welche buchstäblich Kräfte »schluckt«, während der Yang-Aspekt als der Spender der Kräfte auftritt. Die yang-hafte Art und Weise, Kräfte zu liefern, ist freilich eine höchst aktive und fordernde, die sich geradezu aufdrängt – keineswegs eine sich still und abrufbereit im Hintergrund haltende Reserve. Im Bereich Drei wählt das Yang daher die zielstrebige Annäherung, das Umwerben. Das Austragen des Yin beginnt mit der Bergung – sprich Einverleibung – im eigenen Innern: ein Schritt, der eine hochgradige Fähigkeit der Integration voraussetzt, da mit der wachsenden Frucht ja ein Neues und damit Fremdes getragen wird.

Die Yin-Seite hat ihre austragenden Fähigkeiten bedingungslos in den Dienst des zeugenden Impulses zu stellen, wozu ihr allerdings auch die natürliche Bereitschaft mitgegeben ist. Die Konkretisation, um die es hier geht, muß sich nur auf eines konzentrieren, dem sie sich widmet und das sie ausschließlich verwirklicht. Dieses eine Produkt ist Verdichtung: das Werk des Yin als des mütterlichen Prinzips, des Maternalen, konkretisiert sich in materieller Gestalt.

Als Phänomen des Bereichs Drei ist Konkretisation ebenfalls ein schrittweiser Vollzug; die eingesenkte Vor-Information, die ausgewählt wurde, muß vollständig und bis ins letzte Detail Schritt für Schritt nachvollzogen und verwirklicht werden. Konsolidation hat deshalb mit Solidität, also Beständigkeit und Nüchternheit, zu tun.

Bei der Partnerschaft im eigentlichen Sinne – das heißt der Langzeit-Beziehung, einer mitmenschlich-sozialen wie ethischen Leistung – nähern sich die Rollen von Yin und Yang immer mehr aneinander an, sofern beide Teile mündige Partner sind. Denn sobald in einer Beziehung ein Gefälle der Ungleichheit – welcher Art auch immer – entsteht, verlangt die Gleichberechtigung, daß jeweils der im Vorteil Befindliche – der Stärkere, der Gesündere – an den anderen abgibt. Nie darf das eigene Plus zur Machtausübung, darf die eigene Führungsposition zur Ausbeutung des anderen Partners mißbraucht werden.

Ideale Partnerschaft verlangt somit konsequent praktizierte Gegenseitigkeit. Nur derjenige darf den anderen ganz in Anspruch nehmen, der sich selbst restlos zur Verfügung stellt: Der Grad der eigenen Offenheit und Verfügbarkeit wird zum Maß für die Einbindbarkeit des Gegenübers.

Genau genommen geht es um den Bestand der partnerschaftlichen Beziehung als solcher; diese selbst wird zum gemeinschaftlichen Werk der Partner, welches in gegenseitiger Integration, Befruchtung und Bereicherung aufzubauen ist. Denn im Bereich Drei wird das Eingehen und Austragen mitmenschlicher Beziehungen zum speziellen Instrument der Seele, mit dem sie ihre Erfüllung sucht. Diese Tragweite wird in vielen Ehen verkannt, und so streben die Partner vorschnell wieder auseinander, nachdem sie – vergeblich – an der Seite des anderen nur die eigene Selbstverwirklichung gesucht haben.

Die Form des Tanzes, die dem Quadranten Drei entspricht, ist das paarweise Miteinandergehen: die Verschmelzung zweier Partner zu einheitlicher Bewegung unter der behutsamen Führung des einen.

Wenden wir uns nun den psychischen Analogien zu. Auch im Bereich Drei lassen sich wiederum die somatischen Schlüsselfunktionen auf das Psychische übertragen. Die hier zugehörige seelische Grundfunktion, das Denken, läßt sich geradezu als ein Musterbeispiel für Konfrontation und Integration auffassen: Kaum ein Vergleich könnte besser auf das Denken passen als der mit der Verdauung – geht es doch um die Fütterung mit Nahrung für das Bewußtsein, das heißt um Hereinnahme von Information mit nachfolgender kritischer Auseinandersetzung. Was sich im Somatischen als das Zu- und Umgreifen – als die Schlüsselfunktion von Lippen und Zähnen – darstellte, wird im Psychischen zu den Arbeitsschritten des Be-greifens: nämlich des Erkennens mittels Analysierens, Beurteilens und Verstehens.

Denken ist kein bloßes Hin- und Her-Erwägen von Gedanken, sondern es ist das bewußtseinsmäßige Zugehen auf alle Arten denkbarer Herausforderungen. Denken beginnt beim Interesse – das ist das jederzeit offene Fragen und Streben nach Erkenntnis, aber auch die stete Bindungsbereitschaft gegenüber demjenigen, das erkannt werden soll. Nicht minder hat daher der Vergleich mit der Zeugung zu gelten: Eine jede Idee ist ein zeugerischer Impuls, und nicht von ungefähr ist »Erkennen« das alttestamentliche Wort für das Eingehen des Mannes zu seiner Frau.

Die Grundfunktion Denken, für sich betrachtet, dürfte – als »Öffner« der Wahrnehmung – wiederum dem Yang zuzurechnen sein. Doch erweist sich gleichfalls im Psychischen, daß die vom Yang eingeleiteten abstrakten Prozesse von der Seite des Yin konkret aufgegriffen und fortgeführt sein wollen: als die Verdichtung zu Wissen und Ge-dächtnis, zu Meinungs- und Gesinnungsbildung, zu Sinnfindung und nicht zuletzt zur Übernahme praktischer Verantwortung.

Solche Leistungen fußen auf der psychischen Funktionsqualität des Bereichs Drei. Wir definieren sie als den realitätsbezogenen Sinn für Verbindlichkeit und Ordnung, ja für Sinngebung überhaupt. Diese psychische Funktionsqualität – als die yin-hafte Partnerqualität der Funktion Denken – bildet die Basis für gesunden Menschenverstand und praktische Vernunft, für Ethik und Gewissen. Offensichtlich hat dieser Sinn für Ordnung mit jenem Ordinieren zu tun, von dem Paracelsus beim Ens veneni spricht. Er befähigt uns, die verschiedensten Phänomene des Lebens – Dinge oder Menschen, Abstraktes wie Konkretes – zueinander in Beziehung zu setzen sowie das hieraus Erkannte einzuordnen und den bisherigen Erkenntnissen zuzuordnen. Die Offenheit für waltende Ordnungen läßt uns fernerhin Gesetze erkennen, an-erkennen und befolgen. Nicht zuletzt aber werden wir veranlaßt, Ordnung nicht nur abstrakt zu sehen, sondern sie konkret und greifbar zu verwirklichen: durch konsequente Umsetzung von Plänen in praktische Resultate, das heißt durch die Bannung von Ideen in die reale Tat.

Die Polarität des Bereichs Drei führt daher zu einem weiteren Gegensatz: nämlich der Gegenüberstellung von Abstraktem und Konkretem.

Die ordinierende und konkretisierende yin-hafte Funktionsqualität erweist sich nicht nur als die ergänzende und so manche Vollendung bewirkende, sondern auch als die kontrollierende psychische Gegenströmung: Sie vermag das hochfliegende Yang, welches sich in Abstraktionen, Projektionen und Idealen ergeht, im wahrsten Sinne des Wortes auf den Boden der Tatsachen zurückholen. Die Erfahrung des Alltags beweist freilich, wie schwer es ist, dieser Seite des Yin im Einzelfall gerecht zu werden, das heißt gefaßte Vorsätze tatsächlich auszuführen beziehungsweise Begonnenes zu beenden. Man vergesse nicht, daß im Bereich Drei der Yang-Aspekt Lieferant der Kraft ist – also die Idee, ein jedes Pläneschmieden –, während umgekehrt jede yin-hafte Verwirklichung Kräfte verzehrt. Optimismus macht stark; Fortschrittsglaube, Zukunftspläne und Weltverbesserungsideen können den Menschen sogar kräfte-trunken machen. Die yin-hafte Vernunft hingegen wirkt in ihrer Sachlichkeit und Sachbezogenheit immer nüchtern, dämpfend und sparsam. Es verwundert daher nicht, daß die Gesellschaftsordnungen des mentalen Zeitalters sich der yang-betonten Devise »mehr-größer-besser« verschrieben haben; Intellekt, Wissenschaft und technische Rationalisierung werden aufs höchste gefeiert, kaum aber das redlich gefertigte Einzelstück aus Meisterhand.

Das ordinierende Moment des Bereichs Drei begründet unter anderem das Kriterium der Genüge. Wir erinnern uns, daß es im Quadranten Drei um die Menge, die Quantität geht. Aus der Sicht des Yang scheint es so, als müßten sich auf allen Gebieten bis ins Unendliche reichende Steigerungsmöglichkeiten eröffnen. Am Beispiel der somatischen Prozesse erkennen wir jedoch, daß das Merkmal »Mehr« nicht uneingeschränkt mit der Bewertung »Besser« versehen werden kann; denn es gibt einen Grad der Sättigung, über den hinauszugehen unphysiologisch und ungesund ist: Ein über-tragenes Kind ist ausgesprochen gefährdet, und ein über-ladener Magen ist über-fordert. Wir werden erneut an das Ens veneni erinnert, wo die Dosis es macht, daß ein Ding *kein* Gift sei, und wo der im Magen ansässige innere Alchemist wie eine bewußtseinsmäßige Instanz über Art und Menge der zugeführten Speisen wacht; beides, Toxisches ebenso wie im Übermaß Genossenes, wird vom Magen daher wieder hinausbefördert.

Wie alle Kriterien des Bereichs Drei, ist allerdings auch Sättigung kein absoluter, sondern ein relativer Wert. Ein gewisses Maß an Zuviel sowie bestimmte Mengen Giftes lassen sich durchaus noch in gleicher Weise wie Art-Eigenes einlagern, da auf der ordinierenden Seite eine bemerkenswerte Toleranzbereitschaft und Neutralisationsfähigkeit vorhanden ist. So können Problemstoffe, selbst unverdauliche, dadurch entschärft werden, daß sie in eine Schutzschicht eingekleidet und im Weichteil des Bindegewebes deponiert werden – so ähnlich wie es die Auster mit dem Fremdkörper macht, den sie dabei sogar in eine Perle hüllt.

Die Toleranzbereitschaft läßt sich in allmählichen Schritten beträchtlich steigern, selbst über die Grenze des Gesunden und Sinnvollen hinaus: In diesem Falle der Über-treibung bewirkt die zunehmende Ablagerung von Toxinen, also Giftstoffen, im Körper eine immer massivere Verschlackung; das regelmäßige Zuviel an Nahrung führt zu Fettleibigkeit. Es droht ein Dauerzustand der Trägheit, Schwerfälligkeit und Müdigkeit – im Körperlichen und nicht minder im Mentalen, bei der sogenannten geistigen Arbeit. Ein solcher Mensch nimmt äußerlich das Bild der Trägheit an, er wird aufgetrieben und aufgedunsen, so wie es der Analogie des Elements Erde/Milz entspricht; doch ist er nur trächtig an sich selbst.

Was giftig oder unzuträglich ist, läßt sich übrigens nicht einmal im Hinblick auf denselben Menschen oder denselben Organismus verbindlich aussagen, denn das Bewußtsein des Einzelnen kommt als ein maßgeblicher Faktor hinzu, der die Toleranzgrenze hinauf- oder herabzusetzen vermag.

Das Beispiel der Nahrung zeigt, was gemeint ist: Lehnen wir nämlich bestimmte Speisen ab – gleichviel ob aus Vorurteil gegenüber deren Geschmack, aus Furcht vor Umweltgiften, aus ethischen Vorbehalten oder weil ihr Genuß uns Schuldgefühle bereitet – so wird die Enzymausschüttung in Frage gestellt und die Mahlzeit, obgleich zuträglich, liegt uns im Magen. Heißen wir sie hingegen gut, so tragen wir sehr wesentlich zu ihrer Verdaulichkeit bei.

Diese Gesetzmäßigkeit gilt allgemein – für jede denkbare Herausforderung. Unabhängig von der tatsächlichen Verträglichkeit gibt es ein ideelles Vertragen- und Ertragen-Können, welches von der inneren Einstellung, der Sinngebung, abhängt. In allen Lebensbereichen vermag solche Sinngebung zu außerordentlichen, ja oftmals übermenschlichen Leistungen, zu Pflichtausübung und mitmenschlicher Solidarität zu befähigen. Das Schwere, Unerträgliche wird hier gleichsam in eine ideelle Schutzschicht eingehüllt, damit es integriert und hindurchgetragen werden kann. Auf diese Weise ist mit jedem bewußten Tragen ein Veredelungsvorgang verbunden, durchaus vergleichbar mit dem der Perlenbildung: eine jede gewissenhaft angenommene und durchlittene Belastung wird unter dem Ideal der Sinngebung zur Kostbarkeit, und ein in Mühe und Arbeit verbrachtes Leben darf als köstlich besungen werden (Ps 90,10).

Die größte Herausforderung, die an den Menschen im Bereich Drei ergeht, ist die Konfrontation mit dem Bösen. Hierauf kann er auf yang-hafte oder auf yin-hafte Weise antworten. Auf der yang-haften Seite, in seinem Denken und Abstrahieren, schafft sich der Mensch die Vorstellung vom Satan als einer absoluten Größe: von einem fordernden Gegenüber, einer mit Gott wetteifernden Macht, deren man mit allen Mitteln des menschlichen Geistes Herr werden müsse. Um das Böse in den Griff zu bekommen, sucht der Mensch es zu analysieren und zu erkennen, trachtet er es zu bezwingen und seinen Händeln zuvorzukommen. Daher das verwegene Unterfangen eines

Faust – Prototyp des mentalen Giganten –, sich Mephistopheles mit Hilfe des überlistenden Paktes unterwürfig zu machen.

In der Tiefe seiner yin-haften Seelenanteile freilich weiß der Mensch, daß er sich mit dem Teufel gar nicht messen kann. Mehr noch: er erkennt die Boshaftigkeit als Wesenseigenschaft seiner selbst, die er nicht abspalten und als ein Gegenüber vor sich hinstellen darf. Jesu Mahnung, dem Bösen nicht zu widerstehen (Mt 5,39), ist nicht als Verhaltensregel gegenüber einer feindlichen Macht gemeint, der man sich in bangem Stillehalten unterwerfen müsse, sondern ruft zum »Schlucken« des Unrechts auf: zum Verschwindenlassen der bösen Tat, damit sie nicht fortzeugend Neues kann gebären – zum Verzicht auf rachesuchende Ränke und Heimzahlung. Denn mit seiner yinhaften Fähigkeit, Unrecht zu vertragen und zu ertragen, mit seiner Gabe, auf Negatives positiv zu reagieren, ist der Mensch zu etwas Ungeheurem imstande: Er vermag den Kreislauf der Boshaftigkeit zu durchtrennen und der Erneuerung des Bösen für die Zukunft entgegenzuwirken. Auf diese Weise schrumpft das Böse zu etwas Relativem zusammen, ja es wird der Verfügungsmacht des Menschen anheimgegeben.

Es liegt folglich kein Selbstbetrug in der Nichtbeachtung des Bösen, sondern die Möglichkeit echter Integration, Neutralisation und Tilgung. Es geht um eine Duldung in Gelassenheit, die darum weiß, daß der Teufel entwaffnet ist, wenn sich niemand von seinen Machenschaften anstecken läßt. Seine vielseitigen Intrigen dienen letztlich der ununterbrochenen Herausforderung des Menschen, konkret mit der guten Tat zu antworten; und so wird Satan sich wahrhaftig als jene Macht erweisen, die zwar das Böse will, aber das Gute schafft. Die Duldung des Bösen läßt sich mit der Langmut einer Mutter vergleichen: So mißraten ihr Kind auch sei, wird sie es dennoch nie fallen lassen, sondern verübtes Unrecht an seiner Statt wiedergutmachen und unauffällig aus der Welt schaffen. Dem sich böse Gebärdenden nicht zu widerstehen, sondern ihm gut zu sein und ihn als Teil des Lebens zu tolerieren, ist fürwahr eine Leistung, wie sie auf Erden nur vom mütterlichen Prinzip vorbehaltlos erbracht werden kann.

Solche Geduld und Großzügigkeit hat durchaus mit der bereits erwähnten Genüge zu tun: mit der Fähigkeit, auch den Mitmenschen gut genug zu finden, so wie er ist, ohne von ihm

Anderes oder Besseres zu erwarten. Toleranz ist alles andere als trotzige Resignation; sie unterschiebt keine Absichten, sondern vermag zu dulden jenseits des Verstehens. Der prinzipiell gefaßte Vorsatz, einen jeden Mitmenschen gut zu heißen, macht gütig; und Güte, die weder fragt noch richtet, ist ein Aspekt der Liebe – denn sie ist langmütig und freundlich, sie eifert nicht noch sucht sie den eigenen Vorteil, sie verträgt alles, glaubt alles, hofft alles und duldet alles (1Ko 13,4-7). Die liebende Güte versucht einem jeden Gegenüber gerecht zu werden, ihm zu dienen und es zu beschützen. So wird die bewahrende, hütende und pflegende Nächstenliebe zur selbstverständlichen Tugend.

Das mütterliche Prinzip braucht hierbei in keiner Weise aktiv auf bestimmte Verantwortlichkeiten zuzugehen; es genügt, daß es sich offen hält – offen dafür, daß andere auf es zukommen, wenn sie Rat oder Hilfe suchen.

Die bereits zitierte Definition Bertrand Russells – Yin als die Harmonie auf Kosten des Fortschritts, Yang als die Dynamik auf Kosten der Stabilität – erweist sich also gerade für den Quadranten Drei als besonders treffend. Jener Anspruch, daß das Bessere des Guten Feind sei, kennzeichnet den Yang-Aspekt, das menschliche Erkenntnisstreben; er stellt in der Tat die Anfeuerung für das unermüdliche Unterwegs-Sein des eifernden Geistes nach besseren und höheren Zielen dar. Wenn aber die Odyssee eines Faust in dem Ausruf gipfelt, daß das Ewig-Weibliche uns hinanziehe, so liegt hierin das Bekenntnis: Eines Tages wird der yang-hafte Ruf nach dem Immer-noch-Besseren verstummen und die yin-hafte Besinnung auf das Gute einsetzen.

Beide Seiten, sowohl Fortschrittsgeist als auch Stabilisierung, sowohl Idee als auch Verwirklichung, hat der nach Harmonie strebende Mensch gleichermaßen auszuleben. Vervollkommnung und Vollendung findet das Yang nicht auf einsamem Flug zu lichten Höhen, sondern einzig in seiner Vermählung mit dem eigenen yin-haften Wesensanteil, mit der ihm selbst beigegebenen Macht irdischer Konsolidation.

Das Ewig-Weibliche in uns selbst zieht uns demnach nicht nur hinan, sondern auch immer wieder zur irdischen Realität hinab: Dies zu begreifen, ist wahres Verständnis und höhere Vernunft. Wenn der Mensch von der Erde genommen ist, wie es die chinesische und die jüdische Überlieferung gleichermaßen wissen (1Mo 3,19), so muß er in der Tat zu seinem erdhaften Erbteil zurückfinden – aber nicht erst im Grabe, sondern hier auf Erden. In seinem irdischen Alltag hat er seine Pläne in yin-hafter Weise selbst auszuformen – in mühsamer Arbeit und in Pflicht und Sorgfalt gegenüber dem ihm immer wieder neu abverlangten Werk.

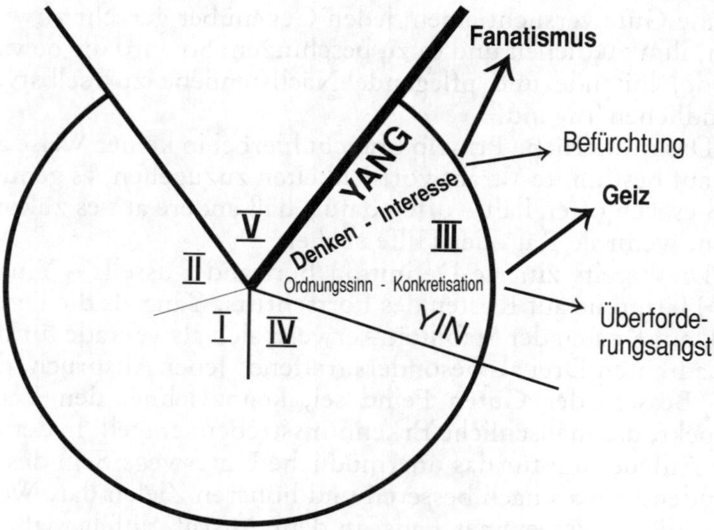

Nachdem wir die harmonischen Aspekte und Fähigkeiten des mentalen Seelenbereichs betrachtet haben, wollen wir noch einen Blick auf etwaige unharmonische psychische Verhaltensweisen werfen. Auch im Quadranten Drei gibt es im Psychischen die – mehr oder weniger ausgeprägte – Polarisierung in Richtung Yang oder Yin, wofür wir eine Auswahl von Beispielen nennen wollen. Es sei vorweg bemerkt, daß es in diesem Zusammenhang nicht um die Frage der Intelligenz geht, sondern um etwaige Verschiebungen, die sich innerhalb der mentalen Aktivität ergeben können: um die eventuelle yang-hafte Übersteigerung bis hin zum Nur-noch-Abstrakten, oder aber die yin-hafte Über-Verdichtung und Verfestigung.

Als ausgesprochene Yang-Übersteigerung der denkenden Grundfunktion ist es anzusehen, wenn nur von Plänen – und zwar vornehmlich verallgemeinernden – die Rede ist; wenn einzig projiziert, aber nie produziert wird. Hierher gehört der Hang zu Gedankenkonstruktionen und realitätsfernen Projekten, zu weltverbessernden Utopien und theoretischen Programmen, in deren Ausführung der Betroffene jedoch die anderen einbindet – in möglichst zahlreicher Anhängerschaft. Eine ähnliche mentale Übersteigerung liegt im Fanatismus: jener Art rechthaberischer Unduldsamkeit, die jede abweichende Meinung verdammt und unterdrückt, ja sogar deren Verfechter skrupellos aus dem Felde zu räumen bereit ist. Oft genug hat es sich auf der großen politischen Bühne zugetragen, daß ein einzelner in maßloser Verstiegenheit und in an Wahnsinn grenzendem Irrtum die eigene Meinung zum Gesetz erhob und zur Machtausübung mißbrauchte. Doch auch in den kleineren Gruppierungen – in Vereinen, Glaubensgemeinschaften, ja selbst in Familien – finden wir den Fanatismus als Legitimation zur Unterdrückung anderer. Die Versuchung, die Schärfe des Geistes zum eigenen Vorteil und auf Kosten anderer zu mißbrauchen, liegt nahe. Da gibt es jene kalte Berechnung und Ausbeutung, die alles andere ringsum, auch die Menschen, nur als Materialien ansieht; rücksichtslos werden List und absichtliche Irreführung um der eigenen Vormacht oder Bereicherung willen eingesetzt. Da gibt es aber auch die gezielte Einschüchterung des biederen Mitmenschen durch Glänzen mit ausgefallenem Wissen, das dieser nicht nachprüfen kann – oder aber durch bloße Arroganz des Auftretens: Das ist die schlaue Dreistigkeit dessen, der seine Unwissenheit vertuschen will.

In der Akupunkturlehre fanden wir das Grübeln dem Element Erde/Milz zugeordnet. Grübelei besteht in dauerndem Bewegen von Gedanken, das heißt in einer Überaktivität der yang-haften Grundfunktion Denken: Unzählige Möglichkeiten werden fortwährend erwogen und theoretisch durchkonstruiert. Dennoch liegt dieser Gewohnheit eine yin-hafte Schwäche zugrunde, da sich der Betreffende für keine der durchdachten Möglichkeiten zu entscheiden vermag. Das hat nichts mit ernsthaftem Streben nach letzter Verbesserung zu tun, sondern kommt aus einer tiefen inneren Unsicherheit und Unentschlossenheit; oft ist sogar eine Konkretisationsangst im Spiele – eine Furcht vor den Konsequenzen der eigenen Tat, ja der Unabänderlichkeit überhaupt.

Eng verwandt mit dem Grübeln ist das Befürchten: eine Unsicherheit und Beunruhigung in der Erwartung von zukünftigen Ereignissen und Auswirkungen. Unablässig kreisen die Gedanken um die Frage, wie man die befürchtete, »feindliche« Situation »hing-kriegen« könne; alle möglichen Maßnahmen werden nach Art einer gedanklichen Generalprobe vorweg einstudiert, um einem etwaigen Versagen vorzubeugen. Vorbeugen ist eine besondere mentale Gabe, hier aber findet ein mentaler Leerlauf statt: Womöglich wird sich der ganze Fragenkomplex, mit dem man sich den Kopf zermartert, als Projektion erweisen, indem alles ganz anders kommt und spontan eine errettende Idee auftaucht. In unserer heutigen Leistungsgesellschaft mit ihrer Streßbelastung ist diese Vorweg-Angst sehr verbreitet, stellen doch Zeitdruck, Wettbewerbszwang oder der Schwierigkeitsgrad der zu vollbringenden Aufgaben oft größere Anforderungen an den einzelnen, als dieser objektiv zu erfüllen imstande ist; in beklagenswertem Maße werden bereits Schulkinder solcher Langzeitbelastung ausgesetzt. Durch die Vorstellung nie endender Überforderung kann eine Dauer-Erwartungsangst heraufbeschworen werden, welche von vornherein leistungsunfähig macht: Indem sie nämlich die Aufmerksamkeit des Fürchtenden an das Morgen bindet, raubt sie ihm die Kraft für das Heute.

Im Gegensatz zu der ausgesprochenen Wiederholungsangst des Bereichs Eins handelt es sich hier um eine grundsätzliche Besorgnis vor dem Zukünftigen. Denn im Quadranten Drei erwachsen Orientierung und Sicherheit aus der Erkenntnis, und folglich muß das Unbekannte – das bislang nicht Eingeordnete, dessen gesetzmäßiger Ablauf offen bleibt – im höchsten Maße verunsichernd wirken. Eventualitäten, Unvorhersagbares und Sprunghaftes können geradezu angstauslösend wirken: sehr charakteristisch daher die Unsicherheit gegenüber emotionalen Ausbrüchen sowie die ausgesprochene Unheimlichkeitsfurcht gegenüber den dem Verstande nicht zugänglichen jenseitigen Dingen.

Da der Bereich Drei der Du-Beziehung gewidmet ist, gilt die hochgradige Besorgnis oftmals gar nicht der eigenen Zukunft, sondern den Angelegenheiten anderer Personen, die man als der Situation nicht gewachsen erachtet: zum Beispiel der Kinder wegen ihrer Schulleistungen, beruflichen Ziele oder partnerschaftlichen Probleme; oder aber einer lebensungewandten alleinstehenden Person wegen deren finanzieller Versorgung und dergleichen mehr. Man meint also, für diesen anderen mit-denken zu sollen, ohne sich zu vergewissern, ob man hierzu tatsächlich den Auftrag hat und sich nicht unberechtigterweise einmischt. Selbstverständlich ist es jederzeit richtig, einem Hilflosen tatkräftige Starthilfe zu geben – das Beispiel der eigenen Kinder beweist es. Jedoch dient man den Schützlingen nicht, wenn man sie zu Dauer-Unmündigen abstempelt und ihnen alle Eigenverantwortung vorenthält. Dadurch verhindert man nicht nur ihr Selbstständigwerden, sondern büßt auch die eigene Freiheit ein.

Zum Spektrum der unharmonischen Verhaltensweisen des Bereichs Drei gehört ferner das Anspruchsdenken als Ausdruck tiefer Unzufriedenheit des Menschen mit seinen Lebensbedingungen – und vor allem mit sich selbst. Der eine wird hier zum Nörgler; der andere wird zum Kritiksüchtigen, der nichts um sich her gestatten will, was ihm selbst unverständlich bleibt.

Andererseits sollte es auch nicht so weit kommen, daß der Mensch keinerlei Ansprüche oder Pläne mehr hat. Dieser Zustand entspräche der Melancholie und Tiefsinnigkeit, wo der Betreffende bei jeder Erfahrung und bei jeder neuen Erkenntnis nicht anders kann, als deren Wert und Nutzen zu verneinen und damit letztlich die Sinngebung des Lebens selbst zu leugnen. Solche Menschen vegetieren am Rand des Abgrundes der Sinnlosigkeit; ihre seelische Grundhaltung ist die des ständigen Vorbehalts – überall ist Zweifel der geheime Partner und Begleiter. An und für sich gehören das Fragen-Können sowie, im konkreten Fall, das Anzweifeln einer Antwort zu den vornehmsten Gaben des erkennenden Verstandes; nicht aber Zweifel und Pessimismus als gewohnheitsmäßige Vorleistung – so als könne es auf dieser Welt nichts »Gescheites« geben.

Mit dem Seelenbereich des Mentalen hängen ferner jene psychischen Fehlprogrammierungen zusammen, in denen eine deutliche Verfestigung, Einengung oder Beschränkung – im Sinne yin-hafter Verdichtung – zum Ausdruck kommt. Hierzu zählen nicht nur die ausgesprochen fixen Ideen, sondern auch – gleichsam als Vorstufen – Vorurteile und Unnachgiebigkeiten, Pedanterie und Skrupel. Ferner gehören hierher Komplexe aller Art mit den aus ihnen erwachsenden unharmonischen Verhaltensmustern. Am Minderwertigkeitskomplex wird deutlich, wie sehr in solchen Fällen vermeintliche Vorstellungen im Spiele sind, die gar nicht durch die tatsächlichen Gegebenheiten gerechtfertigt sind. Als nächstes sind die Phobien zu nennen: Die ureigene Thematik des Elements Erde/Milz – Nahrungsaufnahme und Verdauung – liefert bereits reichlich Stoff für Ablehnung und für übertriebene Ängstlichkeit gegenüber etwaigen Giften oder Unzuträglichkeiten. Phobien können sich bis zu Verfolgungsideen übersteigern: zu eingebildeten Befürchtungen und Ver-dächtigungen – bis hin zur Vorstellung des massiv vorhandenen Bösen. Nichts, was den phobiebesetzten Fragenkomplex betrifft, kann ohne Be-denken oder Vor-sorge hingenommen werden. Das Leben in einer solchen ständigen Abwehrhaltung bindet nicht nur einen großen Teil der Leistungskräfte des Betreffenden, sondern engt vor allem seine Perspektive auf tragische Weise ein: Am Ende ist er brennpunktartig nur noch mit jenem Einen konfrontiert, das er so sehr fürchtet; ja er geht buchstäblich eine Beziehung mit ihm ein, in der er stets der Unterlegene bleiben wird. Keine vernünftige Argumentation, keine von Dritten angemeldeten Zweifel können ihn je über-zeugen und von dieser krankhaften Bindung abbringen; er bleibt dem verhaftet, worauf er sich hartnäckig bezieht.

An und für sich zählt die Schaffung von Sicherheiten für die Zukunft zu den Aufgaben des Bereichs Drei. Unsere sozialen Zusammenschlüsse zu Familien, Gemeinden und Staaten dienen weitgehend dieser Zielsetzung, nämlich Herstellung von Ordnung, Beaufsichtigung des Güterverkehrs, Verteilung der Pflichten gegenseitiger Hilfeleistung sowie Errichtung eines Systems vielfacher Absicherungen und Ver-sicherungen. Jedoch kann hier nur so lange von harmonischem Verhalten die Rede sein, wie sich die Konkretisierung im Rahmen des Vernünftigen hält. Es erhebt sich für den einzelnen ebenso wie für die anonymen Körperschaften die Gefahr, daß Vorsorge und Absicherung übertrieben und Reichtümer und Güter zusammengerafft werden. Zwar werden Gier und Geiz als moralisch verwerflich angeprangert. Daß aber ein Anhäufen, das den natürlichen Bedarf und eine angemessene Bevorratung übersteigt, bereits als psychisches Fehlverhalten zu werten ist, bleibt unter den Zielsetzungen unserer herrschenden Gesellschaftsordnung völlig verborgen – zumal solches Gebaren durch die Gesetzgebung sogar noch sanktioniert wird. Die Grenze liegt mit Sicherheit dort, wo die eigene Überversorgung und Überfütterung auf Kosten anderer geschieht – das heißt so lange Bedürftigen im eigenen oder fremden Lande Güter vorenthalten werden.

Freilich erweist es sich, daß die umgekehrte Handhabung, nämlich die Erklärung sämtlicher Güter zum Eigentum des Volkes, hier nicht weiterhilft: In diesem Falle werden lediglich die Rollen von Fordernden und Leistenden vertauscht, zumal der Nachholbedarf der zuvor Unterdrückten zu groß ist. Es geht nicht um jedermanns Anspruch, nehmen zu können, sondern umgekehrt um die allgemeine Bereitschaft zu geben: Eine innerliche Gesundung der Menschheitsfamilie tut not, damit der einzelne Bestätigung und Sicherheit nicht mehr in der eigenen Überlegenheit suchen muß, sondern in dem Bewußtsein gegenseitigen Tolerierens, Raum-Gebens und Hindurchtragens finden kann.

Übrigens lassen sich nicht nur materielle Güter, sondern auch Arbeit und Verantwortung buchstäblich raffen, nämlich im Sinne der sogenannten Arbeitswut als dem übertriebenen Erspähen und Erfüllen von Aufgaben, dem geradezu plan-losen Pflichteifer. Dies ist das genaue Gegenteil der Überforderungsangst: Es gleicht einer Überforderungssucht. Die Betreffenden – ironisch als die *Workaholics* bezeichnet – verfügen sicherlich über eine besondere, erhöhte Tragfähigkeit und Belastbarkeit, über ein grundsätzliches Bejahen-Können der Arbeit als Form der Hilfsbereitschaft; jedoch spielen Momente des Wettbewerbs und der Selbstwertbestätigung immer hinein – oder zumindest eine von der Norm abweichende Art, sich Befriedigung und Genugtuung zu verschaffen. Das sogenannte Helfer-Syndrom, bei dem das Ideal der Nächstenliebe oft als Vorwand für eine versteckte Sucht nach Anerkennung herhalten muß, zählt zu diesem Verhaltenskomplex.

Auch dort wird das Ideal der Nächstenliebe ad absurdum geführt, wo ein Mensch sich restlos ausnutzen und völlig in die Interessen und Ziele anderer einverleiben läßt – oder aber sich zum Sklaven überzogener Ansprüche seiner Schützlinge erniedrigt. Hier vernachlässigt der Betreffende die Anweisung, den Mitmenschen und sich selbst gleichermaßen zu lieben (Mt 22,39; Mk 12,31; Lk 10,27), das heißt den Sinn für ein gewisses Maß eigener Ansprüche zu bewahren. Wer solche Ausnutzung gestattet, gerät früher oder später an die Grenze seiner Tragfähigkeit, körperlich wie auch seelisch; denn allmählich zerrinnt ihm die Sinngebung. Stete Überforderung lähmt, ja tötet eines Menschen Nächstenliebe. Ihm widerfährt die un-guteste Verhärtung, die im Bereich Drei eintreten kann: die Versteinerung des Herzens.

Liebe wächst auf dem Boden des bedingungslosen Annehmens des Nächsten – wie von sich selbst. Urteilen und Abwerten hingegen – nicht nur des Mitmenschen, sondern vor allem auch der eigenen Person – machen hart. Unser Urteil soll daher gerecht und sachlich sein, unsere Kritik aufbauend – vor allem aber geht es um unsere mitmenschliche Öffnung, kraft des Herzens Güte und Lindigkeit.

*

In unserem Lebenskreis wenden wir uns nun der somatopsychischen Betrachtung des *Bereichs Vier* zu. Diesem hatten wir bereits die vierte Individuationsstufe der Selbsthingabe und des Aufgehens in der Gemeinschaft zugeordnet, ferner die psychische Grundfunktion der Intuition, die bildhaft-ganzheitlich erfassende rechte Gehirnhälfte, das Ens spirituale sowie die integrale Bewußtseinsdimension. Der Bereich Vier untersteht der Polarität Innen/Außen, die sich ambivalent zeigt im Sinne des Sowohl/Als-auch; das analoge Akupunktur-Element heißt Metall/Lunge. Als somatische Schlüsselfunktion und funktionelle Zielsetzung fanden sich Austausch sowie Loslösung und Hingabe: Es geht um das Hintanlassen eigener Grenzen und das Sich-Einlassen in die symbiontische Gemeinschaft.

Kennzeichnend für den Quadranten Vier scheinen die Wortstämme LASS (indogermanisch mit »letzt« verwandt) und LOS oder LÖS (verwandt mit »ver-lieren«):

LASSen
Ein- und Aus-LASS
DurchLÄSSigkeit
LÄSSig

GeLASSenheit
sich einLASSen
sich überLASSen
VerLÄSSlichkeit
ohn' UnterLASS
NachLÄSSigkeit
NachLASS
hinterLASSen
entLASSen
VerLASSenheit
LÄSSlich = verzeihlich
ErLASS
AbLASS
FreiLASSung
LosLASSen
LosLÖSung
LOSe
VerLUSt
VerLORenheit
TrostLOSigkeit
AufLÖSung
ausLÖSen
einLÖSen
GeLÖStheit
ErLÖSung

Vorbild und Prototyp für die Lebensprozesse des Bereichs Vier ist die Atmung. Ihre beiden Phasen binden den Menschen in einen symbiontischen Austausch mit anderen Lebensformen ein. Hierbei ist die Einatmung die dem Selbst zugutekommende Phase, der also yang-hafte Wertigkeit zuzusprechen ist. Demgegenüber entspricht die Ausatmung als die der Allgemeinheit gespendete Phase dem Yin.

Mit dem Verhältnis zwischen Yang und Yin im Quadranten Vier müssen wir uns an dieser Stelle näher auseinandersetzen. Wir erinnern uns, daß wir ebenfalls das Außen dem Yang zugerechnet hatten im Vergleich zu Yin, dem Innen. Das aber wirft die Frage auf: Müßte dann nicht die Einatmung ins Innere als yin-haft und das Hinausatmen als yanghaft aufgefaßt werden? Wie erklärt sich dieser Widerspruch?

Offensichtlich hängt er mit jenem geheimnisvollen Sowohl/Als-auch zusammen, das die Polarität im Bereich Vier regiert: Er ist fürwahr ein Quadrant der Paradoxa und der Ambivalenz. Infolgedessen lassen sich, wie in der meditativen Atemübung deutlich wird, auch umgekehrt die jenseits des Ich liegenden Weiten als das Innen und das Ich als deren äußerliche Umkleidung erfahren – und zwar mit nicht geringerer Gewißheit.

Yin und Yang erweisen sich in diesem vierten Funktionsbereich immer wieder als doppeldeutige Kriterien: So läßt sich auch nicht festlegen, ob der Einatmende den Atem aktiv – also yang-haft – hereinholt und auch aktiv wieder ausstößt, oder ob er passiv – also yin-haft – den Atem gespendet und wieder entzogen bekommt; sämtliche Varianten sind subjektiv erfahrbar.

Diese Widersprüchlichkeit der Polarität darf keinesfalls relativiert werden, so als bestimme der jeweilige Standort des Betrachters die polare Wertigkeit der Phänomene. Vielmehr berührt die Polarität im Bereich Vier weiterreichende Dimensionen. Zwar erinnert die unablässige gegenseitige Ablösung der beiden gegenpolaren Strömungen, wie wir sie bei Ein- und Ausatmung erfahren, an die motorische Abwechslung des Bereichs Zwei, unterscheidet sich aber grundlegend von ihr. Im Bereich Vier nämlich bewegt sich nicht mehr der oder das einzelne – hier pulsiert ein Ganzes: Ein übergreifendes Gesamtgebilde, aus einzelnen Teilen bestehend, gehorcht seiner eigenen Rhythmik, schwingt und flutet in sich selbst. Ähnlich wie das Meer in seinen Gezeiten, wogt es auseinander und wieder zurück, überschüttet es gleichsam den eigenen Strand mit aller Fülle und läßt ihn dann wieder brach liegen. Solcher Rhythmus gibt dem Ganzen zweifaches Gesicht, genauer gesagt: zweifache Art, sich zu ereignen – in der einen Phase durch Belebung seiner Teile, in der anderen durch Sammlung seiner selbst. Es ist ein Rhythmus des Austauschs, wie er kleinste symbiontische Zusammenschlüsse ebenso prägt wie das Miteinander aller mit allen im Kosmos. Immer wieder ereignet das Ganze sich anders und ändert dennoch nicht seine Identität.

Die aus dem alten China überlieferte Monade wird hierfür zum sprechenden Symbol. In ihr umfluten Yang und Yin einander im Äußeren, gleichzeitig aber auch im Inneren, weil eine jede Polarität inwendig den punktartigen Keim der Gegenpolarität hegt und umkreist. Dieser Keim ist zugleich Erbe – er ist

Erinnerung an das, was sein wird. Damit wird er zum Garant der Umpolung zu gegebener Zeit – denn wollte das Ganze sich jemals derart in eines der polaren Extreme hinaus ergießen, daß dabei die Erinnerung an die andere Polarität verlorenginge, so hörte das Ganze auf zu sein.

Wir sprachen bereits davon, daß das Geheimnis der Zeit in ihrer unablässigen Umpolung zwischen Yang und Yin besteht: Auch die Zeit schwingt in Ge-zeiten. Im Bereich Vier erneuert sich das Leben immer wieder selbst, indem es aus jeder Umpolung einen Neubeginn macht: Austausch von Grund auf, wahrhafte Verwandlung und Neu-Schöpfung.

Es gibt übrigens Lebewesen, die sich auf zweifache Weise ereignen, indem sie sich gleichsam austauschen: Das bekannteste Beispiel ist der Schmetterling, aber auch die Farne sind Doppelwesen. Sozusagen im Wechsel mit sich selbst bringen sie eigentümliche Gebilde hervor, die sich wie Zwischenstadien ausnehmen und dennoch vollwertige Teilphasen ein und derselben Existenz darstellen – zwei polare Kehrseiten eines selben Lebens: Beim Schmetterling ist es die Raupe; beim Farn entsteht ein nur wenige Zentimeter messender, direkt am Boden haftender Vorkeim, das Prothallium. Der Wechsel von der einen zur gegenpolaren anderen Gestalt erfordert allerdings jeweils das völlige Vergehen der bisherigen, beziehungsweise die Einsargung der Raupe im Kokon.

Auch der Mensch ist offensichtlich an übergreifende Gezeiten angeschlossen; eben dies macht ihn bereits im Somatischen zu einem Wesen atmenden Austausches. Jener Gasaustausch, der sich im Körper ereignet, indem die sauerstoffhaltige Atemluft zu kohlendioxydhaltiger wird, beruht auf echter Um-ladung, so daß im Ausatmen andere Gase hinausgetragen werden.

Wer vermöchte zu sagen, ob Ebbe oder ob Flut zuerst gewesen ist? Auf das Leben des Menschen – als eines Teiles des Ganzen – bezogen, kommt freilich das Yang als erstes, das Yin als zweites: Der erste Atemzug des Neugeborenen ist Einatmung, der letzte des Sterbenden ist Aushauchen. Diese Reihenfolge entspricht der Gesetzmäßigkeit der involutiven Hälfte unseres Lebenskreises, in welcher die Quadranten Drei und Vier jeweils mit dem Yang beginnen, das hier die Kräfte spendet, und mit dem Yin ausklingen, welches die Kräfte umsetzt.

So flutet auch im Leben des Menschen die Einatmung Kräfte herbei, während die Ausatmung sie hinwegzuschwemmen scheint. Dennoch kann der Mensch nicht beim Inspirium verweilen, so ekstatisch-bewußtseinserweiternde Zustände die gezielt geübte Hyperventilation auch bescheren mag: Die Natur erzwingt das Exspirium – der Mensch darf es seiner Umwelt nicht schuldig bleiben.

Ging es im Bereich Drei bei der Verdauung vom Prinzip her um eine Eigenbereicherung des Selbst mittels massebildender Substanz, so fordert das Wirkprinzip von Atmung und Austausch stattdessen eine Anreicherung des Hinauszutragenden zum Wohle aller. Da aber im Exspirium eben das ausgestoßen wird, woran der eigene Organismus ersticken müßte, ist damit zugleich die eigene Reinigung und Entsorgung garantiert. Letztlich führt im Bereich Vier jegliches Behalten-Wollen zu Unreinheit: wie zum Beispiel die Verhaltung der Darmentleerung und die Verklebung von Hautschuppen und Haaren. Doch zeigt sich hier, wie sehr die den Bereich Vier prägenden Umwandlungen das Hergeben erleichtern und in die Wege leiten. Was nämlich das Eigene war, ist es längst nicht mehr; was abzustoßen ist, hat seine Loslösung schon von sich aus mittels Abkapselung vorbereitet: Der Kot bewegt sich durch eine Passage, die als exterritoriales Außen des Körpers anzusehen ist; die verbrauchten Haare und Zellen der äußersten Hautschicht sind längst abgestorben; die welken Blätter haben an der Nahtstelle zur Mutterpflanze eine trennende Korkschicht gebildet. Das bedeutet: hier sind Wunden geheilt, noch ehe sie entstanden; Heilung und Lebenserneuerung wuchs von innen her. Die Häutung von Schlange und Schmetterlingskokon gilt daher in allen Kulturen als archetypisches Symbol für die innerliche Neu-Werdung.

Was hier jeweils als überflüssig abgeworfen wird, kann daher auch nicht als tot im absoluten Sinne bezeichnet werden. Das Alte ist lediglich demjenigen Organismus abgestorben, dem es bislang als Teil verbunden war; im Rahmen des übergreifenden Ganzen jedoch setzt es seine Existenz fort – in welcher Form und Funktion auch immer. Dasjenige aber, was nicht nur als Überflüssiges, sondern als wahrhaftige, ausgereifte Frucht dahingegeben wurde, ist sogar fähig und ausersehen, Leben in neuer Gestalt anzutreten.

Wer sich mit dem, was er zu geben hat, in den symbiontischen Kreislauf einläßt, entledigt und reinigt sich nicht nur, sondern schafft darüber hinaus Freiraum und Kapazität in sich selbst für das Einfließen neuer Belebung. Der Widerspruch zwischen Fremd- und Eigennützlichkeit verwischt sich: Nicht nur das Einströmen ist eine dem Selbst zugutekommende Phase, sondern die Hingabe an die Allgemeinheit befreit erst recht zum Leben.

Die Notwendigkeit zu atmen und auszutauschen bedingt unser Leben weit unmittelbarer als alle Notwendigkeiten der zuvor besprochenen Bereiche. So wird der Mensch zwingend in die Symbiose mit den übrigen Lebensformen eingebunden. In der Dimension des Bereichs Vier kann der Mensch daher nicht mehr als Einzelwesen begriffen werden, das einzig seinen persönlichen Bedürfnissen leben könnte. Vielmehr erweist er sich als Teil eines Größeren, welches über seine kleine, individuelle Existenz hinausreicht. Dies mindert seine eigene Bedeutung aber in keiner Weise; denn ohne ihn wäre das Ganze unvollständig. Er ist unabdingbarer Teil; und ebenso unabdingbar ist das, was er dem Ganzen einzubringen vermag. Der Mensch unterhält nicht nur Austausch mit den anderen Teilhabern, sondern steht in Wechselwirkung mit dem Gesamtsystem selbst. All dieses gilt nicht nur im Biologischen, sondern auch in der Analogie des Soziologischen und – wie wir sehen werden – ebenso des Spirituellen.

Obgleich jede übergreifende Symbiose ihre verschiedenen Teilhaber in eine gegenseitige existentielle Abhängigkeit einbindet, beläßt sie ihnen jedoch ihre völlige Individualität. Dies ist die genaue Umkehrung der kollektiven Einbindung, wie wir sie im Quadranten Eins fanden. Das Kennwort im Bereich Vier lautet Gemeinschaft: Alle Teilhaber bedingen und bewirken gegenseitig die Lebensweise der anderen – dies aber nicht im Sinne der Kausalität, sondern des aufeinander Ein- und Abgestimmt-Seins aller Beteiligten.

Auf ein solches Leben als Teil eines größeren Ganzen paßt das Bild des Reigens und des sakralen Tanzes. Hier halten sich alle gegenseitig an der Hand, bilden eine Kette und gehen selbstvergessen miteinander im Kreise; was sie verbindet, ist die über ihnen allen schwebende Melodie und der allen gemeinschaftliche Rhythmus, in den sie sich einschwingen und einstimmen. Nur derjenige wird aus dem Takt fallen, der sich ablenken läßt – der sich plötzlich seiner selbst, eigener Bedürfnisse und eigener Probleme erinnert. So vermag ein einziger durch einen Fehltritt das ganze Gefüge aus dem Gleichschritt zu bringen; denn wie in einer resonanzartigen Kettenreaktion überträgt sich die Störung auf die beiden Nachbarn, auf die übernächsten und so immer weiter.

Wir wollen uns nun mit den seelischen Aktivitäten befassen, wie sie dem Menschen im Bereich Vier zu Gebote stehen. Auch hier wiederum gilt die Analogie des Atemgeschehens, verbunden mit der Analogie der somatischen Schlüsselfunktionen des Sinnesorgans Nase und des spezifischen Gewebes von Haut und Haar.

Die Art und Weise der Sinneswahrnehmung, wie sie von der Nase versehen wird, bezeichneten wir als ein Spüren und Wittern. Der Geruchssinn ist der feinste, subtilste unter den fünf Sinnen, vermag er doch bloße Spuren von Aroma aufzuspüren – ja er scheint das Stoffliche hinter sich zu lassen, da bestimmte Fischgattungen – wie gesagt – Verdünnungen jenseits der Loschmidtschen Zahl riechen können. Damit berührt und transzendiert der Geruchssinn eine entscheidende Grenze, nämlich die Grenze zwischen materiell Faßbarem und nicht mehr Faßbarem. Dennoch besitzen Geruch und Witterung eine existenzsichernde Funktion, die gerade unter den sehr realen Lebensbedingungen der freien Wildbahn unersetzliche Dienste leistet.

Nur ein knapper und feiner Übergang trennt den Spürsinn der Nase von jenem psychischen Spürsinn, der ahnt, ab wann eine Situation »brenzlig« wird: der Intuition als der dem Bereich Vier zugehörigen seelischen Grundfunktion. Die eigentliche Domäne der Intuition reicht freilich über das bloße Vorahnen existenzieller Gefahren hinaus. Der zweite Name für diese Grundfunktion, nämlich Inspiration, bedeutet wörtlich Einatmung; er weist unmißverständlich auf die Analogie zur Atmung hin. So ähnlich wie die Atmung mit einer osmotischen Durchlässigkeit der Atemwege zusammenhängt, scheint Intuitivität auf einer eigentümlichen psychischen Durchlässigkeit zu beruhen. Diese macht sie einerseits zum Einfallstor für inspirative Eingebungen, welche aus einer materiell nicht faßbaren, gleichsam jenseitigen Dimension herzurühren scheinen:

Ein jeder, der Intuition kennt, wird bestätigen, daß die Eingebungen wie von außerhalb zu kommen scheinen, wie eingeflossen oder eingesaugt. Andererseits befähigt die Intuition, die Begrenzungen der Sinneswahrnehmung zu transzendieren; denn sie dringt, wie Jung definierte, unter die Oberfläche, sie durchleuchtet das Gegenüber und dessen Bewußtsein, sie blickt hinter die Horizonte von Zeit und Raum, ja sie erspürt eine wirkende Wirklichkeit jenseits der Welt der Realität.

Die intuitive Wahrnehmung scheint auf ähnliche Weise von einem Flimmern begleitet zu sein wie das Spüren unserer Nase; daher das Schillernde, das der Intuition anhaftet und sie oftmals in die Gefilde der Phantasie verschlägt. Die Verwandtschaft zum Spürsinn beläßt keinen Zweifel, daß die Intuition/Inspiration mit ihrer hochgradigen Wahrnehmungsqualität wiederum den Yang-Aspekt repräsentiert.

Jeder Künstler und jeder Intuitive weiß um die Belebung und Stärkung, die zusammen mit den schöpferischen Impulsen einfließen. Denn die Yang-Phase stellt, wie gesagt, kreative Kräfte zur Verfügung; ja sie kann dem Menschen geradezu Schwingen verleihen und ihn in die himmelhoch jauchzende Euphorie hüllen. Was ihm auch immer zuteil wird, muß er jedoch wieder von sich geben wie Atemluft, damit daraus Realität wird.

Inspiration ist also Aufruf zur Kreativität: Verweigert sich der Einzelne seiner schöpferischen Gabe, so erstickt er gleichsam an der Fülle seiner Talente. Denn ihm obliegt es, das Empfangene in mehr oder minder mühsamem Ringen aus sich herauszulösen und der Allgemeinheit als Geschenk darzubringen. In diesem Loslassen soll er Lebensfrucht zeitigen.

Es geht hier offensichtlich um die Innen/Außen-Umsetzung: Die Kreativität ist ein Umwandeln, wie die Atmung auch. Im Einfließen der Eingebung ist sie Vehikel der Empfänglichkeit, also Yang: im Weitergeben ist sie Vehikel der Offenbarung und damit Yin. Sie ist changierend, wie es dem Bereich Vier entspricht, und daher läßt sich das Zustandekommen kreativer Werke rational nicht nachvollziehen.

Die kreative Umwandlung wird in unserer Sprache als Kunst bezeichnet. Schon vom Wortstamm her schließt »Kunst« das Können ein, aber auch die Kundigkeit: denn hier geht es um die richtige Art und Weise, eine Kunde zu offenbaren. Das Werk wird immer die Züge seines jeweiligen Schöpfers tragen; all dieses darf aber immer nur Umhüllung für die Botschaft sein. Die Umwelt erlebt Kunst als etwas nach Außen Geschenktes; aber die Botschaft muß sich in ihrem Künstler verinnerlicht haben – ihn muß sie verwandelt haben, er selbst muß an ihr reifer und reiner geworden sein, während er seinem Werk Gestalt verlieh.

So besteht die psychische Funktionsqualität des Bereichs Vier in der Bereitschaft zu Verwandlung und Verinnerlichung – zum Sich-bereiten-Lassen. Das Phänomen des Kreativen reicht daher weit über das Künstlerische hinaus: Es besteht oft in der unscheinbaren, der Mitwelt kaum merklichen Umwandlung, Reifung, ja inneren Neugeburt eines Menschen, dem ein Stück seines alten Adam abgestreift und stattdessen ein Mosaikstein der Weisheit eingefügt wurde.

Schon darin liegt Kreativität, wenn ein Mensch eine eingeblendete intuitive Wegweisung mit Umkehr seiner selbst und seines Handelns zu beantworten vermochte. Überall, wo alte, nicht mehr gültige Geleise verlassen werden, weil eine Veränderung sich als fällig erwies, ist der Mensch kreativ: Haben die Vorzeichen der Zeit gewechselt, so muß alles Überholte abgestreift werden. Im Quadranten Vier wird die steigende und fallende Zeit zum Maß aller Dinge.

Was im Bereich Drei der quantitative Sinn für die Genüge war, findet im Bereich Vier daher seine Entsprechung in einem qualitativen Gespür für die Fälligheit von Verwandlungen. Nicht die Dinge reifen hier, sondern die Zeit ist gereift. Wird kraft dieses Spürsinns der richtige Moment ergriffen, so sind Loslösung und Abschied weder schmerzlich noch schmerzhaft, sondern auf befreiende Weise frei-willig. Wird der passende Zeitpunkt aber ver-paßt, dann geht es nicht ohne Ringen, Zagen und Erschütterung, denn dann reißen wahrhafte Wunden auf, die vielleicht nie verheilen.

So mancher Traum, von dessen Bedeutsamkeit wir beim Erwachen überzeugt sind – selbst wenn uns sein Inhalt rätselhaft bleibt –, mag den innerseelischen Vollzug einer fälligen Verwandlung anzeigen. Oft auch kommt das Schicksal mit einer Krankheit zu Hilfe, die die Herauslösung aus eingefahrenen Gepflogenheiten und Lebensumständen vorbereitet, oder mit einer Enttäuschung, welche Lockerung aus einer über-fälligen Beziehung bringt. Je hartnäckiger sich der Mensch dem inneren Gespür für die Fälligkeit verschließt, desto stärker werden ihm die äußeren Ereignisse die anstehenden Verzichte abzwingen.

Das Kommen und Gehen gegenläufiger Phasen – solcher des Beschenktwerdens und solcher des Hergebens – begleitet den Menschen schicksalsmäßig durchs ganze Leben. Was der Himmel ihm leiht, sammelt er gern mit offenen Armen ein – meist aber behält er es für sich. Klopft später das Schicksal an und verlangt die anvertrauten Pfunde zurück, so bezichtigt er Gott der Ungerechtigkeit. Daher die vielen »kleinen Tode«, von denen Elisabeth Kübler-Ross spricht – leichtere Abschiede und so mancher schwere Verlust. An diesen reift der Mensch, denn es wird von ihm erwartet, daß er nicht nur Frucht hervorbringt, sondern sie selber wird: Frucht, die seine Umkehr anzeigt (Mt 3,8; Lk 3,8).

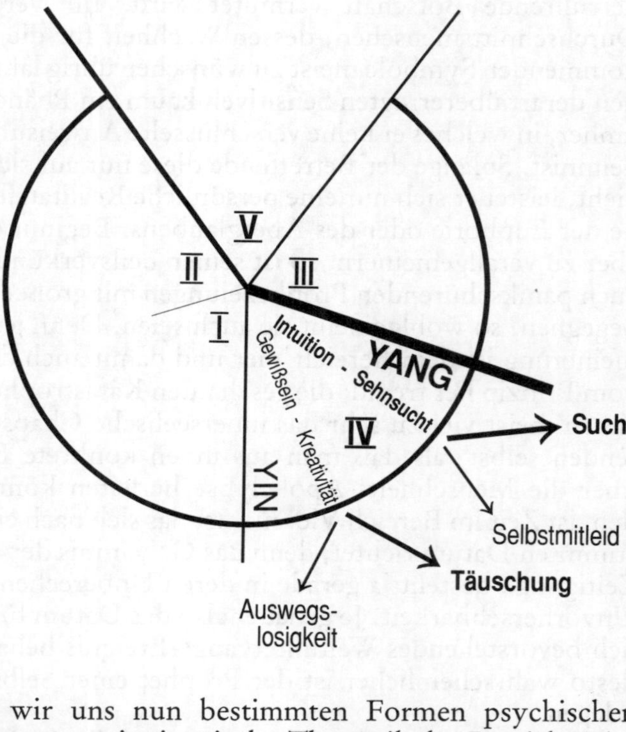

Wenden wir uns nun bestimmten Formen psychischen Fehlverhaltens zu, wie sie mit der Thematik des Bereichs Vier zusammenhängen. Wiederum geht es nicht um die Frage der

Sensitivität als solcher, sondern um etwaige yang- oder yinhafte Extreme – eine Gefahr, der gerade der Sensitive besonders ausgesetzt ist.

Das Yang-hafte, welches der Phase des Inspiriums entspricht, wird im Falle seiner Überziehung zu Überfülle und Aufgeblasenheit: Das Psychische scheint in diesem Falle überdehnt wie ein zu praller Brustkorb oder hyperventiliert wie ein fehlbeatmeter Kopf. Es gibt beide Varianten: sowohl die Täuschung und Beeinflussung anderer, als auch die Täuschung des Intuitiven selbst. Es ist übrigens eine eigentümliche sprachliche Besonderheit, daß es im Bereich Vier, der dem Aus-tausch dient, gleichfalls die Täuschung gibt.

So haben wir es als yang-hafte Übersteigerung des Inspiriums anzusehen, wenn in überzogener Aufnahmebereitschaft hinter einem jeden Erlebnis und Ereignis eine aus dem Jenseits herrührende Botschaft vermutet wird. Im Vergleich zum Durchschnittsmenschen, dessen Wachheit für die auf ihn zukommenden Symbole meist zu wünschen übrig läßt, gibt es für den derart übererregten Sensitiven kaum ein Phänomen ringsumher, in welches er keine verschlüsselte Anweisung hineingeheimnist. Solange der Betreffende diese nur auf sich selbst bezieht, leistet er sich nur eine persönliche Realitätsferne im Sinne der Euphorie oder des Aberglaubens. Beginnt der Mediale aber zu verallgemeinern, so ist seinen heilsverkündenden oder auch panikschürenden Prophezeiungen mit großer Vorsicht zu begegnen, so wohlgemeint sie auch seien. Denn jede Verallgemeinerung ist dem Bereich Vier und damit auch der Intuition vom Prinzip her fremd; die geschauten Katastrophen symbolisieren meist viel zu sehr das innerseelische Chaos des Betreffenden selbst, als daß man aus ihnen konkrete Einzelheiten über die Menschheits-Apokalypse herleiten könnte. Außerdem ist Zeit im Bereich Vier nichts, das sich nach einem vorbestimmten Datum richtet; denn das Geheimnis der »Stunde der Zeitigung« besteht ja gerade in deren Unberechenbarkeit und Unvorhersehbarkeit. Je genauer also das Datum für ein angeblich bevorstehendes Weltuntergangs-Ereignis behauptet wird, desto wahrscheinlicher ist der Prophet einer Selbsttäuschung erlegen.

Ein besonderer Fall der yang-haften Selbstlüge sind der religiöse Wahn ebenso wie der elitäre Dünkel besonderer Heiligkeit und Gotteserwähltheit. Hier wähnt sich der Mensch aller irdischen Niedrigkeit bereits entrückt und wird zum Hochmütigen oder Heuchler – zum Scheinheiligen im wahrsten Sinne. In einer Weise, die geradezu an Sucht erinnert, forciert er seine Entrückung durch körperfeindliche Kasteiungen und ekstatische Übungen weiter, oder aber er hält sich derart für einen Erhabenen, daß er bei aller Gönnerhaftigkeit eine tiefe Verachtung gegenüber dem unreinen Volke hegt – ganz entgegen dem von ihm öffentlich propagierten Liebes-Gebot.

Der Selbstbetrug des Sensitiven ist übrigens von hochgradiger Kreativität begleitet, über die er sich aber in keiner Weise im klaren ist: Er verleiht demjenigen, das er fälschlich glaubt, tatsächlich eine gewisse äußerliche Gestalt. So kann die Täuschung zum »wahrhaftigen« Ge-schöpf, ja zu einem eigenständigen Wesen werden, dessen phantomhafte Existenz, von der Wunschkraft ihres Urhebers gespeist, zu großer Virulenz zu erstarken vermag.

Leicht kann der Sensitive daher der Sucht verfallen, Wunder zu inszenieren – einzig um deren Sensation willen. Zugzwang und Leistungsdruck wirken dem spontanen Wunder jedoch geradezu entgegen. So sieht sich der Betreffende bald veranlaßt, auf Taschenspielertricks und suggestive Täuschungen zurückzugreifen, will er nicht als Versager bloßgestellt und durchschaut werden. Dabei kann man ihm, wie gesagt, noch nicht einmal eine betrügerische Absicht nachweisen, da ihm die Grenzen von Realität und Irrealität, zwischen dem Echten und dem Schwindel, ineinanderfließen.

Der Bereich Vier bringt die Versuchung mit sich, paranormale Fähigkeiten zum eigenen Vorteil zu mißbrauchen – meist aus Motiven der Eifersucht, der Rache oder des Strebens nach Macht. Das Spektrum reicht von der telepathischen Beeinflussung und Gefügigmachung und der zweifelhaft motivierten Hypnose bis hin zur vernichtenden Hexerei und schwarzen Magie, die das Glück des Mitmenschen oder gar dessen Leben zu zerstören trachtet.

Zum yin-haften psychischen Fehlverhalten zählen Traurigkeit, Resignation und Hoffnungslosigkeit, wie sie auch in der klassischen Akupunkturlehre aufgezeigt werden. Diese Verfassungen gleichen einem seelischen Exspirium, so als habe die Seele sich restlos verausgabt und alles verschenkt. Jeder Künstler kennt die Ausgelaugtheit nach vollbrachtem Werk; doch nicht nur der Künstler und ausgesprochene Sensitive ist derartigen Zuständen ausgeliefert: Oft überfallen sie den Menschen nach Schicksalsschlägen, vor allem wenn ihm auferlegt war, einen geliebten Menschen herzuschenken – »als wär's ein Stück von mir«. Trauerarbeit – ein heute viel zitierter Begriff – ist das einzige, was hier weiterhelfen kann. Sie beginnt damit, daß der Trauernde seinen Gefühlen freien Ausdruck gibt: seiner Wehklage, seinem Hader, seinem ohnmächtigen Ausgeliefertsein, seiner Ratlosigkeit und Verlorenheit. Der wichtigere Schritt aber, der nach dem Verebben der Affekte ansteht, ist der zweite, nämlich das Vollziehen des Abschieds. Abschied ist nicht allein der Verzicht auf das, was war und nicht wiederkehrt, weil die Zeit abgelaufen ist; weit mehr noch verlangt er ein Durchringen zum »Lebewohl«, der Freigabe und damit der Segnung, letzlich der Entsendung des geliebten Menschen. Denn dieser ist nun nicht mehr ein Stück von uns, sondern Teil einer größeren Wirklichkeit. In solches Vollziehen hinein ereignet sich das Wunder: Wehschrei wird zu befreiendem Seufzen, Verlorenheit wandelt sich in heiligen Trost.

Für viele, besonders die junge Generation, kommen Zustände der Verzagtheit, des resignierenden Weltschmerzes, in denen Persönliches sich mit Allgemeinem mischt und die eigene innere Not untrennbar mit den Nöten der ganzen Welt verwoben ist. Der Mensch erfährt hier bis ins Körperliche hinein ein Mit-Schwingen mit dem Elend der gesamten Menschheit; der eigene Leib wird geradezu zur Antenne für das Seufzen der Natur und aller Kreatur, das Stöhnen der gequälten Erde. Solches Mit-leiden ist heute besonders naheliegend, denn als die Erdsymbionten, deren Existenz von der Gesundheit des Planeten abhängt, sind wir von der Misere der Welt unmittelbar betroffen. Dennoch darf uns diese Betroffenheit nicht zum seelischen Ersticken in idealisiertem Selbstmitleid führen. Das Gespür für das Wohlergehen des Ganzen ist uns vielmehr mitgegeben, um unsere Empfänglichkeit für gute und kreative Einfälle zu weiten.

In diesem Zusammenhang ist jener tragischen Gestalten zu gedenken, die der Phasenhaftigkeit in besonderem Maße ausgesetzt sind und denen es beschieden ist, stets mit leeren Händen dazustehen – jedoch ohne jemals Frucht gereift oder ein

Werk vollbracht zu haben. In ihren euphorischen Stunden gaukeln sie sich zwar große Möglichkeiten vor und stürzen sich mit gewaltigem Flügelschlag in diese hinein. Doch kaum haben sie begonnen, lassen sie schon wieder die Flügel hängen – ihr kurzphasiger innerer Rythmus zwingt sie dazu. Als Vorwand dient ihnen meist eine menschliche Enttäuschung. Sie sind sich dieses wiederkehrenden Musters nicht bewußt, denn ihr Grundthema ist eben die in ihrem Leben überall fratzenhaft auftauchende Ent-Täuschung, die ihre ersten Anfänge in frühkindlichen Erfahrungen des Nicht-Angenommenseins haben mag, aber zur grenzenlosen Enttäuschung über sich selbst geworden ist. Die kurzen Phasen des Inspiriums ähneln hier einem verzweifelten Schnappen nach Luft; in ihren langen Phasen des Exspiriums jedoch neigen diese Menschen dazu, aber auch alles wegzuwerfen und fortzuschenken, worauf sie jemals wieder aufbauen könnten: ihr geringes Hab und Gut, ihren Arbeitsplatz, ihre Freundschaften, ja ihre Gesundheit. Nicht wenige der Wohnsitzlosen und Süchtigen gehen diesen Weg. Ihnen zu einem sogenannten bürgerlichen Leben zurückzuhelfen, ist schier unmöglich, da sie nichts zu halten vermögen: Früher oder später beginnen sie, ihre Wohltäter zu verleumden und zu hintergehen, und zwar nur um diese abzuschütteln und frei zu bleiben – und dies immer wieder um den Preis der Enttäuschung.

Die von der Trostlosigkeit geprägte depressive Verstimmung gibt es selbst ohne äußeren Anlaß, als eine phasenhaft auftretende Grundbefindlichkeit der Wehmut, einem seelischen Darniederliegen gleich, dem alles nur hoffnungslos und wie abgestorben erscheint. Dies gleicht dem Gefühl des absoluten Ausgeatmetseins, dem Alpdruck auf der umschnürten Brust. Hierein mischt sich oft noch das Gefühl der eigenen Unreinheit und Unwürdigkeit als einer vernichtenden und unabänderlichen Schuld. Die Lebendigkeit der Mitmenschen wird als Hohn und Maske erlebt und der Betreffende sehnt sich, das ihm noch verbliebene letzte Flackern von Lebenskraft so schnell wie möglich dahingeben zu können. In solchen Zeiten der lähmenden Ohnmacht ist dem Menschen jeglicher Zugang zur schöpferisch-vergebenden Quelle jenseits seiner selbst verschlossen, ja sogar der Glaube scheint verlorengegangen. Alles ist vergeblich, kein Ende der Misere ist abzusehen, im Gegenteil scheint sich alles nur von Tag zu Tag, von Stunde zu Stunde zu verschlimmern, so als arbeite die Zeit gegen den Menschen.

Und dennoch erweist sich gerade hier die Zeit als erlösender Faktor. Wie die körperliche Ausatmung, so erfährt auch das seelische Exspirium zu gegebener Zeit seine Umpolung aus einer jenseits des Selbst flutenden Quelle und schlägt ins Inspirium um. Je restloser die zuvorige Leere, desto aufnahmefähiger die innerlichen Freiräume.

Immer wieder muß sich besonders der Sensitive und Kreative in die eine wie die andere Phase des großen Atems ausliefern. Dies ist schmerzlich, wenn er die Vergänglichkeit der großen Höhepunkte bedenkt; zugleich aber ist es tröstlich während der unermeßlichen Tiefen, die er als befristet erfahren darf. Denn das Schicksal läßt sich nicht betrügen: Die Hoffnungslosigkeit und Resignation müssen jeweils voll ausgekostet, die Talsohle ganz durchmessen sein, bevor der nächste Aufstieg freigegeben wird. Allein das Wissen um die Phasenhaftigkeit vermag den Menschen zu retten, wenn er in tiefstem Abgrund mit dem Gedanken des Aussteigens aus dieser Himmel- und Höllenfahrt, also mit dem Gedanken des Freitods, spielt. Es bedarf eines bewußten Umganges mit dieser Periodik, wenn der Atem über jenen toten Punkt hinweg reichen soll. Und es hilft auch die Vorstellung, daß der Mensch hier nicht nur seinen Eigenrhythmus lebt, sondern das große Ein- und Ausatmen des Ganzen ahnt.

Es fällt dem Menschen so schwer, sich vorbehaltlos in jenen übergreifenden Lebensrhythmus einzufügen, obgleich seine Seele sich in den Tiefen ihres Unbewußten danach sehnt. Sie möchte, daß er sich dem Ganzen zur Verfügung stellt und umgekehrt nur aus ihm seine Kraft schöpft. Dann wäre alles Empfangen ein bloßes Entlehnen, alles Loslassen aber könnte vertrauendes und gläubiges Zurückreichen sein. Des Menschen Leben selbst, jene Spanne an Jahren mit ihren unglaublichen Talenten und Möglichkeiten, würde zur Leihe – und ließe sich bedingungslos Demjenigen weihen, der es verliehen hat.

Das Leben im Bereich Vier würde damit zu einem großangelegten Exspirium – derjenigen Möglichkeit, die unter besonderem Segen steht. Ein Leben unter diesem Vorzeichen verleiht jenen langen Atem, der alle »kleinen Tode« überdauert. Denn immer und überall erweist es sich in das Exspirium des auf die Erde gekommenen Leidenden Gottes eingebettet – des Auferstandenen, der auf ewig der Wiederkommende ist.

*

Wenn wir uns nun dem *fünften Element,* dem des Feuers und des Herzens, zuwenden, so ist vorauszuschicken: Hier läßt sich im eigentlichen Sinne nicht mehr von somato-psychischer Betrachtung sprechen, sondern wir kommen nunmehr zu einem in erster Linie geistigen Wesensbereich.

Für diesen fünften Wesensbereich – das Ens Dei, die Quinta Essentia – brauchen wir, anders als bei den paganischen Bereichen, nach keinem charakteristischen Wortstamm zu suchen, der die Fülle der zugehörigen Analogien umreißt. Denn die somatische Schlüsselfunktion des Herz-Funktionskreises, die wir bereits beschrieben haben – Kommunikation und Belebung, Erstrahlen und Sich-Verströmen – ist kennzeichnend genug: Sie ist Ausdruck von All-verbunden-Sein und Eins-Sein. In ihr berühren wir die Symbolik des vollkommenen Seins: einer Dimension jenseits des Menschen, an der dieser kraft seines fünften Wesensbereichs bereits teilhaben darf. Es läßt sich wohl kaum eine umfassendere Aussage über den Bereich Fünf finden als diejenige, die sich aus der Gesamtschau der mit dem Herzen verbundenen Aspekte ergibt: Der Name »Herz«, Inbegriff der geistigen Mitte, wird zum Kennwort für die Quinta Essentia, zum Sitz der überstrahlenden Mitte des Lebenskreises.

Sonnenhöchststand und Feuer sind eins; auf diese Weise nimmt die Quinta Essentia zugleich die Mitte des Lebenskreises in der Zeit ein.

Alle Analogien des Feuer- und Herz-Elements, wie sie in der chinesischen Akupunkturlehre zusammengetragen sind, dürfen wir füglich zur Umschreibung der Quinta Essentia heranziehen. Zunächst das Feuer selbst: Ob lichtvolle Garbe oder züngelnde Lohe, ob stilles Glühen oder sengende Glut, es ist ehrfurchtgebietend, verzehrend und läuternd – und bleibt dabei immer das Erhellende, Wärmende und Lebensanfachende. Als Inbegriff des Strahlens wird es letztlich zum

Symbol für das Aufscheinen des Allerheiligsten in dessen unergründlicher Herrlichkeit und Macht. Daher gilt die Sonne, die das Firmament als hoheitsvolles und belebendes Feuer ziert, in allen Kulturen als selbstverständliches Sinnbild der Gottheit; und so kleidet sich der göttliche Geist auch in die Gestalt der Flamme, wenn Er sich Seinen Geschöpfen mitteilt: dem Moses im brennenden und dennoch nicht verbrennenden Dornbusch (2Mo 3,2), der Pfingstgemeinde in feurigen Zungen (Apg 2,3) – ja einem jeden Menschen als der im eigenen Herzen glühende göttliche Funke.

Jeremia weissagte den Mitbrüdern seines Volkes, daß Gott Sein Gesetz in sie legen und auf ihr Herz schreiben werde (Jer 31,33); Paulus aber konnte verkündigen: Die Liebe Gottes ist ausgegossen in unsere Herzen durch den Heiligen Geist (Rö 5,5). Das Herz ist daher kein bloßer Ort, anatomisch bestimmbar und beschreibbar, sondern vielmehr ein Sitz – nämlich ein Wohn-Sitz oder eine Wohn-Statt, Stätte des Pulsierens, Quelle lebendiger Durchströmung. Die Einheit von Herz und Feuer vermag den Menschen in einen Strahlenden zu verwandeln.

So manche Redewendung läßt erkennen, wie sehr im Herzen die Wesensmitte des Menschen begründet ist: Beherztsein, sein Herz verschenken, etwas übers Herz bringen oder auf dem Herzen haben; sich etwas zu Herzen nehmen oder gar das Herz gebrochen bekommen. Darum mahnt Jesus: »Euer Herz erschrecke nicht!« (Jh 14,1; 27) – es soll sich nicht beunruhigen noch verwirren lassen, es darf nicht verzagen, denn ein Erschrecken des Herzens läßt die Tiefen der Seele erstarren, und der Stillstand des Herzens bedeutet das Ende überhaupt.

Das Leben des Herzens bringt demnach Leben für das Ganze: In unermüdlichem Pulsschlag prägt das Herz dem Organismus seinen ureigenen Rhythmus auf. Das Blut, das die Pulswelle bis in die letzte Faser des Körpers hineinströmt, wird damit zum Stellvertreter des Herzens: zum Überbringer von dessen all-umfassender Kommunikation. Das Blut ist sogar Stellvertreter des Lebewesens selbst, Zeugnis der Einzigartigkeit und Besonderheit eines jeden Menschen, denn es gilt als der Träger von höchstpersönlicher, feinstofflicher Information. Dies gilt selbst für Blutspuren, so daß sie ihren Spender zeitlebens repräsentieren. Daher das Ritual der Unterzeichnung mit dem eigenen Blute zur Begründung einer Blutsbruderschaft, vor allem aber das Mysterium des Blutopfers, wie es in allen Kulturen und Religionen bis hin zur christlichen größte Bedeutung besitzt. In diesem Zusammenhang haben wir uns zu fragen, ob Orte, an denen menschliches Blut geflossen ist – wo sich Morde, Schlachten oder auch »nur« tödliche Unfälle zugetragen haben –, jemals werden schweigen können; ja wie der Schrei der blutgetränkten Erde selbst befriedet werden soll. Der Christ findet die Antwort in der Heiligung der Erde und ihrer Geschöpfe durch das Blutopfer von Golgatha.

Für den Funktionskreis Herz gilt als »Öffner« das Sinnesorgan Zunge, das heißt die Sprache als Werkzeug der Verständigung und Aussendung der eigenen Mit-teilung. Unsere Stimme ist ebenso höchstpersönlich wie das Blut; denn sie gehört zum Unverwechselbarsten, das wir haben: Ihr Timbre ist ur-eigenster Ausdruck unseres Wesens, in der überfliessenden Zunge verströmt sich das übervolle Herz (Lk 6,45). Stimme ist Singen – Zunge ist Zeugnis: Hier sind gleichermaßen die Fähigkeit zum Lobgesang wie die Macht der Verkündigung gemeint. Die Gabe des Wortes ist eine geistige Mitgift, unter allen Erdenwesen allein dem Menschen verliehen.

Das Herz selbst besitzt diese Gabe: Gibt es nicht die Sprache der Herzen als den beseligenden Einklang ebenso wie die Stimme des Herzens als die untrügliche Wegweisung? Vor allem aber gibt es die Möglichkeit des Herzensgebets – der ohne Unterlaß im Herzen bewegten Anrufung Gottes: Anders als Mund und Verstand ist das Herz zu immerwährender Andacht und Anbetung fähig. So vermag die Gabe des Wortes den Menschen mit dem Geheimnis des Logos zu verbinden – des Logos, der im Anfang war (Jh 1,1).

Nicht nur in der Ent-sendung des ureigensten Wortes besteht die »Öffnung« des Herzens; es besitzt fürwahr auch eine außergewöhnliche Wahrnehmung, die alles Gewahren, dessen die paganischen Bereiche fähig sind, übersteigt: Wir finden es in jenem Ausspruch erfaßt, den St. Exupéry im Märchen vom Kleinen Prinzen dem Fuchs in den Mund legt: »Man sieht nur mit dem Herzen gut«.

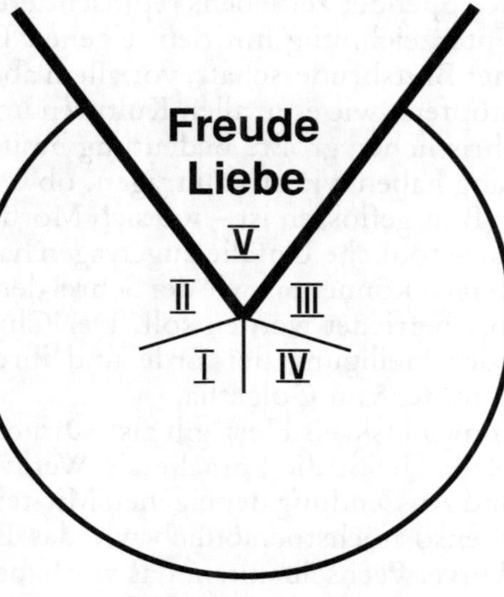

Wenn die klassische chinesische Lehre dem Herzen als psychische Entsprechung die Freude zuordnet, so ist damit etwas viel Herrlicheres gemeint als bloße Fröhlichkeit, Gelächter und muntere Beschwingtheit, wie wir sie als eine Facette des paganischen Bereichs Zwei kennengelernt haben. Die wahre Freude der Quinta Essentia geht über das irdische Freuen-Können hinaus: Sie ist Jubel des Herzens, Frohlocken des Pulses, Jauchzen der Zunge, Lobgesang der Seele.

Aber nicht nur als Freude verstrahlt sich das Herz; sein herrlichstes und ureigenstes Wesen erfüllt sich im Lieben. Die wahre Liebe des Herzens gleicht freilich nicht jenem paganischen Verhalten, welches für sich selbst begehrt, besitzen und haben will, sondern sie ist liebendes Sein – in Schlichtheit erstrahlend wie eine Blüte, all-verbunden, wärmend und erhellend wie ein Licht in der Finsternis. Jesus herzte die Kinder... (Mk 9,36; 10,16). Gott ist Liebe – und daß auch der Mensch lieben kann, von ganzem Herzen, von ganzer Seele und nicht zuletzt mitsamt seinem ganzen Leibe, ist Unterpfand für Gottes Innenwohnen im Menschen.

Das tiefste Mysterium des Herzens jedoch besteht darin, daß es sein Vorbild im Herzen Jesu findet und einbezogen ist in dessen all-durchbebenden Pulsschlag.

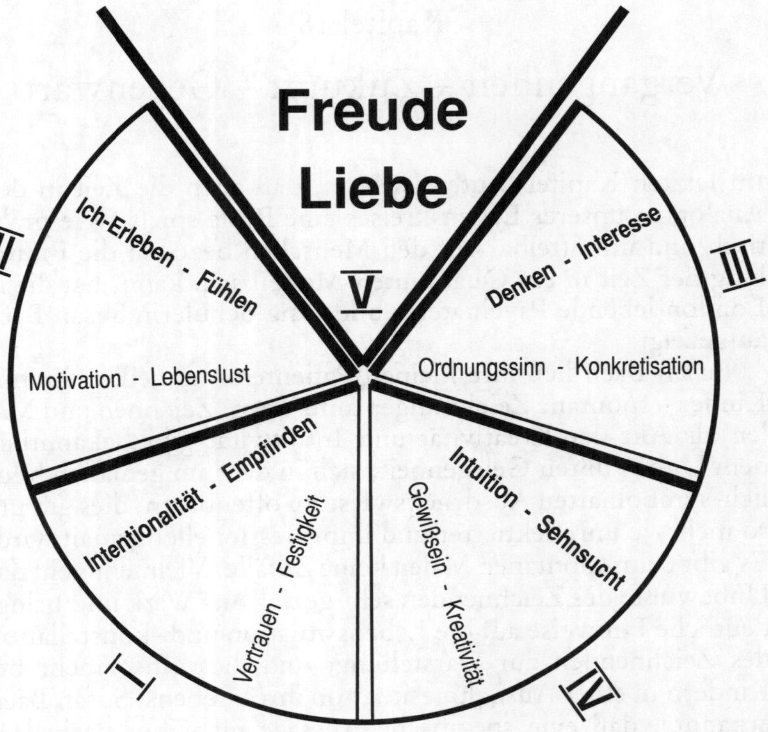
Freude
Liebe
V
II
Ich-Erleben - Fühlen
Motivation - Lebenslust
III
Denken - Interesse
Ordnungssinn - Konkretisation
I
Intentionalität - Empfinden
Vertrauen - Festigkeit
IV
Intuition - Sehnsucht
Gewißsein - Kreativität

Kapitel 18

Vergangenheit – Zukunft – Gegenwart

Im letzten Kapitel deutete sich an, daß auch die Zeit in den Analogien unseres Lebenskreises eine Rolle spielt. Wie praktisch und unmittelbar auf den Menschen bezogen die Einteilung der Zeit in ein Quadranten-Modell sein kann, hat die in London lebende Psychiaterin und Jung-Schülerin Susan Bach aufgezeigt.

Susan Bach ließ ihre kleinen Patienten – unheilbar kranke Kinder – spontane Zeichnungen anfertigen. Zeichnen und Malen als Akt der Kreativität und Intuitivität gibt bekanntlich dem Unbewußten Gelegenheit, sich in der ihm gemäßen bildlich-symbolhaften Ausdrucksweise zu offenbaren; dies gilt um so mehr, je unreflektierter und unprofessioneller gemalt wird. Es gibt beim spontanen Malen keine Zufälle. Vielmehr geht das Unbewußte des Zeichnenden sehr gezielt ans Werk und bringt deutliche Hinweise auf die Lebenssituation und -konstellation des Zeichnenden zur Darstellung, und dies umso mehr bei Kindern in einer Ausnahmesituation ihres Lebens. Susan Bach erkannte, daß eine spezifische Aussage nicht nur darin lag, welche Details von ihren kleinen Patienten gemalt wurden, sondern insbesondere auch darin, wo auf dem Bilde diese Details ihren Platz fanden. Das Unbewußte teilte das – völlig leer und im Querformat vorgelegte – Blatt offenbar in vier Viertel ein, von denen ein jedes eine eigene Symbolaussage und insbesondere einen bestimmten Zeitbezug aufwies.

In das Links-Unten-Viertel malten die Kinder die Prägungen ihrer eigenen Vergangenheit hinein – etwa drei Bäume zum Zeichen, daß sie drei Geschwister seien, oder das Auf und Ab einer Hügelkette einschneidender Erlebnisse. Der Therapeut kann also mit Hilfe der von der Zeichnung selbst erzählten Geschichte die biographischen Hintergründe des Zeichnenden in das therapeutische Gespräch einbeziehen. Oberhalb des Quadranten der Vergangenheit steht als Links-Oben-Viertel sinnbildlich die Zukunft, das Rechts-Oben-Viertel symbolisiert das Heute: In einem dieser beiden Quadranten wird voraussichtlich die Sonne abgebildet werden; bei Kindern, denen ja eine längere Zukunft gehört, meist links, bei Erwachsenen, die jetzt den Zenit des Lebens erfahren, auch rechts.

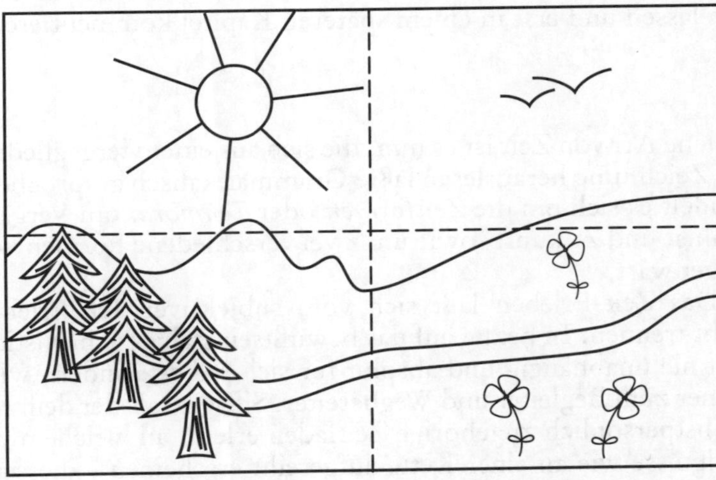

Von besonderem therapeutischem Belang ist das verbleibende Rechts-Unten-Viertel. Nach Susan Bach zeigt es die unmittelbar bevorstehende Zukunft auf; denn unser Unbewußtes »weiß« bereits heute, was die nächsten Stunden und Tage an Konflikten und Auflösungen bereithalten. Malt ein Schwerstkranker hier einen sich üppig entfaltenden Baum, so deutet dies auf eine baldige spontane Besserung hin, so bedenklich die klinischen und die Laborbefunde auch sein mögen; Kübler-Ross, die das Susan-Bach-Zeichnen verwendet, hat dies regelmäßig bestätigt gefunden. Aber auch die gegenteilige Tendenz wird in der Zeichnung nicht verschwiegen: Mit einem einsamen Kreuz oder einem leeren, zittrigen Rechteck wird der eigene Sarg angekündigt – denn unser Unbewußtes kennt die nahende eigene Todesstunde; und ob es diese Stunde bejaht oder ablehnt, wird die Zeichnung ebenfalls enthüllen. Der Auftraggeber des Bildes – Therapeut, Arzt oder Seelsorger – wird in diesem Falle von den unbewußten Tiefenschichten des Patienten unmißverständlich ermächtigt, ja angerufen, das kritische Thema Tod offen zur Sprache zu bringen und seelische Sterbehilfe zu leisten.

Die von Susan Bach gefundene Quadrantenverteilung weicht allerdings, wenn man die Zeitbezüge näher zuordnet, von der grafischen Anordnung unseres viergegliederten Lebenskreises ab; doch wollen wir dies einstweilen auf sich beruhen lassen und erst in einem späteren Kapitel kommentieren.

*

Welche Art von Zeit ist es nun, die sich aus einer viergegliederten Zeichnung herauslesen läßt? Grammatikalisch gesprochen, handelt es sich um die *Zeitformen* oder *Tempora:* um Vergangenheit und Zukunft sowie um zwei verschiedene Formen von Gegenwart.

Das Zeit-Erleben läßt sich vom subjektiven Ich-Erleben nicht trennen. In bezug auf das bewußtseinsfähige Ich existiert Zeit nie unabhängig und absolut für sich selbst, sondern wird immer zum Begleiter und Wegbereiter. Sie wird als der dem Ich höchstpersönlich zugehörige Zeitfaden erlebt, an welchem die Ereignisse wie an einer Kette aufgereiht erscheinen – diesseits und jenseits des kurzen, befristeten Jetzt-Momentes. Demnach unterscheidet das Ich – sowohl in seinem Ober-, als auch in seinem Unterbewußtsein – sehr deutlich zwischen dem Jetzt und den davor und danach liegenden Zeiten des Nicht-Jetzt. Das räumliche Ich-Bewußtsein, welches im Zeitenlauf des Lebens ständig voranschreitet, begegnet der Zeit dabei wie einer gegenläufigen Strömung; es vermeint, aus der Vergangenheit zu stammen und in die Zukunft hineinzugehen, indes die Zeit von der Zukunft her auf das Ich zu-kommt, es im flüchtigen Moment kurz berührt und weitereilt, um zur Vergangenheit zu werden.

Von den beiden Perioden des Nicht-Jetzt läßt sich nur die Zukunft vom bewußten Ich lenken und gestalten, indem dieses in die Zukunft hinein plant und projiziert. Die Vergangenheit hingegen wird von der Zeit gestaltet, indem diese sie in noch Früheres einbettet oder durch Nachfolgendes verändert – die Zeit selbst ist es, die über alles das Gras wachsen läßt und die auch unsere Erinnerung korrigiert. Die Zuordnung dieser beiden Tempora zu den Quadranten unseres Lebenskreises fällt nicht schwer; in den bisherigen Kapiteln fanden sich genügend Hinweise darauf, daß die Vergangenheit dem Quadranten Eins, die Zukunft dem Quadranten Drei entspricht.

Zwischen die Zeiten des Nicht-Jetzt schieben sich zwei Phasen höchster Aktualität, denen wir beiden den Namen Gegenwart zu geben haben. Der bereits erwähnte Moment oder Augenblick ist das Tempus des Quadranten Zwei. Er ist die aktiv erfahrene Gegenwart: Hier agiert das Ich aus der Quelle der eigenen Spontaneität, und das Bewußtsein ist der Herr des Geschehens. Die Zeit stellt sich hier unmittelbar in den Dienst des Menschen, und darum darf er in der aktuellen Situation alle Weichen stellen – der jetzt erlebte, aktiv ergriffene und nicht aufgesparte Moment gehört ihm ganz.

Es gibt aber auch eine andere Form der Gegenwart, welche passiv widerfährt. Sie entspricht dem verbleibenden Quadranten Vier. Es handelt sich um jene Art von Ereignisträchtigkeit, die sich rechts unten in den spontanen Zeichnungen Ausdruck verschafft – als das unmittelbar Heraufziehende. Es ereignet sich ein buchstäbliches Entgegen-Warten der Zeit: Gegen-wart in des Wortes eigentlicher Bedeutung. Was hier dem Menschen bevor-steht, ist noch keine Wirklichkeit, sondern weilt im Bereich der bloßen Möglichkeit – ganz im Gegensatz zum Augenblick des Quadranten Zwei, jenem soeben erlebbaren, bewußt erfahrbaren Moment. Auf der Ebene des Unbewußten – oder Überbewußten – jedoch ist die unmittelbar bevorstehende Gegen-wart höchst aktuell, denn sie steht bereits auf der Schwelle.

Grammatikalisch haben wir es hier mit der Möglichkeitsform zu tun, also dem Konjunktiv (frz. *subjonctif),* dem Modus des Ahnens und Hoffens. Der heutigen farblosen und nivellierten Sprechweise ist der Konjunktiv weitgehend verlorengegangen – vielleicht als Ausdruck unserer materialistischen, dem Ahnungsvollen entfremdeten Lebensweise? –, doch hört man ihn noch in der Schweiz und in den romanischen Sprachen. Zum Beispiel: »Ich hoffe, du seiest gesund« oder »Ich fürchte, du werdest dich verspäten«. Es ist die Form des »möge«, in der immer ein Wunsch mitschwingt. Was hier im Konjunktiv ausgesprochen wird, ist bereits nahe: bei-nahe greifbar. Es ist in derselben Weise nahe herbeigekommen, wie es auch vom Himmelreich berichtet wird. Noch ungeoffenbart, pulsiert es bereits deutlich spürbar unter der Oberfläche.

Der Konjunktiv ist nicht gleichlautend mit dem Konditional, jener Form des »würde«, die immer an eine Bedingung geknüpft ist: »Ich würde, wenn...«. Auch der Unterschied zur Zukunft ist ein beträchtlicher, denn die Möglichkeit ist der bewußten Lenkung durch das Ich entzogen: Keine Kausalität, kein Planen, kein eingebauter Mechanismus können die Möglichkeit je zwingen einzutreten. Sie kommt als Widerfahrnis, Zu-fall und Schick-sal.

Ihr Kommen scheint allerdings auf geheimnisvolle Weise erschwert. So sehr die Möglichkeit »drüben«, jenseits der Realität, längst vorhanden ist, muß sie sich doch durch eine enge Pforte zwängen, wenn sie zur Realität werden will. Die Möglichkeit will ersehnt, das Entgegen-Wartende will stets von uns erhofft und erbetet sein.

Von daher verstehen wir, warum die ersten drei Bitten des Vaterunsers im Konjunktiv gehalten sind. In den drei Rufen – Dein Name werde geheiligt, Dein Reich komme, Dein Wille geschehe – vereinigen sich diesseitiges Sehnen und das unaussprechliche Seufzen des betenden Geistes (Rö 8,26), der Sein Wirken im Himmel wie auf Erden ausgießen will. Sein Heiliger Name, Sein Reich und Sein Wille – alle drei bedeuten dasselbe, nämlich Gottes Herrschaft, deren Verwirklichung unabhängig von des Menschen Bitten und Beten eintritt. Wenn wir also beten: »Dein Wille geschehe«, so einzig zur Bekräftigung. Unser Gebet sei Flehen und Sehnen: Komm, Herrschaft Gottes, werde greifbar, stille meine Ungeduld, tröste mein Verlangen.

Die ahn-bare Gegen-wart, die als ungeoffenbarte, verborgene Möglichkeit längst existiert, in die Wirklichkeit hereinrufen zu können – grammatikalisch ausgedrückt: in den Indikativ –, ist immer ein kreativer Akt. Wer solcher Kreativität ermangelt, steht verständnislos vor dem Glauben-Können, ja er wird es als Phantasterei abtun – und in der Tat verwischen sich oft die Grenzen zwischen Glauben und Aberglauben. Der wahrhaft Glaubende aber glaubt nicht vage und unbestimmt, nicht in bloßem Mutmaßen; sondern ahnend weiß er, ahnend lebt er bereits *mit* den Möglichkeiten, die er erhofft. Sein Hoffen in unerschütterlicher und unbeirrter Geduld stellt eben jene Öffnung des Menschen dar, die das Heilsangebot ein-fallen läßt.

Das, was der Hoffende glaubt und erwartet, wird allerdings nicht mit einem Schlage die ganze Welt verändern, sondern es widerfährt ihm und verwandelt ihn persönlich; als ein Verwandelter und an der Verwandlung Gereifter aber wird er neue Frucht tragen, die ihrerseits die Welt verändert.

*

Selbst im Bereich Fünf können wir einen Namen für das zeitliche Ereignen finden; doch dieser Name sprengt die Zeit – und nicht minder den Raum – im paganischen Sinne. Er heißt Präsenz – nicht mit der lateinischen Bezeichnung für die Gegenwartsform, Präsens, zu verwechseln – und meint Allgegenwart, in der Sprache der Mystiker: das »Hier und Jetzt«. Es ist die »hohe« Zeit der Quinta Essentia, der etwas Heiliges anhaftet: in Anlehnung an das englische Wort *High noon,* das die hohe Zeit des Tages, den Mitt-Tag, bezeichnet, möchte man sie das »Nun« nennen. Es scheint, als ob im Nun alles stille werde. Hier ereignet sich die strahlende Erfüllung, versammeln sich Vergangenheit, Gegenwart und Zukunft zur unverbrüchlichen Gültigkeit, so wie es in der Zusage Gottes anklingt: »Mein Sohn bist du, heute habe ich dich gezeugt« (Heb 1,5; Ps 2,7). Solche Zeiten, wenn sie uns zuteil werden, sind Ewigkeit. Hier erfüllt sich das Geheimnis, das »mitten unter uns« ist als das zentrale Ereignis, in dem der Lebenskreis gipfelt.

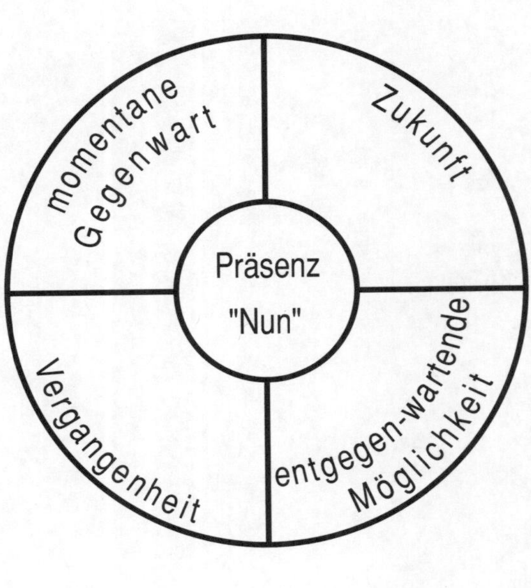

Auch in die spontanen Zeichnungen fließt das Nun zuweilen ein, und zwar als eine besonders eindrucksvolle und beherrschende Mitte des Bildes, etwa in Gestalt eines Symbols oder als Zentrierung eines Mandala, jener Art kreis- oder rosettenförmiger Blütenkomposition, die die Seele ebenfalls als Sinnbild für das Ewige im Menschen kennt.

Kapitel 19

Angst und Furcht

Wie wir an der Aussagekraft der spontanen Zeichnungen sahen, lebt insbesondere unser Unbewußtes in enger Fühlungnahme mit der Zeit und den von ihr hervorgebrachten Wirkungen. Die seelische Befindlichkeit und die subjektive Lebensqualität des Ich hängen daher eng mit dem Zeit-Erleben zusammen. Dies kann auch zur Quelle bestimmter Ich-Ängste werden.

Unter dem Aspekt des Zeit-Erlebens lassen sich vier Varianten von Angst unterscheiden: die aus der Vergangenheit herrührenden Ängste, die Beengung im aktuellen Moment, die Befürchtung im Hinblick auf die Zukunft und die Verzagtheit angesichts der aufleuchtenden – oder ausbleibenden – Möglichkeit.

Bei näherer Betrachtung erweisen sich interessanterweise die Formen psychischen Fehlverhaltens, die für die Funktions-Elemente der Akupunkturlehre überliefert sind, als vier Formen von Angst oder Enge, die mit diesen vier Zeitbezügen in Verbindung gebracht werden können. Nicht nur das namentlich als Angst bezeichnete Fehlverhalten des Wasser/Nieren-Elements, sondern auch Zorn und Wut des Holz/Leber-Elements, Sich-Sorgen und Grübeln des Erde/Milz-Elements und schließlich die Traurigkeit des Metall/Lungen-Elements stellen angst-unterlegte, leidbringende psychische Verhaltensweisen dar.

Die körper- und instinktgesteuerte Bedrohungsangst, der Schreck und die Scheu des Funktions-Elements Wasser/Niere – also die Ängste im Sinne des Bereichs Eins – sind eindeutig in der Vergangenheit des Individuums beziehungsweise des Kollektivs verankert. Wäre die entsprechende unliebsame Erfahrung nicht gemacht worden, so hätte sich keine Angst eingegraben. Sie ist immer eine Wiederholungsangst, denn die damalige Situation war so existenzgefährdend und konnte nur mit knappem Entrinnen – wenn überhaupt – bewältigt werden, daß sie seitdem das Siegel höchster Bedrohlichkeit trägt. Als wäre nur ein schaler Waffenstillstand geschlossen, steht jene Bedrohung weiterhin latent im Raume; denn Vergangenheit ist ein Ding von Dauer, hartnäckig, unbelehrbar und nachtragend. Die aus der Vergangenheit herrührenden Ängste, seien es individuelle oder kollektive, wirken sich stets wie eine Hypothek aus, als deutliche Belastung und Schmälerung des Lebenswerts.

Gerade unser Körper, der den hier betroffenen Bereich Eins regiert, tut sich so schwer, zu vergessen. Wie unbefangen waren wir, als es zum ersten Male zum Zahnarzt ging, als der erste Splitter herausgezogen werden sollte, die erste Wespe stach – seitdem aber bewahren wir eine graue Angst, die sich buchstäblich in den Knochen festgesetzt hat und nicht wanken noch weichen will. Es geht nur teilweise um die Angst vor dem Schmerz, weit mehr ist es die Angst vor der Hilflosigkeit, vor dem Standhalten-Müssen, ohne in Deckung gehen oder zurückweichen zu können. Wohl die einzigen Schmerzen, die schnell vergessen sind – auch Jesus benutzt dieses Beispiel – sind die Wehen der Gebärenden (Jh 16,21). Sie aber ist gerade nicht hilflos, sondern eingebunden in einen natürlichen Vorgang, der zur glücklichen Auflösung drängt – keine Krankheit, keine zugefügte Verletzung; sondern ihr Körper handelt in seinem ureigensten Element.

Eigentlich sollten die früheren Erfahrungen – auch die körperlichen – ein Rüstzeug bilden, keine Hypothek: Sie sollten uns in die Lage versetzen, bei Wiederholung gleicher oder ähnlicher Situationen wie blindlings in einen Vorrat erworbener Abwehrmechanismen zu greifen, so daß wir im Gegenteil gerade *keine* Angst mehr zu haben brauchten. Statt verhärtet, sollten wir nun abgehärtet sein.

Dies also ist die Angst, die Vergangenheit könne wiederkehren, anstatt begraben zu sein. Zum selben Quadranten Eins, aber als gegenpolares Extrem, gehört die vielverbreitete Angst davor, sich aus der eigenen Vergangenheit lösen zu müssen. Solche Menschen wünschen sich, genau genommen, die Zeit möge stille stehen und das Bisherige, Bewährte und Geborgenheit Schenkende möge erhalten bleiben. Am liebsten hätten sie im bergenden Mutterschoß verweilt oder wären gar ungeboren geblieben. Dies kommt einem Nein zum Leben gleich, einem Nein zum Auftauchen aus dem Urgrund heraus in die Eigenständigkeit und Selbstverantwortlichkeit hinein. In allen Situationen anworten diese Menschen immer erst einmal mit Zurückweichen, mit dem zitternden, haltsuchenden Griff nach hinten, mit Hemmungen und Verklemmtheit; nichts gibt es, das sie nicht zunächst einmal als bedrohlich empfänden. Der Körper selbst mit den Ansprüchen, die er stellt – insbesondere im sexuellen Bereich –, wird als Bedrohung empfunden, denn irgendwie sind sie in ihm nicht zu Hause, haben sie in ihm noch gar nicht Wohnung genommen. Man spürt es diesen Ärmsten bereits an, wenn man sie anfaßt – wovor sie übrigens eine große Scheu haben: Sie sind lasch wie ein verkümmernder Trieb, dem es an Licht und Lebenssaft mangelt.

Es leuchtet ein, daß diesen Menschen nur durch behutsames An-der-Hand-Nehmen und auf dem Wege kleinster, fast unmerklicher Schritte herausgeholfen werden kann. Es bedarf gleichsam einer kundigen und gewandten Geburtshilfe, die aufs schonendste und geduldigste mit dem zaghaft-gehemmten Lebenskeim umgeht, und die als allererstes dessen Vertrauen erwecken muß. Vertrauensmangel ist die Quelle dieser Ängste: mangelndes Vertrauen in eigene Schritte, mangelndes Vertrauen in sich selbst, vor allem aber in den eigenen Körper als eine verläßliche Bastion, mit dessen Hilfe die eigenen Nöte und Bedürfnisse auf natürliche Weise geregelt werden. Das Annehmen der eigenen Bestimmung beginnt im Körper, wie immer er auch beschaffen ist. Der Antrieb, überhaupt aus sich selbst herauszugehen, bedarf der Vertrauensbasis aus dem Urgrund, des Vertrauens in die eigene gottgewollte Sendung.

In der Therapie kommt es hier in erster Linie auf Körperarbeit an, um das Urvertrauen zu stärken, etwa durch Stand- und Aufrichte-, aber auch Fall-Übungen. Der Therapeut sollte seinen Schützling aber auch dadurch aufrichten, daß er in ihn und seine besondere Sendung unbedingtes Vertrauen setzt.

*

Betrachten wir nun jene Angst, die aus dem aktuellen Moment, aus der Situation, erwächst. Es ist das Gefühl der Enge, der »Angina«, des Zusammengepreßt-Seins im wörtlichen wie im übertragenen Sinne. Hier befinden wir uns in jeder Hinsicht im Quadranten Zwei; es geht um das Ich und dessen Gefühlswallungen, die sich Luft machen müssen. Die beengte Mitte des Ich entlädt sich explosionsartig an die Peripherie und bis ins Revier des Nachbarn hinein. Zorn und Wut, die Entsprechungen des Funktionselements Holz/Leber, passen genau in dieses Bild. Wir treffen eine Dynamik an, deren Zurückhaltung höchsten Unmut, äußerst »ungemütliche«, ja platzangstartige Zustände heraufbeschwören würde: Platzangst im Sinne des Platzenwollens und -müssens als des einzigen Weges zur Erleichterung. Anders als im Bereich Eins will der Betreffende gar nicht zurückweichen oder davonlaufen, sondern er verkraftet, indem er seinen Platz behauptet. Ob er dabei andere verletzt, ob er sich etwaige unliebsame Folgen für die Zukunft einhandelt – all dieses ist ihm im Augenblick seiner Bedrängnis egal. Er muß nach außen agieren, um sich innerlich befreien zu können.

Wie sehr dieses »Platzen« mit dem aktuellen Moment zu tun hat, sehen wir am schnellen Verrauchen des Zorns und der Gefühlsausbrüche überhaupt. Selbst wenn es bis ins Körperliche hinunterwirkt, wie beim Ekel, genügt ein kurzes Aufwallen, und die Befreiung ist da. Es geht nicht um eine Sache, um Grundsätzliches, sondern nur um die momentane Entladung. Nirgends wird daher so schnell vergessen wie im Emotionalbereich: Schon im nächsten Moment ist der Zornige wieder friedlich und zugänglich – seine Wetterwendischkeit tut fast weh und wirkt geradezu beleidigend auf die überraschten Gemüter um ihn herum.

Auch zu dieser Enge-Angst des Moments gibt es eine Kehrseite der Medaille, und daran erweist sich abermals die polare Gespaltenheit unserer einzelnen Bereiche: Das gegenpolare Extrem ist die Angst davor, Regungen zu zeigen – die Unfähigkeit, Gefühle zu äußern, geschweige denn einen Gefühls-Ausbruch zu inszenieren. Hier ist gleichsam der Außendruck stärker als die inneren Atü: Die sich im Gemüt anstauenden Druckverhältnisse lassen sich unendlich zusammenpressen, der Betreffende erlegt sich selbst Schranken auf und beträgt sich nach außen hin unauffällig und angepaßt – denn über dem Wagnis, seine Gefühle zu äußern, hängt immer das Damoklesschwert, die Umwelt könne mit massiven Affekten zurückschlagen. Die gefühlsmäßige Konterreaktion der Umwelt erlebt dieser Mensch stets als Bestrafung für seine herausgenommene Freiheit oder, wenn es glimpflich abgeht, zumindest als Nicht-verstanden-Werden. Darum hat er aufgehört, ausbrechen zu wollen: Das Angenommensein gibt seinem Ich die größere Kraft. Vermutlich ist ihm schon im Kindesalter von den Erwachsenen der Trotz gebrochen worden; er blieb auch unter den Gleichaltrigen stets der Gutmütige, Artige, Angepaßte. Er war niemals ganz »happy«, und selten läßt er sich zu Ausgelassenheit, Spiel und Scherz hinreißen.

Zur Überwindung dieser beiden Beengungen des Ich-Bereichs, der Aggression und der Autoaggression, hält die moderne Psychotherapie reichhaltige und sehr hilfreiche Wege zur angemessenen Ich-Verwirklichung bereit. Im Quadranten Zwei kommt viel Hilfe aus Sport und Spiel, überhaupt aus Training, der Erprobung von Mut und Kraft in der Gruppe, das heißt unter den Bedingungen der Gruppendynamik.

*

Für den Bereich Drei gilt als Zeitbezug die Zukunft; die Akupunkturlehre bezeichnet das psychische Fehlverhalten des hier zugehörigen Funktionselements Erde/Milz als Grübeln, Kummer und Sorge. Auch dieses sind Formen der Angst, die wir aber im folgenden um der begrifflichen Klarheit willen als Befürchtung bezeichnen wollen. Ihrem Wesen nach bezieht sich diese immer auf die Zukunft, denn das Befürchtete ist noch nicht eingetreten: Die Qual wird vorher durchlebt, im Abstrakten, das Befürchtungswürdige lebt einstweilen nur in der Vorstellung, als erdachtes Übel, als Projektion. Solche Menschen, die sich am Vortage in ihrer Besorgnis zerfleischen und mit ihrer Ratlosigkeit sich selbst und ihre Mitmenschen zermürben können, sind zur Stunde des Ereignisses oft erstaunlich gefaßt und äußerst ideenreich. Sie haben es gleichsam vorher durchgemacht.

Sprachen wir von der Vergangenheitsangst des Bereichs Eins wie von einer Hypothek, so paßt bei der Zukunftsbefürchtung der Vergleich mit dem gezogenen Wechsel: mit der schon heute unterzeichneten Belastung, obwohl sie längst noch nicht fällig ist. Der Unterschied zur Hypothek ist der, daß diese gedeckt ist – durch das Selbsterlittene ebenso wie durch die vorhandene Lebenssubstanz; ob aber der Wechsel jemals gedeckt sein wird, bleibt offen. Vielleicht aber – und dieser Gedanke mag die einzige Möglichkeit sein, sich aus der nagenden Befürchtungsangst herauszuarbeiten – kommt es gar niemals zur Fälligkeit des Wechsels. Man kann es hier, in strikter Selbstdisziplin, nur mit der Anweisung Jesu halten: »Sorget nicht für den anderen Morgen; denn der morgige Tag wird für das Seine sorgen. Es ist genug, daß jeder Tag seine eigene Plage habe« (Mt 6,34).

Dieses »genug« – im Sinne von ausreichend und Genüge getan – wird damit wiederum zum Schlüsselwort für den Bereich Drei.

Als gegenpolares Extrem von Befürchtung und Besorgnis finden wir die Angst vor dem Sich-sorgen-Müssen, vor der Übernahme von Verantwortung. Dies ist im Grunde eine Überforderungsangst, einem Völlegefühl im übertragenen Sinne gleichkommend, ein Sich-Aufbäumen vor dem eventuellen Niedergedrücktwerden von zuviel Last und Gewicht, ein Abschütteln vermeintlich aufgetragener Bürden. Auch hier handelt es sich um eine projizierte, meist abstrakte Angst; denn wenn der Fall der Überforderung tatsächlich eintritt, erweisen sich die Betroffenen als überaus tragfähig, allerdings unter Einbuße ihres Ideenreichtums und ihrer Effektivität: Sie rotieren nur noch und verfallen in die sprichwörtliche Betriebsblindheit. Sie werden dann selbst zu einem Rädchen jener Maschinerie, an deren Schaltpult sie stehen sollten.

Beide polaren Aspekte spielen in das sogenannte Helfer-Syndrom mit seiner Überbewertung der Verantwortung und Zuständigkeit hinein: jene Geschäftigkeit, immer und überall mit hilfreichen Händen zur Stelle zu sein, wo jemand in Not ist. Hier wird in den anderen hineinprojiziert, er sei überfordert, und diesem Übel wird vorgebeugt oder abgeholfen. Für sich selbst aber bestreitet der Helfende, jemals überfordert zu sein, da er – völlig unbegründet – befürchtet, sonst der Liebe und des Ansehens seiner Umwelt verlustig zu gehen. Zur Rechtfertigung der eigenen Person bedarf er der ständigen Anerkennung seiner Unermüdlichkeit und Selbstlosigkeit – also eine versteckte Art von Wettbewerb und Profilierung aus Mangel an Selbstwertgefühl und natürlichem Selbstschutz.

Im Bereich Drei ist der Mensch glücklicherweise lernfähig und logischer Einsicht zugänglich. Man kann mit ihm diskutieren und ihm die Ursache seines – befürchteten oder tatsächlichen – Angekettetseins begründen; sie liegt vornehmlich in der falschen Beurteilung dessen, was ist und was nottut. Er braucht die Sicht für die wirkliche Relation und muß begreifen, daß er nur zu tun braucht, was zur Genüge gereicht. Hat er dies begriffen, so wird er – sofern es ihm wichtig genug erscheint – an sich arbeiten und sich buchstäblich am eigenen Schopfe aus dem Morast herausziehen können. Denn im Bereich Drei ist alles machbar, was erkannt wurde und woran ein ausreichendes Interesse besteht.

*

Dem Bereich Vier und dem zugehörigen Funktionselement Metall/Lunge wird in der klassischen Akupunkturlehre die Traurigkeit als psychische Entsprechung zugeordnet. Nicht die affektgeladene Wehklage um einen geliebten Menschen ist gemeint, sondern eine inwendig hohl machende Wehmut. Hier ist wahrhaftig »die Seele wund« in einer Beängstigung, die verzagt macht – weil nämlich keine Hoffnung leuchtet. Es ist die Resignation, der keine erlösende Möglichkeit mehr am Horizonte sichtbar erscheint, eine Aussichts- und Auswegslosigkeit, ein Be-elendet-Sein, welches von innen her lähmt. Solche Menschen kranken am innerlichen Verlust aller belebenden Möglichkeiten – den Konjunktiv gibt es für sie nicht mehr. Alles ist beängstigende Hautnähe, denn die Zeit scheint gegen sie zu arbeiten, der Countdown rückt immer näher, schnürt unerbittlich alles zu und schließt eine Luke nach der anderen.

Hier könnte Hilfe durch die Hinwendung nach außen kommen: durch anregende Begegnungen, neue Bekanntschaften, Übernahme neuer Aufgaben, durch alles, was sinnvolle Inhalte außerhalb der eigenen Person setzt. Aber der Schwermütige selbst betreibt das Abschnürspiel: Er zieht sich immer mehr nach innen zurück, kapselt sich in einem Schutzwall von Verstecken und Tarnen ab und spinnt sich in einen Kokon von Selbstmitleid ein, das einer gewissen Süße nicht entbehrt. Er schafft sich eine Innen-Realität, an der er leidet. Es ist wie eine Selbstabtötung, ein Abschneiden aller nach außen reichenden Lebensfäden. Was sich hier als Todestrieb ausnimmt, ist letztlich der seelische Schrei nach Erlösung aus der Auswegslosigkeit.

Wie ein letztes Aufflammen kann es daher zu spontanen, aber verschleierten Bekenntnissen der Hilflosigkeit, bis hin zu absurden Panikhandlungen kommen; für beides sollte die Umgebung sensibel sein, weil es die sehr ernstzunehmende Selbstmordgefährdung anzeigt. So wie ein geblendetes Tier genau ins Feuer und damit ins Verderben rennt, scheint auch der derart in die Enge getriebene Mensch wie magnetisch angezogen von dem, was jenseits ist, so daß er inmitten seiner Lethargie die unglaubliche Kraft aufbringen kann, Hand an sich selbst zu legen.

In der Undurchschaubarkeit liegt die Gefahr derartiger Depressions- und Angstzustände; zu nahe steht der Quadrant Vier der engen Pforte. So sehr man geneigt ist, diese Menschen in ihrer Abkapselungstendenz gewähren zu lassen – nicht zuletzt deshalb, weil ihr Sich-in-Rätsel-Hüllen, ihre Abweisung und ihr reichlich gespendeter Undank auf die Dauer auch ihre besten Freunde zermürben –, so muß man ihnen dennoch ab einem gewissen Stadium Einhalt gebieten, mit allen Mitteln ihr Alleinbleiben vereiteln und sie nach und nach in Pflichten einspannen. Manchmal ist es gut, sie – die ohnehin schlaflos sind – eine ganze Nacht hindurchfeiern zu lassen, sie am folgenden Tag zu stürmischen Märschen in die Natur hinauszunehmen und ihnen kein Hinlegen zu erlauben. Sie brauchen körperliche Erschöpfung und einen vom Körper erzwungenen Phasenwechsel.

Es wird lange dauern, bis der Be-elendete daran zu glauben vermag, daß man ihn braucht, ja seine Liebe und Zuwendung und seine Rückkehr in die menschliche Lebensgemeinschaft ersehnt – daß sein Fehlen eine Lücke setzen würde. Nur auf solches Sehnen reagiert der Wehmütige – alle Mittel der darunterliegenden Dimensionen wie Überredung, Affekte oder Bestrafen können nichts fruchten, nicht einmal körperliches Verwöhnen. Denn außer dieser einen Möglichkeit, dem Angenommen-Sein, auch wenn er sich vor Scham verstecken möchte, gibt es auf Erden nichts mehr, was ihn halten und beflügeln kann.

Das entgegengesetzte Extrem ist die Flucht in die euphorische Selbsttäuschung, heraus aus der wundmachenden Realität in eine Scheinwelt, die ein Abheben in Freude und Seligkeit verspricht. Vielleicht wird weniger die Realität selbst, als die Hoffnungslosigkeit gefürchtet: Hier wird Traurigkeit nicht als Wehmut, sondern als Bedrohung verspürt; ihr gilt es zu entfliehen, so daß zur Droge oder zum Alkohol gegriffen wird. Alle Süchtigen sind Suchende, doch suchen sie beim falschen Ausweg, und auch sie scheinen, wie die Wehmütigen, einem Todestrieb verfallen, der sie blindlings den Weg der Selbstzerstörung einschlagen läßt. Die Erfahrung der anonymen Selbsthilfegruppen – vor allem die der Anonymen Alkoholiker – zeigt, daß man einen Süchtigen kaum davon abhalten kann, bis zum tiefsten Punkt des Elends hinabzusteigen. Mit den raffiniertesten Täuschungs- und Versteckspielmanövern versteht er es, sich seine Umgebung zu Komplizen zu machen, die die Mittel und Möglichkeiten zur Sucht herbeischaffen müssen. Der Süchtige zieht sich also von seinen Bezugspersonen nicht zurück, sondern spannt diese vielmehr für seine Zwecke ein. Am tiefsten Punkt seines Elends wird er entweder zugrundegehen oder aber in einem Damaskus-Erlebnis seine radikale Wandlung und die Möglichkeit des Neubeginns finden. Doch muß der Kelch bis zur Neige geleert sein.

*

Wenn wir auf diese Weise verschiedene Ängste analysiert und mit einem Zeitbezug in Verbindung gebracht haben, so können wir damit leider noch lange keine fertigen Rezepte zur Abhilfe anbieten. Vielleicht aber erleichtert uns das Einordnen der unterschiedlichen Angstformen den alltäglichen Umgang mit den sogenannten »Normalen«, ja mit uns selbst. Denn wer könnte von sich behaupten, daß er nicht mehr oder weniger, bewußt oder unterschwellig, mit mindestens einer der aufgezeigten Ängste zu kämpfen habe? Es scheint, als ob von Quadrant zu Quadrant, von Dimension zu Dimension die Ängste heiliger werden; immer mehr Behutsamkeit sollten sie uns abnötigen.

Die Polariät, die in den Ängsten der einzelnen Bereiche zum Ausdruck kommt, läßt sich wiederum den Kategorien von Yin und Yang zuorden; denn eine der beiden Varianten ist jeweils die dramatischere, die nach außen gekehrtere, die energieüberschießendere, während die andere eher zurückgenommen, wie energielos und unterdrückt erscheint. Es dürfte klar sein, daß es zwischen den zwei Extremen eines Quadranten jeweils unendlich viele Nuancen des gleitenden Überganges gibt. Das, was wir gern als »normal« bezeichnen würden, nämlich die unauffällige, völlig ausgewogene Haltung – die tatsächlich gelebte Angstfreiheit – ist eine Utopie. Eine gewisse Bandbreite der Angstanfälligkeit gehört leider zum Durchschnittsmenschen dazu.

Ihrem Wesen nach läßt sich der Angst kaum mit Vernunft oder guten Vorsätzen beikommen; dazu herrschen in ihr zu viele, oft seit Kindheit eingeübte Mechanismen. Aber bis auf die zwei natürlichen und existenzsichernden Ängste – die vor rückwärtigen Geräuschen und vor dem Nach-hinten-Fallen –, sind alle Ängste, so Kübler-Ross, unnatürlich und lebensfeindlich. Das macht Ängste zu einem Luxus, der letztlich teuer bezahlt wird durch den Verlust an Energien und Lebensqualität. Angst als das Nein zum Leben und dessen obwaltenden Umständen kann einzig und allein vor dem Ja dahinschmelzen: dem Vertrauen.

Eigentlich sollte unser ganzes Leben ein Vertrauenstraining sein. Gegen eine Angst in aktueller Situation anzukämpfen, ist aussichtslos. Daher der Ausspruch von dem Kind auf die Frage, ob es sich vor dem Gewitter fürchte: »Nein – nur wenn's da ist!« Das Vertrauenstraining muß in den Zeiten vor sich gehen, wo keine Bedrohung zugegen ist.

Polar aufeinander bezogene Ängste werden auch von Fritz Riemann beschrieben. In seinem gleichnamigen Buch spricht er von vier *Grundformen der Angst,* von denen er jeweils zwei und zwei als Gegensatzpaare ansieht.

Zu ihrer Beschreibung bedient sich Riemann – für ihn als Astrologen naheliegend – des Vergleichs mit bestimmten Bewegungen und Kräften unter den Himmelskörpern. Es handelt sich zum einen um die Eigenrotation, also die Drehung um die eigene Achse oder sich selbst, zum anderen um die Fremdrotation als die trabantenhafte Umkreisung eines anderen Himmelskörpers; ferner um die beiden entgegengesetzten Kräfte von zentripetaler Anziehungskraft oder Gravitation einerseits und von zentrifugaler Fliehkraft oder Levitation andererseits.

Lebt das Ich, bildlich gesprochen, in starker Eigenrotation, also mit dem egozentrischen Anspruch, überall und immer den Platz in der Mitte einzunehmen, so wäre es ihm höchst unsympathisch, seinen sonnenhaften Status zu verlieren und in Nichtbeachtung oder Unwichtigkeit zu versinken. Bei übertriebener Eigenrotation leidet das Ich an der Angst davor, nicht mehr das Zentrum zu sein, um das andere rotieren. Diese Angstform nennt Riemann die schizoide.

Demgegenüber gibt es eine Angst, von Riemann als die depressive bezeichnet, bei der der Mensch sich davor fürchtet, es könnte sich je etwas um ihn drehen. Vor lauter Fremdrotation hat er die Fähigkeit zur Eigenrotation verloren und die eigene Mitte eingebüßt; ja er ängstigt sich davor, die eigene Mitte und eigenes Gewicht anzunehmen, und gerät in größte Ratlosigkeit, wenn er einmal selbst in den Mittelpunkt gerät.

Den Vergleich mit der zentripetalen Anziehungskraft oder Gravitation nun verwendet Riemann für das Bestreben, bestehende Zustände zu bewahren, für das sich zu Zwängen steigernde Festkleben an Orten, Umständen und Gepflogenheiten, so als drückte eine unwiderstehliche Anziehungskraft den Menschen geradezu da hinein und versähe ihn mit Bleischuhen. Er hegt eine Angst davor, es könnte sich etwas ändern; jede noch so geringfügige Veränderung löst Abwehr und das Gefühl der Bedrohung aus. Diese Angstform nennt Riemann die zwanghafte.

Demgegenüber gibt es die Angst, es werde alles so bleiben, wie es ist: Keine Chance des Entrinnens, folglich Panik und Verzagen im Gefühl des Festgenageltseins; denn die vielen, unverbindlichen Möglichkeiten, die einst winkten, haben sich verflüchtigt, und geblieben ist die enge Pforte der Auswegslosigkeit. Hier ist der Mensch auf höchst unfreiwillige Weise ausgeliefert; sein Wunsch wäre die Levitation, das schwerelose Davonfliegen. Diese Form der Angst bringt Riemann mit der Hysterie in Verbindung.

Die Zuordnung dieser vier Grundformen der Angst zu unseren Quadrantenbereichen dürfte auf der Hand liegen. Es handelt sich im Grunde um sehr ähnliche Ängste, wie wir sie anhand unserer Zeit-Analogien ableiten konnten. Riemanns genialer Vergleich mit den vier Bewegungsarten der Himmelskörper trägt aufs Beste zum Verständnis und zur Systematisierung der Angstthematik bei.

Es kann sehr hilfreich sein, sich zu der einen oder anderen Grundform der Angst zu bekennen und zu versuchen, deren jeweilige Auslösemechanismen zu durchschauen. Die Vielschichtigkeit des Lebens und das Ineinanderwirken der vier Bereiche führt in Wirklichkeit zu Mischformen der Angst, zu sehr persönlichen Varianten der Angst beim einzelnen. Es scheint, als ob in der Charakterstruktur des westlichen Menschen die Ich- und Gefühlsthematik den breitesten Raum einnimmt, gefolgt von der mentalen Betonung, wie sie unsere rationale Zivilisation vermittelt. So bestimmen emotionale Prägungen verschiedenster Art das Bild der meisten Mischformen der Angst in auffälliger Weise. Dies zeigt sich zum Beispiel in der Neuner-Typologie des Enneagramms, die, ursprünglich aus dem Sufismus herrührend, neuerdings in die moderne Psychologie einfließt: Sie geht von der Siebenzahl der überlieferten Todsünden aus, ergänzt um zwei weitere »Sünden«, nämlich Angst und Lüge.

*

Johannes sagt: Die Liebe treibt die Furcht aus (1Jh 4,18). In Zeiten übermächtiger Angst aber ist es leider so, daß umgekehrt die Furcht aufs massivste die Liebe austreibt. Denn es ist schier unmöglich, einen Menschen, der uns ängstigt oder bedrängt, vorbehaltlos zu bejahen und zu lieben; dauernd bewegen wir uns auf dem schmalen Grat zwischen Notwehr und Haß. Und in großer existentieller Not, unter der Bedrohung höherer Gewalt, werden wir derart kopflos, übernehmen die Selbsterhaltungsmechanismen so die Regie, daß wir alles um uns herum zu Boden werfen und niedertrampeln. Wider besseres Wissen und gegen unseren Willen werden wir sündig – einzig aus Angst.

Dies führt uns zur Frage der Sündhaftigkeit des Menschen. Der Mensch erfährt sich selbst als fehlbar: So willig sein Geist auch sei, sein Fleisch ist schwach (Mt 26,41; Mk 14,38); das Gute, was er tun will, tut er nicht, sondern stattdessen das Böse, das er nicht tun will (Rö 7,19). Ist nun der Mensch deshalb selbst ein böses Wesen, von verworfener Natur, letztlich eine Mißbildung – während doch alles Übrige, wie Gott am Ende des sechsten Schöpfungstage feststellen konnte, das Prädikat »Sehr gut« verdient (1Mo 1,31)? Ist des Menschen Trachten, das Dichten des menschlichen Herzens, tatsächlich böse von Jugend auf (1Mo 8,21)?

Demnach wäre der Sündenfall der Gipfel des menschlichen Böse-Seins, eine Gotteslästerung gewesen, denn die Gehorsamsverweigerung gegenüber Gott bekundet ein Wollen des Menschen in eine andere Richtung, fort von Gott, so wie es der Name des Teufels, Dia-volo, zum Ausdruck bringt. Die Folge solcher Absonderung, solcher Sünde und des damit verbundenen schlechten Gewissens wäre demnach des Menschen Angst: Angst vor dem rächenden Gott wäre der Sünde Sold. So lautet das traditionelle Dogma unserer Kirchen, gewachsen auf dem Boden der jüdischen Religiosität, in der das Thema des Gehorsams und der Gesetzestreue eine zentrale Rolle spielt: Das Gesetz ist es ja, das dem Juden Hilfe und Stütze bietet, damit er sich in der Nähe Gottes halten kann. Sieht man die Angst als Folge der Sünde, so bezieht sich dies auf das Verhältnis des Menschen zu seinem Gott: Auf jene Koordinate seines Lebens, die wir als die Vertikale – die Oben/Unten-Einbindung – bezeichnet haben.

Daneben gibt es aber die Horizontale: das Hineingeworfensein des Menschen in das Nebeneinander und das Zusammenleben aller innerhalb der Schöpfung. Hier geht es um die geschöpfliche Existenz als solche. In der horizontalen Einbindung aber tritt die Sünde als Folge der Angst auf.

Diesen Hinweis verdanken wir besonders Eugen Drewermann und seinen tiefenpsychologischen Studien, die sich weitgehend auf die Erkenntnisse C. G. Jungs, vornehmlich dessen Archetypen-Lehre, beziehen. Der Gefühlsbereich des Menschen, in den wir über die Symbole von Träumen und Mythen Einblick haben und der sich auch in den biblischen Geschichten und Legenden widerspiegelt, beherbergt gewaltige, ungezähmte Strömungen von Angst und Verzweiflung. Es kostet offensichtlich Ängste, als eigenständiges Individuum zu existieren: Beim Aufsteigen des einzelnen aus der namenlosen Menge des Kollektivs in das, was wir persönliche Freiheit nennen, müssen auch die Segnungen abgestreift werden, die das kollektive Dunkel bot, nämlich Sicherheit und Geborgenheit. Für den noch ins Kollektiv eingebetteten Menschen mit seiner Mitgift des Ur-Vertrauens konnte es leicht fallen, gehorsam zu sein. In seiner neuen Erfahrung einer ungesicherten Existenz in Freiheit und Alleingang aber muß den Menschen die Ungewißheit überkommen, wie er hier bestehen könne: daher – in Ermangelung der inneren Sicherheit – nur die Möglichkeit der Sicherung im Äußeren, der Ver-sicherung in die Zukunft hinein.

Solche Sicherung fließt zum einen aus dem Sittengesetz mit dessen blind zu befolgenden Anweisungen, zum anderen aus dem Erkennen und Durchschauen der Naturgesetze. In beiden Fällen geht es letztlich um die Erkenntnis von Gut und Böse.

Für den Menschen in den Nöten der irdischen Existenz ist – so Drewermann – die Angst einstweilen vordergründiger als die durch Sünde belastete Gottesbeziehung. Weit mehr als die Frage der Sündenrechtfertigung drängt sich die Frage nach der Rechtfertigung des eigenen Daseins auf: Wieso lebt der Mensch; hat es einen Sinn, daß es ihn, den Angstvollen, überhaupt gibt? Muß er nicht fürchten, überflüssig zu sein? So steigern sich seine Ängste in Verlorenheit und Hoffnungslosigkeit hinein.

Ob nun die Sünde zuerst da war und ihrerseits die Angst gebar, oder ob umgekehrt die Angst die Sünde hervorbrachte, ist ein müßiger Streit: In beiden Koordinaten des menschlichen Lebens, nämlich der vertikalen wie der horizontalen Einbindung, läuft die Not des Menschen auf dasselbe hinaus: Er ist und bleibt erlösungsbedürftig. Die Frage des Menschen bleibt angesichts beider Übel freilich dieselbe: Warum hat Gott ihn nicht vollkommen erschaffen?

Sehen wir die Sünde als das Ur-Übel an, so müssen wir uns notwendig mit der Vorstellung des strengen, gebieterisch ordnenden, sein Recht fordernden Gottes auseinandersetzen, dessen Größe angesichts der Nichtigkeit Seines Geschöpfes immer unermeßlicher wird. Erachten wir hingegen die Angst als das Ur-Übel des Menschen, so kann Gott als der Helfende, Leitende, Begleitende und Hindurchtragende erkannt werden: als der Liebende, dessen Größe sich darin zeigt, daß Er tief zu Seinen Geschöpfen hinabzusteigen bereit ist.

Es gibt ein Büchlein, das von der ersten bis zur letzten Seite von der Größe und Herrlichkeit Gottes handelt: *Hallo Mister Gott, hier spricht Anna.* Wenn die kleine Anna sich den Unterschied zwischen sich und Mister Gott vorstellt, so wird Er dabei immer größer. Ihre Religionslehrerin aber scheint hiervor Angst zu haben; in ihren Geschichten, die sie den Kindern erzählt, werden stets nur die Menschen kleiner gemacht, Mister Gott aber bleibt »immer genau gleich«. Und darum kann man bei dieser Lehrerin nichts über Gott lernen.

Der Mensch ist gut, sehr gut sogar, so heißt es in der Schöpfungsgeschichte. Aber er ist auf Gott geworfen, und das führt dazu, daß er sich selbst als unvollkommen erlebt, ja erleben muß. Es kommt – so Paulus – auf den Schatz an, den wir in uns tragen, auf das Licht, das in unseren Herzen aufgestrahlt ist; diesen Schatz aber tragen wir in irdenen, zerbrechlichen Gefäßen, auf daß deutlich werde, daß das Übermaß der Kraft von Gott und nicht von uns stammt (2Ko 4,6-7).

Dies führt uns unmittelbar in den Bereich Fünf – jenen Wesensbereich, der durch die Qualitäten des Herzens geprägt ist. Er kennt kein psychisches Fehlverhalten und daher auch keine Ängste im bisher aufgezeigten Sinne. Dennoch untersteht er einer Furcht: der Gottesfurcht. Diese aber fließt jenseits alles Psychischen unmittelbar aus der Dimension des Geistes.

Gottesfurcht ist des Menschen Ehrfurcht und Ehrerbietung vor Gottes Größe und Herrlichkeit. Diese Furcht, so eindringlich sie auch erlebt werden mag, wird von unserem Herzen als etwas erkannt, von dem keine Bedrohung ausgeht, sondern Heil. Denn sie richtet den Menschen auf Gott aus.

Das Gefühl unserer menschlichen Erbärmlichkeit hieße uns so manches Mal, Gott aus dem Wege zu gehen, wenn nicht ein von Ihm selbst ausgehendes An-sich-Ziehen uns auf geheimnisvolle Weise in seinem Bannkreis hielte. So wird diese Bannkraft zur eigentlichen Quelle der Furcht in unserer Unwürdigkeit; denn es gilt, Gott standzuhalten und Seine Gegenwart auszuhalten. Nichts, keinen Ort und keine Zeit gibt es, wohin wir vor Seiner Präsenz fliehen könnten: »Führe ich gen Himmel, so bist Du da. Bettete ich mich in die Hölle, siehe, so bist Du da. Nähme ich Flügel der Morgenröte und bliebe am äußersten Meer, wird auch dort Deine Hand mich ergreifen und Deine Rechte mich fassen« (Ps 139,8-10). Gott erscheint uns in solchen Zeiten als die sengende Sonne, vor der es keinen verhüllenden Schatten gibt – wir fühlen Seinen Blick auf uns ruhen, und in unseren Ohren hallt die an den schuldig Gewordenen gerichtete Frage (1Mo 3,9) wider: »Adam, wo bist Du?«

Es ist unser Nicht-bereit-Sein, das uns diesen Anruf Gottes fürchten läßt. Zu vieles gibt es noch zu bereinigen und abzutragen. Und wie der reiche Jüngling, der zu Jesus kommt (Mt 19,16ff.), sind wir zwar willens, die Gebote zu halten, jedoch nicht, uns von allen irdischen Bindungen zu lösen und nur für Jesus verfügbar zu sein. Eigentlich beten wir alle im geheimen so wie der Kaiser Theodosius: »Lieber Gott, mach mich fromm – aber bitte nicht gleich!« Denn wir haben uns inzwischen auf dieser Erde bestens arrangiert, und darum wollen wir von Gott gar nicht so schnell heim-gesucht werden. Ob wir wohl ein Gespür dafür haben, wie das Auge Gottes uns hierbei nachschaut, liebend und sich unserer Freuden mitfreuend, aber uns dennoch sehnlichst erwartend?

Es gibt aber auch die umgekehrte Erfahrung: Wenn statt Gottes sengender Sonne tiefste Mitternacht erlebt wird, Zeit ohne Strahlen. Die Mystiker nennen dies die »Nacht des Glaubens«; Johannes vom Kreuz, Teresa von Avila und viele andere bekennen und beschreiben sie in ihren Schriften.

Da hat ein Mensch sich in der Reinheit seines Herzens auf die Suche nach Gott gemacht und durfte Seine wärmende Nähe, die Seligkeit der Verbindung zu Ihm erfahren, ja wahrhaft an Gottes Herzen ruhen – und auf einmal ist alles zerronnen, hat sich eine trennende Wand zwischen beide geschoben. Dennoch spürt der Mensch: Gott ist weiterhin da, nunmehr aber aufs schmerzlichste ungreifbar, unerreichbar, allem Rufen unendlich weit entrückt. Hier legt sich eine Furcht, eine Pein ums Herz, mit diesem Gott nie wieder kommunizieren zu könnnen.

Es wäre alles ganz einfach, wenn Gott aufhörte, da zu sein. Dann könnte man Ihn beschimpfen; oder man brauchte sich nur das Leben zu nehmen und hätte seine Ruhe. Aber von diesem Gott, der auf die unvorstellbarste, verborgenste und geheimnisvollste Weise weiter existiert, so als wäre Er »ein Stück von mir«, wird der Mensch nie wieder loskommen; das weiß er. Diese Bannkraft Gottes, die von Ihm selbst ausgehende geheimnisvolle Anziehungskraft, wirkt auch hier. Der Mensch hat Feuer gefangen, er hat Gott als seine Erfüllung kennengelernt: Jeder Atemzug bleibt Ihm geweiht.

Also ringt der Mensch mit Gott, hadert mit Ihm – und verstummt immer mehr und mehr mit seinem Fragen nach Grund und Ursache, nach Sinn und Ziel. Er bettelt Gott um Seinen Segen an – nur den geringsten Schimmer einer Wegweisung, ja schließlich nur noch um das winzigste Lebenszeichen. Aber Gott schweigt. Doch in Seinem Schweigen dürstet Gott gemeinsam mit Seinem dürstenden Geschöpf, durch dessen Nacht des Glaubens hindurch.

Mit dem Verschwinden von Gottes greifbarer Herrlichkeit ist alle himmlische Freude zerstoben. Aber auch auf Erden gibt es keinen Ersatz, an dem der Mensch je wieder Freude finden könnte. Es bleibt ihm allein die Furcht, diesen verlorenen Gott nur im geringsten zu betrüben oder Ihm in der eigenen Elendigkeit am Ende doch noch untreu zu werden.

Jene Bitte des Vaterunsers, Gott möge uns nicht in Versuchung führen, möchten wir so gern anders formuliert haben: Wie viel lieber würden wir darum beten, Er möge uns »in der« Versuchung führen, während der Zeiten unserer Prüfungen, als die uns durch unsere Bewährungsproben hindurchleitende Hand; denn wir wollen es nicht wahrhaben, daß Gott selbst unsere Versuchungen zu bejahen imstande sei. Aber dennoch ist es so, der Bericht von der Versuchung Jesu (Mt 4,1) spricht es unmißverständlich aus: Vom Geist wurde Jesus in die Wüste geführt, um dort dem Versucher zu begegnen. Auch für uns ist die Nacht des Glaubens, der Dürre und des Durstens eine solche Zeit, in der der Geist uns in die Wüste führt. Es scheint, als komme es Gott darauf an, unsere wahre und reine und tiefe Liebe zu Ihm aus allen umhüllenden und entstellenden Schichten herauszuschälen. Denn der Mensch soll nicht verliebt sein in den Zustand der Glückseligkeit oder gar in die Verzückung, die die Nähe Gottes ausstrahlt, sondern in Gott selbst. Das bei der ersten Annäherung geschenkte Hochgefühl sollte nur dazu dienen, den Menschen einzufangen und seine Seele an Gott zu binden – ihm das zu vermitteln, was die große Teresa den »Geschmack an Gott« nennt. Doch darf diese Seligkeit als solche uns nicht zum Götzen werden, und wohl darum wird sie uns, wenn wir sie gekostet haben, zu unserem eigenen Heile wieder genommen.

So reift in und an der Nacht des Glaubens, die über Jahre dauern kann, die bedingungslose Liebe des Menschen zu seinem Gott. Nichts mehr fordert er, und noch weniger hat er selbst aufzuweisen, was Gott gefallen könnte – aber indem er liebt, bringt er Gott eben das dar, was Gott am Menschen sucht.

In beiden Erfahrungen, gleichviel ob die Sonne Gottes sengt oder sich verhüllt, ist der Mensch auf seine eigene Nichtigkeit zurückgeworfen. Dennoch lebt er, ohne dies bewußt vollziehen zu können, in der Nähe – der Präsenz – Gottes. Denn er wird in seinem Wachsen und Reifen von Gott nie allein gelassen. Das Rätsel der Größe Gottes liegt in Seiner Hinwendung zum Menschen.

Doch ist Er ein Gott, der sich nicht besitzen läßt. Seine Kraft freilich sendet Er – denn Er will sie durch den Menschen hindurch in die Schöpfung hinausstrahlen. Je armseliger wir Irdischen uns vorkommen, je weniger wir selbst aufzuweisen haben, desto deutlicher wird es, »daß das Übermaß der Kraft von Gott kommt und nicht von uns«. Dies also ist der Grund für unsere menschliche Zerbrechlichkeit: Einem irdenen Gefäß, einem Tonkrug gleichen wir. Wie der tönerne Krug sind wir brüchig, solange wir leer sind; ein leichtes Anstoßen genügt, und schon zerfallen wir in Scherben. Sind wir aber gefüllt mit dem Wasser des Lebens, so sind wir stark und unzerbrechlich. Die Größe von uns Menschen besteht darin, daß wir zum Gefäße Gottes erwählt sind.

Und werden wir dieses unseres Auserwähltseins gewahr, indem wir spüren, wie die Kraft Gottes uns erreicht und erfüllt – dies ist stets Widerfahrnis, Gnade, umwälzendes Erlebnis der Erlösung –, dann überfällt uns der Ehrfurchtsschauer unaussprechlicher Gottesfurcht: Erschaudern, Staunen, befreiter Jubel und heiliger Lobgesang zugleich.

Die Furcht zu Gott hin ist die einzige Furcht, die lebensfördernd, aufbauend und bewahrend zugleich ist. Sie läßt den Menschen über sich selbst hinauswachsen. An der wahrhaft erlittenen Gottesfurcht und an der aus ihr lodernden Liebe zu Gott zerschellen und zerschmelzen alle anderen Ängste, wie sie auch immer heißen mögen.

Kapitel 20

Ein Gang durch die geometrischen Dimensionen

Wir wollen nun versuchen, die Entsprechungen unserer vier Kreisquadranten zu den geometrischen Dimensionen aufzuzeigen.

Es heißt allgemein, der Mensch lebe in einer dreidimensionalen Welt, zumal sein Verstand nur Dreidimensionales zu erfassen vermag; doch in gewissen Schichten unseres Seeleninneren ahnen wir, daß es darüber hinaus noch weitere Dimensionen geben muß. Die Frage hat Mathematiker wie Philosophen gleichermaßen beschäftigt. Wenn von unserer Seite überhaupt ein Beitrag möglich ist, so nur in der Sprache der Analogie: indem wir die geometrischen Dimensionen im Analogieschluß auf die vier Bereiche unseres Lebenskreis-Modells beziehen. So gesehen, erweist sich die vierte Dimension sogar als unabdingbarer Teil unserer Existenz, gleichviel ob wir uns ihrer bewußt sind oder nicht: Alles, was dem Kreisquadranten Vier entspricht, muß eng mit ihr zusammenhängen.

Ihrem Wesen nach sind die Dimensionen orthogonal, das heißt einander völlig unähnlich; in einer jeden herrschen eigene Bedingungen, indem sich die dimensionalen Möglichkeiten von Stufe zu Stufe in gänzlich neuartiger, überraschender und unvorhersehbarer Richtung erweitern. Aus dem Blickwinkel der Kausalität erscheint es so, als baue jede Dimension unmittelbar auf der vorhergehenden auf, indem sich die niedrigeren Dimensionen als Fundament für die höheren darstellen. Wir werden jedoch sehen, daß auch das Umgekehrte gilt: Die höheren Dimensionen formen die niedrigeren. Auf diese Weise bilden sie in doppelter Verknüpfung ein dynamisch vernetztes Ganzes.

Wenn wir das Dimensionen-Thema erst an dieser Stelle des Buches wieder aufgreifen, so deshalb, weil es zuvor die mannigfaltigen Bedeutungsinhalte der vier Quadranten und vor allem ihre Polarisierung näher kennenzulernen galt. Denn das Phänomen der Polarität spielt natürlich auch in den geometrischen Dimensionen eine Rolle; sie erweisen sich als orthogonale Schauplätze sehr spezifischer polarer Spannungen. Wir wollen versuchen, das prozessuale Spiel zwischen Yin und Yang in den einzelnen Dimensionen nachzuvollziehen. Dies wird uns zu dem Schluß führen, daß der Übergang von einer Dimension in die nächste jeweils damit zusammenhängt, daß die zuvor gültigen polaren Widersprüche zur Verschmelzung gelangt sind.

Dies ist keine Beschreibung der Weltenentstehung. Unsere aus dem Geometrischen abgeleiteten Analogiebilder wollen lediglich verschiedene Gestaltungsformen zueinander in Beziehung setzen. Es sei dem Leser überlassen, hierin zugleich die Entsprechungen zu gewissen Stufen des Bewußtseins und der Erlebnisfähigkeit zu entdecken.

*

Die Folge der geometrischen Dimensionen beginnt bei dem *Punkt.* Definitionsgemäß besitzt er keine Ausdehnung und stellt eigentlich eine bloße Ortsbestimmung dar. Als solche jedoch hebt er sich als deutlich unterscheidbar und abgrenzbar ab, weil er nämlich eine unverwechselbare Aussage birgt, welche lautet: Hier, an punktartig definierter Stelle irgendwo im weiten Universum, ist kein leerer Ort, sondern hier existiert Etwas. Dieses punkthafte Etwas erweist sich damit als allererster und ursprünglichster Träger von Information, die sich im Hier als Anwesenheit offenbart.

Solche Anwesenheit im Hier zeigt an, daß der Ur-Sprung tatsächlich vollzogen und die unbeschreibbare Nulldimension hintangelassen wurde. Bezogen auf unseren Lebenskreis bedeutet dies: Mit und in dem Punkt ist der Quadrant Eins angetreten.

Da nun sämtliche Phänomene unseres Lebenskreises der Polarität unterstehen, läßt sich der Punkt nicht gesondert betrachten, sondern er hat polare Wertigkeit. Entsprechend seinem Auftauchen unmittelbar am Ur-Anfang des Zyklus – am Yin-Pol des Quadranten Eins – deuten wir den Punkt als den Yin-Aspekt der ersten Dimension. Daher auch die weitgehende Latenz des Punktes, die dem Ruhe-Stadium des Samenkorns vergleichbar ist.

Demgegenüber deuten wir die *Strecke,* die ebenfalls als eindimensional gilt, als den Yang-Aspekt der ersten Dimension. Örtlich gesehen entsteht die Strecke dadurch, daß der Punkt sich gleichsam in die Länge zieht, so als erhalte er Nachschub aus der eigenen Tiefe; er scheint buchstäblich zu quellen wie das keimende Samenkorn. Die Streckung folgt einer inneren Tendenz der Unterscheidung in Vorn und Hinten, kraft derer die manifestierte Länge hervorgebracht wird.

Sobald ein wahrnehmendes Bewußtsein beteiligt ist, verwandelt sich die Strecke unmittelbar in den Weg desjenigen, der hier unterwegs ist: in die hinter-lassene Spur. Der erwähnte Gegensatz zwischen Vorn und Hinten erweist sich als polare Spannung, denn die Bewegung bleibt auf die vorgezeichnete Linienführung angewiesen. So stellen sich sämtliche Punkte des Weges – ist er einmal angetreten – als entweder Vorher oder Hinterher, als Fortschritt oder Rückschritt dar.

Mit der Bewegung kommt die Zeit ins Spiel. Die Bewegung im Raum bringt die Zeit freilich nicht zum Entstehen, wie es oft heißt, sondern Zeit wird anhand von Bewegung wahrnehmbar und erlebbar: Die Ortsveränderung bewirkt, daß die Zeit aus der Verborgenheit und Unanschaulichkeit hervortritt.

Man möchte vielleicht vermeinen, während des Vollzuges der Bewegung werde Zeit verbraucht, doch trifft dies nicht zu. Ein Verbrauch würde einer quantitativen Minderung gleichkommen, hier aber ist Qualitatives im Gange. Zeit gleicht niemals einem Vorrat und läßt sich daher nie aufzehren, sondern immer nur nutzen. Minute für Minute, Sekunde für Sekunde taucht aus unbekanntem Urgrund unablässig Zeit auf: Indem wir uns bewegen oder etwas sich in uns bewegt, erfahren wir immer wieder eine neue Zeit.

In der punktförmig auftauchenden Zeit liegt eine dynamische Eigenheit, die uns noch öfter beschäftigen wird: nämlich das Er-eignen. Ein jeder Zeit-Punkt ist auf eigene Art ereignisträchtig. Erblickten wir in dem aus dem Urgrund stammenden Ort den Träger der Ur-Information, so fügt die Zeit den Ur-Verwirklichungswillen hinzu in Gestalt des auslösenden Anstoßes – gleichsam die Parole. Beide, Zeit und Raum, stammen aus ungeoffenbarter Quelle. Wann und wo jedoch Information und Auslösung in gemeinsamem Orts- und Zeitpunkt zusammentreffen, ist ein Geschehen in Gang.

Dem Anschein nach ist der Orts-Punkt »eher« da als die Zeit; denn er ist bereits am unmittelbaren Yin-Pol des Quadranten vorhanden. Dort würde er »in alle Ewigkeit« latent verweilen, schickte ihn die Zeit nicht kraft ihrer zündenden Parole auf den Weg: Das erste Wirksamwerden der Zeit – sozusagen deren allererste Sekunde – verwandelt ihn in die yang-hafte Strecke. Die Zeit selbst aber bleibt punkt-haft: In unablässiger Folge taucht sie als stets neuer Zeit-Punkt aus dem Urgrund auf – keine Sekunde gleicht der vorherigen, keine ist die Fortsetzung oder gar Fort-Pflanzung der allerersten.

Das Phänomen Ort scheint also vom ersten Ur-Sprunge an durch Vorhandensein gekennzeichnet, ist jedoch vielfachen Ereignissen der Veränderung unterworfen. Die Zeit hingegen entsteht fortgesetzt, nie darf sie bleiben oder verweilen. In ihrer Befristetheit aber verändert sie sich nicht, sondern *ist* laufend eine neue.

*

Der Einfachheit halber stellten wir uns die eindimensionale Strecke bisher als eine Gerade vor. Die Mathematik mit ihrer Fähigkeit der Abstraktion aber lehrt: Die ideale Gerade gibt es nicht, vielmehr sind, in großem Maßstab und von übergeordnetem Beobachtungsposten aus betrachtet, alle Geraden Krümmungslinien. Verlängert man sie endlos nach vorn und nach hinten, so mündet sie im Unendlichen wieder in sich selbst: »Minus Unendlich« und »Plus Unendlich« sind eins. Am Ort der extremsten Polarisierung hört demnach die Polarität überraschenderweise auf zu sein! Denn Vorn und Hinten gehen ineinander über.

Das Krümmungsphänomen garantiert somit, daß die Strekke sich nicht in endloser Fortpflanzung nach beiden Richtungen im Nichts verlieren kann: Das Gesamte ist daran gehindert, auseinanderzufließen.

Wenn alle Geraden letztlich Krümmungslinien darstellen, so sind sie in Wahrheit gar nicht eindimensional, sondern unterliegen einer Wendung nach der Seite: das heißt nach einer der ersten Dimension noch völlig fremden Richtung, welche – wir erinnern uns der Polarität Seite/Gegenseite – bereits mit dem Quadranten Zwei zusammenhängt. Wir erkennen: Die erste Dimension untersteht bereits der Prägung durch die nachfolgende zweite Dimension.

Die in sich selber einmündende Krümmungslinie ergibt den *Ring,* und mit der innerhalb des Kreisringes befindlichen Kreisscheibe – der durch zwei Koordinaten, Länge wie Breite, bestimmbaren *Fläche* – steht die zweite Dimension vor Augen. Der geschlossene Kreisring bringt nicht nur diese Fläche hervor, sondern umrundet und begrenzt sie zugleich.

Offensichtlich besteht zwischen dem Kreisring und der Kreisscheibe das gleiche Verhältnis wie zwischen Punkt und Strecke: Die bloße Peripherie, der Ring, stellt den Yin-Aspekt der zweiten Dimension dar; seiner Yin-Qualität entsprechend, ist er leer. Die innerhalb gelegene Fläche indes, als sein polares Gegenstück, bildet den Yang-Aspekt. Damit begegnen wir erneut der Gegenüberstellung von Peripherie und Mitte, jener zweiten Alternative der Polarität im Bereich Zwei, die wir bereits kennenlernten.

Der Quadrant Zwei, an dessen anfänglichem Yin-Pol der leere Kreisring steht, würde ereignislos bleiben, wenn nicht bestimmte Bewegungen in Gang kämen, die zur Erfahrbarkeit der Fläche führten. Hier lassen sich charakteristische Bewegungen der zweiten Dimension beschreiben, welche durch die nunmehr zur Verfügung stehenden zwei Koordinaten sowie durch die neue polare Spannung geprägt sind. Sie alle erschließen die Fläche und dienen damit dem Yang-Ziel des Quadranten:

Dank der zur Länge hinzukommenden Breite – Ausdruck der Polarität Seite/Gegenseite – steht der Eroberung der Fläche nichts mehr im Wege: Sie läßt sich in Streifzügen kreuz und quer durchmessen. In der zweiten Dimension aber muß jeder Ort erlebnismäßig erobert und eingenommen werden: Das Lebensfeld ist mit einer lückenlosen Schraffur gerader und gewundener Spuren zu überziehen – den vom Ich persönlich gesetzten Wegmarken. Übrigens ergibt diese Schraffur keineswegs nur eine Schwarz-Weiß-Malerei; denn der Bereich Zwei mit seiner Analogie zur atmosphärischen und emotionalen Vielfalt hält Farbigkeit bereit. Das Feld wird also nach und nach in vielen Färbungen und Abstimmungen aufs lebhafteste koloriert. Erst die Analogie zur Fläche veranschaulicht Territorium und Ich-haftigkeit, die wir als Phänomene des Bereichs

Zwei beschrieben haben. Was in der ersten Dimension der Ort war, heißt in der zweiten nunmehr der Platz. Er ist jener Bezirk – und das bedeutet wörtlich: jener abgesteckte Kreis –, den ein Individuum – genauer gesagt: ein Ich-Bewußtsein – einzunehmen und zu behaupten vermag.

Die zweidimensionale Bewegung betrifft nicht bloß das Abschreiten der Fläche: Als Ausdruck der spezifischen polaren Spannung sind außerdem Eigenbewegungen des Flächengebildes selbst wahrscheinlich. Die Polarität zwischen Fläche und Peripherie führt zur elastischen, allseitigen Ausdehnung des Mittelfeldes, gleichsam in konzentrischen Kreisen: Die Peripherie wird immer weiter hinausgeschoben, die Fläche wächst zusehends. Dies ist eine aus der Kraft der eigenen Mitte betriebene Selbstausdehnung im Sinne der hier geltenden evolutiven Tendenz des Yang.

Die Polarität führt darüber hinaus zu einer zweiten, völlig neuartigen Bewegung. Diese scheint am Außenring anzusetzen – diesen seitlich verschiebend – und leitet auf diese Weise die Rotation um die eigene Achse ein. Mit anderen Worten: die Fläche wird zum kreisenden Rad. Dieses Bild veranschaulicht die Motorik und den unermüdlichen Schwung, wie sie zu den Analogien des Bereichs Zwei zählen.

Was nicht der Mitte selbst zugehört, ist Peripherie und damit ferner Horizont. Alles, was es gibt – Umfeld wie Zeitenläufe – scheint daher im Kreise vorbeizudefilieren: Ein geradezu ptolemäisches Weltbild bestimmt die Sicht der Dinge.

Damit ist zugleich ausgesagt, auf welche Weise die Zeit in der zweiten Dimension erlebbar wird: Sie wird zum peripheren Zeit-Horizont, der sich am Rande hält, wo er vom Zeiger der Weltenuhr abgeschritten wird. Daher kündet die zweidimensionale Zeit notwendig von periodischer Wiederkehr und gleichbleibenden Rhythmen – von der unablässigen Folge sich wiederholender Tages- und Jahreszeiten, vom unermüdlichen Auf- und Niedergang der Gestirne und Tierkreisfiguren, von den einander ablösenden Erdzeitaltern. Die Ereignisse reihen sich als zweidimensionaler Zeit-Kreis aneinander, als nicht enden wollender Zyklus. Ein Gefühl für die eigene Vergänglichkeit kommt nicht auf, weil der Zeit-Horizont so weit erscheint. Es gilt auch nur das, was momentan aktuell ist: Solange Sommer ist, herrscht kein Winter, und solange Leben ist, herrscht kein Tod.

*

Wie sollen wir uns nun den Übergang von der zweiten zur dritten Dimension vorstellen? Auf welche Weise kommt zu Länge und Breite die Höhe hinzu? Für unsere Betrachtungen wollen wir wieder mathematisch-geometrische Bilder zu Hilfe nehmen.

Ebenso wie die endlos-verlängerte Gerade in Wahrheit eine Krümmungslinie ist, wird auch die Fläche im Falle ihrer Ausweitung ins Unendliche zu einem Krümmungsgebilde: Die vermeintlich platte Scheibe erweist sich als *gewölbte Schale* oder Mulde, deren Ränder ringsum angehoben sind. Die Säume der Fläche ragen also in die Höhe – in jene dritte Richtung, die bereits auf die raumhafte Dimension hinweist. Unserer sinnlichen Wahrnehmung gilt die Fläche zwar als zweidimensional; auf unendlichem Maßstab jedoch offenbart sie sich als dreidimensional verformt.

Wir sprachen von der Ausdehnungstendenz der Fläche in den Umkreis, ihrem allseitigen Auseinanderstreben als Ausdruck der Polarität zwischen Mitte und Rand. Je grenzenloser sich nun der Radius der Fläche weitet, desto mehr steigen ringsum die gewölbten Flächenränder an, um sich am Ende in immer engeren Kreisen zu einer *Kugel* zu schließen.

So ist die Ausdehnung der Fläche zwar unendlich, aber begrenzt. Die Wölbung der Fläche gewährleistet – ähnlich wie vordem die Krümmung der Strecke –, daß die Polaritäten nicht uferlos auseinanderfließen, sondern sich im Schlußpunkt der Kugel vereinigen. Der Widerspruch zwischen Peripherie und Mitte ist hiermit aufgelöst.

Im Quadranten Drei nun tragen die dimensionalen Prozesse ein völlig neues Gesicht, wenn die Analogien unseres Lebenskreises nicht trügen. Denn jetzt beginnt – wir erinnern uns – die involutive zweite Hälfte des Lebenskreises, in welcher das Yang wieder rückläufig wird und dem neuen Vorzeichen, der Yin-Tendenz, Platz macht. Wenn wir bereit sind, das System der Dimensionen nicht allein evolutiv, sondern auch involutiv zu deuten, so ergibt sich: Ab der dritten Dimension kehrt sich die polare Wertigkeit der dimensionalen Ereignisse um; ab jetzt tritt jeweils zuerst das Yang-hafte auf, und die verändernden Bewegungen leiten zum Yin hin: Mit zunehmender Involution mehren sich die Vorgriffe auf das erst Kommende.

Die gewölbte Schale, die wir zu Anfang des Quadranten Drei vorfinden, stellt demnach den Yang-Aspekt der dritten Dimension dar, die Kugel den Yin-Aspekt; die Schale ist gleichsam der Vorläufer, ein Werde-Stadium der späteren »fertigen« Kugel. Die dritte Dimension beginnt also bei den offenen Räumen und vollendet sich erst allmählich zum geschlossenen und umschlossenen Raume. Damit die ganzheitlich und allseitig ansteigende Schale kein offener Zylinder bleibt, sondern sich – wie die Seerose zur Nacht – kuppelförmig schließen kann, bedarf es freilich der Verjüngung nach oben: einer Einfaltung im buchstäblichen Sinne, der wahrhaften Involution.

Das auffälligste Merkmal der Schale besteht also darin, daß sie offen ist: Diese ihre Offenheit und Aufnahmebereitschaft bietet die Voraussetzung für das yang-hafte Zugehen auf all das, was mit dem Bereich Drei zusammenhängt. Gleichzeitig hat sich mit dem Eintritt in den Quadranten Drei die Wahrnehmung für die neue Koordinate der Höhe eröffnet: jener übergeordnete Über-blick, welcher das System aus der Vogelperspektive zu betrachten versteht. Auch die Sicht für die verschiedenen Abstufungen setzt ein: für Steigerungen und Superlative. So will der Mensch, angetrieben von Interesse und Neu-Gier, in unermüdlichem Höhenflug immer höher hinaus. Er entdeckt, daß er sich vermittels seiner Ideen hinauf bis in die fernsten Räume des Universums zu projizieren vermag: Die zweite Dimension wurde noch durch erlebnismäßiges Abschreiten des Lebensfeldes eingenommen; das Medium der dritten Dimension aber, der Gedanke, reist körperfrei.

Trennende Abstände werden daher vom kognitiven Bewußtsein mit Leichtigkeit überbrückt. Vor allem der Abstand zwischen ihm selbst und seinem Gegenüber – welcher ja mit der Revierausdehnung der beiderseitigen Ich-Strukturen zusammenhängt – fällt »flach« im wortwörtlichen Sinne: Da nämlich die dritte Dimension, bildlich gesprochen, die Überlagerung verschiedener Schichten kennt, ohne daß die eine vor der anderen zurückzuweichen braucht, werden Kontaktaufnahme sowie überlappende Berührung – und im Idealfall die kongruente

Deckung – möglich. Genau genommen, begegnen sich hier aber wiederum keine Flächen, sondern auch das Bewußtsein gleicht einer Schale, einem Brenn- oder Hohlspiegel, welcher Einfallendes zu orten, zu fokussieren, zu verdichten und sogar zu schlucken vermag. Das Gegenüber wird in den Brennpunkt des Interesses geholt. Dieser Brennpunkt aber läßt sich in das Innere der Schale verlegen, und damit kommt es zur gegenseitigen Integration. Ab jetzt kann also ein Ich in das andere eintauchen, und dieses andere kann dem Eindringen stille halten – ein Vorgang, der gegenseitiger Befruchtung gleichkommt.

Wir gelangen nun zu einem besonderen Merkmal des dreidimensionalen Raumes: Er ist keineswegs leer, sondern Behälter – bereits die yang-hafte Schale trägt Inhalt. Der Inhalt liegt offen zur Aneignung; zunächst freilich erscheint er ungeordnet und ungeborgen. Die randvolle Schale mit ihrem Über-Angebot weckt daher das Bestreben, die Form zu schließen, um Inhalt halten und verdichten zu können.

Die endgültige Schließung der fertigen Kugel aber ist gleichlautend mit der Erreichung des Yin-Poles des Quadranten Drei, dem dimensionalen Ziel. Die Konkretisierung zur räumlichen Geschlossenheit symbolisiert End-gültigkeit im wahrsten Sinne des Wortes: unabänderliche Festlegung, klare Meßbarkeit und Definierbarkeit – Einbindung und Ver-haftung. Konkretisieren – man denke an das englische Wort *concrete* für Beton – hat mit Zementieren und Materialisieren, mit Masse und Stofflichkeit zu tun. So müssen wir mit einem Anflug von Bitterkeit feststellen, daß die hoffnungsvoll in Höhenflug und Idealen angetretene dritte Dimension letztlich im Eintauchen in die Beschränkung der Materie endet.

Welches ist dann der Gewinn, den wir am Ende des dritten Quadranten in Händen halten? Es ist die Erkenntnis, daß der Inhalt des Raumes uns tatsächlich gehört. Denn er ist realer Ertrag, erbrachte Leistung und Frucht, die in der bergenden Höhlung Gestalt annahm. Vornehmstes Vermögen des Raumes ist es fürwahr, selbst Raum zu bieten und Mutterboden zu sein – wie denn auch der Wortstamm Materie von *mater,* das heißt Mutter, hergeleitet ist.

Im selben Sinne wie der dreidimensionale Raum ist auch die dreidimensionale Zeit von ihrem Inhalt her geprägt. Sie spielt nun nicht mehr die Rolle des leeren Zeit-Kreises, jener zweidimensionen Perlenkette aufeinander folgender und einander ablösender Momente, sondern ist gleichsam Zeit-Masse; an ihr zählt, was sie enthält. Aus dieser Zeit kann man etwas machen: Sie will nicht als bloße Historie oder Biographie vorüberziehen, sondern Erträge darbieten; an ihren Früchten will sie sich erkennen lassen und sich gleichsam selbst überleben – zumindest im Werk Ewigkeitswert gewinnen. Die dreidimensionale Zeit zeigt sich daher als großer Reichtum, in den wir hineingreifen sollen. Wenn wir sie allerdings nicht nutzen, regeln, programmatisch gestalten, dann wird sie uns zur versäumten und zur verschenkten Zeit.

*

Wenn sich die Analogie unseres Lebenskreises tatsächlich auf die geometrischen Dimensionen übertragen läßt, so ergibt sich eine eigenartige Überschneidung zwischen den Quadranten Zwei und Drei: Ihre spannungsgeladenen dimensionalen Prozesse laufen weitgehend gleichzeitig ab, ja scheinen einander sogar zu eskalieren.

Der yin-hafte Status von Geschlossenheit und Umgrenzung steht beim Quadranten Zwei am Anfang; infolge der Umpolung von Evolution zu Involution steht er beim Quadranten Drei jedoch am Ende. Wir erinnern uns: Die polare Spannung der vorhergehenden ersten Dimension, die die Von/Hinten-Bewegung betreibt, kam mit dem Ende des Quadranten Eins, mit der Verwandlung der Strecke in den geschlossenen Ring, zur Ruhe. Die polare Spannung der zweiten Dimension hingegen, die zur Ausdehnung von der Mitte zum Rande führt, überzieht ihre Zeit und ist erst am Ende des Quadranten Drei, mit der Verwandlung der Fläche in einen Kugelmantel, voll befriedet. Die flächenschaffende Eigenausdehnung bleibt also weiterhin kraftvoll im Gange, während die eigentliche raumschaffende Spannung des Quadranten Drei zu bewältigen ist; die Fertigstellung des umschlossenen Raumes erst hebt beide Spannungen auf.

Die zu erwartende Dramatik des Umschlags von Yang nach Yin, die den Zyklus eigentlich an dessen Halbzeit und Höhepunkt erschüttern müßte, spitzt sich also erst innerhalb des Quadranten Drei zu: Die evolutive Woge der ersten Kreishälfte überschwemmt mit ihrem Getöse noch weite Bereiche der zweiten. Inzwischen ist jedoch der involutive Sog der vierten Dimension längst am Werk und höhlt vorgreifend den materiellen Boden der dritten Dimension aus.

Am Raume setzt nämlich eine neue Bewegung ein, welche in den Quadranten Vier überleitet: in dessen anfängliche Yang-Phase. Es handelt sich wiederum um eine Ausdehnung. Sie stellt sich zunächst dreidimensional dar, indem der inhalttragende Raum sein Volumen vergrößert – er bläht sich auf. In der Tat ist das Universum, jener Inbegriff des Raumes, gemäß den Berechnungen der Physik in ständiger Ausdehnung begriffen: Seine Teile stieben auseinander. Damit werden notwendig seine Inhalte gestreckt, wird sein Gefüge gelockert. Das bedeutet: gleichzeitig mit einer machtvollen Über-blähung erfaßt den Raum eine nicht minder gewaltige Unter-wanderung, eine zunehmende Aushöhlung, ja Dematerialisierung seiner Masse. Das alles ist bereits durch die unaufhaltsame Involution bedingt unter dem Zeichen vierdimensional geprägter Zeit: einem »Zeit-Strudel«, der sich – wie wir noch beschreiben werden – im Sinne des Countdown selbst unterläuft. Deshalb ist die Materie, die wir am Übergang zwischen den Quadraten Drei und Vier antreffen, zwar real, aber völlig instabil – es tickt in ihr die Uhr des Halbwertszeit-Zerfalls –; außerdem ist sie, wie wir aus der Atomphysik wissen, in keiner Weise kompakt. Es verwundert daher nicht, daß die buddhistische Lehre die Materie als *Maya* – als »Täuschung« – bezeichnet, als bloß trügerische Umhüllung.

All dieses weist auf die neue Polarität hin, die für den soeben begonnenen Quadranten Vier bestimmend sein wird, nämlich die Polarität Innen/Außen. Nicht von ungefähr benennen wir jetzt das Yin zuerst, da in der vierten Dimension mit ihrer involutiven Tendenz das yin-hafte Innen bewußtseinsmäßig bedeutsamer ist: Der Mensch erlebt sich nun existentiell als Bewohner eines Innen – des Innern des Universums. Es scheint, als ob infolge der vom Ziele her vorgreifenden Involution die dreidimensionale Polarisierung Oben/Unten sich unversehens, ohne einer Verschmelzung zu bedürfen, in die neue vierdimensionale verwandelt. Denn die Über-blähung des Raumes strebt letztlich nach Außen, die Unter-wanderung setzt im eigenen Innern an.

In gleicher Weise, wie die endlose Linie sich zum Kreise schließt und die unendlich ausgedehnte Fläche sich zum Kugelkörper rundet, unterliegt auch die sich unendlich ausdehnende Kugel einer aus der nächsthöheren Dimension herrührenden Verformung: einer Eindehnung. Wie die Physiker errechnet haben, finden sich im Räumlichen Merkmale einer vierdimensionalen Krümmung und Verzerrung. Diese Eindehnung des Raumes verhindert das Sich-Verlieren des Ganzen im Außen; vielmehr mündet es in das eigene Innen ein. Es scheint in ein Zentrum hineingespult zu werden, gleichsam durch die Zwischenräume hindurch, die bei der Auflockerung der Materie entstehen.

Wenn – in der Sprache unseres Lebenskreises – der Yin-Pol des Quadranten Vier erreicht ist, fällt schließlich der Raum ganz in sich selbst hinein: Das Innen begibt sich jeglicher Gestalt. Damit vollzieht sich eine Analogie zur »Fertigstellung« des dreidimensionalen Raumes in Form der Kugel: Die vierte Dimension erfährt ihre Erfüllung. Zugleich vollendet sich der Lebenskreis, denn das »Yin im Yin« – Verbergung und Verschlüsselung – ist erreicht.

Das Ganze aber hört niemals auf, zu sein: Es ereignet sich nicht nur einmal, sondern immer – in allen Phasen nebeneinander und gleichzeitig, sowohl dem evolutiven Drange folgend, als auch der involutiven Durchdringung hingegeben. Ein unsterblicher Pulsschlag scheint es zu sein, der all diesem innewohnt. Ist dies die fünfte Dimension, das allzeit gültige Hier und Jetzt?

*

Die Eigentümlichkeit der vierten Dimension besteht also darin, daß sie – wenn überhaupt – nur in ihrem Yang-Aspekt gewahrt werden kann, das heißt solange sie sich noch »außen« befindet. In diesem yang-haften Anfangsstadium scheinen die Phänomene im wahrsten Sinne des Wortes verkehrt: Was nach innen gehört, liegt außen wie bei einem nach links gedrehten Gewand und wartet darauf, gewendet zu werden. Da der gesamte Bereich Vier von dem letzten involutiven Ziel her geprägt ist, widerspiegelt – wenn auch oft trüb – das Gewordene bereits das Werdende. Daß sich die vierte Dimension bis in

Geometrie und Physik hinein der realen Erfaßbarkeit entzieht, hängt mit diesem Verschlungensein von Offenliegendem und Verborgenem zusammen; daher das geradezu selbstverständliche Nebeneinander des Widersprüchlichen, das Paradoxon des Sowohl/Als-auch, die Gleichzeitigkeit polarer Gegensätze, die Zwitterhaftigkeit der Phänomene. Den wohl erstaunlichsten Aufschluß über dieses Rätsel verdanken wir Gebser und seiner genialen Definition der Diaphanität. Eben diese Diaphanität erlaubt dem Menschen, die vierdimensionalen Möglichkeiten trotz deren Verborgenheit sehr wohl zu erspüren und mit ihnen umzugehen, freilich nicht in faktisch-rationalen Begriffen, sondern über das Medium der Phantasie.

Auch der Mensch weiß um seine zweifache Rolle: daß er nämlich sowohl eines Ganzen Teil, als auch selbst ein Ganzes ist – sowohl Mikrokosmos, als auch Mitglied eines Makrokosmos. Unser menschlicher Körper faßt viele Unterbereiche zusammen – Organe, Zellen und letztlich die Atome –, sämtlich in feinster Ordnung ineinandergefügt. Alle diese Teile, aus denen wir bestehen, sind wir selbst; wir sind mit ihnen identisch – aber gleichzeitig sind wir es nicht.

Außerhalb unserer selbst nun finden wir immer umfassendere und umspannendere Lebenseinheiten vor: Menschengruppen, Stämme und Staaten, aber auch andere Lebensformen, mit denen gemeinschaftlich wir symbiontische Systeme bilden: Pflanzen, Mikroben, Tiere, ja selbst Landschaften. Mit derartigen übergreifenden Systemen sind wir wiederum sowohl identisch, als auch nicht-identisch.

Unser Bewußtsein öffnet sich dann dem Vierdimensionalen, wenn es sich auf die uns bedingenden symbiontischen Systeme – im Innen wie im Außen – bewußt einlasen kann und bereit ist, sich deren Wirksamkeit zu unterstellen.

Solches Sich-Einlassen und Eingedenk-Sein ist die wahre Bewußtseinsvertiefung, durch welche die Menschheit reifen soll. Es geht nicht mehr um jene Art der Bewußtseinserweiterung, die Gebser als Bewußtseinsaufblähung entlarvt, nämlich um Wissensvermehrung und Erkenntnisvervollkommnung, bei welcher der menschliche Geist auch der letzten Geheimnisse des Kosmos habhaft zu werden sucht. Im Bereich Vier kann der Mensch die Erkenntnis bereits wieder loslassen, denn intuitive Einstimmung in die große Symbiose ist jedem Akt analytischer Ergründung dimensional überlegen.

Zur Beschreibung des Quadranten Vier wählten wir zunächst Beispiele aus dem belebten Bereich, eben weil der Begriff Symbiose mit *Bios,* also Leben, zu tun hat. Doch läßt sich solches Verwobensein im folgenden noch weiter fassen: Auch in der sogenannten unbelebten Natur finden wir Phänomene, die sich wie Gesamtorganismen ausnehmen, weil nämlich auch sie aus Teilen bestehen, die im weitesten Sinne symbiontisch miteinander umgehen und sich gegenseitig bedingen und unterhalten.

Hierzu zählen die atomaren und subatomaren Welten, ebenso wie deren große kosmische Geschwister, die Sonnensysteme und Galaxien – ja das Universum selbst. Denn in dem Zusammenhalt dieser Gebilde über weite Zwischenräume hinweg verbergen sich geheime Lebensvorgänge, die an Austausch und Symbiose erinnern.

In diesen Gesamtorganismen sind deutliche Anziehungskräfte am Werk, die das »Zusammenleben« und Beieinander-Bleiben der einzelnen Teilhaber garantieren. Betrachtet man ein solches System als Ganzes – etwa unser eigenes Sonnensystem –, so stellt es sich als Kraftfeld dar: als ein Gebilde ausgewogenster und genauestens aufeinander abgestimmter Wechselwirkungskräfte, für die eine besondere Ordnung im Räumlichen gilt.

Wie ein Kraftfeld »aussieht«, wissen wir vom Magneten, dessen Feld mit Hilfe einer Glasplatte, auf der feine Eisenspäne verteilt sind, sichtbar gemacht werden kann. Der das Glas durchdringenden Anziehungskraft folgend, ordnen und lagern sich die Eisenspäne an bestimmte Feldlinien an, die vom Magneten ausgehen und ihn in einem Schleifenmuster umziehen. Freilich ist das Feld keineswegs flächig, sondern bildet rings um den Magneten ein Raummuster. Das Charakteristische dieses geordneten Musters oder Gitters ist dessen Aufgelockertheit in örtlich definierte, geschwungene Feldlinien einerseits und leer erscheinende Zwischen»räume« andererseits. Die Zwischenräume sind offensichtlich Orte verminderter Wirksamkeit, wo sozusagen Nichts stattfindet, während die Feldlinien die Orte erhöhter und intensivster Anwesenheit von Anziehungskräften sind. Dennoch werden wir uns mit den Zwischenräumen an späterer Stelle noch zu befassen haben.

Es scheint, als ob sich die Masseteile miteinander verständigten und ihre Verwandtschaft erspürten: Mit Hilfe seiner Feldlinien scheint der Magnet gleichsam das Umfeld abzufragen, ob sich da »jemand« in Reichweite befinde, der ebenfalls magnetisch ist, und dem die Nähe des Magneten etwas bedeutet. Hierauf antworten die meisten Materialien mit Nein, die Eisenspäne aber mit Ja; aufgrund dieser ihrer Affinität lassen sie sich bereitwillig anziehen, auf das vorhandene Kraftfeld ausrichten und, was die Hauptsache ist, sie lagern sich an dieses an.

Bei dem Phänomen der Schwerkraft oder Gravitation verhält es sich sehr ähnlich. Von sämtlichen Massekugeln, wie sie spärlich in die gewaltigen Zwischenräume der Gestirnsysteme eingestreut sind, gehen solche gegenseitigen Anziehungskräfte aus. Dabei fällt einem Sonnengestirn jeweils ein größeres Potential an Anziehung zu als dessen Planeten. Denn die Materie als solche ist Trägerin der Kraftfeldwirkungen – jenes Produkt und Erbe der dritten Dimension aus Masse und Gewicht.

Während ein Magnetfeld mit seinen Feldlinienschleifen ein weitgehend statisches Gebilde ist, herrscht im Falle der Atom- und Sonnensysteme fortlaufende Bewegung. Diese Bewegung ist eine umkreisende, und zwar auf örtlich definierten Bahnen, welche Schleifen erhöhter Kraftfeldwirksamkeit gleichen. Ein jeder Planet ist mit seiner Bahn identisch und dennoch nicht-identisch, weil er sie nämlich abschreitet und an ihren verschiedenen Orten zu jeweils unterschiedlichen Zeiten anzutreffen ist. Bekanntlich ist die Bewegung der Planeten eine zentrifugale, also der Versuch einer Flucht nach außen, vom Zentrum fort; doch werden sie an dieser zentrifugalen Tendenz durch den zentripetal, zum Zentrum zurückziehenden Einfluß der Sonnengravitation gehindert: Die Planeten sind wie an einem unsichtbaren Band gehalten, sie laufen gleichsam an der Longe. Die einzelnen Planetenbahnen bilden quasi von innen nach außen fortgesetzte Schalen des Gesamtsystems, die einander über das Feld beeinflussen, dabei aber niemals beeinträchtigen; die Abgestimmtheit ihrer Kraftwirkungen und vor allem die vom Zentrum des Systems, der Sonne, ausgehende Gravitation hält sie beieinander. Diese Art der Abgestimmtheit ist Ausdruck der innerhalb des Systems bestehenden Lebensgemeinschaft. Die einander umtanzenden Teile sind nicht mehr einzelgängerisch und eigenwillig wie in der ersten und zweiten Dimension, sondern in einem Netz von Verknüpfungen und gegenseitiger Beeinflussung, in einer wohl abgestimmten Ordnung, gehalten.

Dieses Bild wollen wir im Auge behalten, wenn wir uns nun vorzustellen versuchen, welcher Art die für den Quadranten Vier charakteristische Bewegung sein mag. Sie ist offensichtlich nach wie vor eine Umkreisung, doch gilt nun nicht mehr, wie ehedem im Bereich Zwei, die Eigenrotation einzelner Teile, sondern die gemeinschaftliche Fremdrotation sämtlicher Teile um ein zentrales Innen. Dies kann gar nicht anders sein; denn jetzt waltet das Prinzip des Yin, bei welchem das Ich sich um das Nicht-Ich zu drehen hat. Nicht nur in einer einzelnen Ebene, sondern überall in vielen, einander durchwirkenden Bahnen und Schleifen gleichzeitig, so schwingen, wogen und wallen die Teile miteinander, sich gegenseitig beeinflussend und dennoch sämtlich auf das Zentrum bezogen.

Der Zentrumsbezug wird hierbei zum polaren Kriterium; denn jede Bewegung nach außen ist zentrifugal, das heißt vom Zentrum fort strebend, jedes Einlenken nach innen ist zentripetal, das heißt der Anziehung des Zentrums nachgebend: In diesem Zentrumsbezug enthüllt sich die Vorgebung des letzten involutiven Zieles.

Zu Beginn des Quadranten Vier herrscht noch das yanghafte Fortstreben vor, und so dürfen wir uns vorstellen, daß eine unablässig beschleunigte yang-hafte Zentrumsflucht immer größere Schleifen nach außen zieht. Die anfänglich kreisförmige Rotation wird daher zunehmend elliptisch und zuletzt derart überdehnt, daß sie wie zur Geraden abgeplattet erscheint: Nur noch ein rastloser Pendelschlag von Yang zu Yang – vom Äußersten zum Äußersten – bleibt übrig. Damit gelangt das System notwendig an seine Krise: Die Möglichkeiten des eigenen Schwunges sind überzogen, sie verlangsamen und geraten an ihre eigene Grenze, die Grenze drohenden Stillstandes.

In dieser Krise kommt die Begegnung mit der stets entgegen-wartenden, dem Geschehen feldhaft unterlegten gegenpolaren Zentripetalkraft. Die Wende ereignet sich offensichtlich wiederum durch Verschmelzung der Polarität, indem nämlich zentrifugale Fliehkraft und zentripetale Zugkraft auf überraschende Weise ineinander übergehen – dank der vom letzten yin-haften Ziel ausgehenden involutiven Heimholung, die in der Tiefe des »äußersten Innen« auf das Inne-Werden alles Außen wartet. So erfährt die erlahmte Zentrifugal-Rotation den Anstoß zur Umkehr: den Impuls in die umgekehrte Richtung, einwärts zum Zentrum zurück. Von nun an sind beide polaren Kräfte vereint: in übereinstimmender Einwärtsspulung potenzieren sie einander immer mehr, die nämlichen Schleifen in immer rasanterer Beschleunigung nunmehr gemeinsam nachzeichnend – um schließlich in schwindelndem, strudelartigem Sog, alles andere sowie einander mit sich reißend, im Innen zu verschwinden.

Ein solches Innen verbirgt sich möglicherweise in dem Großen Attraktor, der erst kürzlich am südlichen Sternenhimmel entdeckten ungeheueren Häufung von Sternenmasse: keine bloße Ballung von Milchstraßen, sondern ein wahrhafter »Sternenkontinent«, hundertmal größer als unsere Milchstraße. Der Große Attraktor ist von überwältigender Anziehungskraft, so daß ganze Galaxien auf ihn zufliegen – die nächstgelegenen offensichtlich mit einer Geschwindigkeit von mehr als fünfhundert Kilometern in der Sekunde.

Ein Bild haben wir mit unserer Beschreibung der dimensionalen Bewegung entwickelt, keine mathematische Formel: das Bild der tanzenden *Spirale*. Es erinnert an die unendlichen Spiralnebel, bei denen man sich fragen möchte, ob sie hinausfliegen oder sich sammeln. Im Bereich Vier wird dieses Gebilde zur Doppelspirale oder Doppelhelix: zur Schneckenfigur aus zwei ineinander verwobenen Strängen, von denen der eine sich wie eine Windhose oder Trombe auf- und auswärts schraubt,

der andere aber als ein Strudel hinab- und einwärtssaugt. In diesen wirbelnden Strängen verbirgt sich der in sich selbst zurückfädelnde, verspulte und verdrillte Raum.

So wie im Quadranten Drei die geöffnete Schale als das yang-hafte Gegenstück der entstehenden yin-haften Raum-Kugel zu gelten hatte, läßt sich die rotierende Doppelhelix als der yang-hafte Vorläufer der sich erfüllenden vierten Dimension deuten. Vermutlich wirbelt nicht nur eine einzelne Spirale, sondern rings um das Senkloch des zentralen Innen schrauben sich unzählige Spiralen auswärts und einwärts, jeweils Trombe und Strudel, Rüssel und Trichter in einem: In schwindelnden Pirouetten weiten und engen sie sich vorwärts und rückwärts, sowohl aufwärts/abwärts als auch außen/innen in sich selbst verdrillt. Und all dieses ereignet sich vermutlich in vielfacher synchronistischer Selbstwiederholung und Eigenüberlagerung, indem sich laufende Prozesse mit unablässigen Neuanfängen ihrer selbst zu überschneiden und in das Bisherige einzufädeln wissen.

Dem Menschen bleibt nur die vereinfachte Vorstellung zugänglich – die der bloßen Doppelspirale. Diese Figur ist ihm deshalb faßbar, weil er ihr selbst entspricht; denn seine eigene Erbinformation hat die Gestalt der Doppelhelix: Die DNS (Desoxyribonukleinsäure) als Trägerin der Erbinformation ist ein Kettenmolekül aus zwei wendeltreppenartig umeinander geschlungenen Spiralsträngen – einem Plus- und einem Minusfaden –, welche gleich einer Strickleiter in regelmäßigen Abständen wie durch Sprossen miteinander verstrebt sind. Während die Chromosomenketten bei allen Menschen grundsätzlich aus den gleichen Bausteinen bestehen, unterscheiden sie sich jedoch im Inneren: indem nämlich bestimmte Bausteinkomplexe – die Basenpaare Thymin/Adenin sowie Cytosin/Guanin, welche die Sprossen bilden – jeweils in höchst individueller Reihenfolge angeordnet sind. Demzufolge liegt die Erbinformation nicht in dem Stoff Desoxyribonukleinsäure als solchem, sondern in dessen ins Unermeßliche reichenden Variationen innermolekularer Zusammenfügung, deren jede einen eigenen genetischen Code verkörpert. Jedem Menschen ist mit der einzig für ihn geltenden Anordnung, Verteilung, Verdrehung und Windung seiner Zellkernschleifen eine eigene, individuelle Möglichkeit des So-Seins verliehen. Dabei scheint die spezifische Information nicht allein in den unterschiedlichen Kombinationen verschiedener Baustein-Aneinanderreihung zu liegen, sondern außerdem in der Ausformung der Helixschleifen selbst. Diese sind eben keine schnurgeraden Ketten, sondern gleichen architektonischen Rundbögen mit deren stellenweise auseinandergezogenen, stellenweise aneinandergepreßten und -gestauchten Steinen.

Das Phänomen verschiedenartiger innermolekularer Ausformung bei gleicher atomarer Zusammensetzung kommt bei organischen Substanzen häufiger vor: Derartige aufs engste verwandte Stoffe, die eine identische chemische Formel besitzen, aufgrund ihrer voneinander abweichenden Molekularstruktur jedoch sehr unterschiedliche physikalische und physiologische Eigenschaften besitzen, heißen Isomere. Ein bekanntes Beispiel sind die beiden Abarten der Milchsäure, die sogenannte rechtsdrehende und die linksdrehende, deren Molekularketten in spiegelbildlicher Windung verdrillt sind. Die Eigenschaften derartiger organischer Substanzen beruhen also nicht auf der quantitativen Anzahl der beteiligten Kohlenstoff-, Sauerstoff- und Wasserstoff-Atome, sondern auf dem qualitativen Wie des Layout.

Im Falle der Chromosomen-DNS-Einheiten – als belebten Einheiten – zeigt sich nun eine besondere Fähigkeit: Haben sich auf dem Wege der Befruchtung die Erb-Informationen zweier Partner zu einem neuen genetischen Code zusammengefunden, so vermag diese neue gezeugte, lebendige Struktur sofort und fortlaufend Abdrücke von sich selbst – vom eigenen Layout – zu nehmen und so sich selber zu vervielfältigen.

Dies ist bei weitem nicht derselbe Vorgang wie die Punktfortpflanzung der ersten Dimension: Erstens war jene ungeschlechtlich, und zweitens forderte sie jeweils das Absterben und Hinfälligwerden des Bisherigen, das damit automatisch zum Vergangenen wurde. Die Vervielfältigung des Bereichs Vier, von der wir jetzt reden, beginnt hingegen mit einer Selbstverdoppelung; danach folgen Vervierfachung, Verachtfachung, Versechzehnfachung und so weiter – es ereignet sich eine schier endlose Selbst-Potenzierung.

Offensichtlich kommt es maßgeblich auf das Abdruck-nehmen und -aufstempeln an. Ein entsprechender Vorgang ist die parasitäre Form der Zellvermehrung bei der Vervielfältigung der Viren. Viren vermehren sich nicht aus sich selbst; vielmehr dringen sie in Gastzellen ein und überlagern deren natürliches Zellteilungsprogramm mit ihrem speziellen Virus-Programm, so daß die Gastzellen hinfort aus sich heraus die betreffenden Viren zu produzieren beginnen. Wie mit einem Abdruck, einer buchstäblichen Prägung oder Münzung lassen sich auch geeignete Trägersubstanzen – vornehmlich Wasser, aber auch Alkohol oder Milchzucker – mit gewissen Informationen beladen oder »impfen«. Gelingt es, Verschiebungen innerhalb des kraftfeldartigen Innenbildes der Trägersubstanz zu erzielen, so verändert sich diese in ihrem qualitativen Verhalten, das heißt sie trägt und vermittelt – bei unveränderter quantitativer Zusammensetzung – in Zukunft eine veränderte Information. Nach diesem Prinzip wirken die homöopathischen Arzneien. Betrachtet man homöopathische Mittel bloß quantitativ, so sind sie nichts weiter als hochgradige Substanzverdünnungen; qualitativ bewertet aber ereignet sich in ihnen eine Potenzierung der aufgepfropften Information, die sich mit jeder weiteren Verdünnung umgekehrt proportional weiter steigert. Um diese Potenzierung zu bewirken, muß das Herstellungsverfahren allerdings auf die Anforderungen der vierten Dimension abgestimmt sein: Deshalb werden die homöopathischen Arzneien zu ihrer Konzentrationsstreckung in spezifischem Rhythmus »verschüttelt«. Bei dieser Art der Herstellung, die auf Samuel Hahnemann zurückgeht, kommt es auf weit mehr als die bloß mechanische Stoßwirkung an: Der Verschüttelungsrhythmus zielt auf Resonanzwirkung ab.

Resonanz ist ebenfalls ein Phänomen des Quadranten Vier. Sie ist etwas völlig anderes als das Echo, bei dem nur eine Schallrückwerfung oder -reflexion, also eine bloße Richtungsänderung des Schalles, stattfindet. Resonanz bewirkt vielmehr eine Vervielfachung des Klanges, indem zusätzlich zur ursprünglichen Schallquelle ringsumher ein Schwingen und Tönen anhebt. Alle Klangkörper, die dieselbe Wellenlänge haben, schwingen mit; ja mehr noch – und deshalb bedeutet Resonanz eine echte Potenzierung: alles, was ringsum eine Verwandtschaft oder Affinität zur angetönten Frequenz aufweist, indem es mit doppelter oder halbierter oder sonstwie passender Frequenz mit-tun kann, fällt sofort ein und bereichert das Konzert mit Ober- und

Untertönen. Alles, was paßt und ent-spricht, das spricht und schwingt sofort mit.

Resonanz basiert also auf Entsprechung. Daher können wir vereinfachend sagen: Resonanz bedeutet dasselbe im Physikalischen, wie Analogie auf dem Gebiet des Schlußfolgerns. Denn das sogenannte Analogie-»Denken« besteht in nichts anderem als dem Aufspüren resonanzartiger Verwandtschaften unter den Phänomenen. Im Gegensatz zum stufensteigend und logisch erkennenden dreidimensionalen Verstand fängt das Analogie-»Denken« Kriterien des Vierdimensionalen auf.

Der analytisch-deduktive Forschungsweg sieht sich heute, angesichts der Phänomene des subatomaren Bereichs, an die Grenze seines Erkenntnisvermögens geführt. Zur großen Bestürzung des Verstandesdenkens, welches meint, daß »nicht sein kann, was nicht sein darf«, gelten hier keine Objektivität und keine logische Vorhersagbarkeit mehr. Doch wie wollte man derartige vierdimensionale Welten dreidimensional begreifen können?

Im subatomaren Bereich fanden die Forscher der modernen Hadronenphysik etwas ganz anderes und dimensional Neues, nämlich das Prinzip der Gesamtübereinstimmung. Dieses Prinzip bedeutet: Alle Teile eines Systems »bedingen sich gegenseitig, keines ist fundamental, und alle Teile stimmen untereinander und mit sich selbst überein« (Cheoffrey Chew). Die Gesamtübereinstimmung bedeutet keineswegs Nivellierung oder den Verlust höherer beziehungsweise komplizierterer Organisationsformen. Es lenkt sich lediglich der Blick vom einzelnen Teile fort, vom bloßen Bestand-teil hin zum Ganzen, das sich als symbiontisches Gesamtgebilde darstellt. Dieses letztere ist das finalistische, also das ziel-gebende, welches alle seine Teile mit der ihm eigenen Prägung überzieht und auf sich ausrichtet. Das Ineinander-Verwobensein der Teile wird dem Verschlungen- und Ineinander-Gefädeltsein von Schnürsenkeln eines Stiefels (engl. *boot-straps)* verglichen. Nach Joseph Needham müssen »Teile von Ganzheiten gehorchen, eben weil sie Teile des Ganzen sind. Das wichtigste an den Teilen ist, daß sie sich, zusammen mit den anderen Teilen, genau dem ganzen Organismus, den sie bilden, einpassen... daß sie so beschaffen sind, daß sie ohne das geringste Zutun oder Abstreichen genau an ihre Stelle passen.«

Was im Bereich Zwei die Anpassung des Einzel-Ich war, überhöht sich im Bereich Vier also zum Zueinander-Passen Aller in Einem; und diese Gesamtübereinstimmung ist es, die zur allseitigen Resonanz, zum Sich-ineinander-Einstimmen und Miteinander-Schwingen als vollkommenem Ausdruck der gelungenen Symbiose führt. An dieser Stelle drängt sich die Frage auf, ob da nicht dem Ganzen eine vorgebende Frequenz, ein kontrapunktartiger Grundton unterliegen mag, auf den sich dieses Ganze im Verbund aller seiner Teile und Teilchen einzuschwingen hat? Ob nicht dieser Unterton, so ähnlich wie unser oben beschriebener Magnet, ringsum anfragt, ob da »jemand« in Reichweite sei, dem sein Klang etwas zu bedeuten habe und der bereit sei, mitzutun? Dies ist letztlich eine philosophische Frage, denn wir ahnen: Dieser Kontrapunkt ist jener Pulsschlag, den die fünfte Dimension vorgibt...

Trotz oder gerade in seiner Gesamtübereinstimmung ähnelt der vierdimensionale Gesamtorganismus einem abwechslungsreichen, vielfarbigen Mosaik mannigfaltigster, genau zusammenpassender Steinchen – und nicht einer einheitlichen grauen Wand. Wenn wir aber schon den Vergleich eines Steinchen-Musters wählen, so sollten wir sogar mehr noch an jenes Phantasiegebilde denken, wie es uns ein Kaleidoskop vor Augen zaubert: ein potenziertes Muster sozusagen, ein sich selbst reproduzierendes, das sich in seiner Selbstvervielfachung zu einem neuen Ganzen sternförmig zusammenfügt. Inwieweit ist dieses Gebilde noch real? Ist nicht sein größerer Anteil nur Phantom?

Dieselbe Frage müssen wir uns im Grunde auch angesichts der vierten Dimension selbst stellen. Diese sich yin-haft verbergende Dimension enthält weit mehr Potential, als sie der Realität preiszugeben bereit ist. Obzwar wir Menschen Bewohner des Realen sind, ist uns das besondere Gespür verliehen, uns in jenes Potential einzustimmen. »Innerhalb« der ausgesparten »Zwischenräume« sind eben die ins Diesseits hineingespiegelten Kraftfeldverdichtungen, wie wir sie am Beispiel des Magnetfeldes erläuterten, als die Leitbahnen für das Einfließen der potenzierten vierdimensionalen Wirk-samkeiten in unsere Wirk-lichkeit anzusehen. Dabei muß es allerdings bei jeder einzelnen Leitlinie offenbleiben, ob sie tatsächlich existiert oder nicht ihrerseits Phantom ist. Denn in der vierten Dimension braucht Ordnung nicht mehr um ihrer selbst willen verkörpert zu werden, da sie unmittelbar in ihren Bewirkungen Gestalt annehmen kann.

Auch auf jene irrealen Zwischenräume des Kraftfeldes, die – oberflächlich gesehen – als leer erscheinen, kommt es entscheidend an. Keinesfalls sind sie ein vages Nichts, sondern sie haben die Bedeutung wohl definierter Aussparungen: Ihr Wesen ist Lumen – »lichte« Weite – und sie haben klare »äußere« Umrisse. Eben diese Umrisse werden von den Kraftfeldlinien nachgezeichnet. So ist deren Schleifenform nicht von ungefähr, sondern entspricht der vorgebenden Gestalt des Nicht-Gestalteten: Je getreulicher die Kontur eines Lumens nachgezogen wird, desto deutlicher kann die Botschaft des Verborgenen in den Kraftfeldwirkungen offenbart werden. In diesem Sinne sind auch die Ausformungen der Doppelhelix des genetischen Codes nicht zufällig, sondern tragen zum Botschaftscharakter bei.

So wie wir die genetischen Kernschleifen mit architektonischen Rundbögen verglichen haben, sind auch die Kraftfeldschleifen als rundbogenartige Einfassungen anzusehen. Auch sie sind stellenweise wellenbauch-ähnlich gedehnt, stellenweise wellenknoten-artig verdichtet: Die Grenze des Überganges zwischen bewirkter Raum-Natur und bewirkender Wellen-Natur scheint nicht fern. Die einzelnen Teilabschnitte der Kraftfeldschleifen weisen eine höchst gespannte Elastizität auf, ähnlich wie die Saitenbespannungen eines Musikinstruments: Bekanntlich kommt es nicht nur auf die Länge, sondern ebenfalls auf die spezifische Dehnung der Saiten an, wenn äußerste Klangreinheit erzielt werden soll. Das Tönen der Saiten jedoch überträgt sich auf das von ihnen umspannte Instrument selbst, indem dieses in seiner lichten Weite mitzuschwingen beginnt und den Klängen sein ureigenstes Timbre aufprägt. Was sich hier ereignet, ist kennzeichnend: Außen und Innen sind auf eine subtile Weise aufeinander bezogen und abgestimmt; beide bedingen und bewirken, bekräftigen und verstärken sich gegenseitig in der potenzierten Darstellung dessen, was in Erscheinung treten soll.

Die verschiedenen Bildvergleiche, die wir aus dem Räumlichen entlehnten, um das Wesen des Quadranten Vier zu umschreiben, lassen sich ohne weiteres auf die zugehörigen Bewußtseinsphänomene übertragen: nämlich auf den Bereich der Phantasie mit seiner spezifischen Art des Auffangens und seinen resonanzartigen Wirksamkeiten. So lassen sich gewisse Wahrnehmungsleitlinien oder -schleifen vorstellen, in die sich der Intuitive bei entsprechender Empfänglichkeit und Einstimmung gleichsam einzuschwingen vermag: Indem er sie in sich selbst zum Klingen bringt, wird er ihrer Botschaft teilhaftig. Hier dürften besondere Anziehungen, Aufprägungen und Übertragungen beteiligt sein, die auf Potenzierung abzielen und aus diesem Grunde den niedrigeren Bewußtseinsdimensionen völlig fremd vorkommen müssen.

Es scheint, als ob im Quadranten Vier selbst die Zeit in ein gespinstartiges Kraftfeldmuster aufgelöst wird: Sie hört spürbar auf, kontinuierlich zu sein, sondern »findet statt« in Form bestimmter Ereignisverdichtungen, die von vielen Zwischen-Zeiten scheinbarer Ereignisleere durchsetzt sind. Es gibt Zeit-Spannen, die nur schleppend verstreichen und sich endlos in die Länge zu ziehen scheinen, und demgegenüber andere, die uns als ausgesprochen geballt und erlebnisintensiv vorkommen. So gleichen auch die Zeit-Schleifen geschwungenen Rundbögen; denn offensichtlich gibt es in ihnen Perioden der Ereignisstreckung ebenso wie solche der Zusammenpressung der Geschehnisse. Mehr noch: diese Art der Zeit kennt eine Selbstpotenzierung ihrer Wirksamkeit in Form der Ereignis-Häufung, indem oftmals mehrere gleichlautende Geschehnisse sich fast gleichzeitig zutragen, ja buchstäblich aufeinanderfallen, so als seien sie aus der Kraft des sie mitführenden Zeitbogens verdoppelt und verdreifacht. Dies nennen wir die Duplizität der Fälle, jene im Sprichwort festgehaltene Erfahrung, daß selten ein Unglück allein kommt. Ebenso oft erleben wir aber auch, daß gewisse Ereignisse, die eine übereinstimmende Botschaft enthalten, sich »wie zufällig« summieren – so als solle mehrfach garantiert und abgesichert werden, daß die betreffende Botschaft uns auch wirklich erreicht. Jung sprach hier von Synchronizität, einem Phänomen, das ihn sehr faszinierte und dem er in seinen letzten Jahren eingehendere Studien gewidmet hat.

Die vierdimensionale Zeit erweist sich also als qualitative Zeit: Ihr Wert bemißt sich nicht nach Minuten, und sie richtet sich nicht nach der Uhr, sondern eilt oder säumt je nach Erlebnis- und Bedeutungsinhalt. Dies ist der *Kairos* der alten Griechen – im Unterschied zum *Chronos,* der gleichförmigen, meßbaren und bedeutungslos dahinrinnenden Zeit; Paracelsus sprach von der Stunde der Zeitigung, der gereiften, sich erfüllenden Zeit. Die bedeutungsvolle Stunde kommt als Botin und ruft den Menschen auf, sich dem zur Verfügung zu stellen, was fällig geworden ist.

Der bewußtseinsmäßige Durchbruch, fort von der mentalen Idee der Kompaktheit der Zeit und hin zu deren Durchschauung als transparentes, netzartiges Gewirk, schenkt tatsächlich jene Souveränität und Freiheit im Umgang mit den Gaben der Zeit, von der Gebser schreibt. Unser intuitives Gespür vermag nicht nur die im Örtlichen wirksamen Kraftlinien des Bereichs Vier zu gewahren, sondern ebenso die des Zeitlichen. Es weiß sehr wohl, ab welcher Nähe die auf einer Zeit-Schleife entgegen-wartenden Ereignisse greifbar werden – und auch ergriffen werden wollen. So gibt uns die Intuition oft die Möglichkeit, bei einer sich bietenden Chance mit vollen Händen zuzufassen – oder aber gerade noch rechtzeitig aus einer Ereignisspirale abzuspringen.

Vornehmlich aber befähigt uns die Einstimmung in das netzartige Gesamtgefüge der Zeit, Spannen vorläufiger Ereignisleere als ein-gewirkte Phasen des Wartens und Erwartens zu durchschauen und für unsere rechte Bereitung zu nutzen.

Gegen Ende des Quadranten Vier wird die vierdimensionale Zeit immer mehr zur involutiven Zeit-Spirale, zum überwältigenden Heimholungsstrudel, der sich in immer atemberaubenderem Sog einwärts schraubt, dem letzten Ziele entgegen – denn auch die Ereignisse sollen schließlich, wie durch ein Senkloch, im Innen verschwinden. Was in der ersten Dimension die Verläßlichkeit des vorgegebenen Urgrunds war, ist in der vierten die Unabdingbarkeit des letzten Zieles. Die Zeit der Fälligkeit naht notwendig in Form des Countdown, vom Ziel-Ereignis her rückwärts zählend, sich gleichsam selbst unterlaufend. Je näher eine Stunde der Zeitigung rückt, desto reißender wird ihr Strudel; die Ereignis-Spirale wird das widerstrebende Ich so lange umherwirbeln – auf und ab, kopfüber und kopfunter –, bis es in dem Ziele nicht mehr Bedrohung, sondern dessen wahres Wesen, nämlich glückliche Bergung, gewahrt.

Ein jedes Leiden – im Äußeren wie im Inneren – gleicht dem Hineingeworfensein in einen solchen Strudel. Sehen wir ihn auf uns zukommen, so dürfen wir – in der Nachfolge Christi – darum flehen, daß dieser Kelch an uns vorbeiziehe, ohne daß wir ihn trinken (Mt 26,42) – das heißt, ohne daß wir in ihn eintauchen – müssen. Ist uns aber aufgetragen, durch das Leiden hindurchzugehen, so werden wir in eine neue Dimension geführt: Der Durchgang wird möglich, denn die sich vor uns auftürmende Wand offenbart plötzlich eine Tür...

Das aber bedeutet Bewußtseins-Wandlung: Umkehr von bisherigen Bewertungen, Absage an alle alten Orientierungen, ein Sich-umstülpen-und-wenden-Lassen von außen nach innen. Worin auch immer das jeweilige heimholende Ziel bestehen mag – in einem »kleinen« oder »großen« Tode –, das Ich bleibt nicht derselbe, als der es ausgezogen war.

Hierin liegt echte Zeit-Erfüllung, die aber nicht mehr wir selbst bewerkstelligen, sondern die uns widerfährt; denn stets wartet sie uns entgegen und zieht uns mit unwiderstehbarer Macht an sich heran. Oftmals erleben wir unser Einmünden in das Ziel so, als würden wir auf die Kraftfeldschleifen, die dort hinführen sollen, geradezu wie auf ein Fließband hinaufgehoben; denn wir werden immer im wahrsten Sinne des Wortes ausgerichtet, so wie die Eisenspäne in der Nähe des Magneten. Das biblische Wort vom Gerichtet-Werden (Jh 3,18) meint diese den Menschen durch und durch erfassende innere Ausrichtung; sie wird dem Menschen tatsächlich zum Ge-richt und Urteil und entscheidet über sein nachfolgendes Schicksal. Wer »entspricht« und sich passend machen läßt, wird seinen Ort und seine Zeit innerhalb des Ganzen erhalten.

Wie aber, wenn wir auf die Anfrage des Soges, ob wir von ihm fasziniert sind und uns ausrichten lassen wollen, mit Nein antworten? Wenn wir also jene Un-gerechten sind, die sich selbst vom Ziel ausschließen? Wir werden warten müssen, wo »Heulen und Zähneklappern« herrscht (Mt 25,30). Mit anderen Worten – und dies gilt bewußtseinsmäßig wie ereignismäßig –, wir verweilen weiter im Ausseits; wir treiben ziellos in den Zwischenräumen und Leerezeiten des Kraftfeldes. Wer nicht tauglich ist zur Anlagerung, fällt durchs Netz beziehungsweise wird einstweilen »ausgefällt«, so wie die nicht passenden Ionen bei der Fällungselektrolyse; er gleicht der Spreu, die vom Weizen getrennt ist (Mt 3,12).

Doch wir gehen in diesen Zeiten nicht verloren. Diesen Trost erlangen wir aus jener Bewußtseinsqualität, die uns in der auf das letzte, alles vereinende Ziel ausgerichteten vierten Dimension als Unterpfand geschenkt ist: aus dem Gewißsein. Es ist das Gewißsein, daß das Ziel selbst uns ausrichten will: passend machen für das Passieren seiner Pforte. Denn das Ziel erträgt es nicht, unvollständig zu bleiben: Von sich aus sammelt es alle verstreuten und versprengten Schafe seiner Herde ein (Hes 34,11-12; Lk 15,4-6), da es leidet, solange nur ein Ungerechter sich seinem Anruf entzieht. Die Stunde der Ausrichtung eines jeden kommt also unweigerlich – doch wann sie kommt, wissen nicht einmal die Engel (Mt 24,36). Für die Zögernden ist lediglich die Zeit noch nicht gereift – oder besser gesagt: sie sind noch nicht reif für die Stunde. Jene Zwischenräume und -zeiten, in die sie fallen, solange sie »ausfallen«, sind kein endgültiges Ausseits, sondern gleichsam Wartesäle für die Ewigkeit.

Angesichts jenes Prüfsteins der Ausrichtung gewinnt die Zuordnung des chinesischen Elements Metall zum Bereich Vier eine besondere Bedeutung. Wir sprachen davon, daß das Metall gesintert und geläutert wird und vielfache Verwandlungsprozesse über sich ergehen lassen muß, um rein und veredelt zu werden. Mit solchen Veredelungen befaßte sich bekanntlich die Alchemie auf ihrer Suche nach dem Geheimrezept zur Herstellung des Goldes – jenes Metalles, das als vornehmster und stolzester aller Stoffe gilt, aus sich selbst strahlend, nicht oxydierend, mit niederen Substanzen keine Verbindung eingehend, Attribut der Könige und Inbegriff des Reichtums. Doch dieses hoheitliche Gold ist nicht das Metall des Bereichs Vier. Denn nicht auf die höchste Perfektion im Stofflichen kommt es hier mehr an, sondern auf etwas viel Bescheideneres: nämlich auf die Fähigkeit, mit einem Größeren und Stärkeren, als man selbst ist, in Übereinstimmung zu gehen und sich anziehen zu lassen. Es ist das graue, unansehnliche Eisen, welches diese Fähigkeit und Bereitschaft besitzt. Es sucht keinen eigenen Glanz; vielmehr vermag es der Kraft eines über es selbst hinausreichenden magnetischen Feldes teilhaftig, ja zu dessen Vermittler und Repräsentant zu werden – jene geliehene Kraft macht es selbst anziehend.

Das Erfordernis der Reinigung und Läuterung trifft weiterhin zu; selbstverständlich muß auch das eisenhaltige Erz vielfachen Wandlungsprozessen unterzogen, umgeschmolzen und gesintert werden, bis die Fülle des Ballasts ausgefällt ist und das Eigentliche und Wesentliche zutagetritt. Über das bloße Freisein von Verunreinigungen hinaus verlangt Qualität im Sinne des Quadranten Vier jedoch Affinität, das heißt die Tauglichkeit zu Entsprechung und Resonanz.

Auf die richtige Polung kommt es an. Die Besonderheit des Eisens ist seine Verwandelbarkeit: Es ist fähig, sich von der Anrufung des Magneten durch und durch prägen zu lassen und die rechte Polung anzunehmen. Als Voraussetzung hierfür trägt es – im Sowohl/Als-auch – beide Polaritäten in sich. Im Moment der Begegnung zwischen Magnet und Eisenspänen wird deren gleichnamige, mit dem wartenden Magnetpol gleichlautende Polarisierung mit großem Nachdruck abgestoßen und ans andere Ende gedrängt; das gegensätzliche, ungleichnamige Potential jedoch wird mit überwältigender Kraft angezogen und zur polaufhebenden Verschmelzung gebracht. Mit demselben Moment beginnt die Kraft des Magneten durch die angelagerten Eisenspäne hindurchzustrahlen; sie selbst sind zu dieser Kraft verwandelt worden und wirken hinfort als des Magneten verlängerter Arm.

*

Läßt sich dieses Bild übertragen auf unsere Beziehung zu Gott? An diesem Punkt unseres Ganges durch die Dimensionen, an dem wir uns dem entgegen-wartenden Ziele nähern, können wir nicht mehr umhin, nach Gott zu fragen.

Wäre Er für uns der große Magnet, dann glichen wir Menschen den kleinen Eisenspänen. Wollten wir Gott nun begegnen im Hochmut eines Luzifers – dessen Verblendung ja lautet, Gott gleich zu sein –, oder versuchten wir, uns Ihm zu nähern in der Selbstherrlichkeit eines sich selbst für göttlich haltenden Meisters, so kehrten wir genau jene Seite heraus, die von Gott abgestoßen und in die Ferne verwiesen wird. Antworten wir auf Seinen Ruf aber mit der anderen Polarität, das heißt im Bewußtsein unserer Geringheit und menschlichen Unwürdigkeit, so werden wir machtvoll von Ihm angezogen und dürfen

Seiner näher und teilhaftiger werden, als wir je zu hoffen wagten. Ja mehr noch: nach außen hin, gegenüber der Welt, strahlt nun Gott durch uns, wirkt Er durch unsere Unwürdigkeit hindurch und läßt uns – als Seinen verlängerten Arm – für Ihn Frucht tragen. So vermögen wir, die wir Gott gegenüber ein Nichts sind, den Menschen gegenüber Christus zu leben.

Was Antoine de Saint-Exupéry über die Liebe aussagt, gilt in diesem Sinne auch für die Gottesbeziehung des Menschen: Liebe ist nicht, wenn Zwei sich anschauen, sondern wenn sie in diesselbe Richtung schauen.

Im Bereich Vier sollten wir nicht mehr den Gegensatz zwischen Gut und Böse herausstellen. Ein jeder von uns trägt beide Polaritäten in sich; Gott aber läßt es sich gefallen, daß wir Ihm vertrauensvoll unsere böse Seite darbieten und außerdem alles, womit wir mühselig und beladen sind – denn unser Gott ist ein verzehrendes Feuer (Heb 12,29). Statt Guten und Bösen gibt es im Bereich Vier nur noch Gerechte und Ungerechte – also Ausgerichtete und Nicht-Ausgerichtete. Andere Worte hierfür sind: Reine und Unreine – im Sinne von klar und trüb, lauter und verzerrt; Taugliche und Verfügbare für den Anruf Gottes, oder Untaugliche und Unverfügbare.

Wer sogar noch beim Jüngsten Gericht – jener letzten Stunde der Ausrichtung – solcher Tauglichmachung widerstrebt, wird als Bock von den Lämmern, als Spreu vom Weizen geschieden (Mt 25,32). In jener Stunde braucht nicht mehr nach dem Böse-Sein, der Verworfenheit, der Gesetzeslosigkeit gefragt zu werden; denn jene sind die Fernen, und die Seligen sind die Nahen. Die Nahen haben am Reich Gottes teil – sie weilen innen, die Fernen aber halten sich draußen.

In der mittelalterlichen Literatur finden wir vielfältige Höllenqualen ausgemalt, die den Ungerechten als gesetzmäßige Strafe und Konsequenz erwarten. Das Quälendste von allem aber dürfte die Ferne als solche sein. Solange der Mensch auf Erden lebt, kann er sich als Gottferner mit den Segnungen des Irdisch-Materiellen ablenken; jenseits des Erdenlebens gibt es solchen Ersatz nicht mehr. Und dennoch gibt es im Bereich Vier so etwas wie unheilbare, unwiderrufliche Verdammnis nicht, sondern sie ist Verdammnis auf Zeit; denn gerade hier gilt jene wundersame Gnade der Stunde der Zeitigung. Deshalb dürfen wir den durch Jesaja überkommenden Ruf Gottes:

»Friede den Fernen, Friede den Nahen, Ich Selbst will sie heilen!« (Jes 57,19) als feste Zusage der Erlösung auffassen.

Dem Menschen ist, damit er immer wieder die Nähe Gottes suche, die Sehn-Sucht eingeboren, von der wir schon gesprochen haben. Aber auch auf Seiten Gottes gibt es so etwas wie eine Sehnsucht nach Gemeinschaft mit dem Menschen, wie es wieder und wieder in der Heiligen Schrift und in vielen Bekehrungserlebnissen bezeugt wird. Deshalb sagen die Brüder von Taizé: Gott vergibt dem Menschen um der Gemeinschaft willen. Also nicht, um dem Gesetz – dem Götzen des Bereichs Drei – Ehrerbietung zu erweisen, sondern einzig deshalb, um den Menschen – und zwar jeden einzelnen – zu einem Nahen zu machen.

Gott selbst macht sich zum lebendigen Ausrichtungs- und Anziehungsfeld, zum mystischen Organismus, den die Apostel als den Leib Christi erkannten (Rö 12,5; 1Ko 12,27; Eph 4,4): Er das Haupt und wir die Glieder (Kol 1,18). Der Leib Christi wartet uns entgegen nach Art der vierten Dimension, erahnbar dem feinen Gespür des Frommen, äußerlich unsichtbar, aber von einer inwendigen Wirk- und Verwandlungskraft. Die Qualität dieses mystischen Leibes rührt von jenen geheimen Verbindungen her, die vom Haupte ausgehen und die Glieder miteinander verweben: In Ihm leben und weben und sind wir (Apg 17,28).

Dieser Leib erfüllt sich in der Gemeinschaft derer, welche das Neue Testament die »Heiligen« nennt – gemeint sind die »Geheiligten«: Menschen, die sich durch und durch von der Anziehungskraft Jesu Christi haben einfangen und gestalten lassen, auf daß Er nun auf Erden durch sie hindurch wirksam werde. Das besagt nicht, daß sie untadelig sind, so sehr sie es auch anstreben mögen; vielmehr begreifen sie sich als »dem Herrn gehörend« – dies ist übrigens die wörtliche Übersetzung der Vornamen Dominik und Kyrill. In diesem Sinne versuchen sie, das Leben in der Nachfolge, der *Imitatio*, ja in der unverbrüchlichen Gemeinschaft mit Gott zu leben. In einer Vorwegnahme dessen, was sie zu sein ersehnt, setzte die Kirche von Rom sich lange Zeit mit dem Leibe Christi gleich, doch reicht dieser über sie hinaus.

Mit diesem Leibe Christi hat es für uns, seine Glieder, etwas Besonderes auf sich, was wir am Beispiel des menschlichen

Körpers erklären wollen. Wir sagten an früherer Stelle, daß vermutlich die einzelnen Zellen mit einem Zellbewußtsein ausgestattet sind, einer körperbezogenen Intelligenz. Dieses Bewußtsein ist ein doppeltes, denn es verleiht der Zelle zum einen gewißlich eine Empfindung für sich selbst, zum anderen aber – und dies ist das Wesentliche – eine Empfindung für ihre Zugehörigkeit zum Gesamtgefüge und für die Notwendigkeit ihrer Ein- und Unterordnung. Eine moderne Theorie über die Krebsentstehung besagt, daß die Wucherung zur Geschwulst in dem Momente einsetzt, da eine Zelle ich-haft wird und den Gehorsam gegenüber der Gesamt-Ökologie verweigert. Wenn wir nun uns selbst als die Zellen im Leibe Christi betrachten, so müssen wir zugeben, daß wir bewußtseinsmäßig in jeder Hinsicht weit mehr der ich-bezogenen, ihre Eigenverwirklichung anstrebenden Krebszelle gleichen und kräftige Wucherungstendenzen aufweisen, als daß wir uns gehorsam in den uns umgreifenden Leib Christi einfügen.

Nun aber waltet im Bereich Vier das Mysterium der Stellvertretung. Das bedeutet: solange das Haupt des Leibes in seinem Trachten und Streben der Gesamtheit lebt, schadet die Absonderungstendenz – die Sünde – der einzelnen Glieder dem Organismus nicht. So vollbringt Christus alles, was wir versäumen, für uns mit. *Für* uns – also nicht statt unserer: Er ist nicht bloßer Vormund, der gewisse Dienste in unserem Namen erledigt – so sähe es im Bereich Drei aus. Vielmehr ist Christus voll und ganz mitbetroffen; Er ist bereit, alles zu Seiner Sache zu machen. Er fängt auf diese Weise nicht nur unsere Weigerungen auf, sondern auch unsere Schwachheit und unser Versagen.

Für diesen Seinen Leib hat Jesus selbst einen zweiten Namen gebraucht: das Reich Gottes. Er meint die Herrschaft Gottes auf Erden, das Herüberstrahlen und Hereinwirken von Gottes Herrlichkeit in die geoffenbarte Schöpfung hinein – das Diesseitigwerden des Himmels.

Wenn Jesus dieses Reich Gottes auf Erden beschreibt, so wahrhaft in der Sprache der vierten Dimension. Er verläßt die Logik; Er setzt sich über die Ursache-Wirkungs-Gesetzlichkeit hinweg; Er stellt Unvereinbarkeiten wie selbstverständlich nebeneinander; Er geht die Dinge und Geschehnisse von ihrer Zielsetzung, ihrem Ende her an, nicht von ihrem Ursprung. So kann Jesus sagen: Ihr in Mir – und zugleich Ich in euch (Jh 6,56), oder: Der Vater in Mir und ihr im Vater (Jh 14,20). Oder: Die Letzten werden die Ersten sein (Mt 20,16) – wer sich erniedrigt, der soll erhöht werden (Mt 23,12; Lk 18,14). Jesus stellt klar, daß nicht erst in der Tat, sondern bereits im Begehren die Sünde begangen wird (Mt 5,28); das hat nichts mit negativem Denken zu tun, sondern der Vollzug liegt – wie überall im Bereich Vier – in der Vorwegnahme. Aus demselben Grunde kann aber auch im Gleichnis vom Unkraut im Weizen (Mt 13,24ff) dieser giftige, dem guten Halm so täuschend ähnliche Lolch oder Afterweizen einstweilen stehenbleiben und braucht nicht ausgerauft zu werden, denn vorwegnehmend weiß der Bauer, daß er ohne Frucht bleibt; auf die Frucht allein kommt es im Reich Gottes an.

Jesus preist achtfach selig diejenigen, die sich nicht nach den Vorstellungen der dritten Dimension – den Maßstäben von Nützlichkeit oder von Leistung und Gegenleistung – richten, sondern nach den Verheißungen der vierten Dimension: Selig, die völlig aus der Einfältigkeit des hoffenden Vertrauens und Sich-Verlassens leben – in der Bereitschaft, Leid und Trauer durchzutragen – im Verzicht auf Selbstdurchsetzung – in der Sehnsucht, Gottes Verlangen gerecht werden zu können – jene, die liebend und mittragend den Leidenden beistehen – die ohne Arg und Berechnung sind – und die Versöhnung stiften und sich trotz Spott, Anfeindung, Verrat und Mißhandlung nicht von ihrer Treue zu Gottes Sohn abbringen lassen (Mt 5,3-11).

Beachten wir die sprachliche Fassung der Seligpreisungen genau: Hier werden weder Forderungen – »du sollst« – noch Belohnungen – »auf daß du lange lebest auf Erden« – ausgesprochen. Man sagt nicht nur im Siebenbürgerdeutsch »ich soll« statt »ich werde«, sondern auch im Englischen drückt man die Zukunftsform mit *shall* aus, im Skandinavischen mit *skall.* Das »denn sie sollen« ist demnach Verheißung und bedeutet: »sie werden gewiß« – denn die vierte Dimension heißt Gewißsein. Wer also reinen Herzens ist, der ist auf zweifache Weise selig, denn die Verheißung, Gott schauen zu dürfen, erfüllt ihn schon heute.

»Schon« ist ein Schlüsselwort für das Reich Gottes: »Schon ist die Axt den Bäumen an die Wurzel gelegt« (Mt 3,10; Lk 3,9) oder: »Es kommt die Stunde und ist schon jetzt« (Jh 5,25; Jh 16,32). Schon ist die zeitliche Entsprechung zum örtlichen nahe; und so ist das nahe herbeigekommene Himmelreich in Wahrheit schon wirksam und sich ereignend. Es ist schon da als das Quentchen Sauerteig, das den ganzen Teig durchsetzen soll; als das kleine Senfkorn, welches den großen Baum ergibt (Mt 13,33; 31); als das Licht in der Finsternis. Es ist das, welches im Verborgenen schon angelegt ist und seiner Offenbarung entgegen-wartet.

Daß das Reich Gottes »im Kommen« begriffen ist, ist das Wesentliche an ihm; denn wäre es bereits hier, so wäre damit die Uhr des Lebenskreises abgelaufen. Es verhält sich so ähnlich wie mit der ihrer Erfüllung entgegeneilenden vierten Dimension: Solange ihre Inne-Werdung noch auf sich warten läßt, bleibt sie im Außen, im materiell-irdischen Diesseits, in Gestalt ihrer Vorgriffe erfahrbar. So werden wir auch des Himmelreichs und des in ihm herrschenden Geistes kraft des Geheimnisses der Vorwegnahme teilhaftig.

Ist das Reich Gottes nahe, so ist es auch, wie Jesus sagt, »nicht hier oder dort«, sondern innen – »inwendig in euch« (Lk 17,21). Daher wird es wirksam von innen heraus nach außen hin, nicht umgekehrt. Es ist kein Traumland der Seligen, das uns von außen umfängt und darin wir uns verwöhnen lassen, sondern das Reich Gottes ist das, was von uns ausgeht. Mit eben diesen Worten umschreibt es Joel Goldsmith, und wir sind erneut erinnert an unser Gleichnis von den Eisenspänen, die die Kraft des Magneten weiterreichen.

Das Reich Gottes ist demnach weniger ein Ort als ein Ereignis – oder vielmehr beides gleichzeitig. Es ist etwas, das stattfindet durch diejenigen, die es ausstrahlen – nämlich in der Nachfolge Christi und in der durch die Bergpredigt vorgezeichneten Weise.

Doch ist das Reich Gottes – dies entspricht der Sicht des Quadranten Vier – nichts Allgemeines oder Quantitatives: Es ist individuell und betrifft einen jeden als einzelnen – sofern er mitmacht. Weder läßt es sich als Gesetz den Massen überstülpen, noch vermag der einzelne es anzusparen oder gar zu kapitalisieren. Er kann es durch sein Ausstrahlen im Hier und Jetzt mitvollziehen – doch muß er es in stets erneuertem Gelöbnis Tag für Tag neu erringen.

»Trachtet als erstes nach dem Reich Gottes, dann wird euch alles andere zufallen« (Mt 6,33; Lk 12,31). Verstehen wir nun, was Jesus damit meint? Dabei-Sein ist alles – und der Rest ergibt sich von selbst. Es wird ein Leben der Zu-fälle werden, ein Leben voller Geschenke. Jesus fügt hinzu: »Fürchte dich nicht, du kleine Herde! Denn euer Vater hat beschlossen, euch das Reich zu geben« (Lk 12,32). Auch hier also wieder die feste Zusage – der Aufruf zur Angstfreiheit im Gewißsein der Verheißung. Selig daher die Nahen, welche schon mitmachen; noch nicht selig jedoch die Umstehenden. Diese Umstehenden dürfen sich freilich indessen von der Barmherzigkeit und Güte der Seligen verwöhnen lassen – weil Gott auch auf die Ungerechten, die »Kinder der Welt«, dieselbe Sonne scheinen läßt (Mt 5,45). Sie werden nur so lange die Fernen bleiben, bis der Sauerteig auch auf sie übergegriffen hat.

Lesen wir das Gleichnis vom barmherzigen Samariter (Lk 10,29ff) aufmerksam, so verstehen wir, daß Jesus unter einem Nächsten einen aus der Gemeinschaft der Nahen versteht. Denn Jesus fragt nicht: Wo fand sich für den Samariter ein notleidender Nächster – sozusagen ein Fürsorge-Objekt –, sondern genau umgekehrt: »Wer, meint ihr, wurde dem Hilflosen zum helfenden Nächsten?« Es stehen also diejenigen, die dem Reich Gottes nahe sind, gleichsam in steter Rufbereitschaft, um verfügbar zu sein, wenn es gilt, in aktueller Situation Christus für einen Seiner geringsten Brüder zu leben und Seine Kraft aufstrahlen zu lassen.

Unzählige Beispiele ließen sich aus dem Neuen Testament anführen, wie das Leben der Nahen aussehen könnte: Gewaltlosigkeit, Verzicht auf Heimzahlung erlittenen Unrechts, Feindesliebe, stete Bereitschaft zur Versöhnung sowie zum Neubeginn gemeinschaftlicher Beziehungen mit dem Feinde. Die angebliche Torheit des Evangeliums (1Ko 1,18-25) ist vierdimensionale Weisheit; wo die Bibel a-logisch wird und die Schablonen des sogenannten gesunden Menschenverstandes abstreift, ist sie wahrhaftig das Lebensbuch für die transzendierende Wirklichkeit.

Vermöchten wir doch alle von dem Gespür für unser Eingewobensein in den Leib Christi ergriffen zu sein! Hätte dies nicht von Anfang an die Lebensführung der Christen grundlegend ändern müssen? Wie viel anders wäre dann die abendländische Geschichte verlaufen, wie glaubwürdig könnten wir Christen für die Andersgläubigen sein! Stattdessen finden wir die hohen Ideale von Nächstenliebe und Gewaltlosigkeit längst bei nichtchristlichen Religionen und Hochkulturen verwirklicht, und ein Gandhi war es, der wahres Christentum vorlebte – doch auf die Frage, warum er nicht übertrete, antwortete er: »Wenn nur die Christen nicht wären!«

Maria war wie kein anderer Mensch bereit, für Gott verfügbar zu sein, und damit wird sie nicht nur zum großen Vorbild, ja zum Symbol des gottnahen Menschen überhaupt, sondern zur berufenen Sprecherin und Fürbitterin in allen Nöten, die den Leib Christi auf Erden heimsuchen. Denn Maria ließ sich vorbehaltlos einbeziehen in ein Vorhaben Gottes, das sie in keiner Weise verstehen und be-greifen konnte: im Gegenteil ließ *sie* sich er-greifen. In ihrem Lobgesang (Lk 1,46-55) beschreibt sie dies als das Widerfahrnis der Gnade und des Auserwähltseins. Denn genauso trägt es sich im Reiche Gottes zu: Gott nähert sich dem Menschen – Er erkennt uns, Er erwählt uns –, noch ehe wir selbst uns aufmachen, Gott als die große Liebe zu unserem Lebensinhalt zu machen. Gott hat den Menschen zuerst geliebt (1Jh 4,10): Diese frohe Botschaft ist das Geheimnis der Annäherung Gottes an den Menschen. Gott selbst lebt uns die goldene Regel vor: Das, was Er will, daß wir es Ihm tun sollen – nämlich Ihn lieben –, das tut Er uns zuerst (Mt 7,12).

Vielleicht sollten wir an dieser Stelle, da wir von Maria reden, uns auch über das Paradoxon der Empfängnis Jesu Gedanken machen. Jesus ist zum einen teilhaftig der Herkunft aus Davids Stamm, die ihm durch Joseph zugerechnet wird (Mt 1,1-17), und erfüllt damit das Erfordernis der jüdischen Messiasüberlieferung (Jer 23,5-6); zum anderen ist Er Frucht Gottes aus dessen Vermählung mit irdischem Mutterschoß (Lk 1,35) – eine Vorstellung, die den griechischen Christen geläufig war aus dem Mythos der zahlreichen Verbindungen des Zeus mit Irdischen, woraus die Halbgötter entsprangen. Indes genügt weder das eine noch das andere dem Glaubenssatz von der Dreifaltigkeit, wonach Jesus Christus durch und durch Gott ist: also kein Mensch, der so ist »wie Gott«, ebensowenig wie ein Halbgott oder gar halbierter Gott. Sondern Er ist der ins Fleisch gekommene Gott selbst, der deshalb der Gesalbte ist, weil Er gleichzeitig aus den Reihen der Menschen kommt; und zugleich ist Er deshalb der Gesalbte aus den Reihen der Menschen, weil Er der fleischgewordene Gott ist.

Über die Inkarnation Gottes gibt es eine Lehre, die seinerzeit Gegenstand heftiger theologischer Auseinandersetzung war. Diese Auffassung, vertreten von Rupert von Deutz, Duns Scotus und von keiner Geringeren als Hildegard von Bingen, besagt: Gott schuf diese Schöpfung und liebte sie, und deshalb war es Sein Vorhaben seit Urbeginn, sich zu bestimmter Stunde selbst in diese Schöpfung hineinzustürzen und Mensch zu werden – nämlich um sich Seiner Schöpfung zu offenbaren und zugleich ihrer ganz teilhaftig zu werden: Durch Sein persönliches Erscheinen wollte Er sie zu ihrem Höhepunkt führen, sie krönen und vollenden. Demnach hätte sich Gott von Anfang an mit Seiner Schöpfung identifiziert, Er hätte sie immer fest in Händen gehalten, sowohl als ihre Erfüllung in ihr wesend, als auch sie umschließend und umfangend. Diese Lehre aber wurde von den mittelalterlichen Theologen bis in die Zeit des Thomas von Aquin bestritten, bis schließlich die Gegenmeinung als kirchliches Dogma Einzug halten konnte, nämlich daß das Motiv für das Erscheinen Gottes auf Erden in dem Opfertode Jesu und der Sündenerlösung gelegen habe. Dieses Dogma impliziert, daß Gott sich ursprünglich außerhalb Seiner Schöpfung halten wollte und daß diese, kraft der so gegebenen Gottferne – und fast aufgrund eines Mißgeschicks –, Seiner Regie entglitten sei. Zumindest erscheint der sogenannte Sündenfall in dieser Sicht als Folge eines gleichsam konstruktionsbedingten Risikofaktors; weil nämlich die Schöpfung anscheinend doch nicht so gut war, wie Gott sie noch im ersten Kapitel der Genesis ansah.

Fassen wir beide Meinungen zusammen – wiederum im Sowohl/Als-auch –, so dürfen wir behaupten: Gott kam in diese Schöpfung nicht aus Notwendigkeit, sondern kraft Seines Willens; Er kam als Krönung und Vollendung – als Einbruch einer höheren Dimension, als sie der geschaffene Kosmos je zu bieten hat. Indem Er die Gestalt des Menschen wählte, hier auf dieser Erde, von der Phase des Kindes an bis hin zu Ausgeliefertsein und Sterben, überzog Gott alles, was den Menschen ausmacht, mit göttlicher Herrlichkeit und Würde. Spätestens hier, wo Gott die Menschenebenbildlichkeit wählte, ist die Gottesebenbildlichkeit des Menschen bewirkt.

Durch Gottes Erscheinen nun, durch Seine bloße Anwesenheit – wie könnte es anders sein? – rückte sich wie von selbst in dieser Schöpfung alles gerade, wurde alles ausgerichtet. In der Sprache unseres Lebenskreises bedeutet dies: Gottes Erscheinen in der Schöpfung bedeutet deren Höhepunkt. Dieser Höhepunkt entspricht zugleich dem Gipfel des Weges der Menschheitsfamilie, an dem der Mensch zum Inbegriff seiner eigenen strahlenden Herrlichkeit, seiner Unverwechselbarkeit und Gotteskindschaft herangewachsen, aber auch am offensten für die luziferische Einflüsterung ist. Und hier ereignet sich das Wunder: Der Lebenskreis wird durch Gottes eigenes Erscheinen hineingebeugt in die Rückkehr zu Ihm. In demselben Maße, wie sich an diesem Meilenstein der Menschheits-Individuation der Sündenfall ereignet, ist er schon wieder geheilt; denn Gott ist längst da – Er hat den Menschen nie allein gelassen. Nun aber ist Er herausgetreten aus Seiner Anonymität – Sein nicht nennbarer, Heiliger Name wird zum Namen Jesus Christus; und jegliche Gottferne des Menschen löst sich auf in der Menschennähe Gottes.

Da Er selbst die Gemeinschaft und den ungetrübten Neuanfang mit dem Menschen sucht, vergibt Gott um der Gemeinschaft willen. Weil der Mensch nur wie gebannt auf das Gesetz schaut und die Sünde nach diesem Götzen bemißt, unterwirft sich Gott sogar dem Gesetz und erfüllt es, indem Er die Sünde rückwirkend auslöscht – sie in der Vorwegnahme heilend. Eingetaucht in diese Schöpfung, lebt Gott vor, was Sein Wesen ist und worauf es für die Nachfolge ankommt: Gott ist groß sowohl im heilsamen Wirken, als auch im heilsamen Leiden – und beides ist eins.

*

Was können wir nun über jene Dimension aussagen, die wir die fünfte nennen – jene Dimension, die höher ist als alles, was der Kosmos je zu bieten hat? Der Bereich Fünf verschließt sich dem erkennenden Verstande, aber auch über die ahnende Intuition reicht er hinaus – wie wollten wir je in ihn eindringen? Und dennoch ist er im Menschen anwesend, ja eingeboren, so daß der Mensch an ihm teilhaben darf.

In unserem Lebenskreis scheint es so, als folge die fünfte Dimension erst als letzte, nachdem die vorhergehenden Dimensionen durchschritten und vollendet wurden. Aber spätestens hier, wo es um die fünfte Dimension geht, sollten wir uns von unserem Kreisbild lösen, denn es bleibt immer ein Bild, das der Mensch sich macht. Möglicherweise ist die fünfte Dimension der Kreis selbst, so wie es C. G. Jung von der Coniunctio angedeutet hat, und dennoch steht sie zugleich hinter dem Kreis.

Es ist müßig, zu ergründen, ob es noch eine sechste, siebte oder gar weitere Dimensionen gibt. Für unsere Deutung genügt die Feststellung, daß wir ab der fünften Dimension in einen finalen Bereich eintreten, nämlich die Stadt Gottes.

Die fünfte Dimension entspricht dem »Christlichen Stilus«, von dem Paracelsus spricht; und alle unteren Dimensionen müssen wir als paganisch bezeichnen. Die fünfte Dimension entspricht fernerhin dem Herzen in seiner Besonderheit, wie wir es somato-psychisch gedeutet haben. Also dürfen wir in der fünften Dimension die Quelle von Strahlung und Durchpulsung, All-Umfassung und Belebung sehen. Wir dürfen annehmen, daß in ihr keine Polarität mehr waltet, und deshalb läßt sie sich mit unseren irdischen Begriffen nicht beschreiben, da diese immer auf einer vergleichenden Gegenüberstellung fußen. Selbst das so schwer faßbare Sowohl/Als-auch der vierten Dimension hat aufgehört zu sein: Vor Gott ist Finsternis nicht finster, die Nacht ist hell wie der Tag (Ps 139,12). Gott selbst leuchtet, so daß die Stadt Gottes keiner Sonne noch des Mondes mehr bedarf, daß sie ihr scheinen (Off 21,23): Es gibt nichts außer Gott, alles ist »in Ihm und durch Ihn und auf Ihn hin« (Kol 1,16), und alles ist eins.

Eines wissen wir aus den Heiligen Schriften: Diese Stadt Gottes, dieser Himmel ist erfüllt von brausenden und tosenden Klängen. *Nada Brahma* heißt es im Hinduismus: »Gott« – der dem Hindu zugleich auch Welt und Schöpfung ist – »ist Klang«. Die Griechen beschrieben jenes Raunen und Klingen als die Harmonie der Sphären. Und die Bibel deutet es als unablässigen Jubel und Lobgesang: »Die Himmel rühmen die Ehre Gottes… ein Tag sagt's dem andern, ohne Sprache und ohne Worte… ihr Schall geht aus in alle Lande und ihr Reden bis an die Enden der Welt« (Ps 19). Es ist das nie endende »Heilig! Heilig! Heilig!« der Seraphim und Cherubim (Jes 6,3; Off 4,8). Auf Hebräisch tönt es wie Meereswogen und Sturmgesang: »Kodusch! Kodusch! Kodusch!« – anbetende Begleitung und Untermalung von Gottes eigenem, lebensspendendem Pulsschlag. Und so ist das Leben der himmlischen Heerscharen, das sich in brausendem Lobgesang erfüllt, wie das Leben jener Seligzupreisenden, die – als einen Abglanz dieser Herrlichkeit – das Reich Gottes hier auf Erden zu verwirklichen suchen.

Unser dreidimensionaler Verstand will uns weismachen, daß man in mühsamem Streben nach Vervollkommnung die Stufen zum Himmel von unten an zu gehen habe, indem man bei der alleruntersten Dimension anfange. Aber unsere innere Stimme – die Flamme, die als Unterpfand der Dimension Gottes in uns eingeboren ist – belehrt unser Herz eines besseren. Sie beflügelt uns, auf der obersten Sprosse der Leiter, hoch droben in der fünften Dimension, zu beginnen: mit dem Lobgesang. Trachten wir allein nach dem Lobgesang, so wird uns alles andere zufallen.

Der Lobgesang erschließt alle Dimensionen, von der obersten und innerlichsten und heiligsten beginnend bis hinab in die irdische Kreatürlichkeit. Aus dem Lobgesang der Herrlichkeit Gottes folgt wie selbstverständlich das, was die vierte Dimension zu schenken hat: das Gewißsein der Gegenwart Gottes. Aus diesem Gewißsein öffnet sich die Gabe der dritten Dimension: der erkenntnismäßige Vollzug der Gegenwart Gottes im Bewußtsein. Dieses Bewußtsein leitet über zur Erfahrung in der zweiten Dimension, daß Gott ringsumher in Natur und Mitmensch gegenwärtig ist – ebenso wie in der Fülle des eigenen Seelengrundes. Und diese Erfahrung schließlich läßt uns empfinden, daß Gott auch in der ersten Dimension unmittelbar in unserem Leibe Wohnstatt und Gestalt annimmt, was uns zu direkt von Ihm abstammenden Kindern macht, die Seine Züge tragen.

Der symbolische Name für die Stadt Gottes lautet: himmlisches Jerusalem. Dies ist das Haus des Vaters mit den vielen Wohnungen (Jh 14,2) – jene Stätte, die Gott selbst für Seine Menschenkinder bereitet. Die Vision vom himmlischen Jerusalem finden wir in der Offenbarung des Johannes (Off 21): Es ist die Vision vom Triumph der Herrschaft Gottes.

Kapitel 21

Freiheit – Leiden – Liebe

In unserem Lebenskreis, in allen seinen Analogien, wurde immer wieder die zunehmende Differenziertheit offenbar, die sich in weitem Bogen vom ersten zum letzten der Lebensbereiche spannt.

Jedesmal begegnete uns eine dimensionale Steigerung, sei es bei den Grundfunkionen der Psyche, den Stufen der Individuation, ja bei den Entia des Paracelsus.

Eine gleiche Steigerung findet sich übrigens auch in unserem altüberlieferten Kartenspiel verschlüsselt. Die vier Spielfarben und die Vierheit von Bube-Dame-König-As spiegeln offensichtlich ein altes Symbol- und Orakelwissen wider: Die Besonderheit liegt darin, daß der vierte Bereich, der den König sticht, bereits wieder auf den Zahlenwert Eins reduziert ist – der Name »As«, der aus dem Französischen übernommen ist, geht auf lat. *assis* zurück und bedeutet: das Ganze als Einheit. Das Spiel der Karten versinnbildlicht das Lebensspiel: Immer wieder spielen wir einen anderen unserer vier Bereiche aus, erklären ihn zum Trumpf, versuchen mit ihm zu stechen und zu gewinnen – sei es das Karo (engl. *diamonds* = Diamant) als der wertvolle Besitz, das rote Cœur als die Leidenschaft, das schwarze Pique (engl. *spades* = Spaten) als Mühe und Arbeit oder das kreuzförmige Trèfle (engl. *clubs,* von *clover* = Kleeblatt) als die die übrigen Bereiche ausstechende Chance. Das Trumpffarbenspiel aber wird durch den Sans überboten, das Spiel ohne Trumpf: Diesen Sans darf derjenige wagen, der in allen vier Farben vorzügliche Werte besitzt.

Es gibt so manche Lebensthematik, für die eben diese Art der dimensionalen Steigerung unter den vier Bereichen Gültigkeit hat. Je nachdem mit welcher »Spielfarbe« der einzelne sein Lebensspiel bestreitet, werden sich für ihn besondere Schwerpunkte der Verwirklichung und eine charakteristische Sicht ergeben.

*

Nehmen wir als ein erstes Beispiel das Lebensthema *Freiheit*. Freiheit ist kein absoluter Begriff, denn sie zeigt in jeder Dimension ein anderes Gesicht.

In der untersten Bewußtseinsdimension, der unitären und existentiellen, ist Freiheit gleichlautend mit Ungestörtheit innerhalb der eigenen Umfriedung, in welcher sich das Lebewesen aufhält: Freiheit also als die Garantie für körperliche Unversehrtheit und Geborgenheit, als die Sicherheit vor plötzlichen Einbrüchen in die eigene Sphäre. Dieser Anspruch ist ein sehr genügsamer, eher defensiver, der sich erst im Falle der akuten Bedrohung richtig aufzubauen beginnt, dann aber in Gestalt des Willens, des eindimensionalen, nur in die eine Richtung agierenden Wollens.

In der zweiten Bewußtseinsdimension weitet sich das Lebensthema Freiheit zum Anspruch auf uneingeschränkte und unbeschränkbare Selbstverwirklichung, Selbstausweitung und Freizügigkeit. Dies ist Frei-heit im wörtlichen Sinne: volles Leben als der eigene, freie Herr, unabhängig und ungebunden, um in selbständiger Regie und nach persönlichem Ermessen zu handeln oder auch zu unterlassen.

Solche Freiheit ohne Grenzen, einzig auf das eigene Glück ausgerichtet, ist freilich eine Utopie; denn der Mensch lebt nicht allein auf dieser Erde, sondern stößt überall auf die Freiheiten seines Umfeldes. Daher verbindet sich in der zweiten Bewußtseinsdimension mit dem Begriff Freiheit der kraftvolle Anspruch, gegen alles, was sich den eigenen Wünschen einengend in den Weg stellt, den unerbittlichen Kampf und den totalen Krieg zu führen. Der derart verstandene Freiheitsanspruch führt notwendig zur Verletzung des Freiraumes anderer: Den Weg des Stärkeren und Siegreichen säumt so manche Rücksichtslosigkeit und Niederwerfung von Schwächeren.

Erst in der dritten Bewußtseinsdimension vermag Freiheit zur ethischen Forderung angehoben zu werden: zum Grundrecht aller auf Unantastbarkeit ihrer Menschenwürde. Das bedeutet Gleichberechtigung und humane Lebensbedingungen für alle, was durch Schaffung geregelter Beziehungen und gegenseitiger Versorgung in der Gesellschaft abzusichern ist. Als Liberalität verstanden, führt Freiheit zur Toleranz und verlagert sich allgemein zu abstrakteren Werten hin: zu Gedanken- und Meinungsfreiheit, Schutz geistigen Eigentums, ungehinderter Forschung und Lehre. Der Ruf nach einer derartigen Freiheit erscholl, historisch gesehen, tatsächlich erstmals in jenen Epochen, die wir – Gebser folgend – als Zeiten des aufbrechenden mentalen Bewußtseins gedeutet haben: also in der griechischen Antike und erneut in Renaissance und Aufklärung. Im Bereich Drei vermählen sich Wille und Freiheit des einzelnen zum Anspruch auf Willensfreiheit: frei zu sein für Wohl-wollen und Übel-wollen, um aufgrund eigener Verfügungsmacht zu beabsichtigen, zu planen und zu verwirklichen.

Im vierten Bewußtsein wandelt sich Freiheit in das, was wir Freiwilligkeit nennen sollten: in die Bereitschaft des einzelnen, den Lebensgesetzen und Ordnungen zu dienen, die über ihn selbst hinausweisen. Die Brüder von Taizé nennen dies die Verfügbarkeit, östliche Weisheit das Loslassen: nämlich den Entschluß, sich über sich selbst hinwegzusetzen.

Das beginnt bei der Tugend der Wendigkeit, so daß wir ungeachtet dessen, was wir gerade vorhaben, immer bereit bleiben, uns »stören« und unterbrechen zu lassen: sei es für eine Begegnung, sei es für ein helfendes Einspringen in jedwede Lücke, deren wir gewahr werden. Wie schwer dieses fällt angesichts der zahlreichen Bindungen, Langzeitverpflichtungen und auch Zwänge, die uns fesseln, erweist sich im täglichen Alltag. Wer die Nachfolge Jesu antreten will, wird daher, ebenso wie der Menschensohn selbst, keinen Ort haben, wo er sein Haupt hinlegen kann: Nur derjenige taugt für das Reich Gottes, der nicht mehr zurückblickt, hat er einmal die Hand an den Pflug gelegt (Lk 9,57-62). Und so führt uns die Aufforderung zur Verfügbarkeit letztlich an die Gewissensfrage heran, ob wir wirklich »wollen«, ohne Vorbehalt – ob wir es fertigbringen, sogar unsere letzte Ausrede loszulassen, das »Ich kann nicht«. Dies ist jedesmal ein übermenschlicher Entschluß, den wir nie ohne engstes Anvertrauen an Gottes Beistand fassen können; dann aber dürfen wir miterleben, ja zuschauen, wie an unserer Stelle Gott in uns »kann«. Dies kündigte Jesus dem Petrus an, als Er zu ihm sagte: Als junger Mensch – in der Blüte deines Ich – bestimmtest du selbst, wohin du gehen und für welche Aufgabe du dein Gewand umgürten und schürzen würdest. Im Alter aber – in der Vollendung deiner Reife – wird die Schürze dir umgelegt werden und du dich mit bereitgehaltenen Händen an

Aufgaben heranführen lassen, für die dein Ich sich niemals hergegeben hätte (Jh 21,18).

Solche Führung vermag den Menschen dahin zu bringen, sein größtes Glück in der Abhängigkeit von Gott zu finden, und so eröffnet sich ihm als fünfte Essenz ein inneres Frei-Sein, das alle bisherigen Freiheiten übersteigt: »denn wo der Geist Gottes weht, da ist Freiheit« (2Ko 3,17). Sie ist das Geheimnis dessen, der seine Weisungen aus dem Geiste empfängt, weil er – biblisch ausgedrückt – in dieser Welt ist, ohne von der Welt zu sein: Wie einst dem König Saul, ist ihm aufgetragen, jeweils das zu tun, was ihm »unter die Hand kommt« – denn Gott ist mit ihm (1Sm 10,7).

*

Als zweites wollen wir uns fragen, welche Wertigkeit das *Leiden* – Schmerz und Krankheit, Unglück und Mißgeschick – in den verschiedenen Dimensionen annimmt.

Fragen wir uns zunächst, wie wir wohl mit den kleinen Unglücksereignissen des Alltags umgehen: Welche Antworten sind uns möglich in den einzelnen Dimensionen?

Hierzu wollen wir eine kleine Geschichte ausdenken: Stellen wir uns vor, ein Kind komme schreiend zur Mutter gelaufen, denn soeben ist es über eine Stufe gefallen und hat sich das Knie blutig geschlagen. Was würde jene Mutter tun, deren Stärke im Bereich Eins liegt, die mit dem Körperlichen, mit dessen Bedürfnissen und Empfindungen, umzugehen weiß? Ihr ginge es um das Faktische, die Versorgung der Wunde. Sie würde das schreiende Kind einstweilen stehen lassen – oder flugs hinter sich her ziehen –, um Öl, Watte und vor allem das Pflaster zu holen. Beim Anblick der wohlgereinigten und zugeklebten Wunde sind dann beide, Mutter und Kind, beruhigt.

Anders die emotionale Mutter. Ihr ist das Schreien unerträglich, sie hat nicht die Kraft, es anzuhören; es stört das Gleichgewicht ihrer Gefühle. Als erstes wird sie losschimpfen: »Was hast du bloß wieder angestellt!« Dann aber nimmt sie das Kindchen spontan in die Arme, streichelt und liebkost es, umhüllt es mit all ihrer Wärme; im Nu ist das Kleine abgelenkt und die Wunde vergessen – und beide, Mutter und Kind, laufen schon wieder fröhlich davon.

Die dritte Mutter, die rationale, begreift sofort, daß das Kind trotz wiederholter Warnungen unachtsam war und die gefährliche Stufe übersehen hat. Jetzt also ist die günstige Gelegenheit, das Kind aus den schmerzhaften Folgen konkret lernen zu lassen. Man begibt sich – das Kleine noch schluchzend – an die Unfallstelle, rekonstruiert den Vorfall und übt dann, wie man die Hürde in Zukunft gefahrlos nehmen kann. Zum Glück, so stellt man befriedigt fest, ist es diesmal noch glimpflich abgegangen, es hätte »mehr« passieren können.

Die intuitive Mutter schließlich beugt sich nieder – vielleicht auch setzt sie das Kind auf ihren Schoß – und legt ihm einfach ihre heilenden, mütterlichen Hände auf. »Schon gut, schon gut«, flüstert sie und sagt dies nicht nur zur Beruhigung, sondern in fester Überzeugung, daß tatsächlich alles gut ist. Denn unter der tröstenden Suggestion, auf die beide sich verlassen können, geschieht das Wunder: Nicht nur das Knie – das ganze kleine Wesen wird heil.

Leiden ist für uns untrennbar mit der Frage nach dem Heil-Werden verbunden. Unser Ich sucht Unverletzlichkeit und harmonisches Ganz-Sein. Auf den ersten Blick hin erscheint uns Menschen daher jedes Unglück und jedes Leiden als Entgleisung, als Panne im Schöpfungsablauf, so als habe Gott Seine Aufsichtspflicht verletzt oder Ihm sei gar die Kontrolle über das reibungslose Funktionieren Seiner Schöpfung entglitten. Ja mehr noch: werden wir daraufhin bei Ihm vorstellig mit Beten und Hilfeschreien, so scheint Ihn dies wenig zu beeindrucken, vielmehr scheint Er weiter in Untätigkeit und Schweigen zu verharren. Entweder, so stellen wir dann resignierend fest, schläft der göttliche Vater, oder aber Sein unerfindlicher Ratschluß wendet sich nun einmal gegen das wehrlose menschliche Ich: Beides deuten wir als Lieblosigkeit. Wir erleben die Situation einzig aus unserer ich-bezogenen Perspektive heraus; aber sollte das Rätsel vom Schweigen Gottes nicht auf größere Zusammenhänge hinweisen?

Gott gleicht nun einmal nicht jener emotionalen Mutter, die das Schreien ihres Sprößlings nicht aushalten kann. Er will nicht lediglich beschwichtigen, sondern Seine Kinder wirklich heilen; aber Sein Händeauflegen geschieht undramatisch, im Unscheinbaren und Verborgenen, Seine tröstende Suggestion kommt als das stille Raunen des Tröstergeistes. Kraft eines

Mysteriums, das wir nie ausloten können, leidet Gott, wenn wir leiden, selbst sogar mehr als wir. Meister Eckehart sagt: »Wie hart auch ein Leiden sei: Kommt es auf dem Wege über Gott, so leidet Gott darüber an erster Stelle.« Er selbst heiligt das Leiden als eine Facette des Lebens.

Unser Verstand mag hier zweifeln, unser Ich-Gefühl hadern – jene Ungewißheit, die die offene Frage des Leidens uns auferlegt, vermögen wir einzig auszuhalten aus der Kraft unbewußter Gewißheiten. Schmerz und Elend eines anderen können wir niemals ermessen, und so dürfen wir uns auch nie ein Urteil über das Warum und das Wozu anmaßen. Trifft aber das Leid uns selbst, so wird es uns durch sämtliche Dimensionen hindurchführen und dabei Schritt für Schritt formen. Es sind wiederum vier Haltungen der Ablehnung – so Kübler-Ross –, mit denen der Mensch nacheinander auf die Unausweichlichkeit einer unheilbaren Krankheit antwortet. Zu Anfang weigert er sich, das Verdikt auf sich zu beziehen: »Es kann doch unmöglich wahr sein.« Kommt dann das jähe Erwachen, so ist die nächste Reaktion Hader: »Wieso gerade ich?« In einer dritten Phase beginnt der Mensch, Gott einen Handel anzubieten und große Versprechungen zu machen: »Wenn du mich rettest, dann werde ich für dich dies und jenes tun.« Schreitet die Krankheit beständig weiter fort, so naht die Phase der Hoffnungslosigkeit und der Trauer. Auf wunderbare Weise aber wird es eines Tages möglich, dem Tod ins Auge zu schauen, letzte Verfügungen zu treffen, Unerledigtes – sofern es noch belastet – zu regeln und sogar die Hinterbleibenden zu stärken und zu trösten.

In der ersten, der körperlichen Dimension liegt in jedem Schmerz und in jeder Krankheit tatsächlich eine Bedrohung, kündigt sich doch unweigerlich das Näherrücken des Todes an. Alterung und Verschleiß fordern unerbittlich ihren Tribut; es darf hier nicht zu schnell abwärts gehen! Daher der Wunsch, nach einer jeden Krankheit ebenso gesund, ja womöglich gesünder zu sein als zuvor; doch läßt sich das Rad des Lebens nun einmal nicht zurückdrehen. Eigenartigerweise aber – und hierin liegt eine wunderbare Segnung – lebt die Natur, und so auch unsere Leibesnatur, unreflektiert. So erschütternd der Anblick sterbender Bäume oder eines von Hagel geschändeten Gartens auch ist, so dürfen wir doch annehmen, daß die Natur selbst kein bewußtes, sondern allenfalls nur ein dumpfes Leid-Erleben kennt, gleichsam als Ausgleich für ihr Ausgeliefertsein. Auch der Körper er-leidet nur, aber er leidet nicht *an* seinem Leiden; er plagt sich zwar mit den verschiedensten Beschwernissen und krümmt sich unter seinen Schmerzen – aber mit alledem versteht er zu existieren und beweist gerade im Zustand der Versehrtheit und Reduziertheit Energien und Lebenswillen. Er bewerkstelligt schließlich sogar das eigene Sterben mit nüchterner Tatsächlichkeit und vollzieht die hierzu nötigen Schritte instinktiv und fast mechanisch. Denn Absterben und Fortpflanzung, Ernte und Neuaussaat sind in dieser Dimension untrennbare Gegebenheiten im Dienste desselben Phänomens Leben; angesichts der kollektiven Erneuerung und des kontinuierlichen Weiterlebens der gesamten Art ist Leiden und Tod der einzelnen Exemplare nichts, was zur Anklage herausfordert.

Schmerzen, Kranksein und Sterbenmüssen werden erst dann leidvoll, wenn sie auf ein Ichbewußtsein treffen, das sich durch sie be-leidigt und ge-kränkt fühlen kann. Leiden als bewußtes Erleben gibt es offensichtlich erst ab der zweiten, der Ich-Dimension. Das zweidimensionale Leid-Erleben gestaltet sich genauso wie das Gefühls- und Affekt-Erleben und zählt insoweit selbst zu den Gefühlen: Es ist eine Mischung aus Unbehagen und Ungemütlichkeit, aus Unglücklich-, Verletzt- und Gekränkt-Sein, aus Ablehnung und Unlust – eben der klassische Gegensatz dessen, was wir Lust und Glück nennen. Es gibt hier wenig Abstufungen: Wir sind glücklich, oder aber wir heißen uns total unglücklich. Dennoch bemißt sich die Eindringlichkeit des Leid-Erlebens immer nach den subjektiven, im Ich selbst anzutreffenden Maßstäben: an dessen Anpassungsfähigkeit oder Egozentrik, Bescheidenheit oder Stolz, Zurückgenommenheit oder Hang zum Dramatisieren. Bei alledem ist das Ich schwankend, und die einstürmenden Ereignisse sind es ebenfalls: Ganz offensichtlich kommt es auf den seelischen Kräftezustand des jeweiligen Augenblicks an, inwieweit eine Situation ver-kraftet oder aber als leidvoll abgelehnt wird.

Das Leiden, so sehr es auch vom Ich gemieden wird, offenbart dennoch im Bereich Zwei sehr förderliche Aspekte: Das Leidensgefühl – eben weil das Ich es möglichst rasch wieder loszuwerden wünscht – dient als Motivation, um erneuernde Kräfte und Maßnahmen zu mobilisieren. Hier bewahrheitet sich die Spruchweisheit, daß Not erfinderisch macht: Indem das Ich in ent-rüstetem Aufbäumen alle verfügbaren Kräfte auf-rüstet und in die Schlacht wirft, verstärkt sich der Schwung. Der Bereich Zwei lebt von der polaren Abwechslung; laufend erneuerte Anregung ist hier wichtiger als immerwährende glückliche Hochstimmung des Ich – fürwahr »alles in der Welt läßt sich ertragen, nur nicht eine Reihe von guten Tagen«!

All dieses gilt nicht nur im Psychischen, sondern auch im Körperlichen; und hier kommt uns sogar die Natur zu Hilfe, da zahlreiche unserer Funktionen zyklisch ablaufen. Das selbsttätige Auf und Ab des Aktivitätsgrades sorgt dafür, daß die erforderliche Anregung bereits durch den bloßen Zeitfaktor gewährleistet ist. Das bekannteste Beispiel sind die Biorhythmen, deren Phasen 23, 28 beziehungsweise 33 Tage betragen. Aber auch der Puls/Atemfrequenz-Quotient und die Körpertemperatur schwanken in regelmäßigen 7- oder 10-Tage-Perioden, wie Studien an Kur-Patienten ergaben. Allerdings scheinen die periodischen Kurven mit der Zeit zu verflachen, das heißt sie lassen in ihrer vitalisierenden Spannkraft allmählich nach. Hier jedoch bewirken unvermittelte Veränderungen der Lebensbedingungen wie der bloße Antritt einer Kur, vor allem aber besondere Eindrücke oder Aufregungen, oftmals einen Neuanfang: Der alte, verflachte Rhythmus wird spontan außer Kraft und ab dem betreffenden Stichtag neu in Gang gesetzt, was frischen Antrieb und verstärkte Heilungsimpulse für Leib und Seele weckt.

Beides, den Einbruch von Leid wie von Freude, kleine Mißgeschicke ebenso wie die spontanen Glückserlebnisse, sollten wir daher als jeweiligen Auftakt zur Neubelebung unserer dynamischen Rhythmen begrüßen.

Im Bereich Drei nun weitet sich die Thematik. Leid zählt hier nicht mehr als das Ungemach des Ich allein, sondern erscheint zugleich als die Infragestellung der allgemeinen Harmonie und Ordnung. Das kognitive Bewußtsein vermag sich Leiden und Konflikte nur als Konsequenz von Fehlentwicklungen und unguten Kausalitätsverkettungen zu erklären und stellt daher immer die Frage nach der Verursachung und einem etwaigen Verschulden.

Nun besitzt der dreidimensionale Verstand die bemerkenswerte Gabe, eigene Fehler und Irrtümer zu er-kennen. Er ist nicht nur bereit, sich zu deren Folgen zu be-kennen und angerichteten Schaden wiedergutzumachen, sondern auch aus ihnen zu lernen – ohne ihre leidvollen Folgen wären Fehler gar nicht als solche erkennbar. Somit vermag der Mensch dem Leiden einen Sinn zu geben: Er akzeptiert es als einen Lehrmeister auf dem Wege zu besserer Erkenntnis, Vernunft und Besonnenheit.

Jedoch sollten wir hier innehalten und uns dessen erinnern, daß es im Bereich Drei, der der zweiten Hälfte unseres Lebenskreises angehört, nicht mehr um das Ich selbst gehen darf – und daher auch nicht vorrangig um die Vermehrung seiner Erkenntnis. Was in der dritten Dimension stattdessen wahrhaft zählt, ist die Beziehung – und deren Bestand. Wie viele menschliche Beziehungen aber nähren sich gerade davon, daß Leid ihr fester Bestandteil ist! Eben dadurch wird die Beziehung zusammengeschweißt. Man muß füreinander da sein, miteinander – und meist auch aneinander – leiden, um zusammenzuwachsen: Allen Beteiligten ist dies auferlegt – dem Kranken oder von Geburt an Behinderten als dem unmittelbar Betroffenen; der Familie aber aufgrund der Überforderung durch die mit der Fürsorge und dem Mittragen verbundenen Aufgaben. Ja, man wird sich sogar immer wieder gegenseitig zum Judas, verrät und quält einander. Solches Leid ist durchaus nicht geteilt, sondern im Gegenteil oftmals ein vielfaches. Es nimmt auch kein Ende, sondern muß bis zur Verzweiflung durchgetragen und toleriert werden. Jeder Tag ist Mühe und Arbeit bis ins letzte, konkrete Detail.

Gemessen an der Glücks- und Freiheitsvorstellung unseres Ego mag ein Leben unter solcher Dauerbelastung als vertan gelten. Welches Glück und welcher Reichtum aber in derartigen Beziehungen verborgen war, wird oft erst dann bewußt, wenn der Tod sie scheidet.

Seine tiefste und ans Mystische reichende Bedeutung aber gewinnt das Leiden erst, wenn wir es mit den Augen des Bereichs Vier betrachten. Hier steht es unter dem großen Vorzeichen dessen, daß Gott, wenn Er die Erde betritt, sich nicht scheut, selbst der leidende Gott zu sein.

Als das Haupt Seines Leibes lebt Er es uns vor, was es bedeutet, daß das Leid jedes einzelnen den ganzen Leib angeht.

Christus greift eine jede Not auf und macht sie zu Seiner eigenen. Es dauert lange, bis wir Menschen im Falle unseres Leidens dies begreifen. Wir quälen und zermürben uns selbst, hadern und kämpfen, klagen – und müssen schließlich ermatten. Im tiefsten Abgrund aber, dort wo wir an die eigene Grenze stoßen und uns nur noch die bedingungslose Kapitulation als das Eingeständnis unseres totalen Scheiterns übrigbleibt, ereignet sich das Unglaubliche: Wir werden gesegnet, wie einst Jakob am Flusse Jabbok (1Mo 32,23-31). Zwar sind wir unserem Elend aussichtslos unterlegen, es hat sich als eine Macht erwiesen, die stärker ist als wir – aber jenseits unserer Ohnmacht leuchtet Gott auf als die All-Macht, Sieger über alle noch so entsetzlichen Mächte. Kein Elend gibt es, das Jesus nicht vorweggelitten – und bezwungen hätte. So werden uns Leiden und Kreuz, wenn wir uns ausliefern, zur mystischen Teilhabe am Leiden und Kreuz Christi.

Diese Erfahrung kleidet Paulus in die Worte: »Jetzt freue ich mich an den Leiden, die ich für euch ertrage. Für den Leib Christi, die Kirche, ergänze ich in meinem irdischen Leben das, was an den Leiden Christi noch fehlt« (Kol 1,24). Nicht daß Paulus meinte, Jesus habe das Heilswerk unvollendet liegengelassen, so daß es jetzt seiner, des Paulus, Mitwirkung bedürfe; sondern die Mitgliedschaft am Leibe Christi bringt die Zurechnung des Leidens der einzelnen Glieder zum Leiden Christi als eine Selbstverständlichkeit mit sich. Indem wir Christus durch uns hindurch leiden und unser Elend stellvertretend für uns ausloten lassen – indem wir unsere Last auf Ihn werfen (1Pt 5,7) –, kommt es zur Gemeinschaft mit Ihm. Wer möchte solche Gemeinschaft je wieder missen? Gott und Mensch stehen Seite an Seite – Er für uns, aber wir mit Ihm.

Die jüdische Tradition spricht noch von einem anderen Leiden Gottes: Seinem Leiden daran, daß Er die Schöpfung aus Sich selbst entlassen und entsandt habe und nun in Sehnsucht darauf warte, sie wieder an Sich zu ziehen und heimzuholen. Um Seiner Schöpfung das Glück zu vergönnen, sich als Offenbarung zu erleben, habe Gott in seiner Alliebe darauf verzichtet, sie ungeoffenbart bei Sich zu halten.

*

Gott ist die Liebe – als Seine Kinder sind aber auch wir paganischen Wesen der Fähigkeit zu lieben teilhaftig. So sei als letztes das Lebensthema *Liebe* in seinen verschiedenen dimensionalen Prägungen betrachtet. Denn eine jede Dimension zeigt und ermöglicht die Liebe in anderer, immer subtiler werdender Form und gibt ihre spezifische Antwort auf die Sehnsucht nach Einswerdung ebenso wie auf das Drängen, sich ganz dem anderen zuzueignen.

Was ist Liebe? Kein feingeistiges Ideal, keine sittliche Leistung, keine hoheitsvolle Regung, aus der Vollkommenheit hervorschimmert; auch kein Strom, der nach Be-lieben ein- und ausgeschaltet wird, je nachdem wie gut wir es meinen oder wie ergriffen wir sind. All dieses ist bloßes Beiwerk, das der Liebe in den begrenzten paganischen Dimensionen wie ein Gewand umgehängt wird. Die reine Liebe Gottes aber, die auch unsere Herzen zum Glühen bringen will, ist ein Sein: ein wogendes Sich-Befinden, das wir zu leben vermögen, indem es uns lebt.

In der ersten Bewußtseinsdimension drückt sich das Lieben im Körperlichen aus. In gegenseitiger Anziehung suchen und finden Yang und Yin ihre Ergänzung im körperlichen Vereinen. Dies darf weitgehend unreflektiert, allein triebgehorsam geschehen und hält sich außerhalb von Schuld und Moral, solange es natürlich bleibt. Der bloße Sexus fragt nicht nach mündiger Ich-Du-Beziehung – und vermag doch die Du-Hinwendung in körperliche Empfindungen umzusetzen, nämlich in der ganz einfachen und einfältigen Sprache liebender, streichelnder Zärtlichkeit.

Doch auch die Kehrseite der Liebe gibt es – leider – in den paganischen Dimensionen, die ja der Polarität unterstellt sind; und so können sich Lieblosigkeit und Gemeinheit der Sexualität bemächtigen: als die gewaltsame Schändung der vertrauenden, wehrlosen Natur.

In der nächsten, der zweiten Bewußtseinsdimension richtet sich das Lieben vornehmlich auf die Persönlichkeit: auf die Außergewöhnlichkeit der Erscheinung, auf die Besonderheit des Wesens, auf gewisse imponierende Fähigkeiten. Liebe ist hier sympathische Zuneigung, minnende Verehrung und Bewunderung, vielleicht auch ein Schwärmen; daher braucht der oder die Angebetete nicht notwendig dem anderen Geschlecht anzugehören. Die »zweidimensionale« Liebe bemißt sich aber durchaus nach dem Grade derjenigen Liebe, die dem eigenen Ich entgegengebracht wird: Sie ist Echo und hängt daher eng mit dem Selbst-geliebt-Werden zusammen. Die Rollen des Yang und des Yin, des Werbens und Umworben-Seins, wechseln laufend ab und halten im gegenseitigen Aufschaukeln das Glück des Verliebt-Seins in Schwung. Schmeicheln, Loben, Verwöhnen, fröhliches Spiel und gefühlvolle Wärme, vor allem aber die immer erneuerte Bestätigung, daß der oder die Geliebte das Ein und Alles sei – all dieses verhilft der gegenseitigen Zu-eignung zum Ausdruck. Somit finden wir hier eine Haben-Liebe, die besitzen will und nicht freigeben mag: Sie ist bereit, ganz für das geliebte Wesen dazusein und es zu umkreisen – doch wehe, wenn dieses sich eine eigene Sonne sucht.

Folglich wird jede Abwendung, ja oft schon der Tadel, als Liebesverweigerung erlebt und löst starke, abwehrende Gefühlsreaktionen aus. Da im Bereich Zwei stets das Ich, dessen Selbstwertgefühl und letztlich dessen Eigenliebe beteiligt sind, fällt es nicht schwer, das Ich aufs empfindlichste zu treffen und zu verletzen. Lieblosigkeit und Gemeinheit als Kehrseite der Liebe äußern sich hier als Beleidigung, üble Nachrede und Entehrung.

Erst in der dritten Bewußtseinsdimension erweitert sich Liebe zu echter Du-Hinwendung: zu mündiger Partnerschaft auf Gegenseitigkeit. Diese Liebe vermag den Blick vom eigenen Ich fort- und auf die Bedürfnisse des anderen hinzulenken, vor allem aber auch auf die Pflege des gemeinsamen Werks sowie der Kinder, auf die die liebenden Partner nun gemeinsam hinschauen. So steht eigentlich die Beziehung als solche – ein abstraktes Gebilde – wiederum im Vordergrund; auch diese gilt es zu hegen und zu stabilisieren, denn aus deren Bestand erwächst das Wohl aller Beteiligten. Behutsamkeit und Fürsorge, Betreuung und Verantwortlichkeit sind Ausdruck der Liebe im Bereich Drei; und sie gipfelt in der Freigabe des geliebten Menschen zu gegebener Zeit, so wie es allen Eltern beim Erwachsenwerden ihrer Kinder aufgetragen ist.

Im Bereich Drei, in dem der Mensch menschlich sein soll, ist alles Denken und Handeln in Macht- und materiellen Strukturen unmenschlich und widerspricht dem Liebesgebot. Lieblosigkeit und Gemeinheit bestehen hier in Machtausübung und jedem Mißbrauch von Beziehungen: in der Ausnutzung der aufgrund der Beziehung eingeräumten Vorrechte, in jeder Form des Freundesverrats.

In der vierten Bewußtseinsdimension weht aus jeder Begegnung eine eigentümliche Vertrautheit entgegen: Weder die anderen Menschen, noch Natur und Kosmos sind grundsätzlich fremd; denn sie sind alle Geschwister, in liebender Gesamtübereinstimmung miteinander verwoben. Dies ist das *Tat twam asi* der indischen Weisheit: Ich bin, was du bist – und du bist, was ich bin. In jedem anderen Teilhaber des großen Leibes vermag das Ich daher sein eigenes Wesen wiederzufinden. Dies führt dazu, alle Kreatur und einen jeden Mitmenschen lieben zu können, ohne Sentimentalität und ohne Besitzergreifung. Diese Liebe braucht nichts an sich zu reißen, noch sich selbst zu verausgaben, und bleibt dennoch allzeit verfügbar.

Paradoxerweise scheut die liebende Allgemeinverbundenheit des Bereichs Vier jedoch vor fester Anbindung zurück – man ist sich von vornherein nahe, flieht aber tunlichst die allzu verbindliche Annäherung: Wie »zufällig« und vorübergehend nur mag man sich dem einen oder anderen der übrigen Teile des Gesamtorganismus hinzugesellen, da sie in ihrer Gesamtübereinstimmung letztlich austauschbar erscheinen. Hier zeigt sich, wie wichtig es ist, daß die vorhergehenden Dimensionen errungen und integriert worden sind, soll das Leben nicht unverbindlich an der Oberfläche dahinfließen. Der Mensch muß zum eigenen Körper und insbesondere zu seiner eigenen Geschlechtlichkeit gefunden haben, er muß in seinem Ich zentriert sein und sollte sich auch einer grundsätzlichen Bindung – welcher Art auch immer – verpflichtet fühlen, die ihm zum Fundament wird.

Aus dem Leben in der Allgemeinverbundenheit erwächst die Fähigkeit zu bedingungslosem Erbarmen. Denn im Bereich Vier macht es keinen Unterschied mehr, ob man »zufällig« selbst oder ob gerade der andere im Elend steckt. Erbarmen hat daher nichts mit mitleidvollem Gerührt-Sein oder menschenfreundlichem Edelmut zu tun, sondern ist ein Wundsein der Seele, das sich im Leiden des Nachbarn mitbetroffen und einbezogen weiß. Ja, es vermag in jedem seiner geringsten Brüder dem leidenden Christus zur Seite zu stehen.

Fürwahr vermag der Mensch in seinem Erbarmen das Elend, das äußerlich vor ihm steht, zu verinnerlichen: Er atmet es gleichsam ein, in ganzer Tiefe, und liefert sich seiner Durchflutung restlos aus. Kraft eines geheimnisvollen Austauschs aber kehrt dieser Atem als ein anderer in die Welt zurück, auf verborgene Weise heilsam und segenspendend, so als habe sich nun die Einstimmung in den Willen Gottes vollzogen.

Welches ist die Kehrseite von Liebe und Erbarmen im Bereich Vier? In dieser Dimension lebt der Mensch nicht mehr allein, sondern ist – bewußt oder unbewußt – der größeren Gemeinschaft verpflichtet; nichts gibt es mehr, das ihm nicht »unter die Haut« gehen sollte. So wird hier jedes ungerührte Hinweggehen über das Leid eines der geringsten Brüder zur Umkehrung der Liebe. Es gibt viele Formen der Erbarmungslosigkeit, nämlich alle jene Haltungen, die ein gemeinschaftliches menschliches Zusammengehen zunichte machen: Abwertung anderer, Hervorhebung von Unterschieden, am tragischsten aber die Ahndung mit moralischem Todesurteil oder Exkommunikation. In der Öffentlichkeit geschieht dies durch Aufstellung von Feindbildern, Verurteilung von Völkern oder Rassen; aber auch im Persönlichen sagen wir uns oft aus eitler Überheblichkeit oder Unverzeihlichkeit vom Mitmenschen los. Alle diese Haltungen verletzen nicht nur die menschliche Würde der Betroffenen, sondern die Würde des Leibes Christi.

Die Liebe im fünften Wesensbereich ist die Liebe Gottes. Dies ist sowohl unsere Liebe zu Ihm, als auch Seine Liebe zu uns. Solange wir versuchen, Gott aus den Erwägungen unseres Verstandes heraus – sozusagen mit dem Kopf – zu lieben, müssen wir scheitern: Nur das Herz vollbringt es. Er selbst aber kommt uns mit Seiner Liebe zuvor: Gott hat uns zuerst geliebt, wie Johannes bezeugt (1Jh 4,10; 19). Und so wird von unserem Herzen nichts weiter verlangt, als in Seinen liebenden Pulsschlag einzufallen – und diesen weiterzutragen.

Leider jedoch sind es die wenigsten, die in dem Gewißsein ihres Geliebt-Seins durchs Leben gehen. Eben diese Frage legte der amerikanische Psychiater John Diamond allen seinen Patienten vor, und zwar mit Hilfe des modernen kinesiologischen Muskeltests, der sich an das Unterbewußte wendet. Das Ergebnis war erschütternd: 90 Prozent der Befragten konnten es sich nicht vorstellen, persönlich von Gott geliebt zu sein.

Diese hohe Prozentzahl ist aussagekräftig genug: Die mangelnde Grunderfahrung des Geliebt-Seins war sicherlich die Hauptursache für die Seelennot, um deretwillen jene Patienten ihren Psychiater aufgesucht hatten. Nun aber ist es gerade so, daß viele Menschen die Erfahrung der Liebe Gottes nicht in ihren Zeiten des Glückes machen, sondern in ihren tiefsten Abgründen der Verzweiflung. Es sind Abgründe, die sie nicht einmal ihrem ärgsten Feinde wünschen würden – und die sie dennoch nie in ihrem Leben missen möchten.

Wenn das Geheimnis von uns Menschen darin besteht, von Gott geliebt zu sein, dann deshalb, damit auch wir grenzenlos lieben (1Jh 4,21). Lieben wir, weil Gott uns zuerst geliebt hat – weil wir uns als Geliebte Gottes erleben –, so wird Er uns in jedem Menschen begegnen, dem wir uns zu-eignen. Auf diese Weise können wir in diesem Leben hier Seine Liebe leben und haben Teil an Seiner Dimension.

*

Wenn hier versucht wurde, einige Lebensthemen aus den verschiedenen Blickwinkeln unserer Quadranten zu beleuchten, so erhebt diese Darstellung keinerlei Anspruch auf Vollständigkeit. Überhaupt spielt sich unser Leben ja in allen Bereichen gleichzeitig ab, so daß eine theoretische Systematisierung an der Wirklichkeit vorbeigehen würde. Doch können die aufgezeigten Analogien zum Leitfaden für ein mehrschichtiges Verständnis werden, der Anregung für das Überdenken weiterer Lebensthemen gibt.

Kapitel 22
Geist und Materie in ihrer Begegnung

Im Verlauf unserer Betrachtungen wurde immer klarer: Die Evolution stellt nicht das einzige und ausnahmslos gültige Prinzip für das Werden und Wachsen innerhalb des Kosmos dar; als polare Er-gänzung ist ihr, als eine vom Ende her wirkende Kraft, die Involution gegenübergestellt.

Ließen sich an der ersten Hälfte unseres Kreisbildes die Prozesse der Evolution ablesen, so fanden wir in der zweiten die Wirkungsweise der Involution verschlüsselt: Evolution ist vielseitig, üppig, ungestüm; für die Verwirklichung im Äußeren stehen ihr alle Wege offen. Involution erweist sich demgegenüber als geradezu nüchtern, bestimmend und beschneidend; als die Kraft von innen ist sie längst da – so wie das »Ick bün allhier« beim Wettlauf zwischen Hase und Igel.

So wie die Evolution keinem beliebigen Ursprung, sondern dem göttlichen Urgrund entsteigt, dient auch die Involution keiner beliebigen Bestimmung: Sie leitet zur Dimension Gottes hin – einer Zielsetzung, die nicht verfehlt werden will. Das Ziel wartet die zu ihm hinwallenden Ereignisse daher keinesfalls untätig ab, sondern zieht sie kraft der Involution machtvoll an sich heran, indem es immer wieder ordnend, sammelnd und ausrichtend eingreift, ja der Evolution mit vielfachen Vorgriffen entgegenkommt.

Ihrem Wesen nach ist die heimholende Involution yin-haft: Sie hält sich im Verborgenen. Dadurch aber entzieht sie sich weitgehend der Beobachtung und naturwissenschaftlichen Beweisbarkeit; denn nur das Meßbare und Wägbare – die erfaßbare Realität – ist mit Mitteln der Naturwissenschaft ergründbar. Was darüber hinausgeht – eben die Domäne des Verborgenen –, fällt aus der Untersuchung, ja der Fragestellung überhaupt heraus.

Ohne diese Beschränkung der Naturwissenschaften, die letztlich auf Descartes (1596-1650) und seine Trennung der beiden Bereiche von Geist – *res cogitans* – und Materie – *res extensa* – zurückgeht, wären die enormen Einblicke der Mathematik und Physik, Chemie, Biologie und Medizin in Natur und Kosmos nicht möglich gewesen und wir niemals zu dem heutigen hohen Stand von Wissenschaft und Technik gelangt. Bei alledem blieb freilich die Frage nach dem Geist ausgeklammert, weil die Ergebnisse unter alleiniger Berücksichtigung der sogenannten objektiven Tatbestände – sei es experimentell oder theoretisch – zusammengetragen wurden. Newton, der geniale englische Physiker, Mathematiker und Entdecker der Gravitationsgesetze (1643-1727), wurde zum Begründer eines rein mechanistischen Weltbildes, das sich an den Gegebenheiten des absoluten Raumes orientiert: »Der absolute Raum ist seinem Wesen nach so beschaffen, daß er ohne Rücksicht auf irgendetwas außerhalb Liegendes immer gleich und unbeweglich bleibt«. Der Franzose Laplace (1749-1827), der die Berechnungen Newtons nochmals präzisierte, tat die Anwesenheit eines Schöpfergottes ausdrücklich als überflüssige Hypothese ab.

Je tiefer nun die naturwissenschaftliche Forschung in Natur und Kosmos eindrang, desto durchgängiger fand sie ein evolutives Muster bestätigt, eine ins Unermeßliche reichende Auf-rollung und Ent-wicklung, die folgerichtig von niedrigeren zu höheren Stufen, von einfacheren zu komplizierteren Stufen hinstrebt. Aus den im Gestaltlichen erkennbaren Ketten biologischer Organisation schlußfolgerten Darwin (1809-1882) und Haeckel (1834-1919) ihre bekannten Evolutions- und Abstammungstheorien. Das Universum selbst mit seiner fortdauernden Ausdehnungstendenz mußte der Wissenschaft geradezu als Verkörperung evolutiver Gesetzmäßigkeit gelten: In logischen Einzelschritten ließen sich seine Stadien in die fernste Vergangenheit – bis hin zum vermuteten Ursprung – zurückverfolgen. Da seine Bestandteile kraftvoll und mit höchsten Geschwindigkeiten auseinanderstieben, kam man zu dem Schluß, daß vor etwa 17 Milliarden Jahren ein zuvor aufs engste zusammengepreßter kosmischer Weltenkern mit einem alle Vorstellung überschreitenden Urknall detoniert sein müsse: Die hierbei freigesetzten Kräfte hätten nach und nach Strahlungen, Gase und Nebel, Gestirne, Atmosphären und Molekülansammlungen und schließlich lebende Organismen zur Entstehung gebracht.

Alle diese Erkenntnisse begründeten ein materialistisch-evolutives Weltbild, das bis auf den heutigen Tag den Zeitgeist prägt.

Sollte jener Urknall tatsächlich stattgefunden haben, so bleibt freilich offen, was hier explodiert sein mag: War es ein Nichts – oder war es ein Alles von unglaublicher Potenz? Und was existierte vor ihm – und zwar wo und wie lange?

Schenken wir nämlich den Aussagen unseres Lebenskreismodells Glauben, so kann der hypothetische Urknall unmöglich der allererste Anfang gewesen sein: Er bedeutet lediglich den Durchbruch in die Geoffenbartheit – vergleichbar dem Aufbrechen des Samenkorns. Vor ihm aber sollten wir für den Kosmos eine Phase der Ungeoffenbartheit annehmen, einen Zustand der Latenz, der dynamischen Stille, Analogie zum Quadranten Eins unseres Lebenskreises.

Es leuchtet ein, daß sich hieran eine Phase ungehemmter Entfaltung anschloß: gewaltige Zeiträume laufenden Fortschritts und freier Selbstverwirklichung alles dessen, was in Makro- und Mikrokosmos sichtbare, greifbare, meßbare und wägbare Gestalt annehmen will. Daher jene Vielfalt in Natur und Kreatur, jene sich laufend selbst übertreffende Evolution in der Welt des Äußeren und Augenscheinlichen, welche der Naturwissenschaft als ein vorzüglicher Gegenstand der Erforschung zur Verfügung steht.

Die davor liegende, ungeoffenbarte Ur-Phase hingegen entzieht sich jeglicher Erforschbarkeit; denn das Ereignis des kosmischen Aufberstens gleicht in seiner Singularität einem trennenden Horizont der Zeit, über den hinweg wir von unserer Seite aus keinerlei Wahrnehmung machen können. Daher rührt unser Eindruck, dieses Universum sei das allererste; vor ihm könne es nichts gegeben haben. Vielleicht aber war jenes kosmische Samenkorn, dessen Anfänge in die fernen Zeiten der Verborgenheit zurückreichen, seinerseits die Frucht von etwas anderem? Und was mag wiederum *vor* jenem anderen gewesen sein? Wann und wo hat das Ganze wirklich angefangen? Ja, gibt es denn überhaupt so etwas wie eine Anfangs-Minute, wo doch die Zeit selbst, wie wir sahen, weder Anfang noch Ende braucht?

Unsere Fragen werden sich so lange im Kreise drehen, wie wir uns weigern, nach dem Ur-Impuls und dem Ur-Willen zu suchen, der sich hinter allem verbirgt – der aber nicht nur der Urheber und der Betreibende ist, sondern der auch das Ganze anschaut. Wo nämlich kein Bewußtsein vorhanden ist, das die

Ereignisse wahrnimmt, ereignen sich diese vergeblich: Es ist, als hätten sie überhaupt nicht stattgefunden.

Es gibt nämlich kein absolutes Ereignen, das für sich existiert, sondern immer nur ein relatives, welches auf seinen Betrachter bezogen ist. Diese Erkenntnis faßt der bekannte Atomphysiker Schrödinger in das einprägsame Beispiel vom Experiment mit der Katze. Der Dichter Michael Ende spricht nichts anderes aus, wenn er in seiner »Unendlichen Geschichte« vom Reich Phantásien sagt: »Dieses Reich bemißt sich nicht nach Dauer, sondern nach Namen.« Allein was erkannt und mit Namen belegt wird, das ist Wirklichkeit.

Bezeichnenderweise war es die moderne Kern- und Strahlenphysik – verbunden mit den Namen Max Planck, Albert Einstein, Werner Heisenberg, Pascual Jordan, Paul Dirac, Erwin Schrödinger, David Bohm und anderen –, welche seit den zwanziger Jahren unseres nun ausklingenden 20. Jahrhunderts das mechanistisch-materialistische Weltbild ins Wanken brachte. In der subatomaren Welt ergaben sich völlig neuartige, weil auf ungeahnte Weise widersprüchliche Bedingungen, angefangen von der Austauschbarkeit zwischen Energie und Materie bis hin zum unabdingbaren Eingebundensein des subjektiven Beobachters in die beobachteten Vorgänge, so daß das bisher unentbehrliche Erfordernis der Objektivität hinfällig wurde. So kam man nicht umhin, die Frage nach dem beteiligten Bewußtsein zu stellen. Zum einen liegt dieses Bewußtsein in dem erkennenden Menschengeist, der hier als Forschender tätig wird und dessen Erwartungen, wie man heute weiß, die Ergebnisse seiner Versuchsreihen beeinflussen. Zum anderen aber geht es um eine unabhängig von Mensch und Kosmos waltende Bewußtseins-Konstante: Um den Geist, der Mensch und Kosmos transzendiert und dennoch beiden immanent ist. Max Planck in seiner Autorität als weltweit anerkannter Wissenschaftler scheute sich nicht, ihn Gott zu nennen.

Wir stehen also heute in einer gewaltigen Umwälzung des wissenschaftlichen Zeitgeistes. Jener Umweg scheint nun zu Ende gegangen, der die Naturwissenschaften weitab von ihren ursprünglich geistlich-religiösen Wurzeln ins materielle Weltbild geführt hatte. Es mehren sich die Stimmen, die vom Bewußtsein als dem zentralen Motiv des Kosmos reden: daß statt einer bloß materiellen Fortentwicklung eine Evolution des Bewußtseins im Gange sei – und zwar dergestalt, daß die bewußtseinsmäßig-erkennende Qualität dem Universum von Anfang an als Zielsetzung innegewohnt habe.

Es gibt aber keine Zielsetzung ohne Vorbild: Teilhard de Chardin, der von der Paläontologie her kommende katholische Religionsphilosoph, bekannte sich zu dem Schluß, daß Gott selbst Seiner Schöpfung das Bewußtsein als krönendes Evolutionsziel – als Punkt Omega – vorbestimmt habe; dies jedoch nicht als eine Bewußtwerdung des Kosmos allgemein, sondern auf dem Wege der Vollendung einer reifenden Menschheit, die von Anfang an als Krone der Schöpfung ausersehen gewesen sei. In Gestalt des Menschen-Bewußtseins also trete der Geist Gottes hernieder in die Offenbarung: Durch Ihn und auf Ihn hin ist alles geschaffen (Kol 1,16).

Auf diese Weise waren Geist und Bewußtsein von Anbeginn »allhier«, in wie viele Richtungen die Evolution auch immer davonjagen mochte. Jedoch scheinen die evolutiven Prozesse von Anbeginn sozusagen geheime »Kenntnis« vom Ziel der Bewußtwerdung gehabt zu haben und hielten sich, bei aller Vielfalt und Üppigkeit, in entsprechendem Rahmen: Die stattgefundenen Verläufe lassen dies erkennen. Obgleich sich also bei den Manifestationen des Äußeren ohne Zweifel ein Aufstieg von unten her vollzogen hat, von niedrigeren zu höheren Organisationsformen hin, so prägt im Nicht-Äußerlichen die Differenziertheit sich von oben her auf.

Bewußtsein nun ist eindeutig ein Phänomen des Inneren. Daher sollten wir hier im Grunde nicht von Evolution sprechen, sondern von Bewußtseins-Involution.

Ja mehr noch, die christliche Botschaft als einzige unter allen Religionen weiß von einem besonderen Geheimnis zu künden: Der Geist Gottes richtet die Schöpfung nicht nur auf sich aus und läßt sie zu sich zurückkehren, sondern Er selbst taucht in einer Vorweg-Hinwendung in die geschaffene Materie ein – vorbehaltlos bis in die allerunterste Ebene: Gott ent-äußert sich, der Höchste selbst macht sich aus Seiner Höhe zum Niedrigsten hin auf den Weg.

Eben dies ist die außerordentliche Botschaft, an der sich die Geister scheiden: Gott stieg in Seine Schöpfung hinab und kam ins Fleisch (1Jh 4,2). Er hielt nicht daran fest, wie Gott zu sein (Phl 2,6). Er kam in Sein Eigentum, aber die Seinen nahmen

Ihn nicht auf (Jh 1,11). Sein Hinabsteigen war ein Entgegen-Gehen: Seinen Geschöpfen entgegen, die, auf Ihn hin geschaffen (Kol 1,16), ihrerseits zu Ihm hin unterwegs sind. Indem Gott ihnen entgegeneilte – so wie der wiedergefundene Vater (Lk 15,20) dem verlorenen Sohne –, nahm Er selbst ihnen das letzte, schwerste Stück des Weges ab.

Er stieg in äußerster Konsequenz hinab bis in die Leiblichkeit, die mit dem Geboren-Werden und dem Heranwachsen beginnt – mit der Notwendigkeit der Evolution von unten her – und mit dem Sterben, ja dem Hinabsteigen in das Reich des Todes, endet. So sehr hat sich der inkarnierte Gott mit dem irdischen Leibe identifiziert, so sehr hat Er die unterste Dimension der Körperhaftigkeit in ihrer Hilflosigkeit ausgekostet, daß sich Ihm der Schrei entrang: »Mein Gott, mein Gott, warum hast Du mich verlassen!« (Mt 27,46; Mk 15,34; Ps 22,2).

Das darauf folgende Ereignis Seiner Auferstehung war daher weit mehr als bloße Rückerlangung körperlicher Belebung. Sie bedeutete für den, der vom Himmel gekommen war, die Wiederbekleidung mit der himmlischen Dimension – die strahlende Einnahme des Platzes zur Rechten des Vaters (Mk 16,19; Heb 12,2).

Kompromißlos hat sich der Sohn Gottes zum Menschen bekannt, indem Er sich selbst den Menschensohn nannte. Er ließ sich in die irdische Leiblichkeit hineingebären, um wahrhaft in einem jeden Menschen eingeboren zu sein. Von allen Lebewesen ist allein der Mensch von Anbeginn eine auf Gott ausgerichtete lebendige Seele: Der einzige, der von jeher ein bewußtseinsmäßiges Innen sein eigen genannt hat. Und das bedeutet: Als einziges geschaffenes Wesen darf der Mensch jenen verborgenen Pfad mitvollziehen, der von oben herabsteigt und an der Seite Christi nach oben zurückführt.

War es nicht eben dieses Geheimnis, das Jesus in nächtlichem Gespräch (Jh 3) dem Nikodemus anvertraute? Es war die Rede von der anderen Geburt des Menschen: Nicht der fleischlich-körperlichen, sondern der geistigen. Der griechische Urtext verwendet hier das Wort *ánothen* (Jh 3,3 u. 7), welches landläufig mit »von neuem« übersetzt und daher oft als biblische Rechtfertigung des Reinkarnationsgedankens mißverstanden wird. Aber *ánothen* läßt sich – ähnlich wie unser deutsches Wort »vor« – sowohl zeitlich als auch örtlich verstehen, und im örtlichen Sinne bedeutet es: von oben. Jesus wählt also ein überaus vielsagendes Wort, um die verheißene Geburt aus dem Geiste zu beschreiben, deren der Mensch bedarf – sie wird aus einer völlig ungeahnten, neuartigen Richtung auf ihn zukommen: »Von oben müßt ihr erneuert hervorgebracht werden«. Denn »niemand fährt gen Himmel außer der vom Himmel herabgestiegen ist, nämlich der Menschensohn« (V. 13). Gott selbst scheute sich nicht, neu geboren zu werden als Gott, der Sohn.

Die irdische Abstammung stellt den Menschen zwar, körperlich und emotional gesehen, in den Prozeß der Evolution; in Wahrheit aber hat seine Seele eine himmlische Heimat und ist lediglich in die Materie hinein entsandt. Von jeher war seine Seele deshalb in Gewißsein und Sehnsucht mit den himmlischen Dingen vertraut; von jeher war sie auch mit wahrem Bewußtsein begabt.

Ein solcher Weg von oben nach unten führt die Seele freilich in zunehmende Trübung und Einengung ihres bewußtseinsmäßigen Horizonts: Mit dem Verlassen der Sphären jenseits des Lebenskreises zerrinnt die Wahrnehmung für das ungeteilte Ganze und muß sich das Bewußtsein in die Beschränkung der Polarität fügen, da erst diese das Geschaute mit Namen nennbar macht.

In der vierten Dimension ist der Blick allerdings noch diaphan: Er schaut wie durch eine durchsichtige, glasklare Oberfläche ins Innerste der Phänomene, so als läge es außen; Ungeoffenbartes wird ihm offenbar. Dieser gänzlichenden Schau zeigt sich Polarität im Nebeneinander der Paradoxa, die im Sowohl/Als-auch miteinander verschlungen sind; daher ermangelt es in dieser Dimension, bei aller Durchsichtigkeit und Offenlegung, der Klarheit in der Unterscheidung und Zuordnung.

In der nächsttieferen, dritten Dimension wird es dem Bewußtsein möglich, erkennend an die Dinge heranzutreten, denn es erwacht das Interesse an den einzelnen Objekten. Doch ist nun nichts mehr transparent, sondern Höhen und Niederungen stellen sich entgegen, die von der Erkenntnis in mühsamen Schritten ausgelotet werden müssen; Erkanntes muß im Gedächtnis behalten werden, da die offene Überschaubarkeit verlorengegangen ist. Über dieser Dimension liegt ein Schatten: Ein Paradies wird erinnert, doch ist es nicht mehr greifbar. So entsteht der Zweifel, ob alles gut sei. Die neue Fähigkeit des Unterscheiden-Könnens führt unversehens zur Aufteilung in Gut und Böse; diese aber reißt das Bewußtsein selbst mitten entzwei.

Für das nunmehr zweigeteilte, in sich selbst polar gespaltene Bewußtsein gibt es nur eine Möglichkeit, die Zweifel zu überwinden: nämlich die, jeglichen Abstand von den Dingen dahinfahren zu lassen und sich in die nächsttiefere Dimension hineinzustürzen, welche das unmittelbare Erleben mit sich bringt. In der zweiten Dimension kann das, was sich auf das Ich bezieht und im Moment erfahren wird, als absolut erlebt werden – jedoch um den Preis, daß es nicht über den Augenblick hinaus währt. Im nächsten Moment schon drängt sich die gegenpolare Wirklichkeit ins Blickfeld, buhlt und wirbt um die Aufmerksamkeit des erlebnisfähigen Bewußtseins; keine Erfahrung läßt sich speichern, alles muß immer wieder von neuem persönlich bereist, erprobt, durchgespielt und durchlitten werden.

Um dieses Schwanken und Wechseln hinter sich zu lassen, muß das Bewußtsein also noch weiter hinabsteigen, bis in die unterste, die erste Dimension. Hier erfährt das Bewußtsein abermals eine Trübung: Es kann sich selbst nur noch insoweit als eigenständig erleben, als es sich mit dem Körper identifiziert. Damit ist die Halbheit besiegelt: Von allen denkbaren polaren Alternativen ver-körpert der Leib immer nur eine – jedoch leib-haftig und bis in die letzte Konsequenz hinein. Da gleichzeitig alles andere versinkt, wird die Halbheit als Ganzheit empfunden – und so liegt in dieser untersten Beschränkung dennoch eine Erfüllung, wie sie die darüberliegenden Bewußtseinsdimensionen vergeblich suchten. Weil im eigentlichen Sinne gar nicht mehr geschaut und wahrgenommen wird, endet auch die Unterscheidung zwischen Schauendem und Geschautem. In der ersten Dimension äußert sich Polarität nur noch in der Frage nach der Existenz als solcher: Leben oder Tod, Ja oder Nein? Von hier aus freilich ist es wirklich nicht mehr weit bis zum Hinabsteigen in das Reich des Todes.

*

Viele Kulturen und Religionen wissen davon zu erzählen, daß die Menschen ursprünglich spirituelle Wesen waren, harmonisch und gut, und in der Nähe Gottes – oder ihrer Götter – wohnten. Seelisch lebten sie damals eher in einer Welt des Unbewußten und der Träume. Dieses Paradies ohne Sünde und ohne Leiden, dieses goldene – oder in anderer Überlieferung: lemurische – Zeitalter freilich ging verloren.

Es geschah nämlich, was biblisch der Sündenfall heißt: das Bekenntnis zu einer zweiten Autorität neben Gott, deren Ratschlägen der Mensch zu folgen bereit war. Der Sündenfall war jedoch nur noch Vollzug: Er ergab sich wie selbstverständlich aus etwas, was wir die andere Schöpfung des Menschen nennen wollen.

Es gibt im 1. Buch Mose bekanntlich zwei Berichte über die Erschaffung des Menschen, und zwar zwei widersprüchliche – was gern als Argument dafür benutzt wird, wie sachlich falsch und unhaltbar die biblische Darstellung doch sei. Dabei handelt es sich in keiner Weise um zwei verschiedene Ausschmükkungen derselben Parabel, sondern um die Berichterstattung von zwei völlig getrennten, unabhängigen Ereignissen: Es gab zwei Schöpfungsakte – zum einen die Verleihung der vierten Bewußtseinsstufe, zum anderen die der dritten.

In der einen Schöpfungsgeschichte (1Mo 1,27) heißt es: »Gott schuf den Menschen Ihm zum Bilde. Als Mann und Frau schuf er sie«. Hier entstanden Männliches und Weibliches also gleichzeitig und miteinander, sich gegenseitig ergänzend und umarmend im Sowohl/Als-auch. Dies war ein Zeitalter der Gewaltlosigkeit: Mensch und Tier nahmen gleichermaßen nur »allerlei Kraut und fruchtbare Bäume« zu ihrer Speise (1Mo 1,29-30).

Als welch anderes Wesen entstand der Mensch der anderen Schöpfung (1Mo 2,7-24)! In der Tat: Ein Mensch irdischer Stofflichkeit, aus einem Erdkloß gemacht, mit erst nachträglich eingeblasenem Lebens-Odem! Vor allem aber wurde ihm sein gegenpolarer Teil buchstäblich herausgeschnitten, das heißt von ihm abgespalten und als sein Gegenüber vor ihn hingestellt – jener Anteil seines Bewußtseins nämlich, der das Böse sehen und erkennen und ihm Gehör schenken würde.

Der sogenannte Sündenfall und die Vertreibung aus dem Paradies legen Zeugnis davon ab, daß der Gang in die Materie hinein, fort von der himmlischen Heimat und den Zeiten der Seligkeit, tatsächlich eine Dimension tiefer geklommen war. Statt der integralen vierten Stufe, welche die Polaritäten noch gänzlichend geschaut hatte, galt jetzt die mentale dritte, in welcher die Aufmerksamkeit gespalten ist und Zweifel herrscht – wo an die Stelle unbewußten Gewißseins ein Bewußtsein voller Ungewißheiten tritt.

Die dritte Dimension nun scheint diejenige zu sein, in welcher die beiden einander entgegenkommenden Lebensbögen – der Aufstieg im Äußeren und die Hinunterwendung im Inneren – zusammentreffen und aufeinanderstoßen. Und das bedeutet: Im Menschen selbst – innerhalb seines zwiespältigen mentalen Bewußtseins – muß ausgetragen werden, daß Geist und Materie in verschiedene Richtungen gehen.

Eben diese Bedingungen und Kämpfe des in sich gespaltenen Mensch-Seins mögen in jener geheimnisvollen Zahl der dreimaligen Sechs ihr Symbol finden: »Hier ist verborgene Bedeutung. Wer Einsicht hat, kann die Zahl des Tieres enträtseln. Denn es ist die Zahl eines Menschennames; sie lautet: Sechshundertsechsundsechzig« (Off 13,18). Als Dezimalwert verstanden – 0,666 –, zeigt diese Zahl an, daß zwei Drittel der Strecke bis zur quantitativen Erfüllung – symbolisiert im Wert Eintausend – gegangen sind. Qualitativ verstanden bedeutet die dreimalige Sechs hingegen, daß drei Viertel der Spanne bis zur Zeit-Erfüllung – symbolisiert in der Vierundzwanzig – erreicht sind. Wo gibt es eine andere Zahl, die jenen Quadranten Drei mit seiner Zerrissenheit, seiner stets lauernden Anfechtung und seinem unablässigen Ringen besser kennzeichnen könnte – jenes Wegstück zwischen zwei Dritteln und 0,75 des in beiden Richtungen begehbaren Lebenskreises? Ist nicht die Apokalypse schon laufend im Gange, seit der Mensch sich als jenes zweite Tier – die Ratio – gebärdet, das alle Kraft und sein ganzes Vermögen darauf verwendet, die Macht des ersten Tieres – des Ego – vor dessen Augen auszuüben (Off 13,12)?

Der Mensch, wäre er hier alleingelassen, wäre erbarmungslos verloren. Aber Gott selbst erschien in Gestalt des Lammes und barg den gesamten Lebenskreis in Seinen ausgebreiteten Armen. So gilt es einzig, mit und in Seinen ausgebreiteten Armen zu leben – auch wenn wir noch immer jene Menschen sind, die auf Erden zwischen Gut und Böse stehen. Der Menschensohn, der vom Himmel herabgestiegen war und wieder aufgestiegen ist, hat zugesagt, daß unser menschlicher Weg nicht in der irdischen Sackgasse – oder gar im Reich des Todes – endet, sondern daß Er uns mit sich in das Haus Seines Vaters nehmen wird, das uns mit seinen vielen Wohnungen erwartet (Jh 14,2).

Solange wir allerdings noch in der Welt sind, sollen wir wiederum die Mittler sein, deren Erlösung der gesamten Schöpfung zur Befreiung gereicht. Paulus schreibt (Rö 8,19-23) von der Sehnsucht, dem ängstlichen Harren der Kreatur, die auf das Offenbarwerden der Gottessohnschaft des Menschen wartet. Nach Gottes Ratschluß sind gewisse Dimensionen der Schöpfung unfreiwillig der »Nichtigkeit« unterworfen; jedoch nur vorläufig, denn sie dürfen darauf hoffen, daß auch sie aus ihrer Sklaverei und Verlorenheit zur Freiheit und Herrlichkeit der Kinder Gottes gelangen werden: »Wir wissen, daß die gesamte Schöpfung bis auf den heutigen Tag seufzt und in Geburtswehen liegt. Aber auch wir, obwohl wir als Unterpfand den Geist haben, seufzen in unserem Herzen und warten auf das volle Offenbarwerden unserer Annahme an Sohnes Statt, unsere Erlösung von der Dimension des Leibes«.

	0	I YIN / YANG	II YIN / YANG	III YANG \ YIN	IV YANG \ YIN	V
Psych. Grundfunktion nach Jung Individuationsstufe		/ somatisches Empfinden Es(Sich)-haftigkeit	/ Fühlen Ich-Verwirklichung	Denken \ Partnerschaftsfähigkeit	Intuition \ Gemeinschaftsfähigkeit	Coniunctio Indiv. Selbst
»Instrument der Seele« Erlebnisqualität		Körper Intention	Ich Ich-Erleben	Beziehung Interesse	Symbiose Sehnsucht	
Gehirnbezug		Stammhirn	limbisches Gehirn	linke Gehirnhälfte	rechte Gehirnhälfte	
Aspekt der Sinnesmannigfaltigkeit Sinneswahrnehmung Schmerzwahrnehmung		Lokalität volitiv sensorisch-diskrim.	Zeitlichkeit affektiv affektiv-motivational	Intensität kognitiv kognitiv-evaluativ	Qualität (intuitiv) Botschaftscharakter	
Bewußtseinsdimension nach Gebser	archaisch	magisch	mythisch	mental	integral-diaphan	fünfte Bewußtseinsdimension
Daseinsform der Natur	Mineral	Pflanzenreich	Tierreich	Reich des Menschen		
Aurahüllen		Ätherleib	Astralleib	Mentalleib	Spiritualleib	
Symbol. Lebewesen		Stier	Löwe	Mensch	Adler	Sphinx
Wesensbereich (Ens) nach Paracelsus		Ens naturale	Ens astrale	Ens veneni	Ens spirituale	Ens Dei
Polarität nach Gebser:		Hinten / Vorn Nein / Ja Entweder / Oder — Unität	Links / Rechts Peripherie / Mitte Einmal-dies / Einmal-das — Polarität im eigtl. Sinn	Oben \ Unten Positiv \ Negativ Mehr \ Weniger — Dualität	Außen \ Innen Verfügbar \ Verborgen Sowohl \ Als-auch — Integralität	Ungeteiltes Eins-Sein

Aggregatzustand	flüssig	feurig-ätherisch	fest	gasförmig	
Chines. Analogien					
Element	Wasser	Holz	Erde	Metall	Feuer
Himmelsrichtung	Norden	Osten	Süd-Westen	Westen	Süden
Jahreszeit	Winter	Frühjahr	Spätsommer	Herbst	Sommer (Sonnenwende)
Tageszeit	Nacht	Vormittag	Nachmittag	Abend	Mittag („noon“)
Elem.-Eigenschaft	unterkühlt	sprießend	trächtig	veredelbar	strahlend
Klima-Modalität	Kälte	Wind	Feuchtigkeit	Trockenheit	Wärme
Geschmacksrichtung	salzig-kristallin	sauer-perlend	süß-seimig	herb-würzig	bitter-geröstet
Organ-Zuordnung	Niere / Urogenital	Leber / Gallenbl.	Magen \ Milz	Dickdarm \ Lunge	Herz, Dünndarm
Sinnesfunktion	/ Ohr / Horchen	/ Auge / Blicken	Mund \ Begreifen \	Nase \ Erspüren \	Zunge Verkünden
Spez. Gewebeschicht	Knochen / Skelett /	Muskeln / Sehnen /	\ Bindegewebe \ Fleisch	\ Haut \ Haar	Blut Gefäße
Schlüsselfunktion	Stabilität / Sicherung – Erhaltung –	Wechsel / Aktion – Dynamik –	Begegnung \ Speicherung – Verarbeitung –	Grenzüb. \ Loslösung – Austausch –	Kommunikation – Strahlung –
Psych. Entsprechung	Angst / Wille	Mut / Zorn	Überbesorgnis \ Tiefsinnigk.	Weltschmerz \ Resignation	Freude
Psychische Funktionsqualität	Vertrauen / Festigkeit /	Motivation / Lebenslust /	\ Konkretisat. \ Ordnungssinn	\ Kreativität \ Gewißsein	Liebe
Grund-Form der Angst nach Riemann	»zwanghafte« Angst vor Veränderung	»schizoide« Eigen-Rotation	»depressive« Fremd-Rotation	»hysterische« Panik v. Unausweichlichkt.	Gottesfurcht
Zeitbezogene Angst	Wiederholungsangst	Sich-eingeengt-Fühlen	Zukunfts-Befürchtungen	Verzagtheit	
Zeitform-Tempus	Vergangenheit	Situationsmoment: »Happening«	Zukunft	Möglichkeitsform: Entgegen-Warten	Präsenz: Jetzt
Lebensform	Stamm	Single	Ehe	Gruppe	
Geometr. Dimension	Punkt / Strecke	Kreisring / Fläche	Schale \ Kugel	Doppelhelix \ Attraktor	
Kennwörter	Halten / Treiben	Regen / Bewegen	Nehmen \ Tragen	Lassen \ Lösen	
Hebr. Zahlensymbol	Alef (Stierkopf)	Beth (Haus=Umfeld)	Gimel (Kamel)	Daleth (Pforte)	He (Fenster=Lichtquelle)

Kapitel 23

Die hebräischen Namen der Lebensbereiche

Es ist nun an der Zeit, ein Fazit aus den vorangegangenen Kapiteln zu ziehen. In unserer Auswahl an Analogien stellte sich in immer neuem Gewand das Ur-Selbe dar; und hierzu sei eine Schlußfolgerung Goethes zitiert: »Kein Phänomen erklärt sich an und aus sich selbst; nur viele zusammen überschaut, methodisch geordnet, geben zuletzt etwas, das für Theorie gelten könnte.« *(Maximen und Reflexionen aus dem Nachlaß, Nr. 1263)*

Einer solchen Gesamtschau möge die Tabelle der Seiten 358–359 dienen, in welcher die in diesem Buche herausgegriffenen Analogien zusammengefaßt sind.

In den waagerecht nebeneinander aufgeführten Kategorien finden sich die besprochenen Gesamt-Systeme in ihre jeweiligen Teilbereiche aufgegliedert: Veranschaulichung des Neben- und Miteinanders der Bereiche, wo wechselseitige Beziehungen und Prozesse eine Rolle spielen, wie sie sich im Rahmen der polaren Auffächerung ergeben. Die senkrecht untereinander aufgeführten Kategorien veranschaulichen demgegenüber das »Wie oben, so unten«, das Prinzip der Analogien. Eine großartige Mannigfaltigkeit umfassend, besteht die Ordnung der Analogien dennoch aus durchgehenden Übereinstimmungen, denn sie besagt, daß alles, was war, ist und sein wird, letztlich Eins ist.

Das koordinatenartige Verwobensein von Nebeneinander- und Oben/Unten-Kategorien macht deutlich, daß die dargestellten Gesamt-Systeme aus übereinstimmenden Teilbereichen bestehen. Je zahlreicher die Analogien, desto deutlicher leuchtete das Prinzipielle der einzelnen Teilbereiche auf: Sämtliche in demselben Quadranten auftretenden Erscheinungen – wie zum Beispiel Ich und Gefühl samt Bewegtheit und Selbstausbreitung – erwiesen sich als vom Prinzip her eins. So ergibt die methodische Zusammenstellung die folgende »Theorie«: In den fünf Unter-Bereichen, als den vier-plus-eins Elementen unseres Lebenskreises, sind wir offensichtlich fünf grundlegenden Prinzipien lebendiger Weltordnung auf der Spur: fünf Ur-Formen dynamischen Wirkens. Ihr Ineinandergreifen und Aufeinander-Bezogensein, wie es sich in allen Schichtungen und Analogien des Lebenskreises von neuem offenbart, wird zum Schlüssel für das Verständnis vieler Lebensprozesse – und letztlich des Menschen selbst.

Wir erachten die fünf grundlegenden Prinzipien als ursprüngliche und unmittelbar gegebene Lebensbereiche: Es gilt dasselbe, was Hensel für die Sinneswahrnehmungen aussprach: Sie »gehören zu den letzten Prinzipien unseres Erkennens, bei denen die Kette unserer Beweisführung endet.«

An dieser Stelle des Buches dürfte uns das Wesen der fünf grundlegenden Lebensbereiche eindeutig vor Augen stehen. Dennoch gelingt es – mit einziger Ausnahme der Quinta Essentia – nicht, schlagwortartige Kennamen zu finden, mit denen die Prinzipien sich knapp und vollständig umreißen ließen. Dies liegt an dem weiten Spektrum von Yin bis Yang, in das die vier paganischen Prinzipien jeweils gestellt sind, so daß sie notwendig die widersprüchlichsten Phänomene in sich vereinigen.

Anstatt Kennamen zu suchen, werden wir es daher weiterhin dabei bewenden lassen, die Prinzipien nur schlicht von Eins bis Fünf zu numerieren.

Erstaunlicherweise aber liegt gerade in der Numerierung eine unverwechselbare Namensgebung. Die jüdische Überlieferung weiß darum, daß Zahlen keine bloßen Mengenangaben sind, sondern sehr klare Symbolvorstellungen wachrufen. Im Hebräischen nämlich sind die Zahlen gleichlautend mit den fortlaufenden Buchstaben des Alphabets, und diese Schriftzeichen wiederum besitzen lebendigste Aussagekraft. Hierzu beziehen wir uns auf die Deutung von Friedrich Weinreb:

Der erste Buchstabe des hebräischen Alphabets, der zugleich den Zahlenwert Eins darstellt, ist das *Alef* א. Der Name Alef bedeutet Stierkopf. Seine Symbolik bezieht sich auf den Eintritt in die Welt der äußeren Erscheinungsformen, auf die aufgehende Saat, auf Frucht und Fruchtbarkeit überhaupt. Eigentümlicherweise ist dieses Alef kein gesprochener Laut, sondern bleibt stimmlos. Das Hebräische kennt also einen Buchstaben, der sich nicht aussprechen läßt – »denn er ist gleichlautend mit der Eins«. Diese Eins scheint dem Un-geteilten, dem nicht-nennbaren Ursprung näher zu sein als jenem Weg, den das Leben in der Welt der Erscheinungen anzutreten hat.

Der zweite Buchstabe, zugleich das Zeichen für die Zwei – die Zwei-heit, das Doppelte –, ist das *Beth* ב . Beth bedeutet Haus. Damit ist versinnbildlicht, daß der Mensch nunmehr auf der Erde feste Wohnung genommen und sich im Irdischen eingerichtet hat: Im Irdischen ist er aber auch befangen – und gefangen. Die ganze Welt wird zu diesem seinem Haus, innerhalb dessen er immer größere Bewegungen vollzieht, immer weitere Wege zurücklegt. Aus dem Zahlenwert Zwei folgt ferner die Verdoppelung – bildlich sichtbar geworden im Doppelbogen des griechischen β und des lateinischen B. Ab dem Zeichen Beth gibt es hinfort nichts mehr in dieser Welt, das keinen gegengespiegelten Konterpart besäße; Beth ist Symbol der erstmals erfahrenen Selbständigkeit, die notwendig die Polarisierung gegenüber der Umwelt nach sich zieht. Mit dem Beth als erstem Konsonanten beginnt auch der gesprochene Laut, das Erzählen – so wie es ebenfalls Gebser für die zweite, mythische Stufe des Bewußtseins festgestellt hat. Den Konsonanten B auszusprechen, bewirkt einen Laut der Explosion, und dies ist nicht zufällig; denn letztlich hat alles, was unter dem Zeichen Beth begonnen wird, etwas Explosives an sich – jedes Unternehmen, jede Tat.

Der dritte Buchstabe, die Drei, heißt *Gimel* ג , zu deutsch: Kamel. Als das Ausdauernde und das Wiederkäuende – wir erinnern uns der Doppelbedeutung des Wortes *worry:* Be-denken und dauerndes Hochwürgen – ist das Kamel der Begleiter des Menschen auf dessen Weg durch die Wüste, durch Durststrecken und Widrigkeiten hindurch. Mit seinen zwei Hökkern trägt es ebenfalls die Dualität auf dem Rücken: Solange der Weg währt, währt darum auch die Zweiheit des Zweifels. So unterscheidet der Mensch zwischen Gut und Böse, aber es wird ihm gegeben, daß er das Böse tragen und ertragen – und das Gute tun kann. Vom Wortstamm g-m-l her leitet »Gimel« nämlich zu »Gomel« über, und das bedeutet: Gutes tun.

Der vierte Buchstabe, das Symbol der Vier ד , trägt den Namen Tür: *Daleth.* Diese Tür vermag schließlich aus dem Hause hinaus zu führen, ja sie ist Vermittler zwischen der irdischen Welt und jener, die jenseits existiert; gleich einer Schwingtür nämlich eröffnet sie den Durchgang in beide Richtungen. Der

Mensch, der beider Welten gewahr ist und in beiden lebt, wird ein anderer, denn er weiß, daß außen an seiner Tür das Blut des Lammes prangt: das Zeichen der Erlösung (2Mo 12,21–23).

Auch den Zahlenwert Fünf kennt das hebräische Alphabet; der fünfte Buchstabe, das Zeichen *He* ה, heißt zu deutsch: Fenster. Durch das Fenster fällt das Licht herein, so daß das Haus aus einer anderen Welt her erhellt werden kann. Man kann also im Hier wohnen, wenn man das Licht von Drüben hereinläßt. Diese Fünf ist ferner versinnbildlicht in der Vollständigkeit der menschlichen Hand: Erst der Daumen als der ganz andere, der Gegenübergestellte, ermöglicht die Handhabung. So bedeutet die Fünf Vervollkommnung und Krönung im Diesseitigen.

Soweit die ersten fünf Zeichen: Die hebräischen Zahlensybole Alef, Beth, Gimel, Daleth und He erweisen sich als wahrhaftige Namen – als heilige Namen: Sie passen auf die fünf Lebensbereiche, als wären sie ihnen geradezu verliehen, um sie für ihre höchst spezifischen Aufgaben zu prägen. Diese kennzeichnenden Aufgaben sind das Wesentliche. Von Stufe zu Stufe werden sie differenzierter; daher die zunehmende Verfeinerung und Ausweitung unter den Lebensbereichen – bis hin zur Krönung in der Quinta Essentia.

Das hebräische Alphabet zählt auf eine eigentümliche Weise weiter: Insgesamt umfaßt es 22 Zeichen. Zunächst folgen die Sechs, Sieben, Acht und Neun. Danach wird es, gleichsam als Überhöhung der ersten neun Zeichen, als Zehnerreihe fortgeführt: Es folgen 10, 20, 30, 40, 50 und so weiter, bis zur 90. Am Ende kommt es zu einer letzten Steigerung in Gestalt der Hunderter-Reihe; diese jedoch kennt keine 500 mehr, sondern das Alphabet endet mit dem Wert 400, *Taw* genannt, was einfach Zeichen bedeutet. Das will besagen: Die Vollkommenheit – das, was die 400 transzendiert – läßt sich im Diesseitigen nicht mehr ausdrücken.

*

Welche Aussagen ergeben sich aus der in diesem Kapitel gewonnenen »Theorie« für das Verhältnis des Ganzen zu seinen Teilen?

Wenn die vier Lebensbereiche, die vier Quadranten des Lebenskreises, sich aus der Auffächerung in die Polarität herleiten, so ist dies ein horizontales Mit- und Nebeneinander, in Gestalt dessen sich das Ganze weit auftut, um alles, was in ihm ist, offenzulegen, ja preiszugeben.

Wenn auf der anderen Seite die Phänomenologie der Analogien besagt, daß letztlich alles Eins ist, so ist dies die vertikale Einbindung, in der sich das Ganze – eben jene Eins – in unendlicher Potenzierung der eigenen Botschaft wiederholt: Auf stets neue Weise nimmt die Botschaft des Einen Gestalt an, mit sich verwoben und überblendet, sich selbst unzählig oft enthaltend und widerspiegelnd.

So rätselhaft dies auch sei: Es setzt sich bis in den Menschen hinein fort. Das Lebewesen Mensch ist ein Ganzes – und als ein solches trägt es das Bild der eigenen Ganzheit nicht nur millionenfach als Zellinformation in sich, sondern zu wiederholten Malen auch äußerlich aufgeprägt. Denn als eben solche Selbstabbildungen dürfen wir jenes Phänomen auffassen, das sich an zahlreichen Körperteilen finden läßt: das Phänomen der Gesamtkörperprojektionen oder Holographien. Als erste wurden diejenigen an der Gehirnrinde entdeckt, eine motorische und eine sensorische, denen man den treffenden Namen *Homunculus* (lat.: Miniaturmensch) gab. Hierzu zählen aber auch die bekannten Fußsohlenreflexzonen, ferner das kartographische Menschenbild auf der Ohrmuschel, das an einen auf den Kopf gestellten Embryo erinnert, sowie umschriebene Projektionsfelder auf der Iris des Auges, an Nase, Zähnen, Mundschleimhaut und Zunge, auf der Rückenpartie und so weiter.

Diese vielfachen Holographien, die sämtlich den einen, selben Menschen widerspiegeln, sind allerdings auf sehr maßgebliche Weise voneinander unterschieden. Unsere üblichen Vorstellungen von Ähnlichkeit müssen gänzlich zurücktreten. Hier geht es offensichtlich gar nicht um abbildungsgetreue, kongruente Reproduktion des Vor-Bildes, sondern vielmehr um die Treue des abbild-tragenden Körperteils zu seinen eigenen, gerade ihm zur Verfügung stehenden Ausdrucksmöglichkeiten. Am Ohr zum Beispiel kommt es zu besonderer punktartiger Präzision, einer fast landkartengetreuen Nachzeichnung des Körpers; im Munde hingegen spezialisiert sich die Darstellung auf die funktionellen Beziehungen der Organe zueinander.

So wie die Holographien ihr Gesamtwesen, den Menschen, widerspiegeln, ist seinerseits der Mensch – in den Worten von Novalis – eine Analogiequelle für das Weltall.

Das Ganze ist offensichtlich keine bloße Summe seiner Teile; es besteht nicht nur quantitativ aus Einzel-Einheiten, die zusammengelesen und wie ein Mosaik aneinandergefügt wurden. Viel bedeutsamer ist der qualitative Aspekt, der zum Zusammenhalt aller Teile in gegenseitiger Wesensübereinstimmung führt. Die Botschaft des Ganzen von sich selbst – was sollte sie anderes verkündigen als Ganzheit? In seiner Ungeteiltheit kann das Ganze nicht anders, als nur immer das Motiv der eigenen Ganzheit selbst dem letzten seiner Fragmente gleichnishaft aufzuprägen. Daher ist es von jeher mit eben dieser Botschaft in allen seinen Teilen anwesend. Bei aller Selbstwiederholung bleibt es sich gleich; denn die Eins, so oft man sie auch mit sich selbst multipliziert, ergibt immer wieder: Eins.

In solcher Sicht erscheint das Ganze als das unerschöpflich Zeugende – lateinisch: *par-ens* –, welches sich jedem einzelnen Teil – lateinisch: *par-s* – eingebiert. Die Teile sind seine Hervorbringungen und Entäußerungen. Das Ganze aber ist das Heile – das Heilige.

In alledem ist das begründet, was die Bibel die Ebenbildlichkeit des Menschen (1Mo 1,27) nennt. So wie die einzelnen Projektionsfelder den gesamten Körper des Menschen widerspiegeln, so ist auch jeder einzelne Mensch Ebenbild seines göttlichen Parens. Wir sind tatsächlich »wie« Gott (1Mo 3,5) – jedoch auf andere Weise, als die trügerische Schlange es uns suggerieren wollte. Denn es kann niemals um das Wetteifern zwischen Mensch und Gott gehen, um die Hybris, sich mit Gott zu messen, oder gar um das Auskosten gleicher Machtbefugnisse oder Möglichkeiten. Sondern der Mensch selbst ist eine der Möglichkeiten Gottes. Wenn wir Gott gleichen, so nicht in Gleichheit oder gar Gleichberechtigung, sondern als Gleichnis. So unmißverständlich wir auch Sein Bild tragen, sind wir dennoch nicht Gott – ebensowenig wie der Kosmos mit Gott identisch ist. Gott existiert jenseits von uns und reicht weit über uns hinaus.

Ein Ausspruch von Hermann Hesse lautet: »Ich glaube an den Menschen als eine wunderbare Möglichkeit.« Jeder einzelne von uns ist dazu berufen, auf eigene und einmalige Weise – nämlich genau so, wie es die in ihn gelegten besonderen Gaben vorgeben – das Bild Gottes auf Erden aufstrahlen zu lassen. Um für gut und treu befunden zu werden, wird es darauf ankommen, daß wir, wenn wir unsere »Talente« (Lk 19,12-27) Gott zur Verfügung stellen, eben diesen unseren Talenten treu bleiben.

Kapitel 24

Die Vernetzung der Lebensbereiche

Die Grafik des viergegliederten Kreises, die uns durch dieses Buch geführt hat, stellt notwendig eine Vereinfachung dar; denn als bloß zweidimensionale Skizze kann sie dem wahren Wesen von psychischen Grundfunktionen, Entia, Bewußtseinsebenen, Raum- und Zeitdimensionen niemals gerecht werden. Ein dreidimensionales Modell hätte demgegenüber die Gestalt einer Kugel, zusammengesetzt aus vier gleich großen Kugelsegmenten, die die Inhalte der vier paganischen Bereiche verkörperten und sich in der Kugelmitte berührten. Aber auch ein solcher Raumkörper stellte noch immer eine Vereinfachung, ja Verzerrung dar: Erst ein vierdimensionales Modell käme der Wirklichkeit näher – hierfür freilich fehlt uns jegliche Vorstellung. Nur das folgende läßt sich mit Bestimmtheit aussagen: Im Vierdimensionalen gelten Verstülpungen, Gleichzeitigkeiten und Ambivalenzen, da das Innere sich im Äußeren auf verschiedene Weise darstellen kann.

In diesem Sinne erweist sich unser Lebenskreis als Symbol für drei sich gegenseitig durchdringende Wirkungsebenen, die miteinander in Gesamtübereinstimmung stehen. Wir werden sehen, daß sie sich auf die dreigestaltete Leib-Seele-Geist-Einheit des Menschen beziehen lassen.

Damit erfährt die Zählung Eins-Zwei-Drei-Vier unserer Lebensbereiche allerdings eine Relativierung. Es paßt das Bild der verschiedenen Spielfelder, die man oft auf dem Boden einer Turnhalle übereinandergemalt findet:

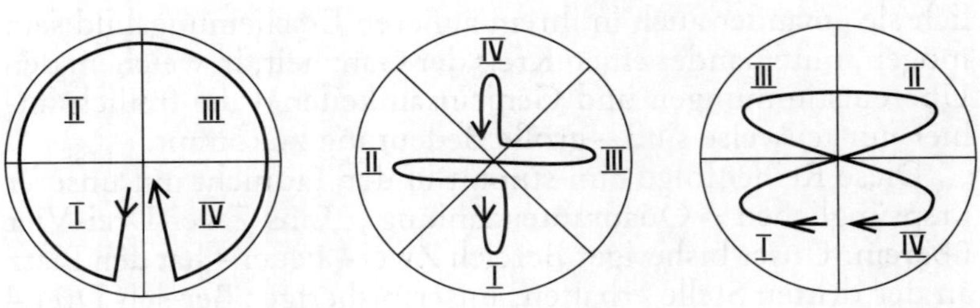

Um es vorwegzunehmen: Die jeweils folge-richtige Reihenfolge beruht auf gewissen Teil-Übereinstimmungen zwischen einzelnen Lebensbereichen, die sich am besten als »halbgeschwisterliche Verwandtschaften« bezeichnen lassen – das heißt die vier Bereiche stehen nicht gesondert nebeneinander, sondern sind über bestimmte Affinitäten miteinander vermascht. Diese halbgeschwisterlichen Verwandtschaften erweisen sich jedoch als mehrschichtig, indem sie sich je nach Blickwinkel beziehungsweise Ebene unterschiedlich darstellen; dies führt in jeder Schicht zu einer anderen Deutung des Verhältnisses der Lebensbereiche untereinander.

Worauf wir uns hier beziehen, sei am Beispiel der vier abendländischen Naturelemente erläutert. Wir sind dem Leser bisher den Hinweis schuldig geblieben, daß eben solche Halbverwandtschaften für Wasser, Erde, Feuer und Luft überliefert sind. Denn obzwar man in diesen vier Naturelementen die Ursubstanzen des Kosmos sah, galten sie gleichwohl als doppelgesichtig; nämlich als die Vermählung zweier von jeweils vier möglichen elementaren Ur-Qualitäten: von einerseits Kalt oder Heiß mit andererseits Feucht oder Trocken. Diese vier Ur-Qualitäten haben Symbolcharakter, decken sie doch in ihrer Vierheit das Spektrum des Elementaren ab. Wenn es insgesamt nur vier von ihnen gibt, so müssen sich notwendig jeweils zwei und zwei Elemente darein teilen. Die Ur-Qualitäten werden somit zur Brücke der Gemeinsamkeit zwischen je zwei Elementen, was zum nachbarlichen Nebeneinander bestimmter Elemente führt.

In diesem Sinne ergeben die Ur-Qualitäten Feucht und Kalt das Element Wasser, Kalt und Trocken das Element Erde, Trocken und Heiß das Element Feuer; und mit der verbleibenden Verschmelzung von Heiß und Feucht zum Element Luft schließt sich der Ring. So bilden die vier Elemente, so unähnlich sie einander auch in ihrem äußeren Erscheinungsbild sein mögen, miteinander einen Kreis der Ganzheit, in welchem den Übereinstimmungen und Gemeinsamkeiten – die freilich immer nur teilweise sind – große Bedeutung zukommt.

Diese Reihenfolge nun stimmt in der Tat nicht mit unserer ursprünglichen Quadrantenzählung Eins-Zwei-Drei-Vier überein: Unser bisheriger Bereich Zwei – Feuer – hat den Platz an der dritten Stelle erhalten, unser bisheriger Bereich Drei –

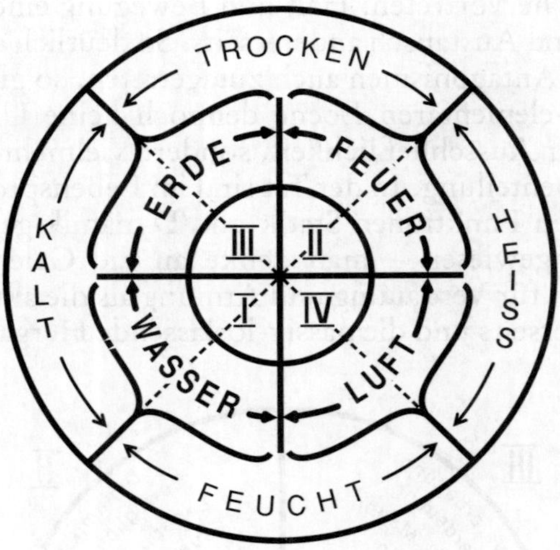

Erde – den an der zweiten. Mit anderen Worten: unter den vier klassischen Naturelementen ergibt sich eine Aneinanderreihung Eins-Drei-Zwei-Vier.

Die Halbverwandtschaften machen deutlich, daß sich innerhalb des übergreifenden Ganzen, das die Elemente miteinander bilden, Polarisierungen herauskristallisieren; denn Trocken und Feucht, Kalt und Heiß können nie zusammengehen, sondern schließen einander vom Prinzip aus. Diametral gegenübergestellte Elemente widersprechen einander total, nämlich in beiden Ur-Qualitäten. So kreuzen sich, bildlich gesehen, zwei Gegensatzpaare, nämlich Wasser/Feuer und Erde/Luft.

Für die analogen vier hippokratischen Temperamente ergeben sich hieraus die Antagonismen Phlegma/Cholerik einerseits und Melancholie/Sanguinik anderseits. Die vier Kombinationen der elementaren Ur-Qualitäten Trocken und Feucht, Kalt und Heiß stehen daher auch symbolhaft für die vier Temperamente in deren Gegensätzlichkeit.

Die Verknüpfung der vier klassischen Naturelemente mit den hippokratischen Temperamenten, die ausdrücklich auf die Körpersäfte (Humores) zurückgeführt werden, weist auf das Leiblich-Funktionelle hin. Ihre prinzipielle Übereinstimmung mit den chinesischen Elementen läßt zwei Paare funktioneller

Gegensätze hervortreten: Halt und Bewegung einerseits, Verarbeitung und Austausch andererseits. So deutlich diese beiden paarweisen Antagonismen auch zutagetreten, so gilt auf dieser funktionell-elementaren Ebene dennoch keine Unvereinbarkeit oder gar Ausschließlichkeit, sondern vielmehr Ergänzung und Aufgabenteilung. In der Tat sind im Lebensprozeß die gegensätzlichen Funktionen Statik und Dynamik geradezu aufeinander angewiesen – man denke an die Gelenkfunktion. Gleiches gilt für Verdauung und Atmung als die aktive Einverleibung einerseits und die passiv-loslassende Hergabe andererseits.

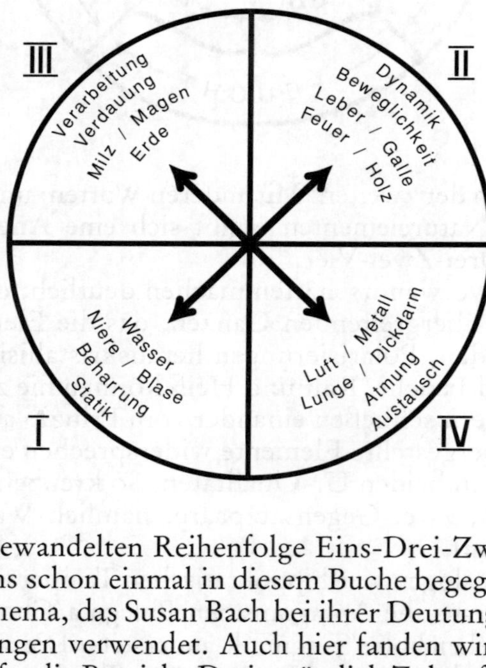

Der abgewandelten Reihenfolge Eins-Drei-Zwei-Vier sind wir übrigens schon einmal in diesem Buche begegnet: nämlich bei dem Schema, das Susan Bach bei ihrer Deutung der Patientenzeichnungen verwendet. Auch hier fanden wir in der oberen Bildhälfte die Bereiche Drei – nämlich Zukunft – und Zwei – aktueller Moment – gegenüber unserer ursprünglichen Reihenfolge vertauscht.

Wenn der Mensch, gerade auch das Kind, sich selbst in einer derart aufgeteilten Zeichnung darzustellen vermag, so dürfte dies die Gegebenheiten betreffen, die er in und kraft seiner Leiblichkeit erlebt. Die Aussagen, die diese Bilder erlauben, beziehen sich auf das Reale und Körperliche, auf den biographischen und sozialen Hintergrund, auf Gesundheit und Krankheitsprognose.

*

Die Quadrantenordnung Eins-Drei-Zwei-Vier bietet nicht die einzige Abweichung von der regulären Zählung: Aus einem anderen Blickwinkel – auf anderer Ebene – lassen sich neue halbgeschwisterliche Brücken zwischen den Bereichen unseres Lebenskreises schlagen, die zu der Aneinanderreihung Eins-Zwei-Vier-Drei führen.

Diese Folge begegnet uns im Vierer-Schema des Schweizer Psychologen Max Lüscher. Er ist Begründer eines besonderen psychotherapeutischen Konzepts, in welchem der Mensch, psychisch gesehen, als Vier-Farben-Mensch erscheint. In dem bekannten Lüscher-Test werden dem Klienten die vier Grundfarben Grün, Rot, Blau und Gelb zur Auswahl vorgelegt. Es handelt sich um äußerst provokative Test-Farben, die jeweils leichte Beimengungen der übrigen Grundfarben enthalten und sämtlich von eher kalter, wenig ansprechender Tönung sind. Indem nun der Proband die ihm noch am ehesten zusagende Farbe zu wählen hat, ist er in eine Kompromißentscheidung gedrängt, die ihm die innere Auseinandersetzung mit allen vier Farben abnötigt: Seine Wahl wird zum Ausdruck eines Komplementärstrebens. Auf diese Weise vermag der Test innerseelische Polarisierungen, Spannungen und Ausgleichsbestrebungen aufzudecken.

Wir werden uns allerdings nicht mit der Interpretation dieses Tests und den Farbvorlieben selbst befassen, sondern mit Lüschers grundsätzlichen Erkenntnissen. Der Vier-Farben-Kreis bietet wiederum eine neue Analogie zu unserem Lebenskreis.

Ausdrücklich bezieht sich Lüscher auf das Zusammenspiel von Raum und Zeit, die er als die Ur-Polarität bezeichnet. Im Hinblick auf die Psyche erweitert er den Raum-Begriff um das Bewußtseinsmäßige; Raum und Bewußtsein sieht er als eng verkoppelte, ja analoge Phänomene. Das eigentliche Wesen der Zeit sieht er in der Hervorbringung der Ereignisse. Wir erinnern uns an die fast gleichlautende Definition von Gebser: Er nennt den Raum den »Bewirkten« und demgegenüber die Zeit die »Bewirkende«. Die in der Physik geläufige Gegenüberstellung von Teilchen und Welle bezieht sich auf denselben Ur-Gegensatz.

Nach Lüscher ist die Psyche des Menschen gleichzeitig raumhaft wie auch zeithaft: raumhaft durch ihr Bewußtsein, das der Welt begegnet; zeithaft durch ihr Wirken in der Welt. Die durch die Farbvorlieben gekennzeichneten vier psychischen Typisierungen sind als elementare Verschmelzungen je einer raumhaften und einer zeithaften Ur-Qualität aufzufassen. Sie stehen einander daher gar nicht so fern, wie man zunächst vermuten möchte, denn unter ihnen ergeben sich wiederum Halbverwandtschaften wie im antiken Elementenkreis.

Die beiden alternativen Bewußtseins-Ausrichtungen nennt Lüscher Autonomie und Heteronomie; Autonomie bedeutet die Bezogenheit des Individuums auf sich selbst, Heteronomie den Fremdbezug beziehungsweise die über das Ich hinausweisende Perspektive. Die beiden möglichen Polarisierungen des Wirkens in der Zeit nennt er Variabilität und Konstanz; Variabilität als Spontaneität und Wechselhaftigkeit, Konstanz als Beharrung und buchstäbliche Einengung der Zeitperspektive.

Die Wahl der Test-Farbe Grün deutet auf ein konstant-autonomes Temperament hin; die Wahl der Farbe Rot auf ein autonom-variables; die Wahl von Gelb entspricht einem variabel-heteronomen Temperament; und mit der Verschmelzung von Heteronom und Konstant zur Blau-Vorliebe schließt sich der Ring.

So ist nun zu klären, wie sich die vier elementaren Ur-Qualitäten Autonom, Heteronom, Konstant und Variabel halbgeschwisterlich auf die vier Lebensbereiche verteilen.

Die Zuordnung der beiden raumhaften Alternativen des Bewußtseins fällt nicht schwer. Autonomie trifft zu für die Bereiche Eins und Zwei der evolutiven Kreishälfte, wo das Sich-hafte und Ich-hafte ihren Standort haben; auf die Daseinsformen oder Reiche bezogen: für die »vor-menschlichen« Reiche von Tier und Pflanze beziehungsweise die »vegetative« und »animalische« Seinsebene. Heteronomie finden wir demgegenüber in den Quadranten Drei und Vier der involutiven Kreishälfte – den »menschlichen« Bereichen mit sozialer und partnerschaftlicher Bindung aus Ethik und Sinnfindung, mit Transzendenz und spiritueller Erfahrung.

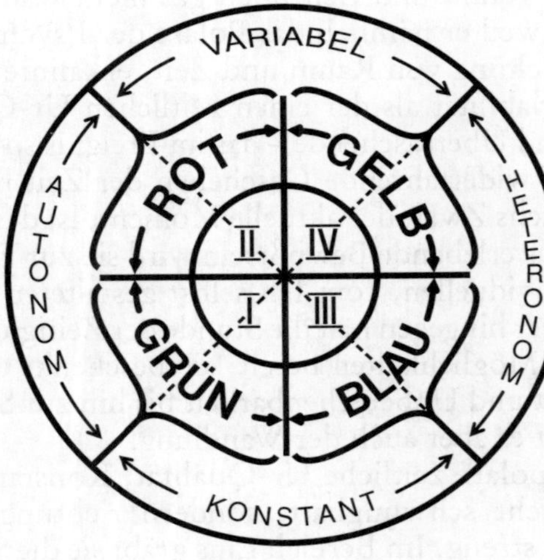

Die beiden zeithaften Alternativen des Wirkens hingegen sind für unsere Betrachtungen neuartig. Der Begriff variabel mag uns leichter verständlich sein als der Begriff konstant, besteht doch das Wesen von Zeit- und Ereignisbewirkung eben in Wechsel und Dynamik. Jedoch sahen wir im IGing mit dessen Gegenüberstellung von Tendenz und Manifestation, daß es auch Phasen scheinbarer Ereignisstille geben kann: Gleichbleibende Ereignisse – Konstanz – finden sich jeweils dort, wo eine zum Abschluß gekommene Manifestation sich noch eine Weile im Erscheinungsbild aufrechtzuerhalten vermag – das heißt also in den Quadranten Eins und Drei, die sich unmittelbar an das Yang im Yang beziehungsweise das Yin im Yin anschließen. Wechsel und Umsturz – Variabilität – hingegen erschüttern die Quadranten Zwei und Vier, wo das Drängen der jeweils neuen, gegenpolaren Tendenz immer unaufhaltsamer wird und nicht duldet, daß vom Alten auch nur das Geringste übrigbleibt.

Über das Wesen der Zeit ist viel nachgedacht worden, von Philosophen gleichermaßen wie von Physikern. Die Zeit-Kriterien, die uns hier aus der psychischen Sicht begegnen, bringen etwas ein, ohne das die Zeit möglicherweise gar nicht einzuordnen ist: nämlich die seelische Erlebnisebene. In seiner Genialität hat Lüscher eine Schicht aufgedeckt, die in der Diskussion über Raum und Zeit noch gar nicht wahrgenommen worden ist – weil er nämlich das Polare der Psyche, und zwar in der Verquickung von Raum und Zeit, erkannte.

In der Variabilität als der einen zeitlichen Ur-Qualität liegt das Offene und Überraschende – das im Ereignis sowohl erfahrbare als auch widerfahrende Geschehen der Zeit mit uns. Die Zeit des Bereichs Zwei, der aktuelle Moment, ist das Ereignis an sich; durch das erlebende Bewußtsein wird sie zur Erfahrung im Sinne der individuellen, vom Ich selbst gestalteten Biographie. Im Bereich Vier hingegen hält die Stunde der Zeitigung selbst das Potential der Möglichkeiten bereit; sie beschenkt das Bewußtsein in Vielfalt und Unberechenbarkeit bis hin zur Synchronizität, unterwirft es aber auch der Wandlung.

Die gegenpolare zeitliche Ur-Qualität, Konstanz, ist demgegenüber nicht schwunghaft, sondern richtungsgebunden, gleichförmig, streng. Im Bereich Eins gräbt sie die Spur hin zur unwandelbaren Vergangenheit; im Bereich Drei ist dem Bewußtsein hingegen das Stellen der Weichen gestattet – und dennoch bleibt die Bahn in die Zukunft letztlich einspurig, ja verjüngt sich perspektivisch in die Ferne. In diesen beiden Nicht-Jetzt-Zeiten wird die Zeit langfristig wirksam: in der Vergangenheit als verläßliche Basis, in der Zukunft als Lehrmeister der Verläßlichkeit.

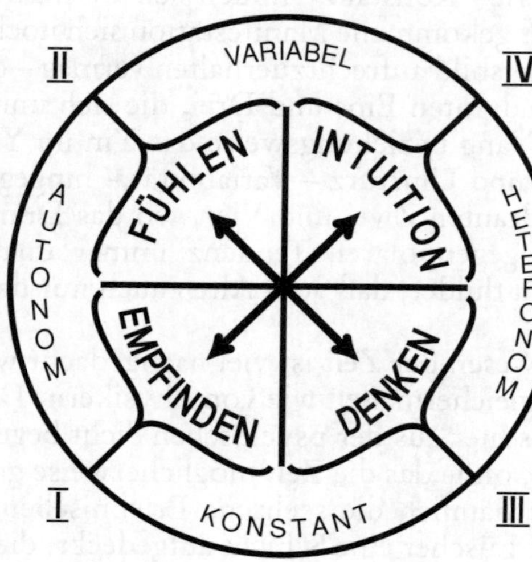

Gemäß Lüschers Raum/Zeit-Differenzierung in den Lebenskreis hinein ist also der Bereich Eins konstant-autonom, der Bereich Zwei autonom-variabel, der Bereich Vier variabel-heteronom und als letztes der Bereich Drei heteronom-konstant. Diese auf der Ebene des Psychisch-Funktionellen aufgezeigte Raum/Zeit-Interaktion gilt gleichermaßen für die vier Grundfunktionen nach Jung, denn die vier Ur-Qualitäten Autonom, Heteronom, Variabel und Konstant lassen sich ohne weiteres auf sie übertragen. Der Lüscher-Kreis und das Modell der vier Grundfunktionen weisen in der Tat gleiche Nachbarschaften und Polarisierungen auf.

Unter allen Ebenen ist die seelische diejenige, auf welcher Spannungen am heftigsten erlebt und erlitten werden. Trotz der von Jung aufgezeigten Verachtungen unter den Grundfunktionen und der Neigung zur Herausbildung einer bevorzugten Erstfunktion gilt aber auf der psychischen Ebene gleichfalls, daß grundsätzlich alle vier Bereiche einander ergänzen und zusammenarbeiten.

*

Unsere ursprüngliche »regelrechte« Quadrantenzählung Eins-Zwei-Drei-Vier beruht, wie ein nochmaliger Blick auf den IGing-Kreis bestätigt, ebenfalls auf Halbverwandtschaften: die Bezeichnungen

im Yin Yang – Yang im Yang – im Yang Yin – Yin im Yin

legen klares Zeugnis von diesen Halbverwandtschaften ab.

In Gestalt von Tendenz und Manifestation finden wir auch im IGing zwei Größen enthalten, nämlich zum einen das Wirken, zum anderen das Bewirkte, in denen wir Zeit und Raum wiedererkennen. Jedoch beschreibt das IGing offensichtlich wiederum eine andere Ebene: Es zeigt diese beiden Ur-Polaritäten in ihrer aufeinander bezogenen Prozessualität. Denn der Raum, betrachtet man sein Steigen und Fallen, besteht »in der Zeit«, ja »auf Zeit« – so jedenfalls die dem Asiaten von Grund auf vertraute Vorstellung. Die Zeit wiederum kann sich nur »im Raume« entfalten; erst »am Raume« wird sie ablesbar, sei es als dessen Veränderungen, sei es als dessen Dauer.

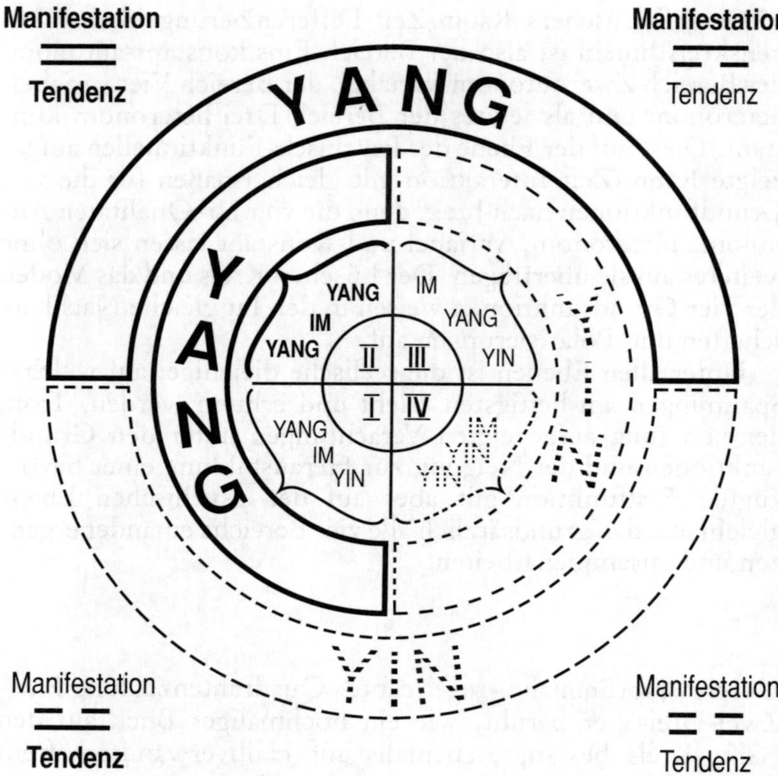

Aus dem IGing-Modell geht hervor, daß in dieser Schöpfung Manifestation und Tendenz auch völlig zurückgenommen sein können. Das absolute Verschwinden des Raumes und der absolute Stillstand der Zeit sind für uns nicht vorstellbar; je dichter an dieser Grenze des Raum- und Zeitlosen, desto weniger faßbar werden uns die Phänomene, die sich dort ereignen: so das Unbewußte als Gegenstück des Räumlich-Bewußten, so das Latente und Ungeschehene als Kehrseite des Ereignens.

Die Gegensatzpaare, die sich aus der Reihenfolge Eins-Zwei-Drei-Vier ergeben, lauten Eins/Drei und Zwei/Vier. In den Prinzipien Eins und Drei stehen sich Form und Inhalt gegenüber – und zwar prozessual verstanden: Im Quadranten Eins wird das innerlich Vorgegebene bereitet, um aus sich herausgehen zu können, geformt und strukturiert zur äußeren Gestalt; im Quadranten Drei hingegen wird von außen nach innen hereingenommen, erkannt, geordnet und angesammelt zum Sinngehalt. Das aus dem Körper herrührende triebstarke Wollen findet seinen Antagonisten im geordneten, verantwortlichen Vollbringen. – In den beiden anderen Prinzipien Zwei und Vier polarisiert sich der Gegensatz von Wachsen und Reifen: Im Bereich Zwei wird das Ich entfaltet, zur Geltung gebracht und verwirklicht: Prinzip der Evolution; im Bereich Vier reift das Ich durch Zurücknahme und Loslassen – die Wirklichkeit wird fraglich: Prinzip der Involution. So kontrastierend diese Zielsetzungen der vier Prinzipien auch sein mögen, sie ergänzen einander. Denn im Leben des Menschen gilt es, sowohl zu wollen, als auch zu verantworten – sowohl zu wachsen, als auch zu reifen.

Aufgrund des Nachbarschafts- und Polaritätengesetzes sind bei vier Quadranten nicht mehr als drei Variationen der Aneinanderreihung möglich. Die Reihenfolge Eins-Zwei-Drei-Vier erwies sich in den vorangegangenen Kapiteln als Kennzeichen der sich auffaltenden und wiedereinrollenden Lebensbögen. Wir gelangen zu der Deutung, daß diese Reihenfolge sowohl die funktionell-elementare als auch die psychische Ebene transzendiert – sie spiegelt die geistige Ebene.

Diese Aussage läßt uns innehalten – denn unmittelbar drängt sich die Frage auf: Kann es im Geistigen überhaupt Antagonismen und Polarisierungen geben, wie wir sie soeben aufgezeigt haben?

Die geistige Ebene, wie wir sie im Menschen antreffen, ist jedoch keinesfalls dem Absoluten Geiste gleich: Sie ist lediglich geist-bezogen, bleibt also geschöpflich und damit polar. In ihr freilich äußert sich der Absolute Geist am unmittelbarsten, ja macht er sich verständlich, indem er den Menschen in eben den Werdegang stellt, der zur Ebenbildlichkeit führt.

*

Wir fassen zusammen: Unser Lebenskreis vereint in sich drei mit- und ineinander verwobene Schichtungen: drei einander

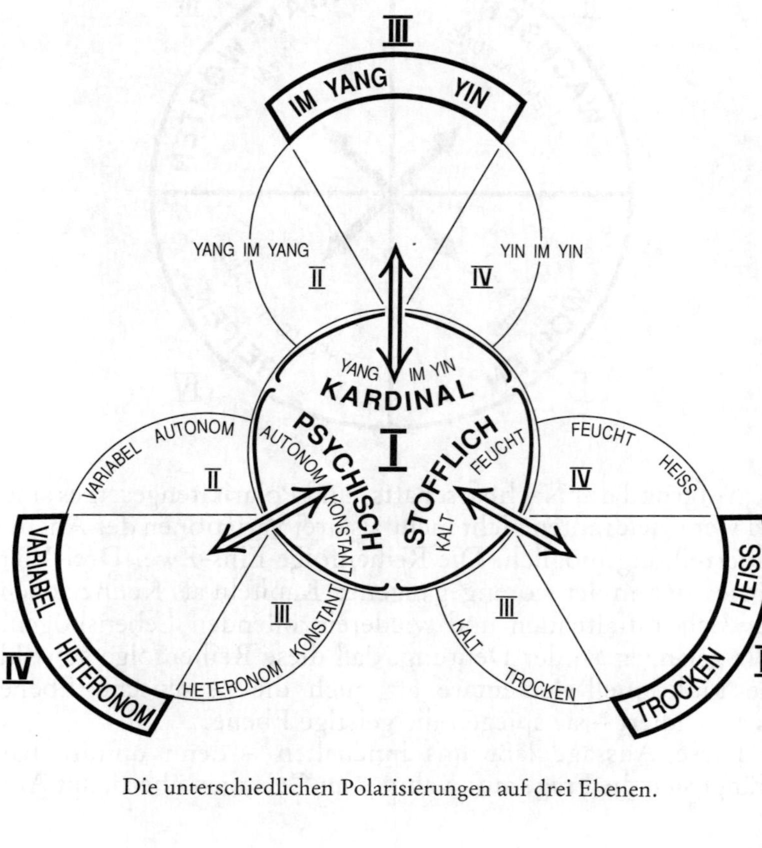

Die unterschiedlichen Polarisierungen auf drei Ebenen.

durchdringende Wirkungsebenen. Diese deuten wir als die dreigestaltete Leib-Seele-Geist-Bedingtheit des Menschen.

In jeder Ebene herrschen, wie wir sahen, eigene Beziehungen unter den vier Lebensbereichen – Verwandtschaften wie auch Polarisierungen. Auf diese Weise wird jeder auf der einen Ebene auftretende Antagonismus durch nachbarschaftliche Übereinstimmung in den zwei übrigen Ebenen ausgeglichen, denn die vier Bereiche sind einander auf jeweils zwei von drei Ebenen halbgeschwisterlich zugänglich und vertraut. Und doch gibt es unter den Lebensprinzipien in ihrer Orthogonalität keine engeren Beziehungen zueinander als die Halbverwandtschaft.

Wir stehen vor einem Wunderwerk: vor einer Vermaschung der drei Ebenen des Menschen in gegenseitigem Bedingen und Bewirken – vor vielen ineinandergreifenden Prozessen sowohl des Fortschreitens als auch der Harmonisierung, die den Menschen zur Ganzheit hinführen wollen.

Kapitel 25

Der Bereich der Pforte

In diesem letzten Kapitel sollen uns im besonderen noch einmal die Bereiche Drei und Vier, Gimel und Daleth, beschäftigen: jene Bereiche, die den Menschen über die bloße Leiblichkeit und Ich-Zentrierung hinausheben und zu seinem eigentlichen Mensch-Sein berufen – also die beiden überhöhten Lebensprinzipien, an denen teilzuhaben ihn vor der übrigen Kreatur auszeichnet.

Wir sprachen bereits von dem kardinalen Gegensatz zwischen den Bereichen Drei und Vier: Er entspricht der Gegenüberstellung von linker und rechter Großhirnhälfte, von Deduktion und Induktion, Analyse und Synthese. Die unterschiedliche Bewußtheit der beiden Hirnhemisphären ermöglicht im Bereich Drei den Zugang zum Quantitativen und im Bereich Vier zum Qualitativen. Dies ist ein dimensionaler Unterschied, der das Erkennen und Gewahren samt allem daraus erwachsenden Handeln bestimmt.

Worauf sich der Unterschied zwischen quantitativ und qualitativ bezieht, sei am Beispiel des Teiles oder Anteiles nochmals erläutert. In der Mathematik können Teilmengen auf zweierlei Weisen ausgedrückt werden, von denen die eine typisch für das dreidimensionale Denken, die andere für das vierdimensionale Erfassen ist: nämlich zum einen als Dezimalstellen hinter dem Komma, zum anderen als Bruchzahl. Vom Werte her sind 0,75 beziehungsweise 3/4 eigentlich dasselbe – nicht aber von der Bedeutung her.

Der Dezimalwert 0,75 als präzise definierte, abgezählte Mengenangabe – etwa eine Grammzahl oder eine bestimmte Anzahl Maßeinheiten – bezeichnet den quantitativen Wert: In bezug auf das Ganze – den Wert 1,0 – sind »erst« 0,75 erfüllt, und 0,25 scheinen als Fehlbetrag offen.

Demgegenüber geht die Bruchzahl 3/4 unmißverständlich von der Vorstellung eines vollständigen Ganzen aus, welches allerdings in vier Teile aufgebrochen ist. Daß die vier Teile Viertel sind, ist eine qualitative Aussage, denn kraft ihrer Zusammengehörigkeit sind sie auf einen gemeinsamen Nenner gebracht. Drei Viertel sind in unserem Beispiel »schon« zugänglich und verfügbar, das vierte Viertel hingegen ist es nicht. In der Bruchzahl schwingt demnach immer der Bezug zum Ganzen sowie die Aussage über die Verfügbarkeit mit. Die letztere führt uns zu jener Polarität zurück, die uns bereits bei der vierten geometrischen Dimension beschäftigt hat: die Polarität zwischen Geoffenbartem und Verborgenem, Nahem und Fernem, Diesseitigem und Jenseitigem.

Der Bereich Drei, so können wir also behaupten, orientiert sich an dem, was sich ansparen läßt. Er definiert den faktischen Ist-Bestand, mit anderen Worten: das Diesseitige und Reale, sei es nun konkret oder abstrakt; was darüber hinausgeht, läßt sich nicht als existent einordnen. Im Bereich Vier leuchtet demgegenüber das Ausgesparte hindurch. Eine jede Aussage kommt vom Ganzen her und ist daher gänzlichend: Sie schließt den indirekten Hinweis auf das Vorhandensein des Nichtvorhandenen ein. Auf diese Weise läßt sich auch solches, was die diesseitige Realität, Greifbarkeit und Be-greifbarkeit transzendiert, als voraussetzbar erfahren.

Auf das menschliche Zusammenleben bezogen, geht es in der Bewußtseinsstufe Drei folglich um die reelle Verteilung der real vorhandenen Anteile, und zwar innerhalb der diesseitigen Realität. Daher die quantitative Vorstellung einer Umverteilung aller Güter und Rechte an alle Menschen zu gleichen Teilen: Gleichberechtigung also als Gleichbehandlung und größtmögliche Gleichmachung aller Beteiligten. Nur was tatsächlich vorhanden und verfügbar ist, zählt; denn es ist sinnlos, Fehlbeträge zu verteilen. Hier wird der Mensch zum Austeilenden: Er selbst übernimmt die Verantwortung, führt Regie. In dieser ideellen Selbstverantwortung, die den Menschen zum Mündigen erhebt, liegt die Stärke, zugleich aber auch die Beschränkung der mentalen Bewußtseinsdimension, denn es fehlt die Wahrnehmung für die von dem Ganzen ausgehenden Wirkungen und deren Priorität.

In der vierten Bewußtseinsstufe hingegen bedeutet Beteiligung, selbst ein Teil zu sein. Es kommt also zur Umkehrung der Voraussetzungen: Es geht nicht mehr darum, Anteile zu haben beziehungsweise über solche zu verfügen, sondern selbst verfügbar zu sein. Die Rolle des einzelnen besteht nicht mehr darin, für die anderen Beteiligten verantwortlich zu sein. Er hat einzig, und zwar im Dienste des übergreifenden Ganzen, den ihm angewiesenen Platz und die ihm zugewiesene Stunde mit den ihm zur Verfügung gestellten Talenten – biblisch: den anvertrauten Pfunden (Lk 19,12-26) – auszufüllen. Der Mensch gleicht hier einem Musiker, der – vorweg eingestimmt auf den gemeinsamen Kammerton des Orchesters – in das Oratorium einfallen darf: mit dem ihm vertrauten Instrument und genau zum Zeitpunkt seines persönlichen Einsatzes. Ein solches Ganzes – jene Partitur, in der der einzelne seinen Part zu spielen hat – bezeichnet unsere Sprache eigenartigerweise als »Stück«. Nicht die Musiker improvisieren es, sondern es ist das Stück eines Meisters; deshalb führen sie es vom ersten bis zum letzten Takt so auf, wie es komponiert und vorgegeben ist. Sehr wesentlich ist übrigens die Verschiedenheit der Mitwirkenden; auf ihr So- und Nicht-anders-Sein kommt es an, auf ihre Individualität und die damit verbundene Qualität.

Wenn wir Menschen uns vorbehaltlos darauf einzulassen vermöchten, daß wir alle miteinander Teilhaber und Nachbarn innerhalb eines menschheits- und kosmos-umgreifenden Ganzen sind, so wäre damit die vierte Bewußtseinsdimension vollzogen. Das umgreifende Ganze will durch uns, seine Teile, und unsere allseitige Überein-Stimmung in einen gemeinschaftlich schwingenden Klang-Körper verwandelt werden. Dabei bedarf es nicht einmal allzu vieler Solisten – für die meisten Mitwirkenden des großen Oratoriums genügt es, einen bescheidenen Platz in Chor oder Orchester ausfüllen zu können.

Nach dem Verständnis des Neuen Testaments ist, wie wir sahen, die wahre Identität des Ganzen gleichlautend mit dem mystischen Leibe Christi (Kol 1,18). Im engsten Sinne wird die Kirche als der Leib Christi bezeichnet. In Wahrheit aber umfaßt er die ganze Menschheit, ja schließlich und endlich die ganze Schöpfung: Erden- wie Weltenraum, sichtbares Universum wie unsichtbaren Kosmos, Bewußtes und Unbewußtes, Vorhandenes wie Mögliches. Alles, worüber wir uns in diesem Buche Gedanken gemacht haben, sämtliche Dimensionen, die uns mit allen ihren Inhalten in unserem Lebenskreis begegnet sind, gehören diesem Leibe an; in ihm leben und weben und sind wir (Apg 17,28), ob wir dies nun bewußtseinsmäßig vollziehen oder nicht.

Der mystische Leib Christi wartet darauf, daß wir – jeder einzelne – uns auf ihn einrichten und uns von ihm ausrichten lassen. Die Botschaft Jesu, die Bergpredigt, lädt den Menschen ein, so zu leben *als ob*... so als wäre das Reich Gottes auf Erden schon errichtet. Jesus teilt an uns jene Anteile aus, die eben nicht im irdischen Sinne vorhanden sind: Verheißungen, Anwartschaften, Tröstungen. Er lädt zu einem Leben im Angesicht des verborgenen Ganzen ein – jener einzigen heilbringenden Möglichkeit, die greifbar nahe herbeigekommen ist. Jesus spricht von den Wirklichkeiten und Wirksamkeiten, die für denjenigen gelten, der sich dem lebendigen Organismus Seines mystischen Leibes einfügt: Wirklichkeiten, die dem Menschen Berufung und Einstimmung für das lebendige Reich Gottes verleihen. Lesen wir das Neue Testament als jene Botschaft, die uns an diesen Leib und seine Herrlichkeit heranführen will, so hallt unser inneres, unbewußtes Gewißsein von lauter Vertrautem und Wiedererkanntem wider. Jeder einzelne ist eingeladen, mit dieser längst bekannten Verheißung Ernst zu machen und auf eigene Weise seinen Anteil am Himmelreich schon hier und jetzt zu verwirklichen. So wird eines Tages, wenn alle diese Möglichkeit ergreifen, das Himmelreich auf Erden aufscheinen.

Wenn wir freilich die Menschheitsgeschichte betrachten, so sehen wir, daß es in den 2000 Jahren seit Christus nur sehr wenige Heilige gegeben hat, die die Wirklichkeiten der Bergpredigt wahrgemacht haben. Sie durften zum besonderen Segen für die Mitmenschen, zu Mit-Erbauern des Reiches Gottes auf Erden werden. In all ihrem Trachten, Denken und Handeln lebten sie so, als ginge Jesus an ihrer Seite. Sie taten Gutes, nicht aus humanitären Erwägungen heraus, sondern kraft ihres Glaubens an die täglich mögliche Gemeinschaft mit dem Auferstandenen. Die christliche Religion – nicht das bloße Namens-Christentum, sondern die echte, kompromißlose Jesus-Nachfolge – weist in eine Dimension jenseits des Horizonts von zweidimensionaler Ich-Verwirklichung und dreidimensionaler Vernunft.

*

Während der abendländische Kulturkreis, wie Gebser feststellt, bisher vom kognitiven Bewußtsein geprägt ist, brachten die fernöstlichen Hochkulturen eine andere Entwicklung hervor: In ihnen kam es zur Bevorzugung der intuitiven Seite; stattdessen blieb aber dort das Mentale weitgehend unvollzogen. Das Zusammenrücken von Ost und West in den letzten Jahrzehnten führt nun hier wie dort zu einem begierigen Aufsaugen der beiderseitigen Errungenschaften: Der Osten beweist einen gewaltigen Nachholbedarf an Technik und Naturwissenschaft, im Westen vermehrt sich die Nachfrage nach den Wegen und Praktiken östlicher Spiritualität. All dieses können wir als Vollzug jener bewußtseinsmäßigen Synthese deuten, wie Gebser sie voraussah.

Die mentale Bewußtseinsstufe, deren Höhepunkt im Westen nunmehr überschritten scheint, galt der Verwirklichung von Menschenverstand und -vernunft. Mit Hilfe dieser Fähigkeiten hat der Mensch sich die Erde mit allen Schätzen und Kreaturen unterworfen, allein auf das höchste Maß an Freiheit für sich selbst bedacht. Innerhalb des dreidimensionalen Rahmens scheinen ihm keinerlei Grenzen gesetzt: Seine Fähigkeit, kausale Abläufe nachzuvollziehen, versetzt ihn in die Lage, steuernd in die Zukunft einzugreifen und den Ereignissen notfalls zuvorzukommen. Mit solcher Macht ausgestattet – als der »Macher« –, kann der Mensch der Ratio sich anmaßen, die Welt nach seinen Maßstäben zu verbessern: Er hält sich für bevoll-mächtigt, in eigener Regie die Welt vom Bösen zu befreien – doch dabei werden ihm unversehens die eigenen Ideale zum Götzenbild.

Auf diese Weise wuchsen Idealismus und Humanismus und viele andere »Ismen« als die hoffnungsvollen Früchte der mentalen dritten Bewußtseinsstufe heran. Die Begeisterung, die zur Zeit der Aufklärung von den neuen, wahrhaft epochemachenden Perspektiven ausgelöst wurde – von Vernunft und Gewissen sowie einer als Naturrecht bezeichneten, allgemeinverbindlichen Gerechtigkeitsordnung – schlug sich in den Dramen eines Lessing, Herder und Goethe nieder; im Streben nach dem Ideal der Menschlichkeit entwarfen Rousseau, Leibniz und Kant Modelle eines verantwortungsvollen und geregelten Zusammenlebens in der Gesellschaft. Die Überwindung aller irdischen Irrnis und Wirrnis schien in greifbare und berechenbare Nähe gerückt. Solche Hoffnungen vermochten dem Leben auf diesem Globus Sinn und Inhalt zu geben und waren zudem von der Überzeugung getragen, daß der Mensch gut sei und auch gut sein wolle. Nach den Zeiten der düsteren, grausamen und unberechenbaren Emotionalität des Mittelalters mußte dieser Durchbruch zu tagesheller Bewußtheit, die Öffnung zur planenden Gestaltung besserer Zeiten, wie eine unendliche Befreiung wirken.

Alle diese Ideale haben aber, wohlgemerkt, mit Christentum nichts zu tun; das heißt sie können allenfalls Gebote, nicht aber den wahren spirituellen Gehalt der christlichen Lehre in die Welt tragen: Der Mensch kann nämlich »gut« sein, ohne daß er gläubig ist. Die sittlich-ethischen Ideale ergeben sich als selbstverständlicher Anspruch an den in der mentalen Stufe mündig gewordenen Menschen: Der mentale Idealist handelt verantwortungsbewußt und fürsorglich, denn seine höchstmögliche Motivation ist Menschlichkeit.

Leider hat die dritte Bewußtseinsstufe das generelle Erwachsenwerden des Menschengeschlechts nicht herbeizuführen vermocht: Der Erdenschauplatz gleicht, wie K. O. Schmidt beklagt hat, einem großen Kindergarten, in dem man nur hier und dort einzelnen Heranwachsenden begegnet.

Seit die dritte Bewußtseinsstufe in Defizienz verfiel, verbleibt sogar eine höchst bedenkliche Bilanz. Gerade die Geschichte des christianisierten Abendlandes enthüllt, wie unmenschlich der Mensch bis auf den heutigen Tag geblieben ist, bedenkt man die nicht enden wollenden Greuel und Grausamkeiten. Selbst die christliche Botschaft wurde zum »Ismus« geschmälert und oft genug als Deckmantel für politische Machtansprüche mißbraucht.

Äußerlich gesehen, finden wir heutzutage zwar sehr bemerkenswerte soziale Leistungen und vor allem eine imponierende technische Perfektionierung, die humanitären Werte aber sind dahingeschwunden. Weltweit kranken wir an einer großen Beziehungs-losigkeit und hätten doch im Bereich Drei – gleichsam als Klassenziel – zu sinnerfüllten Beziehungen und zu Partnerschaften der Gleichberechtigung gelangen sollen. Der allgemeine Fortschritt darf uns nicht darüber hinwegtäuschen, daß die verantwortliche Umverteilung der irdischen Güter, die in der dritten Stufe hätte bewerkstelligt werden sollen, in keiner Weise gelungen ist: Die einen Völker vegetieren nach wie vor am Rande des Existenzminimums, die anderen wissen nicht, wie sie auf sinnvolle Weise mit ihrem materiellen Überfluß umgehen könnten. Selbst die Idealisten kranken in ihrem Übermaß an Verpflichtungen, Verantwortlichkeiten und sozialem Engagement an innerer Einsamkeit: Wo keine Zeit mehr zur Be-sinnung bleibt, wird der Sinn fraglich.

Beides, materielle wie ideelle Überfülle, müssen wir im Sinne unserer bisherigen Differenzierungen dem Yang zurechnen: Am Gegenüber wird manipuliert, um es in die eigenen Vorstellungen und Zwecke einzubauen, es im wahrsten Sinne des Wortes zu vereinnahmen. Der Hereinnehmende lebt immer auf Kosten anderer, er erniedrigt sie beziehungsweise stülpt ihnen eine »höhere« Idee über. So erfahren die ideellen Werte, die der Bereich Drei anbietet, unter der Vorherrschaft des Yang und der Vernachlässigung des Yin eine Verfälschung. Es kommt nämlich zum Rückfall in niedrigere Bewußtseinsstufen und deren Ziele: Die kapitalistische Machtanhäufung in der Hand einzelner – oder exponierter Interessengruppen – befriedigt die zweidimensionalen Eigenansprüche einiger Weniger. Die kommunistische Vermassung aber fällt noch eine Stufe weiter – nämlich in die erste Bewußtseinsdimension – zurück, indem sie den einzelnen als nivelliertes Teilchen in das Sammelbecken des Kollektivs hinunterstößt, ihn zum »Menschenmaterial« und manövrierbaren Objekt macht.

Die Undurchführbarkeit so mancher sozialer Verbesserung – bis hin zum kommunistischen Ideal – wird oft mit der Natur des Menschen abgetan; dieser sei nun einmal selbstsüchtig und auf seinen eigenen Horizont beschränkt. In dieser Skepsis liegt die eigentliche Defizienz unserer Zeit: Das Gute im Menschen nicht für möglich zu halten bedeutet, ihm die Würde abzusprechen. Wir müssen zur Offenheit, ja zur Hoffnung finden, die an die Verwandlung des Menschen glaubt, wollen wir die yang-hafte Polarisierung unserer Zeit überwinden. Nur indem wir jedem Mitmenschen und dessen Anderssein wahren Respekt und Toleranz entgegenbringen, verwirklichen wir das Yin und bereiten der nächsthöheren Bewußtseinsstufe die Bahn.

Inmitten der immer deutlicher werdenden Defizienz des mentalen Zeitalters mehren sich nun aber unübersehbare Zeichen des Überganges in eine neue, integrale Bewußtseinsstufe, wie Gebser sie angekündigt hat. Die jüngsten politischen Umwälzungen in Osteuropa – vor allem die auf so erstaunliche Weise unblutig vollzogenen Revolutionen – zählen bereits hierzu. Die erwartete Bewußtseinswende wird oft mit dem viel zitierten Wassermannzeitalter – als dem sogenannten *New Age* – gleichgesetzt; doch sind die von der New-Age-Bewegung proklamierten Inhalte nur ein Abglanz – ein trüber Spiegel – des Geistes, den wir in Wahrheit erhoffen dürfen.

Diejenigen Menschen, für die das diaphane vierte Bewußtsein bereits nahe scheint, werden für die Vorzeichen des Kommenden besonders sensibel sein; allenthalben wird es ihnen aufleuchten, selbst wenn es vorerst nur einer zarten Morgenröte gleichen mag. Wie über eine innere Resonanz – oder als ob eine geheime Verwandtschaft sie zueinander führte – finden diese Menschen zusammen, bestätigen sich gegenseitig und bekräftigen ihre Vorahnungen. Dabei ist es nicht ausschlaggebend, ob sie zahlreich sind, denn die Zeit quantitativer Mehrheiten geht zu Ende. Dem Bereich Vier, um den es nun geht, ist jegliche Verallgemeinerung und Vermassung fremd. Seine Möglichkeiten kommen nicht kollektiv auf die gesamte Menschheit zu, sondern widerfahren dem einzelnen, wenn für ihn persönlich die Stunde der Zeitigung schlägt. Den einen ergreift die neue Dimension früher, den anderen später; sie leben nebeneinander und sprechen doch verschiedene Sprachen.

Mit Gebser können wir sagen: Es tut wahrhaft not, daß ein neues Bewußtsein kommt, denn die Menschheit hat sich in eine Existenzkrise hineinmanövriert, aus der es kaum noch ein Entrinnen gibt. Das Neuartige an der Bewußtseinsöffnung wird sich nun darin erweisen, daß es dem Menschen nicht mehr gemäß ist, in den alten, zweckbetonten Strukturen von Politik und Gesellschaft zu verharren. Nicht allein aus Gründen der Vernunft und Verantwortung wird man sich auf die Ökologie der Natur einstellen, sondern weil man sich plötzlich selbst hautnahe darein verwoben fühlt – »als wär's ein Stück von mir«. Was der große Häuptling Seattle in seiner Rede an den amerikanischen Präsidenten aussprach, wird dann nicht mehr ein Stück erbauliche Weisheit aus dem Munde eines einzelnen sein, sondern die Sehnsucht aller: »Wir sind ein Teil der Erde, und sie ist ein Teil von uns... und alle Dinge teilen denselben

Atem: das Tier, der Baum und der Mensch. Was die Erde befällt, befällt auch die Söhne der Erde; denn alle Dinge sind miteinander verbunden.«

Der wohlerzogene Indianer weiß, daß es sich nicht geziemt, Spuren zu hinterlassen: Gewissenhaft wird er seinen Lagerplatz unkenntlich machen, so daß man schon nach wenigen Stunden nichts mehr davon findet, nicht einmal Reste der Feuerstätte. Dies geschieht aber nicht um der Tarnung vor dem Feinde willen, sondern im tiefen Einklang mit der Unverletzlichkeit der Natur.

In ihrer geistigen Entwicklung waren die indianischen Völker den weißen Eroberern gewißlich weit voraus, so urtümlich und heidnisch ihre religiösen Riten auch anmuten mochten. Als eine »alte« Rasse waren sie schon an das Bewußtsein des Loslassens und der Selbstaufgabe herangereift. So nimmt es nicht wunder, daß sie sich nahezu widerspruchslos haben ausrotten lassen, der Prophezeiung des Seattle gemäß: »Mein Volk ist wie eine ablaufende Flut – aber ohne Wiederkehr.«

Es darf nun aber auch die Kehrseite der vierten Bewußtseinsstufe nicht verschwiegen werden, und einer allzu schwärmerischen Verherrlichung der neuen Bewußtseinsdimension ist mit Nüchternheit zu begegnen. Denn auch hier kann der Mensch in eine Existenzkrise geraten, freilich von ganz anderer Art: Das Hinauswachsen über das Niveau des Astralen und Mentalen bringt nämlich einen automatischen Verlust an Vitalität und Effektivität mit sich; es drohen Antriebs- und Planlosigkeit, der Selbsterhaltungstrieb ermattet. Denken wir an das »no future«-Gefühl – das Gefühl der versiegenden Zukunftshoffnung –, wie es heutzutage ausgerechnet junge Menschen befällt und sie daran hindert, ihr Leben sinnvoll in die Hand zu nehmen, so scheint es fast, als ob sich neben den erwünschten auch die unerwünschten Zeichen der neuen Zeit bereits häufen.

Die Menschheit muß daher wahrhaft zu einem integralen Bewußtsein kommen: zu einer gänzlichenden Lebensweise, die die Segnungen der früheren Stufen bewußt beizubehalten und fortzuführen vermag, wenn das Kommende hinzutritt. Es geht nicht an, daß wir alles Frühere als überholt verwerfen und abstreifen – dies käme einem Absägen des Astes gleich, auf dem wir sitzen. So bleibt es also weiterhin unabdingbar, ja lebensnotwendig, daß der einzelne seiner Ich- und Selbstverwirklichung nachgeht, damit die Menschheit nicht dahinzuwelken beginnt. Freilich sollte es eine spielerische und fröhliche Selbst-Betätigung werden in dem Gefühl, daß das weite Lebensspielfeld Platz für alle bietet; neidlos sollten wir uns an den originellen Einfällen der anderen Mitspieler erfreuen können, wenn diese sich zur Geltung bringen. Desgleichen müssen wir uns weiterhin die Errungenschaften der dritten Bewußtseinsstufe erhalten: die Fähigkeit, alles Denken und Handeln mit einer zukunftsweisenden Sinngebung zu unterlegen, Motivation aus dem Schmieden von Plänen zu schöpfen, und nicht zuletzt, Genugtuung in Leistung und Arbeit zu finden. So zerstörerisch für des Menschen Seele auch die Ideologie von der alleingültigen Leistung war, so zersetzend wäre es auf der anderen Seite, wollte der einzelne der Allgemeinheit seinen persönlichen Anteil an Engagement und praktischer Aufbauarbeit schuldig bleiben: Um der Gemeinschaft willen darf niemand zum Parasiten der Gesellschaft werden. Leider aber fördert ausgerechnet der perfekte Sozialstaat, jene Idealvorstellung rationaler Wohlfahrtsplanung, eben solche defizienten, parasitären Tendenzen.

Wenn es tatsächlich so ist, daß der Sprung in die vierte Bewußtseinsdimension für uns heute nahe ist – wenn das, was in dem Namen »Wassermann« verschlüsselt ist, zu unseren Zeiten tatsächlich für alle greifbar werden soll –, so erhebt dies das »Neue Zeitalter« übrigens noch lange nicht zur Endzeit, sondern nur zur Zeit der Wende. Unser Lebenskreis sagt aus, daß die Wegstrecke des Quadranten Vier lang ist; sie beginnt an dessen Yang-Pol und muß ein volles Kreisviertel durchlaufen, um zum Yin-Pol des Quadranten zu gelangen. Die Wendezeit, in welcher der Schritt in die neue Bewußtseinsdimension hinein fällig wird, verspricht in jeder Hinsicht eine unglaubliche Zeit zu werden, doch bleibt sie eine Phase der Vorläufigkeit. Kraft ihrer hohen Dimensionalität stellt sie an den einzelnen freilich weit größere Anforderungen, als jemals ein Übertritt in eine neue Bewußtseinssphäre dies getan hat. Denn es potenzieren sich neue dimensionale Aufgaben, die es noch zu lösen gilt: Sie tun sich mit dem Eintritt in das neue Bewußtsein erst auf, ein Überangebot an Möglichkeiten und auch Gefahren eröffnend. Das kann äußerste – wie innerste – Zerrissenheit, Umstürze und das Dahinschwinden jeglicher Sicherheit mit sich bringen –

und bei alledem, als besonderem Merkmal des Bereichs Vier, so manche Täuschung.

Die bevorstehende Bewußtseins-Öffnung löst bei jenen Kreisen, die nach wie vor den mentalen Denk-Geleisen verpflichtet sind, begreiflicherweise Abwehr und ausgesprochene Unheimlichkeitsängste aus. Wie einst Kolumbus unverstanden blieb, als er im Vertrauen auf die Kugelgestalt der Erde in die Neue Welt aufbrechen konnte, so sehen sich auch heute die Wegbereiter der neuen Strömungen mancher Schmähung und Anfeindung, ja ausgesprochener Verketzerung ausgesetzt. Auch dies gehört zu den Schwierigkeiten der Übergangsphase. Die diktatorische Ablehnung des Kommenden – »weil nicht sein kann, was nicht sein darf« – kann freilich auf die Dauer nichts fruchten; was vielmehr nottut, ist der Hinweis auf die lauernden Gefahren und Irrwege, damit der rechte Pfad ernsthaft gesucht werde.

In der Tat tritt das Menschheitsbewußtsein heute in eine Phase ein, in der das noch junge diaphanierende Gespür aufgerufen ist, gewissenhaft die Spreu vom Weizen zu trennen – und zwar radikal, buchstäblich bis zum Loslassen des letzten Strohhalms, um zur wahren Spiritualität zu finden.

Der Begriff Spiritualität ist in esoterischen Kreisen heutzutage geradezu ein Modewort von elitärem Beiklang geworden – ebenso wie das Wort »kosmisch«, das sogar als gleichlautend mit »göttlich« verwendet wird: Mit seinem »kosmisch« geweiteten Bewußtsein meint der Mensch, das unfaßlich Große in seine Reichweite ziehen zu können. Hüten wir uns jedoch vor solcher Versuchung! Zu verdächtig erinnert das Prädikat »göttlich« an das »Ihr werdet sein wie Gott« (1Mo 3,5) der verführerischen Schlange. Das unendliche Universum mit seinen geheimnisvollen Kräften ist ebenso ein Teil des Geschaffenen wie unsere irdische Welt. Folglich ist das Kosmische, genauso wie das Jenseitige, der Polarität in gleichem Maße unterworfen wie das Diesseitige. Wie hier, gibt es also auch dort beide Seiten: sowohl das Lichte und Reine als auch die Schattenseite.

Das Erbeben vor kosmischen Dimensionen mag uns zur Gottesfurcht führen – die Kommunikation mit dem Kosmos ist jedoch noch kein Eins-Werden mit Gott. Wahre Spiritualität ist allein die Suche nach dem Himmelreich, das gleichermaßen inwendig im Menschen wie auch im Kosmos wartet und nur demjenigen widerfährt, der sich ledig macht und alles andere Trachten dahinfahren läßt.

Die nunmehr zu bewältigende neue Polarisierung der vierten Bewußtseinsdimension ist die zwischen Innen und Außen. Wie wir sahen, ist sie gleichlautend mit der Polarität zwischen Verborgenem und Geoffenbartem, Jenseitigem und Diesseitigem, Nahem und Fernem. Diese Widersprüche sind ambivalent, das heißt von gleicher Gültigkeit, denn ihre Synthese vollzieht sich im Sowohl/Als-auch: Auf rätselhafte Weise nämlich bleibt offen, ob im Innen das Verschlüsselte oder aber die Offenbarung liegt – beziehungsweise ob das Äußere das Vertraute oder aber die Verfremdung bedeutet.

Zu Anfang des Quadranten Vier ist es zunächst noch so, daß im Jenseits das Außen erblickt wird, und so wird man geneigt sein, dieses Jenseitige ins Diesseitige hereinzuziehen, auf daß beide Welten zu einer netzwerk-artigen Gemeinschaft verschmelzen mögen. Der Begriff Netzwerk ist übrigens neu – erst das sich zur Vierdimensionalität öffnende Bewußtsein vermochte zu einer solchen Schau zu gelangen –, und es besteht kein Anlaß, diesen Begriff zu beargwöhnen. In ihm schwingt der Aufruf an den einzelnen mit, sich selbst als Teil in die menschheits- und weltumfassend notwendig werdende Symbiose einzufügen. In einem solchen Netzwerk sind allerdings auch Kräfte jenseits des Irdischen verwoben.

Jedoch ist mit solcher Bewußtseinsöffnung nur ein anfänglicher Schritt getan, der zudem vorerst im Äußeren bleibt. Die Strömungen des New Age laufen Gefahr, das Äußere für das Innere zu halten, denn das Netzwerk, welches die herangeholte Jenseits-Irrealität mit der Realität des Diesseits verbindet, ist ein yang-haft äußerliches. Allein das Himmelreich – die *Basilea tou Theou,* die Herrschaft Gottes, wie es im griechischen Urtext heißt – ist das Inwendige. Es ist gleichlautend mit dem mystischen Leibe Christi – gleichlautend mit dem Bezug auf das Haupt dieses Leibes: Christus (Eph 4,15; Kol 1,18).

In dem großen Lebenskreis wird die im Quadranten Vier einsetzende Spiritualität also erst einmal vom Feuer des Yang angefacht; doch es ist ein letztes Aufflackern jener Tendenz, die am Ende des Quadranten Vier – dem Yin im Yin – zum Erlöschen bestimmt ist. Die Ersterfahrungen mit der neuen Dimension bescheren uns folglich zunächst nur deren Yang-

Aspekte, die sich ins schier Unerschöpfliche laufend selbst zu übertreffen und zu übertrumpfen scheinen: ungeahnte Wahrnehmungen mittels Hellsicht und Intuition; Wunschkraft und unglaubliche Wunderbewirkung gleichsam aus dem Nichts heraus – ein souveränes Hinauswachsen über die Beschränkungen des bisherigen mentalen Verstandesdenkens! Phantastische Welten tun sich auf: Wie jener Märchenjüngling sieht sich der Mensch in ein Schloß mit vielen glitzernden Kammern versetzt, in welchen Perlen in Hülle und Fülle, eine im Überfluß gedeckte Tafel und die verführerischste Prinzessin seiner warten. Doch all dieses ist nicht das Ziel: Das Wasser des Lebens soll der Jüngling suchen und heimbringen, und daher darf er sich mit den Versuchungen nicht aufhalten. Das Wasser des Lebens – eben um dieses geht es in der vierten Dimension – wird dem Dürstenden umsonst, das heißt frei, ausgeschenkt (Off 22,17). Die vierte Dimension findet ihre Erfüllung in Wandlung und Reifung des Menschen zu Gewißsein, Klarheit und Heiligung: Der innere Mensch, jene Seele, die auf Gott hin angelegt ist, soll ihre letzte Ausrichtung erfahren.

Bei alledem ist dieses Ziel der vierten Bewußtseinsdimension, mit welchem der gesamte Lebenskreis zur Erfüllung gelangt, dennoch bloßer Übergang: nichts weiter als die Schwelle oder Pforte. Hier endet unsere Schau; nur in blindem Vertrauen können wir weiterschreiten, um die wahre Heimat zu erreichen, die erst jenseits des Lebenskreises liegt. Wahrhaftig ist daher die Zahl Vier gleichlautend mit Daleth, der Tür, wie es das jüdische Symbolverständnis seit Urzeiten weiß: bloßer Durchgangsort, von beiden Seiten begehbar, zwischen Hier und Dort die Verbindung herstellend.

Durch diese enge Pforte kann man nicht einfach hindurchtreten, unveränderten Schrittes und erhobenen Hauptes. Alles, was wir auf dem Wege durch den Lebenskreis errungen haben – Eigenmacht und Selbstgefälligkeit, Reichtümer und die Gaben so mancher Götzen, denen wir gedient haben – müssen wir zurücklassen, denn wer die Pforte passieren will, muß sich an ihre Maße an-passen lassen. Vor allem das Kamel Gimel – die Drei – scheut hiervor zurück. »Nadelöhr« war bekanntlich der Name eines besonders engen Tores der Stadt Jerusalem, aber »eher geht ein Kamel durch das Nadelöhr, als daß ein Reicher durch die Pforte zum Reich Gottes gelangt« (Mt 19,24; Mk 10,25; Lk 18,25).

In der involutiven zweiten Hälfte unseres Lebenskreises geht es auf das Yin im Yin zu, und so ist jedes Yin – auch das gewissenhaft und »gut« verwirklichte der mentalen Stufe – dem letzten, inwendigen Ziele verwandter als jegliches Yang. Daher hat im Verhältnis der Bereiche Drei und Vier zueinander jeweils das Yin des einen Bereichs die Aufgabe, das Yang des anderen vor eitlen Exkursen, ja Irrwegen zu bewahren. Das bedeutet: Nur die yin-hafte Vernunft kann verhindern, daß die yang-hafte Phantasie, wie das von Carl Ludwig Schleich gewählte Bild treffend zeigt, schwirrend ins Imaginäre davonflattert; und desgleichen kann nur das yin-hafte Gewißsein die yang-hafte Erkenntnissuche daran er-innern, daß unser Unbewußtes alles, was wesentlich ist, längst weiß.

Wenn wir hier den Ruf nach dem Yin erheben, so allerdings nicht in dem Sinne, wie er in der modernen feministischen Bewegung formuliert wird; ob diese Bewegung der Stärkung des Yin in unserer heutigen Gesellschaft überhaupt dient, ist fraglich. Es hat nämlich den Anschein, als ob Frauen hier im Gegenteil männliche Verwirklichungsmöglichkeiten für sich in Anspruch nehmen – also Yang-haftes –, und dies außerdem in kraftvoll-aggressiven Tönen, also auf yang-hafte Art und Weise. Die Aufwertung und Gleichstellung der Frau im Sozialen verträgt heute in der Tat keinen Aufschub mehr; doch ist dies ein Problem, das noch in der dritten Bewußtseinsstufe hätte gelöst werden müssen. In der vierten, integralen aber bezieht sich das Yin auf die Spiritualität des Menschen – und diese Frage betrifft Männer wie Frauen gleichermaßen.

In der feministischen Literatur wird das Yin-Ideal weitgehend mit dem geschlechtsspezifisch Weiblichen gleichgesetzt: Die Vorzeiten matriarchalischer Gesellschaftsordnung werden heraufbeschworen, in welcher die Frau – die Gebärerin, die Mütterliche und Bewahrende – als Inhaberin einer geheimen Urmacht verehrt wurde. Von daher wird der Bogen geschlagen zu einem weiblichen Gottesbild gleich demjenigen der ersten Menschheitskulturen, die die Gottheit als Urmutter, als bergenden Schoß, erlebten: Angesichts der vielen mütterlichen Wesenszüge Gottes sei es endlich an der Zeit, von Gott nicht mehr als dem männlichen Vater-Gott zu sprechen, sondern vom Vater-Mutter-Gott.

Der Wandel in der Gottesvorstellung hängt eng mit der Bewußtwerdung und Reifung des Menschengeschlechtes selbst zusammen. Solange die Menschen eher kindliche Geschöpfe waren, suchten sie in der Gottheit den behütenden Elternteil: allmächtig und muttergleich, einzig um das Wohlergehen ihrer Kinder bedacht. Mit zunehmender Ich-Findung der Menschheit aber wurde Gott immer mehr als züchtigender Vater-Gott der strengen, männlichen Autorität erlebt, der allzuoft Grund zu haben schien, spontan als Zorniger und Strafender aufzutreten.

Dieses männliche Gottesbild wurde weiter bekräftigt, als der Mensch ins kognitive Bewußtsein weiterwuchs, und so prägte es auch den jüdischen Monotheismus. Das Besondere des jüdischen Glaubens besteht darin, daß Gott als ansprechbares Gegenüber erkannt wurde: als derjenige, der mit dem Menschen Seinen Bund schließt. So kommt es zu einer echten Beziehung zwischen Gott und Mensch, die verbindlich ist und Sicherheit schenkt; hier herrschen Bedingungen wie unter redlichen Geschäftsleuten, und gegenseitige Abmachungen verpflichten: Ihr sollt Mein Volk sein, das meine Gebote hält, und Ich will euer Gott sein (2Mo 6,7; 3Mo 26,12).

Als Erfüllung dieses Bündnisses aber hat Gott schließlich selbst Fleisch angenommen, um in menschlicher Gestalt – in Jesus Christus – hinfort mit dem Menschen Seite an Seite zu gehen. Er mutet Seinem geliebten Geschöpf ein Weiteres zu, nämlich die Einbindung in Sein Wirken: Er erwählt es zum Priester, zum Propheten – zur reinen Magd, die für Ihn Frucht tragen soll. Gott, als der jenseits aller Polarität wesende Eine Geist, betraut den Menschen mit dem Empfangen, Austragen und Vollbringen und verweist ihn damit in die Rolle des Yin.

So haben wir seit dem Erscheinen Jesu nicht mehr die Frage zu stellen, ob Gott uns als männlich oder weiblich begegnet, sondern nur noch umgekehrt, wie wir Ihm begegnen sollen. Als Erwachsene dürfen wir Ihm gegenübertreten und bleiben dennoch Seine Kinder: nämlich *Liberi,* die als Freie und nicht als Sklaven Geborenen, die rechtmäßigen Abkömmlinge, denen das Erbe gehört (Rö 8,17; Gal 4,7). Gott ist die Liebe – Er ist nicht auf einen einzelnen Aspekt festlegbar, sondern liebt uns als der unendlich gütige Vater, als die bedingungslos verzeihende Mutter und über alle Maßen als der strahlende, zärtliche Bräutigam.

*

Welches sind nun die psychischen und bewußtseinsmäßigen Möglichkeiten jener vierten Bewußtseinsdimension, die sich uns neu erschließen will? Wir nannten bereits die Intuition sowie die außerordentlichen Wunsch- und Gestaltungskräfte, in denen Reales und Irreales einander berühren. Im Bereich Vier geht es immer – dies können wir als grundsätzliches Merkmal vorwegnehmen – um das Ineinander-Verwobensein und um das Miteinander-Wirken von Verborgenem und Geoffenbartem. Die den fünf Sinnen und dem Verstande zugängliche Welt ist nicht alles: Sie wird von einem Reich des Nicht-Verfügbaren er-gänzt und vervollständigt, und erst beide miteinander machen das ungeteilte Ganze aus.

Das Wissen hierum ist uralt, alle Heiligen Schriften handeln davon. Und so legt auch die Bibel, insbesondere das Neue Testament, immer und immer wieder Zeugnis vom Vorhandensein und Wirksam-Werden des Verborgenen inmitten des Irdisch-Diesseitigen ab: Sie ist das große Buch, das vom Geheimnis Gottes erzählt.

Der Leser möge uns nicht mißverstehen. In keiner Weise wollen wir dieses Geheimnis entweihen und zu Boden zerren, wenn wir davon sprechen, wie sehr der Bereich Vier mit ihm zu tun hat. Das Geheimnis Gottes sprengt und transzendiert alles; unendlich reicht es über unseren kleinen, geschöpflichen Lebenskreis hinaus. Und dennoch hält es sich nicht außerhalb dieses Lebenskreises, sondern berührt, prägt und durchwirkt ihn – und zwar gerade mittels und über den Bereich der Schwelle, Daleth. So kann uns dieser ergänzende vierte Bereich seinerseits zur Vorbereitung auf das Geheimnis werden, weil er selbst an allen Enden Geheimnisvolles aufweist. In ihm begegnet uns vor allem jenes Unbekannte und zugleich Vertraute, das wir das Unbewußte nennen; ebenso wie jenes Schöpferische, die Kreativität, kraft derer zuvor Nicht-Verfügbares durch den Menschen hindurch in die Realität einfließen und auf Erden verfügbar werden kann.

Ein zweites sei vorweggenommen: Der Bereich Vier ist zugleich der Bereich der Umkehr. Umkehr meint aber nicht

Rückwärts- oder Kehrtwendung des Bewegungs- oder Ereignisflusses: Weder sollen Uhren zurückgestellt, noch ein Rückzug angetreten werden, denn das jenseits der Schwelle wartende Ziel ruft den Menschen unweigerlich vorwärts. Umkehr bedeutet vielmehr die Verkehrung der bisherigen Werte – von außen nach innen sowie von innen nach außen: also radikale Umkehrung der Betrachtungsweise, Umkehr vom Handeln zum Geschehen-Lassen und schlußendlich, daß der Mensch selbst sich von Gott bedingungslos umkrempeln lassen muß.

Der Bereich der Schwelle will uns zum Glauben – zum »Nichtzweifeln an dem, was man nicht sieht« (Heb 11,1) – hinführen. Hierfür hält er alle Möglichkeiten und Begabungen bereit. Und dennoch werden jene Phänomene, in denen das Sichtbare und das Unsichtbare – Realität und Irrealität – ineinanderfließen, bis auf den heutigen Tag nicht nur von der verstandesorientierten Naturwissenschaft, sondern eigenartigerweise auch seitens der schulmäßigen kirchlichen Lehre mit großer, vorurteils-, ja angstbelasteter Ablehnung belegt. Die Bekanntschaft mit diesen Dingen ist zu neu, nachdem die Inquisition ihre ersten Ansätze zu ersticken vermochte, und solange wir das Unsichtbare überdies mit den Praktiken und Erwartungen unseres Verstandes zu bezwingen versuchen, muß es uns immer unheimlich und feindlich erscheinen. Der Umgang mit den Gaben und Phänomenen der vierten Bewußtseinsstufe setzt wirklich die Umkehr des Menschen voraus. Hierzu gehört nicht zuletzt die Abwendung von den eingefahrenen Mustern des Eigen-Willens sowie der rationalen Erkenntnissuche. Es geht auch nicht mehr darum, daß der Geist des Menschen den Geist Gottes erkennend ergründe; sondern der Mensch ist von Gott erkannt (1Ko 8,3; Gal 4,9), das bedeutet: erwählt und vertraut gemacht.

*

Betrachten wir als erstes die Intuition. Wie sehr Intuition mit dem Geheimnisvollen zu tun hat – mit dem unter der Oberfläche Verschlüsselten, mit den verborgenen Möglichkeiten –, hat C. G. Jung aufs trefflichste beschrieben. Sie ereignet sich innerhalb der allgemeinen Sensitivität eines Menschen. Genau definiert, haben wir unter den Intuitionen und Inspirationen die jeweils zu-fallenden Eingebungen des Augenblicks zu verstehen, während Sensitivität – beziehungsweise Medialität als deren Steigerung – als die allgemeine Fähigkeit und Bereitschaft des Menschen zu inspirativem, antennenartigem Empfang gewisser Botschaften zu bezeichnen ist. Die intuitiven Eingebungen verhalten sich zur Sensitivität so wie die Affekte zur Emotion beziehungsweise dem Fühlen: Sie sind jeweils die aktualisierte, gestaltwerdende Verdichtung der latent vorhandenen psychischen Grundfunktion.

Das Spontane und Unerwartete macht Affekte und Intuitionen zu verwandten Erfahrungen, so wie sie auch beide – wie dargelegt – einen besonderen Bezug zur Gegenwart haben. Intuition ereignet sich jedoch – darauf weist besonders Zoller hin – bereits außerhalb der Masse von Raum und Zeit. Wie dies im einzelnen vorzustellen sei, läßt sich nur aus der Analogie mit der alle Raum- und Zeit-Inhalte transzendierenden vierten Dimension erahnen. Unabdingbar mit dieser »Masselosigkeit« nun ist jene Erfahrung verknüpft, die von allen Intuitiven bezeugt wird: Intuition ist nicht verfügbar, sondern sie rührt aus einer Sphäre »jenseits« der bewußten Persönlichkeit her.

Wie aber ist dann mit dieser Intuition umzugehen? Und vor allem: wie läßt sich an ihre Einsichten herankommen? Denn spätestens dann, wenn der einzelne vor unaufschiebbare Schicksalsfragen gestellt ist, kommt er mit der gründlich und etappenweise arbeitenden kognitiven Erkenntnis nicht mehr aus; er ist auf die Intuition mit deren Möglichkeit blitzartigen Durch-schauens verborgener Zusammenhänge angewiesen. So hat es seit Menschengedenken Orakel gegeben. Von je her aber bedurfte es auch der Vermittlung durch Kundige, die die Botschaft des Orakels zu deuten wußten.

Die Eigenart sowohl der Intuitionen als auch der Orakelsprüche ist die, daß ihr Zustandekommen sich jeglicher Nachprüfbarkeit und Reproduzierbarkeit entzieht. Sie leuchten spontan auf, allein für den Intuitiven wahrnehmbar. Damit gewinnt dieser gegenüber allen Nicht-Intuitiven eine nicht-hinterfragbare Autorität. Wer bei ihm Hilfe sucht, ist auf seine Redlichkeit angewiesen, ob er eine echte Weisung verkündet oder aber eine selbstzurechtgelegte Antwort als Inspiration ausgibt. Intuitionen lassen sich nämlich nicht willentlich abrufen und können daher ohne weiteres ausbleiben. Willentlich herbeiführen lassen sich lediglich die meditativen oder auch tranceartigen Bewußtseinszustände, welche Intuitionen und Visionen begünstigen, und zwar durchaus unter Verwendung äußerer Hilfsmittel: etwa der berühmten Dämpfe der delphischen Quelle, bestimmten Räucherwerks oder – wie bei den alten Mayas und Azteken üblich – von bewußtseinsverändernden Drogen.

Doch bedarf es der absichtlichen Bewußtseinsumstellung grundsätzlich nicht. Zu allen Zeiten vollzog sich die seelische Aufbereitung des Empfangenden unter dem Inspirations-Geschehen selbst. Je dringlicher nämlich die Botschaft, desto jäher die Öffnung des Betroffenen – und desto fragloser auch dessen Betroffenheit und Bereitschaft zu glauben.

Die mangelnde Nachprüfbarkeit und Reproduzierbarkeit spricht nicht grundsätzlich gegen die Richtigkeit der Botschaften. Im Gegenteil: Intuition verhüllt sich, wenn man versucht, sie unter Ausübung mentalen und/oder intentionalen Nachdrucks »machbar« zu machen: In diesem Falle präsentiert sie – wenn überhaupt – nur noch Aussagen von sehr zweifelhaftem Wahrheitsgehalt.

Hieran sehen wir, wie fragwürdig es ist, sich paranormaler Techniken, die den Zugang zum Unbewußten und dessen Potential eröffnen können, zur Befriedigung des mentalen Wissensdurstes zu bedienen. Wer vermeint, etwa in Gestalt des Pendels oder der Wünschelrute ein »bewußtseinserweiterndes« und damit untrügliches Werkzeug der grundsätzlichen Wissensfindung in Händen zu haben, der täuscht sich. Der Verstand will stets nach Allgemeingültigkeiten und Gesetzmäßigkeiten forschen; solche aber lassen sich mit den a-rationalen Möglichkeiten des Bereichs Vier niemals aufdecken.

Denn es liegt in der Natur des Bereichs Vier verschlüsselt, daß seine Antworten ausschließlich für die aktuelle Situation und stets nur für den Fragestellenden selbst – oder für eine von ihm gemeinte Einzelperson – zutreffen. Die Intuition ist kein taugliches Mittel zur Erlangung von generellen oder von Langzeitantworten – in dieser Hinsicht ist sie sogar außerordentlich täuschungsanfällig. Und außerdem kommt es, so ähnlich wie im subatomaren Bereich, jenem Grenzgebiet zwischen Materie und Nicht-Materie, sehr maßgeblich auf die »Versuchsanordnung« an; letztlich bestimmt die Erwartung des Fragestellenden, welche Antworten ihm als Resonanz zuteil werden.

Im Bereich Vier darf der Fragende daher überhaupt nicht nach einer bestimmten Antwort forschen, im Gegenteil hat er sich dessen füglich zu enthalten. Es wird ihm geradezu eine Askese auferlegt: nämlich das Loslassen, ja der Verzicht auf die absolute Wahrheit – und dies, obgleich er in der vierten Bewußtseinsdimension bereits jene Schwelle berührt, die zur absoluten Wahrheit hinüberführt!

Wir begegnen hiermit einem weiteren grundsätzlichen Unterschied zwischen den Bereichen Drei und Vier, und damit zwischen rechter und linker Gehirnhälfte. Das Fragen, ja das Fragen-Können als solches, ist eine der vornehmsten Gaben des mentalen Verstandes; infolge seiner Geradlinigkeit aber kann der Verstand nicht anders, als auch das Fragen auf geradliniger Spur zu verfolgen. Bei seiner stets schrittweisen Erkenntnisfindung muß er also zunächst einmal die Frage aufs genaueste präzisieren, und dies geschieht, der Dimensionalität des Prinzips Drei entsprechend, in Richtung auf den Inhalt der unbekannten Antwort. So viel Frage, so viel Antwort – der Bereich Drei kommt nicht los vom Merkmal der Verhältnismäßigkeit; ebenso wie es auch hieß: so viel Leistung, so viel Gegenleistung; so viel Ursache, so viel Wirkung.

Umgekehrt ist es im Bereich der intuitiven Phantasie. Hier kommt die Antwort zuerst! Denn die Fülle möglicher Antworten scheint geradezu auf die ihnen gemäße Frage zu warten. Die Frage ist hier daher nie eine theoretisch erdachte, sondern entspricht der jeweils aktuellen, realen, persönlichen Lebenssituation. Das individuierte Leben selbst richtet sich auf die eine, hier und jetzt allein passende Antwort aus. Die Antwort wird zuteil, indem sie als einzige übrig bleibt, weil alle unpassenden Antworten, als der Anziehungskraft der Stunde nicht gemäß, ausgesondert werden. Von daher konnte Paracelsus wahrhaftig sagen: »Die Heilung zeigt an, welches die Ursache der Krankheit gewesen sei.«

Benutzt man das Pendel in dreidimensionaler Manier, so zeigt sich seine Beschränkung: Mehr als es gefragt wird, kann es nicht beantworten. Legt man ihm eine definierte Frage oder einen bestimmten Gegenstand – zum Beispiel ein Medikament – vor, so kann das Pendel hierauf zwar mit Ja oder Nein reagieren; Nichtvorgelegtes jedoch be-denkt es nicht. Es gilt also, zunächst einmal das Fragen zu lernen. Verläßlicher werden

Pendel und Rute erst dann, wenn man sie eine Auswahl treffen läßt, etwa: Ist das gesuchte Medikament in der vorgelegten Sammlung enthalten? oder: Wo auf dem Gesamtfeld findet sich ein verborgener Wasserlauf? Nur vom Ganzen her kann das einzelne gefunden werden, nie umgekehrt.

Alles Pendeln und Rutengehen ist ein Eintreten in den Bereich Vier; und so bedarf es stets der besonderen Ein-stimmung und vor allem des Verzichts auf das eigene Wollen. Es sollte daher in jedem Fall ein ernsthaftes Gebet vorausgehen und als allererstes gefragt werden, ob man hier und jetzt in der betreffenden Angelegenheit überhaupt pendeln dürfe. Lautet die Antwort Nein, so ist das Instrument gehorsam und unverrichteter Dinge aus der Hand zu legen.

Die Quelle der Inspiration – die, wie gesagt, »jenseits« der bewußten Persönlichkeit liegt – ist nämlich eine Instanz von geheimnisvoller Autorität. Sie behält sich stets die Entscheidung darüber vor, ob Intuitionen aufscheinen sollen oder nicht, denn ihre Hilfestellungen will sie dem Menschen von sich aus darreichen.

Wenn Intuition die Gabe ist, unter die Oberfläche der Dinge zu schauen, so ist damit also nie ein absichtliches, willentliches Schauen gemeint. Das Wesen der Intuition verwehrt es dem Schauenden geradezu, daß er von sich aus den verhüllenden Schleier lüftet. Es scheint, als wolle sich dieser Schleier zu gegebener Zeit von selbst lüften, freiwillig und unversehens, ja fast verschämt. Wehe daher dem Un-verschämten, der den Einblick erzwingen will und sich unbefugt das Überschreiten der Schwelle anmaßt: Das Märchen weiß zu berichten, wie solches Sakrileg geächtet und geahndet wird.

Die Botschaften, die der Intuition zugänglich sind, unterscheiden sich von Grund auf von jenem Wissen, das auf dem Wege der rationalen Erkenntnis gewonnen oder erlernt und anschließend im Gedächtnis gesammelt wird. Das dreidimensionale Ge-dächtnis trägt seinen Namen zu Recht, ist es doch der Speicher alles dessen, was das Individuum bis dato gedacht hat. Die Intuition des Bereichs Vier hingegen schöpft aus der Fülle des Nie-Gedachten: Sie ist wahrhaft schöpferisch, indem durch sie erstmals ins Diesseits hereinfließt, was bisher nur bloße Möglichkeit war. Die von Rupert Sheldrake vermuteten morphogenetischen Resonanzen, die wie transkulturelle Lernspeicher erscheinen, mögen mit ihrer Induktionswirkung hier oftmals beteiligt sein, doch sind sie nicht die Quelle der Intuition.

Kein Mensch steigt zweimal in denselben Fluß; denn das Leben ist nicht statisch, sondern »alles fließt«: *panta rhei.* Raum und Zeit, raumhaft-bewußte Ich-Strukturen und zeithaft-latente Ereignis-Angebote scheinen einander in unablässig wechselnden Konstellationen zu umtanzen: Eine jede Konstellation ist einmalig, noch nie dagewesen und auch nie wiederkehrend – so wie auch beim Mischen und Austeilen der Karten dasselbe Spiel kein zweites Mal wiederkehrt. Die Intuition nun hat den untrüglichen, vorausschauenden Blick dafür, welches Ich-Bewußtsein und welches Ereignis *als nächstes* zahnradartig ineinandergreifen werden. Wenn die Intuition aber die spezifische Wahrnehmung für das Fließen ist, so muß sie ihrem Wesen nach allem Festhalten widerstreben. Daher führt jeder Versuch, aus intuitiven Einblicken End-gültiges herauszulesen, notwendig zu einer Verzerrung der Sicht.

Erinnern wir uns unseres Bildvergleichs, den wir für die Verhältnisse im Bereich Zwei wählten: Hier schienen die Ereignisse an dem in der Mitte postierten Ich im Kreise vorbeizudefilieren. Im Bereich Vier aber sind sie beide in Bewegung – die zeithaften Ereignis-Angebote ohnehin, die raumhaften Bewußtseinsstrukturen aber nicht minder. Sie sind in ein aufeinander bezogenes und abgestimmtes Schwingen verschlungen – Zeichen der nunmehr geltenden, weit komplexeren Dimensionalität. In der vierten Dimension darf demnach das Einzelbewußtsein keinen festen Standort mehr sein eigen nennen, sondern es fungiert als ein beweglicher Teil innerhalb des in sich wogenden Ganzen. Damit wird Raumhaftes selbst ereignishaft, denn innerhalb des Ganzen schwingt es in Gestalt der Welle: Wellen- und Partikel-Natur erweisen sich im Bereich Vier als austauschbar.

Wie eine wogende Gesamtheit aussieht, zeigt uns ein Vogel- oder Insektenschwarm: Alle Tiere schwingen miteinander, so als wären sie ein einziger Leib in einheitlichem Fluge; nie stoßen sie bei ihrer gemeinschaftlichen Bewegung aneinander, sogar der Rhythmus ihres Flügelschlages stimmt überein. Wie ist dies möglich? Welcher besondere Spürsinn befähigt sie, derart aufeinander abgestimmt zu sein?

Auch dies ist Intuition. Vermutlich liegt das ureigenste Wesen des intuitiven Gespürs eben hierin – dient es weit mehr der Gesamtübereinstimmung als den Eigenbelangen von Teilen: Intuition als jene vierte Seelenfunktion, die es dem einzelnen ermöglicht, in dem verborgenen Wogen des umfassenden Ganzen harmonisch aufzugehen.

*

Wenn dem Menschen im Bereich Drei unendliche Gefilde der Erkenntnis offenstehen, so hält der Bereich Vier etwas nicht minder Beglückendes bereit: nämlich eine unglaubliche Wunsch- und Segenskraft. Das Wünschen, wie es uns noch im Märchen begegnet, ist keineswegs etwas Fabulöses: Wohl gehört es der Phantasie an – aber Phantasie sollte einen sehr wesentlichen Bestandteil unseres Lebens ausmachen. Die Gabe des Wünschens ist denn auch durchaus verbreitet, wenngleich sie – als ein Phänomen des Bereichs Vier – den Betreffenden vielfach unbewußt bleibt.

Mit der Kreativität als psychischer Verwandlungskraft des vierten Seelenbereichs haben wir uns bereits näher beschäftigt: Wir bezeichneten sie als eine Fähigkeit beziehungsweise Macht der Gestaltung, welche Jenseitig-Verborgenes in die diesseitige Realität hineinzutransformieren vermag. Kreativität gibt es in mancherlei Formen, und die Wunschkraft, mit der wir uns nun auseinandersetzen wollen, ist eine von ihnen: Sie erweist sich als eine ausbildende Einbildungsmacht – oder einbildende Ausbildungsmacht –, die als zwischentragende Gewalt zwischen Außen und Innen den Austausch zwischen den Welten der Realität und der Irrealität zu bewerkstelligen vermag.

Gemeint ist jene Gabe, gewisse Erfüllungen wie durch bloßes Herbeirufen oder Abrufen zu bewirken; buchstäblich wie durch Zauberwort, durch funkengleich überspringenden, unmittelbar schöpferischen Befehl. Diese aus der vierten Bewußtseinsdimension herrührende Gabe vermag sich offensichtlich über dreidimensionale Begrenzungen hinwegzusetzen, so daß sie – biblisch ausgedrückt – Täler und Hügel zu ebnen, ja Berge zu versetzen vermag. Man könnte die Wunschkraft als eine spirituelle Macht der Um-stimmung bezeichnen, kraft derer in bestehende Ursache-Wirkungs-Abläufe eingegriffen werden kann: Der geradlinige Ereignisstrahl, der sich – im Sinne des dreidimensionalen Kausalitätsgesetzes – von einer bestimmten Ursache auf eine bestimmte Wirkung zubewegt, wird gleichsam wie durch ein Prisma gebrochen und in eine andere Richtung umgelenkt, so daß ein neues, bisher nicht erschienenes Ziel als Wirkung in Erscheinung tritt. Bei solchen Gelegenheiten erweist sich, daß außer einer geradlinig voraussehbaren Zukunft auch noch andere Möglichkeiten zur Auswahl stehen – und in eben dem zuversichtlichen Glauben an das anscheinend Unmögliche liegt die höherdimensionale Freiheit, die sich im Bereich Vier auftut.

Wie alle Kreativität und ebenso wie deren Partnerin, die Intuition, ist auch das Wünschen etwas Blitzartiges, Ganzheitliches, das sich der aktuellen Schicksalssituation entringt. Es sei daher nicht mit dem sogenannten positiven Denken verwechselt, das in der willentlichen und planmäßigen Auffüllung bestimmter gedanklicher Projektionen mit mentaler Energie besteht – eine Form der Magie, des »Machens« und der »Macht«. Das wahre Wünschen läßt sich seinem Wesen nach niemals auf bestimmte »Inhalte« oder Ergebnisse einengen, so stark die Wunschkraft des Sensitiven auch sei. Denn es gilt Entsprechendes wie bei der allzu präzise gestellten Frage: Je direkter sich die wünschende Vorstellung auf ein bestimmtes Ziel richtet – oder auf einen bestimmten Zeitpunkt, nämlich möglichst sofort –, desto mehr verflüchtigt sich die aus-bildende Kraft im Nebel des Unbestimmten.

Auch Un-erwünschtes kann blitzartig über uns hereinfallen, wenn düstere Ahnungen unmittelbar zu Wirklichkeit werden. In diesen Fällen sollte man jedoch nicht davon sprechen, daß das Unheil durch die Macht der Befürchtung herbeizitiert worden sei: Vielmehr wurde sein Kommen intuitiv vorweggenommen – die Intuition eilte dem Ereignis als Vorwarnung voraus. Denn es wird uns der Versuch gestattet, das Ereignis abzuwenden: sei es durch reales Tun, sei es durch das bittende Stoßgebet, dieser Kelch möge an uns vorübergehen. Echtes, verzweifeltes und spontanes Wünschen sollte der Wortlaut solcher Stoßgebete sein – keine magische Abwehrformel, von den Zwängen des Aberglaubens diktiert; und so wird sich die Wunschkraft immer und immer wieder als Kraft der Errettung erweisen.

Leider gibt es auch den mißbräuchlichen Umgang mit der Wunschkraft: das Ver-wünschen. Nicht nur im Märchen, sondern auch in der Wirklichkeit gibt es Hexerei, Zauberei und die sogenannte schwarze Magie als Form des Verbrechens, das sich gezielt und beabsichtigt der spezifischen Mittel des Bereichs Vier bedient, um Schaden anzurichten. Worauf jedoch an dieser Stelle hingewiesen sein soll, ist etwas anderes, nämlich die Möglichkeit des unabsichtlichen Ver-wünschens: Wer an sich selbst die übersinnlichen Gaben des Bereichs Vier entdeckt hat, achte auf seine Gesinnung – ist diese heute edel, so strahlt er Reinheit hinaus; erlaubt er sich aber unedle Regungen, so ist alles verzerrt, was von ihm ausgeht. Er hüte sich daher gewissenhaft vor Groll, Kritiksucht, Neid und insbesondere Unverzeihlichkeit; alle diese Mißstimmungen können, insbesondere wenn sie durch fehlgeleitete Emotionen aufgeheizt sind, zum hemmend-zersetzenden Einfluß für den betreffenden Mitmenschen werden. »Ihr habt gehört, daß zu den Alten gesagt ist: Du sollst nicht töten... Ich aber sage euch: Wer mit seinem Bruder zürnet, der ist bereits des Gerichts schuldig...« (Mt 5,21-22)

So erheischt der Umgang mit der Wunschkraft, die auf der einen Seite mit so viel Leichtigkeit gepaart ist, auf der anderen Seite eine ungeheure Selbstdisziplin. Dies ist eine große Herausforderung für den sensitiven Menschen, dessen Gabe ihn gelehrt hat, sich über Schwere und Enge hinwegzusetzen, und der von Haus aus ohnehin von leichtfertigerem Naturell sein mag. Er ist aufgerufen, an sich selbst zu arbeiten – nicht um seiner eigenen Vervollkommnung willen, sondern schlicht aus Liebe zum Mitmenschen.

Wir sehen, wie sehr sich das Wünschen dem austauschenden, beschenkenden und freigebenden Prinzip des Bereichs Vier einzufügen hat. Das wahre Wünschen besteht daher im Segnen. Und das bedeutet: Wer in diesem Sinne wünschen will, sei darauf bedacht, für sich selbst wunschlos zu sein. Er mißbrauche dieses sein besonderes Vermögen niemals zu eigenen Zwecken: Er wolle nicht sich selbst bereichern, weder mit materiellen Gütern noch mit Ich-Bestätigung oder Ruhm; sondern er vertraue darauf, daß alles, was er für die eigene Person braucht, ihm ohne sein Zutun, ohne Nachdruck und wünschendes Nachhelfen, ohnehin zu-fallen wird.

Ebenso unabdingbar aber ist ein zweites: Der Wünschende und Segnende darf nicht danach streben, selbst der Allgewaltige zu sein, der aus eigener Macht und Willkür Wunschgaben herbeizaubert und austeilt. Im Bereich Vier – nochmals sei darauf hingewiesen – hört die Autonomie des einzelnen auf, so gut er es auch mit seinen Mitmenschen immer meinen mag. Keinerlei Zwecke gibt es mehr, die den selbst-tätigen Griff zu irgendwelchen Mitteln heiligen könnten: in letzter Konsequenz nicht einmal mehr den Griff zur altruistischen, der sogenannten weißen Magie.

Die weiße Magie wird gern als etwas hingestellt, wozu derjenige, der »mehr« weiß, »besser« kann oder »vollkommener« ist als seine Mitmenschen, durchaus berechtigt, ja berufen sei – um des Wohles dieser anderen willen. Derartige Argumentationen sprechen jedoch ausschließlich die Sprache der dritten Dimension; in der vierten nämlich sollte es kein Höher- oder Mehr-Sein irgendeines Menschen mehr geben, vielmehr erachte ein jeder sich selbst als den Geringsten (Phl 2,3). Wie gesagt, hat Magie immer mit »Machen« und Manipulieren zu tun, gleichviel aus welcher Motivation. Um aber ein Dienender des Bereichs Vier zu sein, reicht es nicht mehr aus, lediglich ein edler Mensch zu sein: Es zählt allein der Verzicht auf Eigenmächtigkeit. Jesus selbst enthielt sich dessen, im eigenen Namen zu handeln, und verwies einzig auf den Vater: »Der Vater aber, der in Mir wohnt, tut die Werke« (Jh 14,10).

Darum darf – und kann – sich der einzelne im Bereich Vier nur noch als Mittler und Vermittler dessen verstehen, was Gott selbst schenken will. Der Helfende wird im wahrsten Sinne des Wortes zum Medium – vornehmlich aber zum Priester: In der Nachfolge Jesu sollen wir alle zu Angehörigen des königlichen Priestertums, des heiligen Volkes (1Pt 2,9) werden, die die großen Taten Gottes nicht nur verkündigen (Apg 2,11), sondern diese mit Ihm, als dem in uns Wirkenden, offenbar werden lassen dürfen. Paulus faßt diese Erfahrung in die Worte: »Ich habe gearbeitet... doch nicht ich, sondern die Gnade Gottes in mir« (1Ko 15,10) und rühmte »Seine Wirksamkeit, die sich in mir erweist in Kraft (Kol 1,29)«.

Es geht hier um eine Wahrheit, die seit zweitausend Jahren die Christen aller Welt hätte frei machen können – wenn man sie ihnen nur eindringlich genug verkündet hätte. Jene Gemeinschaft, die der wirkende Gott denen anbietet, die Ihn durch sich hindurch wirken lassen, hätte die Christenheit von Grund auf verwandelt. Und das Reich Gottes wäre uns soviel nähergekommen!

Man hat uns nicht gelehrt, daran zu glauben, daß Gott ausgerechnet durch uns, durch jeden einzelnen, wirken will. Er hat zweifelsohne durch Jesus gewirkt und auch durch Paulus und viele Heilige – was aber haben wir kleinen Erdenbürger aufzuweisen, daß Gott auf uns aufmerksam werden könnte? Müssen wir nicht zuvor zu guten, gottgefälligen Menschen werden, strenge Schulungen, Askese und Reinigung durchlaufen, bevor wir Gott unsere Dienste anbieten können?

Aber es ist eben nicht so, daß jeweils wir Gott unsere Dienste anbieten, sondern wir werden von Ihm in den Dienst genommen. Die Frohe Botschaft besagt eindeutig, daß Gott auf uns zukommt, nicht umgekehrt. Und Jesus pflegte gerade mit denjenigen Gemeinschaft, die es nicht verdient hatten, sondern nach menschlichem Ermessen die Unwürdigen waren; von sich aus sagte Er zum Zöllner Zachäus: »Ich komme zu dir und will dein Gast sein« (Lk 19,5). Ebenso waren auch die Jünger, als sie sich Jesus anschlossen, keinerlei Außergewöhnliche, sondern einfache, alltägliche Menschen von durchschnittlicher Intelligenz und zuweilen recht unkontrollierten Gefühlen; so manche Episode in den Evangelien bezeugt es. Erst an der Seite Jesu wuchsen sie zu Aposteln.

Wir Irdischen erkennen immer nur das tatsächlich Erreichte und Vollbrachte an; Gott aber würdigt bereits das Werdende und Unfertige im Menschen. Es verhält sich so ähnlich wie bei unserem Beispiel von den Brüchen und den Dezimalzahlen: Wir Menschen starren jeweils auf die noch fehlenden Prozente und verbuchen sie als Mangel; Gott aber liest das, was an unserer Vollkommenheit noch verborgen ist, bereits in uns hinein. So unglaublich uns der Gedanke auch sein mag: Gott glaubt an uns. Schon heute behandelt Er uns so, als offenbarten wir bereits, was Er von uns erhofft. In den Worten der Brüder von Taizé: Gott setzt Sein Vertrauen in uns.

In den unteren Bewußtseinsdimensionen scheint dieser Gott immer nur dann für uns wichtig zu werden, wenn wir in Leid oder Bedrängnis geraten. Dann plötzlich erinnern wir uns Seiner und erneuern das Vertrauen, das wir in Ihn setzen: »Aus tiefer Not schrei ich zu dir!« (Ps 130 in der Nachdichtung von Luther; EKG Nr. 195) Im Bereich Vier aber kehrt es sich um: Das Vertrauen wird auf Gottes Seite gehegt – denn wir sind es, die von Ihm wichtig genommen werden. Solches Vertrauen, das Gott in uns setzt, verleiht uns Unwürdigen eine beispiellose Würde.

Vertrauen schenkt Selbstvertrauen! Und es spornt an. Die Brüder von Taizé geben den jungen Menschen, die suchend zu ihnen gepilgert kommen, daher jenen Satz vom Vertrauen Gottes auf den Lebensweg mit. Sie machen ihnen klar, daß Gott jeden einzelnen mit einem besonderen Rüstzeug versehen und an einen ausgesuchten Platz gestellt hat, damit er den auf ihn persönlich zugeschnittenen Auftrag erfülle. Und die Brüder fügen hinzu: Es genügt, wenn ihr nur wenig von Christus verstanden habt; aber das wenige, was ihr verstanden habt, das tut! Der Mensch darf also unfertig sein; was ihm jedoch an Talenten verfügbar ist, das soll er darbringen. Morgen wird er mehr verstanden haben, und folglich wird er morgen mehr tun können: Wir brauchen nie den zweiten Schritt vor dem ersten zu tun.

Es mag uns schwer fallen, Gott auf diese Weise in unseren Alltag einzubeziehen, vor allem deshalb, weil man uns dazu nicht schon von klein auf angeleitet hat, weder im Religionsunterricht noch in den allsonntäglichen Predigten. Es gibt aber ein wunderbares Amt, bei dem sich die Erfahrung machen läßt, daß Gott tatsächlich durch den Menschen hindurch wirkt: das Amt des sogenannten geistigen Heilens. Es ist wunder-bar in des Wortes wahrster Bedeutung, weil sich hier echte Wunder ereignen.

Offensichtlich gibt es die Möglichkeit, von Mensch zu Mensch heilungswirksame Energien zu übertragen. Das Heilen durch Handauflegen besitzt eine uralte Tradition und wurde in fast allen Naturvölkern praktiziert. Es gibt das einfache, naturhafte Heilen, bei dem der sogenannte Körper-Magnetismus, ein aus dem Energiepotential des Körpers stammender Vitalitätsfluß, von einem kraftvollen Menschen gefälleartig auf einen Schwachen oder Kranken übertragen wird: eine Art leibhaftiger Hilfeleistung, die dem Bereich Eins zuzuordnen ist. Instinktiv lassen Mütter diese Ausstrahlung ihrer Hände wirken, wenn sie ihr krankes Kind streicheln oder in den Armen wiegen.

Nachfolgend sei jedoch eine andere Art des Helfens beschrieben, die zu den Phänomenen des Bereichs Vier zählt, nämlich das geistige oder spirituelle Heilen. Hier bemüht sich der Heiler, keinerlei eigene Kräfte zu übertragen, sondern versteht sich als Mittler für heilende Strömungen, die er von Gott erbittet. Wahrhaftige Heilkräfte können auf diese Weise in Bewegung kommen, welche einem Kranken Stärkung und Belebung, Linderung seiner Beschwerden, ja in erstaunlich häufigen Fällen völlige Genesung spenden. Die Natur und Wirkungsweise dieser Kräfte ist bisher unerforscht, zumal sie ihren Ursprung im Unbewußten haben. Der Dienst kann sowohl direkt, das heißt in Form der Handauflegung, als auch durch Ein-stimmung auf den Kranken aus der Ferne erfolgen.

Der Name »Geistheilung« für diese »geistige Behandlung« ist der nicht besonders glückliche Versuch, die englische Bezeichnung *spiritual healing* zu verdeutschen: Gemeint ist der Bezug auf die spirituelle Ebene, auf welcher der Vorgang sich bewegt. Denn erstens kommunizieren Heiler und Patient offensichtlich über jenen Verursachungsbereich, den Paracelsus das Ens Spirituale nennt, und zweitens – dies ist das Wesentliche – ist Gottes Geist beteiligt, als die jenseits des Menschen waltende Quelle aller Heilungskraft.

Jesus selbst ist das hervorragende Vorbild, in dessen Nachfolge Apostel und heilige Menschen aller Jahrhunderte ihren leidenden Mitmenschen haben helfen dürfen, und auf den die ernsthaften Heilungsmittler sich auch heute berufen. Den aufrichtigen Heiler erkennt man daran, daß er sein Amt als religiöse Ausübung begreift. Demütig und uneigennützig stellt er seine Zeit in liebender Hinwendung dem leidenden Mitmenschen zur Verfügung und hat dabei sehr wohl verstanden, daß niemals er selbst heilt, sondern daß Gott es ist, der wirkt: Niemals »besitzt« oder »verfügt« der Heiler über Heilungskräfte; er ist immer nur Medium oder »Verbindungskanal«, dessen Hände absolut leer bleiben, solange Gott keine heilenden Kräfte in sie hineinlegt. Diese Kräfte aber lassen sich erflehen, indem Gott als der Ursprung und Aussender aller Heilung bei einer jeden Heilbehandlung um Hilfe angerufen wird.

Bevor der spirituelle Heilungsmittler also mit der »Behandlung« beginnt, vollzieht er – meist im Stillen – eine Ein-stimmung: eine glaubende Hinwendung zu Gott und ein meditatives Sich-Bereiten zur Aufnahme der heilungswirksamen Kräfte, die er dem Kranken unmittelbar weiterzuspenden gelobt. Für die Kontaktaufnahme mit dem Patienten und das Weiterspenden ist es nicht unbedingt erforderlich, daß tatsächlich die Hände aufgelegt werden; die dem Kranken von ferne zugedachte Fürbitte ist gleich hilfreich. In beiden Fällen vollzieht der Heiler einen schöpferischen Akt, der sehr eng mit Inspiration und Kunst verwandt ist; denn jene geheimnisvollen, heilwirksamen Potentiale holt er offensichtlich aus dem Jenseitig-Verborgenen und vermag sie gestalterisch ins Diesseits umzusetzen. Der Vorgang fügt sich völlig in die Thematik des Bereichs Vier ein, nämlich Um-stimmung in Abgestimmtheit: Wandlungskräfte sind es, die genau auf den jeweiligen Patienten passen. Fast scheint es, als werde in jedem Einzelfall eine gezielte Auswahl getroffen, noch ehe die Strömung zu fließen beginnt; so als ob die aktuelle Lebenssituation – Art und Sitz der Erkrankung, Persönlichkeitsstruktur und seelische Verfassung des Betroffenen – wiederum die ihr gemäße Schicksalsantwort herbeirufe.

Alles dieses bleibt unbewußt und der willentlichen Steuerung völlig entzogen, sowohl beim Heiler als auch beim Patienten. Das einzige, was der geistige Heiler bewußt vollzieht, ist seine Hinwendung zur Ein-stimmung. So liegt die Begabung des Heilers erst in zweiter Linie in dem Vermögen, Kanal oder Leiter für die heilenden Kräfte zu sein. In erster Linie zeichnet ihn seine – angeborene oder ersehnte – Leichtigkeit aus, sich ein-stimmen zu können. Ein-stimmung ist nicht »machbar«, sondern wie alles im Bereich Vier, kommt auch sie dem Menschen entgegen: Behutsam, aber jeglichen Zweifel auslöschend, teilt sie sich mit als das Erlebnis einer besonderen Nähe und Verdichtung unsichtbarer Gewißheiten. Der Himmel rückt näher, sein Hereinwirken ins Diesseits, ja die unabdingbare Vermaschung beider Welten wird erfahrbar. Solches Zusammenrücken und dessen eigentümliche Feierlichkeit wird uns sonst nur in außergewöhnlichen Stunden zuteil: so in der Sterbestunde eines geliebten Menschen, den wir betend begleiten.

Dem geistigen Heiler stehen ohne Zweifel unwahrscheinliche Möglichkeiten offen – und zwar im wörtlichen Sinne, weil sein Wirken sich jenseits aller Vorhersagen von Wahrscheinlichkeit und durchschnittlicher Häufigkeit abspielt. Die Umstimmungs- und Verwandlungskräfte, die ihm buchstäblich in die Hände gelegt werden, setzen allerdings nicht nur im Augenfälligen, das heißt bei den körperlichen Symptomen an, sondern weit mehr noch an der seelischen Befindlichkeit des Patienten. Wir erinnern uns des Ausspruchs von Paracelsus: »Die Seele ist wund, der Leib nit: Arzneiet aber die Seele, so ist der Leib gesund.« Das wahre geistige Helfen stellt daher in keiner Weise eine medizinische oder paramedizinische Therapieform dar, denn nicht die Wiederherstellung von Gesundheit ist das erklärte Ziel. Vielmehr zählt das Heilen zur Seelsorge: Der ganze Mensch soll ge-heiligt, das heißt zum heilen Menschen verwandelt werden. So wird der Heiler zum Nächsten; seine Rolle wird die des einfühlsamen und hindurchtragenden Begleiters sein – des Therapeuten im klassischen Sinne –, der dem Leidenden bei der Sinnfindung behilflich ist, sei es auf dem Wege zur Genesung, sei es beim Zugehen auf die Pforte des Todes.

Beim geistigen Helfen walten weit umfassendere Zusammenhänge und Zielsetzungen, als sie Heiler und Hilfesuchender zu durchschauen vermögen: Diese Zielsetzungen transzendieren die vordergründigen Wunschvorstellungen der Beteiligten, die meist nur die Wiederherstellung des Zustandes vor Ausbruch der Krankheit – ein bloßes Zurückstellen der Uhren – im Auge haben. Daher unterliegt das Bitten des geistigen Heilers derselben Beschränkung wie das Wünschen überhaupt: Auf kein bestimmtes Ergebnis darf es eingeengt werden – und dennoch soll seine Erfüllung erglaubt und in Gewißheit erhofft werden. So ist das »Dein Wille geschehe« der immer und überall passende Wunsch, der der Erfüllung die rechte und heilbringende Auswahl dessen anheimstellt, was hier nottut.

Im Bereich Vier ist Krankheit nämlich nicht mehr als »Betriebsstörung« zu behandeln, die sich durch bloße Ermittlung und mechanische Ausschaltung ursächlicher Störfaktoren beheben ließe. Vielmehr hat sie hier Botschafts-Charakter: Der Schlüssel zur Krankheit liegt in der Symbolik ihrer Symptome. Deshalb sollte der Heiler, in einem ersten Schritt der Hilfeleistung, zunächst einmal zum Deutenden werden – kraft seines Symbolverständnisses und der ihm spontan zuteilwerdenden Intuitionen. Nicht um Ursachenaufdeckung geht es dabei, sondern um die Entschlüsselung der Aussage. Nur dann nämlich kann der Patient heil werden, wenn die ihm bestimmte Botschaft ihn wirklich erreicht; wie sonst sollte er geloben können, sie zu befolgen? Heil-Werden bedeutet stets Umkehr und Neuanfang, und daher verbirgt sich hinter den unzähligen Möglichkeiten verschiedenster Symptome immer wieder die eine Mahnung: »Sündige hinfort nicht mehr« (Jh 5,14; 8,11). Was würde es dem Kranken nützen, wollte man ihm lediglich seine Symptome hinwegstreichen? Seine wundgewordene Seele müßte früher oder später zu einer anderen, weit einschneidenderen Somatisierung greifen, um ihren Notschrei erneut zu artikulieren.

Im Wissen um diese im Bereich Vier geltende Krankheitsentstehung erfaßt den Heiler daher ein zweifaches Mitleid: nicht nur angesichts des Elends, das äußerlich vor ihm steht, sondern weit mehr noch angesichts des inwendigen Abgeschnittenseins des Leidenden von der heilenden Wegweisung. Wie oft wird von Jesus berichtet, daß es Ihn jammerte (Mt 14,14; 20,34): Es jammerte Ihn der Kranken, ja des Volkes überhaupt, »denn sie waren müde und erschöpft wie Schafe, die keinen Hirten haben« (Mt 9,36; Mk 6,34).

Es ist, als stoße der Heiler tief innerlich ergriffen den Ruf aus: »Dies kann doch nicht wahr sein – Deine Wahrheit, Herr, ist größer!« Denn als ein Mensch, der zum Glauben an das Wunder gekommen ist, kann er nicht an den Sieg von Krankheit und Elend glauben. Und da wir uns hier in einem Grenzbereich zwischen Wirklichkeit und Nicht-Wirklichkeit bewegen, hat der Ruf der Verzweiflung die Kraft, das an-scheinend Wirkliche ins Ausseits zu verbannen: Es buchstäblich auszutauschen und stattdessen dem Unwahr-Scheinlichen, nämlich der an der Schwelle wartenden verwandelnden Möglichkeit, die Pforte in die Realität aufzureißen. Der Heiler darf hoffen, daß er – gleich der zwölften Fee des Märchens – immer noch den Wunsch des Erbarmens frei hat, welcher die heilsame Wendung bringt.

So ist es letztlich das Stoßgebet: »Herr, erbarme Dich!«, welches dem Heiler ins Herz gelegt ist: In Wahrheit besteht die Heilungsgabe in der Kraft zu beten. »Kraft« in des Wortes wahrster Bedeutung: denn kräftig ist zu beten, inbrünstig, glühend, sehnsüchtig, ganz und völlig hingegeben. Jesus nennt es sogar das unverschämte Geilen des Bittenden (Lk 11,8): Auf das Wie kommt es an, nicht auf das Was – das Wie allein ist das Geheimnis der Ein-stimmung.

Die Ein-stimmung im Gebet ist eine zweifache, denn sie gilt beiden, die das Gebet verbinden soll: Sie ist auf Gott ebenso gerichtet wie auf denjenigen, dem die Fürbitte helfen soll. Mit beiden entsteht auf diese Weise Gemeinschaft: Erbarmend stellt sich der Heiler Seite an Seite zu dem, der in Not ist; kraft dieses Erbarmens aber steht er Seite an Seite mit Gott, den es selbst angesichts des Leidenden jammert. Diese durch die Kraft des Gebets be-kräftigte Gemeinschaft gibt dem Beten überhaupt erst seine Bedeutung. Daß solches Beten Erhörung findet, fließt dann nicht aus der Wunschvorstellung, sondern aus dem Ein-klang, den die betende Hinwendung zu Gott dem Menschen schenkt: »So ihr in Mir bleibet und Meine Worte in euch bleiben, werdet ihr bitten, was auch immer ihr wollt, und es wird euch widerfahren. Darin wird Mein Vater geehrt, daß ihr Frucht bringet und werdet Meine Jünger« (Jh 15,7-8).

Wenn sich das Wunder der Heilung ereignet, wird das Staunen des Heilers selbst am größten sein – auch wenn er schon viele Wunder erleben durfte; unbeschreiblich sind die Beglükkung und der innere Jubel, die am meisten ihn ergreifen. Ob der Geheilte gleichfalls Dankbarkeit zeigt, ist völlig unerheblich: Der Dank ist auf der Seite des Heilers, denn er durfte schenken: den Reichtum Gottes durfte er weiterverschenken. Hätte dieser Kranke nicht seinen Weg gekreuzt und sein Mitleid erweckt, so wäre der Heiler vielleicht gar nicht auf den Gedanken gekommen, ins Gebet zu gehen. Er selbst ist also der am meisten Beschenkte.

Ein jedes Gebet sollte letztlich ein Erlösungs-Gebet sein: eine Ein-stimmung in Gottes von Urbeginn gegebenes Erlösungs-Angebot. Hierneben verblaßt alles übrige und ins einzelne gehende Wünschen.

Das über Generationen hinweg geübte und überlieferte Gebet des jüdischen Volkes um das Erscheinen des Messias war ein solches Erlösungs-Gebet. Es war der beispiellose Vollzug inbrünstiger und tief empfundener Ein-stimmung in die Verheißung Gottes. Das Auftreten Jesu bedeutete die Gestaltwerdung dieses Gebets auf unserer Erde; weit mehr aber wurde geschenkt, als es sich das Denken und die Gesetzestreue der jüdischen Tradition jemals vorstellen konnten.

Bis auf den heutigen Tag bietet Gott Seine Gestaltwerdung an: Unter der glaubenden Ein-stimmung und Bekräftigung von Priester und Gemeinde tritt Er in der Meß- oder Abendmahlsfeier ein in Wein und Brot. Er opfert Sich selbst: In der heiligen Wandlung ergänzt Er immer wieder, was an Seinem Opfer auf Golgatha von der Menschheit noch unvollzogen ist. Wie kommt es dann, daß nicht bei jeder Wandlung die Erde erbebt und der Vorhang im Tempel zerreißt – nicht einmal inwendig in uns, Seinen lebendigen Tempeln? Liegt es daran, daß unsere Inbrunst und Sehnsucht nicht groß genug sind?

Es gibt Zeiten in unserem Leben, in denen das Gebet sich aus der Hingabe des Moments als ein persönliches formt. Doch sind vorgegebene Texte ebenso heilbringend – nämlich dann, wenn wir sie nicht teilnahmslos »herunterbeten«, sondern mit An-dacht: wenn wir uns von ihnen in die Ein-stimmung hineintragen lassen. Jesus gab uns das Vaterunser als das alle denkbaren Nöte vorweg be-denkende Gebet, »denn euer Vater weiß, was ihr braucht, noch ehe ihr ihn bittet« (Mt 6,8). Bereits in den ersten drei Bitten, die dem gewidmet sind, was die Wünsche Gottes sein könnten, ist auch alles Menschliche umgriffen. Diese drei Bitten sind daher eher Beteuerung und Bekräftigung – wie denn uns Jesus überhaupt anweist, so zu beten, als ob… so als hätten wir schon empfangen (Mk 11,24).

Außer dem Vaterunser gibt es eine Reihe anderer fest formulierter Gebete, die von Generation zu Generation weitergereicht wurden und von der An-dacht und Ein-stimmung der Unzähligen, die mit diesen Gebeten wahrhaft gelebt haben, durchtränkt, ja befrachtet sind. Hierzu zählen das Ave Maria der römisch-katholischen und das Herzensgebet der orthodoxen Christenheit. Sie sind im Laufe der Jahrhunderte zu eigenen Kraftquellen geworden, zu mächtigen Trägern lebendiger Inbrunst, die sich jedem Betenden neu hinleihen, um dessen Hinwendung zu Gott um ein Vielfaches zu potenzieren.

Das Herzensgebet – das *Kyrie eleison* – vermag uns bei unserer Sehnsucht nach Ein-stimmung sehr hilfreich zu sein. Seine uralte Praxis besteht darin, eine kurze, auf Jesus bezogene Anrufung immer und immer wieder im Stillen zu wiederholen. Sie soll nicht im Denken und im Verstande, sondern im Herzen bewegt werden, so daß schließlich das Herz selbst das Beten ohne Unterlaß (1Th 5,17) übernimmt. Die Einübung geschieht unter Zuhilfenahme des Atemrhythmus und unter Hineinversenkung in die Anwesenheit im Herzen. Das Herz, obgleich als körperliches Organ vorhanden, erweist sich unter dieser Übung bald als etwas, das vornehmlich nicht-körperlich ist. Die nach innen gerichtete Aufmerksamkeit entdeckt, daß das Herz ein Ort ist, ohne örtlich zu sein: vielmehr eine Stätte, eine Wohnstatt. Es ist, als ob wir uns hier – genauso wie einst Johannes, dessen Wesen ja so sehr in die Tradition der Ostkirche eingeflossen ist – mit unserem eigenen Herzen an das Herz Jesu anlehnen dürfen.

Bei der Formel des Herzensgebets: »Herr Jesus Christus, Gottes Sohn, erbarme Dich meiner!« mag mancher sich daran stoßen, daß hier nicht für andere, sondern für den Betenden selbst gefleht wird. Aber ist es wirklich christliche Bescheidenheit, die es uns verwehrt, Jesus um unserer selbst willen anzurufen? Versuchen wir hier nicht eher, unsere Fehlbarkeit und Erbärmlichkeit zu vertuschen? Seien wir doch nicht so überheblich, immer nur die anderen für erbarmungswürdig zu halten! Wenn wir unsere eigenen Schwächen, ja unseren Hang zu Boshaftigkeit und Grausamkeiten in ehrlicher Selbsterforschung überdenken und durchleuchten würden, so müßte uns Scham über uns selbst überkommen.

Auf wunderbare Weise aber ist das aus tiefster Reue emporgeschrieene Gebet um die eigene Besserung diejenige Bitte, welche Gott am unmittelbarsten erhört: In unserer elendsten Zerknirschung läßt Er uns begreifen, daß Er mit uns leidet – nämlich unendlich viel mehr, als jemals wir selbst an uns leiden können. Und so vollbringt Gott das Wunder und läßt unsere schuldhaften Verstrickungen und Verhaltensschablonen sich in nichts auflösen: Er macht uns frei – frei vor uns selbst –, damit wir neue Menschen werden können.

»Herr, erbarme dich meiner!« war übrigens der Ruf, mit dem damals die Untertanen ihren Herrscher begrüßten, wenn er in königlichem Zuge an ihnen vorüberfuhr: »Schau auf mich, Herr, würdige mich nur eines Blickes, der du die Macht hast, mich aus meinem Elend zu befreien!«, sollte dieser Ruf besagen. Er war aber zugleich Beteuerung, Vorwegnahme des Erbetenen, und in eben diesem Sinne wird er auch in der ostkirchlichen Liturgie verstanden: als Lobpreis angesichts des Erbarmens Gottes.

Für jene Zeiten in unserem Leben, in denen das Gewahren der eigenen, abgrundtiefen Unwürdigkeit übermächtig wird, sollten wir sehr dankbar sein: Solange nämlich der Mensch noch weit von Gottes strahlendem Licht entfernt ist, darf er sich mit jedem Schritt des Näherkommens heiliger und gottgefälliger vorkommen – und so wandert er getrost durch die sich allmählich aufhellende Dämmerung hindurch, dem Lichte entgegen. Durfte der Mensch aber nahe genug an das Licht gelangen, daß der strahlende Schein ihn trifft, dann erst erkennt er, wie unrein und besudelt sein Gewand doch ist.

Je näher der Mensch der Schwelle kommt, desto weniger wagt er daher, die Gemeinschaft mit Gott, das Ihm-Zugehören und das Eins-Werden mit Ihm überhaupt noch zum Inhalt des Gebetes zu machen: Des Menschen Seele legt alles ab, sogar ihr Wünschen verstummt wie von selbst. Meister Eckehart nennt dies das ledige Gemüte, wenn die Seele, trotz ihrer Sehnsucht, schließlich alle Vorstellungen von Gott, ja alle Hoffnungen auf Ihn, dahinfahren lassen muß.

In den tiefsten Tiefen des wunschlos gewordenen Gebets aber verwischen sich die Unterschiede, und es ist, als bete gar nicht mehr der Mensch, sondern Gott selbst: »Denn wir wissen nicht, wie wir beten sollen, sondern der Geist vertritt uns mit unaussprechlichem Seufzen« (Rö 8,26). Die eigene Stimme, mit welcher das Herz seinen Gott anruft, wird ihm vom Geist entliehen; und das seufzende Gebet des Geistes wird zur zurückströmenden Antwort. Ja, das eigene Herz des Menschen wird zur Leihgabe genommen, damit es in den Pulsschlag des Herzens Jesu einfalle.

Die Worte: »Im Namen des Vaters, des Sohnes und des Heiligen Geistes« sind daher keine leere Einleitungsfloskel, sondern – be-dacht und an-dächtig dem Gebet voran- und nachgestellt – bekräftigen sie, daß wir uns unseres Anspruchs auf jegliches Beten im eigenen Namen und zu eigenen Zwecken enthalten wollen.

Was bedeutet dann Jesu Versprechen, daß Er, wo immer Zwei oder Drei in Seinem Namen versammelt sind als Bittende, mitten unter ihnen sein werde (Mt 18, 19-20)? Es bedeutet, daß sie sich nicht im eigenen Namen, sondern in Sachen Jesu Christi treffen sollen, ein-gestimmt in Seinen Willen.

Die Fürbitte für den Mitmenschen, für Natur und Kreatur formt sich unter dem Beten des Geistes wie von selbst in uns, und wir sollen ihr nur zu-stimmen und mit unserer Bekräftigung in sie einfallen. Auf diese Weise verwandelt sich Für-bitte in Segnen. Da wir als Betende die Gesegneten sind, werden wir ohne unser Zutun selbst zum Segen (1Mo 12,2).

Franz von Assisi segnete mit den Worten: »Ich segne dich, so sehr ich kann – und mehr, als ich kann.« Segnen – gerade ein solches Segnen, das sich nicht auf die eigene Kraft, sondern auf die Macht Gottes beruft – ist vorbehaltlose Anempfehlung des Gesegneten an den Willen und die Güte Gottes; und es ist zugleich das Freigeben und Loslassen des Betreffenden in allem, was er ist, denkt und handelt – Loslassen im Sinne des Lossprechens, der Absolution, von aller Verfehlung.

Aufs engste ist daher die Frage der Sündenvergebung gerade mit dem Heilen verbunden. Viele Geheilte entließ Jesus mit den Worten: »Sündige hinfort nicht mehr« (Jh 5,14; 8,11). Aus dem Munde Jesu freilich enthielt dieser Satz nicht etwa ein warnendes Gebot, sondern eine zukunftsweisende Verheißung, nämlich die Zusage: »Du wirst hinfort nicht mehr unter dem Zwang stehen, sündigen zu müssen.« Denn Jesus stellte keine Weichen im Äußeren, sondern im Inneren um: Die inwendige Sündenprogrammierung des Menschen tauschte Er in die Möglichkeit unbelasteten Neubeginns um. Mit dem Moment der Gnade trat also die Genesung von den Ursachen ein, und erst in zweiter Linie, jedoch als selbstverständliche Nebenfolge, die Heilung von den eingetretenen Wirkungen. Für Jesus konnte es in der Tat gleichgültig sein, welche Ursachenkette zu einer Krankheit geführt haben mochte – sei es die Sünde des Betreffenden selbst, sei es die seiner Eltern (Jh 9,2-3): Die bloße Erinnerung an alles Alte und Überholte löschte Er ein für allemal im Lebensbuch.

Die Frage der Sündenvergebung wird von unserer menschlichen Seite gemeinhin so aufgefaßt, als seien allein wir die Betroffenen – so als gehe es in der Gott-Mensch-Beziehung einzig um uns und unsere himmlische Seligkeit, derer wir verlustig zu gehen fürchten. Aber auch hier erfordert der Bereich Vier eine Umkehr der Betrachtung. In Wahrheit lautet die Frage: Ist es nicht Gott, der ob unserer Absonderung leidet und unsere Rückkehr sehnlichst erwartet? Ja, Gott selbst ist es, den die verlorene Gemeinschaft mit Seinen Erdenkindern schmerzt, und eben um der Wiederherstellung dieser Gemeinschaft willen kommt Er selbst ins Fleisch und sammelt alle menschliche Sünde ein. Sein Werk der Vergebung, das uns heimholen will, bedeutet ein Heilsangebot, neben dem alles Heilen irdischer Leiden und Gebrechen verblaßt.

Obgleich wir aus uns selbst nie unsere eigene Sünde abwerfen können, bezieht Gott in Seiner Unerforschlichkeit gerade den Menschen in Sein Vergebungswerk ein, wenn es um dessen Mitbrüder und Mitschwestern geht. Ausdrücklich sagte Jesus zu Seinen Aposteln: »Welchen ihr die Sünden erlaßt, denen sind sie erlassen, welchen ihr sie aber behaltet, denen sind sie behalten« (Jh 20,23). Ebenso wie wir Menschen Werkzeuge des Heilens – Verbindungskanäle für das Durchströmen Seiner heilenden Kräfte – sein dürfen, verleiht Gott uns die Vollmacht und Gestaltungskraft, Schuld aus der Welt zu schaffen. Nicht nur Vollmacht, sondern größte Verantwortung legt Er damit auf unsere Schultern. Ob Gott, so wie Er es dem Hesekiel (Kap. 33,8) ankündigte, falls dieser sein Predigtamt versäumen würde, auch einst von uns Rechenschaft für die Seelen derjenigen fordern wird, denen wir die Vergebung verweigert haben?

Vergeben kann ja nur derjenige, der im Recht ist. Wem Unrecht zugefügt wurde, der trägt also eine doppelte Last: den Schaden ohnehin, aber die Gewissensnot des Verzeihen-Sollens außerdem. Der Übeltäter hingegen ist von beidem völlig unbeschwert – denn was sollte er zu vergeben haben? Warum also erwarten wir dann ausgerechnet von ihm den ersten Schritt zur Versöhnung?

Bei solchen Anlässen ist es wichtig, sich an unser aller Eingebundensein in den großen Organismus des Leibes Christi zu erinnern: Da es, wie wir sahen, innerhalb dieses Leibes mit seiner allseitigen Gesamtübereinstimmung nichts gibt, das nicht alle Teilhaber gemeinsam betrifft, geht auch das Schuldigwerden eines einzelnen alle übrigen an. Somit sind wir alle aufgerufen, bei der Löschung von Schuld nach besten Kräften und Vermögen mitzuwirken. Von daher verstehen wir den Gang Jesu nach Golgatha: Obgleich Er selbst ohne Schuld war, unterwarf Er sich dem Auftrag der Löschung und Tilgung, weil Er das Haupt des Leibes und der Verwalter des gewaltigsten Vermögens ist. Denn betroffen war Er, und bleibt Er, von den

Verwirrungen und Verzerrungen in Seinem mystischen Leibe; und darum macht *Er*, weit mehr als jemals wir selbst, unser aller Schuld zu Seiner Sache.

Als zweites sollten wir allezeit daran denken, wie fehlbar wir selbst doch sind. Niemals ist es unser persönliches Verdienst, wenn wir schuldfrei bleiben; sondern es verhält sich nicht anders, als wären wir von einem sonstigen Unglück oder Unfall bewahrt worden. Wie leicht hätten auch wir – bei der engen Verflechtung zwischen Tat und Opfer – zum Täter werden können! Schuldigwerden hat im tiefsten Grunde nämlich gar nichts mit Bosheit zu tun, sondern weit eher mit Überforderung. Nur wie zu-fällig – oder ist es Gnade? – bleiben wir immer wieder verschont, und zwar vielleicht nur deshalb, weil wir gerade nicht »an der Reihe« waren. Im Bereich Vier existiert die alte Frage an das Schicksal: »Warum gerade ich?« nicht mehr. Sie kehrt sich um in: »Wieso ich nicht?«

Daß der Mensch schuldfrei durch dieses Leben gehen könne, ist eine Illusion. Schon um unseren Hunger zu stillen, töten wir – selbst bei vegetarischer Ernährung; Mikroben und Ungeziefer müssen wir nun einmal um unserer eigenen Erhaltung willen vertilgen, und wie oft vernichten wir Leben aus bloßer Unachtsamkeit! Es ist eine völlig andersartige Ordnung, jenseits von Schuld und Kausalität, die den Bereich Vier kennzeichnet: Die Symbiose des Ganzen kennt offensichtlich nicht nur die Erhaltung aller in gegenseitigem Austausch, sondern immer wieder auch die Aufopferung des einzelnen – und zwar wird der Unschuldige geopfert.

So bleibt Schuldfreiheit ein Ideal, das wir uns zwar im Bereich Drei zurechtlegen können, das aber im Bereich Vier zerrinnt: Früher oder später werden wir bekennen müssen, daß – entgegen allen guten Vorsätzen – Schuld und Leid nahe zu uns gehören, ja Seite an Seite mit uns gehen.

Dies bleibt für uns so lange unerträglich, wie wir uns als Einzelwesen auffassen; denn so wie unser Ego alles Glück und alle Erfolge immer nur für sich persönlich beansprucht und auf sich selbst bezieht, bleibt es eines Tages auch in Schuld und Leid alleingelassen. Es vermeint dann, ein geradezu blindes Schicksal lasse nur immerzu die Würfel rollen.

Im Bereich Vier aber verhält es sich anders. Hier sind wir Teile eines Ganzen, welches lebt. Im Weben und Wogen dieses

Ganzen gibt es – wir erinnern uns – Zeiten und Orte des Ausgespart-Seins, ebenso wie solche von höchster Verdichtung und Intensität. Gerade in diese werden wir einbezogen, finden wir uns wieder in sich hautnahe um uns legenden Ereignisverdichtungen. Wenn auf diese Weise eine »Stunde der Zeitigung« auf uns zukommt – eine aus der Zahl der vielen, die uns entgegen-warten –, dann gibt es kein Davonlaufen, sondern wir sind hier und jetzt an der Reihe. Es kommt für uns, die wir inmitten des großen Orchesters sitzen, der Moment des Einsatzes, unseres höchst persönlichen Einsatzes. Der Dirigent selbst gibt ihn uns an, indem er zu uns herüberblickt – welch besonderer Augen-blick, wenn sein Auge auf uns ruht! Heute gilt seine Aufforderung dem einen, morgen dem anderen aus unseren Reihen. Je nach unserer Eignung und je nach unserer Kraft sind die größeren oder kleineren Passagen des großen Oratoriums auf uns alle verteilt. Das »Dein Wille geschehe« bedeutet unsere Bereitschaft, das Stück so strahlend aufzuführen, daß wir bei unserem Part über uns selbst hinauswachsen. Was auch immer uns im einzelnen zu-fällt, das soll sich durch uns hindurch Ausdruck und Gestalt verschaffen; aber niemals gehört es uns zu eigen, sei es nun freudvoll oder leidvoll. Obgleich es sich an unserem persönlichen Leib und in unserer eigenen Seele vollzieht, bleiben wir dennoch immer nur seine Mittler, so ähnlich wie auch der Heiler stets nur Mittler ist.

Deshalb ist auch Schuld etwas, das einem einzelnen zugewiesen werden kann, nicht als Folge einer Verfehlung, sondern als schicksalsmäßiger Auftrag. Verliehene Schuld ist wie eine Leihgabe, sie kommt zu bestimmter Zeit um einer besonderen Erfüllung wegen. Dies geschah dem Judas. Er mag sich hierfür geeignet haben, denn »er war ein Dieb und hatte den Beutel« (Jh 12,6). Ein Frevler aber war er nicht, sondern einer der Nahen aus der engsten Gemeinschaft um Jesus. Von Jesu eigener Hand wurde ihm der Verrat als ein Bissen Brot in den Mund gelegt, und Jesus forderte ihn auf: »Was du tun willst, das tue bald!« (Jh 13,26-27). Judas wurde also nicht aus sich heraus an Jesu Kreuzestod schuldig, sondern er wurde dazu berufen. Dies geschah, damit unser aller geheimgehaltene Schuld in ihm Gestalt annehmen sollte: die Gestalt Satans, die beim Annehmen des Brotes in ihn fuhr (V. 27). Eine heilige Schuld erging an Judas – ein Auftrag, an dem er zerbrach.

Alle Religionen, in denen geopfert wird, wissen um das Mysterium der Aufopferung des Einen für Alle. Auch Judas war ein solcher Geopferter. Während es im Bereich Drei des Lebenskreises nur den Grundsatz der verdienten Sühne für selbstverschuldete Tat gibt, waltet im Bereich Vier eine geheimnisvolle Auserwählung und Betrauung gerade dessen, der es nicht verdient hat. Viel tragischer als alle anderen Apostel und späteren Märtyrer, die sich für ihren Glauben hinrichten ließen, hat demnach Judas sein Leben dahingegeben; umso mehr aber galt Jesu Erlösungstat gerade ihm.

Der Name des Verräters ist derselbe wie der des gesamten Stammes Juda – dies ist kein Zufall. Welche Verblendung, daß das heuchlerische Christentum vermeinte, das ganze jüdische Volk für die Kreuzigung Jesu haftbar machen zu müssen! Auch diese Schuld war eine von Gott zugewiesene und verliehene. Wem anders sollte Er sie zumuten als Seinem geliebten, auserwählten Volke? Viel bedingungsloser als alle anderen Völker, an denen ein solcher Kelch vorüberging, sind daher die Juden das von Gott und Seinem Messias erlöste Volk.

Jesus hat es uns vorgelebt, wie wir Menschen einander vergeben können: nämlich aus dem Vertrauen heraus, daß dies im Willen Gottes liegt – um der Liebe Gottes willen. Vergebung ist etwas, das als Möglichkeit bereits darauf wartet, vom Verzeihenden aufgegriffen und in die irdische Wirklichkeit hinein vollzogen zu werden. Vergebung – so die Brüder von Taizé – ist ein schöpferischer Akt: vielleicht sogar der schöpferischste, zu dem der Mensch berufen ist.

*

Einen besonders aufschlußreichen Einblick in die Wirklichkeitsbedingungen, die der Bereich Vier bereithält, vermittelt das Traum-Erleben: fürwahr eine Welt der Phantasie, deren Bilder auf die unwahrscheinlichste Weise ineinanderfließen. Eine eigentümliche Vermengung zwischen er-innerten und erstmals gesehenen Szenen findet statt, die aber beide von gleicher Vertrautheit zu sein scheinen. Verschiedene Personen und Situationen gehen unvermittelt ineinander über, und das Nächstliegende ist jeweils vorweg bekannt. Offensichtlich steht das gesamte Traum-Erleben unter dem Zeichen der Austauschbarkeit: Die Ambivalenz der Phänomene, das heißt die buchstäbliche Gleich-Gültigkeit der Widersprüche, schöpft wahlweise dieses oder auch jenes in die geträumte Bilderwelt hinein.

Traum und Wirklichkeit empfinden wir als polare Gegensätze – nicht aber Traum und Wahrheit. Viele nächtliche Gesichte sind von derart eindringlicher Nähe und Verdichtung, daß kein Zweifel an ihrer Wahrhaftigkeit übrigbleibt. Der Traum selbst freilich ist die Wahrheit nicht, vielmehr ist er Umhüllung: Das Wesentliche ist die in ihm verschlüsselte Botschaft.

Seit Menschengedenken hat es den prophetischen Traum gegeben: den »großen« Traum als die träumende Vorausschau von bedeutungsschweren Ereignissen, Umstürzen oder Schicksalswendungen, die sich sowohl auf den einzelnen als auch auf größere Gruppen, ganze Völker oder gar die gesamte Menschheit beziehen können. Nicht nur die aus dem Dunkel der Vorzeit stammenden Heiligen Schriften, Mythen und Märchen aller Kulturen wissen von prophetischen Träumen zu berichten, sondern auch die Geschichtsschreibung und biographischen Aufzeichnungen aller späteren Jahrhunderte.

Die »großen« Träume als Botschafter der großen Geschicke widerfahren offensichtlich in Ausnahmesituationen, denn sie enthalten immer eine Warnung oder Mahnung, verbunden mit einer helfenden Anweisung oder Wegweisung. Sie werden vom Träumenden immer als bedeutungsvoll erkannt. Nicht notwendig kommen sie zu dem Betroffenen selbst, sondern oftmals zu einem Mitmenschen, der wie schicksalsmäßig für die Rolle des Mahners oder betenden Begleiters ausgewählt erscheint.

Auf welche Weise kommt Prophetie überhaupt zustande? Der Traum ist nicht ihr einziges Medium: Visionen und Stimmen sind es gleichermaßen. Ohne Zweifel ist Prophetie ein Phänomen der vierten Bewußtseinsdimension, eine besondere Art der Diaphanität, denn sie durch-schaut die umhüllende Oberfläche der Zeit, blickt gleichsam um die Ecke und gewahrt auch solche Ereignisstrahlen, die nicht geradlinig, sondern aus dem »Unvorhersehbaren« nahen. Womöglich sieht die Prophetie die kommenden Ereignisse gar auf gleiche Weise, wie die Gesichter auf den Gemälden von Picasso erscheinen, nämlich als Vorderansicht und Profil in einem. Auf alle Fälle ist die prophetische Gabe mit einem untrüglichen Gespür für die »Zeichen der Zeit« (Mt 16,3) verbunden: für dasjenige, was einem bestimmten Ereignis unweigerlich als Vorbote vorausgeht, zum Beispiel die tief fliegenden Schwalben vor dem Gewitter oder das Weiß der Felder vor der Ernte (Jh 4,35). Gewiß sind alle Ereignisse – sowohl in ihrer zeitlichen Umspannung als auch in ihrer Bedeutungsträchtigkeit – unendlich viel ausgedehnter, als unsere dreidimensionale Perspektive gemeinhin zu erkennen vermag. In der vierten Bewußtseinsdimension aber gibt es die Möglichkeit der gänzlichenden Schau, welcher keine Facette des Ganzen verlorengeht.

Die prophetische Botschaft ist wahr, ohne absolut zu sein: Sie verkündet die »wahre« Möglichkeit, die es zu wählen gilt. Doch diese Wahl kann schwerfallen, denn der Wortlaut ist meist doppeldeutig; er scheint auf das Augenfällige, anscheinend Naheliegende zu passen, meint aber das Unerwartete, das heißt ein Geschehen auf einer anderen Ebene. Es sei an den berühmten delphischen Orakelspruch erinnert, den sich der kriegsrüstende Perserkönig Kyros einholte: »Mit deinem Feldzug«, so wurde ihm bedeutet, »wirst du ein großes Reich zerstören.« Aber nicht das feindliche, sondern das eigene Reich richtete Kyros in jenem Kriege zugrunde.

Vor allem die biblischen Weissagungen reichen auf rätselhafte Weise über den augenfälligen Wortlaut hinaus: Es war verheißen, daß der Messias aus dem Geschlechte Davids und aus Davids Stadt Bethlehem kommen solle (Mi 5,1; Jh 7,42). Jesus aber wurde in Bethlehem geboren, obgleich Er dort gar nicht heimisch war, und Seine Herkunft wurde dem Hause Davids zugerechnet, ohne daß Er von Joseph abstammte.

Die Botschaft vermag den Schauenden und Vernehmenden auch in die Zeit des unmittelbaren Hier und Jetzt zu versetzen. Dies wurde Petrus, Jakobus und Johannes zuteil, als sie Zeugen der Verklärung Jesu auf dem Berge Tabor wurden (Mt 17,1-9; Mk 9,2-10; Lk 9,28-36). Wo die Schau vom Heiligen Geist geschenkt ist, da erblickt sie fürwahr die lebendige Wahrheit: Christus.

Aber nur die wenigsten Träume sind »große« Träume. Was sich Nacht für Nacht vor unserem inneren Auge abspielt, sind meist »kleine« Träume, die dem Bereich Zwei zugerechnet werden sollten; denn sie wollen nichts weiter beleuchten als die »kleine« innerseelische Wahrheit des Alltags.

Es ist naheliegend, daß wir nach der Deutung unserer Träume verlangen. Dabei müssen wir jedoch feststellen, daß sie sich dem Grübeln des Verstandes verschließen. Nun kommt es aber gar nicht so sehr auf unser Verstanden-Haben an, als auf unser Einverstanden-Sein: Anstatt unseren Träumen aus der Distanz der Analyse gegenüberzutreten, sollten wir sie daher weit mehr als integralen Teil unserer selbst erachten und sie auch dann, wenn ihre Botschaft unerkannt bleibt, als uns zugehörig willkommenheißen. Im Grunde nämlich träumen wir uns selbst – genauer gesagt: unsere Seele träumt sich –, und zwar ganzheitlich, in der Vielfalt ihrer so widersprüchlichen innerseelischen Strömungen, welche in den geträumten Gestalten ihre Personifizierung erfahren können. In den im Traum handelnden Personen sollten wir Teilaspekte unserer eigenen Persönlichkeitsstruktur wiedererkennen; ihre Namen, ihr Charakter und ihr geträumtes Benehmen sind oftmals aufschlußreich genug und vermögen uns gehörig den Spiegel vorzuhalten. Hier gilt der Satz: »Etwaige Ähnlichkeiten mit lebenden Personen sind rein zufällig«, denn eben nicht diese anderen Personen, sondern wir selbst sind gemeint. Oft begegnen uns im Traume vier Akteure, die sich durchaus als Personifikation unserer vier Seelenbereiche deuten lassen – wobei einer von ihnen wir selbst sein mögen, sei es als Beteiligter, sei es als Zeuge und Betrachter. Der statisch-körperliche Bereich Eins kann auch unpersönlich ausgedrückt sein, etwa als Fels, als Baum oder dergleichen; der Bereich Zwei kann unter anderem in Gestalt eines Tieres erscheinen – in unserer heutigen Welt allerdings ebenfalls als »Auto«, was ja, wörtlich übersetzt, auf die Eigen- oder Ich-Bewegung hindeutet; der Bereich Drei ist am ehesten durch jemanden symbolisiert, zu dem eine Beziehung oder gar eine Konkurrenz besteht; der Bereich Vier mag als eine spirituelle Person oder als ein geistiges Symbol erscheinen. Zu bewundern ist jene Traum-Regie, die unter den lebendigen Vorbildern unseres persönlichen Umfeldes derart passende Symbolfiguren auszuwählen vermag, welche die beabsichtigte Botschaft bis in ausgeklügelte Details hinein verkörpern.

Es gibt archetypische Aspekte der Seele, zum Beispiel den mütterlichen und den väterlichen, deren Personifikationen sich in den Träumen der meisten Menschen entsprechen. Eine nähere Betrachtung solcher allgemein-menschlichen Traumsymbole wäre sehr interessant, würde aber den vorgesteckten Rahmen dieses Buches sprengen. Auf eines allerdings sei hingewiesen: Träumen wir vom Tod eines Menschen, so bedeutet dies nicht notwendig, daß der Betroffene in Todesgefahr schwebt. In unsere Fürbitte sollten wir ihn freilich einschließen, jedoch dürfen wir darauf vertrauen, daß wir hier das Absterben unseres eigenen »alten Adam« im Traume miterlebt und vollzogen haben – eine Verwandlung eben jenes speziellen Wesenszuges unserer selbst, der sich in der geträumten Person widerspiegelt. Aus der Sicht der träumenden Seele, die ja unsterblich ist, kann das Symbol »Sterben« doch nur gleichlautend sein mit Abstreifen alter Hüllen und mit Neubeginn. Aber auch in dem umgekehrten Sinnbild liegt freudigste Verheißung: Träumen wir von Geburt, wird uns etwa ein Neugeborenes in den Arm gelegt, so meldet uns unsere Seele damit die Ankunft neuer, junger Impulse.

In der Regel also dürfen wir unsere Träume als Momentaufnahmen unserer derzeitigen und höchstpersönlichen seelischen Situation deuten. Unsere körperlich-seelische Befindlichkeit, das heißt das »Gefühl« im Moment des Erwachens, ist oft schon eine Aussage in sich: entweder ein gutes, nämlich die Gewißheit einer glücklichen Lösung – oder aber ein ungutes, einer Warnung oder dringlichen Ermahnung gleich. In beiden Fällen können – und wollen – die Träume wegweisend für die *als nächstes* bevorstehenden Schritte sein. Und hierzu genügt es, daß sie im Unbewußten geträumt wurden: Ob sie verstanden, ja überhaupt erinnert werden, ist nicht ausschlaggebend.

In einer alten Parabel aus dem Osten wird die Frage gestellt, ob nicht ein Bettler, der Nacht für Nacht träumt, ein König zu sein, durchaus einem König vergleichbar sei, der sich in jedem Traum als Bettler erlebt. Wer sind wir überhaupt? Und was an uns hat eigentlich Bestand? Hier rühren wir an die uralte Frage der Menschheit nach der Identität des einzelnen. Reicht unser Wesen nicht ohnehin sehr weit ins Verborgene hinein? Und ist nicht eben jener verborgene Teil an uns derjenige, der letztlich Bestand hat?

Hier sei eine wahre Begebenheit berichtet: der Ausspruch eines Mädchens, das von seinen Eltern zögernd – denn man fürchtete, seine sensible Seele zu erschrecken – an das Bett der sterbenskranken Großmutter auf der Intensivstation geführt wurde. Aber völlig ohne Furcht ergriff die Kleine die Hand der Kranken, um sie zu streicheln, und sagte: »Oma, du siehst dir gar nicht mehr ähnlich – aber ich habe dich sooo lieb!«

Die Brüder von Taizé sprechen immer wieder von der Würde des Menschen, der Würde unseres Nächsten. Für diese kann man mit äußeren Mitteln kämpfen, wie es das rationale Zeitalter in der Welt des »Machbaren« mit mehr oder weniger Erfolg getan hat. Man kann sie aber auch auf die innere Weise verwirklichen, durch schöpferisches Hineinlesen der Menschenwürde in denjenigen, der sie dem äußeren Anscheine nach nicht besitzt oder gar vor sich selbst verloren hat – weil nämlich tief in seine Seele das Trauma des Unerwünschtseins – der Stachel der Ablehnung – hineingetrieben wurde. Nur Liebe vermag durch alles Entstellende hindurchzuschauen und die verborgene Gottessohnschaft zu erblicken: Hierzu freilich wird es oftmals nötig sein, wieder so zu werden wie die Kinder.

*

Bei der Beschäftigung mit dem Bereich Vier kommen wir nicht umhin, uns auch mit einer besonderen Sphäre des Verborgenen auseinanderzusetzen, nämlich mit jenen Bezirken, die dem herkömmlichen Sprachgebrauche nach als das Jenseits bezeichnet werden. Dieser unbekannten Welt, die über das Diesseitig-Reale und des Menschen irdische Lebensform hinausgeht, geben wir den Namen Himmel und meinen damit sowohl die Gefilde, denen die unsterblichen Engel und Geister entstammen, als auch jene Stätte beziehungsweise Zeitqualität, in die wir selbst nach unserem Erdenleben einzugehen hoffen. Diesseits und Jenseits sind für uns durch ein Ereignis getrennt, das wir jedoch am liebsten verdrängen möchten: das Sterben.

Das Ableben des irdischen Körpers ist ein Schicksal, dem sich kein Mensch entziehen kann, denn eines Tages, früher oder später, ist sein Individuationsweg – der persönliche Lebenskreis – zu Ende abgeschritten. In dem Weltbild desjenigen, der das körperliche Ableben für das Ende hält, ist freilich für ein Jenseits kein Raum, weil dieser Mensch seine individuelle Lebensspanne und sich selbst verabsolutiert. Wer aber an eine Überwindung des Todes glaubt, lebt sein ganzes Erdenleben hindurch mehr oder weniger vordergründig mit – und von – der Frage nach den jenseitigen Dingen.

Es gibt ein uraltes archetypisches Symbol für den Durchgang vom Leben zum Tode: die Metamorphose des Schmetterlings. Bezeichnenderweise gaben die Griechen der Seele denselben Namen wie dem Schmetterling: Psyche. Das Schmetterlingssymbol wird von jeder Menschenseele verstanden: Elisabeth Kübler-Ross fand es in zahlloser Wiederholung in Türen und Bettrahmen eines Konzentrationslagers eingeritzt, das sie unmittelbar nach dem Kriege besuchte. Einer der Überlebenden gab ihr die Erklärung: Dieses Symbol habe den jüdischen Häftlingen angesichts der Gaskammer Trost und Gewißheit gegeben, daß sie wie der Schmetterling ihre Metamorphose erfahren würden.

Etwas sehr Wesentliches ist vorauszuschicken: Das Wort Tod bezieht sich auf zwei völlig verschiedene Dinge, von denen das eine zwar die Analogie des anderen darstellt, die aber dennoch nicht verwechselt werden dürfen. Zum einen bezeichnen wir als Tod das Ende der körperlichen Existenz – das irdische Sterben; zum anderen aber gibt es den geistlichen Tod – nämlich das Tot-Sein der Seele gegenüber der Anrufung Gottes. Vor diesem geistlichen Tode allein warnte Jesus in Seinen Predigten – Seine Zeitgenossen aber verstanden Ihn nicht: »Abraham ist gestorben und die Propheten«, erwiderten Ihm die Juden, »Du aber sprichst: So jemand mein Wort hält, der wird den Tod nicht schmecken ewiglich. Was maßest du dir an? Bist du denn mehr als unser Vater Abraham?« (Jh 8,52-53).

Der Tod ist die uns zugewandte Seite jenes Ganzen, dessen andere Seite Auferstehung heißt, sagt Guardini. Nicht um den sterblichen Leib ging es Jesus, sondern um die unsterbliche Seele des Menschen, denn für die Seele ist es tödlich, in der Gott-Ferne zu vegetieren, losgesagt von der Gemeinschaft mit Gott. Man sieht bereits beim biologischen Organismus, welches Schicksal alles Losgelöste trifft: Ein ausgefallenes Haar, ein entfernter Blinddarm, eine abgehackte Hand – was sind sie noch? Abfall sind sie – tot und widerlich. So auch die Seele, die Gott gegenüber abgestorben ist.

Nun aber handelt die gesamte Bibel davon, wie die Seele genesen und dem wahren Leben wiedergeboren werden kann:

Der Zustand des geistlichen Todes ist nichts Endgültiges. Der Vater selbst spricht es bei der Heimkehr des verlorenen Sohnes aus: »Dieser mein Sohn war tot und lebt wieder; er war verloren und ist wiedergefunden worden« (Lk 15,24). Allein auf das wahre Leben, dem man als Wiedergefundener angehören kann, kommt es an: auf das ewige Leben. In ihm wird die Seele den Tod ewiglich nicht schmecken. »Das aber ist das Ewige Leben, daß sie dich, der du allein wahrer Gott bist, und den du gesandt hast, Jesum Christum, erkennen« (Jh 17,3). Unwandelbar ist das ewige Leben auf Gott und Seinen Sohn bezogen; keine bloße innere Haltung oder Bereitschaft stellt es dar, sondern den Inbegriff der Lebendigkeit in wahrhaftigem, durchpulstem Angeschlossen-Sein an den Leib Christi. Das Leben im Leibe Christi bedeutet, Ihm nahe und aufs engste verbunden zu sein, aus Ihm und in Ihm zu leben, Zeugnis Seines Lebens für die Welt zu werden.

Unser viergegliederter Lebenskreis, der uns durch alle unsere Betrachtungen geführt hat, ist im ewigen Leben vollendet. Es ist seine Überhöhung und Überstrahlung, es trägt die Züge der Quinta Essentia: In diesem alles transzendierenden ewigen Leben allein findet der Mensch seine wahre Identität.

Dennoch verliert der paganische Lebenskreis seine Bedeutung keineswegs. Denn wie bei der Coniunctio alle vier Seelenbereiche harmonisch ineinanderfließen, so will auch das ewige Leben innerhalb und nicht außerhalb der Schöpfung sein: Ewiges Leben kann den Menschen unabhängig davon auszeichnen, ob er im irdischen Leibe existiert oder nicht, so wie es gleichermaßen das Tot-Sein der Seele bei noch im Leibe Lebenden wie bei Gestorbenen geben kann; geistlich Tote bewegen sich im Diesseits wie im Jenseits.

Deshalb kennt die hebräische Ursprache der Bibel auch ein besonderes Wort für Leben: *Chajim*. Durch die Endung *-ajim* weist es sich als ein Mehrzahl-Wort aus, wovon es keine Einzahl gibt – so ähnlich wie bei dem Wort »Eltern«. Chajim bedeutet demnach wörtlich: die Leben; es ist zweifach, indem es über das Vordergründige, das bloß Körperliche und Irdisch-Tätsächliche, hinausreicht.

Unter allen Quadranten unseres Kreismodells nun erweist sich wiederum dieser Bereich Vier als derjenige, der zur Pforte zu dem auf Gott bezogenen Leben werden kann: Mit allen seinen Aspekten, seinen vielen Angeboten vom Extrem des Yang bis hin zum Extrem des Yin, will er dem Menschen zu dessen Ausrichtung auf das ewige Leben dienen. So kann es nicht anders sein, als daß die Trennlinie, die das leibliche Sterben zieht, bereits inmitten dieses vierten Quadranten verläuft und nicht erst an dessen Ende: Das Ablegen des Körpers als besonders radikale Loslösung von der irdischen Verkettung bedeutet zwar die große Chance zu seelischer Verwandlung – ist aber dennoch für die im Unglauben Sterbenden noch nicht die letzte.

Das Feld des Quadranten Vier wird damit zu einem besonderen, ja eigentümlichen Feld, indem es – wie die zwei Kehrseiten einer Medaille – zwei Welten in sich vereint: das uns geläufige, sichtbare Diesseits hier, das körperbefreite Leben als unsichtbares, verborgenes und geheimes Jenseits dort. Im Vergleich zum wahren, ewigen Leben bleibt dieses letztere freilich ein sehr »diesseitiges« Jenseits.

Daß auf der anderen Seite des Sterbens Zwischenzustände der Existenz denkbar sind – im Sinne des Wartens auf das ewige Leben –, wird nach katholischer Lehre als Fegefeuer definiert. Gemäß streng protestantischem Verständnis ruht der Mensch nach seinem leiblichen Tode zwar bis zum Jüngsten Tage im Grabe; auch sein Bewußtsein »schläft«, während er die Auferstehung von den Toten und die Bekleidung mit einem neuen, geistlichen Leibe erwartet. Aber spricht nicht selbst Paulus von seiner Sehnsucht, »aufzubrechen und bei Christus zu sein« (Phl 1,23)? So dürfen wir glauben, daß der Mensch im Sterben lediglich den Körper ablegt wie ein verschlissenes Gewand, nicht aber sein Bewußtsein. Das Jüngste Gericht widerfährt möglicherweise jedem einzelnen gesondert – und zwar zu dessen persönlichem Jüngsten Tag, dem Sterbetag: Vielleicht liegt die persönliche Stunde der Rechenschaft in jener in alle Einzelheiten gehenden Rückspulung des eigenen Lebensfilms, wie sie von vielen berichtet worden ist, die in letzter Sekunde vom Sterben errettet wurden. Übereinstimmend erlebten sie sie alle als eine rückhaltlose Offenlegung ihrer sämtlichen Taten, Unterlassungen und Absichten.

Ein derartiges »Überleben« des körperlichen Todes – dies gilt es mit aller Nachdrücklichkeit klarzustellen – hat freilich nicht das Geringste mit geistlicher Auferstehung, noch mit

Verleihung eines Ewigkeitsleibes zu tun. Umgekehrt aber bedeutete auch Jesu Auferstehung keine bloße Totenerweckung – so wie sie Lazarus widerfahren war – mit Wiederbelebung des Erdenkörpers, selbst wenn Jesus danach noch mit den Jüngern gegessen (Lk 24,43) und sich von Thomas hat anfassen lassen (Jh 20,27). Wäre Jesus nur dem Fleische nach auferstanden, so wäre dies nur ein kleines, paganisches Ereignis gewesen – nichts Weltbewegendes. Vielmehr bedeutet das Osterereignis – ebenso wie das Weihnachtsereignis, die Fleischwerdung Jesu – das Aufleuchten und Einfließen der Dimension Gottes in diese Welt.

*

Kehren wir mit unseren Betrachtungen noch einmal zum zeitlichen Leben zurück. Leben, so wie es im Bereich Vier erfahrbar wird, existiert in seiner Ganzheit allzeit und überall. Es ist mehr als Körperhaftigkeit samt Stoffwechselprozessen und Fortpflanzung, mehr auch als bloße Gefühlshaftigkeit. In der Sicht des Bereichs Vier, jenem Grenzbereich der Materie, in welchem Stoffliches in Nicht-mehr-Stoffliches übergeht, ist alles Lebendige vom Merkmal der Wesenhaftigkeit geprägt: Sämtliches, die Teilbereiche ebenso wie das Ganze selbst, treten aus der Anonymität hervor.

So mußte auch Paracelsus die Wesensbereiche oder Entia als lebendige Fürsten oder Principes erkennen. Überall im Bereich Vier können Kräfte und Phänomene auf sehr eindringliche Weise als eigenständige Bewußtseinsträger lebendig werden. Solche Verselbständigungen offenbaren sich zwar nur der spezifischen Wahrnehmung des Quadranten Vier, der intuitiven Schau, werden aber in und für diesen Quadranten zu einer Realität: wahrhaftig ein Reich der Wesenheiten, ja An-wesenheiten.

Weil diese Anwesenheiten als personifiziert erscheinen, kann die Welt des Bereichs Vier unserer Phantasie allerdings zu einem Spielfeld und verwirrenden Schauplatz des Paranormalen werden. Kraft seiner Medialität vermag der Sensitive die jenseitigen Gefilde als ein Reich von Geistern oder Geistwesen zu deuten: Das Jenseits erweist sich ihm in keiner Weise als leer, sondern als ein überaus bevölkerter Himmel. Zudem verspürt der Intuitive – wie könnte es im Bereich Vier anders sein – eine starke Verwandtschaft, ja Wesensgleichheit dorthin. Gerade diese von den lebendig werdenden Phänomenen ausgehende Anziehungskraft auf die Phantasie von uns Diesseitigen, ihre unleugbare Affinität zu unserem vierten Seelenbereich, sind nun aber der Beweis dafür, daß derartige Wesenheiten lediglich Seelen-Qualität haben,: nicht mehr und nicht weniger als unsere eigene psychische Grundfunktion des Intuierens auch. Seelenwesen sind sie, nicht Geist.

Ein jedes Wort kann hier »Fleisch« werden – leider auch der Fluch – und sich der bildhaften Schau in leibhaftiger Gestalt zeigen. Es nimmt eine Form der Existenz an, die nicht be-greifbar und nicht beweisbar ist, von der aber eine spezifische Induktions- oder Feldwirkung ausgeht. Für den Intuitiven können die ihn umflutenden Kräfte des Jenseits als edle Helfer und Betreuer des Menschen, als schutzengelgleiche Begleiter erlebbar werden. Auch für Verstorbene scheint der Kontakt zu den noch im irdischen Leibe Lebenden und vor allem die Möglichkeit der liebenden Fürsorge für ihre Hinterbliebenen offen zu sein, so daß sie sich ihnen in psychischen Ausnahmesituationen oder aber unter Einschaltung eines Mediums sogar sichtbar oder hörbar machen können. Die Vorstellung einer solchen Annäherung Verstorbener braucht in uns keinerlei Ängste auszulösen, wenn wir verstehen, daß wir hier gar nicht mit dem Gevatter Tod, sondern im Gegenteil mit dem unauslöschlichen Leben in Berührung kommen: Sollte es uns nicht vielmehr mit Freude erfüllen, daß über die Schwelle des irdischen Sterbens hinweg weiterhin gegenseitige Liebe und Hilfe zwischen dem Leben hüben und dem Leben drüben möglich sind?

Übrigens scheint der Mensch nicht der einzige zu sein, an den sich Bewußtsein heftet: Der intuitiven Schau zeigen sich ebenfalls Elementar-Geister, die über Sturm und Feuer gebieten; Erdgeister und Zwerge als Hüter von Steinen, Wurzeln und Moosen; kraftvolle Flügelwesen, die ganze Landschaften, Länder oder gar Erdteile überspannen; Feen und Devas als wesenhafte Verdichtung pflanzlicher Gruppenseelen – alles personifizierte Bewußtseinsträger im Reich der Natur.

Für den Grad der Verdichtung jenseitiger An-wesenheiten – welcher Art auch immer – kommt es, wie überall im Bereich Vier, wiederum auf die »Versuchsanordnung« an, also auf die Erwartung des Betrachters. Für den Nicht-Sensitiven bleiben die jenseitigen Bewußtseinsphänomene völlig verborgen, ja nicht-existent. Derjenige aber, der sie zu erleben erwartet, vollbringt einen geradezu schöpferischen Akt, indem er aus seinem eigenen Seelenfluidum den Phantomen zu realer Gestalt verhilft. Verleihen wäre der passendste Ausdruck für das, was diese lebendige Manifestation jenseitiger Phänomene ermöglicht. Sie scheinen sich nämlich den »Stoff«, aus dem sie sich sichtbar machen und unter Umständen auch materialisieren können, aus der psychischen Substanz des Visionärs oder des Mediums selbst zu leihen, und dieser Vorgang dürfte dem der Reproduktion der Viren aus der Substanz ihrer Gastzellen aufs engste verwandt sein.

Was sich hier abspielt, in begriffliche Worte zu kleiden, fällt schwer. Keineswegs wollen wir, wenn wir den »Mechanismus« der Manifestation mit Prägungsvorgängen der Virenproduktion vergleichen, das Urteil fällen, die Kommunikation mit dem jenseitigen Wesen sei eine Einbildung. Ganz im Gegenteil: die Erscheinungen sind nicht ein-gebildet, sondern sie werden aus-gebildet! Allein der Sensitive besitzt freilich die besondere kreative Gabe der Hereinholung und gestalterischen Aus-bildung jener Wirklichkeiten der anderen Seite, die sonst verborgen bleiben. Die Begriffe Phantasie, Imagination und Suggestion, die wir von Schleich und Paracelsus übernehmen, sollten wertfrei verstanden werden: nicht als Täuschung oder gar Selbsttäuschung, sondern als Facetten der Wunschkraft, mit der wir uns bereits auseinandergesetzt haben. Hier zeigt sich, wie sehr diese spezifisch spirituelle Induktionskraft hüben wie drüben gleichermaßen zu Hause ist und beide Welten auf einen gemeinsamen Nenner zu bringen vermag.

Ob allerdings jene Wirklichkeiten, die über Suggestion und Phantasie im Diesseits Gestalt annehmen können, wahrhaftige Lebewesen sind oder bloße Kräfte, echte symbiontische Partner oder lediglich Vehikel eines symbiontischen Austauschs, bleibt verborgen. Vermutlich sind die paranormalen Phänomene beides in einem, denn die vierte Dimension hat andere Maßstäbe von Realität als die übrigen Dimensionen. Womöglich setzt sich das große Gesamtmuster des Bereichs Vier in seiner Selbstpotenzierung im wesentlichen aus bloßer Spiegelung und Gegenspiegelung zusammen – so wie die Bilder des bereits erwähnten Kaleidoskops oder eines Spiegelkabinetts. Die Vollständigkeit und Reinheit des Gesamtmusters beruht auf eben dieser täuschend ähnlichen Spiegelung; real im uns geläufigen Sinne – das heißt verfügbar – ist vermutlich nur ein verschwindend geringer Teil. Doch schmälert dies die allgemeine Wirksamkeit nicht, denn im Bereich Vier haben das reale Vor-Bild und dessen Spiegelung dieselbe, übereinstimmende Botschaft. Und nur auf die Botschaft kommt es an; die Frage nach der tatsächlichen Beschaffenheit der vierdimensionalen Phänomene kann hinter ihr völlig zurücktreten. Folglich zeigt sich uns das jenseitige Leben jeweils so, wie wir es haben wollen: also wahlweise als materialisiert oder aber als eine Form von Energie.

Ob der einzelne nun eine »ausbildende« Wahrnehmung für diese An-wesenheiten hat oder nicht, ist völlig unerheblich; wichtig ist, daß er für die wahre und reine Botschaft empfänglich bleibt. Deshalb gilt für den Umgang mit den Phänomenen dasselbe wie für den Umgang mit den Geheimnissen der Intuition: Wir sollen sie nicht aktivieren und von uns aus keine Kontakte zu »Jenseitigen« suchen; denn im Bereich Vier gilt es, das Ausgesparte ausgespart zu lassen. Nur falls die An-wesenheiten ihrerseits den Bereich des Unsichtbaren verlassen und unserem Bewußtsein erscheinen, dürfen wir aufmerken – und haben selbst dann noch die Wahl, uns beeindrucken zu lassen oder nicht. Es empfiehlt sich, im Umgang mit ihnen sehr wählerisch zu sein, getreu der eindringlichen Mahnung des Johannes: »Prüfet die Geister« (1Jh 4,1); nicht von ungefähr verbietet die Kirche Kontakte mit Jenseitigen schlechthin; es gibt unter ihnen nämlich sehr zweifelhafte Gestalten. Äußerste Vorsicht ist geboten, sobald ein jenseitiger Einfluß mit frommen Halbwahrheiten und Schmeicheleien zu betören versucht oder den Rausch außersinnlicher Wahrnehmungen, den schillernden Ruhm paranormaler Fähigkeiten oder gar Befehlsgewalt über die Willensfreiheit von Mitmenschen verspricht. Wir sollten bedenken, daß auch die Versuchung Jesu in der Wüste an genau diesen Punkten ansetzen wollte (Mt 4,1-11; Lk 4,1-13).

Die Hinwendung zu Jenseitskontakten entspringt letztlich dem Wunsch, das Diesseits hinter sich zu lassen – und hat daher im tiefsten Grunde mit ungestillter Sehnsucht zu tun. Die Suche, das Suchen überhaupt – die Sehn-Sucht nach demjenigen, das im Verborgenen da ist, aber in seinem Offenbarwerden zögert – gehört, wie wir sagten, unabdingbar zum Wesen des Bereichs Vier; ebenso wie ehedem das Fragen zum Bereich

Drei gehörte. Süchtige, Sensitive und Heilige – sie alle sind Sehnsuchtsmenschen; die Reinheit ihrer Suche allein aber bedingt die Reinheit dessen, was sie finden.

Eine bewußte Kommunikation mit jenseitigen Wesenheiten darf sich daher nie zu einer Beziehung entwickeln, in der der Sensitive sich völlig auf die jenseitige Kraft einstimmt und alles von ihr erwartet; sondern beide sollten sich gemeinsam auf Gott einstimmen und gemeinschaftlich alles von Gott erwarten. Die Übergänge von heilsamem, sybiontischem Zusammenwirken zu parasitärer Überlagerung sind sehr fließend, und es kann uns rasch so ergehen wie Goethes Zauberlehrling: Die Geister, die wir riefen, werden wir womöglich nicht mehr los. Eines Tages haben sie sich eingenistet und ernähren sich hinfort nur noch an uns – an unserer menschlichen Seelensubstanz.

Diese Art der parasitären Persönlichkeits-Aufpfropfung, wie sie auch in den Evangelien beschrieben wird, heißt Besessenheit. Viele psychotische Krankheitsbilder, die sich als Spaltung der Persönlichkeit äußern, erinnern hieran.

Die Bibel bezeichnet die parasitären Wesenheiten oder Dämonen übrigens als unsaubere Geister, deren Gefährlichkeit offensichtlich weit mehr in ihrer Unreinheit und Verzerrtheit, als in ihrer Boshaftigkeit liegt. Die Austreibungen, die Jesus vornahm, waren daher stets Akte spiritueller Reinigung, genauso wie die Hinaustreibung der Wechsler und Verkäufer aus dem Tempel: Um die Reinhaltung des Tempels der menschlichen Seele ging es Ihm, nicht um die Niederschlagung böser Mächte.

Jener Bereich Vier, in dem unser Unbewußtes mit seinen verborgenen Strömungen zu Hause ist, untersteht nämlich dem Phänomen der Resonanz. Resonanz als das durchgreifende Erfaßt-Werden von einer ankommenden Schwingung ist ein selektives Phänomen: Es hängt von der Qualität und Gestimmtheit des Empfangenden ab. In unserem vierten Seelenbereich gleichen wir daher spirituellen Klangkörpern: Wir besitzen die Fähigkeit, mitzuschwingen und mitzutönen, sobald uns bestimmte Frequenzen erreichen. Doch fallen wir nur dann im gleichen Ton und vielen Obertönen ein, wenn die ankommende Schwingung in uns selbst vorgegeben ist: Wenn wir von vornherein auf sie gestimmt waren. Unser eigener Reinheitsgrad be-stimmt, was aus uns herausschallt. Sind wir selbst Dissonanz, so tönt auch Dissonanz aus uns als Widerhall. Sind wir selbst aber glockenrein, so bleiben wir von den uns umschwirrenden Mißklängen unberührt; sie treten aus uns heraus, wie sie eingetreten sind, unverrichteter Dinge, ohne das geringste in uns ausgelöst zu haben.

Wollen wir uns also davor schützen, daß Bewußtseinsverzerrungen und -täuschungen unsere Spiritualität überlagern, so müssen wir einzig um uns selbst, um unsere eigene Lauterkeit, bemüht sein. Daher die Warnung Jesu vor der Rückkehr der ausgetriebenen unsauberen Geister zurück in das »leere, gesäuberte und geschmückte Haus« (Mt 12,43, 45: Lk 11,24-26): Solange der Mensch nach wie vor solchen Einflüssen insgeheim verwandt bleibt, schmückt er sich weiterhin gastlich in seiner Seele und bietet ihnen erneute Plattform.

Sollte es tatsächlich zu bösartigen Persönlichkeitsveränderungen kommen, so brauchen wir uns nicht zu schmeicheln, wir seien immer und einzig die Opfer von außen kommender Fremdeinflüsse geworden. Das sogenannte Böse nimmt in der vierten Bewußtseinsdimension nämlich eine völlig andere Qualität an als in der dritten. Es fällt hier nicht mehr gewaltsam über uns her, sondern wir selbst öffnen ihm immer wieder die Tore: Wir selbst lassen uns als der Nährboden mißbrauchen, auf dem es virulent werden kann; einzig unsere Verzerrung liefert die seelische Substanz, die das Böse in der Welt aus-bildet. Das macht den Umgang mit dem Bösen wesentlich schwieriger, als wir noch in der dritten Dimension vermeinten, denn der Mensch selbst erweist sich als der Risikofaktor, der das Böse am Leben erhält. Er besitzt genügend Kreativität, die Schlange an der eigenen Brust zu nähren, und hat dies auch getan seit Anbeginn der Zeiten.

»Gibt es nach Christi Geburt noch herrschende, noch zu fürchtende Dämonen?« Diese Gewissensfrage stellte Karl Barth im Hinblick auf die Lage der Evangelischen Kirche im Dritten Reich. »Haben wir noch immer etwas anderes zu fürchten, als daß wir von unserem eigenen Unglauben und Ungehorsam beherrscht sein könnten?«

Im Bereich Vier läßt sich das Böse nicht mehr bekämpfen und ausrotten, sondern einzig hintanlassen und aussparen: Wir sollen es buchstäblich austrocknen lassen – nicht umsonst zählen Darrung und Trocknung zu den Analogien des Quadranten Vier; als das Un-erwünschte sollen wir es abscheiden, so wie unpassende Ionen bei der Elektrolyse abgeschieden werden. Ist für uns der Bereich Vier erst einmal lebensbestimmend geworden, so gilt es, dem uns schmeichelnden Bösen völlig die Aufmerksamkeit zu entziehen: Wir sollen es – in Wiener Mundart ausgedrückt – »nit e'mal ignorier'n«. Durch das, was für uns nicht verbindlich ist und auf uns nicht paßt, sollen wir schlicht hindurchschauen lernen – auch das ist eine Facette der diaphanierenden Sicht.

Es ist also gerade verkehrt, den Spuk der parasitären, unreinen Geister mit besonderer Aufmerksamkeit zu studieren oder gar begreifen zu wollen. Denn schneller, als der Mensch es sich versieht, haben die Einflüsse bereits von ihm Besitz ergriffen. Triebfeder solch angeblich wissenschaftlichen Interesses ist übrigens meist eine geheime Faszination – eine »gastliche Schmückung des Hauses« –, und je intensiver der Forschende sich den Phänomenen zuwendet, desto mehr ziehen sie ihn in ihren Bann und impfen ihm ihre Verzerrungen ein. Aber auch Abwehrversuche, wie zum Beispiel das gedankliche Verschließen der Aura oder das Errichten imaginärer Strahlungsabschirmungen, sind vom Prinzip her kaum tauglich. Denn auch hier bleibt der ängstliche Blick gerade auf das gerichtet, was der Mensch vermeiden will – im Gegenteil gibt er zu, daß er grundsätzlich beeinflußbar wäre.

Der Grund für diese Erwägungen ist folgender: Es ist offensichtlich so, daß unser Unbewußtes alles »kennt« – bis auf eines: Es weiß nicht, was Verneinung ist. Belegen wir dies rasch mit einem kleinen Selbstversuch, indem der Leser sich jetzt bitte fest vornehmen möge, nicht an einen weißen Elefanten zu denken! Das Unbewußte unterscheidet zwar zwischen Offenbarem und Verborgenem, Anwesendem und Fehlendem: Doch es kennt kein Nichts, kein Nicht, kein Nie und kein Nirgends, sondern wird stets und immer eine Möglichkeit anbieten können, die die Verneinung Lügen straft. Das Böse – jener »Geist, der stets verneint« – müßte in unserem Unbewußten daher eigentlich durch die Maschen fallen; es sei denn, wir würdigen ihn selbst mit einem Nein: Denn doppelte Negation ergibt Plus.

C. G. Jung hat darauf hingewiesen, daß eben dieses Böse in einer jeden menschlichen Psyche als Wesensanteil vorhanden ist. Der Neigung zum Guten steht polar als »Schatten« die Neigung gegenüber, sich dem Bösen zuzuwenden. Je mehr der Mensch in seinem Bewußtsein versucht, gut zu sein, desto mehr verneint und verdrängt er das Böse-Sein in sich selbst; aber gerade dadurch nimmt der Schatten in den unbewußten Schichten zu. Er wird zur latenten Umkehrung – um nicht zu sagen zur gegenpolaren Grundbefindlichkeit –, und kann sich jederzeit auf die unpassendste Weise verselbständigen; lediglich die Schwelle wird mit besonderem psychischen Energieaufwand tiefer ins Unbewußte hineingedrückt.

Immer wieder erfährt der Mensch sich daher als fehlbar. Sein Ideal, gut zu sein, wird zur Illusion, denn gerade die Verneinung des Bösen ist es, die dessen Schatten-Dasein begründet. Stattdessen sollen wir es – so Jung – integrieren: es als persönlichen Teilbereich unserer selbst stehen lassen, ohne psychische Energien darauf zu verwenden. Wie aber läßt sich dies vollbringen? Ist damit nicht etwas verlangt, das des Menschen seelische Fähigkeiten übersteigt?

Den Schatten als uns zugehörigen Wesensanteil gelten zu lassen, bedeutet nichts anderes, als daß wir dieses Übel an uns erkennen und es uns selbst, unseren Mitmenschen und vor allem Gott gegenüber zugeben. Es hilft nichts: Den Makel des Schattens müssen wir gesenkten Hauptes hinnehmen und uns darein schicken, daß für uns die Um-stimmung unseres Seelenklangkörpers aus eigener Kraft nicht »machbar« ist. Dennoch brauchen wir diese unsere Fehlbarkeit und Verzerrung nicht als unabänderlich stehen zu lassen, sondern können echten Abschied von ihr nehmen. Wenn wir uns von dem Versuch lösen, das Böse gewaltsam in uns abzutöten, so werden wir frei für die Umkehrung: Sie besteht darin, daß wir selbst dem Bösen absterben. Gerade mit unserer Fehlbarkeit und Verzerrung dürfen wir vor Gott hintreten und sie Ihm als demütige Gabe, ja als Opfer, hinreichen, beseelt von dem dringlichsten Wunsch, davon erlöst zu werden. Wie die kleinen Magneten, können wir unsere negative Seite Ihm als dem großen, positiven Kraftfeld getrost entgegenstrecken, auf daß Er sie einschmelze.

Solches Entgegenstrecken gleicht einem schmerzlichen Sich-Dehnen des inneren Menschen, auf daß Gott ihm jede Faser zur neuen Saite spanne – einer Saite innigster Schwingungsbereitschaft und immer größerer Klangreinheit. Dies ist die Suche, welche die Seele heilt: Sehn-sucht nach der Resonanz in Gott.

Aus dem tiefempfundenen Gebet der Psalmen steigt solche Sehnsucht auf. Auch Hildegard von Bingen spricht es aus, daß sich die Seele im Verlangen nach der seligen Einkehr und Heimkehr in unablässigem, inbrünstigem Seufzen verzehren muß. Und für die Mystiker des Hohelieds der Liebe vergeht die Seele, die ihren himmlischen Bräutigam erwartet, in süßem Schmerz.

Solches Sehnen und Seufzen ist zugleich ein Vorwegnehmen des Kommenden. In ihrem verborgensten Grunde weiß die Seele, daß hier keine vage Hoffnung genährt wird, sondern daß eine tragfähige Zusage – die Bibel nennt sie Verheißung – vorhanden ist. Die Ausrichtung auf dieses tief innere Gewißsein, die Verfügbarmachung des damit verbundenen Trostes, der so oft in uns verschüttet und verloren scheint, bereitet unsere Läuterung und Wandlung vor: die wahre Schmückung unserer Seele.

Allerdings erlegt uns der Bereich Vier jenes nicht-endenwollende, quälende Warten auf, weil die »Stunde der Zeitigung« noch nicht gekommen ist. »Es ist noch nicht erschienen, was wir sein werden« (1Jh 3,2). Daß es kommen wird und daß wir daran teilhaben werden, ist gewiß – doch wissen wir nicht, wann. Das Leben im Bereich Vier ist deshalb eine Existenz im Wartestand. Die Verbindung zu Gott ist hergestellt, unser Ruf ist angenommen, aber wir müssen in der Leitung bleiben: »Hold the line«.

Das Leben im Wartestand gleicht in jeder Hinsicht dem Stande des Verlobtseins, während dessen die Braut bereits den Ring als das Unterpfand der gegebenen Zusage am Finger trägt; so richtet sie sich schon ganz auf das versprochene Leben an der Seite des Bräutigams ein. Der Wartestand entspricht gleichfalls dem Status eines zukünftigen Erben, der seine Erbschaft noch nicht in Händen hält und dennoch seine feste und sichere An-wartschaft bereits beleihen könnte. Sie beide, Erbe und Braut, leben so, als ob... so als besäßen sie bereits, was sie erwarten (Heb 11,1); ja sie er-warten und er-hoffen es auf eine Weise, die es täglich greifbarere Gestalt annehmen läßt.

Wollen wir den Stand der Hoffnung unserer Seele bei seinem wahren Namen nennen, so ist er das Leben im Angesicht des Himmelreichs, welches bei-nahe herangekommen ist.

Und damit ist zugleich ausgesagt, daß das Himmelreich etwas Diesseitiges sein kann: Nämlich das Reich Gottes auf Erden. Jedem einzelnen von uns ist die schöpferische Gabe mitgegeben, es zu er-hoffen und zu er-warten und tagtäglich so zu leben, als ob... um das Reich Gottes, das längst unsichtbar um uns lebt und waltet, gleichsam einzufangen – so wie der Musiker seine Töne, der Maler seine Bilder einfängt und sie in die irdische Wirklichkeit hineingestaltet. Wiederum ist es der Mensch, der aufgerufen ist, als ein unwägbarer Faktor der Freiwilligkeit beteiligt zu sein, seine eigene Seelensubstanz diesem Reich Gottes zur Verfügung zu stellen und es im Diesseits real und greifbar werden, ja sich ereignen zu lassen. Hierzu bedarf es keiner großen, überfordernden Taten, sondern es vollzieht sich in den kleinen Akten der Barmherzigkeit, des Verzeihens, des Brückenschlagens, des Zusammenrückens in aufeinander abgestimmter Lebensgemeinschaft – bis hin zum Zurückfinden zur Ökologie in der Natur –, und all dies getragen von der Gewißheit, daß der Auferstandene, als der Herr dieses Himmelreichs, lebt und liebt an unserer Seite.

Wie wenig werden wir doch diesem Aufruf gerecht: Bürger zweier Welten sind wir, aber entweder verleugnen wir die himmlische Heimat, oder aber wir entfremden uns in heuchlerischem Selbstbetrug der irdischen. Dabei könnten wir im Sowohl/Als-auch beide Leben führen und in das hiesige – in die Gemeinschaft unserer irdischen Geschwister – alle Segnungen des dortigen Lebens hineintragen.

Viele Gleichnisse Jesu über das Himmelreich – die *Basilea tou Theou,* die Herrschaft Gottes – handeln von unserem Leben im Wartestande und von dessen Realitäten. Was an diesen Gleichnissen auffällt, ist die Souveränität dessen, der jeweils als der Herr des Geschehens auftritt. Die Gedanken dieses Herrn der Gnade sind undurchschaubar; in den Gleichnissen erscheint er oft ungerecht, ja geradezu unsozial und »unchristlich« in der Verteilung seiner Belohnungen, denn seine besondere Güte erweist er gerade demjenigen, der nach menschlichen Maßstäben als der Unwürdigste erscheint. Doch sagten wir bereits: Die Sprache Jesu ist nicht der dritten Dimension entlehnt, und Seine Gleichnisse sind es ebensowenig. Logik sowie der Grundsatz der Verhältnismäßigkeit von Leistung und Gegenleistung – überhaupt Quantitatives, rechnerisch und mengenmäßig Meßbares – spielen im Himmelreich offensichtlich keine Rolle mehr. Denn das Reich Gottes ist nicht teilbar – man erhält es entweder ganz verliehen oder lebt von ihm im Ganzen fern.

Deshalb haben die klugen Jungfrauen auch nicht die Möglichkeit, das Öl in ihren Lampen schwesterlich mit den törichten Jungfrauen zu teilen (Mt 25,1-13): Denn entweder man hat, oder man hat nicht – und wer nicht hat, dem wird auch noch dasjenige genommen werden, was er hat (Mt 13,12; 25,29; Lk 19,26). Entweder man ist bereit, oder man ist es nicht, doch kein anderer kann uns von seiner Bereitschaft etwas abgeben. Ähnlich verhält es sich bei dem Gleichnis von den Arbeitern im Weinberg (Mt 20,1-16): Dieses Gleichnis wäre für uns leichter verständlich, wenn der verheißene Tageslohn statt auf einen Denar auf ein Abendmahl lautete, weil der himmlische Lohn sich nicht in Heller und Groschen unterteilen läßt, sondern in der Seligkeit des Dazugehörens besteht. Daß diejenigen, die den ganzen Tag schon im Weinberg gearbeitet haben, bereits den Himmel auf Erden hatten, indem sie von Anfang an nahe beim Herrn und in dessen Garten dabeisein durften, dieses Geschenk ist ihnen überhaupt nie aufgefallen – ebensowenig wie dem älteren Bruder des verlorenen Sohnes (Lk 15,31). Dabeisein ist alles – dies ist die Devise des Reiches Gottes auf Erden. Dabeisein aber bedeutet, wenn es köstlich sein soll, Mühe und Arbeit (Ps 90,10).

Da Gott es aber immer ist, der in uns wirket, das Wollen wie das Vollbringen (Phl 2,13), so sind es nicht einmal wir selbst, die die Arbeit leisten, und darum kann es letztlich im Himmelreich so etwas wie einen Lohn gar nicht geben. Auch wer keinerlei Leistung aufzuweisen hat, oder dem äußeren Anscheine nach unwürdig ist – Zöllner oder Dirne –, kommt hinein. Das einzige, was der Mensch von sich aus einzubringen vermag, ist sein grundsätzliches Ja – ein Ja, das sich ihm aus der in seinem Seelengrund angelegten Sehnsucht, seinem Trachten, formt. Alles übrige aber wird dem Menschen von Gott hinzugegeben (Mt 6,33).

*

Wir gelangen damit zu einem eigentümlichen Fazit des menschlichen Lebens, wenn ihm das nahe herbeigekommene Himmelreich aufleuchtet. Zum einen darf der Mensch seinem Gott viele gute Gaben darbringen, die volle Ernte eines Lebens; zum anderen aber steht er vor Ihm, dem Großen und Allmächtigen, immer wieder in verschwindender Ohnmacht und mit absolut leeren Händen da. Abermals geht es um denselben Widerstreit: Der Bereich Drei vermittelt Fülle, Aufstieg, Besser-Werden, ja die Aussicht auf schlußendliche Vervollkommnung des Menschen zum Guten hin; der Bereich Vier aber verlangt Leermachung, Loslösung, Demut und Selbstauslieferung.

Mit dem Aspekt einer eventuell stufenweise vollzogenen Vervollkommnung des Menschen sollten wir uns an dieser Stelle des Buches eingehender auseinandersetzen. Er bildet den Kern der Lehre von der Reinkarnation, dem sogenannten Rad der Wiedergeburt, als einem unabdingbaren Glaubensinhalt der östlichen Hochreligionen von Buddhismus und Hinduismus. Die Lehre vom Rad der Wiedergeburt besagt, daß der Mensch nicht nur ein, sondern viele Erdenleben durchlaufe, um einen gewaltigen Entwicklungsbogen von niederen Existenzformen bis hin zu einer höchsten und vollendeten Stufe des Menschseins, als Meisterschaft bezeichnet, abzuschreiten. Da für diese große Aufgabe und den mit ihr verbundenen Lernprozeß die kurze Spanne eines einzigen Lebens nicht ausreiche, bedürfe es deren vieler. So sterbe der Mensch unzählige Male den Erdentod und betrete den Planeten immer wieder neu, an seine früheren Inkarnationen anknüpfend und sie fortführend, so ähnlich wie auch jeder neue Tag nach der Pause der Nacht das Werk früherer Tage wieder aufnimmt. Es gelte, jeweils Unfertiges und vor allem schuldhafte Verfehlungen früherer Erdenleben aufzuarbeiten, um frei zu werden. So steige der Mensch als ein Lernender von Stufe zu Stufe, seiner Vervollkommnung und Vollendung entgegen; erst mit Erlangung der Meisterschaft gebe es Erlösung von der Notwendigkeit erneuter, leidvoller Erdenwiederkehr.

Das Fazit eines Erdenlebens, sei es gut oder böse, wird hierbei als *Karma* (Sanskrit für »Tat«) bezeichnet. Tat wird mit Verursachung gleichgesetzt – und damit fällt sie automatisch unter das sogenannte Kausalitätsgesetz: nämlich die Gesetzmäßigkeit, daß eine jede Ursache unweigerlich eine ihr gemäße Wirkung nach sich zieht. Weil es der göttlichen Gerechtigkeit widerspreche, die eintretenden Folgen von jemand anderem austragen zu lassen, werden – so die Karma-Lehre – die Auswirkungen jeglicher Tat, im Guten wie im Bösen, auf den Täter selbst zurückgeworfen. Er werde also eines Tages sein eigenes Opfer, allerdings nicht notwendig im selben, sondern meist erst in einem späteren Erdenleben, da die Verursachungsketten als weit in die Vergangenheit und Zukunft hineinverlängert gelten.

Diese Karma-Vorstellung wird zur Erklärung für Leid und Verhängnis und insbesondere für die von Geburt an bestehenden Schicksalsbedingungen eines Menschen herangezogen: Die Zugehörigkeit zu einer höheren oder niedrigeren Kaste mit deren Vorrechten und Benachteiligungen, die besonderen Familienverhältnisse, außergewöhnliche Begabungen und vor allem angeborene Behinderungen werden sämtlich als karmisch – das heißt als selbst-verdient – gedeutet. Derartige Konsequenzen werden nicht unbedingt als Strafe, sondern als Lektion und als Chance zur Wiedergutmachung angesehen.

Daß diese aus dem Osten kommende Lehre auch im Westen Einzug halten und eine beträchtliche Anhängerschaft überzeugen konnte, hängt gewiß mit den integrierenden Strömungen unserer Zeit zusammen, so wie heute auch die Gedanken indischer Philosophen – Aurobindo, Krishnamurti, Yogananda – großen Anklang finden. Während sich in früheren Jahrhunderten nur einzelne Freigeister des Abendlandes von der Reinkarnationslehre anziehen ließen, wurde diese in der gegen Ende des 19. Jahrhunderts aufkommenden Theosophie – wie auch in der aus ihr weiterentwickelten Anthroposophie – zum weltanschaulichen Fundament erhoben. Diese breit angelegte Rezeption ging allerdings nicht ohne eine spezifische Abwandlung des Stoffes vonstatten, indem Östliches mit Westlichem verquickt wurde.

In ihrer ursprünglich im Hinduismus geglaubten Form ist der Lehre nämlich die Vorstellung fremd, daß der Mensch in der Wiedergeburtenfolge seine Individualität und Indentität bewahre; vielmehr bleibe er in der Geburtenkette weitgehend ein a-personales Glied, das nach jedem Tode wieder namenlos versinke – daher auch sein Neuauftauchen auf Erden ohne

Erinnerung an die Vorexistenzen. Denn sein Ausgeliefertsein in die leidvollen Inkarnationen solle weit mehr der Höherentwicklung des ganzen Kosmos als einer eigenen Evolution dienen.

Anders die bei uns geglaubte, abgewandelte Form, die wir im folgenden kurz als die esoterische Karma- und Reinkarnationslehre bezeichnen wollen. Diese fügt eine wesentliche Prämisse abendländischen Denkens hinzu: nämlich das Postulat vom unabdingbaren Wert und von der Unverwechselbarkeit des einzelnen. Für die westliche Mentalität ist es schlechthin undenkbar, daß im Kommen und Gehen der Geburten die Identität des einzelnen jemals geopfert würde. In der westlichen Lesart der Reinkarnationslehre bewahrt der Mensch daher seine Kontinuität, allerdings nicht im Diesseits, sondern als eine im Jenseits fortdauernde unsterbliche Seelen- oder Bewußtseinsqualität, die als sein Höheres Selbst bezeichnet wird. Das Höhere Selbst des einzelnen zeitige, so ähnlich wie ein sich alljährlich frisch belaubender Baum, zahlreiche, stets mit einer neuen Ich-Identifikation begabte Inkarnationen, halte sich selbst jedoch außerhalb allen Kommens und Gehens. Der eigentlich Lernende und Aufsteigende, dem alle Leistungen, Erfahrungen und Erkenntnisse der irdischen Etappen zugutekämen, sei demnach dieser höhere Bewußtseinsträger.

In dieser esoterischen Auslegung der Reinkarnations- und Karmalehre vermischen sich die spirituellen Strömungen östlicher und westlicher Kultur auf sehr eigentümliche Art, ohne daß jedoch von einer integralen Synthese die Rede sein kann – vielmehr entstanden gedankliche Vorstellungen, die der dreidimensionalen, mentalen Bewußtseinsstufe verhaftet bleiben. Dies mag historische Gründe haben, denn wenn wir Gebsers Analyse folgen wollen, befand sich das westliche Abendland zu der Zeit, als Theosophie und Anthroposophie entwickelt wurden, auf dem Höhepunkt der mentalen Stufe, knapp vor deren Umschlagen in die Defizienz. Man hatte im Westen für die östliche Lehre also nur insoweit Verständnis, als sie dem damaligen rationalen Bedürfnis, möglichst alle Dinge logisch-rational zu erklären, entgegenkamen: eben für die karmische Verursachungslehre und für die Vorstellung eines stufenweisen Aufstiegs zu individueller Meisterschaft.

Würde die Menschheitsentwicklung mit der mentalen Stufe beschlossen sein, so wäre die esoterische Karma- und Reinkarnationslehre in der Tat der Weisheit letzter Schluß: Ihr Gedankengebäude ist von bestechender Logik und läßt sich darüber hinaus mit einer Reihe von Beweisen belegen. Es gehört ja zur Stufe des Mentalen, daß sie sich zufriedengibt, sobald eine Vorstellung durch Beweis be-glaubigt ist. Anders in der vierten Dimension: Hier ist es der Glaube selbst, der sich er-weist.

Als Beweis für die Reinkarnation beziehen sich deren Verfechter auf Rückerinnerungserlebnisse aus früheren Erdenleben, wie sie in beträchtlicher Zahl spontan aufgetreten – und auch dokumentiert – sind oder auf dem Wege der sogenannten Rückführung produziert werden können. Unter dieser Rückführung, die meist zu psychotherapeutischen Zwecken vorgenommen wird, versteht man die hypnoseartige Versenkung der Versuchsperson in einen meditativ-empfänglichen Zustand, verbunden mit der Suggestion, sie möge sich an die Erlebnisse vor ihrer Geburt, ja vor ihrer Empfängnis erinnern. Daraufhin kann es zur Schilderung recht dramatischer Ereignisse und Handlungsabläufe kommen, die sich aufgrund ihrer Szenerie und ihrer historischen Kostümierung als viele Jahrhunderte zurückliegend einstufen lassen. Die Versuchsperson identifiziert sich hierbei mit einer der handelnden Personen, in welcher sie sich selbst in Gestalt einer früheren Verkörperung wiederzuerkennen meint.

Soweit Rückerinnerungen spontan aufsteigen, äußern sie sich meist als sogenannte Déjà-vu-Erlebnisse (frz.: schon einmal gesehen): Der Betreffende empfängt an einem Ort, den er »in diesem Leben« erstmalig aufsucht, den blitzartig-intuitiven Eindruck, er sei schon einmal hier gewesen, ja dieser Ort sei ihm seit undenklichen Zeiten bis ins letzte vertraut. Besonders eindrücklich sind gleichzeitige, gemeinsame Déjà-vu-Erlebnisse mehrerer Personen, so als habe man einst miteinander an jenem Ort gelebt.

Man lasse sich nicht durch die Vertrautheit betören, die den sogenannten Rückerinnerungen anhaftet. Da sie in Bildern kommen und zweifelsohne aus dem Unbewußten herrühren, gehören sie zur Domäne der rechten Gehirnhälfte. Daher müssen sie vertraut sein; denn das Wieder-Erkennen – eben der Eindruck des Déjà-vu – ist das kardinale Merkmal sämtlicher

Wahrnehmungen der intuitiven Hirnhemisphäre: Selbst das Reich der Phantasie ist ihr von Anbeginn bekannt.

Selbstverständlich lassen sich die dokumentierten Rückerinnerungs-Erfahrungen durchaus für den logischen Schluß nutzbar machen, daß Reinkarnation eine Tatsache sei. Jedoch sollte man nicht zu voreilig mit der Behauptung einer Beweiskraft sein. Denn was die rechte, intuitive Gehirnhälfte jemals »sieht« oder »erinnert«, taugt nicht für den naturwissenschaftlichen Beweis: Sie schaut keine Tatsachen, vielmehr erfährt sie Botschaften. Für die Wahrheitstreue ihrer Botschaften kann sie sich verbürgen – Wirklichkeitstreue ist nicht ihr Ressort. Bei den Reinkarnationserinnerungen gilt somit wiederum: Wie die Frage, so die Antwort – die jeweilige Erwartungshaltung stellt die Weichen für die auftretenden Phänomene und deren Deutung.

Die angeblichen Erinnerungsbilder – sowohl die spontan aufsteigenden, als auch die durch bestimmte Methoden herbeigeführten – lassen sich daher mit gleichem Recht auch als Einblicke in die gegenwärtige Seelenstruktur des Betreffenden interpretieren: Sie besitzen vermutlich eine weit größere Bedeutung für die Beleuchtung der aktuellen Konflikte eines Menschen, als etwaiger Verstrickungen aus ferner Vergangenheit. Sie sind als Tag- oder Wachträume aufzufassen, welche nächtlichen Träumen in keiner Weise an Aussagekraft nachstehen. Es scheint, als ob archetypische Symbole und Handlungen, die einer jetzigen seelischen Bedrängnis entsprechen – oft Bilder von Bedrohung und Mord –, um ihrer besseren Anschaubarkeit willen in jenes historische Gewand gekleidet werden. Man darf den Patienten daher nie darauf fixieren, daß dies echte Reinkarnationserinnerungen seien, zumal wenn er psychisch labil oder voller Ängste ist – und dies trifft ja meist zu, wenn in der Therapie zum Mittel der Rückführung gegriffen wird. Zur Erreichung des therapeutischen Zieles genügt die Interpretation der aus dem Bilde ablesbaren innerseelischen Konflikte vollauf. Die Vorstellung, daß jene Bilder sich etwa über Jahrhunderte in der Seele halten konnten, wird den akuten Ängsten des Patienten eher eine weitere hinzufügen: nämlich die, daß erst recht alles unabänderlich sei. Außerdem erfährt eine ohnehin problematische mitmenschliche Beziehung eine ungeheure zusätzliche Belastung, wenn der eine Partner nun die Vorstellung nicht mehr los wird, er lebe als ehemaliges Opfer mit seinem damaligen Mörder zusammen. Oder aber ein Reinkarnationsbild wird als Alibi für einen Ehebruch benutzt, weil man sich ja schon damals geliebt habe!

Warum wohl sind Rückerinnerungen an etwaige frühere Inkarnationen so selten und kommen eigentlich nur in Momenten erhöhter Empfänglichkeit für die Botschaft eines Ortes oder einer Situation vor, oder aber unter den experimentellen Bedingungen therapeutischer Suggestion? Weil der vierte Seelenbereich in das Netz der Synchronizität und Fälligkeit verwoben ist; dieses Netz aber bezieht sich immer auf das umfassende Ganze und niemals auf den Weg des einzelnen. Der Gründe sind viele, Reinkarnationsvorstellungen ausgespart zu lassen; denn sie tragen eher Verwirrung statt Segen in unsere Lebensprobleme hinein.

Wer zum ersten Mal nach Jerusalem kommt, bestätigt eine eigenartige Erfahrung: Diese Stadt empfängt uns mit einer unbeschreiblichen und beglückenden Vertrautheit, so als wären wir schon immer in ihr aus- und eingegangen. Es steht uns frei, dies als Reinkarnationserinnerung zu deuten und uns sogar auszumalen, wir hätten zu Jesu Zeiten dort gelebt und ein Stück Weges mit Ihm geteilt. Doch damit gewönne diese Stadt für uns nur eine persönliche Bedeutung, und dies würde ihrer wahren, universellen Bedeutung nicht gerecht. Die einmalige Ausstrahlung Jerusalems beruht darauf, daß es auf Erden das lebendige, pulsierende Wahrzeichen für das Himmlische Jerusalem ist, für die Stadt Gottes: Dies ist die Botschaft, von der unsere Seele angesichts des irdischen Jerusalem ergriffen wird.

In welche Bedingungen wir auch immer gestellt werden, stets suchen wir zu unserer Orientierung Antwort auf die Frage des schicksalsmäßigen Warum und Wozu. Solange wir allein mit der Auffassungsgabe unseres Verstandes forschen, können wir bloß logisch-rationale Antworten erwarten – und jene von den karmischen Kausalitätsketten ist eine solche. Nun aber stellt Kausalität, wie wir bei Paracelsus sahen, nur eine von mehreren Möglichkeiten der Verursachung dar: Nur im Ens veneni spielen lineare Verknüpfungen und Verhältnismäßigkeit eine Rolle, in den übrigen Entia hingegen nicht.

Völlig zu Unrecht wird oft das Zitat des Paulus: »Was der Mensch sät, das wird er ernten« (Gal 6,7) so ausgelegt, daß selbst das Neue Testament auf dem Standpunkt des Karma-Gedankens stehe. Jedoch stellt Paulus hier keinen Katalog der Bußen auf, sondern spricht – wie der Begleittext (V. 8) deutlich macht – von Bewußtseinsebenen: Jeweils *dort* wird der Mensch ernten, wo er sät – tut er es »auf sein Fleisch«, so kann er nur in der Dimension des Fleischlichen irdisches Verderben erwarten; sät er hingegen »auf den Geist«, so wird er vom Geist ewiges Leben ernten. Johannes sagt es noch klarer: »Der eine wird säen und ein anderer wird ernten« (Jh 4,37).

In der esoterischen Karma-Lehre wird an eine Schicksalsmacht geglaubt, die letztlich manipulierbar ist: Weil nämlich ihre Belohnungen und Versagungen durch Gesetz geregelt sind, kann der Mensch sie überlisten, indem er vorausberechnend und gezielt das Gute tut. Böse zu handeln, muß hier geradezu als Kurzsichtigkeit und Torheit erscheinen und kann – so der logische Schluß – nur auf Unkenntnis beruhen.

Damit kommt die Idee des ewigen Lernens und Strebens ins Spiel. Ohne Zweifel untersteht unser irdisches Dasein der Notwendigkeit stetigen Lernens; im Laufe unseres Erdenlebens erstellen wir, von kleinsten Anfängen an, ein ungeheures Wissens- und Erfahrungsgebäude. Hierbei hilft uns der beständige, gründliche und lernfähige Verstand, der uns eigens für die Bewältigung der diesseitigen, realen und konkreten Lebensaufgaben mitgegeben ist.

Selbstverständlich darf der Mensch auch für sein geistliches Leben den mühsamen und langwierigen, logisch aufsteigenden Stufenweg der Erkenntnis wählen; allerdings strengt er in diesem Falle den mentalen Bereich für eine Aufgabe an, die diesem von Haus aus nicht entspricht. Der Mensch wird dies dann tun, wenn er die Möglichkeiten des Beschenkt-Werdens aus dem spirituellen Gewißsein nicht kennt oder sich nicht darauf einlassen will. In Wahrheit aber ist hier der inspirative Weg geboten: Dieser freilich kommt ohne die Notwendigkeit des etappenweisen Lernens und Vervollkommnens aus, denn er darf sich jederzeit auf das Angebot der Gnade verlassen.

Der geistig Lernende und Strebende sollte sich daher über seine Motivation klar werden: Will er lernen und gut werden um der Vollkommenheit willen, dann ist dies nichts anderes als die Frucht vom Baume der Erkenntnis, an der er fortwährend kaut. In diesem Falle nämlich strebt der Mensch nach Gottgleichheit – denn was anderes ist Vollendung und Meisterschaft? – und weist sich als einer aus, der sich von der Einflüsterung der Schlange: »Ihr werdet sein wie Gott« (1Mo 3,5) hat in Bann ziehen lassen.

Sollte der Sinn unseres Aufenthaltes auf Erden wirklich darin bestehen, uns aus dieser Materie emporzuarbeiten, um uns gleichsam die Eintrittskarten zum Himmel – den rechtmäßigen Anspruch auf Einlaß – zu verdienen? Wir sollten uns nicht irreführen lassen durch die edle Losung, dies sei der Weg »zu Gott hin«; denn, genau beleuchtet, führt diese Losung geradewegs zu dem logischen Schluß, hier auf Erden sei Gott für den Menschen unerreichbar. Eben dies ist die Lüge, die die Schlange dem Menschen suggerieren will: Er lebe von Gott getrennt, verbannt und alleingelassen, und müsse sich nun selbst am eigenen Schopfe aus dem Elend herausziehen.

Die frohe Botschaft des Christentums aber weiß: Gott ist in Jesus Christus auf die Erde gekommen und geht als der Auferstandene an der Seite jedes einzelnen, Tag für Tag. Zu seiner Erlösung braucht der Mensch daher nicht in unzähligen Reinkarnationen zu einem unendlich fernen Gott emporzuklimmen, sondern er darf sich hier und jetzt in die ausgebreiteten Arme des unglaublich nahen, inkarnierten Gottes fallen lassen. Jesus lädt den Menschen ein, ins eigene Herz zurückzukehren: Dort ist der Ort der Begegnung mit Ihm. In vielen Botschaften, unermüdlich rufend, wartet Jesus dem Menschen lange Zeit unerkannt ent-gegen – bis diesem eines Tages, in einem Erlebnis alles übertreffender Vertrautheit, die Augen aufgehen und er »schaut«. Dies ist ein Ur-Erlebnis des Wiederfindens und der Heimkehr, an das kein Déjà-vu je heranreicht.

Schon immer ist Gott an der Seite des Menschen gegangen; seit Golgatha aber darf der Mensch an der Seite Gottes gehen und hier und jetzt, in der Nachfolge Christi, Sein Werkzeug und Sein Bote sein. Angesichts seiner bisherigen Sünde und Gottesverweigerung wird er sich dieses Wunders und dieser Erwählung immer und immer wieder unwürdig vorkommen; und so erwächst in ihm der sehnliche Wunsch, weiter zu streben, um reiner und tauglicher zu werden. Er will lernen – aber nicht mehr um der eigenen Vervollkommnung willen, sondern zur Ehre Gottes. Und lernt er hierbei sich selbst und die Fülle der Schöpfung näher kennen, so wird seines Staunens über die

Werke Gottes kein Ende sein. Diese Seine Schöpfung ist gut (1Mo 1,10), und darum will das Reich Gottes bereits auf dieser Erde konkret werden, trotz aller materiellen Schwere.

Es hat eine sehr bedenkliche Kehrseite, daß die Karma-Lehre den Menschen zum Selbstverantwortlichen für sein Schicksal und seine Erlösung erklärt: Wenn nämlich ein jeder aus Gründen der Gerechtigkeit immer nur von Selbstverursachtem belangt werden kann, so wird diese Lehre unversehens zur grandiosen Schuldzuweisung: Die Karma-Lehre verletzt damit die Würde des Menschen.

Gesetz und Gerechtigkeit werden hier nämlich schnell zum Alibi, um zu rechten und zu richten. So ist es nicht verwunderlich, daß das Wort »Karma« weit mehr von denjenigen im Munde geführt wird, denen es gut geht; denn diese dürfen sich als die Gerechten vorkommen. Die Betroffenen hingegen, die die Bürde ihres Leidens oder ihrer angeborenen Behinderung ohnehin zu tragen haben, lehnen die zusätzliche Last der Schuldzuweisung meist tief innerlich ab. Für einen von Geburt an Behinderten – etwa für einen Menschen mit spastischen Lähmungen oder durch Conterganeinwirkung verkürzten Gliedmaßen – liegt die Vorstellung, er habe in einem früheren Leben jemand anderen zum Krüppel verunstaltet, viel zu weit ab von seinem heutigen erschwerten Alltag. Wollte man ihm erklären, durch seine jetzige Behinderung könne er lernen, daß man keine Körperverletzung begehen dürfe, so wäre diese aus der Luft gegriffene Unterstellung für ihn schlechterdings absurd; denn die Integrität des Mitmenschen zu respektieren, obliegt allen und muß auch bei der Erziehung nicht-behinderter Kinder eigens geübt werden.

Der Behinderte wird uns aber, wenn wir bereit sind, auch einmal ihm zuzuhören, in aller Bescheidenheit antworten, was er wirklich gelernt hat: erstens eine Reihe erstaunlicher Fertigkeiten, die man ihm gar nicht zugetraut hätte, sowie ein großes Maß an Selbständigkeit und Unabhängigkeit; zweitens eine große Gelassenheit und Nachsicht gegenüber den sogenannten Gesunden mit deren Unstetigkeit und Unzuverlässigkeit; drittens den Verzicht darauf, jemals von diesen anderen ganz verstanden zu werden. Er hat gelernt, damit zu leben, daß man an ihm nur bemerkt, was ihm fehlt; dieses Fehlende, in Schwerbeschädigtenprozenten ausgedrückt, wird allenthalben von seiner Vollständigkeit in Abzug gebracht. Was er stattdessen besitzt, kann nur er selbst in die Waagschale werfen: nämlich sein Anders-Sein. Nur mit und in diesem Anders-Sein läßt sich sein Leben anfüllen, und so erwächst ihm die Ahnung, ja das Gewißsein, daß eben hierin die Bedeutung seines Lebens für Gott beschlossen ist. Der Behinderte selbst mag in den Augen der Menschen unvollständig sein; das Schöpfungsganze aber wäre unvollständig, wenn er darin fehlte.

Es verblaßt daher die Frage nach dem Woher, der Ursache, gegenüber der Frage nach dem Wozu, der Zielsetzung. Beide, die unglücklichen Fügungen unseres Lebens ebenso wie die glücklichen, können ihrerseits für den Menschen nämlich zur Ursache und Motivation werden, nach seiner Beziehung zu Gott zu fragen und sich hinfort um so bewußter auf Gottes Führung einzulassen.

In der Karma-Lehre bleibt die Forderung nach Schadlosstellung des Geschädigten auf eigentümliche Weise offen. Mit der Bumerangwirkung auf den Täter ist ja der Schaden selbst nicht behoben; folglich wird behauptet, daß das Opfer seinerseits karmisch prädestiniert gewesen sein müsse, jenen Schaden zu erleiden. Hier aber drängt sich die kritische Frage auf: Wie konnte es dann jemals ein allererstes Opfer geben? Und auf welche Weise soll der Teufelskreis gegenseitiger Unrechtszufügung überhaupt je ein Ende nehmen?

Wenn man der Karma-Lehre schon nicht nachsagen will, daß sie Schuld konstruiere, so verlegt sie auf alle Fälle die Frage von Schuld und Wiedergutmachung völlig nach außen. Die innere Befindlichkeit des schuldig Gewordenen aber be-denkt sie nicht: jenen innerseelischen, spirituellen Konflikt, der mittels der simplen mentalen Vorstellung, Schuld lasse sich abtragen wie ein Haufen Trümmersteine, nicht lösbar ist.

Das eigentliche Leiden, das sich als Folge einer Schuld einstellt – und dies braucht sogar nur eine sehr geringfügige zu sein –, überfällt uns Menschen nämlich in unserem Innern, an verborgenster Stelle. Wir leiden nicht daran, daß wir ein unpersönliches, uns unerbittlich zu Fehl- und Tadellosigkeit gemahnendes Gesetz beleidigt hätten, sondern wir spüren, daß da *Jemand* ist, den wir betrübt haben. Scham überkommt uns, Zerknirschung über unsere Unfähigkeit zum Guten, Enttäuschung über uns selbst, die wir fortwährend Gott enttäuschen,

Mutlosigkeit und Resignation. Welche Illusion, es durch planmäßiges, konsequentes Gut-Sein zu einem schuldfrei gemeisterten Leben bringen zu wollen! Wie ein Fluch scheint unheilbare Sündenverstrickung über uns verhängt. Daher kann uns kein Emporarbeiten aus bösen Angewohnheiten jemals helfen, sondern allein Verwandlung.

In unserer Scham würden wir am liebsten uns selbst bestrafen, und in unseren düstersten Stunden überfällt uns der Wunsch, wie einst Judas unserem Leben ein Ende zu setzen: nicht um dem Sühneanspruch eines Gesetzes Genüge zu tun, sondern um dem Elend unserer Unwürdigkeit zu entfliehen. Nach Erlösung rufen wir: nicht Erlösung von dem Bösen, das außerhalb von uns existieren mag, sondern von dem inwendigen Übel unserer eigenen sündhaften Beschaffenheit.

Das Trostlose an solchem Leiden ist, daß es als äußerste Gottferne erlebt wird: »Mein Gott, mein Gott, warum hast Du mich verlassen?« (Ps 22,2; Mt 27,46; Mk 15,34). Darum ist es immer tiefste und alle Grundfesten erschütternde Kreuzigung. Es greift an unsere innerste Substanz, es preßt uns durch die engste aller Pforten.

Hier wird, so klein und ohnmächtig der Mensch auch sei, mit Gott gerungen. Es ist ein Kampf auf Leben und Tod! Nicht um die irdische Existenz wird gerungen, sondern um das ewige Leben.

Doch die Zeiten des Hinabgestoßenseins ins Reich des Todes sind immer nur Durchgang: Sie sind nie endgültig, sondern erweisen sich im Nachhinein als die symbolischen drei Tage (Hos 6,2; Mt 12,40), die sich an jede Kreuzigung anschließen: Am Punkt äußersten Ausgeliefertseins, im Augenblick unserer Kapitulation, ereignet sich das Unglaubliche, nämlich Auferstehung. Gottes Nähe wird wieder bewußt, ja gewiß, und wir sind einem neuen Leben zurückgeschenkt. Wir nehmen wahrhaft teil an der Auferstehung Christi – denn es ergänzt sich in unserem Leben (Kol 1,24), was an der Auferstehung Jesu noch fehlt.

Viele solche Kreuzigungen, große und kleine, aber dennoch immer bis ins letzte ausgekostete, säumen des Menschen irdischen Weg. Aus einer jeden solchen Kreuzigung geht er als Neugewordener hervor und wird er neu in das Reich Gottes hineingeboren.

Nicht auf unsere Makellosigkeit, sondern allein auf solche Neugeburt kommt es an. Unsere Fehlbarkeit bleibt uns – und dennoch werden wir für würdig befunden und erwählt. Wie Jakob werden wir hinfort Menschen sein, die mit Gott und den Menschen gerungen haben (1Mo 32,25) und nur deshalb nicht unterlegen sind, weil im rechten Moment – dies ist der dritte Tag! – die Sonne aufging. Seitdem »hinken wir an unserer Hüfte« (V. 32), das bedeutet: Unseren Makel tragen wir nun offenkundig an uns als Zeichen dessen, daß wir überwunden haben. Der Makel wurde mit uns verwandelt – statt Riß ist er jetzt: Charisma.

Dieses unser Charisma – unser So-geworden-Sein in unserer Auferstehung – verleiht uns die persönliche Berufung und das Vermögen, den heute noch Strauchelnden Hilfe zu bringen. Wir haben, wie Paulus seinen Gemeindebrüdern schreibt, »für euch« (Kol 1,24), also für die anderen, ertragen; nämlich für diejenigen, die noch unauferstanden an eben demselben Makel kranken. Sie spüren dies: Von weitem schon erkennen sie uns und fühlen sich magnetisch von uns angezogen, denn wir bleiben ihnen verwandt. Als »Ehemalige« können wir solches Charisma in sehr aktives Tun umsetzen: Wir können etwa zu Mitarbeitern bei den Anonymen Selbsthilfegruppen Suchtkranker werden – oder aber zu geheimen, inbrünstigen Beterinnen zum Beispiel für die innere Befreiung aller anderen Frauen, die heute vor der Frage der Abtreibung stehen.

Wir bleiben »Ehemalige« – wir bleiben weiterhin Sünder; die nächste kleine Versuchung schon kann uns erneut zu Fall bringen. Die Anonymen Alkoholiker aber haben die großartige Erfahrung gemacht, daß wir so lange vor dem Rückfall gefeit sind, wie wir den anderen, die in derselben Versuchung stehen, unermüdlich die Möglichkeit der Errettung verkündigen, und zwar am Beispiel der Geschichte unserer eigenen Kreuzigung und Auferstehung. Diese Verkündigung ist der zwölfte und krönende Schritt des Genesungsprogrammes der Anonymen Alkoholiker: Verkündigung und Zeugnis nicht so sehr um der anderen, noch immer »feuchten« Gefährten willen, als um selbst »trocken« bleiben zu können.

Dieser zwölfte Schritt erinnert an die Worte des Apostels Johannes in seinem 1. Brief: »Was wir gesehen und gehört haben, das verkündigen wir auch euch... damit *unsere* Freude vollkommen sei« (1Jh 1,3-4). Es geht also nicht um die Freude derjenigen, die die Botschaft empfangen sollen, sondern um die Freude derer, die sie verkündigen. Das fortgesetzte Bekenntnis zu dem Riß unserer Seele, der zum Charisma verheilte, gereicht daher uns selbst zum größten Segen.

Die Frage von Schuld und Sühne weist wahrhaftig in andere Dimensionen, als sie unserem kausal denkenden Verstande zugänglich sind. Dieser vermag nur das Gesetz von der Verhältnismäßigkeit und Berechenbarkeit zu begreifen und hat es darum zu seinem Götzen gemacht: Die Einführung jener Regel von Auge um Auge, Zahn um Zahn bedeutete seinerzeit, zu Beginn der mentalen Bewußtseinsstufe der Menschheit, fürwahr eine enorme soziale Errungenschaft, einen großartigen Schritt in Richtung Humanität und Gerechtigkeit zum Schutz des gesellschaftlich Schwächeren. Denn zuvor konnte man für einen ausgeschlagenen Zahn gehenkt werden, büßte man die Verletzung eines Auges mit dem Verlust des ganzen Lebens. Erst der Grundsatz der Verhältnismäßigkeit brachte Ordnung und Berechenbarkeit in die irdische Gerichtbarkeit. Doch wie kommen wir dazu, die Forderungen des menschlichen, sozialen Zusammenlebens auf Gott zu übertragen und Ihn unseren Gesetzen zu unterwerfen? Die Gerechtigkeit Gottes äußert sich nicht in Seinem Strafen, sondern in Seinem Schenken.

Wie bereits angedeutet, handelt zwar der Bereich Drei unseres Lebenskreises von Gesetz und Regel, der darüber hinausreichende Bereich Vier jedoch von der Ausnahme. Das Sprichwort sagt zu Recht: Ausnahmen bestätigen die Regel – sie sind geradezu der Beweis für der betreffenden Regel Vorhandensein. Sie setzen diese aber durchaus nicht außer Kraft, sondern setzen sich schlicht darüber hinweg. Die Ausnahme verweist das Gesetz in seine Schranken, indem sie sich außerhalb dessen Geltungsbereichs – dessen Revieres – stellt. Mit biblischen Worten: An denjenigen, der die Ausnahme für sich in Anspruch nimmt, hat das Gesetz keinerlei Ansprüche (Gal 2,19); dieser Mensch ist frei.

Wenn Jesus wahrgemacht hat, was Er verhieß, nämlich: »Ich bin nicht gekommen, das Gesetz aufzulösen, sondern es zu erfüllen« (Mt 5,17), so ist es damit vorab befriedigt. Seit Golgatha haben daher kein Gesetz des Mose und auch kein Schuld- und Karmagesetz den geringsten Anspruch gegenüber irgendeinem Menschen mehr. Vielmehr lebt die Menschheit seitdem im Zeitalter der Ausnahme: Berechenbarkeit und Verhältnismäßigkeit betreffen uns nicht; wie groß eine Schuld auch sei, es bedarf keiner Sühne. Ist nämlich das Gesetz erfüllt, so steht der schuldig gewordene Mensch einzig Gott gegenüber. Gott selbst tritt hervor, die Schuldfrage zu regeln – nach Seinem Ermessen. Und Gott wählte, anstelle des durch Mose gegebenen Gesetzes, in Christus die Gnade und die Wahrheit (Jh 1,17).

Wenn überhaupt, so kann nur unsere intuitive Ganzheitsschau erahnen, wie Unreinheit und Verzerrung in Gnade und Wahrheit aufgehen – wie es kommen kann, daß Sünde kraft der Vergebung vergeb-lich ist: Auf ungeahnte Weise kehrt Gott das Verhältnis zwischen Ursache und Wirkung um und setzt freimütig Ursachen außer Kraft, indem Er deren Wirkungen löscht – Gott verwandelt den Sünder selbst, indem Er bewirktes Unheil in Heil umkehrt.

Genau dieses hat sich zugetragen am ersten Ostermorgen. Der Kreuzestod Christi war nicht verschuldet durch jenen einen Judas, auch nicht durch das jüdische Volk, sondern von uns allen: verschuldet durch die Menge der Sünden, die die gesamte Menschheit auf sich geladen hat – und noch laden wird. Alle menschliche Missetat mündete – und mündet – in diese beispielhafte Opfertötung ein. Wenn aber das Opfer dieses Mordes auferstanden ist und *lebt*, wo bleibt dann der Mord? Und wo will Strafe ansetzen? Nach dem Gesetz hätten wir den Tod ver-wirkt; Gott selbst aber ent-wirkte unsere Sünde kraft Seiner Auferstehung (Rö 8,33-34). Für alle, die dieses glauben und auf sich beziehen wollen, gilt Erlösung.

Für uns, die Generationen nach Ostern, mag sich die Frage stellen: Wenn ebenfalls unsere Sünde bereits verzehrt, ja von vornherein aufgehoben und vergeben ist, macht uns dies nicht leichtfertig und verführt uns geradezu zu neuer Sünde? Aber offensichtlich will Gott uns als Freiwillige und nicht als Berechnende: Wir sollen nicht mehr unter dem Gebot leben, sondern unter dem Angebot. Gott setzt daher, täglich neu vergebend, Sein Vertrauen in uns, daß wir endlich und endgültig umkehren, und zwar sofort, hier und jetzt. Nach jeder Verfehlung gibt Er uns die Chance zum Neubeginn; Er selbst reißt aus unserem Lebensbuch die verschriebenen Blätter heraus und schlägt für uns immer wieder eine neue, makellose Seite auf. So steht denn nichts Trennendes mehr zwischen Gott und uns, vielmehr bietet Er uns tagtäglich Seine Gemeinschaft an.

Damit verweist Gott uns nicht nur auf Seine große Auferstehung des ersten Ostermorgens, sondern auch auf die vielen kleinen Auferstehungen in unserem persönlichen Leben, in denen wir unsere Vergangenheit von Ihm auflösen und uns in erlöste Menschen verwandeln lassen dürfen. Die christliche Botschaft lautet demnach: Anstatt laufend zu reinkarnieren und die Hypotheken alter Inhalte in nächste Existenzen hinüberzuretten, dürfen wir uns in diesem einen, jetzigen Leben von unzähligen »kleinen« Toden und Kapitulationen erretten lassen.

Zwei Deutungen also des Wortes Wiedergeburt: zum einen als Reinkarnation auf dem Wege des Menschen zu Selbstvollendung und Selbsterlösung verstanden; zum anderen aber als die Auferstehung des unvollendeten Menschen in der Erlösung mit Christus. Auf diese letztere bezieht sich das nächtliche Gespräch Jesu mit Nikodemus: »Es sei denn, ein Mensch werde neu geboren aus Wasser und Geist, so kann er nicht in das Reich Gottes kommen« (Jh 3,5). Seit Jesu Erscheinen erweist sich als das Eigentliche und Wesentliche die in der Neugeburt beschlossene Reinigung und »Erneuerung im Heiligen Geiste« – es gilt nicht mehr das Rad, sondern das Bad der Wiedergeburt (Tit 3,5).

*

Ein letztes sei noch hinzugefügt, bevor wir unsere Betrachtungen über den Lebenskreis beenden. Daleth hatten wir den Bereich Vier genannt: den Bereich der Pforte, wo das Paganische an die überstrahlende fünfte Essenz herangeführt wird – wo das Äußere das Ein-geborene und wo das Zeitliche das Ewige berühren darf. Hier also wird das Ziel erahnbar. Dem Suchenden wird Daleth als das zu durchschreitende Tor erscheinen, unter dem er seinen Richterspruch erwartet: seine Überkleidung mit entweder Goldregen oder Pechregen, je nachdem als welcher Mensch er sich genaht hat. Aber Daleth ist auch das völlig Andere; denn noch einmal gilt im Bereich Vier die Umkehrung, indem Mensch und Pforte austauschbar werden. Wenn im 24. Psalm (Verse 7-10) der Ruf erschallt: »Machet die

Tore weit und die Türen in der Welt hoch, daß der König der Ehren einziehe!«, so sind hiermit wir Irdischen selbst gemeint – wir sind es, die wir uns weit und durchgängig machen sollen, um dem Herrn der Heerscharen als Triumphbogen für Seinen Eintritt in diese Welt zu dienen. Seligkeit braucht kein fernes Ziel jenseits der Pforte, in himmlischen Gefilden, zu sein; sondern selig sind wir, wenn wir uns bereits hier auf Erden zum Siegestor für den König der Ehren bereiten lassen. Nicht offen und umfangend genug können wir daher werden, bis in die letzte Faser unseres Wesens hinein: »O daß mein Sinn ein Abgrund wär und meine Seel ein weites Meer, daß ich dich möchte fassen!« (EKG 28, V.4) Wenn wir Christus für die anderen leben und in der Nachfolge Jesu dasjenige in die Welt hinauszutragen versuchen, was wir von Ihm verstanden haben, dürfen wir – so Gott will – diejenigen sein, in denen Er unserem Nächsten begegnet.

In ihrem Buch »Die Hinreise« spricht Dorothee Sölle davon, wie sehr das Trachten der suchenden Menschenseele zwar darauf gerichtet sei, den Pilgerpfad zu Gott hin zu beschreiten – Ihn zu schauen, sich mit Ihm zu vereinigen; was die Seele aber *danach* erwarte, ja was *von ihr* erwartet werde, sei viel wesentlicher: nämlich die Rückreise in die Welt – denn die Welt bedarf der Botschaft der Kinder Gottes. Jesus selbst hat uns dies vorgelebt: Unmittelbar nach Seiner Verklärung auf dem Berge Tabor ging Er nach Jerusalem zurück, Seinen Auftrag am Kreuz zu erfüllen.

Wie sehr gleicht unsere Hinreise doch der Wanderung des Kleophas und seines Begleiters – vielleicht war es seine Frau? – zur Ortschaft Emmaus (Lk 24,13-35): Lange konnten diese Beiden das Heilsgeschehen nicht erfassen, so sehr sie auch darüber diskutierten und die Wahrheit mit dem Verstande zu begreifen suchten. Daher blieb ihnen verborgen, daß der Auferstandene bereits auf dem Hinweg Seite an Seite mit ihnen ging; ja es wurde ihnen nicht einmal bewußt, daß unter Seinen Worten ihre Herzen zu brennen begannen. Dieses heimliche Brennen aber machte, daß sie Ihn zum Bleiben aufforderten – es ließ sie, zwei einfache Menschenkinder, Gott gegenüber zu Einladenden werden, bereit, Pforte und Tor für Ihn zu sein. Dies war ihre Stunde Daleth, in welcher sich ihnen die Dimension des Herzens vollends auftat; denn als sie *nun* Christus erkannten, war es nicht mehr nötig, Ihn weiterhin mit den Augen zu sehen – *von nun an* sahen sie mit dem Herzen. Man sieht nur mit dem Herzen gut...

Von nun an begann auch die Rückreise der beiden Emmausjünger, zurück zu den übrigen, die noch vermeinten, ihren Jesus verloren zu haben. Von Stund an war nur noch eines wichtig – nämlich in der Welt das strahlende Zeugnis zu verkündigen: »Wir haben Jesus erlebt – Er lebt!«

Was war es für ein Feuer, das in den Emmausjüngern entbrannte? Zum einen war es lodernde Freude und glühende Liebe. Wem es einmal widerfahren ist, daß ihm ein geliebter Verstorbener im Traum erschien – wer diese Nähe des Sich-Wiederfindens verspüren durfte, diese überwältigende Bestätigung, daß der Geliebte lebt –, der mag den Jubel und das Liebesströmen ermessen, das die beiden Jünger durchpochte. Zum anderen aber grub sich jenes Brennen als eine unstillbare Wunde ins Herz hinein, allezeit da und zur Nachfolge rufend. Von vielen Heiligen und Propheten wird berichtet, daß solch inneres, gemahnendes Brennen bei ihnen war; versuchten sie, ihm untreu zu werden und ihrem Auftrag der Verkündigung zu entfliehen, so wurde es ihnen zum Schmerz: »Du hast mich betört, o Herr, und ich ließ mich betören«, ruft Jeremia, »Du hast mich gepackt und überwältigt; zum Gespött und Hohn bin ich geworden den ganzen Tag... Sagte ich mir aber, ich will nicht mehr an Dich denken und in Deinem Namen sprechen!, so war es mir, als brenne in meinem Herzen ein Feuer, eingeschlossen in meinem Innern, daß ichs nicht ertragen konnte und wäre schier vergangen...« (Jer 20,7-9)

Solche Betörten, denen die »Torheit des Evangeliums« zum Tor der Weisheit geworden war (1Ko 1,18-25), wurden von den Menschen ihrer Umgebung immer als Strahlende erlebt: Ohne sich dessen bewußt zu sein, waren sie wie das Leuchten Gottes in der Finsternis. Denn dies ist die höchste Erfüllung und Überhöhung der Diaphanität, hier mündet sie in die Quinta Essentia ein: in der Verwandlung des Menschen selbst zur diaphanen Hülle, durch die Gott hindurchscheinen kann. Die gesamte Menschheit befindet sich auf der Rückreise. Das Ereignis, in dem ihre Hinreise gipfelte, war das Erscheinen des fleischgewordenen Gottes auf dieser Erde: mitten unter uns, in der hohen Mitte der Zeit. Seit Christus leben wir im Nach-

Mittag des Weltentages – die christliche Religion allein hat dies erfaßt, während alle übrigen Religionen sich noch auf den kosmischen Vor-Mittag beziehen. Warum fragen wir noch nach den Anfängen, wozu müssen wir wissen, ob es einen Urknall gegeben hat oder nicht, wo es nun doch Abend werden will und der Tag sich neigt?

Die frühen Christen lebten noch unter dem Eindruck des lebendigen, nahen Gottes. An der Altarwand der ersten Basiliken wurde Jesus immer als der Auferstandene dargestellt, und zwar als der Himmelfahrende, der zugleich der Wiederkehrende ist: Er schwebt unmittelbar über der Menschheit als der gleichzeitig Aufsteigende und Niedersteigende; denn »dieser Jesus, der von euch ging und in den Himmel aufgenommen wurde, wird ebenso wiederkommen, wie ihr ihn zum Himmel habt auffahren sehen« (Apg 1,11).

Als man jedoch später zum Bau von Rundkirchen überging, in denen der Altar in der Mitte steht, wurde der Christus-Darstellung der Platz in der Kuppel zugewiesen: Derart überhöht in der Gestalt des glorreichen Pantokrator – des Allbeherrschers –, erschien Er jedoch in die Ferne gerückt. Dies war nicht zufällig, sondern entsprach der Deutung der späteren Christen-Generationen, denen der Glaube an die greifbare Wiederkunft ihres Herrn zu zerrinnen begann.

Und heute? Wäre es nicht an der Zeit, uns des nahenden Christus wieder zu erinnern? Sollten wir nicht damit beginnen, so zu leben, als ob…? Darum laßt uns Ausschau halten nach denen, die Ihn erlebt haben und bezeugen, daß Er lebt; es gibt deren Viele in unseren Reihen. Bleiben wir in der Erwartung und halten wir unsere Öllämpchen am Glimmen! Welches wird Sein Gruß sein, wenn Er mitten unter uns tritt, durch verriegelte Türen hindurch? Frieden wird Er uns zurufen: Friede sei mit euch – Shalom! Nicht wie die Welt ihn gibt… (Jh 14,27).

Darum: »Freuet euch im Herrn allezeit! Und abermals sage ich: Freuet euch! Eure Güte lasset unter allen Menschen offenbar werden: Der Herr ist nahe. Sorget euch um nichts, sondern bringt in allen Dingen betend und flehend eure Bitten mit Dank vor Gott! Und der Friede Gottes, erhaben und unbegreiflich, wird eure Herzen und Sinne bewahren in der Gemeinschaft mit Jesus Christus« (Phl 4,4-7).

Nachwort

Dieses Buch hat eine sehr persönliche Entstehungsgeschichte. Es ist ein Gemeinschaftswerk, entstanden aus dem Dialog zwischen meinem Mann und mir. Als mein Mann seine Bücher schrieb, bezog er mich sehr maßgeblich ein. Viele Gedankengänge wurden gemeinsam entwickelt. Oftmals allerdings ergaben sich zwischen uns ausgesprochene Meinungsverschiedenheiten – bis wir entdeckten, daß wir nur aus entgegengesetzten Blickwinkeln argumentierten: mein Mann aus der entschiedenen Sicht des Yang, ich aus einer extremen Sicht des Yin. Auf diese Weise wurde unter anderem der psychische Aspekt der Funktionsqualität gefunden.

Da nun die Bücher meines Mannes als Fachbücher für den medizinisch geschulten Leser konzipiert waren, galt es, sie in wissenschaftlicher Weise knapp und kurz zu fassen. In mir wiederum entstand der Wunsch, den Stoff wesentlich zu erweitern und für den geistig interessierten Laien darzustellen; denn aus vielen Gedankengängen waren mir geradezu Glaubensgewißheiten erwachsen. Die Vielfalt der Verknüpfungen, der weite Bogen der Gesamtschau dieses Buches gehen also auf meinen Mann zurück; mein Anteil wurden das Durchleuchten des Stoffes bis in Glaubenstiefen sowie die Kreativität der stilistischen Form. Auch ging es mir um die Einprägsamkeit mittels vieler Beispiele. So manchen lieben Mitmenschen aus meinem Umfeld – durchaus auch solchen, die mir Probleme aufgeben – ist in diesem Buche ein Denkmal gesetzt. Ihnen allen möchte ich danken für ihr So-Sein.

Ein Ausspruch von Chofetz Chaim lautet: »Wo Glaube ist, da gibt es keine Fragen; wo aber der Glaube fehlt, da kommen keine Antworten.« Ich bin evangelischen Bekenntnisses, und seit meiner Konfirmandenzeit habe ich es mit der Glaubenssuche sehr ernst gemeint, und das führte mich zum Bibellesen. Ich bin durchaus keine regelmäßige Kirchgängerin, habe es aber sehr oft erlebt, daß einzelne Passagen aus einer Schriftlesung oder Predigt tief in mich eingedrungen und auch in heller Erinnerung geblieben sind.

Zwei Begegnungen wurden für meinen inneren Weg entscheidend: die mit dem Schweizer Evangelisten und Glaubensheiler Johannes Mahler, sowie die mit den Brüdern von Taizé. Johannes Mahler pflegte zu sagen: »Worauf wartet ihr? Ihr *seid* erlöst, also lebt danach, und zwar jetzt!« Und in Taizé habe ich erfahren, daß Jesus wahrhaftig auferstanden ist und jedem Menschen Seine Gemeinschaft anbietet.

Auch mit den esoterischen Strömungen bin ich in Berührung gekommen und habe dort viele gute Freunde gewonnen, die durch die Aufrichtigkeit ihrer Suche und vor allem durch ihre persönliche Integrität, ihr durchgreifendes Menschlichsein und die von ihnen ausgehende wärmende Liebesstrahlung überzeugen. Ich habe dort in der Tat viele leuchtende Vorbilder gefunden, die so manchen »rechtgläubigen« Christen in den Schatten stellen. Daher ging für mich von den esoterischen Lehren eine Zeitlang eine beträchtliche Anziehung, ja Faszination aus. Heute allerdings darf ich sagen, daß mein innerer Werdegang samt den in diesem Buche dargelegten Einsichten mich zu dem Gewißsein geführt haben, daß einzig im Evangelium die wahre Heilsbotschaft liegt. Und so möchte ich mich als »trockene Esoterikerin« bezeichnen – in Anlehnung an den Begriff des »trockenen« Alkoholikers, der seine »feuchte« Phase hinter sich gelassen hat. Als eine »Ehemalige« freilich fühle ich mich, getreu dem zwölften Schritt der Anonymen Selbsthilfegruppen, zu dem Bekenntnis berufen, daß und auf welche Weise ich heute »trocken« bin; auch diesem Bekenntnis möge das vorliegende Buch dienen.

Fritz Hörner, mein Verleger, und Hermann Schlösser, der die Reinschrift und vor allem die grafische Umsetzung der Skizzen besorgt hat, zählen zu jenem Kreis geistiger Freunde. Ich möchte ihnen beiden für ihre Einfühlung und ihre Ermutigung danken, nicht zuletzt aber für ihre Geduld, da sich das Manuskript bis zum Schluß als ein »Buch der Wandlungen« erwies.

Während ein Kapitel nach dem anderen entstand, begriff ich immer mehr, daß mich nicht allein die Darstellung eines somatopsychischen Menschenbildes bewegte, so wie es mir geschenkt wurde: In mir wuchs der Wunsch, in meinen Lesern das Staunen zu wecken angesichts der großen Taten Gottes. Dieses Buch sei mein Zeugnis – und mein Lobgesang.

Bei Bibel-Zitaten im Text verwendete Abkürzungen

Apg	Apostelgeschichte
Eph	Epheser
Gal	Galater
Heb	Hebräer
Hes	Hesekiel
Hos	Hosea
Jh	Johannes
1Jh	1. Johannes
Jer	Jeremia
Jes	Jesaja
Kol	Kolosser
1Ko	1. Korinther
2Ko	2. Korinther
Lk	Lukas
Mi	Micha
Mk	Markus
1Mo	1. Mose
2Mo	2. Mose
3Mo	3. Mose
Mt	Matthäus
Off	Offenbarung
Phl	Philipper
Ps	Psalmen
1Pt	1. Petrus
Rö	Römer
1Sm	1. Samuel
1Th	1. Thessalonicher
Tit	Titus
EKG	Evangelisches Kirchengesangbuch

Literatur

Die Bibel (nach der deutschen Übersetzung D. Martin Luthers), Stuttgart: Privileg. Württ. Bibelanstalt (nach dem 1912 vom Deutschen Evang. Kirchenausschuß genehmigten Text)

Die Bibel (Einheitsübersetzung), Freiburg/Basel/Wien: Herder 1980

Das Neue Testament (übertragen von Jörg Zink), Stuttgart/Berlin: Kreuz [9]1978

Evangelisches Kirchengesangbuch (Ausgabe f. d. Evangelische Kirche in Berlin-Brandenburg), Berlin: Merseburger 1951

Der Neue Brockhaus (in 5 Bänden), Wiesbaden: F.A. Brockhaus 1964-1965

Duden Band 7: *Das Herkunftswörterbuch*, Mannheim/Wien/Zürich: Bibliographisches Institut 1963

Alt, Franz: *Frieden ist möglich,* München/Zürich: Piper 1983

Alt, Franz: *Liebe ist möglich,* München/Zürich: Piper 1985

Anonyme Alkoholiker (Hrsg.) *Anonyme Alkoholiker. Ein Bericht über die Genesung alkoholkranker Männer und Frauen,* Eigenverlag Anonyme Alkoholiker deutscher Sprache [4]1980

Bach, Susan R.: *Spontanes Malen schwerkranker Patienten,* in: »Acta Psychosomatica 8/1966« (Basel: Documenta Geigy)

Beck, Heinrich: *Fortleben nach dem Tod – Reinkarnation – Auferstehung? Philosophische Analysen und Erwägungen,* Via Mundi-Heft 51 (Pittenhart: G. Emde 1988)

Berendt, Joachim-Ernst: *Nada Brahma. Die Welt ist Klang,* (Frankfurt: Insel 1983); Reinbek: Rowohlt 1985

Besant, Annie/Leadbeater, Charles W.: *Thought Forms,* Madras/London: Theosophical Publishing House [8]1971 – deutsche Ausgabe: *Gedankenformen,* Freiburg: Bauer [4]1987

Blakeslee, Thomas R.: *Das rechte Gehirn,* Freiburg: Aurum 1982

Blattmann, Georg: *Die Sonne. Gestirn und Gottheit,* Stuttgart: Urachhaus 1972

Bonnan, Hannelore: *Zeichen des Lebens. Die Vier, das Rad, das Kreuz,* Unveröffentlichtes Manuskript 1984

Boros, Ladislaus: *Der anwesende Gott. Jesus menschlich betrachtet,* Freiburg: Herder [2]1973

Briggs, John/Peat, F. David: *Die Entdeckung des Chaos*, München/Wien: Hanser 1990
Buob, (P.) Hans: *Umkehr nach Johannes vom Kreuz*, Tonbandaufnahme eines Vortrags in Sarnen/Schweiz (1984)
Bühler, Charlotte: *Psychologie im Leben unserer Zeit*, München: Droemer/Knaur 1962
Busch, Eberhard: *Karl Barths Lebenslauf - nach seinen Briefen und autobiographischen Texten*. München: C. Kaiser 4 1986
Capra, Fritjof: *Das Tao der Physik* (früherer Titel: *Der kosmische Reigen)*, Bern/München/Wien: Scherz 1983
Capra, Fritjof: *Wendezeit*, Bern/München/Wien: Scherz 9 1985
Chew, Geoffrey F./Gell-Mann, M./Rosenfeld, A.H.: *Strongly Interacting Particles* in: »The Scientific American«, Feb. 1964
Dammholz, Martin: *Der ganze Mensch*, Heidelberg: Haug 2 1989
Darwin, Charles R.: *Die Entstehung der Arten durch natürliche Zuchtauswahl*, Stuttgart: Reclam 1974
Dethlefsen, Thorwald: *Schicksal als Chance*, München: C. Bertelsmann 1979
Diamond, John: *Die heilende Kraft der Emotionen*, Freiburg: Vlg für angewandte Kinesiologie 1987
Diamond, John: Mündliche Mitteilung 1985
Ditfurth, Hoimar von: *Der Geist fiel nicht vom Himmel*, Hamburg: Hoffmann und Campe 1976
Drewermann, Eugen: *Der Begriff Angst. Von der Verhaltensforschung zur Existenzphilosophie*, im Tagungsband 8. Goldegger Dialoge 1989: »Lebensängste – Ängste leben«, Kulturverein Schloß Goldegg (Hrsg.) 1989
Eaton, Evelyn: *Ich sende eine Stimme*, Frankfurt: Mutter Erde 1978
Edwards, Harry: *Praxis der Geistheilung. Erkenntnisse und Erfahrungen aus vierzig Jahren*, Freiburg: Bauer 1976
Ekkehart, Meister: *Deutsche Predigten und Traktate*, Zürich: Diogenes 1979
Ende, Michael: *Die unendliche Geschichte*, Stuttgart: Thienemann 1979
Enomiya-Lassalle, Hugo M.: *Leben im neuen Bewußtsein*, München: Kösel 1986
Essler, Wilhelm K.: *Wissenschaftstheorie – Band II: Theorie und Erfahrung; Band III: Wahrscheinlichkeit und Induk-*

tion; Band IV: Erklärung und Kausalität, Freiburg/München: Alber, 1971/1973/1979

Fromm, Erich: *Die Kunst des Liebens*, Frankfurt: Ullstein 1956

Fromm, Erich: *Haben oder Sein. Die seelischen Grundlagen einer neuen Gesellschaft*, München: Deutscher Taschenbuch Vlg [16]1987

Fynn: *Hallo Mister Gott, hier spricht Anna*, Bern/München/Wien: Scherz 1979

Gebser, Jean: *Ursprung und Gegenwart* (3 Bde.), Schaffhausen: Novalis 1978

Glaser, Volker: *Das chinesische Meridiansystem als psychomotorisches Phänomen*, in: »Akupunktur, Theorie und Praxis« 3/1988 (Uelzen: ML)

Gleditsch, Anneliese: *Leben in christlicher Gemeinschaft heute. Taizé als Beispiel*, Via-Mundi-Heft 22 (Ottobrunn: G. Emde 1984)

Gleditsch, Jochen M.: *Die traditionelle chinesische Fünf-Elementen-Lehre; Versuch einer Gegenüberstellung mit den Bewußtseinsstufen nach Gebser*, in: »Beiträge zur Integralen Weltsicht, Band V«, hrsg. v. d. Internat. Jean Gebser-Gesellschaft. Schaffhausen: Schlichter 1987

Gleditsch, Jochen M.: *Differenzierte Schmerztherapie aufgrund der Akupunktur-Systematik*, in: »Akupunktur, Theorie und Praxis« 2/1988 (Uelzen: ML)

Gleditsch, Jochen M.: *Mundakupunktur. Ein Schlüssel zum Verständnis regulativer Funktionssysteme*, Schorndorf: WBV [4]1988

Gleditsch, Jochen M.: *Reflexzonen und Somatotopien als Schlüssel zu einer Gesamtschau des Menschen*, Schorndorf: WBV [3]1988

Gluth, Bernhard: *Temperament und Charakter. Kleine Schule der Selbsterziehung*, Meitingen/Freising: Kyrios [6]1978

Goethe, Johann W.: *Faust*

Goldsmith, Joel: *Der Geist, der in uns lebt*, Schopfheim: Schwab 1969

Gribbin, John: *Auf der Suche nach Schrödingers Katze. Quantenphysik und Wirklichkeit*, München/Zürich: Piper 1987

Gronau, Eduard: *Hildegard von Bingen*, Stein am Rhein: Christiana 1985

Hansel, Jürgen: *Komplementäre Medizin. Heilkunst offener*

Systeme, Regensburg: Sonntag 1988
Hawking, Stephen W.: *Eine kurze Geschichte der Zeit. Die Suche nach der Urkraft des Universums,* Reinbek: Rowohlt 1988
Hensel, H.: *Kurzgefaßtes Lehrbuch der Physiologie,* Stuttgart: Thieme 1973
Hildebrandt, Gunther et al.: *Balneologie und medizinische Klimatologie,* Berlin: Springer 1985
Hildegard von Bingen: *Mystische Texte der Gotteserfahrung* (Hrsg. Schipperges, Heinrich), Olten/Freiburg: Walter 1978
Hildegard von Bingen: *Welt und Mensch. Das Buch »De operatione Dei«,* übersetzt u. erläutert v. Heinrich Schipperges, Salzburg: Otto Müller 1965
Hippély, R./Keil, G.: *Zehn Monde Menschwerdung,* Biberach: Basotherm GmbH 1983
Holz, Hans-Heinz/Schickel, Joachim (Hrsg.): *Vom Geist der Naturwissenschaft. Ausgewählte Eranos-Vorträge von E. Schrödinger, Joh. Müller, H. Weyl, E. Scheibe, G. Holton, W. Heisenberg und A. Portmann,* Zürich: Rhein 1969
Höppl, Bernhard: *Das Nachtgespräch mit Nikodemus,* Weidenkam/Münsing: Mann 1983
Huber, Wolfgang (Hrsg.): *Protestanten in der Demokratie: Positionen und Profile im Nachkriegsdeutschland,* München: C. Kaiser 1990
Jaffé, Aniela (Hrsg.): *Erinnerungen, Gedanken, Träume von C. G. Jung,* Olten/Freiburg: Walter ²1984
Jampolsky, Gerald: *Lieben heißt die Angst verlieren,* Waldeck: Hübner ⁶1984
Jankovich, Stefan von: *Ich war klinisch tot. Der Tod, mein schönstes Erlebnis,* München/Engelberg: Drei Eichen ²1985
Jores, A.: *Symptom und Organbefund,* Stuttgart: Schattauer 1964
Jung, Carl Gustav: *Synchronizität als ein Prinzip akausaler Zusammenhänge in Naturerscheinungen und Psyche* in: »Studien aus dem C. G. Jung-Institut, Band IV«, Zürich: Rascher 1952
Jung, Carl Gustav: *Typologie,* Olten/Freiburg: Walter 1978
Jung, Carl Gustav: *Welt der Psyche,* München: Kindler ⁶1981
Jungclaussen, Emmanuel (Hrsg.): *Aufrichtige Erzählungen eines russischen Pilgers,* Freiburg: Herder ¹⁶1987
Jungclaussen, Emmanuel: *Der Meister in dir,* Freiburg: Her-

der/Basel/Wien 8. Aufl. 1989
Kakurska, Rainer, Hrsg.: *Andere Wirklichkeiten. Die neue Konvergenz von Naturwissenschaften und spirituellen Traditionen*, München: Dianus-Trikont 1984
Klein, Nikolaus/Dahlke, Rüdiger: *Das senkrechte Weltbild. Symbolisches Denken in astrologischen Urprinzipien*, München: Hugendubel 1986
König, Georg/Wancura, Ingrid: *Praxis und Theorie der neuen chinesischen Akupunktur*, Wien: Maudrich 1979
Kohn, Hans: *Martin Buber. Sein Werk* (mit einem Nachwort von T. Weltsch), Wiesbaden: Fourier
Kübler-Ross, Elisabeth: *Kinder und Tod*, Stuttgart/Berlin: Kreuz 1984
Kübler-Ross, Elisabeth: *Leben bis wir Abschied nehmen*, Stuttgart/Berlin: Kreuz 2. Aufl. 1980
Kübler-Ross, Elisabeth: *Reif werden zum Tode*, Gütersloher Verlagshaus Mohn 5. Aufl. 1986
Kübler-Ross, Elisabeth: *Über den Tod und das Leben danach*, Melsbach: Die Silberschnur 11. Aufl. 1989
Kübler-Ross, Elisabeth: *Mündliche Mitteilung* 1987
Küng, Hans: *Ewiges Leben?* München: Piper 1982
Laurentius, Br.: *Die Gegenwart Gottes. Eine wirkliche Erfahrung*, Bietigheim: Turm 6. Aufl. o.J.
Leadbeater, Charles W.: *Man Visible And Invisible*, Madras/London: The Theosophical Publishing House 9. Aufl. 1971 – deutsche Ausgabe: *Der sichtbare und der unsichtbare Mensch*, Freiburg: Bauer 5. Aufl. 1986
Leadbeater, Charles W.: *The Chakras*, Madras/London: The Theosophical Publishing House 1973 – deutsche Ausgabe: *Die Chakras*, Freiburg: Bauer 6. Aufl. 1986
Lorenz, Konrad: *Das sogenannte Böse. Zur Naturgeschichte der Aggression*, München: Deutscher Taschenbuch Vlg 1974
Lüscher, Max: *Das Harmoniegesetz in uns*, München: Heyne 1989
Lüscher, Max: *Der Vier-Farben-Mensch*, München: Mosaik 1982
Maclean, P.D.: *Man And His Animal Brains*, in: »Modern Medicine« 32 (1964)
Mahler, Johannes: *Predigten*, Tonbandaufnahmen 1975-1983
Maier-Gerber, H.: *Sterben, der Höhepunkt des Lebens*, Wup-

pertal: R. Brockhaus [3]1983
Marsch, Michael: *Heilung durch die Sakramente*, Graz/Wien/Köln: Styria 1987
Marxsen, Wolf-D.: *Der Streit um die Bibel*, Gladbeck: Schriftenmissions-Vlg 1971
Mitscherlich, Alexander: *Krankheit als Konflikt*, Frankfurt/M: Suhrkamp [6]1975
Moltmann-Wendel, Elisabeth: *Das Land wo Milch und Honig fließt. Perspektiven einer feministischen Theologie*, Gütersloher Verlagshaus Mohn 1985
Moolenburgh, Hans: *Engel als Beschützer und Helfer des Menschen*, Freiburg: Bauer [2]1986
Needham, J.: *Science And Civilization In China* (4 Bde.), London: Cambridge University Press 1954-1971
Niemöller, Martin: *Die Bergpredigt*, Vortragsreihe in Wiesbaden, Ende der 60er Jahre
Nikolaus von Flüe: *Erleuchtete Nacht*, mit Texten von Margit Spichtig, Freiburg: Herder [2]1982
Ornstein, Robert E.: *Die Psychologie des Bewußtseins*, Köln: Kiepenheuer & Witsch 1974
von der Osten-Sacken, Peter: *Die neue Kosmologie. Astronomen auf der Suche nach der Wirklichkeit unserer Welt*, Düsseldorf/Wien: Econ 1974
Paracelsus: *Die Geheimnisse. Ein Lesebuch aus seinen Schriften*, mit Einleitung u. Kommentar von Will-Erich Peuckert, München: Droemer/Knaur 1990
Paracelsus: *Sämtliche Werke*, übersetzt u. erläutert v. B. Aschner, Jena: G. Fischer 1926
Paracelsus: *Vom Licht der Natur und des Geistes*, Stuttgart: Reclam 1976
Plack, Arno: *Die Gesellschaft und das Böse – eine Kritik der herrschenden Moral*, München: List [7]1970
Popp, Fr. A.: *Akupunktur und Grundlagenforschung: Die ultraschwache Photonenemission aus biologischen Systemen*, in: »Dt. Zeitschrift f. Akupunktur« 2/78
Popp, Fr. A.: *Biophotonen – ein neuer Weg zur Lösung des Krebsproblems*, Heidelberg: Verlag für Medizin 1984
Pöppel, Ernst: *Grenzen des Bewußtseins. Über Wirklichkeit und Welterfahrung*, Stuttgart: DVA 1985
Recheis, K./Bydlinski, G.: *Weißt du, daß die Bäume reden.*

Weisheit der Indianer, Freiburg/Wien/Basel: Herder [11]1985
Reimer, Ingrid, Hrsg.: *Alternativ leben in verbindlicher Gemeinschaft. Eine Publikation d. Ev. Zentralstelle f. Weltanschauungsfragen*, Stuttgart: Quell [2]1983
Riedl, Rupert: *Die Strategie der Genesis*, München/Zürich: Piper [6]1986
Riemann, Fritz: *Grundformen der Angst*, München/Basel: Reinhardt [13]1978
Riemann, Fritz: *Lebenshilfe Astrologie*, München: Pfeiffer [9]1986
Rohr, Richard/Ebert, Andreas: *Das Enneagramm – die 9 Gesichter der Seele*, München: Claudius 1989
Saint Exupéry, Antoine de: *Der kleine Prinz*, Düsseldorf: Karl Rauch [39]1984
Schär, H.: *Religion und Seele in der Psychologie C. G. Jungs*, Zürich: Rascher 1946
Schipperges, Heinrich: *Die Welt der Engel bei Hildegard von Bingen*, Salzburg: Otto Müller [2]1979
Schipperges, Heinrich: *Hildegard von Bingen. Ein Zeichen für unsere Zeit*, Frankfurt/M: J. Knecht 1981
Schipperges, Heinrich: *Paracelsus. Der Mensch im Licht der Natur*, Stuttgart: Klett 1974
Schiwy, Günther: *Der Geist des Neuen Zeitalters – New Age-Spiritualität und Christentum*, München: Kösel 1987
Schleich, Carl Ludwig: *Vom Schaltwerk der Gedanken*, Bern: S. Fischer 1924
Schlink, M. Basilea: *New Age aus biblischer Sicht*, Darmstadt: Evang. Marienschwesterschaft [3]1988
Schmidt, Heribert: *Akupunkturtherapie nach der chinesischen Typenlehre*, Stuttgart: Hippokrates 1982
Schmidt, Karl Otto: *Die Religion der Bergpredigt*, Pfullingen: Baum [4]1962
Schönberger, Martin: *Verborgener Schlüssel zum Leben*, München: O. W. Barth 1973
Schrödinger, Erwin: *Geist und Materie*, Zürich: Diogenes 1989
Schupp, Gerald: *Die christliche Spiritualität der Machtlosigkeit: ein Weg zum Leben in Fülle. Geistliche Betrachtung des gesamten Programms der Anonymen im Lichte der christlichen Botschaft*, Hochdorf: Eigendruck G. Schupp
Seattle, Häuptling: *Wir sind ein Teil der Erde*, Olten/Freiburg: Walter [12]1984

Sheldrake, Rupert: *Das Gedächtnis der Natur,* München: Scherz 1990
Sheldrake, Rupert: *Das schöpferische Universum. Die Theorie des morphogenetischen Feldes,* München: Goldmann 1987
Sölle, Dorothee: *Die Hinreise,* Stuttgart/Berlin: Kreuz 1975
Sölle, Dorothee: *Stellvertretung. Ein Kapitel Theologie nach dem »Tode Gottes«,* Stuttgart/Berlin: Kreuz ^{4}1967
Spektrum der Wissenschaft: *Gehirn und Nervensystem* (Buchreihe Verständliche Forschung) 1989
Spichtig, Margrit: *Weg nach innen – auf den Spuren eines Meisters der Meditation: Bruder Klaus,* Modelle-Arbeitsheft für Schüler 102 (Luzern: Katechetischer Fonds ^{3}1984)
Springer, S./Deutsch, G.: *Left Brain, Right Brain,* San Francisco: Freeman 1981
Staehelin, Balthasar: *Die Psychosomatische Basistherapie,* Schlattingen: Moser 1985
Staehelin, Balthasar: *Psychische Heilung durch christliche Spiritualität,* Via Mundi Heft 4 (Ottobrunn: G. Emde 1985)
Staehelin, Balthasar: *Von der helfenden Naturwissenschaft zur heilenden Christus-Wissenschaft,* Lausanne: Moser 1987
Sudbrack, Josef: *Christliche und nichtchristliche Spiritualität,* Via Mundi Heft 2 (Ottobrunn: G. Emde 1983)
Taizé, Frère Max de (Thurian, Max): *Maria, Mutter des Herrn. Urbild der Kirche,* Topos-Taschenbücher Bd. 72 ^{3}1983
Taizé, Frère Richard de: *Gottes Herz ist aufgetan,* Les Presses de Taizé 1983
Taizé, Frère Roger de (Schutz, Roger): *Aufbruch ins Ungeahnte,* Freiburg: Herder ^{5}1982
Taizé, Frère Roger de (Schutz, Roger): *Die Dynamik des Vorläufigen,* Freiburg: Herder ^{2}1981
Taizé, Frère Roger de (Schutz, Roger): *Die Regel von Taizé,* Freiburg: Herder ^{9}1977
Taizé, Frère Roger de (Schutz, Roger): *Kampf und Kontemplation,* Freiburg: Herder ^{5}1981
Taizé: *Lettre de Taizé:* Les Presses de Taizé, Jg. 1980-90
Teilhard De Chardin, Pierre: *Auswahl aus dem Werk,* Olten/Freiburg: Walter 1964
Teilhard de Chardin, Pierre: *Der Mensch im Kosmos,* München: C. H. Beck ^{7}1964
Teresa von Avila: *Ich bin ein Weib – und obendrein kein gutes,*

Freiburg: Herder ³1984
Thielicke, Helmut: *Das Schweigen Gottes,* Hamburg: Furche 1962
Thielicke, Helmut: *Und wenn Gott wäre...* Stuttgart: Quell ²1983
Thürkauf, Max: *Evolution, Naturwissenschaft und Glaube,* Leutersdorf: Johannes ²1986
Tischner, Rudolf: *Samuel Hahnemanns Leben und Lehre,* Ulm: Haug 1959
Tompkins/Bird: *Das geheime Leben der Pflanzen,* Frankfurt/M: Fischer 1977
Totzke, Irenäus (Archimandrit): *Die Stellung der Ikone in der byzantinischen Spiritualität,* Vortrag auf der Via Mundi-Tagung über Ostchristliche Spiritualität in Niederaltaich 1989
Trageser, Klaus: *Untersuchungen zum periodischen Ablauf des Puls-Atem-Frequenz-Quotienten und der Körpertemperatur bei internistischen Klinikpatienten,* Inaugural-Dissertation zur Erlangung des Doktorgrades der gesamten Medizin, Marburg 1986
Unschuld, Paul: *Medizin in China. Eine Ideengeschichte,* München: C. H. Beck 1980
Vogel, Norbert: *Musik, Gewaltlose Macht,* St. Gallen: IKU 1990
Watson, James D.: *Die Doppel-Helix,* Reinbek: Rowohlt 1969
Weigl, Gisela/Wenzel, Franz: *Die entschleierte Aura,* Grafing: Aquamarin ²1989
Weinreb, Friedrich: *Die Rolle Esther,* Zürich: Origo 1968
Weinreb, Friedrich: *Was ist beten?* Weiler: Thauros 1985
Weinreb, Friedrich: *Wunder der Zeichen, Wunder der Sprache, Vom Sinn und Geheimnis der Buchstaben,* Zürich: Origo 1968
Wilhelm, Richard (Hrsg. u. Übers.): *I Ging. Das Buch der Wandlungen,* München: Diederichs 1973
Xylander, Ernst von: *Astrologie,* Zürich: Origo 1955
Zahrndt, Heinz: *Gotteswende – Christen zwischen Atheismus und neuer Religiosität,* München: Piper 1989
Zapf, Joseph: *Christliche Spiritualität in ihrer Verantwortung für die Welt von morgen,* Via Mundi-Heft 13, (Ottobrunn: G. Emde 1983)
Zapf, Joseph: *Intuition und mystische Erfahrung,* in: »Der Deutsche Apotheker« 6-12/1979, 1-4/1980, Sonderdruck: »VI. Kumpfmühler Symposium 1979 – Intuition und Weltbild«
Zapf, Joseph: *New Age und Christliche Spiritualität,* Vortrag

am 08.10.1988 in St. Bonifaz, München (Tonbandaufnahme)
Zeitungsnotiz K.M., Hamburg: *Eine ungeheure Ballung von Sternen fern im All,* in: »Welt am Sonntag« Nr. 4/1990 vom 28.01.1990, S. 10
Zoller, Heinrich: *Pluralität und Harmonie der Intuition,* in: »Der Deutsche Apotheker« 6-12/1979, 1-4/1980, Sonderdruck: »VI. Kumpfmühler Symposium 1979 – Intuition und Weltbild«